Gehört der Islam zu Deutschland?

Fakten und Analysen zu einem Meinungsstreit

d|u|p

Vortragsreihe der IIK-Abendakademie

Band 2

Herausgegeben von
Heiner Barz und Matthias Jung

Gehört der Islam zu Deutschland?

Fakten und Analysen zu einem Meinungsstreit

Herausgegeben von
Klaus Spenlen

d|u|p

Bibliografische Information der Deutschen Nationalbibliothek
Die Deutsche Nationalbibliothek verzeichnet diese Publikation in der Deutschen Nationalbibliografie; detaillierte bibliografische Daten sind im Internet über http://dnb.dnb.de abrufbar.

DIE IIK-ABENDAKADEMIE
Die IIK-Abendakademie wird als Vortrags- und Diskussionsreihe gemeinsam vom Institut für Internationale Kommunikation e. V. (IIK) in Düsseldorf und Berlin (www.iik-deutschland.de) und der Philosophischen Fakultät der Heinrich-Heine-Universität Düsseldorf organisiert. Aufgegriffen werden relevante Themen, die in den Fokus der öffentlichen und politischen Diskussion gerückt sind. Ausgewiesene Expertinnen und Experten beleuchten bildungs- und migrationsspezifische sowie gesellschaftspolitische Fragestellungen.

DAS INSTITUT FÜR INTERNATIONALE KOMMUNIKATION E. V.
Das gemeinnützige Institut für Internationale Kommunikation e. V. in Düsseldorf und Berlin (www.iik-deutschland.de) ist eine Non-Profit-Organisation und verbindet unter dem Leitsatz „Die Welt verstehen" Internationalität und Weiterbildung. Als Ausgründung der Philosophischen Fakultät an der Heinrich-Heine-Universität Düsseldorf 1989 entstanden, ist das IIK heute eine der deutschlandweit erfolgreichsten hochschulnahen Weiterbildungsinstitutionen an der Schnittstelle zwischen Hochschule und Wirtschaft. Mit seinen Dienstleistungen und Fördermitteln unterstützt es die Internationalisierung von Bildungs- und Karrierewegen. Das IIK bietet Fremdsprachen- und Kommunikationstrainings für Studium und Beruf, Fortbildungen für Lehrkräfte sowie maßgeschneiderte studienvorbereitende bzw. -begleitende und berufsbezogene Programme an. Als vielfach lizenziertes Testzentrum führt es jährlich mehrere Tausend Prüfungen durch. Darüber hinaus ist das Institut regelmäßig Partner bei EU-Projekten. Weiteres zu den Aktivitäten des IIK: www.iik-deutschland.de/infos

Bearbeiteter Nachdruck 2015
© düsseldorf university press, Düsseldorf 2013
http://www.dupress.de
Umschlaggestaltung: Malte Unterweg, Düsseldorf
Titelbild: Bi-smi Llahi r-Rahmani r-Rahim (Mit dem Namen Gottes, des barmherzigen Erbarmers)
        Kalligrafische Malerei, Acryl auf Nessel, 30 × 30 cm, Andreas Ismail Mohr (Berlin) 2005,
        © Andreas Ismail Mohr
Satz: Friedhelm Sowa, LaTeX
Herstellung: docupoint GmbH, Barleben
Gesetzt aus der Linux Libertine und der URW Classico
ISBN 978-3-943460-98-8

Inhalt

Heiner Barz
Vorwort 9

Ein Essay von Lothar Schröder
Islam-Debatte zwischen Erregungspotenzial,
Populismus und Verantwortung... 13

Verzeichnis der wichtigsten Abkürzungen 17
Verzeichnis der wichtigsten Fachbegriffe.................................. 19

„Allahs Sonne über dem Abendland"¹   23

1   *Klaus Spenlen*
     Facetten muslimischen Lebens in Deutschland 25

2   *Klaus Spenlen und Norbert Posse*
     Kriterien für die Bestimmung der Zugehörigkeit
     des Islam zu Deutschland 47

3   *Michael Marx*
     Europa, Islam und Koran:
     Zu einigen Elementen in der
     gegenwärtigen gesellschaftlichen Debatte 61

Bilder „des" Islam   99

1   *Hayrettin Aydın*
     Was ist eigentlich „der Islam"?..................................... 105

2   *Sabine Schiffer*
     Islam in deutschen Medien 121

3   *Nina Kalwa*
     Von der sprachlichen Konstruktion des Islam 139

Hürden für gesellschaftliche Anerkennung 159

1 *Wolfgang Bock*
Islam und islamisch begründete Rechtsansprüche
im säkularen Verfassungsstaat 163

2 *Ekkehard Rudolph*
Salafistische Netzwerke zwischen religiösem Wahrheitsanspruch,
politischer Protestbewegung und Legitimierung von Gewalt 191

3 *Michael Kiefer*
Islamische Theologie, islamischer Religionsunterricht –
Kritische Anmerkungen zur Funktion und Praxis
der neu gegründeten Beiräte 211

Muslimische Selbstbestimmung 227

1 *Assia Maria Harwazinski*
„Ich hätte einfach gesagt, die Muslime,
die hier leben, gehören zu Deutschland."
Reflexionen über präsidiale Einschätzungen 229

2 *Marc Dietrich und Martin Seeliger*
Islami(sti)scher Rap in Deutschland? Sozial- und kulturwissenschaft-
liche Beobachtungen zum Diskurs um Integrationsverweigerung und
Fundamentalismus 251

3 *Ali Ertan Toprak und Ismail Kaplan*
Aleviten – die besseren Muslime? 273

Wechselseitiges Lernfeld Integration 305

1 *Klaus Spenlen*
Förderung der Integration durch Islamischen Religionsunterricht? ... 307

2 *Uwe Gerrens*
Der Islam sucht seinen Platz
Der Moscheebaukonflikt in Köln... 335

3 *Yasemin El-Menouar*
Islam und Sozialkapital
Beispiele muslimischer Gruppierungen in Deutschland................. 369

	Kulturelle Synthesen	**387**
1	*Martina Sauer und Dirk Halm* Angebote der islamischen Gemeinden in Deutschland – der integrative Beitrag des organisierten Islams	389
2	*Birgit Rommelspacher* Zur Emanzipation „der" muslimischen Frau Kontroversen im Kontext kultureller und patriarchaler Dominanz	419
3	*Tayfun Keltek und Engin Sakal* „Früher waren wir die Exoten" – Potenziale von Migranten aus islamisch geprägten Herkunftsländern	435

Autorinnen und Autoren 467

Vorwort

Heiner Barz

Wir leben in einer Gesellschaft, die die Freiheit der Religionsausübung in ihrem Grundgesetz garantiert. Wir leben zweitens in einer Gesellschaft, in der die Religionsausübung im Verschwinden begriffen ist – zumindest was die jahrhundertlang in unseren Breiten dominierende christliche Religion betrifft. Lange schon sprechen Religionssoziologen vom Verdunsten des Christentums und meinen damit nicht nur die Tatsache, dass die Zahl der Kirchgänger seit vielen Jahren kontinuierlich abnimmt oder die Bereitschaft, an christlichen Dogmen wie etwa die Jungfrauengeburt zu glauben. Trotz großem Medienrummel anlässlich von Papstbesuch oder Weltjugendtag bringt es der Exodus des Christentums aus der Gesellschaft inzwischen mit sich, dass zumindest in der jungen Generation kaum noch jemand weiß, was eigentlich an Ostern oder Pfingsten gefeiert wird. Private Bibellektüre, Tisch- oder Abendgebet sind ebenso im Verschwinden, wie die Bereitschaft, sich den kirchlichen Vorgaben für die Lebensführung in Sachen Scheidung, Homosexualität, Sexualität außerhalb der Ehe, Schwangerschaftsverhütung etc. zu unterwerfen.

Vor diesem Hintergrund muss das Vordringen der islamischen Religion aus den Hinterhof-Moscheen und Koranschulen in die Sichtbarkeit repräsentativer Moschee-Neubauten und in den Lehrplan deutscher Regelschulen viele Menschen irritieren. Zumal wenn zur selben Zeit der militante islamistische Fundamentalismus mit spektakulären Anschlägen Angst und Schrecken verbreitet, und zudem Kopftücher, Beschneidungszeremonien, Alkohol- und Schweinefleischverzicht sowie Fastenregeln im Ramadan eine für viele Muslime noch deutlich höhere Alltagsrelevanz ihrer Glaubensüberzeugungen belegen als wir das für die christlichen Konfessionen heute feststellen können. Die unweigerliche Verunsicherung und das diffuse Unbehagen, die hieraus resultieren, werden freilich durch die auf Aufmerksamkeitsgewinne schielenden medialen Aufheizmechanismen vielfach verstärkt.

Von daher sollte der als Integrationssignal gemeinte Satz von Ex-Bundespräsident Christian Wulff im Jahr 2010, der Islam gehöre zu Deutschland, zu einer Abkühlung und Verständlichung der Islamdebatte beitragen. Und tatsächlich hatte Wulff sich damit unter vielen Muslimen große Sympathien erworben. Andererseits aber auch scharfe Kritik von deutschen Konservativen eingefangen – was erneut zeigte, dass in dieser Hinsicht noch lange nichts wirklich selbstverständlich ist. Kaum im Amt, hatte etwa Bundesinnenminister Friedrich am 3. März 2011 gekontert, dass der Islam zu Deutschland gehöre, lasse sich historisch keineswegs belegen.

Ob Friedrich wohl weiß, dass in den Jahren 1779 bis 1796 ein deutscher Kurfürst eine stattliche Moschee in seinem Schlossgarten errichten ließ? Im Geiste von Lessings Ringparabel – die übrigens auch 1779 veröffentlicht wurde – gab der Wittelsbacher Pfalzgraf und Kurfürst von Bayern Carl Theodor jedenfalls den Auftrag, das imposante Bauwerk als Ausdruck seiner aufklärerischen und um Toleranz zwischen den Weltreligionen und Kulturen bemühten Anschauung in den Schwetzinger Schlossgarten zu bauen. Neben den „künstlichen Ruinen" von Apollotempel und römischem Viadukt, neben chinesischer Brücke und des Kurfürsten Badehaus („Lusthaus"), die dort ebenfalls ihren Platz fanden, war der Moscheebau ein zwar symbolischer, aber doch ernst gemeinter Hinweis auf die Einheit der Menschheit – trotz verschiedenster Traditionen und Religionen.

Dem Geiste von Vorurteilslosigkeit und Toleranz sind auch die Beiträge dieses Bandes verpflichtet, der den vielfältigen Facetten islamischen Lebens in Deutschland in Geschichte und Gegenwart nachgeht – und neben kritischen Betrachtungen auch Zukunftsperspektiven eröffnet. Insgesamt geht es um die Überwindung des bisherigen, vor allem auf Differenzen, Defizite und Problembereiche fokussierten Islam-, Migrations- und Integrations-Diskurs und um eine Öffnung zur Wahrnehmung der Chancen, Bereicherungen und Hoffnungen, die mit einer gelingenden Integration auch von Zuwanderern mit muslimischem Glauben verbunden sind. „Facetten, Vorurteile, Fakten – der Islam in Deutschland" ist deshalb auch der Titel der Vortrags- und Diskussionsreihe, die das Institut für Internationale Kommunikation e.V., Düsseldorf (IIK) in Zusammenarbeit mit der Philosophischen Fakultät der Heinrich-Heine-Universität parallel zum Erscheinen dieses Bandes veranstaltet. Und damit die erste IIK-Abendakademie unter dem Titel „Bildung und Migration" fortsetzt, deren Beiträge ebenfalls im Düsseldorfer Universitätsverlag *düsseldorf university press* (2011) erschienen sind.

Die nüchterne wissenschaftliche Bestandsaufnahme zur Situation und zur Wahrnehmung des Islam in Deutschland ist der Anspruch der Beiträge dieses Bandes. Im Mittelpunkt sollte auch in der Islam-Debatte nicht eine abstrakte Religion mit ihren Regeln, ihren Geboten und Verboten stehen. Im Mittelpunkt können nur die Menschen mit ihrer z. T. aus Traditionen, z. T. aus selbst gestrickten Ritualen bestehenden religiösen und spirituellen Praxis stehen. Dabei sollte allerdings eines nicht übersehen werden: Auch wenn es im Islam heute im Vergleich zum „Verdunsten" des Christentums noch ein höheres Maß an praktizierter Religiosität und eine strengere Befolgung von Lebensregeln gibt, finden sich auch unter den Muslimen inzwischen viele, die nur noch einzelne Elemente dieser Religion aufgreifen. Die Studie „Muslimisches Leben in Deutschland" (Bundesamt für Migration und Flüchtlinge 2009) zeigt, dass je nach Herkunftsregion und muslimischer Glaubensrichtung der Anteil etwa derjenigen Muslime, die das Gebet täglich verrichten, zwischen 14 und 40 % liegt. Das heißt im Umkehrschluss: Ein Großteil praktiziert diese als eine der fünf Säulen des Islam fest verankerte Regel nicht, zumindest nicht regelmäßig. 16 % der türkischstämmigen, 34 % der aus dem Nahen Osten und immerhin 54 % der aus dem Iran stammenden Muslime praktizieren das persönliche Gebet sogar überhaupt nie. Ein Drittel aller muslimischen Frauen und ein Viertel aller muslimischen Männer in Deutschland geben an, dass sie das gemeinsame Freitagsgebet oder andere religiöse Veranstaltungen nie besuchen. Es ist gut möglich, dass diese nicht unerhebliche Gruppe der „säkularen Muslime" sich für eine Debatte über „den" Islam ebenso wenig interessiert wie den durchschnittlichen „Taufscheinchristen", ob sich die katholische und die evangelische Kirche endlich auf ein gemeinsames Abendmahl geeinigt haben oder nicht.

Inzwischen haben übrigens auch der neue Bundespräsident Joachim Gauck (im Mai 2012) und Kanzlerin Merkel (im September 2012) in unterschiedlichen Formulierungen davon gesprochen, dass die ca. vier Millionen Muslime in Deutschland ein Teil von uns, ein Teil von Deutschland seien. Es ist indessen davon auszugehen, dass die in diesem Band von Dr. Klaus Spenlen, einem exzellenten Islamkenner, arrangierten Beiträge dennoch so schnell nichts von ihrer Aktualität verlieren.

Islam-Debatte zwischen Erregungspotenzial, Populismus und Verantwortung

Ein Essay von Lothar Schröder

Diesem Islam-Buch konnte kein Erfolg beschieden sein. Weil Patrick Bahners eins der wesentlichen Marktgesetze zu diesem Thema aus Überzeugung missachtet hatte. In „Die Panikmacher – Die deutsche Angst vor dem Islam" bemühte sich der Frankfurter Feuilletonist redlich, den lauten Beschwörern einer islamistischen Bedrohung hierzulande ihre Argumente zu widerlegen und sich ihren Motiven zu widersetzen; er wollte also dem Diskurs das Erregungspotenzial entziehen: 320 Seiten wurden aufgeboten gegen eine weitgehend populistisch agierende Islamkritik. Genau das aber ist, gewissermaßen im logischen Umkehrschluss, unpopulär. Weil nämlich die Auseinandersetzung mit dem Islam genau von dieser Spannungen lebt, von seinen Klischees und Übertreibungen, seinen Vorurteilen und – vielleicht als eine Summe von all dem: auch von seinem Populismus.

Wer die Stimulanzen der zurückliegenden und öffentlichkeitsrelevanten Islam- und Integrationsdebatten in Deutschland verfolgt, wird erkennen müssen, dass es immer ein kleinerer oder größerer Skandal beziehungsweise Tabubruch war, der den Impuls setzte und die nachfolgende „Debattenkultur" mobilisierte. Wobei es sich manchmal auch um ein Skandalon in des Wortes ursprünglicher Bedeutung handelte – also um einen regelrechten Fallstrick, in dem sich die Beteiligten ungewollt verfingen. Davon blieben selbst höchste Geistesautoritäten, die in lehramtlichen Meinungen mit Unfehlbarkeit ausgestattet sind, nicht verschont: Am 12. September 2006 hielt Papst Benedikt XVI. an der Universität zu Regensburg eine Vorlesung, in der er den spätmittelalterlichen byzantinischen Kaiser Manuel II. Palaiologos mit den Worten zitierte: „Zeig mir doch, was Mohammed Neues gebracht hat, und da wirst du nur Schlechtes und Inhumanes finden wie dies, dass er vorgeschrieben hat, den Glauben, den er predigte, durch das Schwert zu verbreiten."

Es soll hier nicht darum gehen, die darauf folgende Debatte im Einzelnen abzubilden; nur so viel dazu: Es gab erbitterte Gegenreden von islamischer Seite und sogar Demonstrationen, auch war von einer „Hasspredigt" die Rede. Mit Verzögerung folgte schließlich eine wissenschaftlich-theologische Debatte und Einordnung, die aber dann nur noch von einer um Aufklärung bemühten Minderheit rezipiert wurde. Weitere, höchst unterschiedlich gelagerte Debatten-Anstöße waren Thilo Sarrazins Buch „Deutschland schafft sich ab", in dem er unter anderem ein Bedrohungsszenario durch die Zuwanderung aus muslimischen Ländern aufbaut; zuletzt sicherlich auch – wenn auch mehr als Nebenschauplatz – die erregte Diskussion über die Zulässigkeit der Beschneidungen Unmündiger, die als religiöser Ritus im Judentum wie auch im Islam praktiziert wird.

Im Mittelpunkt aber stehen Worte wie die vom früheren, zehnten deutschen Bundespräsidenten Christian Wulff (2010–2012), der in seiner Rede zum 20. Jahrestag der Deutschen Einheit erklärte: „Der Islam gehört inzwischen auch zu Deutschland." Diese Erweiterung unserer christlich-jüdischen Geschichte ist von einer solchen Tragweite, dass sie – um Missverständnissen vorzubeugen – in angemessener Weise hätte ausgeführt werden müssen. Auf jeden Fall ist ein einzelner Satz dazu als selbsttragendes Statement unzureichend. In diesem Sinne wird der Charakter der Aussage transparent: Sie wird sichtbar als politische Rhetorik; sie wird zum Instrument seines Sprechers, dem sie an einem für Deutschland nationalsymbolisch aufgeladenen Gedenktag zur eigenen Profilierung dient. Dazu gehört auf syntaktischer Ebene zweifelsohne der Gebrauch des Präsenz, der einen weiten und somit indifferenten Deutungsraum eröffnet. Denn das Präsenz suggeriert nicht nur eine Unmittelbarkeit des Erzählten. Es beschreibt in unserem Sprachalltag längst nicht mehr nur die Gegenwart; es umfasst vor allem im essayistischen Sprachgebrauch gelegentlich die Vergangenheit und ist umgangssprachlich weitgehend an die Stelle des Futur getreten. Das Präsenz huldigt den Ist-Zustand, es friert die Gegenwart ein und blendet das Gewordene wie auch das Werdende aus. Komplexe Aussagen wie jene von Wulff werden so kaum noch greifbar.

Wie inhaltslos der Satz des früheren Bundespräsidenten tatsächlich ist, wurde deutlich in den Worten seines Amtsnachfolgers Joachim Gauck, der auf Wulffs Worte noch einmal eingegangenen ist und diese seinem Verständnis nach einzuordnen suchte. Diese Auslegung erscheint überzeugend und ist zugleich von empörender Banalität. So lautete Gaucks nachgereichte Interpretation des Wulffschen Statement: „Die Muslime, die hier leben, gehören zu Deutschland." Anders wird man bei ruhiger Betrachtung die vieldiskutierte Aussage kaum beschreiben können. Aber plötzlich ist sie keine Erregung, keine Pointe mehr; sie ist somit auch nicht mehr geschichtsbuchträchtig. Mit Gauck ist gewissermaßen der eingangs beschriebene Patrick-Bahners-Effekt eingetreten – also die bewusste und im Sinne der Aufklärung geführte Deeskalierung einer Debatte, die dann aber kaum noch Interessenten findet. Das lässt sich auch gut an der Rezeption beider Aussagen nachzeichnen: Während Wulffs Statement, „Der Islam gehört inzwischen auch zu Deutschland", als einer der wenigen Sätze betrachtet wird, die in seiner kurzen Präsidentschaft von Dauer sein werden, blieb der Gauckschen „Exegese" wenig Aufmerksamkeit und noch weniger Nachhall vergönnt.

Bleibt einer Integrations- beziehungsweise Islam-Debatte nur Populismus als Stimulanz vergönnt? Oder taktisches Kalkül? Politische Rhetorik? Das wäre eine bittere Aussage, eine gefährliche ohnehin. Es wird ohne aufklärerische Korrektur nicht gehen können. Doch wer in der Öffentlichkeit wirken will, muss auch ihre Gesetze beachten. Konkret ist das unter anderem eine Herausforderung an die Wissenschaft, die schneller als bisher auf solche Debatten reagieren und diese dann begleiten muss. Die aber auch den Mut haben sollte, aus dem wichtigen, zu oft aber abgeschlossenen Kontext der Universität herauszutreten. Darin liegt die Verantwortung der Forschung. Sie wird auch mit diesem Sammelband wahrgenommen.

Verzeichnis der wichtigsten Abkürzungen

AABF	Almanya Alevi Birlikleri Federasyonu – Alevitische Gemeinde Deutschland e. V.
AGG	Allgemeines Gleichstellungsgesetz
ARU	Alevitischer Religionsunterricht
ATIB	Union der Türkisch-Islamischen Kulturvereine
AZR	Ausländerzentralregister
BAMF	Bundesamt für Migration und Flüchtlinge
BGH	Bundesgerichtshof
BMI	Bundesministerium des Innern
BVerfG	Bundesverfassungsgericht
BVerwG	Bundesverwaltungsgericht
DIK	Deutsche Islamkonferenz
DİTİB	Diyanet İşleri Türk İslam Birliği – Türkisch-Islamische Union der Anstalt für Religion e. V.
EMRK	Europäische Menschenrechtskonvention bzw. Konvention zum Schutze der Menschrechte und Grundfreiheiten
EUMC	Europäische Stelle zur Beobachtung von Rassismus und Fremdenfeindlichkeit
GER	Gemeinsamer Europäischer Referenzrahmen für Sprachen: Lernen, lehren, beurteilen
GG	Grundgesetz für die Bundesrepublik Deutschland
IFB	Islamische Föderation Berlin
IGBD	Islamische Gemeinschaft der Bosniaken
IGBW	Islamische Gemeinschaft Baden-Württemberg
IGD	Islamische Gemeinschaft in Deutschland e. V.
IGMG	Islamische Gemeinschaft Milli Görüş („Nationale Sicht")
IR	Islamrat für die Bundesrepublik Deutschland
IRH	Islamische Religionsgemeinschaft Hessen
IRU	Islamischer Religionsunterricht
KRM	Koordinierungsrat der Muslime
LG	Landgericht
LSG	Landessozialgericht
MJD	Muslimische Jugend Deutschland
NRW	Bundesland Nordrhein-Westfalen
OECD	Organisation for Economic Co-operation and development (Organisation für wirtschaftliche Zusammenarbeit und Entwicklung)
OLG	Oberlandesgericht
OVG	Oberverwaltungsgericht

PISA	Program for International Student Assessment, Schulleistungsstudien
RAA	Regionale Arbeitsstellen zur Förderung von Kindern und Jugendlichen aus Zuwandererfamilien
VG	Verwaltungsgericht
VGH	Verwaltungsgerichtshof
VIKZ	Verband der Islamischen Kulturzentren e. V.
WR	Wissenschaftsrat
ZfTI	Zentrum für Türkeistudien und Integration
ZIIS	Zentrum für interkulturelle Islamstudien
ZMD	Zentralrat der Muslime in Deutschland

Verzeichnis der wichtigsten Fachbegriffe

Abrogation	Verfahren der islamischen Rechtswissenschaft Fiqh, mit dem Texte oder Vorschriften des Koran oder der Hadîthe verändert, aufgehoben oder gestrichen werden können; siehe auch Fiqh und Hadîth
Ahmadiyya	auch: Ahmadi, Glaubensgemeinschaft, die 1889 in Indien als islamische Bewegung gegründet wurde
Aleviten	Anhänger einer Glaubensrichtung („Anhänger Alis"), auch nach dem Religionsgründer Bektaschi/Bektaşi genannt, von denen sich die Mehrheit außerhalb des Islam sieht
Ana	alevitische (weibliche) Geistliche; siehe auch Dede
Apostasie	bezeichnet die Abwendung von einer Religion durch einen förmlichen Akt (beispielsweise Kirchenaustritt oder Übertritt zu einem anderen Bekenntnis)
Dede	alevitische (männliche) Geistliche; siehe auch Ana
Dschihad	auch Ǧihād, Djihad, Jihad, bedeutet Anstrengung, Kampf, Bemühung, Einsatz auf dem Wege Gottes
Ethnic-Marker	werden abgeleitet von den ethnischen Gemeinsamkeiten (Vorfahren, Herkunft, Rasse, Kultur, Sprache, Religion usw.) und dienen durchweg der Stigmatisierung ethnischer Minderheiten; siehe auch: Islamophobie
Fatwâ	ist ein islamisches Rechtsgutachten, das in der Regel von einem Mufti (Spezialist für die islamische Jurisprudenz – Fiqh –) zu einem speziellen Thema herausgegeben wird
Fiqh	ist die Wissenschaft über die Vorschriften im islamischen Rechtssystem, dessen Grundlage Koran und Sunna bilden
Fünf Säulen	des Islam (ibâdât): 1. Das Glaubensbekenntnis (schahâda); 2. Das Gebet (şalât); 3. Das Almosen (zakât); 4. Das Fasten (sawn, saun); 5. Die Pilgerfahrt (haddsch, hadj).
Hadith	bezeichnet die aufgeschriebenen Überlieferungen Mohammeds in Form von Anweisungen, nachahmenswerten Handlungen sowie Empfehlungen und Verboten. Die Summe dieser Überlieferungen bildet die Sunna
halal	auch ḥalāl, türk. helal, bedeutet nach islamischen Vorschriften erlaubt, zulässig
haram	auch ḥarām, bedeutet nach islamischen Vorschriften verboten

Idschtihad	auch igtihad, 'iğtihād, ist ein Begriff des islamischen Rechts (Figh) und bedeutet das Verfahren zur Rechtsfindung durch eine unabhängige Interpretation der Rechtsquellen Koran und Sunna
Idschaza	auch, Igaza, iğaza, Erteilung der schulischen Lehrerlaubnis für islamischen Religionsunterricht; siehe auch missio canonica, vocatio und nihil obstat
Ilmihal	Handbuch der Unterweisung in die Grundfragen des islamischen Glaubens; die islamischen Verbände geben unterschiedliche Ilmihals heraus
Imam	türk.: Hodscha, Hodja, Vorbeter in einer Moschee
Islamophobie	auch Islamfeindlichkeit, bezeichnet die Abwertung und Benachteiligung von Muslimen und Feindseligkeiten ihnen gegenüber, die mit deren Zugehörigkeit zum Islam begründet und gerechtfertigt werden
Islamismus	Sammelbegriff für unterschiedliche politische Ideologien, die Antworten auf soziale, kulturelle, rechtliche, politische und wirtschaftliche Fragen mit dem Koran beantworten
Kalifat	Institution des weltlich-religiösen Herrschers in der islamischen Welt
Koran	auch Qur'an („Lesung, Rezitation, Vortrag"), die wichtigste Quelle des Islam, er gilt als wörtliche Offenbarung Gottes an den Propheten Mohammed; siehe auch Sunna
missio canonica	Erteilung der schulischen Lehrerlaubnis für katholischen Religionsunterricht; siehe auch vocatio, idschaza und nihil obstat
Muslim	Angehöriger des Islam. Die weibliche Form ist Muslimin oder Muslima
Muslimbrüder	bilden eine der einflussreichsten sunnitisch-fundamentalistischen Bewegungen im Nahen Osten, inzwischen auch in Europa. Die Bruderschaft wurde 1928 von dem Ägypter Hasan al-Banna gegründet
nihil obstat	(lat. „Es steht nichts entgegen"), Unbedenklichkeitserklärung zur Erteilung der universitären Lehrerlaubnis für Religionswissenschaften einer Konfession; siehe auch Igaza
Rechtsschulen	bezeichnen unterschiedliche Lehrauffassungen in der islamischen Rechtswissenschaft (Figh). Die sich gegenseitig anerkennenden sunnitischen Rechtsschulen sind die hanafatitische, die malikitische, die schafi'itische und die hanbalitische Schule

res mixta	bezeichnet Sachgebiete, die „gemeinsame Angelegenheit" von Religionsgemeinschaft und Staat sind
Salafisten	sind Angehörige eine konservativen Strömung innerhalb des Islam, die eine geistige Rückbesinnung auf die „Altvorderen" (arab. Salaf = Vorfahren) anstreben
Scharia	auch Scharīʿa, šarīʿa, bezeichnet das islamische Recht, das von Gläubigen zu beachten und zu erfüllen ist. Die Scharia ist Teil des Koran und regelt kultische, rituelle, moralische und rechtliche Fragen
Schiiten	Anhänger der Schia („Partei"), der zweitgrößten Glaubensrichtung im Islam. Nach Ansicht der Schiiten kann die Prophetennachfolge nur von einem Nachfahren Alis erfolgen, da dieser als einziger göttlich legitimiert sei
Schura	auch shûrâ, bedeutet im Islam Beratung, Urteilsberatung, Ratgebergremium
Säkularität	konfessionelle Neutralität
Ṣûfismus	auch Sufitum, Sufik, arab. tasawwuf, ist eine ialamische Mystik, die sich als Gegenströmung zum strengen Gesetzesislam gebildet hat
Sunna	bezeichnet die Summe der zu befolgenden und nachahmenswerten Taten des Propheten im religiösen und im Alltagsleben. Die Sunna ist nach dem Koran die zweite Quelle der islamischen Jurisprudenz (Fiqh); siehe auch: Hadîth
Sunniten	bilden die größte Glaubensrichtung im Islam. Die Bezeichnung Sunniten stammt von dem Wort Sunna, der Tradition des Propheten Mohammed, ab
Sure	bezeichnet einen Abschnitt des Koran
Ulamā	auch Ulema, islamische Gelehrte, die Kenntnisse von der Offenbarung des Koran und den prophetischen Überlieferungen besitzen
Umma	Gemeinschaft der Muslime
vocatio	Erteilung der schulischen Lehrerlaubnis für evangelischen Religionsunterricht; siehe auch idschaza, missio canonica und nihil obstat
Wahhabismus	ist eine konservative und dogmatische Richtung des sunnitischen Islam, die aktuell in Saudi-Arabien Staatsdoktrin ist; siehe auch Salafisten, Sunniten

„Allahs Sonne über dem Abendland"[1]

> Wir bestehen alle nur aus buntscheckigen Fetzen, die so locker und lose aneinanderhängen,
> dass jeder von ihnen jeden Augenblick flattert, wie er will;
> daher gibt es ebenso viele Unterschiede zwischen uns und uns selbst
> wie zwischen uns und den anderen.[2]

In dem vorangestellten Auszug aus einem Essay beobachtet und konstruiert ein Privilegierter der Renaissance sich selber, ohne Rückgriff auf das Design der damals vorherrschenden „Leitkultur". Hingegen wird beim heutigen Meinungsstreit um die Frage nach der Zugehörigkeit des Islam[3] zu Deutschland insbesondere das Andere, Fremde, hervorgehoben, das vom Eigenen abgegrenzt wird, weil es mit der „deutschen Leitkultur" sowie den Grundlagen des „christlich-jüdischen Abendlandes" unvereinbar sei.

Dabei geht es in der öffentlich geführten Diskussion wie in der an Stammtischen offensichtlich auch um die Deutungshoheit von Begriffen: Was ist deutsch, und was gehört zu Deutschland? Wer bestimmt den gesellschaftlichen Wertekonsens? Wie viel Pluralismus lässt die eigene gewachsene Identität zu? Welche Forderungen werden mit der Vergabe der deutschen Staatsangehörigkeit verbunden? Muss die Mehrheitsgesellschaft mithilfe eines engen Kulturbegriffs ihre „Hochkultur" verteidigen, indem sie das Eigene exklusiv dazu bestimmt und von einer fremden Kultur abgrenzt? Wird die fremde Kultur ggf. als minderwertiger eingeschätzt als die eigene? Oder muss sich die Gesellschaft in Deutschland dynamischen Veränderungen und damit – auch im globalen Kontext – einer hybriden Kultur öffnen, die durch die Vermischung von Sprachen, Sitten und Traditionen den Kulturbegriff einer lebensweltlichen Realität anpasst?

---

[1] So der gleichnamige Titel eines Buches von Sigrid Hunke; siehe hierzu auch die Ausführungen von Michael Marx in seinem Beitrag (S. 61–98) in diesem Sammelband.

[2] Michel de Montaigne, Essais. Erste moderne Gesamtübersetzung von Hans Stillet, Frankfurt/M. 1998, S. 167 ff.

[3] Der DUDEN lässt die Schreibweisen „des Koran" sowie „des Islam" mit und ohne Genitiv-s zu. Die Autorinnen und Autoren verwenden in diesem Band beide Schreibweisen. Das Gleiche gilt für Transkriptionen bzw. Transliterationen der arabischen in die lateinische Schrift und von türkischer in deutsche Schreibweise, Beispiel DİTİB und DITIB. Auch hier werden beide Formen in den Beiträgen verwendet.

Obwohl Muslime bereits seit mehreren Jahrhunderten in Deutschland leben, wurden sie damals wegen ihrer geringen Anzahl nur von denen wahrgenommen, die in unmittelbarem Kontakt zu ihnen standen. Durch die Anwerbeabkommen, die damit ausgelöste Arbeitsmigration sowie die Medienpräsenz scheint sich diese Situationen grundlegend geändert zu haben. Muslime leben inzwischen in großer Anzahl in einem Nebeneinander zur Gesamtbevölkerung. Diese gesellschaftlichen Veränderungen bergen Möglichkeiten und Chancen, produzieren aber auch wechselseitig Ängste vor Kontrollverlust und wachsenden Risiken des Misslingens. Ob daraus ein Miteinander wird, hängt nicht zuletzt von belastbaren Informationen übereinander ab und davon, ob Gemeinsamkeit zum Leitziel erhoben wird.

Klaus Spenlen

Facetten muslimischen Lebens in Deutschland

Klaus Spenlen

„Der Satz, der Islam gehöre zu Deutschland, geht völlig am Empfinden der Deutschen vorbei, sagt der Religionssoziologe Detlef Pollack. Er leitete 2010 eine Umfrage des Exzellenzclusters „Religion und Politik" an der Universität Münster im Auftrag des Medien- und Sozialforschungsinstituts EMNID. Je 1.000 Menschen ließ er in Ost- und Westdeutschland, in Dänemark, Frankreich, den Niederlanden und Portugal zu ihren Einstellungen zum Islam befragen. „Die Unterschiede zwischen Deutschland und den anderen Ländern sind geradezu dramatisch, wenn es um die persönliche Haltung gegenüber Muslimen geht", so Pollack. Während Niederländer, Franzosen und Dänen mehrheitlich positiv über Muslime denken (zu 62 %, 56 % und 55 %), gilt das in Deutschland nur für eine Minderheit von 34 % (West) und 26 % (Ost). Je mehr Kontakte allerdings zu Muslimen bestehen, und je differenzierter die Informationen über sie sind, desto eher werden sie generell positiv gesehen. So geben im Westen etwa 40 % an, zumindest einige Kontakte zu Muslimen zu haben, im Osten nur 16 %.[1]

Dieser einleitende Beitrag soll ermöglichen, Hintergrundwissen über Muslime zu vertiefen. Die dazu im Folgenden ausgewählten Facetten sind Teilbereiche gesellschaftlicher Verantwortung, die bei der Frage der Zugehörigkeit des Islam zu Deutschland eine wichtige Rolle spielen. Sie decken aber nicht die komplexe Fragestellung insgesamt ab. Zu der wechselseitigen gesellschaftlichen Verantwortung von Muslimen und Nichtmuslimen für die Entwicklung der Gesellschaft in Deutschland soll deshalb auch nicht den aus unterschiedlichen Wissenschaftsperspektiven verfassten Beiträgen in diesem Sammelband ein weiterer unter neuer Betrachtungsweise vorangestellt, sondern lediglich ein „Einlesen" in die Fachbeiträge erleichtert werden. Dazu werden Literaturhinwei-

---

[1] Vgl. die 2010 durchgeführte Studie zur religiösen Vielfalt in Europa von Detlef Pollack unter http://www.uni-muenster.de/Religion-und-Politik/aktuelles/2010/dez/PM_Studie_Religioese_Vielfalt_in_Europa.html sowie die Berichterstattung: EMNID-STUDIE – Mehrheit der Deutschen sieht Muslime negativ, in: ZEIT online vom 01.12.2010, zitiert unter: http://www.zeit.de/gesellschaft/2010-12/islam-studie-toleranz.

se gegeben, die die angesprochenen Themen vertiefen und jeweils nach ihrem Erscheinungsjahr sortiert sind:

Ursula Spuler-Stegemann, Die 101 wichtigsten Fragen Islam, München 2007.

Gisbert Gemein (Hrsg.), Kulturkonflikte – Kulturbegegnungen. Juden, Christen und Muslime in Geschichte und Gegenwart, Bonn 2011.

Nasr Hamid Abu Zaid mit Hilal Sezgin, Der Koran und die Zukunft des Islam, Freiburg 2011.

Nach Angaben der Studie zu Muslimen in Deutschland, die das Bundesamtes für Migration und Flüchtlinge (BAMF) 2009 im Auftrag der Deutschen Islamkonferenz erstellt hat, leben derzeit etwa 3,8–4,3 Millionen Muslime in Deutschland, das sind ca. 4,6–5,2 % der Gesamtbevölkerung.[2] Diese Muslime leben nicht in einem monolithischen Block „Islam", denn es gibt allein in Deutschland zwischen 70 und 80 islamische Organisationen und Strömungen verschiedener Schattierungen.[3]

BAMF – Bundesamt für Migration und Flüchtlinge (Hrsg.), Muslimisches Leben in Deutschland. Im Auftrag der Deutschen Islamkonferenz, Nürnberg 2009.

Trotz der Befragung von Personen aus 49 islamisch geprägten Herkunftsländern sind die Angaben des BAMF geschätzte Zahlen, da es die Angaben der telefonisch ca. 6.000 Befragten aus überwiegend islamisch geprägten Staaten sowie Einbürgerungszahlen ehemaliger türkischer Staatsangehöriger samt deren Familienangehörige hochgerechnet hat. Dabei sind Fehler systemimmanent, denn etwa Bulgarien (13,1 % Muslime) sowie Serbien und Montenegro (ca. 21 %) gehen als „Nicht-muslimisch" in diejenigen Statistiken oder Umfragen ein, die sich am zentralen Bestimmungsmerkmal „Herkunftsland" orientieren. Andererseits gibt es in Syrien eine große christliche Population, gleichwohl gilt Syrien als „islamisches Land". Auch die Zuweisung der türkisch-kurdischen Aleviten zum Islam ist nicht unumstritten. „Es gibt Anhänger der Theorie, dass das Alevitentum ein – wenn auch entfernter – Teil des schiitischen, aber insbesondere auch des in der Türkei vorherrschenden sunnitischen Islam sei; ja dass die Aleviten sogar

---

[2] Vgl. BAMF 2009, S. 11.
[3] Vgl. Volkmar Krech 2009, S. 10 ff.

die besseren Muslime seien. Andere wieder fordern, dass die alevitische Religion in ihrer Eigenheit gesehen werden müsse".[4] Ebenso werden die türkisch-kurdischen Jesiden herkunftsbezogen-statistisch als Muslime gezählt, obwohl das Jesidentum – als wohl älteste Religion der Welt – nichts mit dem Islam zu tun hat. Und schließlich verstehen sich auch nicht alle Familienangehörigen eines im Rahmen der BAMF-Studie befragten Muslims selbst als Muslim.

Zahlenangaben und Statistiken zur Religionszugehörigkeit sind mit weiteren erheblichen Unsicherheitsfaktoren behaftet:

- In vielen gemischtreligiösen Staaten Asiens, wie z. B. Indien und China, sind die Religionsstatistiken ein Politikum und werden je nach politischen Interessen zugunsten der Mehrheitsreligion oder des Merkmals „religionslos" verändert.
- In den meisten islamisch-geprägten Staaten werden keine offiziellen Statistiken geführt. In islamischen Ländern gilt grundsätzlich die gesamte einheimische Bevölkerung als muslimisch. Zudem gibt es für Willige keine Möglichkeit, sich offiziell vom Islam loszusagen oder „aus dem Islam auszutreten". Jemand ist Muslim (wie auch Jude) durch die Geburt. Ein muslimischer Vater hat muslimische Kinder (wie andererseits im Judentum die Mutter die Religionszugehörigkeit weitergibt).
- Dort, wo Statistiken – wie in Deutschland – geführt werden, geben diese häufig ein geschöntes Bild. So werden in Deutschland immer noch deutlich mehr Menschen als Mitglieder einer der beiden Großkirchen und damit als „Christen" geführt, obwohl viele von ihnen inzwischen ausgetreten sind. Zudem ist aus soziologischen Untersuchungen zur Religionszugehörigkeit hinlänglich bekannt, dass die formale Zugehörigkeit zu einer Religion nicht viel über den praktizierten Glauben und die tatsächliche Religiosität eines Gläubigen aussagt.
- Es gibt in Deutschland auch keine Pflicht für Muslime, sich mit ihrer Religionszugehörigkeit in ein Register eintragen zu lassen, und das Ausländerzentralregister (AZR) speichert nicht die Religionszugehörigkeit. Solange es dieses nicht gibt, beruhen Zahlen eben auch auf Schätzungen, die von der Herkunftsregion abgeleitet werden.

---

[4] Ursula Spuler-Stegemann 2003, S. 17.

- In diesem Kontext spielt zudem *taqîyya* eine Rolle. *Taqîyya* bedeutet „Verstellung", auch „Vorsicht" und meint, dass Orientalen aus kulturellen oder religiösen Gründen ihr Wahrheitsverständnis der jeweiligen Situation anpassen. So möchten sie ggf. einem Gast auch dann einen Wunsch nicht abschlagen, wenn er unerfüllbar ist, etwa um ihn nicht zu enttäuschen oder zu kränken. Dies kann dann, wenn die falsche Aussage herauskommt, beim Gast den Eindruck mangelnder Wahrheitsliebe erwecken. Zudem kann ein Muslim in bestimmten Situationen auch z. B. seine religiöse Identität verleugnen, wenn er Nachteile, gar Bedrohung befürchtet. Da *taqîyya* sich auf den Koran bezieht[5] und bei Schiiten obligatorisch ist, macht auch dieser Umstand Statistiken über Muslime ungenau, da sie ihre Religionszugehörigkeit bei Bedarf angeben oder verschweigen können, ohne gegen Grundsätze ihrer Religion zu verstoßen.
- In allgemeinen Statistiken wie z. B. dem Spiegel-Almanach oder dem Fischer Weltalmanach liegt die Präferenz von Länderübersichten auf Themen wie Bevölkerung, Wirtschaft, Geographie, Politik. Es scheint so, dass die Religionsstatistik bei Neuauflagen nicht immer angemessen gepflegt wird.

Die meisten Muslime in Deutschland haben einen Migrationshintergrund. Daneben gibt es auch in Deutschland zum Islam konvertierte Deutsche[6] ohne Migrationshintergrund, deren Zahlen niemand genau kennt[7], sowie eingebürgerte Muslime. Die immigrierten Muslime stammen ursprünglich aus ca. 40 Ländern. Das Gros von ihnen kommt – in der Reihenfolge der Nennungen – aus der Türkei, aus Bosnien-Herzegowina, dem Irak, Marokko, dem Iran, Af-

---

[5] Koranvers 3:28: „Die Gläubigen sollen sich nicht die Ungläubigen anstatt der Gläubigen zu Freunden nehmen. Wer das tut, hat keine Gemeinschaft [mehr] mit Gott. Anders ist es, wenn ihr euch vor ihnen [d. h. den Ungläubigen] wirklich fürchtet. [In diesem Fall seid ihr entschuldigt.] Gott warnt euch vor sich selber. Bei ihm wird es [schließlich alles] enden". Die Koran-Zitate in diesem Beitrag stammen von Rudi Paret 2004.

[6] Die meisten der zum Islam Konvertierten geben sich dadurch zu erkennen, dass sie ihrem Vornamen einen islamischen Vornamen voranstellen. So wird aus Sven Müller Muhammad Sven Müller. Lediglich dann, wenn der (bisherige) Vorname christlich oder jüdisch konnotiert ist – Christine, David –, besteht zu einem islamischen Vornamen Pflicht.

[7] Das BAMF gibt die Zahl der Konvertiten unter Hinweis auf das Zentralinstitut Islam-Archiv Soest mit 12.000 bis 50.000 an, vgl. BAMF 2007, S. 40.

ghanistan, dem Libanon, Pakistan, Syrien und Tunesien. Sie gehören – wie Angehörige anderer Religionsgemeinschaften auch – den unterschiedlichsten religiösen Richtungen an, sprechen verschiedene Sprachen, haben unterschiedliche Bildungsniveaus, gehören unterschiedlichen sozialen Schichten an und unterscheiden sich hinsichtlich ihrer Aufenthaltsdauer und ihrer Migrationsgründe. Nähere Informationen können entnommen werden:

Sinus Sociovision, Zentrale Ergebnisse der Sinus-Studie über Migranten-Milieus in Deutschland unter: http://www.sinus-institut.de/uploads/tx_mpdown loadcenter/MigrantenMilieus_Zentrale_Ergebnisse_09122008.pdf (31.08.2012).

Berlin-Institut für Bevölkerung und Entwicklung (Hrsg.), Ungenutzte Potentiale. Zur Lage der Integration in Deutschland, Berlin 2009.

In jedem Fall zeichnen sich Menschen durch multiple Existenzen aus, sie sind eigene Individuen, die nicht-, gemäßigt- oder strengreligiös leben, die keine singulären Identitäten sind und die sich als Projektion für gesellschaftliche Zuordnungen oder die Konstruktion eines gesellschaftsfähigen, berechenbaren Subjekts nicht eignen. Das trifft uneingeschränkt auch für Muslime zu. Mithin verkürzen Religionsmerkmale wie „Muslim" die Vielheit und Vielfalt der Menschen islamischen Glaubens in unzulässiger Weise. Zudem gewinnt mit Angriffen auf einen Teil ihrer Identität, hier der religiösen, dieser Teil eine übermächtige Bedeutung und kann für manche Muslime, selbst für liberale, so wichtig werden, dass er unter allen Umständen verteidigt werden muss.

Amartya Sen, Die Identitätsfalle. Warum es keinen Krieg der Kulturen gibt, München 2006.

Levent Tezcan, Das muslimische Subjekt: Verfangen im Dialog der Deutschen Islam Konferenz, Konstanz 2012.

Gerade die Religionszugehörigkeit macht deutlich, dass jeder Mensch zufällig in ein geographisches wie religiöses Umfeld hineingeboren wird, mithin mehr oder weniger zufällig als Christ, Jude oder Muslim aufwächst.[8] Muslime in Deutschland leben überwiegend in den alten Bundesländern, wohl insbesondere deshalb, weil dort eine höhere Nachfrage nach Arbeitskräften besteht:

---

[8] An dieser Stelle kann das „islamische Konzept von der Natur des Menschen" (*fitra*) ausgespart werden, nach dem jeder Mensch als „Ergebener" (Muslim) geboren wird, unabhängig von der Religion seiner Eltern.

Tab. 1: Verteilung der Muslime auf die Bundesländer[9]

Bundesland	Muslime in Prozent	Gesamt
Baden-Württemberg	16,6	
Bayern	13,2	
Berlin	6,9	
Bremen	1,6	
Hamburg	3,5	
Hessen	10,3	
Niedersachsen	6,2	
Nordrhein-Westfalen	33,1	
Rheinland-Pfalz	4,0	
Saarland	0,8	
Schleswig-Holstein	2,1	98,4 %
Brandenburg	0,1	
Mecklenburg-Vorpommern	0,1	
Sachsen	0,7	
Sachsen-Anhalt	0,4	
Thüringen	0,2	1,6 %

Die durch Lebenswelten (Lebensstil, Wohnung, Kleidung, Mediennutzung (z. B. bevorzugte Fernsehsender, Filme, Zeitungen und Zeitschriften), soziale Kontakte, Freundschaften, Vereinsmitgliedschaften, politische Einstellungen etc.), Wertorientierung und soziale Lage geprägten Lebensauffassungen von Muslimen in Deutschland sind nicht eindimensional auf das Religionsmerkmal zurückzuführen, Muslime sind also nicht als homogene Gruppe zu begreifen. Religion und Herkunft bzw. Zuwanderungsgeschichte beeinflussen zwar ihren Alltag, sind aber letztlich nicht als solitäre identitätsprägende Faktor zu verstehen.

Gleichwohl führen mangelhaft sprachlich-sozialer Austausch mit anderen Milieus, etwa mit nichtmuslimischen und deutschsprachigen, bevorzugter nichtdeutscher Medienkonsum sowie weitere Aspekte, auf die noch eingegangen wird, dazu, dass sich „das Eigene" in Abgrenzung zum „Fremden" sieht und Ge-

---

[9] Tabelle 1 wurde entnommen und vom Verfasser neu zusammengestellt: BAMF 2009, S. 107. Für die der Tabelle zugrunde liegende Hochrechnung wandte das BAMF das in den Sozialwissenschaften übliche Verfahren der Berechnung von Konfidenzintervallen an. Das Intervall deckt hierbei den Zahlenbereich ab, in dem der gesuchte Populationswert mit einer vorgegebenen Wahrscheinlichkeit vermutet werden kann, d. h. das Konfidenzintervall hat eine gewisse Breite, die von der Irrtumswahrscheinlichkeit abhängt.

meinsamkeiten eher ausgeblendet werden. Solche Entwicklungen sind zudem Nährboden für wechselseitige Radikalisierungsprozesse.

Brettfeld, Katrin und Wetzels, Peter, Muslime in Deutschland. Integration, Integrationsbarrieren, Religion und Einstellungen zu Demokratie, Rechtsstaat und politisch-religiös motivierter Gewalt. Ergebnisse von Befragungen im Rahmen einer multizentrischen Studie in städtischen Lebensräumen. Im Auftrag des Bundesministeriums des Innern, Berlin 2007.

BMI – Bundesministerium des Innern (Hrsg.), Lebenswelten junger Muslime in Deutschland. Ein sozial- und medienwissenschaftliches System zur Analyse, Bewertung und Prävention islamistischer Radikalisierungsprozesse junger Menschen in Deutschland, Bonn 2011, veröffentlicht 2012.

Religiöse Grundlage für alle Muslime sind Koran und Sunna. Von Muslimen wird der Koran als Wort Gottes, als verbindliche Rechtleitung, Belehrung, Urteilshilfe, praktische Anweisung und als „Zusammenfassung aller religiösen Lehren aller Zeiten" angesehen. Demnach gilt er als unverfälscht, unveränderbar und ewig gültig. „Er ist die *Rechtleitung* für alle Menschen und enthält sämtliche Anweisungen und Hilfen, die sie benötigen, um ein Gott gefälliges Leben führen zu können."[10] Als weitere Glaubensquelle gilt die islamische Tradition, die Sunna, die Aussagen Mohammeds sowie Berichte über seine Handlungsweisen in sog. *Hadîthe*-Sammlungen aufführt. Beide Quellen sind für das Leben von Muslimen wichtig, die *Hadîthe* sind für deren Alltag vielleicht sogar die bedeutendere Grundlage. Gemeinsam bilden sie u. a. die Basis für die „fünf Säulen des Islam" und können zu konkreten Alltagsfragen – ganz im Sinne eines Katechismus für Katholiken – durch einen *Ilmihal* ergänzt werden.

Ziele islamischer Religion sind die Generierung von Sinn durch den Islam sowie der Aufbau einer rechtschaffenen islamischen Gesellschaft. Insofern steuert die Religion alle Teilbereiche des Tagesablaufs gläubiger Muslime und soll die Werte Glaube, Verstand, Ehre, Ansehen und Vermögen schützen.

Rudi Paret, Der Koran, Stuttgart 2004, 9. Auflage.

Adel Theodor Khoury (Hrsg.), Der Koran. Erschlossen und kommentiert, Düsseldorf 2006.

---

[10] Sic!, Ursula Spuler-Stegemann 2007, S. 45.

Adel Theodor Khoury (Hrsg.), Der Hadîth. Urkunde der islamischen Tradition, ausgewählt und übersetzt. Band I: Der Glaube, München 2009.

Adel Theodor Khoury (Hrsg.), Der Hadîth. Urkunde der islamischen Tradition, ausgewählt und übersetzt. Band II: Religiöse Grundpflichten und Rechtschaffenheit, München 2009.

Untersuchungen über Religiosität, religiöse Praxis und die Bedeutung der Religion im Alltag von Muslimen in Deutschland konzentrierten sich im Kern bis zum Beginn dieses Jahrtausends auf Aspekte des Betens, des Besuchs von Moscheen sowie auf Einschätzungen der individuellen Bedeutung der Religion. Die Forschung wandte sich erst spät – und kontrovers – dem monotheistischen Religionen inhärenten Alleinstellungsmerkmal zu, das nicht zwischen dem Einen und den vielen Göttern, sondern zwischen „wahr" und „falsch" unterscheidet, zwischen Glaube und Unglaube. Damit rückten normative Gebäude, Richtlinien, Dogmen, Lebens- und Heilslehren der „Heiligen Bücher", in diesem Fall der schariatischen Teile der islamischen Quellen, in den Blick und die mit ihnen verbundenen Energien, die sich gegen eigene Glaubensanhänger, gegen „Häretiker" und „Ungläubige" richten. Einerseits übernehmen Religionen damit die klassischen Funktionen von Wertebegründung, Orientierung und Wir-Gefühl. Andererseits erwachsen daraus für den Islam in Deutschland Ablehnungen durch Nichtmuslime, die sich z. B. aus praktiziertem muslimischem Leben ergeben und die zum Teil bis heute ungelöst sind. Dabei geht es um Deutungsmuster des Andersseins, um Fremdheit, um Unterschiede in den Verhaltensweisen und um Fragen nach dem Verständnis gemeinsamer Werte bei kulturellen Unterschieden. Gerade im Alltag erfolgt inzwischen die Bewertung des Islam und seiner Erscheinungs- und Präsentationsformen häufig zentriert im Hinblick auf seine Verträglichkeit mit der Mehrheitsgesellschaft. Ob Muslime integrierbar und integrationsfähig sind, gerät so zu einem Kriterium der Beschreibung von religiöser Heterogenität als tolerierbarer Differenz oder gefährlicher Devianz. Mit diesen Fragestellungen hält auch die Rechtswissenschaft Einzug in die Islamdebatte in Deutschland:

Friedrich-Ebert-Stiftung (Hrsg.), Religion und säkularer Staat Perspektiven eines modernen Religionsgemeinschaftsrechts, in: Policy. Politische Akademie Nr. 20, Berlin 2007.

Bertelsmann Stiftung (Hrsg.), Religionsmonitor 2008. Muslimische Religiosität in Deutschland. Überblick zu religiösen Einstellungen und Praktiken, Gütersloh 2008.
Mathias Rohe, Das islamische Recht, München 2009.
Markus Gamper, Islamischer Feminismus in Deutschland? Religiosität, Identität und Gender in muslimischen Frauenvereinen, Bielefeld 2011.

Muslime leben in Deutschland in der Diaspora. Sie verarbeiten ihr Fremdsein sowie Erfahrungen in Deutschland oftmals durch Wiederbelebung der mitgebrachten Religion und halten sich an Hergebrachtem und Überliefertem fest, in der Hoffnung, dass diese ihnen ein Gefühl der Sicherheit in Fragen kultureller und erzieherischer Werte vermitteln. Dass eine Transmission eigenkultureller Standards unter Migrationsbedingungen allerdings oftmals keine Hilfe darstellt, zeigt der Konflikt, den gerade junge Muslime erleben, wenn sie ein koordiniertes Handeln zwischen Generationen und Kulturen herzustellen versuchen. Gerade sie müssen in ihrem Alltag in Deutschland erkennbar konkurrierende Anerkennungsmodi synthetisieren, die sich hinsichtlich der kulturellen Codes sowie unterschiedlicher Anforderungen an Rollenverhalten in Familie und Schule/Beruf stark unterscheiden. Zumal leben junge Muslime zwischen zwei Kulturen mit divergierenden Erwartungen, die bei ihnen zu Symptomen einer Identitätskrise führen können. Religionen scheinen hier geradezu auf die Beantwortung der Identitätsfrage spezialisiert zu sein, zumal sie auf die Möglichkeit verweisen können, Kontingenz durch die Akzeptanz ihrer Normen herzustellen und so Komplexität zu reduzieren. Das ist einer der Ansatzpunkte für die islamischen Verbände, aus ihrer institutionellen Dominanz Einfluss auf muslimische Gläubige zu nehmen. Zu nennen sind als größte Dachverbände:

- DİTİB (*Diyanet İşleri Türk İslam Birliği* – Türkisch-Islamische Union der Anstalt für Religion e. V.) ist mit ca. 150.000 Mitgliedern der größte islamische Verband in Deutschland, untersteht als türkische Behörde unmittelbar der Regierung der Republik Türkei und vertritt mithin den türkisch-nationalen Staatsislam.
- Der Islamrat der Bundesrepublik Deutschland wird von IGMG dominiert, der Islamischen Gemeinschaft *Milli Görüş* („Nationale Sicht"). Der Islamrat hat insgesamt ca. 50.000 Mitglieder. In ihrem Wappen führt IGMG in ara-

bischer Sprache den Koranvers 3:19: „Als (einzig wahre) Religion gilt bei Gott der Islam."
- Der Zentralrat der Muslime (ZMD) vertritt mit ca. 12.000 Mitgliedern eine Reihe von türkischen und nicht-türkisch geprägten Mitgliedsvereinen, die z. T. eine strenge Auslegung der Scharia befürworten.[11]
- Der Verband der Islamischen Kulturzentren e. V. (VIKZ) mit knapp 30.000 Mitgliedern steht der *Süleymancı*-Bewegung nahe und ist streng hierarchisch und zentralistisch organisiert. Der Name des türkischen Dachverbandes des VIKZ, die „Föderation der Vereine zur Förderung der Schüler und Studenten", beschreibt programmatisch die Aktivitäten des VIKZ im Sinne der *Süleymancı*: Bewahrung der Jugend vor dem Verlust islamischer Glaubenslehre und religiöser Identität in einem nicht-muslimischen Umfeld. Entsprechend betreibt der VIKZ in Deutschland Kinder- und Jugendheime.

Die Verbände unterhalten Moscheen in Deutschland und stellen dazu Imame an. Die gemeinsame zentrale politische Forderung der Verbände ist die Anerkennung des Islam als gleichberechtigte Religionsgemeinschaft in Deutschland, d. h. die Gleichstellung mit den christlichen Kirchen. Dieses wollen sie u. a. durch den Zusammenschluss zum „Koordinierungsrat der Muslime" (KRM) sowie durch die Anerkennung als Körperschaft des öffentlichen Rechts erlangen. Die Verbände möchten in Deutschland islamische Riten praktizieren, Moscheen und Friedhöfe bauen und islamischen Religionsunterricht in Schulen erteilen. Zu islamischen Organisationen und Dachverbänden sowie zu Imamen und dem islamischen Gemeindeleben in Deutschland geben die folgenden Titel vertiefende Informationen:

Thomas Lemmen, Islamische Vereine und Verbände in Deutschland, in: Friedrich-Ebert-Stiftung (Hrsg.), Gesprächskreis, Migration und Integration, Bonn 2002.

Rauf Ceylan, Die Prediger des Islam. Imame – wer sie sind und was sie wirklich wollen, Bonn 2010.

---

[11] Die hier nicht näher beschriebene Islamische Gemeinschaft in Deutschland e. V. – IGD – kooperiert mit dem ZMD und agiert nicht in jedem Bundesland.

Dirk Halm, Martina Sauer, Jana Schmidt und Anja Stichs, Islamisches Gemeindeleben in Deutschland, in: Bundesamt für Migration und Flüchtlinge, Forschungsbericht 13, im Auftrag der Deutschen Islam Konferenz, Nürnberg 2012.

Politik der Verbände ist es zudem, „den" Islam in der Öffentlichkeit sichtbar werden zulassen, sei es durch repräsentative Moscheebauten oder Stellungnahmen zu gesellschaftspolitischen Fragen sowie Rechtshilfen bei (medienwirksamen) Konflikten wie dem Tragen islamischer Bedeckungen durch Frauen in Behörden und Schulen, dem Einfordern von Gebetsräumen in Schulen, der Weigerung, an Klassenfahrten oder koedukativem Sportunterricht teilzunehmen, der Anerkennung von islamischen Festtagen als gesetzliche Feiertage, der Rücksichtnahme von Schulen und Berufsfeld im Ramadan u. a. m.[12]

Klaus Spenlen, Schulische Wege zur Integration muslimischer Schülerinnen und Schüler, in: Heiner Barz (Hrsg.), Migration und Bildung. Sozialwissenschaftliche und integrationspolitische Perspektiven, Düsseldorf 2011, S. 43–76.

Die Verbände sind auch durch die Moscheegemeinden und Koranschulen an der islamischen Erziehung beteiligt. Weitere Sozialisations- und Erziehungsinstanzen sind Familien sowie Schulen, in denen muslimische Kinder und Jugendliche die Grundlagen ihrer Religion in der „Islamkunde" vermittelt bekamen und die zukünftig durch Islamischen Religionsunterricht ersetzt werden wird.

Der Islam versteht sich als bildungsfreundlich und stellt die Einheit von Glaube und Erziehung heraus (Sure 96, die den sog. Selbstbildungsauftrag („Trag vor im Namen Deines Herrn") enthält sowie der vermeintliche *Hadîth* „Strebe nach Wissen, sei es auch in China"). Ziel der hierarchischen und traditionsorientierten islamischen Erziehung ist idealerweise das ehrerbietige, loyale und gehorsame Familienmitglied, das Eltern und Verwandten sowie älteren Geschwistern Respekt und Folgsamkeit entgegenbringt und die Familie unterstützt. Geschlechts- und Altersrollen sind asymmetrisch angelegt. Das traditionelle Männerbild entspricht einem Patriachat mit starren hierarchischen Strukturen und dem Vater als Hüter und Verteidiger der Familie. Ihm obliegt es, die

---

[12] Vgl. die umfassende und systematische Aufarbeitung religiös-islamischer Konfliktfelder in: Klaus Spenlen 2010, S. 332–388.

Familienehre aufrechtzuerhalten. Sein Ansehen erarbeitet er sich anhand seiner Handlungen, die einen hohen Stellenwert innerhalb der Gemeinschaft einnehmen. Das gesamte gesellschaftliche Leben der Familie bestimmt der Mann, alle Aktivitäten außerhalb des Haushalts und der Familie liegen in seinem Geltungsbereich. Demgegenüber wird der Frau die Rolle als Hausfrau und Mutter zugewiesen.[13] Sie hat eine niedrigere Rangposition als ihr Mann und wird zu Gehorsam erzogen. Der Erhalt ihrer Ehre und die Einhaltung des strengen Normen- und Wertesystems sind die wichtigsten Säulen ihres Verhaltens.[14]

Die Ehre, die auf Ungleichheit der Geschlechter beruht, wird in manchen Familien als soziale Kapitalform stilisiert. Soziale Diskriminierung aus dem Umfeld ist Grund genug, unter allen Umständen die Ehre wiederherzustellen, um die Achtung und den Respekt der Familie und Gesellschaft zurück zu erlangen. In traditionell-islamischen Familien wird die Ehre eines Mannes als abhängig vom moralischen und respektablen Verhalten seiner weiblichen Familienmitglieder gesehen. Sittsames Verhalten der Frauen begründet die männliche Ehre. Deshalb fällt dem Mann die Aufgabe zu, die Frauen in seiner Familie zu kontrollieren und in der Öffentlichkeit dafür die Verantwortung zu tragen. „Die Ehefrau stellt die größte Gefahr für die Ehre des Mannes dar, da sie es ist, welche die Ehre am nachhaltigsten ruiniert"[15] und selbst nicht wiederherstellen kann. Die Autoren der folgenden Publikationen haben Einblick in Familien, die traditionell-islamisch erziehen:

> Halil-Haci Uslucan, Religiöse Werteerziehung in islamischen Familien, erstellt im Auftrag des Bundesministeriums für Familie, Senioren, Frauen und Jugend, Berlin 2008.
>
> Aladin El-Mafaalani und Ahmet Toprak, Muslimische Kinder und Jugendliche in Deutschland. Lebenswelten – Denkmuster – Herausforderungen, in einer Veröffentlichung der Konrad-Adenauer-Stiftung, Sankt Augustin 2011.
>
> Ahmet Toprak, Unsere Ehre ist uns heilig. Muslimische Familien in Deutschland, Freiburg 2012.

---

[13] Vgl. den *Hadîth* „Das Paradies liegt unter den Füßen der Mütter", der die Erziehungsrolle der Mütter betont (nach Musnad Ahmad, Sunan An-Nasâ'i, Sunan Ibn Mâjah).

[14] Vgl. Aladin El-Mafaalani und Ahmet Toprak 2011, S. 57 ff. und 41 ff.

[15] Norbert Falthauser 2006, S. 81.

Zum Religionsmerkmal „Muslim" werden gelegentlich von Nichtmuslimen Diskurse über Eugenik und krude Bevölkerungspolitik angestoßen. Als Beispiel mag das meistverkaufte deutschsprachige und „erfolgreichste Hardcover Buch des Jahrzehnts" gelten, Thilo Sarrazins „Deutschland schafft sich ab". Da er in diesem Buch von der Erblichkeit der Intelligenz ausgeht und sich damit in die Kritikerriege einreiht, die „dem Islam" Rückständigkeit unterstellt, ist es notwendig, dies mit Hilfe von Kurzinformationen über Bildungsbeteiligung und Bildungserfolg von Muslimen zu beleuchten. Die wichtigste: Von der vermeintlichen oder tatsächlichen Rückständigkeit des Islam auf eine eingeschränkte Intelligenz von Muslimen zu schließen, ist ähnlich unsinnig wie die Schlussfolgerung zu ziehen, je größer die Einwohnerzahl eines Landes sei, desto höher müsse deren „Brain-output" sein.

Die einschlägige Fachliteratur fokussiert bei Fragen nach Bildungserfolgen durchweg auf unterschiedliche Gruppen: Migranten allgemein sowie Migranten unterschieden nach Herkunft und/oder Religion. Die jeweiligen Zuordnungen machen es schwierig, in Teilbereichen, in denen Aussagen über die genannten Bevölkerungsgruppen gemacht werden, isolierte Aussagen über Muslime herauszufiltern. Dennoch sind diejenigen Forschungsergebnisse, die Jugendlichen mit Migrationshintergrund geringen Schulerfolg attestieren, hinreichend diskutiert worden. Daher ist bekannt, dass die Hälfte der Schülerinnen und Schüler mit türkischen Wurzeln, also in der Mehrzahl Muslime, in ihren Mathematik- und Lesekompetenzen nicht über die niedrigste Kompetenzstufe hinauskommt, im Bereich „Sprachkompetenz" besonders geringe Leistungen aufweist und lediglich knapp ein Drittel von ihnen im Alltag vorwiegend Deutsch spricht, obwohl sie in Deutschland geboren und zur Schule gegangen sind.

Eine Ursache für geringen Bildungserfolg sind in Erschwernissen und Benachteiligungen von Kindern und Jugendlichen mit Migrationshintergrund durch Lehrkräfte sowie das System Schule zu suchen. Bei der Erklärung unterschiedlicher Bildungserfolge kann zudem das humankapitaltheoretische Modell herangezogen werden. Es erklärt den Bildungserfolg von Kindern und Jugendlichen mit deren familiärer Sozialisation, bei der Eltern ihren Kindern Wissen und Fertigkeiten vermitteln, die den Erfolg im Bildungssystem offensichtlich beeinflussen. Tatsächlich verfügen empirischen Untersuchungen zufolge Migrantenfamilien in Deutschland im Durchschnitt über weniger bildungsrelevante Ressourcen als nicht zugewanderte Familien und sprechen zudem selten Deutsch. Dies gilt insbesondere für Jugendliche, deren Familien aus der Türkei stammen. Beide Sachverhalte verdeutlichen, dass schulisch nicht reüssierende muslimische Kinder und Jugendliche zwar ggf. durch ihre Eltern vom Bildungserfolg abgehalten werden, dass aber auch die Bildungssysteme Distanz zwischen ihnen und ihren Angeboten aufbauen. Dabei sind sich die meisten Muslime bewusst, dass sich ihre Etablierung in Deutschland wesentlich über eine gute Bildung vollzieht. Viele von ihnen haben deshalb einen ausgeprägten Bildungsoptimismus – trotz struktureller Hürden, Informationsdefiziten und Fehleinschätzungen über das Erreichbare.

Weitere familiengeprägte Werteorientierungen können ebenfalls ursächlich für mangelnden Bildungserfolg sein. Zwar leben türkischstämmige Muslime traditioneller als die Mehrheitsbevölkerung und selbst als Muslime aus anderen Herkunftsländern, zeigen aber kaum Unterschiede zur sonstigen Bevölkerung hinsichtlich gesellschaftlicher Werte wie familiärer Zusammenhalt, Freundschaft, Respekt gegenüber Lebensleistungen, anderen Religionen und Kulturen, Gesetz und Ordnung etc. Diese Ergebnisse sowie die nachfolgenden Literaturhinweise unterstreichen generelle Vorbehalte gegenüber sog. „Ethnic-Marker":

Deutsches PISA-Konsortium (Hrsg.), PISA 06. Pisa 2006 in Deutschland. Die Kompetenzen der Jugendlichen im dritten Ländervergleich, Münster 2008.

Heike Diefenbach, Kinder und Jugendliche aus Migrantenfamilien im deutschen Bildungssystem. Erklärungen und empirische Befunde, Wiesbaden 2007.

Klaus Spenlen, Integration muslimischer Schülerinnen und Schüler. Analyse pädagogischer, politischer und rechtlicher Faktoren, Münster 2010.

Autorengruppe Bildungsberichterstattung im Auftrag der Kultusministerkonferenz und des Bundesministeriums des Innern, Bildung in Deutschland 2012. Ein indikatorengestützter Bericht mit einer Analyse zur kulturellen Bildung im Lebenslauf, Bielefeld 2012.

Zu den Faktoren Erziehung/Bildung kommt als weitere zentrale Instanz gegenseitiger gesellschaftlicher Verantwortung der Bereich Arbeit/Beruf hinzu. Er ist mit den vorigen durch die Frage, ob und wie Chancengleichheit verwirklicht wird, eng verknüpft zu sein. Und Chancengleichheit realisiert sich unabhängig von der sozialen oder ethnischen Herkunft oder dem Religionsmerkmal. Von diesem gesellschaftlichen Ziel scheint Deutschland – nicht nur im Bereich des Arbeitsmarktes – noch weit entfernt zu sein:

> Auswertungen der *BIBB-Übergangsstudie* zeigen: Jugendliche mit Migrationshintergrund haben nach Beendigung der allgemeinbildenden Schule ein ebenso hohes Interesse an einer Berufsausbildung wie einheimische Jugendliche. Dies gilt auch bei einer Differenzierung nach Schulabschlüssen. Bei den angewandten Strategien der Ausbildungsplatzsuche gibt es gleichfalls keine wesentlichen Unterschiede zwischen beiden Gruppen, auch nicht bei Berücksichtigung der schulischen Voraussetzungen. Dennoch sind die Chancen von nichtstudienberechtigten SchulabsolventInnen mit Migrationshintergrund, rasch nach Schulende in eine vollqualifizierende Ausbildung einzumünden – selbst mit den gleichen schulischen Voraussetzungen – wesentlich geringer. Erheblich häufiger durchlaufen SchulabgängerInnen aus Migrantenfamilien daher schwierige und langwierige Übergangsprozesse bei der Suche nach einer beruflichen Ausbildung.[16]

Das bedeutet, dass Migranten, mithin auch ein Teil der Muslime, trotz gleicher formaler Qualifikation sowie vergleichbaren Bemühungen um einen Arbeitsplatz gegenüber anderen Bewerbern durchweg als Verlierer übrigbleiben. Hier kann als ein Grund Diskriminierung aufgrund von Religion oder Herkunft vermutet werden:

> Antidiskriminierungsstelle des Bundes (Hrsg.), Benachteiligungserfahrungen von Menschen mit und ohne Migrationshintergrund im Ost-West-Vergleich. Expertise des Sachverständigenrates deutscher Stiftungen für Integration und Migration, Berlin 2012.

Die Universität Konstanz und das Institut zur Zukunft der Arbeit (IZA) bestätigen in einer Studie, dass trotz Antidiskriminierungsgesetz und allgemein wachsender Integrationsbereitschaft Stellenbewerber mit ausländischen Wurzeln auf dem deutschen Arbeitsmarkt noch immer eklatant benachteiligt werden. Dazu hatten sie in einem Feldversuch über tausend Bewerbungen auf Praktikumsstellen für Wirtschaftsstudierende verschickt. Sie verwendeten inhaltlich gleichwertige Bewerbungsunterlagen, denen per Zufall ein Name eindeutig deutscher oder türkischer Herkunft zugeordnet wurde. Die fiktiven Bewerber hatten nicht nur vergleichbare Qualifikationen und Fähigkeiten, sondern waren

---

[16] Sic!, Ursula Beicht und Mona Granato 2009, S. 2.

zudem ausnahmslos deutsche Staatsbürger und Muttersprachler. Das Ergebnis: Bewerber mit türkischen Namen erhielten insgesamt 14 % weniger positive Antworten.

Leo Kaas und Christian Manger, Ethnic Discrimination in Germany's Labour Market: A Field Experiment, in: Forschungsinstitut zur Zukunft der Arbeit / Institute for the Study of Labor, Discussion Paper No. 4741, Konstanz 2010, unter: http://ftp.iza.org/dp4741.pdf.

Bisher wurden außerdem Abschlüsse, die im Ausland erworben worden waren, in Deutschland nicht als gleichwertig mit hier erworbenen Abschlüssen anerkannt. Diese Praxis soll sich mit dem Anerkennungsgesetz vom 1. April 2012 ändern, das offensichtlich dem Arbeitskräftemangel in Deutschland geschuldet ist. Erfahrungen mit dem neuen Gesetz liegen noch nicht vor, weil es erst am 1. Dezember 2012 in Kraft getreten ist.

Dass Frauen, zumal kopftuchtragende Muslima, von all diesen Nachteilen in besonderem Maße betroffen sind, wird ausdrücklich betont.

Zudem wandern jährlich hochqualifizierte Akademiker mit Migrationshintergrund, unter ihnen viele Muslime, aus, weil sie in Deutschland bei Bewerbungen nicht ihren Abschlüssen entsprechend berücksichtigt werden – in anderen Ländern werden sie hingegen umworben. So kommt es dazu, dass z. B. Muslime mit deutschem Pass in die Heimat ihrer Vorfahren auswandern, in der sie nicht geboren wurden und die sie lediglich von Besuchsaufenthalten kennen. Politik und Wirtschaft problematisieren vor dem Hintergrund eines drohenden Fachkräftemangels und der zuletzt rückläufigen Zuwanderung die Auswanderung Hochqualifizierter als „Brain-Drain". Die folgende Literatur ermöglicht vertiefende Einblicke:

Bettina Englmann, Standards der beruflichen Anerkennung. In: Aus Politik und Zeitgeschichte, H. 44/2009, S. 19–24.

Arnd-Michael Nohl und Anja Weiß, Jenseits der Greencard: Ungesteuerte Migration Hochqualifizierter. In: Aus Politik und Zeitgeschichte, H. 44/2009, S. 12–18.

Yasar Aydin, Der Diskurs um die Abwanderung Hochqualifizierter türkischer Herkunft in die Türkei, in: Hamburgisches WeltWirtschaftsInstitut (Hrsg.), HWWI Policy Paper 3–9, Hamburg 2010.

Abschließend wird ein Blick auf den sog. „Arabischen Frühling" gewagt, der als Vorbote großer Umgestaltungen im Nahen Osten und teilweise auch in außernahöstlichen Staaten gedeutet werden kann und die nachkoloniale Welt der überwiegend willkürlichen Staatenbildungen zusammenbrechen lassen wird. An dieser Stelle wird er als Beispiel für das Eingebundensein nationaler Gesellschaften in den globalen Austausch via Internet zu politischen und gesellschaftlichen Veränderungen herangezogen. Wie islamisch ist dieser Arabische Frühling? Welche Auswirkungen kann er auf islamische Gemeinschaften, auf die Region, gar auf die Gesellschaft in Deutschland haben?

Zunächst: Die Betonung der Einheit Gottes im Islam ist Motor der *Umma*, die seit Mohammed als Vorstellung von der Einheit der islamischen Gemeinschaft als Idealbild und Motivation fortbesteht. Das erklärt, weshalb Muslime Anteil nehmen an Entwicklungen von islamischen Gemeinden außerhalb der eigenen Community. Zudem haben sich durch Migrationsströme und technische Vernetzungen transnationale soziale Räume gebildet, auch innerhalb des Islam, sog. *virtual communities*, die die Ortsbindungen von Gemeinschaften aufheben. Diese Grenzübertritte haben für alle gesellschaftspolitischen Bereiche Konsequenzen.

Informationsgesellschaften zeichnen sich dadurch aus, dass sie gemeinsame transnationale Interessen mit nationalen wie internationalen Akteuren zu lösen versuchen, wobei Führungsriegen auch in politische Entscheidungen der Nationalstaaten eingreifen – und transnational zurückwirken, indem sie aus strategischen Gründen lokal Lösungen erproben, die ggf. andernorts als Blaupausen dienen. Veränderungen wirtschaftlicher, politischer und sozialer Strukturen hier oder andernorts charakterisieren ein Weltsystem, das das Bild gegeneinander abgeschlossener Einzelgesellschaften durch ein Bild ersetzt, in dem Gesellschaften, Kulturen und Individuen miteinander vernetzt sind und darüber voneinander lernen. Neben der Globalisierung findet in einem dialektischen Prozess also zugleich eine Lokalisierung statt. Im Rahmen der Dialektik von Globalisierung und Lokalisierung bestehen Universalismus und Partikularismus nebeneinander und beeinflussen sich gegenseitig.[17]

---

[17] Als Neologismus wird inzwischen dafür der Begriff „Glokalisierung" verwendet, der Roland Robertson zugerechnet wird.

Das gilt auch, vielleicht in besonderem Maße, für die *Umma*, die Weltgemeinschaft der Muslime. Was sich also in der arabischen Welt unter dem Label „Arabischer Frühling" ereignet, interessiert und berührt Muslime weltweit. Deshalb achten auch Muslime in Deutschland sehr genau darauf, wie deutsche oder „westliche" Politiker sich zu den Veränderungen in den Transformationsstaaten der arabischen Welt verhalten. Der Arabische Frühling konnte sprießen, weil sich die dortigen Akteure Glaubwürdigkeit als strukturellen Vorteil gegen bestehende Herrschaftsstrukturen erwerben konnten. Die Veränderungen verdeutlichen daher säkularen und pluralen Gesellschaften die Notwendigkeit, lokal wie global ihre Werte mit ihren Interessen in Einklang zu bringen, um glaubwürdig alternative Gesellschaftskonzepte aufzuzeigen. D. h., Menschenrechte und Grundwerte sind unteilbar, gelten universell und müssen über nationale Grenzen hinaus zur Geltung gebracht werden. Und dies selbst dann, wenn die Gesellschaft mit bis dato „fremden" Begehren konfrontiert wird oder diese eigenen Interessen zuwiderlaufen. Und Muslime achten auch auf den Sprachgebrauch, der Akteure des Arabischen Frühlings bislang nach Bedarf als Demokraten, gemäßigte/moderate (sic!) Islamisten, Fundamentalisten, Salafisten, Angehörige islamistischer/terroristischer Organisationen u. a. m. und die politischen Entwicklungen wahlweise als Verwirklichung des Selbstbestimmungsrechts der Völker, als demokratische Bewegungen, als Aufstand gegen Despoten, Bürgerkriege, Religionskriege, finale Lösung des Nahostkonflikts usw. bezeichnen.[18] In jedem Fall scheinen in diesen Regionen religiös-politische Auseinandersetzungen zwischen islamisch-politischen Kontrahenten sowie mit christlichen, jüdischen und weiteren religiösen Minderheiten unausweichlich, und es ist zudem zu erwarten, dass diese Entwicklungen auch das Verhältnis von Muslimen zu Nichtmuslimen in Deutschland beeinflussen und wechselseitigen Irritationen, Vorurteilen und Ablehnungen Vorschub leisten werden.

Wer derzeit (November 2012) die Entwicklungen in Ägypten verfolgt, dem muss klar werden, dass Fortschritt, Modernisierung, Gemeinschaft, Bedürfnisbefriedigung, Teilhabe usw. dort wie in anderen Staaten des sog. Arabischen Frühlings nicht von politischer Theoriebildung oder den Wünschen der Bevöl-

---

[18] Vgl. zum Sprachgebrauch im Kontext von „Islam" den Beitrag von Nina Kalwa (S. 139–158) in diesem Sammelband.

kerung, sondern durch Beschwörung der ersten islamischen Gemeinschaften unmittelbar aus den islamischen Quellen Koran und Sunna abgeleitet werden. Dafür sorgen allein die parlamentarischen oder strategischen Mehrheiten von Muslimbrüdern, Salafisten und anderen fundamental-islamischen Gruppierungen. Sie alle behaupten, die Probleme der Menschheit könnten gelöst werden, wenn die Welt die Einheit und Einzigkeit Gottes (*tauḥīd*) anerkennen würde. Mithin sind die von westlichen Politikern und einem Teil der Presse verwendeten Zuschreibungen wie Demokratie, Marktwirtschaft, Säkularisierung, Freiheitsbewegung usw. Euphemismen und auf den Arabischen Frühling bezogen unzutreffend. Und mit (Etappen-)Siegen der radikalen Islamisten dort erstarken konservative islamische Kräfte und Organisationen auch in Deutschland.

Informationen sind der einzige Weg, sich mit Ängsten und überzogenen Erwartungen auseinanderzusetzen. Einen aktuellen Einblick zu den gerade erst begonnenen politischen, demografischen, ethnologischen und theologischen Entwicklungen in der arabischen Welt vermitteln:

Emmanuel Todd, Frei! Der arabische Frühling und was er für die Welt bedeutet, München 2011.

Bundeszentrale für politische Bildung (Hrsg.), Arabische Zeitenwende. Aufstand und Revolution in der arabischen Welt. Schriftenreihe Band 1243, Bonn 2012.

Eine entscheidende Frage zur Zukunft Deutschlands wird diejenige sein, wie Muslime hier wahrgenommen werden können und wahrgenommen werden wollen. Werden die Ressourcen von Menschen mit Migrationshintergrund, mithin auch diejenigen vieler Muslime, in Deutschland weiterhin unterschätzt oder anerkannt? Richten sich die Blicke auch zukünftig eher auf Problemlagen und fokussieren sie auf Arbeitslosigkeit, Transferleistungen und Zwangsheirat? Wie können Pauschalierungen aus der Defizitperspektive als Irrtum oder Demagogie enttarnt werden? Was kann die gesamte Gesellschaft gegen einseitige Berichterstattungen in den Medien über Muslime oder „den" Islam unternehmen, in denen deren Rollen als Opfer oder Täter verfestigt werden?[19] Was können Schulen, Jugendeinrichtungen und Eltern leisten, um Präferenzen muslimischer

---

[19] Vgl. exemplarisch Sabine Schiffer 2010.

Kinder und Jugendlicher beim Medienkonsum auf deutsche Sender zu richten? Welchen Beitrag an Transparenz können Muslime über sich und ihren Glauben beisteuern? Welche Optionen haben sie, um sich einem Wohnen in ethnisch verdichteten Wohnquartieren zu entziehen? Welche Strategien müssen Muslime entwickeln, um Loyalitätseinforderungen ihrer Community zu Lasten der Gesamtgesellschaft abzuwehren? Welche alternativen Strategien zu „Rückzug in die eigene Community" und „Extremismus" stehen Muslimen zur Verfügung, wenn sie Ablehnung und Diskriminierung erfahren? Müssen sich Muslime bei Bedarf und immer wieder neu von extremistischen oder islamistischen Aktivitäten öffentlich distanzieren? Wenn ja: Wer soll sich erklären? Können von demselben Personenkreis bei gesellschaftlichen Krisen regelmäßig Loyalitätsadressen an die Mehrheitsgesellschaft erwartet werden? Warum tolerieren viele Muslime, dass die Dachverbände als ihr Sprachrohr wahrgenommen werden, obschon höchstens 20 % von ihnen Mitglied sind und lediglich – von DİTİB als türkischer Behörde in Deutschland abgesehen – nur ca. 19 % der Muslime die Verbände kennen und sich noch weniger – ca. 3,5 % – durch sie vertreten fühlen?[20] Wie können Zivilgesellschaft, Muslime und Politik die Aufgabe der individuellen Verbindung verschiedener Kulturen hinreichend unterstützen? Durch welche Maßnahmen kann gesellschaftliche Kohäsion, insbesondere nach bestehenden und zu vermittelnden Gemeinsamkeiten verbindlicher Wertvorstellungen, die die Gesellschaft zusammenhalten, hergestellt werden? Können sich Muslime wie Nichtmuslime darauf verständigen, für die in Jahrhunderten erkämpften Grundwerte, insbesondere der negativen und positiven Religionsfreiheit, der Gleichstellung der Geschlechter, der Meinungs- und Pressefreiheit, als indisponible Menschenrechte einzutreten? Was können Muslime wie Nichtmuslime tun, um sich wechselseitig zu akzeptieren und Ängste zu mindern? Wie kann – als gemeinsame Aufgabe – politischer Einfluss ausländischer Regierungen auf Muslime in Deutschland nachdrücklich eingedämmt werden?

Diese sowie weitere Fragen werden in den Fachbeiträgen dieses Sammelbandes aus unterschiedlichen Perspektiven erörtert.

---

[20] Vgl. BAMF 2009, S. 174 ff.

Literatur

BAMF – Bundesamt für Migration und Flüchtlinge (Hrsg.), Muslimisches Leben in Deutschland – religiöse Vorschriften, muslimischer Alltag und Organisationsformen, Nürnberg 2007.

Dass., (Hrsg.), Muslimisches Leben in Deutschland. Im Auftrag der Deutschen Islamkonferenz, Nürnberg 2009.

Beicht, Ursula und Granato, Mona, Übergänge in eine berufliche Ausbildung. Geringere Chancen und schwierige Wege für junge Menschen mit Migrationshintergrund, in: Friedrich-Ebert-Stiftung (Hrsg.), WiSo direkt. Analysen und Konzepte zur Arbeits- und Sozialpolitik, 2009.

Falthauser, Norbert, Falsche Fremdenfreundlichkeit. Islamisches Frauenbild gefährdet europäische Lebensart. Tübingen 2006.

Krech, Volkhard, Islam und Integration – 12 Thesen, in: Friedrich-Ebert-Stiftung (Hrsg.), Policy Nr. 30, Migration – Religion – Integration, Berlin 2009.

Paret, Rudi, Der Koran. Übersetzt, kommentiert und eingeleitet. Digitale Bibliothek Band 46, Berlin 2004.

Reitze, Helmut (Hrsg.), Media Perspektiven Basisdaten. Daten der Mediensituation in Deutschland 2010, Frankfurt/M. 2010.

Schiffer, Sabine, Die Darstellung des Islams in der Presse. Sprache, Bilder, Suggestionen. Eine Auswahl von Techniken und Beispielen, Nürnberg 2004.

Spenlen, Klaus, Integration muslimischer Schülerinnen und Schüler. Analyse pädagogischer, politischer und rechtlicher Faktoren, Münster 2010.

Spuler-Stegemann, Ursula, Gutachten zu den Aleviten. Erstellt im Auftrag des Ministeriums für Schule, Wissenschaft und Forschung des Landes Nordrhein-Westfalen am 21. Juli 2003.

Dies., Die 101 wichtigsten Fragen – Islam, München 2007.

Internetquellen

Ette, Andreas und Sauer, Lenore, Abschied für immer oder auf Zeit? Internationale Migration hochqualifizierter Deutscher. 2011, in: Forschung und Lehre, 02/2011, unter: www.forschung-und-lehre.de/wordpress/?p=6825 (31.08.2012).

Kriterien für die Bestimmung der Zugehörigkeit des Islam zu Deutschland

Klaus Spenlen und Norbert Posse

1 Theoretische Annäherung an „Zugehörigkeit"
Klaus Spenlen

Wohl jeder kennt den Ausruf „Gib her, das gehört mir!" oder die Frage „Wem gehört das?". Die meisten dieser Besitz- oder Eigentumsfragen sind zumindest dann relativ leicht zu beantworten, wenn bei Eigentumsansprüchen Dokumente vorgelegt werden können wie Kaufbelege, Schenkungsurkunden oder Grundbucheinträge. Nicht viel schwerer stellen sich Zuordnungen bei einer Ankündigung wie dieser dar: „Für Angehörige der Kunstakademie ist der Eintritt frei". Eine Angehörigkeit ist durchweg ebenfalls ein Rechtsverhältnis wie das zu Besitz oder Eigentum, das sich allerdings in einer Mitgliedschaft, einem Arbeitsverhältnis o. Ä. begründet. Hier kann der Beweis der Angehörigkeit z. B. durch Vorlage eines Mitglieds- oder Dienstausweises erbracht werden.

Schwieriger ist die Frage der *Zugehörigkeit* zu beantworten, z. B. ob etwa Regelverstöße zum Straßenverkehr gehören. Im Vergleich zu den Besitz- oder Eigentums- sowie Angehörigkeitsfragen macht dieses Beispiel viererlei deutlich: Erstens gibt es offenbar einen Unterschied zwischen Rechtsverhältnissen und solchen, die sich auf Zugehörigkeit berufen. Zweitens bedeutet Zugehörigkeit nicht in jedem Fall Machtanspruch, gar Verfügungsgewalt über etwas oder jemanden zu haben. Drittens scheint es Zugehörigkeiten zu geben, die beobachtbar, fotografierbar, protokollierbar oder zählbar sind, denn Übertretungen im Straßenverkehr kennt jeder aus eigener Anschauung, im Zweifel aus Fotos von Radareinrichtungen. Viertens scheint es Zugehörigkeiten selbst bei Sachverhalten zu geben, bei denen sie nicht von vornherein zu erwarten sind: So wie etwa Regelverstöße zum Straßenverkehr gehören, gehört der Tod zum Leben. Jemand oder etwas kann sich mithin zugehörig fühlen, ohne dabei angehörig zu sein oder Besitz zu beanspruchen. Einem Staat wie Deutschland, der eine politische Ordnung mit entsprechender rechtlicher und gesellschaftlicher Struktur besitzt, können mithin auch Menschen angehören, indem sie hier wohnen oder die Staatsangehörigkeit besitzen, ohne sich dem Volk zugehörig zu fühlen, dessen Vorfahren ihn gegründet haben. Um Zugehörigkeit zu reklamieren, bedarf es also keines einklagbaren Rechtstitels, eher Emotionalität, Verbundenheit, Wir-Gefühl. Es kann aber ggf. hilfreich sein, bei Bedarf weitere Informationen hinzuzuziehen, ob etwas zugehörig ist, etwa Statistiken, Nachrichten oder anderweitiges Datenmaterial.

Das lässt sich z.B. an der Frage erläutern, ob *Migranten* zu Deutschland gehören. Hier helfen Beobachtungen oder Befragungen zwar weiter. Zusätzlich ist jedoch ein Blick in die Geschichte hilfreich, denn Aus- und Zuwanderung hat es schon immer gegeben, sie sind so alt wie die Menschheit selbst. Mithin ist selbst dann die Zugehörigkeit zur neuen Lebensumgebung nicht zweifelhaft, wenn sie auf gängige Aussagen von Migranten wie „... ist halt beides irgendwie meine Heimat", das Alte und das Neue, stößt.[1]

Beobachtbar sind in Deutschland auch Muslima, die sich islamisch kleiden, also beispielsweise ihr Haar mit einem Kopftuch bedecken. Auch bei manchen Männern kann man eine islamische Kopfbedeckung, die *Tacke*, sehen. Hilft hier als weitere Information der Blick in deren Pass? Gehören Menschen islamischen Glaubens dann zu Deutschland, wenn sie hier geboren sind und die deutsche Staatsangehörigkeit besitzen? Und anders herum gefragt: Gehören sie nicht zu Deutschland, wenn diese Merkmale nicht auf sie zutreffen? Geht es bei der Frage nach ihrer Zugehörigkeit zu Deutschland also um die Person oder um schwer fassbare Kennzeichen wie deren Glaube und Religion?

Eine der Grundfragen dieses Beitrags ist mithin die Frage, ob „der" Islam in Deutschland die Summe aller Muslime ist, die hier leben oder ob er eine eigene, beschreibbare und bestimmbare Qualität darstellt.

Bei dieser Qualitätsfrage geht es zunächst darum, zu klären, was „der" Islam ist. Die derzeit etwa vier Millionen Muslime in Deutschland gehören, sofern sie

---

[1] Eine im August 2012 durchgeführte Umfrage des Instituts Info GmbH unter insgesamt 1.011 Deutsch-Türken bestätigt solche Einstellungen und Gefühle von der ersten bis zur dritten Generation der Türkischstämmigen, zumeist Muslimen. Das Ergebnis: Viele von ihnen fühlen sich zwischen beiden Kulturen „zerrissen".

sich zum Islam bekennen und gläubig sind, einer der zahlreichen islamischen Organisationen und Strömungen unterschiedlicher Schattierungen an. Dazu gehören die großen Richtungen der Sunniten, Aleviten, Schiiten, aber auch Minderheiten wie die Ahmadiyya sowie fundamentalistische Strömungen wie die (Neo-)Salafisten, die sich bekannten Organisationsmustern weitgehend entziehen.[2] Sofern der Islam als Religion verstanden wird, gehört er zu den z. B. für Nordrhein-Westfalen ermittelten 228 religiösen Gemeinschaften und Strömungen.[3]

Ob er damit zugleich zu Nordrhein-Westfalen (oder Deutschland) gehört, könnte nicht zuletzt von seiner Vereinbarkeit mit dem deutschen Verfassungsstaat abhängen. Dazu gehört der Sachverhalt, dass sich „der" Islam nicht nur als Religion, sondern auch als Staatstheorie versteht.[4] Kann eine abweichende Staatstheorie rechtmäßig zu einem demokratischen, pluralistischen und rechtstaatlichen Staat wie Deutschland nach Art. 20 GG auch dann gehören, wenn sie die Ablehnung von Verfassungsgrundlagen dieses Staates beinhaltet? Aus dieser Grundsatzfrage ergeben sich zahlreiche verfassungsrechtliche Einzelfragen wie diejenige, ob die Basis des Islam, also Koran und Sunna (*Hadîthe*), z. B. die positive und negative Religionsfreiheit (Art. 4 GG), die Gleichstellung von Mann und Frau (Art. 3 GG) sowie uneingeschränkt alle weiteren Grundrechte anerkennt,[5] die durch das Grundgesetz und die Landesverfassungen garantiert werden. Diese grundlegenden Freiheits-, Gleichheits- und Unverletzlichkeitsrechte stehen in Deutschland dem Einzelnen gegenüber dem Staat zu, aber auch gegenüber der Gesellschaft (Art. 1-17, 33, 101-104 GG). Die meisten dieser Grundrechte sind zugleich Menschenrechte, das bedeutet, nicht nur deutsche Staatsbürger können sich auf sie berufen, sondern alle Menschen, die in Deutschland leben.[6]

---

[2] Vgl. Volkhard Krech 2009, S. 10 ff. sowie die Beiträge von Hayrettin Aydın (S. 105–120) und Ekkehard Rudolph (S. 191–209) in diesem Sammelband.

[3] Vgl. Markus Hero u. a. 2008.

[4] Vgl. Younes Nourbakhsh 2008.

[5] Die feinsinnige Unterscheidung, die manche Verbandsmuslime in Kommunikationsforen wie etwa der Deutschen Islamkonferenz wiederholt betonen, die Grundrechte zwar akzeptieren, sie aber nicht anerkennen zu wollen, wirft den Diskurs über die Grundsatzfrage eher zurück, als dass sie ihn weiterbringt.

[6] Vgl. zu dem Bereich „Islam und Verfassungsstaat" den Beitrag von Wolfgang Bock (S. 163–190) in diesem Sammelband.

Über die Beantwortung verfassungsrechtlicher Fragen hinaus ergeben sich Fragen, was über das Grundgesetz sowie über das Staatsgebiet hinaus Deutschland ausmacht. Zweifellos ist das heutige Deutschland bestimmt durch seine völkerrechtliche und europäische Identität sowie eine staatsrechtliche Kontinuität. Diese Kennzeichen beinhalten zugleich unveräußerliche Werte, die sich unabhängig von ökonomischen Werten herausgebildet haben.

Da Gesellschaften „Kommunikationseinheiten" sind,[7] werden zwangsläufig und regelmäßig Kommunikationshürden sichtbar, die allerdings ganz unterschiedlich markiert sein können. Eine Hürde kann die des ethnischen und des ethno-nationalen Markers sein. Ethnizität versteht sich dann als ein europäisches Konzept von sozialer und politischer Gemeinschaftlichkeit, mithin mit nationalistischer Konnotation. „Nationalismus stellt jedenfalls die nationale Identität als vorrangige soziale Identität in das Zentrum politischer Überlegungen. Diese fasst er als ethnische Identität auf. Daher tritt er bis nahe an die Gegenwart immer als *Ethno-Nationalismus* auf."[8]

Marker im hier diskutierten Kontext sind z. B. gemeinsame Geschichte, Sprache, eine „gewachsene" Religionslandschaft und eben (unveräußerliche) Werte. Also scheint es bei der Zugehörigkeit des Islam zu Deutschland auch um die Frage zu gehen, ob der Kern dessen, was Deutschland ausmacht, durch die Zugehörigkeit des Islam zu Deutschland berührt, gar infrage gestellt wird. Diese Frage nimmt als eigentliches soziales Integrationsproblem des Islam die Grenzziehung zwischen Gesellschaften („Deutschland", „Deutsche") sowie Gemeinschaften und Gruppen („Islam", „Muslime") vor. Wie aber kann dennoch Gemeinschaftlichkeit, gar Zugehörigkeit zustande kommen? Nach den bisherigen Ausführungen muss das Merkmal „Ähnlichkeiten von Menschen untereinander" ausgeschlossen werden, weil *kin selection*, die sozio-kulturelle Zugehörigkeit durch Ähnlichkeitsmerkmale kennzeichnet, mithin andere als stereotype Deutsche, also etwa Muslime oder „den" Islam, ausgrenzt. Eine andere Erklärung gründet in der „[...] der Kultur [...], etwa im Sinne des ‚Kulturkreises'. Dieser fiel früher im Okzident, und heute noch bei vielen Menschen, mit der Religion zusammen."[9] Bei Kulturfragen ist jedoch maßgeblich, ob ein erweiterter

---

[7] Vgl. Karl Wolfgang Deutsch 1953.
[8] Albert F. Reiterer 2012, S. 29.
[9] Ebenda, S. 25.

lebensweltlich orientierter oder ein enger Kulturbegriff zugrunde gelegt wird.[10] Der erweiterte und pragmatische Kulturbegriff verlässt das angesprochene dominante Zugehörigkeitsmerkmal der Religion und öffnet sich weiteren Eigenschaften.

Will man bei unserer Frage zudem die Ebene politisch-ideologischer Theorien verlassen und zu „lebensweltlicher Orientierung" gelangen, hilft der Begriff der Identität weiter.

> Identität [...] ist ein Prozess des Aufbaus von Sinn und Bedeutung auf Grundlage kultureller Eigenschaften, denen man den Vorzug vor anderen Sinnbezügen gibt. Für ein Individuum oder einen sozial Handelnden kann es eine Vielzahl von Identitäten geben. Aber das ist eine Quelle von Stress in der Selbstdarstellung wie auch im Handeln. [...] Denn im Vergleich zu Rollen sind Identitäten Ergebnis eines tiefer greifenden Prozesses. [...] Identitäten legen den Sinn fest, während Rollen nur die Funktion definieren. [...] Sinn wird um die Primäridentitäten herum organisiert (um solche also, welche die anderen Identitäten stützen).[11]

Identität entsteht dadurch, dass Personen sich über Zugehörigkeiten und Nicht-Zugehörigkeiten definieren, die ihr Alltagshandeln bestimmen. So baut sich auch ihre persönliche Identität aus unterschiedlichen sozialen Identitäten auf und erschwert damit den Aufbau einer Identität mit Exklusivitätsanspruch, etwa der der nationalen Identität. Aber gerade durch das Vorhandensein multipler Identitäten kann es für den Einzelnen zu Loyalitätskonflikten konkurrierender Identitäten kommen, die jeweils normative Ansprüche erheben. D. h., wenn sich Muslime gleichermaßen mit Deutschland und „dem" Islam identifizieren wollen, müssen sie ihre Religion widerspruchsfrei zu ihrem Leben in Deutschland machen, beide Bereiche mithin harmonisieren. Und – bei einer Umkehrung der Perspektive in der Zugehörigkeitsfrage – wenn „Deutschland" will, dass Muslime sich mit diesem Land identifizieren, muss es eine Basis schaffen, dass sie sich dem Land zugehörig fühlen können.[12] Hieran wird deutlich, dass es zu Schieflagen, zu misslingender Identität kommt, wenn Muslime etwa Diskriminierung oder strukturelle Nachteile bei ihrer Suche nach Zugehörigkeit zu

---

[10] Vgl. exemplarisch Jürgen Bolten 2007, S. 13.
[11] Manuel Castells 1997, S. 6 ff.
[12] Die Begriffe Identität und Identifikation gehören insofern zusammen, als Identität die Beziehung zwischen Menschen oder Sachverhalten beschreibt, während Identifikation dieser Beziehung die notwendige emotionale Komponente hinzufügt.

Deutschland erfahren. In dem Falle birgt der Identitätsprozess sozialen oder politischen Sprengstoff. Und bei diesen Fragen liegt der Fokus nicht auf der der Integration von Muslimen in die Gesellschaft, sondern vielmehr darauf, ob die Gesellschaft „den" Islam als Teil ihrer selbst sieht und akzeptiert – und umgekehrt.

Um dies zu klären, bedarf es eines Diskurses zwischen der Mehrheitsbevölkerung und „den" Muslimen darüber, was Deutschland ausmachen soll, wie sich Bürgersinn und Wertintegration verstehen und welchen identitätsstiftenden Beitrag Religionen dazu leisten können. Denn Identität ist immer konstruiert und bedarf lebenslanger und immer wieder neuer Aushandlungen im sozialen Kontext.[13] Dort ist auch der Platz, an dem – im Rahmen der Vorgaben des Grundgesetzes – Werte gemeinsam bestimmt werden. Voraussetzung dafür ist es, sich zu vergegenwärtigen, welche Zugehörigkeits- und welche Ausschlusskriterien für „den" Islam – oder auch von Teilen – bestimmt werden können.[14] Der Versuch, im Rahmen dieses Beitrags einige Kriterien dafür zu benennen und so zu beschreiben, dass deutlich wird, dass dem Allgemeinen des Untersuchungstableaus das Spezifische des Untersuchungsgegenstandes – hier: des Islam – bereits inhärent ist,[15] stößt deshalb allenthalben an Grenzen, weil knappe Definitionen, also „Ein-Satz-Formulierungen über Zugehörigkeit immer problematisch (sind), erst recht, wenn es um so heikle Dinge geht wie Religion [...]. Ich bin hoch gespannt auf den theologischen Diskurs innerhalb eines europäischen Islam."[16] Der hier unternommene Versuch vermeidet solche Ein-Satz-Formulierungen, trägt zum Diskurs bei und öffnet ihn zu einem gesellschaftlichen Diskurs, er ersetzt ihn aber nicht.

---

[13] Vgl. Heiner Keupp u. a. 2002.

[14] Es geht dabei darum, Verbundenheit zu erkennen und nicht um eine „strategische Maßnahme zur Einbindung problematischer Gruppen", wie Werner Schiffauer 1998, S. 418, solche Versuche kritisch beschreibt.

[15] Bundespräsident Joachim Gauck hat dies in seiner Antrittsrede „Gemeinsamkeit der Verschiedenen" genannt. Dahinter stecke s. E. eine Vorstellung „von Beheimatung nicht durch Geburt, sondern der Bejahung des Ortes und der Normen, die an diesem Ort gelten", vgl. unter: http://nachrichten.t-online.de/joachim-gauck-loest-islam-debatte-aus/id_56849620/index (31.08.2012).

[16] Gauck im ZEIT-Interview am 31.05.2012, unter: http://www.zeit.de/2012/23/Interview-Gauck/seite-4 (31.08.2012).

2 Empirische Annäherung an „Zugehörigkeit"

Norbert Posse

Es wird deutlich, dass eine empirische Klärung einer Aussage wie „Der Islam gehört zu Deutschland" nicht von ihrer implizierten normativen Bedeutung getrennt werden und somit nicht eindeutig mit „stimmt – stimmt nicht" beantwortet werden kann. Hinter solchen Aussagen stehen verschiedenen theoretische Konstrukte, die zuvor genauer operationalisiert werden müssten. Am Beispiel des zitierten Satzes müssten für eine Prüfung geklärt werden, was mit „der Islam", was mit „gehört" und was mit „Deutschland" gemeint ist. Je eindeutiger die jeweiligen Operationalisierungen sind, desto objektiver, realibler und valider können entsprechende Merkmale/Indikatoren zur Prüfung bestimmt werden.

Wir können hier also nur versuchen, allgemein mögliche Indikatoren für datengestützte Klärungsversuche zu beschreiben, die zumindest einen Teil der oben beschriebenen Facetten in den Blick zu nehmen helfen. Formuliert man solche qualitativen Merkmale zur Bestimmung eines Begriffs, so sollten die Kategorien drei Bedingungen erfüllen:[17]

- Die Kategorien müssen exakt definiert sein (Genauigkeitskriterium)
- Die Kategorien müssen sich gegenseitig ausschließen (Exklusivitäts-Kriterium)
- Die Kategorien müssen das Merkmal erschöpfend beschreiben (Exhaustivitäts-Kriterium).

Bei den folgenden Versuchen gehen wir davon aus, dass es notwendig ist, das Untersuchungstableau zu erweitern und zu verallgemeinern. Nur dann, wenn sich die Indikatoren auch für die Bestimmung verschiedener religiöser Ausrichtungen oder Weltanschauungen eignen, sind sie auch brauchbar für eine Überprüfung eines spezifischen Untersuchungsgegenstandes. Die zu entwickelnden Indikatoren haben nur dann eine Berechtigung, wenn sie auf verschiedene Länder/Regionen anwendbar sind und so trennscharf differenzieren, so dass vorhandene Unterschiede identifiziert werden können.

Wir haben die Indikatoren vier verschiedenen Organisationsprinzipien zugeordnet, innerhalb derer so komplexe und komplizierte sozialpsychologische

---

[17] Vgl. Jürgen Bortz und Nicola Döring 1995, S. 129.

Sachverhalte wie die hier zur Prüfung anstehende „Zugehörigkeit des Islam zu Deutschland" abgebildet werden können. Um eine objektive, reliable und valide Aussage treffen zu können, ist es unabdingbar, mehrere unterschiedliche Indikatoren zu erfassen, wenn möglich auch mit unterschiedlichen Methoden (Triangulation). Die meisten der hier vorgeschlagenen Indikatoren sind nicht „eineindeutig", d. h. die zugrundeliegenden theoretischen Konstrukte führen zu jeweils vielen Indikatoren auf der empirischen Ebene, wobei jedes einzelne dieser Merkmale auch mit anderen theoretischen Konstrukten verbunden sein kann. So ist beispielsweise (fast) jeder Muslim oder Jude beschnitten, aber nicht jeder, der beschnitten ist, ist auch Muslim oder Jude.

2.1 Erscheinungsbild/empirische Realität

In diesem Organisationsprinzip sind die Indikatoren zusammengefasst, die sich in der unmittelbaren empirischen Realität wiederfinden lassen, die also direkt erfassbar, beobachtbar sind. Weiterhin ist den Operationalisierungen dieser Gruppe von Indikatoren gemeinsam, dass sie non-reaktiv, stationär und zeitlich relativ stabil sind und außerdem eine relativ hohe Inter-Rater-Übereinstimmung ermöglichen.

Die untersuchungsleitende Frage zu diesem Bereich lautet: *Lassen sich in einem Land/in einer Region empirisch beobachtbare Merkmale erfassen, die einer spezifischen Denk- oder Glaubensrichtung eindeutig zuzuordnen sind?*

Indikatoren	Beispiele	Bemerkung
Gebäude	Hierzu zählen alle Gebäude und Bauwerke, die in ihrer Form und ihrer Bedeutung einer Glaubensrichtung zuzuordnen sind: Kirchen, Moscheen, Tempel, Synagogen, Königssäle, Heiligtümer, Friedhöfe …	Die Anzahl der christlichen Kirchen in Deutschland ist rückläufig, sie liegt bei etwa 33.000, die Zahl der von außen erkennbaren Moscheen lässt sich nur in etwa angeben, sie liegt bei 300, zusätzlich gibt es etwa 2.600 Gebetsräume. Auch nicht alle christlichen Kirchengebäude sind auf den ersten Blick als solche zu erkennen (modernen Neubauten fehlen teilweise stereotype „Kirchenmerkmale") – und nicht alle Gebäude, die wie Kirchen aussehen, sind auch solche.

Indikatoren	Beispiele	Bemerkung
Denkmäler, Wegmarken	Hierzu zählen alle baulichen Merkmale, in denen eine religiöse Symbolik wiedergegeben wird, wie beispielsweise Wegkreuze, Statuen, Denkmäler von „Heiligen".	Bei der Nutzung dieses Indikators muss berücksichtigt werden, dass verschiedene Glaubensrichtungen eine figürliche oder bildliche Darstellung nicht zulassen.
Symbole	Mit dieser Klasse von Indikatoren sind deutlich sichtbar angebrachte Symbole, die einer Denk- oder Glaubensrichtung zuzuordnen sind, gemeint. Hierzu gehören: Kreuze, Mondsichel und Stern, Allah-Kalligraphie, Davidstern, Om, Rad des Lebens z.B. in/an Geschäften, an Häuserwänden.	Ob es sich bei den jeweils beobachtbaren Symbolen um Schmuckelemente oder Ausdruck einer spezifische Glaubensrichtung handelt, kann in der Regel nur aus dem Kontext erschlossen werden. Daher sollten diese Indikatoren nie als alleinige Merkmale zu Überprüfungen entsprechender Fragestellungen herangezogen werden.
Ortsbezeichnungen	Ortsnamen, die einen Hinweis auf einen religiösen Hintergrund geben, z. B. Ortsbezeichnungen, die den Namen von „Heiligen" tragen oder auf bedeutsame religiöse Ereignisse hinweisen.	Hiermit wird zumindest ein historischer Hintergrund abgebildet.
...		

Die Methode der Wahl ist bei dieser Gruppe von Indikatoren die Beobachtung. Die Skala, auf der das Auftreten eines Indikators abgebildet wird, ist nominal (trifft zu – trifft nicht zu, liegt vor – liegt nicht vor), die Häufigkeit des Auftretens wird gemessen.

2.2 Prägung des Alltags/Festtage

Die zweite Gruppe von Indikatoren enthält ebenfalls unmittelbar beobachtbare Merkmale, die allerdings nicht im gleichen Maße statisch sind. Sie prägen den Lebensalltag eines Landes. Ihre Zuordnung zu spezifischen Denk- und Glaubensrichtung ist aber in der Regel nur bei genauer Kenntnis möglich.

Die untersuchungsleitende Frage zu diesem Bereich lautet: *Gibt es in einem Land beobachtbare Alltagsprägungen, die einer spezifischen Denk- oder Glaubensrichtung eindeutig zuzuordnen sind?*

Indikatoren	Beispiele	Bemerkung
Sitten und Gebräuche	Hierzu gehören alle im Lebensalltag fest verankerten Sitten und Gebräuche, deren Ausübung direkt oder indirekt beobachtbar sind, wie z. B. Karneval, Fastenzeit/ Ramadan, Fastenbrechen, Prozessionen, Wallfahrten...	Einige dieser Gebräuche haben zwar eine historische Verankerung in einer Glaubensrichtung, ihre ursprüngliche religiöse Bindung heute aber verloren.

Indikatoren	Beispiele	Bemerkung
Rituale	Zu dieser Gruppe gehören z. B. Tauf-, Beschneidungs- bzw. „Mündigkeits"-Rituale, Segnungen, rituelle Waschungen usw.	Zu bedenken ist hier, dass einzelne religiös verankerte Rituale an bestimmte Zeiten und Orte gebunden sein, d. h. nicht zu jeder Zeit und an jedem Ort beobachtet werden können.
Kleidung, Schmuck	Diese Gruppe von Merkmalen enthält solche, die bei einzelnen Menschen oder Gruppen von Menschen zu beobachten sind, z. B. Kopftuch, Turban, Kippa, Soutane, Kollar, Haartracht, Kreuz, Davidstern, religiöse Motive bei Tattoos…	Während die Kleidung religiöser Würdenträger oft eindeutig als solche identifizierbar ist, ist die einer religiösen Überzeugung zuzuordnende Garderobe oft nicht so einfach zu erkennen. Die Beobachtung der Merkmale ist häufig nicht eindeutig mit dem zugrundeliegenden theoretischen Konstrukt verbunden, da z. B. auch religiöse Symbole als modische Accessoire Verwendung finden.
Ernährung	Freitags Fisch, Verzicht auf Schweinefleisch, Alkohol.	Dieser Indikator ist nicht vollkommen trennscharf zu „Sitten und Gebräuche".
…		

Bei diesen Indikatoren reicht oftmals die Beobachtung als Methode nicht aus, da die Indikatoren nicht eindeutig sind und ihre religiöse Verankerung nicht immer unmittelbar erschlossen werden kann. Für die Beobachtung gelten analoge Regeln des Messens zur ersten Indikatorengruppe. Bei diesen Indikatoren kann es aber sinnvoll sein, die Beobachtung um die Befragungen, in einzelnen Fällen auch um eine Dokumentenanalyse zu ergänzen.

2.3 Prägung der Gesellschaftsordnung/ des Rechtsempfindens/Institutionalisierung

Weniger leicht „sichtbar" im unmittelbaren Sinne sind die in diesem Organisationsprinzip zusammengefassten Indikatoren. Sie prägen zwar in mehr oder weniger hohem Maße den Wertekonsens eines Landes oder das, was in der politischen Debatte als „Leitkultur" gemeint ist,[18] sie sind aber in der Regel nicht eindeutig operationalisiert, und der Ursprung ihrer religiösen Verankerung kann von verschiedenen Glaubensrichtungen beansprucht werden.[19]

---

[18] Den Begriff „Leitkultur" verwendete Bassam Tibi 2000, dessen Wertekonsens einer „Europäischen Leitkultur" allerdings gerade die Trennung von Religion und Politik beschreibt (Vorrang der Vernunft vor religiöser Offenbarung, Demokratie, die auf der Trennung von Religion und Politik basiert, Pluralismus und Toleranz).

[19] Das hierfür treffendste Beispiel sind die „Zehn Gebote".

Die untersuchungsleitende Frage zu diesem Bereich lautet: *Gibt es in den rechtsstaatlichen Verordnungen, Gesetzen, Erlassen oder für die Gesellschaft verbindlichen Regelungen Inhalte und Formulierungen, die einer spezifischen Denk- oder Glaubensrichtung eindeutig zuzuordnen sind?*

Indikatoren	Beispiele	Bemerkung
Gesetzestexte, Verfassungen	In dieser Gruppe von Indikatoren sind alle legislativen Regelungen zusammengefasst, wie allgemeine Gesetze, Verordnungen, Erlasse, aber auch grundlegende wie das Grundgesetz, Landesverfassungen.	Die Rückführung einzelner Gesetzesaussagen auf ihre religiöse Verankerung setzt ein intensives Quellenstudium voraus.
Gebote/ Verbote	Hiermit sind die Regelungen des Zusammenlebens gemeint, die nicht als Gesetz formuliert sind wie beispielsweise Statuten, Regelungen, Rechtsverordnungen, Erlasse.	
Urteilsbegründungen	Mit diesem Indikator sind richterliche Begründungen für Urteile gemeint, die einen expliziten Bezug zu religiösen Überzeugungen aufweisen.	
Fest- und Feiertage	Hiermit sind alle Fest- und Feiertage gemeint, die gesetzlich geregelt sind und deren religiöse Verankerung eindeutig ist. Hierzu gehören „kirchliche" Feiertage wie Ostern, Pfingsten, Weihnachten usw., Opferfest, Mevlid, Ashura-Fest, Jom Kippur, Sukkot, Neujahrsfest usw.	Dieser Indikator könnte auch der vorangegangenen Gruppe zugeordnet werden. Er wird dann markiert, wenn ein entsprechender Festtag „offiziell" begangen wird.
Inhalte in Curricula, Lehrplänen und Lehrbüchern	Hiermit sind die in einer Gesellschaft vorgeschriebenen sowie die in der (Unterrichts-)Praxis realisierten Inhalte gemeint.	Die verbindlichen Regelungen im Bildungssystem sind ebenfalls in der Lage, Hinweise auf die Zugehörigkeit einer Denk- und Glaubensrichtung zu geben.
Institutionalisierte Mitgliedschaften	Hiermit sind (festgeschriebene) Vereinbarungen gemeint, in denen geregelt wird, dass Mitglieder bestimmter Glaubensrichtungen in eine Institution berufen werden müssen, z. B. auf kommunaler Ebene die Beteiligung der katholischen und evangelischen Kirchen im verschiedenen Ausschüssen, im Rundfunkrat etc.	Bei diesem Indikator ist zu unterscheiden, ob die entsprechenden Regelungen verpflichtend sind oder lediglich Empfehlungscharakter haben.
...		

Die Methode der Wahl ist hierbei die Dokumentenanalyse (Inhaltsanalyse), sie muss gegebenenfalls um Experten-Befragungen ergänzt werden.

2.4 Überzeugungen/Kommunikative Validierung

Die Form der empirischen Sozialforschung, die in Bezug auf ähnliche Fragestellungen am häufigsten zum Einsatz kommt, ist die „kommunikative Validierung" einer Aussage mit Hilfe einer Befragung („Stimmen Sie zu, dass ...?" usw.).

Die untersuchungsleitende Frage zu diesem Bereich lautet: *Stimmen Menschen bestimmten Aussagen, die einer spezifischen Denk- oder Glaubensrichtung eindeutig zuzuordnen sind, mehrheitlich zu?*

Alle bisherigen Indikatoren lassen sich auch in Fragen und Aussagen abbilden, mit denen man die Bürgerinnen und Bürger eines Landes befragen kann. Solche Fragen/Aussagen werden bei dichotomen Ja-Nein-Fragen in der Regel eingeleitet mit: „Ist es (Ihrer Meinung nach) richtig, dass ..." oder bei (ordinalen) Skalenfragen mit: „Wie stark, wie wichtig, ... ist ...?".[20] Werden in diesem Zusammenhang repräsentative Umfragen durchgeführt, lässt sich von den Ergebnissen her auf die Überzeugungen in einer Gesellschaft schließen.

2.5 Abschließende Bemerkungen

Im ersten Teil diese Beitrags wurde die Vielfalt und Unschärfe ausgelotet, die ein Begriff wie „Zugehörigkeit" für eine empirische Überprüfung mit sich bringt. Eine allgemein gültige Zusammenstellung von Indikatoren zur Beantwortung der Frage der Zugehörigkeit einer Glaubensrichtung zu einem Land – ob Islam zu Deutschland oder das Christentum zur Türkei – lässt sich nicht erstellen. Es lassen sich allerdings mit den oben beschriebenen Indikatoren bzw. einer begründeten Auswahl davon an der „empirischen Oberfläche" quanitfizierbare Abbilder gesellschaftlicher Realitäten zeichnen, aus denen sich Rückschlüsse auf die „zugrundeliegenden theoretischen Konstrukte" ziehen lassen. Diese theoretischen Konstrukte selbst aber unterliegen dem wissenschaftlichen bzw. gesellschaftlichem Diskurs.

---

[20] Zu den Arten von Fragen siehe ausführlich Peter Atteslander, 2000, insbesondere das Kapitel 4.4.7 „Fragen nach unterschiedlicher Zentralität von Meinungen", S. 164 ff.

Literatur

Atteslander, Peter, Methoden der empirischen Sozialforschung, Berlin 2000.
Bortz, Jürgen und Döring, Nicola, Forschungsmethoden und Evaluation, Berlin 2. Aufl. 1995.
Castells, Manuel, The Power of Identity, Oxford 1997, Blackwell (Vol. 2 of: The Information Age: Economy, Society, and Culture).
Deutsch, Karl Wolfgang, Nationalism and Social Communication, New York 1953.
Hero, Markus; Krech, Volkhard und Zander, Helmut (Hrsg.), Religiöse Vielfalt in Nordrhein-Westfalen. Empirische Befunde und Perspektiven der Globalisierung vor Ort, Paderborn 2008.
Keupp, Heiner; Ahbe, Thomas; Gmür, Wolfgang und Höfer, Renate (Hrsg.), Identitätskonstruktionen. Das Patchwork der Identitäten in der Spätmoderne, Reinbek bei Hamburg 2002.
Krech, Volkhard, Islam und Integration – 12 Thesen, in: Friedrich-Ebert-Stiftung (Hrsg.), Policy Nr. 30, Migration – Religion – Integration, Berlin 2009.
Reiterer, Albert F., Nation und Imperium. Reflexionen über die politische Organisation der modernen Weltgesellschaft, Innsbruck 2012.
Schiffauer, Werner, Ausbau von Partizipationschancen islamischer Minderheiten als Weg zur Überwindung des islamischen Fundamentalismus?, in: Bielefeldt, Heiner und Heitmeyer, Wilhelm (Hrsg.), Politisierte Religion. Ursachen und Erscheinungsformen des modernen Fundamentalismus, Frankfurt/Main 1998.
Tibi, Bassam, Europa ohne Identität? Die Krise der multikulturellen Gesellschaft – Leitkultur oder Wertebeliebigkeit, München 2000.

Internetquellen

Bolten, Jürgen, Interkulturelle Kompetenz, herausgegeben von der Landeszentrale für politische Bildung Thüringen, Erfurt 2007, unter: http://www.thueringen.de/imperia/md/content/lzt/interkulturellekompetenz.pdf (31.08.2012).
Institut Info GmbH, Umfrage unter Deutsch-Türken, SPIEGEL vom 17.08.2012, unter: http://www.spiegel.de/politik/deutschland/studie-zu-deutsch-tuerken-integrationswillen-steigt-religiositaet-auch-a-850429.html (30.09.2012).
Nourbakhsh, Younes, Soziologie des religiösen Staates im Islam und im Christentum. Dissertation Hamburg 2008, unter: http://ediss.sub.uni-hamburg.de/volltexte/2008/3819/pdf/SOZIOLOGIE.pdf (31.08.2012).
Nation. Die politische Organisation von moderner Gesellschaft, Innsbruck o.J., unter: http://homepage.uibk.ac.at/~c40285/reiterer_texte/pdf/Nation1.pdf (31.08.2012).

Europa, Islam und Koran: Zu einigen Elementen in der gegenwärtigen gesellschaftlichen Debatte

Michael Marx

1 Einleitung

In der Diskussion zur kulturellen Identität Deutschlands oder Europas wird der Begriff „jüdisch-christliches Europa" gelegentlich ins Feld geführt. Der Begriff ist erst nach dem Zweiten Weltkrieg aufgekommen und scheint manchmal dazu zu dienen, den Islam von Europa abzugrenzen. Sicherlich war Religion für die Entstehung der europäischen Kultur von großer Bedeutung, wobei das Christentum stärkeren Einfluss als die jüdische Tradition hatte. Zwar wurde auf der einen Seite die Hebräische Bibel als Altes Testament zu einem Bestandteil der christlichen Tradition, die jüdisch-rabbinische Tradition, die das heutige Judentum prägt, hat auf der anderen Seite für die Prägung Europas wahrscheinlich eine eher kleine Rolle gespielt.

Neben den Bezügen zu religiösen Traditionen sollte nicht übersehen werden, dass es die griechische Antike ist, die seit der Renaissance als prägend für die europäische Zivilisation gesehen wurde. Die Hervorhebung der vorchristlichen griechischen Antike wurde dabei bewusst als Gegengewicht zur Macht des Christentums in Europa gesetzt. Interessanterweise ist die griechische Antike allerdings nicht nur für das Abendland prägend gewesen, sondern hat auch in der islamischen Welt weitergelebt. Die Antike ist dabei fast eine überdehnte Epoche, in unserem Fall würden wir sie im vorchristlichen Jahrtausend bei Homer beginnen lassen und über die Vorsokratiker, Sokrates, Platon und Aristoteles, über die Epoche des Hellenismus hinweg (Alexander der Große und die Ausbreitung der griechischen Kultur im Orient) bis hin zur Übergangsepoche der „Spätantike" verlaufen lassen.

Mit dem Begriff „Spätantike" wird für den Mittelmeerraum die Zeit zwischen Antike und Frühmittelalter (ca. 3. bis 7. Jahrhundert) bezeichnet. Diese Übergangszeit wird inzwischen nicht mehr als bloße Zerfallsepoche des römischen

Reichs, sondern als Entstehungszeit religiöser Traditionen gesehen. In ihr haben sich die christliche Tradition (Kirchenväter, Schriftenkanon, Konzilien etc.) und das rabbinische Judentum (Entstehung des Talmuds) herausgebildet. Doch auch die Entstehung des Islams kann mit Bezug zur Epoche der Spätantike historisch beschrieben werden. Es lässt sich zeigen (vgl. unten), dass der Text des Korans mit jüdischen und christlichen Traditionen in enger Verbindung steht, dass er mit spätantiken christlichen und jüdischen Texten argumentiert und sich von ihnen absetzt. Mohammed verkündete den ihm offenbarten Text anscheinend an Hörer, von denen viele mit christlichem und jüdischem „Bildungsgut", Erzählungen, Riten und Glaubensinhalten vertraut waren.

Das Weiterleben der Antike in drei Kulturräumen – in Byzanz, im lateinischen Europa und im Islam – setzt die Verbreitung des griechischen Erbes in der Zeit des Hellenismus fort. Die Rezeption und Weiterentwicklung griechischer Wissenschaften, Medizin und Philosophie in Europa durch die Verwendung arabischer Übersetzungen (der griechischen Texte) setzt die lateinische und arabische Welt dabei in eine besondere Beziehung.[1] Aus dieser Perspektive betrachtet beziehen sich Europa und die arabisch-islamische Welt so eng auf die Traditionen der Alten Welt, dass es nur schwerlich möglich erscheint, eine essentialistische Opposition wie „jüdisch-christliches Europa versus Koran" zu vertreten.

Bei einem Blick in die Wissenschaft und deren Rezeption sollte nicht aus dem Blickfeld geraten, dass akademische Diskussionen nicht im luftleeren Raum stattfinden, sondern mit gesellschaftlichen Debatten in Wechselwirkung stehen. Am Beispiel revisionistischer Hypothesen zur islamischen Frühgeschichte und deren breiter Rezeption, lässt sich die Verkettung mit den Sehnsüchten und den Ängsten einer breiten Öffentlichkeit gut zeigen. So aufschlussreich philologische und historische Perspektiven auf den Koran und den Islam auch sein mögen, für die gegenwärtige Diskussion im Kontext zur Frage der Integration von Muslimen in Deutschland sollte sozialen, ökonomischen, juristischen und politischen Fragestellungen und Lösungsansätzen stets Vorrang zukommen. Vor dem Hintergrund einer etwas unübersichtlichen Situation ist es vielleicht verständlich, dass Menschen in der aktuellen Debatte gerne auf vereinfachende Erklä-

---

[1] Vgl. hier z. B. die Darstellungen von Dimitri Gutas 1998, Franz Rosenthal 1965 und Gotthard Strohmaier 1998.

rungsmuster zurückgreifen und „den Islam" einem jüdisch-christlichen Europa gegenüberstellen. Der Text des Korans wird dabei häufig selbst, als ob er ein handelnder Akteur sei, als Grund und Ursache der Unvereinbarkeit von Europa und Islam angesetzt.

2 Auf den Text des Korans reduziert

Wahrscheinlich wären viele Menschen nahöstlicher Herkunft, die in Deutschland leben, nicht einverstanden, auf ihre Religionszugehörigkeit reduziert zu werden. Auf der individuellen Ebene ist die Zahl derer nicht klein, die sich mehr oder weniger stark durch die religiösen Traditionen ihrer Eltern geprägt oder beeinflusst fühlen. Kulturelle Traditionen türkischer, nigerianischer, iranischer oder chinesischer Muslime sind dabei – wen hätte es gewundert bei dem riesigen geographischen Raum, der gemeinhin als islamische Welt bezeichnet wird – so unterschiedlich, dass sie schwerlich mit *einem* einheitlichen Islam erklärt werden können. Sicherlich hat die islamische Welt als Kulturraum vieles, was sie verbindet: Der Moscheebau in Westchina und in Westafrika ist strukturell miteinander verwandt, und die in der Architektur verwendete arabische Kalligraphie mit ihren Ornamenten belegt den Bezug zu einem Kulturraum mit unterschiedlichen Ausprägungen auf bildliche Weise. Darstellungen von Menschen und Tieren wird man wahrscheinlich nie in Moscheebauten finden. Auch wenn es kein allgemeines Bilderverbot im Koran oder in der islamischen Tradition gibt, sind nach dem Konsens des islamischen Rechtes Bilder oder Skulpturen in einer Moschee oder an einem anderen Gebetsort nicht vorgesehen.[2]

Wenn über die islamische Welt gesprochen wird, kommt eine Nachlässigkeit der deutschen Sprache ans Tageslicht: Wir sprechen vom Islam, wenn wir einerseits die Religion meinen, aber auch andererseits, wenn wir von der islamischen Welt in ihrer Gesamtheit sprechen.[3] Zwischen „Christenheit" für die Gesamtheit der Christen und „Christentum" für die christliche Religion können wir unterscheiden, und auch die Unterscheidung zwischen „Judentum" und „Judenheit"

---

[2] Vgl. exemplarisch Rudi Paret 1977.

[3] Im Englischen wird hierfür inzwischen der Begriff „islamicate" verwendet. Im Französischen wird einerseits zwischen „islam" (kleingeschrieben) zur Bezeichnung der Religion, Gebete, Glaubensinhalte etc. und andererseits „Islam" (großgeschrieben) für die politischen Strukturen, die Zivilisation, die Kultur etc. der islamischen Welt unterschieden.

ist im Deutschen möglich, aber eher selten. Für den Kulturraum der islamischen Welt, die islamischen Reiche, in denen Christen in manchen Landesteilen die Mehrheit bildeten, die islamischen Wissenschaften oder die islamische Kunst wird der gleiche Begriff verwendet wie für die islamische Religion, die Rechtsauffassungen der Muslime, das Glaubensbekenntnis. Auf diese Unschärfe der Begriffe hat der Islamwissenschaftler und ehemalige preußische Kulturminister Carl Heinrich Becker (1876–1933) hingewiesen, der ganz erheblich dazu beitrug, ein gegenwartsbezogen ausgerichtetes Fach „Islamwissenschaft" an den deutschen Universitäten einzurichten. Becker verstand den Begriff Islam weit über die religiöse Tradition hinaus als islamische Zivilisation und Kultur, an der ja auch Christen und Juden stark beteiligt waren und die ohne die hellenistische Zeit nicht verstanden werden kann.[4] Wenn Becker über das griechische Erbe und den Hellenismus schrieb, dass „ohne Alexander den Großen keine islamische Zivilisation" entstanden sei, dann meinte er dies eher im Hinblick auf die Geschichte, Kultur und Gesellschaft, als auf die Religion bezogen.[5]

In der gegenwärtigen Debatte um die Identität Europas fällt auf, dass seit einigen Jahren der Text des Korans sehr präsent ist. Im Frühjahr 2012 verteilten salafistische Gruppen die deutsche Koranübersetzung von Ahmed Rassoul an Passanten in vielen deutschen Städten.[6] Das Ziel der salafistischen Gruppen ist es dabei, einerseits die Ablehnung der deutschen Rechtsordnung zu inszenieren und für die „wahre Religion" zu missionieren. In ihrer Inszenierung setzen sie den Text des Korans in den absoluten Mittelpunkt und fordern von der nichtmuslimischen und muslimischen Welt, zum Text des Korans „zurückzukehren". Die fundamentalistische Ideologie, die zu den Ursprüngen zurück möchte, hat in manchen christlichen Reformbewegungen, z. B. in evangelikalen Gruppen, ihre Entsprechung. So wie Fernsehprediger durch Bibelauslegung, die meist auf den wörtlichen Schriftsinn reduziert ist, die traditionellen kirchlichen Ämter und Rituale außer Kraft setzen möchten, sehen salafistische Gruppen im traditionellen Islam eine aufgrund der über 14 Jahrhunderte gewachsenen Textexegese, des Rechtsverständnisses und beider Verflechtung mit Lebenswelt und Alltag

---

[4] Vgl. Alexander Haridi 2005.
[5] Carl-Heinrich Becker 1910.
[6] Vgl. Muhammad Ahmad Rassoul 2009.

nur noch ein sehr schwaches Echo der ursprünglichen Religion. In ihrer Traditionskritik sind die Salafisten dabei – das wird häufig übersehen, wenn sie als erzkonservativ bezeichnet werden – tief vom Geist der Moderne geprägt.[7]

Als moderne Religionsbewegung fordern sie, um es am Beispiel der heiligen Texte zu veranschaulichen, die absolute Geltung von Koran und Prophetentradition im eineindeutigen Sinne und würden am liebsten das gewachsene traditionelle Textverständnis, das sich in den verschiedenen Räumen der islamischen Welt sehr unterschiedlich ausgeprägt hat, abschaffen. Der Text allein soll gelten. Dass der Wortlaut des Korans bis in die heutige Zeit in verschiedenen Lesarten und Wortlauten (die sich von der Bedeutung her nur sehr wenig unterscheiden) überliefert ist, und dass in Marokko (Lesart *Warsch*), Sudan (Lesart *ad-Dûrî*), Tunesien (Lesart *Qâlûn*), Ägypten und den asiatischen Ländern (Lesart *Hafs*) leicht divergierende Lesarten des Korans rezitiert werden, ist dem fundamentalistischen Blick dieser Gruppen ein Dorn im Auge. Dass die verschiedenen Rechtsschulen in den 1.200 Jahren sehr unterschiedliche Wege gegangen sind, um die islamische Religion zu interpretieren und dabei Spielräume für Adaptionen, Korrekturen und individuelle Auslegungen zu lassen, ist aus Sicht der Salafisten ein unmoderner Charakterzug des traditionellen Islam.[8] Die Mehrdeutigkeit, die das intellektuelle und kulturelle Potential des klassischen Islam auszeichnete und ermöglichte, hat Thomas Bauer in einer vor kurzem erschienen Abhandlung sehr eindrücklich beschrieben:[9] Der Verlust der Ambiguität in der heutigen Welt hat den Islam – etwas überspitzt formuliert – modern gemacht, dadurch aber auch plurale, widersprüchliche, künstlerische Traditionen erstickt.

Der Koran als zentraler Gegenstand der Debatte wird auf der anderen Seite von Islam-Gegnern in Szene gesetzt, wenn, wie im Herbst 2010, evangelikale Christen in Florida den Koran öffentlich verbrennen wollen. Zitate aus dem Koran dienen in zahlreichen Streitgesprächen als wichtige Argumente in der Debatte um Integration und die islamische Religion in Deutschland. Auf einer

---

[7] Vgl. hierzu den Beitrag von Ekkehard Rudolph (S. 191–209) in diesem Sammelband.

[8] Ähnlich ist die Vorstellung der Juden von einer Gesetzesordnung, die die Beziehung zwischen Gott und den Menschen in den Mittelpunkt rückt.

[9] Vgl. Thomas Bauer 2011; vgl. auch die beiden Rezensionen in Inamo 2012 von Arno Schmitt und Alexander Flores.

Demonstration der Initiative Pro-Deutschland wird auf einem Transparent gefordert, die „böse" Verse des Korans zu reformieren (Abb. 1).

Abb. 1: „Reformiert die bösen Suren"; Transparent einer Pro-Deutschland Demonstration, Berlin, 18.8.2012 (Foto: Thomas Lobenbein)

Bei Protesten im Herbst 2012 gegen den Film „Innocence of Muslims", der das Leben des Propheten verspottet, werden Koranexemplare von Demonstrierenden gezeigt.

Geht es hier um den Text und die Bedeutung der angegebenen „bösen Suren"? Wirken heilige Texte unmittelbar durch das Handeln ihrer Gläubigen?

Die angegebenen Textpassagen (vgl. Abb. 2) werfen sicherlich Fragen auf.[10] Wir wissen aus den islamischen Quellen über das Leben des Propheten, dass Mohammed als Oberhaupt des ersten islamischen Gemeinwesens Kriege gegen feindliche Stämme in Arabien geführt hat. Dies mag mit den Vorstellungen von Völkerrecht, moderner Rechtsstaatlichkeit und Menschrechten nicht

---

[10] Die Verszahlen auf dem Transparent scheinen nach der von den Ahmadiyya üblicherweise verwendeten Verszählung gewählt zu sein, bei der die Basmalah (= die am Anfang einer Sure stehende Einleitungsformel „Im Namen Gottes des barmherzigen Erbarmers") als erster Vers gezählt wird, was bei den anderen Zählsystemen ungewöhnlich ist. Die angegebenen Textpassagen sind deshalb in Abb. 2 wohl nach einer von der Ahmadiyya Gruppe herausgegebenen Übersetzung angegeben. In der deutschen Übersetzung von Hartmut Bobzin, Rudi Paret oder Hans Zirker sind die angegebenen „bösen" Verse unter Sure 2, Vers 171; Sure 2: Vers 191, Sure 5, Vers 51, Sure 8, Vers 39 und Sure 9, Vers 29 zu finden (Vers 29 der 9. Sure wird in der Zählung der Ahmadiyya und der üblicherweise verwendeten „kufischen Zählung" gleich gezählt, da die 9. Sure keine Basmalah hat).

Textspiegel zu Abb. 1: Verse des Korans	Deutsche Übersetzung: nach Der heilige Qurân, Arabisch und Deutsch, Frankfurt 2004.
Sure 2, Vers 172	Und jene, die ungläubig sind, gleichen dem Manne, der das anruft, was nichts hört als einen Ruf und einen Schrei. Taub, stumm, blind - also verstehen sie nicht.
Sure 2, Vers 192	Und tötet sie, wo immer ihr auf sie stoßt, und vertreibt sie von dort, von wo sie euch vertrieben; denn Verfolgung ist ärger als Totschlag. Bekämpft sie aber nicht bei der Heiligen Moschee, solange sie euch dort nicht angreifen. Doch wenn sie euch angreifen, dann kämpft wider sie; das ist die Vergeltung für die Ungläubigen.
Sure 5, Vers 52	O die ihr glaubt! Nehmet nicht die Juden und die Christen zu Freunden. Sie sind Freunde gegeneinander. Und wer von euch sie zu Freunden nimmt, der gehört fürwahr zu ihnen. Wahrlich, Allah weist nicht dem Volk der Ungerechten den Weg.
Sure 8, Vers 40	Und kämpft wider sie, bis keine Verfolgung mehr ist und aller Glaube auf Allah gerichtet ist. Stehen sie jedoch ab, dann, wahrlich, sieht Allah sehr wohl, was sie tun.
Sure 9, Vers 29	Kämpfet wider diejenigen aus dem Volk der Schrift, die nicht an Allah und an den Jüngsten Tag glauben und die nicht als unerlaubt erachten, was Allah und Sein Gesandter als unerlaubt erklärt haben, und die nicht dem wahren Bekenntnis folgen, bis sie aus freien Stücken den Tribut entrichten und ihre Unterwerfung anerkennen.

Abb. 2: Die „bösen Suren" in ihrem Wortlaut

im Einklang stehen, aber sollen die aufgezählten Zitate – aus ihrem Kontext innerhalb der Suren und aus dem arabischen Kontext ihrer Verkündigung gerissen – unmittelbar für jeden Muslim zu jeder Zeit an jedem Ort gelten? Ist der Koran wirklich das mächtigste Buch der Welt, wie es ein ein Titel des Magazins „Der Spiegel" formulierte (vgl. Abb. 3)?

Bei den islamisch motivierten Terrorakten der vergangenen Jahre stellt sich die Frage, ob der Korantext hier ursächlich ist und deshalb ggf. einer Revision unterzogen werden soll. Auf andere heilige Texte übertragen ließe sich die gleiche Frage stellen, ob angesichts von Gewaltverherrlichung in der Bibel Textstellen wie das Massaker Simsons an den Philistern aus dem Kanon gestrichen werden müsste: So lesen wir in der Hebräischen Bibel (dem Alten Testament der christlichen Tradition) im Buch Richter 15,15–18: „Und er fand einen frischen Eselskinnbacken. Da streckte er seine Hand aus und nahm ihn und erschlug damit tausend Mann. Und Simson sprach: Mit eines Esels Kinnbacken hab ich sie geschunden; mit eines Esels Kinnbacken hab ich tausend Mann erschlagen. Und als er das gesagt hatte, warf er den Kinnbacken aus seiner Hand, und man nannte die Stätte Ramat-Lehi. Als ihn aber sehr dürstete, rief er den Herrn an

Abb. 3: Spiegel-Titel 24.12.2007, „Der Koran. Das mächtigste Buch der Welt"

und sprach: Du hast solch großes Heil gegeben durch die Hand deines Knechts; nun aber muss ich vor Durst sterben und in die Hände der Unbeschnittenen fallen."[11]

Auch die Geschlechterrollen in jüdischen und christlichen Texten müssten hinterfragt werden, wie sie z. B. im Wortlaut des jüdischen Morgengebets der Männer zum Ausdruck kommen, das folgendermaßen lautet: „Gelobet seist du, Ewiger, unser Gott, König der Welt, der dem Hahne Erkenntnis gegeben, zu unterscheiden zwischen Tag und Nacht. Gelobet seist du, Ewiger, unser Gott, König der Welt, der mich nicht als Heiden erschaffen. Gelobet seist du, Ewiger, unser Gott, König der Welt, der mich nicht als Sklaven erschaffen. Gelobet seist du, Ewiger, unser Gott, König der Welt, der mich nicht als Weib erschaffen." Der letzte Satz des Morgengebets wird nach dem jüdischen Gebetbuch von Frauen folgendermaßen gelesen: „Gelobet seist du, Ewiger, unser Gott, König der Welt, der mich nach seinem Willen erschaffen."

---

[11] Luther-Übersetzung, revidierte Fassung, Deutsche Bibelgesellschaft Stuttgart 1984.

Wahrscheinlich müssten auch Passagen aus den Briefen des Apostels Paulus revidiert werden, in denen die Rolle der Frau – wen hätte es gewundert – vormodern bestimmt wird.[12] Neben der Hebräischen Bibel und dem Neuen Testament müssten gegebenenfalls auch abendländische Referenztexte wie Homers Ilias überprüft werden: Sind gewaltverherrlichende Abschnitte der Ilias im Schulunterricht der humanistischen Gymnasien akzeptabel und mit unserer Rechtsordnung kompatibel?

3 Komplexe Realität – einfache Erklärung: „Der Mythos der Philologie"

Zurück zu den religiösen Texten und zum Koran, mit dem sich die Wissenschaft in Europa bereits seit 200 Jahren auseinandersetzt: Als das Forschungsvorhaben Corpus Coranicum der Berlin-Brandenburgischen Akademie der Wissenschaften im Jahre 2007 ins Leben gerufen wurde, war das Interesse seitens der Medien nicht gering. Das Vorhaben widmet sich der Grundlagenforschung zum Korantext, es sammelt und dokumentiert: (1) die ältesten Handschriften, (2) Angaben zu den verschiedenen Textvarianten (Lesarten) der islamischen Tradition, (3) Texte aus der Umwelt des Korans und (4) erstellt einen literaturwissenschaftlichen Kommentar. Unter der Überschrift „Ein Buch fehlt" schrieb Frank Schirrmacher über die eröffnete Frankfurter Buchmesse 2007 und zum angelaufenen Forschungsvorhaben: „Unter all den spirituellen, religiösen und religionsgeschichtlichen Büchern, die die Buchmesse annonciert, fehlt eines, das imstande sein wird, eine Reformation einzuleiten – leider fehlt es auch im Verlag der Weltreligionen. Das Buch, das imstande sein wird, Herrscher zu stürzen und Reiche zu wenden, ist die historisch-kritische Ausgabe des Korans, die in diesem Augenblick an der Berlin-Brandenburgischen Akademie der Wissenschaft vorbereitet wird."[13]

---

[12] Z. B. im Brief des heiligen Paulus an die Korinther (1 Kor. 14, 34): „Die Frau schweige in der Gemeinde" oder im Brief an die Gemeinde von Ephesus (Eph 5, 22): „Die Frau sei dem Manne Untertan".

[13] Frank Schirrmacher, Frankfurter Allgemeine Zeitung vom 10.10.2007 (am Eröffnungstag der Frankfurter Buchmesse 2007).

Das Akademievorhaben greift eine Idee auf, die bereits der Münchener Arabist Gotthelf Bergsträßer in den 1920er Jahren entwickelt hatte,[14] den Plan eines Apparatus Criticus zum Koran samt Dokumentation der koranischen Textgeschichte durch ein Fotoarchiv der verfügbaren Koranhandschriften. Bergsträßer und sein Münchener Kollege und Nachfolger Otto Pretzl fotografierten mit einer tragbaren Leica-Fotokamera mehr als 10.000 Handschriftenbilder, die nach dem Tode Pretzls weiterhin in München aufbewahrt wurden. Das Archiv hat glücklicherweise den Zweiten Weltkrieg überstanden und wird vom laufenden Vorhaben an der Berlin-Brandenburgischen Akademie der Wissenschaften ausgewertet. Ein großer Teil der „Koranbilder auf Agfafilm" ist über die Publikationsseite des Vorhabens einsehbar.[15] Die Geschichte des nach dem Krieg verlorenen und vor kurzem wiederentdeckten Photoarchivs war dem Wall Street Journal eine Titelgeschichte wert, im Hintergrund sicherlich der Wunsch vieler Leser, dass die historisch-kritische Forschung die „Geheimnisse des Islams" an den Tag bringen könne (vgl. Abb. 4).

Die Auffassung, dass alte Handschriften geheimnisvoll und mächtig sind, scheint ein Teil der modernen Zeit zu sein. Erwartungen dieser Art waren auch in der Diskussion um die *Qumran*-Fragmente spürbar, als der Fund von Handschriftenfragmenten in Höhlen am Toten Meer für großes Aufsehen sorgte. Die Tatsache, dass das Wall Street Journal, an einem Samstag, einem Tag also ohne Börsengeschäfte, über das „verlorene Gotthelf-Bergsträßer-Filmarchiv" berichtete, passt in das Denkmuster, den Konflikt zwischen Abendland und Islam als Textkrieg einzuordnen (vgl. Abb. 4).

Gekennzeichnet als Kampf der Kulturen oder Krieg der Religionen, werden Konflikte im Nahen Osten und in Europa, an denen Christen, Muslime und Juden beteiligt sind, isoliert von wirtschaftlichen, sozialen oder politischen Bedingungen wahrgenommen: Am 12. September 2001 kaufte ein Bekannter von mir eine deutsche Übersetzung des Korans, um – wie er es formulierte – zu „verstehen, was da los ist". Dem protestantischen Grundsatz „sola scriptura" („durch die Schrift allein") folgend, ist die Idee der Entschlüsselung des „rät-

---

[14] Vgl. Gotthelf Bergsträßer 1930.
[15] Vgl. Datenbank „Manuscripta Coranica", abzurufen unter corpuscoranicum.de/handschriften (Betaversion).

Abb. 4: Andrew Higgins „The lost archive: Missing for a half century, a cache of photos spurs sensitive research on Islam's holy text" Wall Street Journal 12.01.2008

selhaften Handelns von Muslimen" durch die Beschäftigung mit den heiligen Texten verlockend. Fast könnte man meinen, dass die Codierung der „Software Muslimische Handlungsmuster" durch eine genaue Kenntnis des „Heıligen Buches des Islam" vorgenommen werden soll, um es mit einer Metapher zu sagen, die Stefan Weidner vor kurzem verwendet hat.[16] So oberflächlich es aussehen mag, scheint dies die Wahrnehmung des unmittelbaren Kausalzusammenhangs zwischen „dem, was Muslime tun" und „dem, was der Koran sagt", in vielen Fällen zu charakterisieren. Kaum ein Artikel über „die fehlende Aufklärung" im

---

[16] Vgl. Stefan Weidner 2011.

Islam, ohne auf die fehlende „dringend notwendige" kritische Ausgabe des Korans hinzuweisen. Fast keine Berichterstattung über Kriege im Nahen Osten und Selbstmordattentate, ohne den Bezug auf islamische Texte und Bilder betender islamischer Frömmigkeit.[17]

Das Bildarchiv alter Koran-Handschriften, das Gotthelf Bergsträßer und Otto Pretzl gesammelt haben, steht für eine ganze Tradition philologischer Koranforschung, die seit dem Zweiten Weltkrieg ein wenig in Vergessenheit geraten ist. Vor zwei Jahrhunderten waren es deutschsprachige Philologen, die die Grundlage für die historisch-kritischen Ansätze zum Koran legten. Abraham Geigers oft zitierte und manchmal missverstandene Promotionsarbeit „Was hat Mohamed aus dem Judenthume aufgenommen?" belegt dies gut. Im Jahre 1833 veröffentlicht, kann Geigers Buch als Meilenstein gesehen werden in der Auseinandersetzung zunächst vornehmlich jüdischer Gelehrter mit den arabisch-islamischen Quellen, die sie neben dem Korpus jüdischer Texte untersuchten. Der Titel von Geigers kleiner Abhandlung ist freilich insofern irreführend, als es dem Autor fern liegt, den Propheten anzugreifen. Er sieht vielmehr in Mohammed eine Art Genie, durch dessen Verkündigung jüdische Texte und Traditionen zu Bestandteilen der muslimischen Tradition geworden seien. Es erscheint dabei geradezu paradox, dass die Gründungsfigur der jüdischen Reformbewegung, der sogenannten „Wissenschaft des Judentums", die jüdische Tradition bis in den Nahen Osten zurückverfolgt, um das Judentum im post-napoleonischen Mitteleuropa durch Verbindungen zwischen rabbinischen Traditionen und dem Koran neu zu bestimmen. Im Kontext einer christlichen Mehrheitsgesellschaft, die die jüdischen Ghettos aufgelöst hatte, entwickelte eine jüdische Bewegung ihre Vision einer europäisch-jüdischen Identität, indem sie ihre Tradition zu der des Nahen Ostens und der islamischen Religion in Bezug setzte. Der Bezug zum Orient ist in dieser Epoche, also Jahrzehnte vor der zionistischen Bewegung, auch so zu verstehen, dass das jüdische Leben im islamischen Raum positiver bewertet wurde als das im europäischen Mittelalter.[18]

---

[17] Vgl. die Beiträge von Sabine Schiffer (S. 121–137) und Nina Kalwa (S. 139–158) in diesem Sammelband.

[18] Dieser Bezug zum Orient kommt z. B. architektonisch an der Neuen Synagoge in der Oranienburger Straße im Berliner Scheunenviertel zum Ausdruck, die 1866 eingeweiht wurde. Vgl. allgemein dazu Menahem Ben-Sasson 2004.

4 Wissenschaft in ihrem gesellschaftlichen Zusammenhang

Mithin sind philologische Ansätze in ihrem gesellschaftlichen Kontext zu sehen.[19] Durch die Nazizeit und die Vernichtung des Judentums in Europa ist diese Tradition nach dem Zweiten Weltkrieg in Deutschland nicht mehr weitergeführt worden.

Die Bücher und Aufsätze zum Koran und zur islamischen Religion von Gustav Weil, Ignaz Goldziher, Heinrich Speyer, Siegmund Fraenkel, Fritz Shlomo D. Goitein, David Künstlinger, Lazarus Goldschmid u. a. sind bis heute koranwissenschaftliche Referenzarbeiten. Auch Theodor Nöldekes, Gotthelf Bergsräßers und Otto Pretzls Forschungsinteressen am Koran und den klassischen arabischen Texten stehen nicht für sich allein, sondern speisen sich aus der philologischen Tradition, die sich im Zeitgeist des Historismus des 19. Jahrhunderts an deutschsprachigen Universitäten stark etabliert hatte. Ebenfalls ist auffallend, dass es bis zum heutigen Tag viele bedeutende Wissenschaftler auf dem Gebiet der Koranphilologie gibt, die Ordensleute oder Theologen sind.

Zwar hat sich die Erforschung des Korantextes seit der Zeit Abraham Geigers beachtlich entwickelt, dennoch sind sehr grundlegende Fragen zum Koran und der Entstehung der islamischen Religion noch nicht untersucht worden. Bisher gibt es keine historisch-kritische Textausgabe des Korans, und es ist angesichts der vorhandenen Textzeugen in Handschriften und Textvarianten, von denen die islamische Tradition berichtet, unklar, ob sich ein solches Unternehmen umsetzen lässt. Im Rahmen des Potsdamer Akademievorhabens wird seit 2007, unterstützt durch eine Datenbankstruktur, eine systematische Dokumentation der Textmaterialien (Handschriften und Lesarten) aufgebaut, um die zugänglichen notwendigen Materialien zu sammeln und auszuwerten. Im Bereich des Kontextes, also der Umwelt der Verkündigung des Korans, wurde mit dem Zweiten Weltkrieg eine ganze Tradition unterbrochen, und trotz der zahlreichen Publikationen zu syrischen, hebräischen, griechischen Textüberlieferungen und deren Echo im Koran sind wir weit davon entfernt, die Entstehung des islamischen Gründungsdokuments in all seinen Einzelheiten historisch beschreiben zu können.

---

[19] Vgl. z. B. Heinrich Speyers Referenzwerk zu den Biblischen Erzählungen im Koran, das Mitte der 1930er Jahre fertiggestellt wurde und nur heimlich gedruckt werden konnte. Zur Veröffentlichung des Buches wurde das Erscheinungsjahr auf 1931 zurückdatiert, vgl. Franz Rosenthal 2008.

Angesichts zahlreicher unbekannter Größen in einem Forschungsgebiet wundert es nicht, dass in den vergangenen 40 Jahren sehr starke Forschungshypothesen zur Entstehung des Islams und des Korans aufgekommen sind. In den 1970er Jahren vertraten Patricia Crone und Michael Cook, dass die erste islamische Gemeinde und ihr Prophet nicht in Westarabien, sondern im südlichen Palästina entstanden seien.[20] John Wansbrough veröffentlichte zur gleichen Zeit eine Studie, in der er die Meinung vertrat, der Koran sei erst durch die Koranexegese der klassischen Epoche (8. und 9. Jahrhundert) entstanden, also nicht in Westarabien, sondern in den gelehrten Zentren des Irak.[21] Ebenfalls in den 1970er Jahren vertrat der Theologe und Islamwissenschaftler Günter Lüling in seiner Studie zum Ur-Koran die Auffassung, dass der ursprüngliche Text des Korans auf eine antitrinitarische christliche Bewegung zurückgehe, und dass der heutige Koran-Text nichts anderes als von der späteren muslimischen Gemeinde verlesene christliche Strophenlieder seien.[22] Lüling ging davon aus, dass der Urtext z. T. manipuliert und durch andere Setzung diakritischer Punkte verlesen wurde.

Die erwähnten Studien haben keinerlei Handschriften in ihre Untersuchungen einbezogen, über die zugegebenermaßen in den 1970er Jahren wesentlich weniger bekannt war als heute, wo sich der Eindruck stabilisiert, dass wir eine Zahl von kleineren und größeren Koranfragmenten auf Pergament kennen, die ins 7. Jahrhundert, also einige Jahrzehnte nach dem Tod des Propheten Mohammeds, zurückreichen. Zwei Pergamenthandschriften, die ca. die Hälfte des Textes enthalten, werden um das Jahr 700 datiert, eine fast vollständige Handschrift auf Pergament (ms. We II 1913, Staatsbibliothek zu Berlin Preussischer Kulturbesitz) kann auf die Mitte des 8. Jh. datiert werden.[23]

---

[20] Vgl. Patricia Crone und Michael Cook 1977; inzwischen haben sich beide Wissenschaftler von ihren Hypothesen distanziert und haben wenig Zweifel an den großen Rahmendaten der frühislamischen Geschichte. Das Buch „Hagarism", das sich in der heutigen Zeit sicherlich gut verkaufen würde, ist im Buchhandel nicht mehr erhältlich.

[21] Vgl. John Wansbrough 1977 und 1978.

[22] Vgl. Günter Lüling 1970 und 1974 (Neudruck: 1990, 3. korr. Auflage 2004).

[23] Zur Pariser Handschrift, die um das Jahr 700 datiert wird (BN 328 und den Fragmenten, die in der russischen Nationalbibliothek in St.-Petersburg aufbewahrt werden) vgl. François Déroche 2009. Eine Londoner Handschrift mit 121 Blättern auf Pergament gehört in die gleiche Epoche, vgl. dazu M. Marx, K. Small und A. Fedeli, The Manuscript London or. 2165, Documenta Coranica vol. 1,

Im Bereich der Sprache des Korans und dem religiös-sprachlichen Kontext sind ebenfalls sehr viele grundlegende Fragen ungelöst. Seit dem Zweiten Weltkrieg hat die Zahl von Wissenschaftlern, die sich mit dem Koran beschäftigen und neben arabischen Texten hebräische, syrisch-aramäische Texte auswerten – ganz zu schweigen von äthiopischen oder altsüdarabischen Texten –, stark abgenommen. Die Sprache des ältesten arabischen Textes auf Pergament wirft viele Fragen auf, sie entspricht nicht immer den späteren grammatischen Regeln des 8. Jahrhunderts. Bis heute gibt es kein sprachhistorisches und etymologisches Lexikon der arabischen Sprache. Obwohl es zehntausende von inschriftlichen Texten (in altnordarabischen und altsüdarabischen Sprachen aus der Zeit vor dem Islam) neben den Texten der vorislamischen Gedichte gibt, sind diese nie systematisch mit der Geschichte der arabischen Sprache in Beziehung gesetzt worden.

Vor dem Hintergrund solcher Forschungslücken mag es nicht verwundern, dass es breiten Raum für Theorien und Spekulationen gibt. Im Jahre 2000 veröffentlichte z. B. der unter Pseudonym schreibende Philologe Christoph Luxenberg eine Untersuchung zum syrisch-aramäischen Einfluss auf den Text des Korans.[24] Er untersucht darin ca. 100 Textstellen und vergleicht sie mit der aramäischen Sprache, die er allerdings aus Wörterbüchern belegt und nicht mit konkreten Textbelegen aus der syrischen Literatur. Er kommt bei seiner Studie zu dem Ergebnis, dass der arabische Konsonantentext, der in den ältesten Handschriften nur wenige diakritische Zeichen aufweist, an entscheidenden Stellen verlesen wurde. Da die ältesten Handschriften nicht eindeutig die Konsonanten verzeichnen, haben nach der Hypothese Luxenbergs die arabischen Gelehrten im 8. und 9. Jahrhundert den ursprünglich aramäischen Charakter der Koransprache nicht mehr verstehen können. Der Koran sei ursprünglich sprachlich aramäisch zu lesen, von der religiösen Tradition her handele es sich um einen christlichen Text.

So glaubt Luxenberg zeigen zu können, dass z. B. die Paradiesjungfrauen, den nach dem Verständnis fast aller islamischer Exegeten durch den arabischen Aus-

---

Leiden 2013 (in Vorbereitung).
[24] Vgl. Christoph Luxenberg 2000. Vgl. unter den zahlreichen Rezensionen die sehr negativen Rezensionen von F. de Blois und S. Hopkins; vgl. seitens Wissenschaftlern aus dem Bereich der syrisch-aramäischen Sprache die euphorische Rezension von Robert Phenix und Martin Baasten.

druck „hur ʿain" (gelegentlich im deutschen Sprachgebrauch „Huris") bezeichnet werden, in der syrisch-aramäischen Vorlage in der Fassung des Urtextes eigentlich Weintrauben seien. In der Literatur der syrischen christlichen Tradition (z. B. bei dem syrischen Kirchenvater Ephrem) wird das Paradies als ein Garten beschrieben, dessen Früchte den auferstandenen Gerechten ewige Freude bereiten. Luxenbergs fast durchweg philologisch-nüchtern formulierte Untersuchung, die für Nichtsprachwissenschaftler bisweilen schwer verständlich ist, wurde bisher nur von sehr wenigen Arabisten akzeptiert. Sie wird sich wahrscheinlich in der Forschung nicht durchsetzen, kann dennoch als wichtiger Beitrag für die Koranwissenschaft gelten. Das Buch hat eine ganze Debatte ausgelöst, zahlreiche Rezensionen und Symposien haben sich mit seiner Hypothese auseinandergesetzt. Auch die Berliner Forschergruppe, aus der das laufende Akademievorhaben „Corpus Coranicum" hervorging, hat in einem Symposium im Jahre 2004 Luxenbergs Hypothese diskutiert.[25]

Im Gegensatz zu den oben erwähnten Thesen aus den 1970er, die lediglich in der akademischen Welt, nicht aber in der breiten Öffentlichkeit diskutiert wurden, hat Luxenbergs Hypothese nach dem 11. September 2001 ein enormes Medienecho erfahren. Zahlreiche deutsche und internationale Presseartikel berichteten über die „syro-aramäische Lesart" und schienen vor allem an dem Beispiel der fehlenden Jungfrauen im Paradies großen Gefallen zu finden. Im Guardian verfasst Ibn Warraq z. B. den Artikel „Virgins what virgins?",[26] gefolgt von anderen Berichten in DIE ZEIT, Newsweek u. a.[27] Der Titel des Guardian-Artikels soll eine Gegenfrage auf die fiktive Frage eines ins Paradies einziehenden Gotteskämpfers nach den versprochenen Paradiesjungfrauen sein. Es soll hier nicht bestritten werden, dass die Vorstellung von einem sinnlichen Paradies eine wirkmächtige religiöse Vorstellung für kriegerische Gruppen sein kann, für die Rezeption akademischer Diskussionen hat die Verkettung von Philologie mit tagesaktuellen Ereignissen im Falle der Luxenberg-Hypothese allerdings eine völlig neue Dynamik geschaffen.

---

[25] Vgl. Michael Marx 2003 und 2004 sowie Michael Marx und Nicolai Sinai 2004 (Konferenzbericht).
[26] Vgl. Ibn Warraq in The Guardian vom 12.01.2002.
[27] Vgl. Stefan Theil in Newsweek 27.7.2003.

Eine Gruppe von Islamwissenschaftlern unter der Leitung des Religionswissenschaftlers Karl-Heinz Ohlig (Universität Saarbrücken) hat seit 2005 einen Verein mit dem sprechenden Titel „*Inârah*" (wörtlich „Beleuchtung", gemeint ist „Aufklärung") gegründet, um einer Gruppe von Forschern einen institutionellen Rahmen zu verleihen. *Inârah* hat inzwischen sechs Aufsatzsammlungen veröffentlicht, in denen nicht nur weitere Artikel zum „syrisch-aramäischen Urtext" des Korans erschienen sind, sondern in denen unter anderem die Hypothese vertreten wurde, dass die erste Dynastie der Umayyaden in Wirklichkeit noch Christen gewesen seien. Aufgrund numismatischer Zeugnisse und einer Neuinterpretation mittelpersischer Quellen wird in einigen Artikeln der erwähnten Bände die Hypothese aufgestellt, dass die islamische Bewegung im Ostiran entstanden und dann in Syrien fest etabliert worden sei. Die Person des Propheten Muhammad sei ein historisches Konstrukt der späteren islamischen Tradition (nach dieser Argumentation erst ab dem 8. Jahrhundert geschaffen), um eine mythische Gründungsfigur in der arabischen Halbinsel aufzubauen. Nur wenige Islamwissenschaftler und Arabisten haben diese sehr starken Hypothesen akzeptiert, und auch nicht alle Wissenschaftler in, an und um die „Saarbrücker Schule" scheinen die Hypothese der Nichtexistenz Muhammads und die Entstehung einer islamischen Bewegung im Ostiran zu unterschreiben. Programmatisch gesehen werden die Hypothesen von ganz anderen Ursprüngen, die mit zum Teil philologisch umstrittenen Behauptungen unterlegt werden, mit dem Wunsch verbunden, die islamische Welt zu reformieren bzw. in die angeblich dringend benötigte Epoche der Aufklärung zu versetzen.

Als Günter Lüling seine Thesen vom christlichen Urkoran veröffentlichte, war die Öffentlichkeit nicht daran interessiert. Die englische Übersetzung seines Buches im Jahre 2003 erhielt interessanterweise ebenfalls einen programmatischen Titel: „A challenge to Islam for reformation. The rediscovery and reliable reconstruction of a comprehensive pre-Islamic Christian hymnal hidden in the Koran under earliest Islamic reinterpretations". Die Vorstellung eines Islams als ursprünglich christliche Strömung scheint verlockend zu sein, gerade vor dem Hintergrund der politischen Ereignisse der letzten zehn Jahre. Unter Titeln wie „Der missverstandene Koran: Warum der Islam neu begründet werden muss",[28]

---

[28] Vgl. Barbara Köster, Berlin 2010.

„Good Bye Mohammed: Das neue Bild des Islam",[29] einem niederländische Titel wie „De omstreden bronnen van het Islam"[30] (deutsch „Die umstrittenen Quellen des Islams"), finden die Hypothesen der Saarbrücker Gruppe eine breitere Leserschaft.

Der Publizist Ibn Warraq hat eine große Zahl von Sammelbänden z. T. mit englischen Übersetzungen aus der deutschsprachigen philologischen Forschungsliteratur auf den Markt gebracht, die aus seiner Sicht die Dekonstruktion der islamischen Religion mit philologischen Mitteln beschleunigen können. Die Bände von Ibn Warraq sind trotz ihrer polemischen Ausrichtung insofern verdienstvoll, da sie der englischen Akademia, die inzwischen nur noch wenig Deutsch liest, in Deutsch erschienene philologische Studien von bedeutenden Gelehrten des 19. und 20. Jahrhunderts zugänglich machen.

Das breite Interesse an der Vorstellung, dass Philologie die Welt verändern kann, hat auch in Bestsellern seine Spuren hinterlassen, etwa im Thriller „Terrorist. A Novel" von 2006. Hierin schildert John Updike den Lebensweg eines Muslims in England, der zum Terroristen wird. An einer Stelle im Roman wird der junge Mann auch mit der Luxenberg-Hypothese von den Weintrauben anstelle der Jungfrauen konfrontiert. Ein anderer Bestseller, „The Last Patriot" von Brad Thor (erschienen 2008), schickt einen Agenten der CIA auf die Suche nach den ältesten Koranhandschriften, u. a. um die Teile zu erhalten, die – so der Thriller – nach dem Tode des Propheten nicht mehr in den Koran aufgenommen worden sind.

Es gehört zur Entwicklung der Wissenschaften, dass neue Hypothesen diskutiert werden. Im Kontext der gegenwärtigen Debatten in unserer Gesellschaften ist die Philologie offenbar keine unschuldige Größe mehr. Die bisweilen sichtbaren Verknüpfungen von philologischer Hypothese und gesellschaftlich-politischer Programmatik sind sicherlich nicht auf die erwähnten großen Hypothesen von einem ursprünglich christlichen Korantext oder der historischen Konstruktion des Propheten Mohammed beschränkt. Die wissenschaftliche Beschäftigung mit den grundlegenden Texten der islamischen Religion ist nie neutral erfolgt, eine klare Positionierung ist hier sicherlich hilfreich.

---

[29] Vgl. Norbert G. Pressburg [Pseudonym], Good Bye Mohammed: Wie der Islam wirklich entstand, Norderstedt 2009, in der englischen Übersetzung 2012.

[30] Vgl. Eildert Mulder und Tom Milo 2008.

Wenn Forscher in der *Inârah*-Gruppe in ihren Veröffentlichungen die Nichtexistenz des Propheten zu belegen versuchen und die „koranische Bewegung" aus dem östlichen Iran ableiten, dann scheint dies auch für eine breitere Öffentlichkeit interessant zu werden: Das erwähnte populärwissenschaftliche Buch „Good Bye Mohammed: Wie der Islam wirklich entstand", in dem ein unter Pseudonym schreibender Verfasser die radikalen Thesen zur Islamentstehung in gut lesbarer Weise einer breiteren Öffentlichkeit nahebringt, gefiel dem Ausländerbeauftragten des Landes Thüringen so gut, dass er im September 2010 rund 500 Exemplare an Behörden und Schulen verschickte. Die Versendung der Bücher sollte aus Sicht des Ausländerbeauftragten dazu beitragen, dass sich der Islam endlich mit der Aufklärung beschäftige, was dringend überfällig sei und was die christliche Religion längst hinter sich habe. Hier wird der Versuch der historischen Dekonstruktion einer Religionsgemeinschaft und deren Gründerfigur offenbar mit bestimmten Positionen in der deutschen Integrationspolitik verknüpft. Vielleicht versetzte die Landesregierung den Ausländerbeauftragten deshalb schnell in den vorzeitigen Ruhestand, weil die Versendung der Bücher mit dem Erscheinen von Thilo Sarrazins „Deutschland schafft sich ab" zeitlich zusammenfiel.

Ein anderes Beispiel für die öffentlich finanzierte Förderung der Verbreitung von in der Orientalistik bisher nicht akzeptierten Hypothesen ist die Aufnahme eines Artikels von Karl-Heinz Ohlig 2007 in das Programm der Bundeszentrale für Politische Bildung,[31] der vom konstruierten arabischen Propheten und der Entstehung einer Vorform des Islams im Ostiran handelt. Hier haben sich viele Islamwissenschaftler gefragt, weshalb eine in der Orientalistik nicht akzeptierte Hypothese in der Beilage der Zeitschrift „Das Parlament" als glaubwürdiger Ansatz einem breiten Publikum präsentiert wird. Nichts gegen neue Beobachtungen, Denkanstöße und Hypothesen – sie sind in der wissenschaftlichen Beschäftigung unverzichtbar, auch wenn sie schwach sind.

Die wissenschaftliche Diskussion der Luxenberg-Hypothese hat Positives bewirkt. Vielleicht hat sie sogar die Entstehung des Berliner Langzeitvorhabens, das Angelika Neuwirth, Nicolai Sinai und der Verfasser 2006 konzipierten, beschleunigt. Die Publikationen der *Inârah*-Gruppen enthalten z. T. hervorragen-

---

[31] Vgl. Karl-Heinz Ohlig 2007.

de Artikel wie die von Gerd und Elisabeth Puin zu den jemenitischen Handschriften. Auch die Aufsätze von Alba Fedeli und Keith Small sind neben einem Aufsatz von Ignaz Goldziher (in erstmalig deutscher Übersetzung aus dem Ungarischen) hier veröffentlicht. Die Artikel der inzwischen erschienenen sechs Sammelbände über die Herkunft des Islams aus Ostiran, die Deutung der umayyadischen Dynastie als christlich-arabische Herrscher und die Hypothese, der Prophet habe nie existiert,[32] deuten die arabischen, mittelpersischen, syrischen und griechischen Quellentexte aber höchst unzureichend. Die meisten Spezialisten und Lehrstühle auf diesen Gebieten betrachten die vorgelegten Thesen als mangelhaft dokumentiert und in fragwürdiger Weise aus den Quellen abgeleitet. Eine prinzipielle Blockadehaltung in den islamwissenschaftlichen und orientalistischen Wissenschaften ist dafür wohl nicht verantwortlich.

5 Das Weiterleben der Antike im Islam

In der Kapitelüberschrift dieses Bandes, in den der vorliegende Beitrag eingeordnet ist, erscheint provokant der Titel des populärwissenschaftlichen Bestsellers von 1960 „Allahs Sonne über dem Abendland". Die Autorin Sigrid Hunke (1913–1999) war Mitglied der SS-Abteilung „Ahnenerbe" und hatte über eine Arbeit zu „Herkunft und Einflüssen fremder Lebensbilder auf den deutschen Menschen" 1941 promoviert. Ihre Bewunderung für die Araber und die zivilisatorischen Errungenschaften des Islams leiten sich aus ihrer nationalsozialistischen Überzeugung ab und stellen aus ihrer Sicht einen Gegenentwurf zum liberalen Europa dar. Die wissenschaftlichen Errungenschaften, die von den Arabern in der Zeit des europäischen Mittelalters, das aus Hunkes Sicht durch das Christentum kulturell gelähmt war, der europäischen Entwicklung einen entscheidenden Impuls verleiht, stellt sie in ihrem Buch voller naiver Bewunderung dar. Dass sie aus Sicht jener, die zu griechisch-arabischen Übersetzungen und Weiterentwicklungen vielbeachtete wissenschaftliche Arbeiten vorgelegt haben, in ihrer Schwärmerei über das Ziel hinausschießt, ist nicht verwunderlich. Hunke hatte sich mit einem Thema beschäftigt, zu dem ihr offenbar die nötigen philologischen Kenntnisse einfach fehlten.

---

[32] Vgl. Markus Groß und Karl-Heinz Ohlig 2010 und 2012.

Der französische Mediävist Sylvain Gougenheim (Universität Lyon) vertrat 2008 in seinem Buch „Aristoteles auf dem Mont Saint-Michel – Die griechischen Wurzeln des christlichen Abendlandes" die genau umgekehrte These: Dass nämlich die europäische Entwicklung von Medizin, Naturwissenschaften und Philosophie im Hochmittelalter ohne die Übersetzung aus dem Arabischen ins Lateinische verlaufen sei. Europa verdanke den Arabern nach Gougenheims Hypothese also nichts. Seine Darstellung, die eine breite Diskussion in Frankreich ausgelöst hatte und die wissenschaftlich als nicht haltbar bewertet wurde, zeigt, wie sensibel das Thema der europäischen Identität und ihrer Geschichte ist.[33] Weshalb Gougenheim seine These so massiv formulierte – inzwischen hat er die breite akademische Kritik offenbar teilweise akzeptiert – bleibt, allein auf Grundlage seines Buches zu urteilen, nicht erkennbar. Der Eindruck lässt sich kaum vermeiden, dass der gesellschaftliche Kontext bei Gougenheims „Europa-ganz-ohne-arabischen-Einfluss-Hypothese" eine maßgebliche Rolle gespielt hat, auch in unserem Nachbarland ist die öffentliche Debatte über den Islam, die Muslime und die europäische Idee nicht neu.

Gerade weil der ins Feld geführten Idee des „jüdisch-christlichen Abendlandes" starke Bedeutung zukommt, ist der Bereich, den die Bücher von Hunke und Gougenheim berühren, von Bedeutung: Was hat Europa vom Islam übernommen? Aus Sicht der Nationalsozialistin Sigrid Hunke sehr viel: Der arabische Einfluss konnte das aus Hunkes Sicht durch das Christentum gelähmte Europa wiederbeleben. Aus Sicht des Mediävisten Sylvain Gougenheim, der nach den Debatten um sein Buch Fehler und Ungenauigkeiten eingeräumt hat, verdanken wir den Arabern fast nichts: Griechische Wissenschaft und Philosophie konnten nach Gougenheims Hypothese durch Kontakte zur byzantinischen Tradition in die Zentren der europäischen Gelehrsamkeit gelangen, auf die Araber war Europa nicht angewiesen.

Der arabische Beitrag zur Entwicklung Europas ist in der Tat nicht gering, nicht nur auf dem Gebiet der Philosophie, und er beschränkt sich mit Bewässerungstechniken in Spanien, der Verwendung von Spitzbögen in der Architektur der Gotik und der Übernahme der indischen Zahlen (die wir aufgrund ihrer Vermittlung „arabisch" nennen) nicht auf den Bereich zahlenmäßig kleiner aka-

---

[33] Vgl. Roger Pol Droit, „Et si l'Europe ne devait pas ses savoirs à l'islam ?", Le Monde 4.4.2008.

demischer Gruppen. Im Bereich der Medizin ist hier der „Medizinische Kanon" (arab. „*al-Qanun fi at-tibb*") des Avicenna (sein arabischer Name lautete Abu Ali al-Husain ibn Abdallah ibn Sina, 980–1037) zu nennen, der im 12. Jahrhundert von Gerhard von Cremona ins Lateinische übersetzt wurde und bis in die Neuzeit als medizinwissenschaftliche Referenz galt. Zeitgleich wurde in Toledo Avicennas philosophisches Werk „*Kitab ash-shifa*" (wörtl. arab. „Buch der Heilung") übersetzt, das Themen aus dem Bereich der Astronomie, Geometrie, Mathematik, Philosophie und Musik behandelt.

Neben Avicenna ist Rhazes (Abu Bakr Muhammad ibn Zakariya ar-Razi, gest. ca. 930) als einer der bedeutenden Gelehrten in der islamischen Welt zu nennen, die griechische Wissenschaften der Antike rezipiert und weitergeführt haben. Er verwandelte die Lehre des griechischen Mediziners Galen (2. Jahrhundert) in ein Curriculum der Medizinhochschulen. Er soll bereits mit Experimenten gearbeitet und Krankheiten wie Pocken und Masern beschrieben haben. Wie Abb. 5 anschaulich zeigt, hat auch der aus Ray (südlich des heutigen Teheran gelegen) stammende Gelehrte durch Übersetzungen seiner Werke seinen Platz in einer europäischen Universalgeschichte gefunden.

Der erwähnte Übersetzer Gerhard von Cremona übersetzte nicht nur Schriften von Avicenna und Rhazes, sondern auch das Algebra-Lehrbuch des Al-Khwarizmi (von dessen Name das Wort Algorithmus sich ableitet). Auch der Almagest, das astronomische Hauptwerk des Claudius Ptolemäus (2. Jh. n. Chr.), wurde vom Arabischen ins Lateinische übersetzt. Auf der Grundlage der lateinischen Übersetzung (aus dem Arabischen) des Almagest entwickelte Nicolaus Kopernikus die Grundlage des heliozentrischen Weltbildes.

Die wenigen Beispiele sollen genügen, um darauf hinzuweisen, dass die Aufnahme der für Europa so bedeutenden Epoche der Antike neben der direkten Rezeption aus dem Griechischen, die ja nie vollständig ausgefallen ist, oft über das Arabische als Wissenschaftssprache der islamischen Welt gelaufen ist. Neben dem Almagest hatte der Übersetzer Hunain ibn Ishaq (gest. ca. 873) in Bagdad eine überaus große Zahl griechischer Werke, z. T. aus syrischen Fassungen, ins Arabische übersetzt, darunter offenbar auch Platons Staat, der uns allerdings nicht erhalten ist. Das Weiterleben der Antike im Islam hatte seinen Schwerpunkt auf dem Gebiet der Medizin, der Philosophie (vor allem die Schriften des

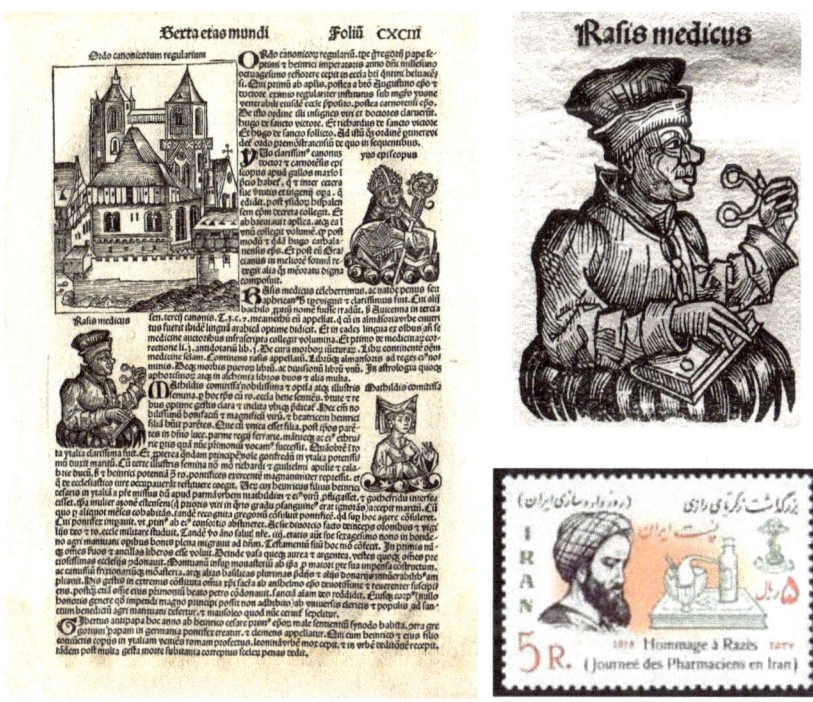

Abb. 5: Links: Der aus Ray (südlich von Teheran) stammende Arzt Rhazes (gest. ca. 930) in einem Holzschnitt von M. Wolgemut zu H. Schedels Weltchronik (1493). Rechts oben: Ausschnittvergrößerung; rechts unten: Gedenkbriefmarke Iran 1978.

Aristoteles), der Mathematik, der Optik, der Astronomie, der Erdvermessung u. a. Eine arabische Übersetzung von Homers Ilias oder Odyssee, der Tragödien und Komödien hat uns nicht erreicht. Die Rezeption der Antike in den griechischen Wissenschaften hat ihren eigenen Charakter und spezifische Interessenschwerpunkte gesetzt. Es mag stimmen, dass „griechische Wissenschaft" und „islamische Gelehrsamkeit" wenig miteinander kommunizierten. Die Zahl der islamischen Religionsgelehrten, die Griechisch lernen, war und ist auch heute noch eher klein. Es war sicher kein Einzelfall, dass Gelehrte wie al-Razi mit dem religiösen Establishment aneinander gerieten: Im Falle des Rhazes so stark, dass er seine Position in Bagdad aufgab und in seine Heimatstadt Ray zurückkehrte. Es ist richtig, dass viele Übersetzer und Gelehrte Christen waren, so z. B. der Übersetzer Hunain ibn Ishaq, der in der Hauptstadt des abbasidischen Reiches lebte. Als Christ wären ihm politische Positionen vorbehalten geblieben. Ihn und andere Nicht-Muslime nur unter dem Vorzeichen von Unrecht und Unterdrückung zu sehen, wird den intellektuellen Errungenschaften der islamischen Welt nicht gerecht.

6   Der Koran und die Spätantike

In der modernen Epoche wird der Beitrag der christlichen oder jüdischen Gelehrten an den Errungenschaften der islamischen Zivilisation oft ausgeblendet, zum Teil aus politischen Gründen: Mit dem jüdischen Philosophen Maimonides (geb. in Cordoba ca. 1035, gest. in Kairo 1204) als Teil der Geschichte des islamischen Ägyptens tun sich Ägypter in der heutigen Zeit manchmal schwer. Dass Gregorius Bar Hebräus (ca. 1225–1286), ein auf Syrisch und Arabisch schreibender Kirchenlehrer und Philosoph, im islamischen Raum wirkte, fehlt in manchen Darstellungen der islamischen Geschichte. Das Verständnis von Islam als Konfession und Religion hat heute, grob formuliert, das Verständnis von Islam als islamischem Kulturraum oder islamisch geprägter Welt verdrängt. Manche Darstellungen des griechischen Erbes im Islam gehen soweit, dass sie das Weiterleben und die Fortführung der griechischen Antike gänzlich als Leistung muslimischer Gelehrter verstehen.[34]

Wenn wir zum Text des heiligen Buches der Muslime kommen, wird die Frage des Bezugs zur Antike auf eine ganz andere Weise bedeutungsvoll. Der Islam, der sich mit den Reichen der Umayyaden und Abbasiden im Nahen Osten etablierte, blieb die Religion der politischen Elite, die allerdings zahlenmäßig in Ägypten, Syrien und im Irak über Jahrhunderte hinweg eine Minderheit darstellte. Der Text des Korans, seine Exegese, die Lexikographie und die Grammatik der arabischen Sprache etablierten sich in einer Welt, in der Christen und Juden präsent waren und auch nach dem Verständnis der islamischen Jurisprudenz gesellschaftliche und religiöse Rechte behielten. Vielleicht trug die Präsenz

---

[34] Vgl. Gotthard Strohmaiers Artikel „Europa im schrägen Blick eines Gräkoarabisten", in G. Strohmaier 2012.

der Christen, Juden und Zoroastrier dazu bei, dass die relativ neuentstandene islamische Gelehrsamkeit das Bedürfnis hatte, sich von ihnen abzugrenzen. Im Curriculum der islamischen Hochschulen, bei denen das islamische Recht den Kernbereich darstellt, kamen griechische Wissenschaften jedenfalls kaum vor. Der Islam verstand sich als die letzte Offenbarungsreligion, in der die christliche und die jüdische Religion weitergeführt und von theologischen Fehlern wie der Trinitätslehre oder den aus islamischer Sicht übertriebenen jüdischen Rechtsvorstellungen befreit wurde. Christen und Juden haben aus islamischer Sicht zwar durch ihre Propheten Anteil an der göttlichen Offenbarung, haben sich aber durch Übermittlungsfehler ihrer Text- und Exegesetraditionen von der „ursprünglichen monotheistischen Lehre" entfernt.

Das Studium des Korans, den man sich als Verschriftlichung der Verkündigungen des Propheten vorstellen kann, ist in der islamischen Gelehrsamkeit in ein eigenes Curriculum von Disziplinen eingebettet, bei denen der Wortlaut des Textes mit Referenzwerken der arabischen Grammatik, Lexikographie und Rhetorik studiert wird. Interessanterweise hat die islamische Wissenschaft ein eigenes Konzept einer historischen Entwicklung innerhalb des Korantextes entwickelt: die Wissenschaft von den „*Asbab nuzul*", von den „Gründen der Offenbarung". Für den Text selbst kennt der traditionelle Islam verschiedene Textüberlieferungen des koranischen Wortlautes. Die Vorstellung von einem im Wortlaut festgelegten Gotteswort, das direkt zwischen zwei Buchdeckel gelangt ist, ist keine traditionell islamische Vorstellung, das Dogma einer Verbalinspiration kennt der klassische Islam nur in einer Untergruppe der hanbalitischen Rechtsschule.[35] Auch das islamische Recht leitet sich nicht unmittelbar aus Koran und *Hadithe* ab. Wie z. B. Harald Motzki zeigen konnte, war es eine bestimmte regionale Praxis von Rechtsprechung, die den Ausgangspunkt des islamischen Rechts bildet.[36] In der späteren Entwicklung wurden die eigentlich religiösen Texte, z. B. die *Hadithe*, immer stärker in die juristischen Argumentationen aufgenommen, vielleicht auch um dem islamischen Recht eine stärkere islamische Farbe zu geben. Die geringe Bedeutung des Korantextes im islamischen Recht ist nicht verwunderlich, da der Text nur wenige rechtliche Bestimmungen enthält, vom

---

[35] Vgl. Joseph van Ess 1996.
[36] Vgl. Harald Motzki 2002.

Textvolumen her ca. 5 % (der insgesamt ca. 6.300 Verse). Als juristischer Kodex ist der Text des Korans ungeeignet, historisch hatte der Text diese Funktion nie.

Auf dem Gebiet der Grundlagenforschung bleiben jedoch – im Vergleich zur Entstehung des Neuen Testaments, dessen historisch-kritische Erforschung seit langer Zeit etabliert worden ist –, viele Fragen offen. Ob eine kritische Edition nach dem Vorbild anderer kritischer Textausgaben auf Grundlage der Koranhandschriften und der Textvarianten in den Lesarten erstellt werden kann, bleibt im Augenblick noch offen. Verglichen mit der Textgeschichte des Neuen Testaments liegen für die koranische Textgeschichte mit ca. 1.200 Blättern aus Pergament-Handschriften – neben Fragmenten auf Papyrus und Inschriften, z. T. vor 750 v. Chr. – erstaunlich frühe Textzeugen vor.

Für den Bezug zu europäischen Traditionen ist das Studium der Umwelt des Textes von großem Interesse. In diesem Bereich werden in der Potsdamer Arbeitsstelle „Texte aus der Umwelt des Korans" aus syrischen, hebräischen, altarabischen, griechischen u. a. Quellen in Form einer Datenbank aufgearbeitet. Eine erste Anzahl ist über die Publikationsseite des Vorhabens einsehbar, das Unternehmen selbst steckt noch in den Anfängen. Es ist uns dabei wichtig, Belegstellen in ihrem Zusammenhang auszuwerten und für das Studium der kulturellen und religiösen Umgebung zu erschließen. Wenn beispielsweise in der 3. Sure Jesus Christus aus Lehmfiguren lebendige Vögel schaffen kann (Abb. 6), dann wurde dies häufig zum Beleg einer Copy-Paste-Methode des koranischen Textes genommen: Im gegebenen Fall sei das Vogelwunder des Thomas-Kindheitsevangeliums in den Korantext hineinkopiert worden.[37]

Vergleicht man die Texte genau, dann wird deutlich, dass es neben Übereinstimmungen theologische Unterschiede gibt: Christus belebt im Koran die Lehmfiguren nicht aus eigener Kraft, sondern tut dies auf Geheiß Gottes. Wenn wir uns die apokryphe Tradition als eine Lehrgeschichte der frühen Christen zur Göttlichkeit Christi vorstellen, der bereits als Kind wie Gott Lebewesen schaffen konnte, dann setzt hier der Text des Korans mit einer Argumentation an, nach welcher es der Prophet Jesus war, der durch die Erlaubnis Gottes das Wunder vollbringen konnte. Ebenso wie Jesus im gleichen Koranvers Heilungen durchführen und Tote erwecken konnte – nur durch die Kraft Gottes, die ihm zukam.

---

[37] Vgl. z. B. William St. Clair Tisdall 1911.

Das Vogelwunder Christi im Kindheitsevangelium des Thomas und im Koran	
Kindheitsevangelium des Thomas	Koran – Sure 3, Vers 49 (Übers. H. Bobzin)
[Syrisch-aramäischer Text]	Einst, als Jesus fünf Jahre alt war, spielte er am Übergang eines Wasserkanals. Er hielt das Wasser an, ließ es darauf wieder ansteigen und dirigierte es so mit seiner Autorität. Er führte das Wasser in Teiche, machte es rein und leuchtend. Dann nahm er feuchten, weichen Lehm und formte zwölf Vögel. Dies geschah an einem Sabbat, und es waren viele Kinder bei ihm. Da sah ein Mann aus dem Volk der Juden Jesus mit den Kindern, wie er diese Dinge tat. Der Mann ging zu Josef, Jesus' Vater und beschwerte sich darüber, dass Jesus am Sabbat mit Lehm arbeite und Vögel herstelle; am Sabbat sei nicht erlaubt. Josef ging und wies seinen Sohn zurecht: „Warum tust du so etwas am Sabbat?" Da klatschte Jesus die Hände und ließ die Vögel auffliegen, vor allen Leuten. Er sprach: „Gehet und fliegt, seid Zeugnis denen, die leben!" Und die Vögel flogen zwitschernd davon.	Und ein Gesandter sprach zu den Kindern Israels: ‚Ich kam zu euch mit einem Zeichen von eurem Herrn, dass ich für euch aus Ton erschaffe, was die Gestalt von Vögeln hat. Dann hauche ich es an, so dass es wirklich Vögel werden, mit Erlaubnis Gottes. Ich werde Blinde heilen und Aussätzige und ich werde Tote lebendig machen, mit Erlaubnis Gottes. Ich werde euch verkündigen, was ihr esst, so wie das, was ihr in euren Häusern speichert. Siehe, darin liegt für euch fürwahr ein Zeichen, sofern ihr gläubig seid!'	وَرَسُولًا إِلَىٰ بَنِي إِسْرَٰٓءِيلَ أَنِّى قَدْ جِئْتُكُم بِـَٔايَةٍ مِّن رَّبِّكُمْ ۖ أَنِّىٓ أَخْلُقُ لَكُم مِّنَ ٱلطِّينِ كَهَيْـَٔةِ ٱلطَّيْرِ فَأَنفُخُ فِيهِ فَيَكُونُ طَيْرًۢا بِإِذْنِ ٱللَّهِ ۖ وَأُبْرِئُ ٱلْأَكْمَهَ وَٱلْأَبْرَصَ وَأُحْىِ ٱلْمَوْتَىٰ بِإِذْنِ ٱللَّهِ ۖ وَأُنَبِّئُكُم بِمَا تَأْكُلُونَ وَمَا تَدَّخِرُونَ فِى بُيُوتِكُمْ ۚ إِنَّ فِى ذَٰلِكَ لَـَٔايَةً لَّكُمْ إِن كُنتُم مُّؤْمِنِينَ

Berichte von den Heilungen und Wundern Jesu Christi waren in der Antike zahlreich überliefert. Während das Vogelwunder des apokryphen Kindheitsevangeliums (Anfänge um 200 n.Chr.; hier in seiner syrisch-aramäischen Fassung) die göttliche Natur Jesu Christi hervorhebt, setzt der Koran einen anderen theologischen Akzent: Nicht Jesus Christus selbst schafft lebendige Vögel aus Lehm, sondern der Befehl Gottes allein vermag es, den Lehmfiguren Leben einzuhauchen. Der Koran markiert seine theologische Argumentation, im Vergleich zum apokryphen Bericht, durch den mehrfach vorkommenden einschränkenden Zusatz „durch Gottes Erlaubnis". Wie das Beispiel zeigt, bezieht sich der Koran auf die christliche Überlieferung (Vogelwunder), bringt jedoch durch den Hinweis auf die Allmacht Gottes eine eigene Theologie zum Ausdruck, dass Jesus Christus keine göttliche Natur zukomme.

Abb. 6: Das „koranische Vogelwunder" im Vergleich mit der apokryphen Überlieferung.

Wir sehen an dieser Stelle, wie eine Lehrerzählung des spätantiken Christentums aufgegriffen wird, dabei aber in eine ganz andere theologische Richtung gelesen wird. Der Nachweis jüdischer oder christlicher Traditionen in der Umwelt des Textes ist auch bei der Deutung von Sure 112 wichtig. Das jüdische Gebet, das *Schma Yisrael*, scheint im Vers 1 der Sure ein Echo zu finden, allerdings nicht auf die jüdische Gemeinde allein bezogen, sondern universal formuliert. Das christliche Glaubensbekenntnis, das Menschen in der Umgebung des Propheten kannten, könnte in seiner Verneinung in den Versen 2 bis 4 der 112. Sure ein Echo gefunden haben (Abb. 7).

Beweisen lassen sich solche Zusammenhänge strenggenommen nicht, aber die Ähnlichkeiten und Differenzen zwischen Korantexten und religiösen Texten der Spätantike können einen Schlüssel zum historischen Verständnis des Textes bringen.[38] Die Negierung eines zeugenden Gottes könnte sich natürlich auch

---

[38] Vgl. z. B. die von David Kiltz und Yousef Kouriyhe ausgewerteten syrisch-aramäischen Textzeugen aus der vorislamischen Zeit zum Verständnis der koranischen Eschatologie und Jenseitsvorstellungen, Datenbank „Texte aus der Umwelt des Korans" abrufbar unter corpuscoranicum.de (Betaversion).

Nicäno-Konstantinopolitanisches Glaubensbekenntnis (Konzil von Konstantinopel, 381 n. Chr.)		Jüdisches Gebet „Sch'ma Jisrael" 5. Buch Mose 6,4		Koran – Sure 112	
Übers.	Griechisch	Übers.	Hebräisch	Übers. (H. Bobzin)	Arabisch
Wir glauben an einen Gott,	Πιστεύομεν εἰς ἕνα Θεὸν	Höre Israel! Der **Herr** ist unser Gott, der **Herr** ist einer.	שְׁמַע יִשְׂרָאֵל יְהוָה אֱלֹהֵינוּ יְהוָה אֶחָד׃	Sprich: „Er ist Gott, der Eine,	قُلْ هُوَ اللَّهُ أَحَدٌ ١
den Vater, **den Allmächtigen**, der alles geschaffen hat, Himmel und Erde, den Schöpfer alles Sichtbaren und Unsichtbaren.	Πατέρα παντοκράτορα, ποιητὴν οὐρανοῦ καὶ γῆς, ὁρατῶν τε πάντων καὶ ἀοράτων.			Gott, der Beständige,	اللَّهُ الصَّمَدُ ٢
Und an den einen Herrn Jesus Christus, den Sohn Gottes, **der als Einziggeborener aus dem Vater gezeugt ist** vor aller Zeit, Licht aus Licht, wahrer Gott aus wahrem Gott, **gezeugt**, nicht geschaffen,	Καὶ εἰς ἕνα κύριον Ἰησοῦν Χριστόν, τὸν υἱὸν τοῦ θεοῦ τὸν μονογενῆ, τὸν ἐκ πατρὸς γεννηθέντα πρὸ πάντων τῶν αἰώνων, φῶς ἐκ φωτός, θεὸν ἀληθινὸν ἐκ θεοῦ ἀληθινοῦ, γεννηθέντα οὐ ποιηθέντα,			Er zeugte nicht und wurde nicht gezeugt,	لَمْ يَلِدْ وَلَمْ يُولَدْ ٣
eines Wesens mit dem **Vater**;	ὁμοούσιον τῷ πατρί·			Und keiner ist ihm ebenbürtig."	وَلَمْ يَكُنْ لَهُ كُفُوًا أَحَدٌ ٤

Abb. 7: Sure 112 im Vergleich mit dem jüdischen *Schma-Yisrael* und dem Nizäno-Konstantinopolitanischen Glaubensbekenntnis.

auf die altarabischen Vorstellungen beziehen, die uns in inschriftlichen (= epigraphischen) Texten Arabiens überliefert sind und denen zufolge Gott „Töchter" hat.[39] Die auffallend starke Ähnlichkeit mit dem jüdischen *Schma-Yisrael*-Gebet und mit dem christlichen Glaubensbekenntnis belegt ganz gut, dass offenbar vom Koran angesprochene Adressaten oder Zuhörer mit jüdischen und christlichen Inhalten vertraut waren. Fast wörtlich greift der 3. und 4. Vers der 112. Sure die Formulierung des Nizäums auf und negiert sie. Der Text des Korans dokumentiert in seiner Formulierung gewissermaßen jüdische und christliche Präsenz.

Bei solchen Überlegungen soll der geographische Kontext nicht aus dem Blick geraten: Mekka und Medina, in denen der Text verkündet worden war, sind nicht weit entfernt vom himjaritischen Reich im Jemen. Anfang des 6. Jh. wurde das Judentum durch den König Dhu Nuwas einige Jahre zur offiziellen Religion des himjaritischen Reiches erhoben.

---

[39] Zu den in den südarabischen Inschriften erwähnten „Töchtern Gottes" vgl. Christian Robin 2007.

Im Jahre 525 wurde durch die militärische Intervention der Äthiopier das Christentum zur offiziellen Religion. Vielleicht wird die archäologische Forschung hier weitere Materialien ans Licht bringen, wie es die Ausstellung „Roads of Arabia" in Berlin (Januar bis März 2012) eindrucksvoll gezeigt hat. Die Geschichte des vorislamischen Arabiens hat offenbar einen stärkeren Bezug zur Antike als angenommen: So wurde z. B. eine offizielle römische Inschrift aus dem späten 2. Jahrhundert n. Chr. entdeckt, die belegt, dass die Stadt Hegra (das heutige Mada'in Saleh in Saudi-Arabien) Teil des römischen Reiches war.[40]

Aus Qaryat al-Faw im Südwesten des saudi-arabischen Königreiches wurden eine Bronzebüste (Abb. 8) und im römischen Stil gemalte Fresken ausgegraben, die an die Kunst im römischen Reich erinnern. Die Epoche der Spätantike, die uns aufschlussreiches Material zur Rekonstruktion der kulturellen Umgebung des Textes liefert, muss also sehr breit angesetzt werden.

Abb. 8: Bronzebüste und Wandfresko aus Qaryat al-Faw (Saudi Arabien), ca. 1./2. Jh. n. Chr. (vgl. Ausstellungskatalog „Roads of Arabia").

Wir sehen, dass dem Kontext des Korans eine Schlüsselrolle zukommt und dass wir uns hier in einem kaum zu überblickenden Gebiet befinden. Angelika Neuwirth hat in ihrem programmatischen Band „Der Koran als Text der Spätantike" (2010) insbesondere die Bezüge des Textes zu jüdischen und christlichen Traditionen untersucht und den starken Bezug des Korans zur jüdischen und

---

[40] Vgl. Dhaifallah al-Talhi und Mohammad al-Daire 2005.

christlichen Spätantike herausgearbeitet. Über diesen Bereich der theologischen Traditionen der Christen und Juden hinausgehend müsste man auch die Spätantike des sassanidischen (iranischen) Reiches einbeziehen, in dessen politischen Einzugsbereich Mekka seit Ende des 6. Jahrhunderts lag. Vor allem aber die antiken Zivilisationen Südarabiens, die mehr als ein Jahrtausend bis kurz vor die Zeit Mohammeds Bestand hatten, müssten systematisch zum Verständnis der frühen islamischen Geschichte ausgewertet werden. Dies ist bisher jedoch nie geschehen.

Für die historische Sichtweise auf den Text ist der Gedanke wichtig, dass die 114 Suren des Korans in eine chronologische Reihenfolge zu setzen sind, die sich von ihrer Anordnung im Buch unterscheidet. Hier hatte Theodor Nöldeke (1834–1930), aufbauend auf den Angaben der islamischen Tradition und eigener stilistisch-sprachlicher Kriterien, eine chronologische Reihenfolge vorgeschlagen, die in vier Phasen (Mekka 1, Mekka 2, Mekka 3 und Medina) die Themen und die Aussagen der Suren in eine historische Abfolge stellt.

Angelika Neuwirth hat 1982 in ihrer Habilitationsschrift aufbauend auf Nöldekes „Geschichte des Qorans" (1860) durch literaturwissenschaftliche Methoden die mekkanischen Suren genauer untersucht und damit Grundlagen für weitere philologische Studien bereitet. Sie konnte aufgrund formkritischer Analysen Strukturen nachweisen, die für innertextliche Entwicklungslinien sprechen Diese Arbeiten, die sich dem Text in der geschichtlichen Abfolge seiner Verkündigung zwischen den Jahren 610 und 632 widmen, stützen sich auf den Textbestand, wie die islamische Tradition ihn vermittelt; die Untersuchungen machen dabei deutlich, wie etwa Nicolai Sinai gezeigt hat, dass sich historische Entwicklungen aufzeigen lassen, die schwerlich in einem vollkommen unverstandenen und schlecht überlieferten Text auszumachen wären.[41]

Neuwirths Ansatz, den sie ausführlich in ihrer Monographie „Der Koran als Text der Spätantike" (2010) erläutert und ihrer Surenkommentierung zugrunde legt, sieht den Text des Korans als eine Art Niederschrift eines Kommunikationsprozesses zwischen dem Verkünder und seinen Zuhörern, die sowohl aus denen bestehen, die später die Gemeinde bilden, als auch aus den Gegnern des Verkünders. Wenn wir uns, wie die oben genannten Beispiele belegen sollten,

---

[41] Vgl. Nicolai Sinai 2009.

die Umwelt als antik oder spätantik gebildet vorstellen, dann können wir den Versuch unternehmen, die Diskurse des Korantextes in seiner historischen Entwicklung nachzuzeichnen. Neuwirth hat inzwischen einen Kommentarband zu den frühmekkanischen Suren (Mekka-1-Periode) veröffentlicht und dabei starke Bezüge der frühen Suren zu den Texten der Psalmen herausgearbeitet.[42]

Aufbauend auf Neuwirths Hypothese des Kommunikationsprozesses, hat Nicolai Sinai im Rahmen des Akademievorhabens „Corpus Coranicum" einen chronologisch-literaturwissenschaftlichen Kommentar zu den frühmekkanischen Suren erarbeitet, z. T. mit leicht divergierenden Einzelanalysen und abweichenden formalen Kategorisierungen, der online veröffentlicht ist.[43]

Beide Kommentare belegen, dass der überlieferte Text historisch zugänglich ist und dass der Koran nicht notwendig dunkel und unverständlich bleibt, sondern dass sich entwickelnde Argumentationslinien nachgewiesen werden können.

Sicherlich sind auch hier die vorgelegten Arbeiten weit davon entfernt, endgültige Ergebnisse zu liefern. An der Potsdamer Arbeitsstelle wird bewusst der dokumentarischen Ebene Vorrang eingeräumt, um in einem Bereich historische Forschung zu ermöglichen, in dem grundlegende Materialien wie die vorhandenen Handschriften, Lesarten, Umwelttexte u. a. noch unzureichend erschlossen sind.

7 Ausblick: Bitte kein Kulturkampf!

In den europäischen Gesellschaften findet eine breite Diskussion zur Präsenz des Islams statt, die über das Alltagsgeschäft der Konflikte des Miteinander- oder Nebeneinanderlebens in die Bereiche der historischen, philologischen und kulturellen Fragen hineingreift. Wenn das vermeintlich jüdisch-christliche Europa dabei dem „unmodernen" Islam gegenübergestellt wird, drängt sich der Eindruck eines Kulturkampfes auf. Die Metapher „Software Islam", die die Muslime angeblich kontrolliert, erinnert an das Klischee von den ultramontanen (heute würde man sagen: „ferngesteuerten") Katholiken, die in den 70er Jahren des

---

[42] Vgl. Angelika Neuwirth, Der Koran: Bd. 1: Frühmekkanische Suren. Poetische Prophetie, Handkommentar mit Übersetzung von Angelika Neuwirth, Frankfurt/Berlin 2012.

[43] Online zugänglich unter corpuscoranicum.de in Betaversion.

19. Jahrhundert – in der Zeit des sogenannten Kulturkampfes – als nicht loyale Staatsbürger gesehen wurden. Auch hier zeigte sich eine symbolische Ebene, wenn die katholische Bevölkerung im Rheinland, das nach der napoleonischen Zeit von Preußen regiert wurde, das Bedürfnis hatte, z. B. Wallfahrten und Marienfrömmigkeit durch den Bau von Mariensäulen z. B. in Aachen und Trier zu manifestieren. Die Verwendung von religiösen Symbolen an der Oberfläche konnte die Geschichtsschreibung nicht davon abhalten, soziale und ökonomische Dimensionen (in der Industrialisierung marginalisierte Landbevölkerung findet im Klerus eine politische Stimme), politische Gründe (durch das allgemeine Wahlrecht erhielten katholische Parteien eine hohe Zahl von Stimmen) neben anderen Faktoren für das Verständnis miteinzubeziehen.

Mit den Muslimen und Europa verhält es sich strukturell vielleicht ähnlich. Mit ihren Lebensgewohnheiten, kulturellen und religiösen Traditionen unterscheiden sie sich von der Mehrheitsbevölkerung, deren religiöse Traditionen allmählich schwächer werden. Dass der Faktor Religion bei vielen Muslimen einen hohen Anteil an der Identität hat, kommt hinzu, wird aber verstärkt durch die Schaffung einer Opposition „Europa versus Islam". Dem Text des Korans kommt auf der symbolischen Ebene eine recht große Bedeutung zu – größere Bedeutung sicherlich, als er innerhalb des theologischen Systems eines traditionellen Islams tatsächlich einnimmt. Skeptiker haben den Koran im Verdacht, mit dem Grundgesetz unvereinbar zu sein; muslimische Gruppen verkürzen ihre eigene Tradition auf einen einzigen Text. Jenseits aller symbolischen Konflikte, bei denen sich „Koran" und „Europa" gegenüberstehen, werden Rechtsstaatlichkeit, Gewaltenteilung, Demokratie, Religionsfreiheit und Bildungswesen in Europa von Muslimen hier und im Nahen Osten bewundert. Die im Entstehen begriffene Lebenswelt eines Islams in Deutschland wird ihre eigene Dynamik entfalten. Wie bei allen gesellschaftlichen und politischen Prozessen ist dies ein langer Weg, bei dem Konflikte und Debatten zur Natur der Sache gehören.

Aus der historischen Perspektive betrachtet steht Europa auf dem Gebiet der Philosophie, der Medizin sowie anderer griechischer Wissenschaften mit der arabischen Welt in enger Verbindung. Religiöse spätantike Texttraditionen jüdischer oder christlicher Prägung finden ein Echo in dem arabischen Text des Korans und stehen in einer hochinteressanten Verbindung.

Die Vorstellung von einem jüdisch-christlichen Europa ist historisch gesehen sehr problematisch und wissenschaftlich letztlich nicht haltbar. Die Grundlagenforschung zum Text des Korans hat noch einen weiten Weg vor sich, voreilige Hypothesen spielen aus außerwissenschaftlichen Gründen in der breiten Debatte zwar gelegentlich eine Rolle, sind in ihrer Polemik aber am Ende schädlich für die gesellschaftliche Debatte. Europa mit seinen Wurzeln in der Antike und im Christentum muss sich historisch-kulturell im Rückblick in die komplexe Beziehungsgeschichte zur arabischen Welt und zum Islam neu positionieren.

Literatur

Bauer, Thomas, Die Kultur der Ambiguität: eine andere Geschichte des Islams, Berlin 2011.

Becker, Carl-Heinrich, Der Islam als Problem, Der Islam 1 (1910), 1–21.

Ben-Sasson, Menahem, Al-Andalus: Das „Goldene Zeitalter" der spanischen Juden – kritisch besehen. In: Christoph Cluse (Hrsg.), Europas Juden im Mittelalter. Beiträge des internatinoalen Symposiums in Speyer vom 20. bis 25. Oktober, Trier 2004, S. 139–153.

Bergsträßer, Gotthelf, Plan eines Apparatus Criticus zum Koran, München 1930.

de Boer, Jan-Hendryk, Einfluss der arabischen Wissenschaften im europäischen Mittelalter; Sammelrezension von Al-Khalili, Jim: Im Haus der Weisheit. Die arabischen Wissenschaften als Fundament unserer Kultur, Frankfurt am Main 2011.

Brady, David, The Book of Revelation and the Qur'an: Is there a possible literary relationship?, Journal of Semitic Studies 23 (1978), S. 216–225.

Burgmer, Christoph (Hrsg.), Streit um den Koran, die Luxenberg-Debatte: Standpunkte und Hintergründe, Berlin ³2007.

Crone, Patricia und Cook, Michael A., Hagarism the making of the Islamic world, Cambridge 1977.

Déroche, François, La transmission écrite du Coran dans les débuts de l'Islam, Leiden 2009.

van Ess, Josef, Verbal Inspiration? Language and Revelation in Classical Islamic Theology, in: Stefan Wild (Hrsg.): The Quran as Text, Brill Leiden 1996, 177–194.

Flores, Alexander, Noch einmal: Thomas Bauer: Kultur der Ambiguität, inamo Informationsprojekt Naher und Mittlerer Osten Nr. 71, Berlin 2012.

Fraenkel, Siegmund, Die aramäischen Fremdwörter im Arabischen, Hildesheim u. a. 1962.

Franke, Ute und Joachim Gierlichs (Hrsg.), Roads of Arabia, The archaeological treasures of Saudi Arabia, Ausstellungskatalog, Tübingen/Berlin 2011.

Franke, Ute und Joachim Gierlichs (Hrsg.), Roads of Arabia, Archäologische Schätze aus Saudi-Arabien, Tübingen/Berlin 2011.

Fück, Johann, Die Originalität des arabischen Propheten, in: Zeitschrift der Deutschen Morgenländischen Gesellschaft (ZDMG) 40 (1936), S. 515–516.

Goldziher, Ignaz, Zum islamischen Bilderverbot, in: Zeitschrift der Deutschen Morgenländischen Gesellschaft (ZDMG), Band 74, 1920.

Gougenheim, Sylvain, Aristote au Mont Saint-Michel. Les racines grecques de l'Europe chrétienne, Paris 2008.

Gougenheim, Sylvain, Aristoteles auf dem Mont Saint-Michel. Die griechischen Wurzeln des christlichen Abendlandes, deutsch von Jochen Grube, Darmstadt 2011.

Groß, Markus und Ohlig, Karl-Heinz (Hrsg.), Schlaglichter: Die beiden ersten islamischen Jahrhunderte, Berlin 2008 (INÂRAH, Schriften zur frühen Islamgeschichte und zum Koran, 3).

Groß, Markus und Ohlig, Karl-Heinz (Hrsg.), Vom Koran zum Islam, Berlin 2009 (INÂRAH, Schriften zur frühen Islamgeschichte und zum Koran, 4).

Groß, Markus und Ohlig, Karl-Heinz (Hrsg.), Die Entstehung einer Weltreligion I. Von der koranischen Bewegung zum Frühislam. Berlin u. Tübingen, 2 Bände. Band I: 2010. (INÂRAH, Schriften zur frühen Islamgeschichte und zum Koran, 5;) Band II: 2012. (INÂRAH, Schriften zur frühen Islamgeschichte und zum Koran, 6.)

Gutas, Dimitri, Greek Thought, Arabic Culture. The Graeco-Arabic Translation Movement in Baghdad and Early Abbasid Society (2nd–4th / 8th–10th centuries), London and New York 1998.

Haridi, Alexander, Das Paradigma der „islamischen Zivilisation" – oder die Begründung der deutschen Islamwissenschaft durch Carl Heinrich Becker (1876–1933), Würzburg 2005.

Haverkamp, Alfred, Christliches und jüdisches Europa im Mittelalter, Kolloquium zu Ehren von Alfred Haverkamp, hrsg. v. Lukas Clemens und Sigrid Hirbodian, Red. Miriam Weiss, Trier 2011.

Horovitz, Josef, Koranische Untersuchungen. Studien zur Geschichte und Kultur des islamischen Orients, Heft 4, Berlin u. a. 1926.

Hoyland, Robert, Arabia and the Arabs from the Bronze Age to the Coming of Islam. London/New York 2001.

Hunke, Sigrid, Herkunft und Wirkung fremder Vorbilder auf den deutschen Menschen, Maschinenschriftliche Dissertation, Berlin 1941.

Hunke, Sigrid, Allahs Sonne über dem Abendland – Unser arabisches Erbe, Stuttgart 1960.

Ibn Warraq, Why I Am Not a Muslim, Amherst 1995.

Ibn Warraq (Hrsg.), What the Koran Really Says: Language, Text and Commentary, Amherst 2002.

Ibn Warraq (Hrsg.), Which Koran?: Variants, Manuscripts, Linguistics, Amherst 2011.

Köster, Barbara, Der missverstandene Koran: Warum der Islam neu begründet werden muss, Berlin 2010.
Lüling, Günter Kritisch-exegetische Untersuchung des Qur'antextes, Erlangen 1970 (Inaugural-Dissertation).
Lüling, Günter, Über den Ur-Qur'ān, Erlangen 1974.
Lüling, Günter, Über den Ur-Koran, Ansätze zur Rekonstruktion der vorislamisch-christlichen Strophenlieder im Koran, Erlangen 1993.
Luxenberg, Christoph, Die syro-aramäische Lesart, ein Beitrag zur Entschlüsselung der Koransprache, Berlin 2000.
Luxenberg Christoph, Weihnachten im Koran, in: imprimatur, Trier 2003.
Luxenberg Christoph, Der Koran zum 'islamischen Kopftuch', in: imprimatur, Trier 2004.
Luxenberg Christoph, Neudeutung der arabischen Inschrift im Felsendom zu Jerusalem, in: Karl-Heinz Ohlig, Gerd R. Puin (Hrsg.), Die dunklen Anfänge – Neue Forschungen zur Entstehung und frühen Geschichte des Islam, Berlin 2005.
Luxenberg Christoph, Relikte syro-aramäischer Buchstaben in frühen Korankodizes im hejazi- und kufi-Duktus, in: Karl-Heinz Ohlig (Hrsg,), Der frühe Islam – eine historisch-kritische Rekonstruktion anhand zeitgenössischer Quellen, Berlin 2007.
Luxenberg, Christoph, Die syrische Liturgie und die „geheimnisvollen Buchstaben" im Koran. Eine liturgievergleichende Studie. in: Markus Groß und Karl-Heinz Ohlig (Hrsg.), Schlaglichter, Die beiden ersten islamischen Jahrhunderte, Bd. 3, Berlin 2008.
Marx, Michael, Ein neuer Impuls für die Erforschung des Korans, inamo Informationsprojekt Naher und Mittlerer Osten Nr. 33, Berlin 2003, S. 45–47.
Marx, Michael, Ein neuer Impuls für die Erforschung des Korans Teil II, inamo Informationsprojekt Naher und Mittlerer Osten Nr. 34, Berlin 2003, S. 50–52.
Marx, Michael, Ein Koran-Forschungsprojekt in der Tradition der Wissenschaft des Judentumes: Zur Problematik ds Akademienvorhabens Corpus Coranicum, in: Dirk Hartwig u. a. (Hrsg.), Im vollen Licht der Geschichte. Die Wissenschaft des Judentums und die Anfänge der kritischen Koranforschung, Würzburg 2008, S. 41–54.
Marx, Michael, Bahira-Legende, Dante und Luxenberg – Von verschiedenen Koranwahrnehmungen, in: Christoph Burgmer (Hrsg.), Streit um den Koran, Berlin 2004, S. 112–129.
Marx, Michael und Sinai, Nicolai, Islamische und Jüdische Hermeneutik als Kulturkritik. Historische Sondierungen und methodische Reflexionen zur Korangenese – Wege zur Rekonstruktion des vorkanonischen Korans, Berlin 2004 (Konferenzbericht).
Motzki, Harald, The Origins of Islamic Jurisprudence: Meccan Fiqh Before the Classical Schools, Leiden 2002.
Mulder, Eildert und Milo, Tom, De onstreden bronnen van het Islam, Amsterdam 2008.
Ohlig, Karl-Heinz, Gefahren und Chancen im Euro-Islam. Eine kritische Besinnung auf die Fundamente ist notwendig, in: Imprimatur Heft 4, Trier 2002.

Ohlig, Karl-Heinz, Eine Revolution der Koran-Philologie, Zum Buch von Christoph Luxenberg, Die syro-aramäische Lesart des Koran. Ein Beitrag zur Entschlüsselung der Koransprache. Berlin (Das arabische Buch) 2000, 311 S.", in: Imprimatur, Heft 5 Trier 2000.

Ohlig, Karl-Heinz, Zur Entstehung und Frühgeschichte des Islam, in: Aus Politik und Zeitgeschichte 26/27 vom 21.06.2007.

Ohlig, Karl-Heinz (Hrsg.), Der frühe Islam, Berlin 2007 (INÂRAH, Schriften zur frühen Islamgeschichte und zum Koran, 2).

Ohlig, Karl-Heinz und Puin, Gerd-Rüdiger (Hrsg.), Die dunklen Anfänge: neue Forschungen zur Entstehung und frühen Geschichte des Islam, Berlin ²2005.

Paret, Rudi Die Entstehung des islamischen Bilderverbots, in: Kunst des Orients. Bd. XI, 1/2 (1976–1977), Wiesbaden. S. 158–181.

Pressburg, Norman G., What the Modern Martyr Should Know: Seventy-two grapes and not single virgin, The new Picture of Islam, 2012.

Rassoul, Muhammad Ahmad, Die ungefähre Bedeutung des Al-Qur'an Al-Karim, Düsseldorf 2009.

Ratzinger, Karl, Jesus von Nazareth: Erster Teil. Von der Taufe im Jordan bis zur Verklärung, Freiburg 2007.

Robin, Christian Julien, A propos des "Filles de Dieu", Semitica 52–53 (2007), 139–148.

Robin Christian. Himyar et Israël. In: Comptes-rendus des séances de l'Académie des Inscriptions et Belles-Lettres, 148e année, N. 2, 2004, 831–908.

Rosenthal, Franz, The History of Heinrich Speyer's Die biblischen Erzählungen im Qoran, in: Dirk Hartwig u. a. (Hrsg.), Im vollen Licht der Geschichte. Die Wissenschaft des Judentums und die Anfänge der kritischen Koranforschung, Würzburg 2008, S. 113–116.

Rosenthal, Franz, Das Fortleben der Antike im Islam, Zürich/Stuttgart 1965.

Speyer, Heinrich, Die biblischen Erzählungen im Qoran, Gräfenheinichen 1931.

Sarrazin, Thilo, Deutschland schafft sich ab. Wie wir unser Land aufs Spiel setzen, München 2010.

Schmitt, Arno, Rezenzion von Thomas Bauer, Die Kultur der Ambiguität, eine andere Geschichte des Islam, inamo Informationsprojekt Naher und Mittlerer Osten Nr. 70, Berlin 2012.

Sinai, Nicolai, The Qur'an as Process", in: Angelika Neuwirth, Nicolai Sinai, Michael Marx (Hrsg.), The Qur'an in Context: Historical and Literary Investigations into the Qur'anic Milieu, Leiden 2009.

Strohmaier, Gotthard, Denker im Reich der Kalifen, Berlin 1979.

Strohmaier, Gotthard, Von Demokrit bis Dante. Die Bewahrung antiken Erbes in der arabischen Kultur, Hildesheim/Zürich/New York 1996.

Strohmaier, Gotthard, Zwischen Islamismus und Eurozentrismus. Mosaiksteine zu einem Bild arabisch-islamischen Erbes, Wiesbaden 2012, Kap. 1 „Europa im schrägen Blick eines Gräko-Arabisten", S. 1–11.

Strohmaier, Gotthard, Hellas im Islam. Interdisziplinäre Studien zur Ikonographie, Wissenschaft und Religionsgeschichte, Wiesbaden 2003.

al-Talhi, Dhaifallah und Mohammad al-Daire, Roman Presence in the Desert: A New Inscription from Hegra, Chiron 35, 2005.

Thor, Brad, The last patriot. A thriller, New York 2008.

Tisdall, William St. Clair, The Origins of The Koran: Classic Essays on Islam's Holy Book, 1911.

Updike, John, Terrorist: A novel, New York 2006.

Wansbrough, John, Quranic studies sources and methods of scriptural interpretation, Oxford 1977.

Wansbrough, John, The Sectarian Milieu: Content and Composition Of Islamic Salvation History, Oxford, 1978.

Weidner, Stefan, Aufbruch in die Vernunft. Islamdebatten und Islamische Welt zwischen 9/11 und den Arabischen Revolutionen, Bonn 2011, Kap. „Islam und Westen Hard oder Software?", S. 45–60.

Wick, Lukas, Islam und Verfassungsstaat. Theologische Versöhnung mit der politischen Moderne? Würzburg 2009.

Zeitungsquellen

Artikel: Ausländerbeauftragter findet Islam-Buch wichtig, Ostthüringer Zeitung, 09.09.2010.

Artikel: Thüringen schickt umstrittenen Ausländerbeauftragten in Ruhestand, Leipziger Volkszeitung vom 09.09.2010.

Higgins, Andrew, The lost archive: Missing for a half century, a cache of photos spurs sensitive research on Islam's holy text", Wall Street Journal, 12.01.2008.

Ibn Warraq, Virgins? What virgins?, The Guardian vom 12.01.2002.

Lau, Jörg, Keine Huris im Paradies, Die Zeit Nr. 21 vom 15.05.2003.

Roger-Pol Droit, Et si l'Europe ne devait pas ses savoirs à l'islam ? Le Monde 4.8.2008.

Ricklin, Thomas, Skandalbuch von Sylvain Gouguenheim Der Mittelalter-Sarrazin, Süddeutsche Zeitung vom 24.08.2011.

Schirrmacher, Frank Ein Buch fehlt, Frankfurter Allgemeine Zeitung vom 10.10.2007, Nr. 235, S. 1.

Schwanitz, Wolfgang G., Großäugige Trauben – Wenn aus Knaben Früchte werden, Der Tagesspiegel vom 19.02.2007.

Theil, Stefan, Challenging the Qur'an. A German scholar contends that the Islamic text has been mistranscribed and promises raisins, not virgins, Newsweek 27.7.2003.

Internetquellen (15.10.2012):

Schreiner, Stefan, Das „christliche Europa". Eine Fiktion, Qantara.de, http://de.qantara.de/Eine-Fiktion/19611c20859i0p231/index.html, 8.8.2012.

Rezensionen zu Luxenberg (2000)

Baasten, Martin F. J., in: Aramaic Studies, Nr. 2.2, Leiden 2004, S. 268–272.

de Blois, François, in: Journal of Qur'anic Studies, Band V, Ausg. I, London 2003, S. 92–97.

Hopkins, Simon, in: Jerusalem studies in Arabic and Islam, Nr. 28, Jerusalem 2003, S. 377–380.

Horsten, Piet, in: islamochristiana 28, 2002. S. 310 f.

Jansen, Johannes J. G., in: Bibliotheca Orientalis, LX N°3-4, mei-augustus 2003, Sp. 477–480.

Maas, Wilhelm Maria, Der Koran – ein christliches Lektionar?, in: Novalis, Zeitschrift für spirituelle Entwicklung, Quern 2003, S. 18–22.

Neuwirth, Angelika, in: Journal of Qur'anic Studies, Band V (2003), Ausgabe I, Berlin 2003, S. 1–18.

Phenix, Robert R. Jr., Cornelia B. Horn, in: Hugoye. Journal of Syriac Studies 6–2003, 1.

Bilder „des" Islam

Ob wir über „den" Islam in Deutschland sprechen oder über die Rolle „des" Islam im Nahen Osten – es scheint immer Konsens zu sein, was wir eigentlich unter *Islam* verstehen.

> Zu unserem „Wissen" vom Islam gehören teilweise Klischeebilder, Voreinstellungen, Vor- und Vorausurteile. Weit mehr als durch Fachbücher wirken Religionen durch Kommunikatoren, Medien und Rezipienten fort.[1]

Die Wahrnehmung „des" Islam hat sich spätestens mit den Anschlägen in den USA verändert, weltweit, mithin auch in Deutschland. Seitdem wird zwischen einem radikalen, moderaten, friedlichen, dialogoffenen, politischen usw. Islam unterschieden, deren Anhänger dann wahlweise gläubige Muslime oder Vertreter von Intoleranz, Gewalt, Bedrohung und Rückständigkeit sind. Damit werden zugleich verschiedene Formen des Islam sprachlich konstituiert und in immer neuen Kommunikationszusammenhängen transportiert und festgeschrieben.

Andererseits haben Anschläge wie diejenigen vom 11. September 2001, aber eben auch die dauerhafte Präsenz von Muslimen in Europa, ein Bedürfnis in breiten Teilen der Bevölkerung nach Information über „den" Islam geweckt, und der Wortschatz der Nichtmuslime in Deutschland ist durch die jeweiligen aktuellen Bezüge, die zum Islam hergestellt werden, deutlich gewachsen. Dabei werden auch sprachliche und semantische Fehler berichtigt – von „Mohammedanern" spricht heute kaum noch jemand –, zugleich halten aber Assoziationsmuster im Alltagssprachgebrauch Eingang, die im Zusammenhang mit dem Islam häufig die Trennlinie von Beschreibung zu negativ wertenden Stereotypen überschreiten.

Dass dies kein spezifisches Phänomen ist, das erst durch Begegnungen mit „dem" Islam entstanden ist, liegt auf der Hand, denn bevor in der Bundesrepublik Deutschland der Islam wahrgenommen und oftmals einseitig auf Konfliktthemen wie Unfreiheit, Gewalt oder internationale Auseinandersetzungen reduziert wurde, musste dafür der Kommunismus herhalten, von noch früheren Feindsymbolen ganz zu schweigen. D. h., bei dem Zusammentreffen mit „dem" Islam wird durchweg auf erprobte Stereotypen zurückgegriffen, deren Essentia-

---

[1] Monika Tworuschka, Grundwissen Islam. Religion, Politik, Gesellschaft, Münster 2009, S. 11.

lismus sich als aufgeklärte Kritik versteht und als „gesundes Rechtsempfinden" kommuniziert werden möchte, allerdings von berechtigter Kritik am Islam eindeutig zu unterscheiden ist. Mithin können auch nur völlig Ahnungslose von einer zufälligen Häufung solcher Sprachmuster sprechen. Gründe genug, einen genaueren Blick auf „den" Islam zu werfen, allerdings würde die Fülle von Beschreibungen und Zuordnungen dazu bereits ein ganzes Buch füllen, da „dem" Islam alleine in Deutschland zwischen 70 und 80 Organisationen und Strömungen zugeordnet werden können. Dazu gehören ebenso Erzkonservative aus der Türkei und aus arabischen Staaten wie bosniakische Reformkräfte, also Muslime mit der Herkunft Bosnien.[2]

Hayrettin Aydın hat sich aus diesen Gründen auf die Fragen konzentriert, wie religiös-islamisches Leben, gemessen an den „Fünf Säulen des Islam" sowie den sechs Glaubensgrundsätzen (Glaube an Allah, die Propheten, die heiligen Bücher, die Engel, die Vorbestimmung und ein Leben nach dem Tod) in einer mehrheitlich nichtislamischen Gesellschaft wie der in Deutschland gelebt werden kann. Dabei hebt er zuweilen die Wechselwirkung islamischer Gemeinschaften zu nichtislamischer Umgebung hervor, in der sich islamisches Leben durchweg auch in Variationen zu religiösen Praktiken in den Herkunftsländern herausbilden kann.

Einen Blick auf umstrittene Seiten „des" Islam werfen hingegen explizit in diesem Band *Wolfgang Bock*, der der Vereinbarkeit von Islam und säkularem Verfassungsstaat nachgeht, sowie *Ekkehard Rudolph*, der salafistische Bewegungen zwischen religiösem Wahrheitsanspruch, politischer Protestkultur und der Legitimierung von Gewalt beschreibt. Damit greifen sie exemplarisch die Spreizung des Islam zwischen „Religion" und „Staatstheorie" auf, die viele Nichtmuslime nicht mit ihrem Gesellschaftsverständnis vereinbaren können und sie daher ebenso rat- wie sprachlos zurücklässt oder Islamkritiker aus ihnen macht.

Denn manche schariatische Bestimmung [etwa der des Islam als einzig wahrer Religion (Suren 3:19 und 98:6), die Geringachtung Andersgläubiger (98:6), Recht und Pflicht, Ungläubige zu bekämpfen (8:38 ff. und 47:8) oder zu töten (9:5), die Ungleichstellung von Mann und Frau, bei dem Männer über den Frauen stehen (4:34), Männern ein Züchtigungsrecht gegenüber Frauen (4:34) sowie

---

[2] Vgl. dazu etwa Smail Balic, Islam für Europa. Neue Perspektiven einer alten Religion, Köln 2001, sowie dem Beitrag von Yasemin El-Menouar (S. 369–385) in diesem Sammelband.

ein Recht auf Polygamie (4:129) zugestanden wird, weibliche Erben nur die Hälfte von dem männlicher Erben erhalten (4:11) und Zeugenaussagen von Frauen nur halb so viel wie die von Männern wiegen (2:282), Frauen sich bedecken müssen (24:31, 33:53 und 33:59) u. a. m.] bewerten aufgeklärte Gesellschaften als zutiefst intolerant, wo hingegen islamische Stimmen auf das goldene Zeitalter von Al-Andalus verweisen, in dem Muslime, Christen und Juden gemeinsam einer Region zu wirtschaftlicher, kultureller und wissenschaftlicher Blüte verholfen haben – trotz oder gerade wegen der Scharia, auf jeden Fall mit gelebter Religionstoleranz.

Der Dissens mag mit einer unzureichenden Übersetzung von Scharia als „islamisches Recht" zusammenhängen. Bei der Scharia (arab.: šarî'a) geht es nicht nur um Recht im westlichen Sinne. Vielmehr sind die Beachtung religiöser Regeln und Vorschriften wie der Speisevorschriften ebenso Teil der Scharia wie das Fasten, die Pilgerfahrt nach Mekka, das Entrichten der Armensteuer, das Glaubensbekenntnis und das tägliche Gebet.

> In der Definition des Sayyid Abu'l A'la Maududi (1903–1979), der vielen als Apologet des politischen Islam gilt, ist Scharia alles, was das „Verhalten des Menschen" – privat und öffentlich – regelt. Es geht also auch um Politik und den Staat. Denn die Scharia vermittelt ein „islamisches System des Lebens". Handlungen des Menschen werden eingeteilt in „geboten", „Pflicht", „erlaubt", „verboten", „empfohlen", „missbilligt". Eine „missbilligte" Handlung führt im Gegensatz zu einer „verbotenen" in der Regel „keine diesseitigen Sanktionen nach sich", weil es hier um „jenseitsorientierte Bewertungen geht", die auch im Koran mit der Hölle nach dem Tode bestraft werden. Koran und Scharia [...] sind nach Auffassung der Muslime kein Menschenwerk, sondern kommen von Gott.[3]

Neben dem Absolutheitsanspruch, der monotheistische Religionen kennzeichnet, versteht sich der Islam als Abschluss und Vollendung göttlicher Botschaften und überwindet damit die „Verfälschungen" von Judentum und Christentum. Gott selbst habe die Lebensregeln bestimmt, und seine Worte gelten Muslimen als unhinterfragbar. Mithin wird Toleranz nicht nur Nichtmuslimen verweigert, sondern auch Muslimen, die sich vom Islam entfernt haben oder entfernen wollen oder Menschen, die sich als Atheisten bezeichnen. Sure 2:256

---

[3] Peter L. Münch-Heubner, Der islamische Staat. Grundzüge einer Staatsidee, in: Hanns-Seidel-Stiftung (Hrsg.), Aktuelle Analysen 60, München 2012, S. 8.

„Es gibt keinen Zwang in der Religion" ist eben keine Interpretation von Religionsfreiheit, sie lässt sich vielmehr gut und unter islamischen Juristen unstreitig mit der Todesstrafe für einen Apostaten (einen *murtadd*, der sich als Muslim vom Islam lossagt) vereinbaren.[4]

Wenn es um die Einheit von Religion, Politik und Staat geht, werden immer wieder als kritische Beispiele die Islamische Republik Iran sowie die whahabitische Regierung in Saudi-Arabien genannt, die eine schiitisch, die andere sunnitisch basiert, was Pauschalkritik am Islam durchaus fördert und den Blick auf „Unrechtsregime" lenkt, zumal der Whahabismus den auch in Deutschland agierenden Salafismus finanziell und ideologisch nährt.

Es ist unstreitig, dass die Wurzel von Demokratie und Religionsfreiheit im Westen hauptsächlich in jahrhundertelangen Entwicklungen liegen, was jedoch deshalb nicht als Exklusivitätsanspruch postuliert werden kann, weil Veränderungen auch in anderen Gesellschaften stattfanden und stattfinden.

> Daher kann man den Ablauf der Geschichte nicht einspurig betrachten und erwarten, dass die strukturellen Wandlungen in den islamischen Gesellschaften ebenso stattfanden wie es in den westlichen Gesellschaften der Fall war. Auch wenn die Globalisierung und die Ausweitung der Medien und der Kommunikation gekoppelt mit dem überlegenen Fortschritt der Technik im Westen einen starken Einfluss darauf haben, dass sich Kulturen immer ähnlicher werden und Änderungen in den politischen und gesellschaftlichen Strukturen in den islamischen Ländern bewirken, kann dies alles nicht eine solche Renaissance bei den Muslimen in Gang setzen, dass die islamischen Gesellschaften eine westliche Form annehmen und alle Bindungen zu ihrer Geschichte abreißen, um dann einen Wandel in ihrer gesamten Denkweise und gesellschaftlichen Struktur zu verursachen.[5]

Es ist schwer vorstellbar, dass sich der Islamismus, der sich als Staatstheorie versteht, mithin einen vollkommenen islamischen Staat aus Koran und Sunna ableitet, jemals Herrschaft aufgibt und Autonomie von Individuen unterstützt, sich in Richtung „westliche" Gesellschaftsformen entwickelt und dazu wesentliche eigene historische Stränge durchtrennt. Dieses wäre dann der „Euroislam",

---

[4] Vgl. zu dieser Diskussion auch den Beitrag von Wolfgang Bock (S. 163–190) in diesem Sammelband.

[5] Younes Nourbakhsh, Soziologie des religiösen Staates im Islam und im Christentum. Dissertation zur Erlangung des Doktortitels der Philosophie im Department für Sozialwissenschaften der Universität Hamburg, Hamburg 2008, S. 12, unter: http://ediss.sub.uni-hamburg.de/volltexte/2008/3819/pdf/SOZIOLOGIE.pdf (10.10.2012).

der Bassam Tibi vorschwebt, der – notwendigerweise – auf die Scharia verzichtet und sich der kulturellen Moderne und damit Pluralismus, Rechtstaatlichkeit, Menschenrechten und Religionsfreiheit öffnet.[6]

Das Fazit ist dennoch verhalten optimistisch: Zwar wird hinter der großen Mehrheit gläubiger, regelmäßig, gelegentlich oder gar nicht praktizierender, vor allem aber friedfertiger Muslime auch immer wieder die dunkle Seite des Islam sichtbar, mit der ein uneingeschränkter Wertekonsens offensichtlich nicht zu erzielen ist. Aber gerade bei der Mehrheit der hier lebenden Muslime hat die Debatte um die Zugehörigkeit des Islam zu Deutschland jedoch demokratische und pluralistische Spuren hinterlassen, auch wenn sich deren Belastbarkeit immer wieder bei auftretenden Konflikten erweisen muss. Die meisten Muslime in Deutschland scheinen jedoch verstanden zu haben, dass sie zwar archaische Strukturen, nicht aber ihre Glaubensessenzen aufgeben müssen, wenn sie sich zur Werteordnung des Grundgesetzes bekennen. Mehr noch: Sie haben deren Auswirkungen als bereichernd für ihre Lebensgestaltung schätzen gelernt.

Dieser Prozess könnte beschleunigt werden, wenn sich die Schar der Reformer kontinuierlich auch um Wissenschaftler der islamischen Theologien in Deutschland vergrößern würde und sich mehr von ihnen als bislang als Streiter für einen modernen Islam vernehmlich zu Wort melden würden.[7] Wenn sich dann auch noch die islamischen Dachverbände der Mehrheit der Muslime anschließen oder hierbei über ihre Imame und ihre Verbandspolitik gar eine Vorreiterrolle einnähmen, wären gute Voraussetzungen dafür geschaffen, „die Entmündigung der Gläubigen zu überwinden"[8] und Islamkritikern das Wasser abzugraben.

Klaus Spenlen

---

[6] Vgl. Bassam Tibi, Euro-Islam, Darmstadt 2009: ders., Der Euro-Islam als Brücke zwischen Islam und Europa, Essay vom 20. März 2007, veröffentlicht bei perlentaucher.de, unter: http://www.perlentaucher.de/essay/der-euro-islam-als-bruecke-zwischen-islam-und-europa.html (05.10.2012). Wahlweise kann auch vom „deutschen Islam" gesprochen werden, so Wolfgang Schäuble am 26.09.2006 zu n-tv, unter: http://www.n-tv.de/politik/Werdet-deutsche-Muslime-article335411.html (05.10.2012).

[7] Man darf gespannt sein auf das Buch von Mouhanad Khorchide, Islam ist Barmherzigkeit – Grundzüge einer modernen Religion, das bei Herder verlegt wird und bis zur Endredaktion dieses Sammelbandes (Ende Oktober 2012) leider noch nicht erschienen war.

[8] Mouhanad Khorchide in DIE ZEIT, Nr. 41 vom 4. Oktober 2012, S. 4.

Was ist eigentlich „der Islam"?

Hayrettin Aydın

1 Überblick

„Der Islam" und „die Muslime" gehören zu den Themen, denen in Deutschland seit Jahren eine überdurchschnittliche Aufmerksamkeit zuteilwird. Wie kaum ein anderes Thema ist es in der Lage, die Medien zu beschäftigen und so auch eine große Zahl von Menschen zu erreichen. Über die Medien werden jedoch auch immer wieder Klischees und Stereotypen transportiert und reproduziert, auf deren Grundlage sich Menschen eine Meinung bilden, die sich meist jedoch weniger auf Fakten und sachliches Wissen stützt. So gibt es viele, die sich noch nie mit „dem Islam" befasst haben, jedoch eine klare, meist negative Meinung haben und diese auch vertreten. Hierbei bedienen sie und die Medien sich auch auserkorener oder selbsternannter Expertinnen und Experten, die uns neuerdings als „Islamkritiker" entgegentreten: einem Beruf oder einer Berufung, die es in keinem anderen Bereich zu geben scheint. Vor diesem Hintergrund soll hier ein kleiner Beitrag dazu geleistet werden, was der Islam für Muslime als den Angehörigen dieser Religion bedeutet. Der folgende Beitrag kann in der vorgegebenen Kürze nur holzschnittartig die wichtigsten Aspekte anreißen und wird sich darauf konzentrieren, den gesellschaftlichen Kontext in Deutschland dabei in den Blick zu nehmen. Es wird also darum gehen, wie und in welchen Formen sich religiöses Leben von Muslimen, also islamisches Leben in Deutschland, manifestiert. Die in der Überschrift formulierte Frage, was eigentlich „der" Islam sei, ist deshalb nur rhetorisch zu verstehen und soll zum Lesen anregen. „Den Islam" gibt es nicht, auch nicht in Deutschland, dafür jedoch einen Islam, dessen Merkmale die Vielfalt an Traditionen, Interpretation, historischen und regionalen Prägungen, gegenwärtigen kollektiven wie auch individuellen Orientierungen sind und deren Grundzüge auf wenigen Seiten nicht hinreichend beschrieben werden können.

Der Islam als Religion und Religionsgemeinschaft blickt auf eine Geschichte zurück, die über 1.400 Jahre zurückreicht. Die Entstehung der Religion stützt sich aus Sicht und somit für gläubige Muslime auf die Offenbarung Gottes, die über den Propheten Muhammad in den Jahren 610 bis 632 an die Menschen weitergeleitet wurde. Die Offenbarung – der Koran – sieht sich in der Linie derselben Offenbarung, auf die sich auch das Judentum und das Christentum stützen. Allerdings muss auf einige Besonderheiten und Merkmale stichpunktartig eingegangen werden. So ist es wichtig zu wissen, dass aufgrund der eben erwähnten Offenbarungstradition die Propheten der vorherigen Buchreligionen und darüber hinaus viele weitere Propheten als „rechtmäßig" angesehen werden, zu denen demgemäß auch Jesus und Moses gehören. Aber ebenso wichtig ist das Verständnis des Islam zu den anderen Buchreligionen Juden- und Christentum: Der Koran wird von Muslimen als Gottes letztgültige Offenbarung verstanden, in Zweifelsfällen gilt die Aussage des Koran als bindend. gilt dem Selbstverständnis des Islam durch die vom Propheten Muhammad übermittelte Offenbarung, die Musliminnen und Muslimen als verbale Offenbarung (*vahy*) ansehen, als abgeschlossen. Ohne in eine Diskussion über Unterschiede und Gemeinsamkeiten im Gottesverständnis der unterschiedlichen Religionen eintreten zu wollen, sei darauf hingewiesen, dass aus der Binnenperspektive der Muslime ein konsequenter Monotheismus zu den Besonderheiten des Glaubens zählt. Wichtig ist sicherlich auch, darauf hinzuweisen, dass sich im Laufe seiner langen Geschichte unterschiedliche Interpretationen und Traditionen herausgebildet haben, die eine große Bandbreite an jeweiligen „orthodoxen" Traditionen wie auch an weniger oder auch „heterodoxen" Traditionen hervorgebracht hat.

In der Bundesrepublik findet sich eine sehr große Vielfalt unterschiedlichster innerislamischer Strömungen und Traditionen wieder. Dies ist in dem Faktum begründet, dass die in Deutschland lebenden Muslime größtenteils einen Migrationshintergrund aufweisen. Natürlich gibt es einen nicht zu vernachlässigenden Anteil an Muslimen, die deutscher Herkunft sind, mithin irgendwann konvertiert sind. Beim Großteil handelt es sich jedoch um Muslime, die aus den unterschiedlichsten Ländern nach Deutschland gekommen sind bzw. um deren Kinder und mittlerweile auch Kindeskinder. Diese Migrationssituation ist sicherlich einer der Gründe dafür, dass bei manchen Debatten im öffentlichen Raum die Konturen verschwimmen und unklar bleibt, ob über die Integration von Zuwanderern oder etwa die von Muslimen gesprochen wird. Die Unschärfe tritt auch dadurch auf, dass einige Untersuchungen die Zielgruppen synonym verwenden und mal von „Migranten", „Ausländern", „Türkischstämmigen", „Muslimen" usw. sprechen. Die Begriffe machen klar, dass es Schnittmengen geben kann, aber keine Deckungsgleichheit.

In Deutschland gibt es, wie wir seit 2009 wissen, zwischen 3,8-4,3 Millionen Muslime. Davor gab es meist vorsichtige Schätzungen, die von niedrigeren Zahlen ausgingen. In einer sehr umfangreichen Studie des Bundesamts für Migration und Flüchtlinge trat zutage, dass die Zahlen insgesamt höher liegen müssen.[1] 3,8-4,3 Millionen Menschen entsprechen einem Anteil an der Gesamtbevölkerung, der zwischen 4,6 und 5,2 % liegt. Bei diesen Menschen handelt es sich größtenteils um Menschen mit einem Migrationshintergrund, von denen jedoch bereits zum Zeitpunkt dieser Untersuchung annähernd die Hälfte – 45 % – deutsche Staatsbürger waren.

Bei aller Vielfalt in der Herkunft der in Deutschland lebenden Muslime ist natürlich auf einige Besonderheiten in der Verteilung hinzuweisen. So stellen türkeistämmige Muslime mit 63,2 % (2,5-2,7 Millionen absolut) mit Abstand die größte Gruppe dar. Erst mit großem Abstand folgen Muslime aus den Balkanstaaten Bosnien, Bulgarien und Albanien, deren summierter Anteil bei 14 % liegt. An dritter Stelle finden sich Muslime, die ursprünglich aus den Ländern des Nahen Ostens stammen (8,1 %), gefolgt von Personen, deren Herkunftsregion Nordafrika (Marokko, Tunesien, Algerien) ist (6,9 %).

Der Migrationshintergrund ist nicht nur geografisch sehr heterogen, denn in Deutschland leben mittlerweile Muslime aus den unterschiedlichsten Regionen dieser Welt, sei es aus Europa, Asien oder auch Afrika.[2] Hinsichtlich der unterschiedlichen geografischen Herkunft ist darauf hinzuweisen, dass mit den jeweiligen Herkunftsländern auch jeweilige Zuwanderungsgeschichten bzw. „-schübe" verknüpft sind. Unter den zugewanderten Muslimen liegt die Präsenz der Muslime aus den ehemaligen Anwerbestaaten Türkei, das ehemalige Jugo-

---

[1] Die Zahlen basieren auf einer Hochrechnung, die sich auf den eigenen Datensatz und Daten des Ausländerzentralregisters stützt. Vgl. Haug, Sonja; Müssig, Stephanie und Stichs, Anja 2009; hier: S. 96.

[2] Vgl. den Beitrag von Tayfun Keltek und Engin Sakal (S. 435-459) in diesem Sammelband.

slawien, Marokko, Tunesien und Griechenland (Türken und Pomaken) am weitesten zurück. Sie begann Anfang der 60er Jahre des vergangenen Jahrhunderts. Dies ist wichtig hinsichtlich des Standes der Etablierung als jeweilige Zuwanderergruppe in ihren jeweiligen Facetten.

Genau bei diesen Gruppen kommt jedoch auch ein anderer Faktor ins Spiel, und zwar der einer Kontinuität in der Zuwanderung durch Familienzusammenführung – wenngleich in kleinerem Umfang und heutzutage meist in Gestalt von Eheschließungen mit Partner/inne/n aus dem Herkunftsland. Spätere Zuwanderungswellen aus anderen Herkunftsländern standen vor dem Hintergrund politischer Krisen und Umwälzungen wie im Falle zugewanderter Iraner und Afghanen, die vor dem Hintergrund des Regimewechsels im Iran bzw. des Bürgerkriegs in Afghanistan geflohen waren. Aus ähnlichen Gründen kamen insbesondere ab den 90er Jahren auch Muslime aus diversen asiatischen und afrikanischen Staaten, meist jedoch in kleineren Zahlen.[3]

Wichtig sind diese Informationen, um zu verstehen, warum sich unter den in Deutschland lebenden Muslimen bislang noch keine Einheitlichkeit im Sinne einer vielleicht zusammengewachsenen Religionsgemeinschaft herausbilden konnte, die die jeweilige ethnische Herkunft „hinter sich gelassen" hätte. Auf einer abstrakten Ebene sind sich die Muslime natürlich der Tatsache bewusst, dass sie eine gemeinsame Religionsgemeinschaft in Deutschland – natürlich in ihrer Vielfalt an Traditionen und religiösen Orientierungen – sind, faktisch aber gilt nicht nur im Sozialleben, sondern auch im religiösen Leben die Herkunft als wichtiger Einflussfaktor, auch wenn die Zahl der Brückenschläge in diesen Bereichen natürlich langsamer wird, insbesondere bei der jetzt heranwachsenden Generation.

In Deutschland spiegelt sich also auch die Vielfalt religiöser Orientierungen weitgehend wieder. D. h. hier finden sich nahezu alle Glaubensrichtungen unter den Muslimen wieder, seien es solche, die der sunnitischen Richtung folgen oder solche, die der schiitischen oder auch einer anderen Richtung folgen. Neben sunnitischen Muslimen unterschiedlicher Herkunft und Tradition finden sich in Deutschland schiitische Muslime unterschiedlicher Herkunft und

---

[3] So gelten als Migrationsmotive Arbeitssuche, Krieg, Vertreibung, Hungersnöte, Folgen des Klimawechsels, Familienzusammenführung u. a. m.

Ausrichtung und weitere Glaubensrichtungen wie die alevitische sowie die Ahmadiyya. Innerhalb der jeweiligen Hauptströmungen finden sich Angehörige der verschiedenen Rechtsschulen, die eine je spezifische Tradition der Interpretation im Religionsverständnis widerspiegeln, mithin unterschiedliche Aspekte der Religion erklären.[4] Sicherlich ist es jedoch wichtig zu wissen, dass die Unterschiede, die sich in Gestalt unterschiedlicher Rechtsschulen manifestieren, nicht unterschiedliche Auslegungen der Glaubensgrundlagen und -pflichten betreffen.

Ohne exakte Zahlen und Anteile nennen zu können, lässt sich sagen, dass die in Deutschland lebenden Muslime mehrheitlich der sunnitischen Tradition folgen. Innerhalb der sunnitischen Richtung, die so genannte unterschiedliche „Wege", d. h. Rechtsschulen kennt, lässt sich ein Übergewicht an Muslimen erkennen, die der hanafitischen Rechtsschule folgen. Begründet ist dies darin, dass die sunnitischen Muslime aus der Türkei und aus den Ländern des Balkan überwiegend dieser Auslegung folgen. Es gibt jedoch sunnitische Muslime, die der malikitischen, schafiitischen und auch hanbalitischen Richtung folgen. Unter den schiitischen Muslimen in Deutschland findet sich eine quantitative Dominanz der Zwölfer-Schiiten. Der alevitische Glaube stellt eine eigene Glaubensrichtung mit einer eigenen Glaubenspraxis dar, die sich von der sunnitischen und auch schiitischen Praxis unterscheiden.[5]

2 Gelebter islamischer Glaube in Deutschland

An dieser Stelle soll nun auf die verschiedenen Dimensionen und Aspekte eingegangen werden, bei denen ein religiöser Anlass oder Hintergrund besteht, weshalb nicht von „muslimischem" sondern „islamischen Leben" gesprochen wird. „Muslimisch" lässt sich in Abgrenzung zu „islamisch" vielleicht dergestalt beschreiben, dass „islamisch" Manifestationen menschlichen Daseins umfasst, die nicht unmittelbar mit einer religiösen Motivation erklärbar sind. Es gibt im Leben von Muslimen, auch der hier in der Bundesrepublik lebenden Muslime, jedoch verschiedene Bereiche sowie Aktivitäten und Ereignisse, bei denen ein

---

[4] Vgl. hierzu beispielsweise Mathias Rohe 2009.

[5] Zum Selbstverständnis der alevitischen Glaubensrichtung vgl. İsmail Kaplan 2005, S. 105–117 sowie die Beiträge von Ali Ertan Toprak und Ismail Kaplan (S. 273–303) in diesem Sammelband.

eindeutiger Bezug zum Glauben gegeben ist. Dieser Bezug wird nun näher beschrieben.

Was bedeutet es für Muslime in Deutschland, Muslim zu sein? Bei dieser Frage soll es nicht um Einstellungen, Haltungen und soziale Praktiken von Muslimen schlechthin gehen, sondern um solche, die religiös motiviert oder konnotiert sind. Auch hierbei ist es wichtig darauf hinzuweisen, dass mit Schablonen und Schubladen die Vielfalt der Realität jeweiliger Orientierungen nicht erfasst werden kann, weil sie sehr unterschiedliche Gründe bzw. „Hintergründe" haben können. Grundsätzlich erscheint es schwierig, Formen und Intensitäten von Religiosität und religiösen Orientierungen mit adäquaten Begriffen zu belegen. Die vorhandene Bandbreite an religiösen Orientierungen reicht von „streng religiös" und „umfassend praktizierend" auf der einen Seite bis hin zur Variante „kulturmuslimisch", mit der die muslimische Prägung ohne eine oder nur eine geringe religiöse bzw. rituelle Praxis erscheint.

Mittlerweile liegen in Deutschland zahlreiche qualitative wie quantitative Studien vor, die zeigen, dass die Religion für die Muslime eine wichtige Rolle spielt, im Verhältnis beispielsweise zu den Menschen anderer Religionszugehörigkeit sogar eine wichtigere Rolle spielt.[6] Die große Mehrheit der in Deutschland lebenden Muslime sieht sich selbst als „religiös" an, wobei darauf hingewiesen werden muss, dass dies jeweils Unterschiedliches bedeuten kann und bedeutet. Während für die meisten unter ihnen die Zugehörigkeit zur Religion und zur *Umma*, der Gemeinschaft der Gläubigen, sehr wichtig und somit ein Merkmal der Selbstverortung und ihrer Identität ist, gehört für einen nicht unerheblichen Teil unter ihnen auch die aktive religiöse Praxis dazu.

3 Rituelle Pflichten

Religiöses Leben ist natürlich zuvorderst eine individuelle und familiäre Angelegenheit. D. h. für viele Menschen islamischen Glaubens spielt sich Religiosität und religiöses Leben im Privat- bzw. auch Familienleben ab. Hierzu gehören neben rituellen Pflichten, soweit und in dem Maße, ob und wie sie regelmäßig erfüllt werden, auch Handlungen, die nicht ritueller Art sind, aber einen reli-

---

[6] An dieser Stelle seien für die Vielzahl an vorhandenen Untersuchungen exemplarisch nur zwei Titel genannt. Vgl. Bertelsmann Stiftung 2008, besonders S. 6–7 sowie Sonja Haug u. a. 2009.

giösen Bezug haben. Zu den rituellen Pflichten, d. h. den „Pflichten gegenüber Gott", gehören für Muslime nicht nur die fünf täglichen Gebete, sondern auch die anderen Grundpflichten. Das Glaubensbekenntnis sei hier beiseitegelassen, da es ohnehin als Voraussetzung für die Zugehörigkeit gilt und in den Gebeten gesprochen wird. Wichtig für das individuelle und familiäre Leben ist das Fasten im Monat Ramadan, das auch bzw. gerade von vielen Muslimen praktiziert wird, die die täglichen Pflichtgebete nicht vollziehen. Die Abgabe *Zakat* gehört auch zu den religiösen Pflichten, die von Muslimen zu erfüllen sind. Zu den weiteren Grundpflichten gehört die einmalige Pilgerfahrt nach Mekka, wenn es die Umstände (ökonomisch, gesundheitlich) zulassen.

3.1 Glaubensbekenntnis und Gebete

Die – gemessen an der Häufigkeit – am stärksten ins Gewicht fallende religiöse Pflicht gegenüber Gott sind die täglichen rituellen Gebete (*namaz, salat*). Auch wenn viele Muslime bemüht sind, diese Pflicht zu erfüllen, so lassen es die Lebensumstände für Berufstätige häufig nicht zu, diese Pflicht zu den vorgeschriebenen Zeiten zu erfüllen. Deshalb holen regelmäßig praktizierende Muslime die Pflichtgebete zu einer späteren Tageszeit nach, dann jedoch in der kürzeren Variante ohne die Gebetsteile, die sich am prophetischen Vorbild (*Sunna*) orientieren. Da für viele die tägliche Verrichtung der Gebete nicht möglich ist oder erscheint, reduziert sich das Beten auf das Freitagsgebet, das – meist in einer Moschee – gemeinschaftlich verrichtet wird und auch in der Gemeinschaft erfolgen soll. Auch dies ist für Menschen, die im Erwerbsprozess stehen, meist nicht oder nur in Ausnahmen möglich, etwa wenn ein gesetzlicher Feiertag auf den Freitag fällt. Es gibt jedoch auch praktizierende Muslime, die die Möglichkeit haben, die tägliche Arbeitszeit flexibler zu gestalten und deshalb häufiger bzw. auch regelmäßiger am freitäglichen Gemeinschaftsgebet teilzunehmen. Für viele Muslime beschränkt sich die gemeinschaftliche rituelle Praxis jedoch auf die hohen religiösen Feiertage wie die Feier nach Ende des Fastenmonats Ramadan (*'Id al-Fitr*) und die am ersten Tag des Opferfestes (*'Id al-Adha*).

3.2 Moscheen – Orte für Gebete und Begegnungen

Für die gemeinschaftliche Verrichtung der Gebete – und dies gilt insbesondere für das Freitagsgebet – sind die Moscheen sehr wichtig. Auch wenn die täglichen

Gebete in der Moschee gemeinschaftlich verrichtet werden können, nutzt diese Möglichkeit nur eine kleinere Zahl der regelmäßig praktizierenden Muslime. Viele verrichten die täglichen Gebete zu Hause – oder gar nicht. Gut besucht sind die Moscheen jedoch meist am Freitag während des Freitagsgebets. Viele Gläubige kommen in die Moschee oder sind zumindest bemüht, der Pflicht nach gemeinschaftlicher Verrichtung des Freitagsgebets nachzukommen. Die höchste Besucherfrequenz wiederum ist bei den Feiertagsgebeten zu beobachten. An solchen Tagen reicht der Platz in der Moschee oftmals nicht, so dass ein Teil der Gläubigen das Gebet außerhalb der Moschee verrichten muss. Der Besuch der Moscheen ist auch Menschen anderer Religionszugehörigkeit oder weltanschaulicher Orientierung nichts Fremdes, wenn sich in ihrem Umfeld eine Moschee befindet.

Der Großteil der als Moschee genutzten Gebäude sind nach wie vor Räume, die ursprünglich zu anderen Zwecken errichtet wurden und mittels einer Nutzungsumwidmung als Moschee genutzt werden. So finden sich Moscheegemeinden teilweise in ehemaligen Wohnhäusern, Fabrikgebäuden und anderen Gebäuden. Vor dem Hintergrund der Verstetigung des Aufenthaltes in Deutschland bemühen sich nun viele Moscheegemeinden, aus den sogenannten „Hinterhofmoscheen" herauszukommen und das gemeinschaftliche religiöse Leben in die würdigeren Räumlichkeiten einer „echten" Moschee hineinzutragen.[7] In den vergangenen Jahren hat die Zahl der neu erbauten Moscheen kontinuierlich zugenommen. Wie groß die Zahl der in Deutschland existierenden Moscheegemeinden ist, kann nicht mit Sicherheit gesagt werden. Eine aktuelle Studie benennt auf Grundlage des Befragungsrücklaufs eine Zahl von 2.350 Moscheen und alevitischen Gemeinden.[8] Die tatsächliche Zahl dürfte wohl höher liegen, da sicherlich nicht alle Gemeinden erfasst werden konnten. Exakt benannt werden kann auch nicht die Zahl „echter", als solche errichteter Moscheen, die in den meisten Fällen mit entsprechenden architektonischen Merkmalen wie einer Kuppel und einem Minarett ausgestattet sind, deren Zahl bei 150 und mehr liegt.

Der Bau einer Moschee ist ein Projekt, das mit einem großen finanziellen Kraftakt verbunden ist, den sich die meisten Moscheevereine nicht leisten kön-

---

[7] Vgl. den Beitrag von Uwe Gerrens (S. 335–367) in diesem Sammelband.

[8] Vgl. Dirk Halm, Martina Sauer, Jana Schmidt und Anja Stichs 2012, S. 7 sowie die Beiträge von Ali Ertan Toprak und Ismail Kaplan (S. 273–303) in diesem Sammelband.

nen. In einer besseren Position sind deshalb oft diejenigen Gemeinden, die einem bundesweit tätigen Dachverband angehören. Er hilft der lokalen Gemeinde oft bei der Beschaffung eines Kredits, der für den Bau erforderlich ist. Weitere Mittel werden über Spenden erschlossen, die vor den Freitags- oder Feiertagsgebeten gesammelt werden. Die Spenden der Mitglieder der Moscheevereine, deren Zahl oft deutlich niedriger ist als die der Nutzer, reichen allein nicht aus, um den Bau einer Moschee zu realisieren.

Die Moscheegemeinden erfüllen nicht nur die Funktion als Gebetsstätte, sie sind zugleich auch der Ort religiöser Unterweisung in Form von Koran-Unterricht, der von dem größten Teil der Moscheegemeinden angeboten wird. Die Rezitation des Koran als Grundlage für die Verrichtung der rituellen Gebete, die Vermittlung religiösen Wissens, ethischer und moralischer Werte sowie religiös geprägter Kultur, mit anderen Worten: die religiöse Sozialisation, gehören ebenfalls zu den selbstgestellten Aufgaben der Moscheegemeinden. Viele Moscheegemeinden bieten – meist am Wochenende, teilweise jedoch auch in der Woche – Kindern und Jugendlichen Kurse, in denen sie lernen, den Koran zu lesen und zu rezitieren.

Der Koran-Unterricht in den Moscheegemeinden erfolgt in den meisten Fällen in der Herkunftssprache der Muslime. Die am häufigsten auftretenden Herkunftssprachen sind Türkisch, Arabisch, Bosnisch und Persisch/Farsi. Andere Sprachen werden jedoch auch als Kommunikationssprache in der religiösen Unterweisung der Moscheegemeinden genutzt. Hierzu gehört natürlich auch Deutsch, das nicht nur in deutschsprachigen Moscheegemeinden und anderen religiösen Einrichtungen, sondern auch in steigender Zahl in Moscheen von Muslimen mit Migrationshintergrund gesprochen wird. Mittlerweile gibt es auch eine beachtliche Zahl an religiösen Veröffentlichungen in deutscher Sprache zur Einweisung oder zum Erlernen des Ritus.[9]

3.3 Das Fasten

Eine sehr wichtige Rolle im Leben praktizierender Muslime in Deutschland nimmt das Fasten im Monat Ramadan ein. Der Ramadan ist der neunte Monat im

---

[9] Hier seien nur exemplarisch einige Schulbücher genannt, vgl. Lamya Kaddor, Rabeya Müller und Harry Harun Behr 2008 oder Bülent Ucar 2010.

Hidschra[10]-Kalender, der sich nach dem kürzeren Mondjahr richtet, weshalb er in einem Zyklus von ungefähr 35 Jahren rückwärts durch das Jahr wandert. Das Fasten als Pflicht umfasst den Verzicht auf Speisen und Getränke für die Zeit von Sonnenaufgang bis Sonnenuntergang und schließt auch die Enthaltsamkeit von Genussmitteln wie Tabak sowie des Sexuallebens ein. Je nach Jahreszeit, in der der Monat Ramadan liegt, sind die Fastenzeiten entsprechend länger oder kürzer. Grundsätzlich lässt sich beobachten, dass die religiöse Praxis der Muslime, aber auch ihr Sozialleben, in diesem Monat deutlich intensiver ist als sonst. Der Ramadan hat für viele Muslime eine sehr große Bedeutung und bedeutet für viele auch, dass sie in diesem Monat das Jahr hindurch vernachlässigte religiöse Praxis kompensieren. Menschen, die in ihrem Lebensalltag rituelle Pflichten nicht erfüllen oder erfüllen können, versuchen im Ramadan, das sonst nicht so intensiv Lebbare intensiver zu erleben. Neben streng praktizierenden Menschen, für die diese Pflicht eine Selbstverständlichkeit ist, fasten viele auch, die das Jahr hindurch andere rituelle Pflichten nicht oder unregelmäßig erfüllen. Manche Muslime, die es aufgrund der alltäglichen beruflichen Belastung nicht schaffen, den gesamten Monat hindurch zu fasten, sind bemüht, wenigstens einige Tage zu fasten.

Die besondere Bedeutung des Monats Ramadan gilt nicht nur für die Länder, in denen Muslime bereits seit Jahrhunderten leben. Er hat auch für Muslime in Deutschland, also in der Diaspora, eine wichtige Rolle. Diese besondere Rolle gilt auch für ein dichteres Sozialleben im Alltag. Das Fasten ist nicht nur ein innerfamiliär wichtiges Ereignis, sondern auch zwischen den Familien sowie der Gemeinschaft der Muslime vor Ort. In der Familie bedeutet es, dass man vor Beginn des Fastenbrechens am frühen Morgen gemeinsam speist und trinkt (*sahur*) und am Abend gemeinsam das Fasten bricht (*iftar*). Das Gemeinsame hieran gilt nicht nur für diejenigen, die tatsächlich fasten, denn auch diejenigen in der Familie, die nicht fasten, nehmen daran teil. Der Fastenmonat bedeutet jedoch auch, dass man zum Fastenbrechen Gäste einlädt, so dass das Sozialleben in diesem Monat meist sehr viel reger ist als sonst im Jahr.

---

[10] *Hidschra* bezeichnet die Auswanderung Mohammeds und seiner Gefährten von Mekka nach Medina.

Dort, wo viele Muslime leben, wird dies natürlich auch von den (nichtmuslimischen) Nachbarn bemerkt, die feststellen, dass ein stärkerer Besucherverkehr stattfindet. Er wird jedoch auch deshalb wahrgenommen, weil es mittlerweile auch in Deutschland Tradition ist, dass viele islamische Gemeinden zum Fastenbrechen auch Menschen einladen, die nicht Muslime sind. Außerdem finden immer wieder auch besondere Aktivitäten von islamischen Gemeinden, Organisationen oder Netzwerken statt, mit denen auch andere auf den Fastenmonat aufmerksam werden. So laden nicht nur, aber vor allem auch die islamischen Dachorganisationen zu gemeinsamen Fastenbrechen ein, und auch viele einzelne lokale Gemeinden folgen diesem Brauch. Zum *İftar* laden jedoch auch die vielen weiteren Organisationen ein, deren primäre Betätigung nicht die Erfüllung ritueller Pflichten ist, wie beispielsweise auch Studierendenorganisationen u. a. m.

3.4 Die Pilgerreise

Die Pilgerfahrt nach Mekka, die gläubige Muslime einmal in ihrem Leben als eine Glaubenspflicht vollziehen sollen, soweit es ihre Gesundheit und ihre materielle Situation zulässt, gehört ebenfalls zum religiösen Leben der in Deutschland lebenden Muslime. Die Pilgerreise (*Hadsch*) wird meist von Muslimen höheren Alters durchgeführt. Ein Grund hierfür erklärt sich aus der religiösen Erwartung, dass nach der *Hadsch* ein möglichst tadelloses religiöses Leben geführt werden sollte. Die *Hadsch* wird meist von den islamischen Verbänden in Deutschland organisiert, die sie in Form von Gruppenreisen planen und durchführen. So werden meist vor Ort in der lokalen Moscheegemeinde Vorbereitungstreffen für die Personen angeboten, in denen sie über den Ablauf, aber auch über praktische Aspekte der Wallfahrt – z. B. das Visum – informiert werden und ihnen hierbei auch Hilfe zuteil wird. Die Verbände organisieren teilweise auch außerhalb der kalendarisch festgelegten Pilgerzeit gesonderte Pilgerreisen nach Mekka (*Umre*). Pilgerreisen nach Mekka werden jedoch nicht nur von islamischen Verbänden oder einzelnen Gemeinden organisiert, sondern auch von privaten Reiseunternehmern. Die Pilgerreisen vollziehen sich weitgehend „unsichtbar". Lediglich an den Flughäfen sieht man zur Pilgerzeit Reisegruppen, die nach Mekka fliegen oder von dort zurückkommen.

4 Religion im Lebenszyklus

Neben den bereits genannten Bereichen gelebter Religiosität gibt es verschiedene Ereignisse im Leben der Menschen, die religiös konnotiert sind. Dies sind, in der chronologischen Reihenfolge, die Geburt eines Menschen, die Beschneidung bei männlichen Muslimen, die Eheschließung sowie der Tod eines Menschen. Bei all diesen Ereignissen handelt es sich um solche, die sich im Privat- bzw. Familienleben der betreffenden Personen ereignen. In manchen Fällen sind sie jedoch auch gemeinschaftliche Ereignisse, die sie durch das entsprechende Wirken der Familien werden. Menschen, in deren Umfeld zahlreiche Muslime leben, erleben solche Ereignisse direkt oder indirekt mit. Sie sind mittlerweile zum festen Bestandteil muslimischen religiösen Lebens in Deutschland geworden.

Für Muslime ist die Geburt eines Menschen ein bedeutsames Ereignis, das auch mit entsprechenden religiösen Handlungen einhergeht. So wird dem Neugeborenen unmittelbar nach der Geburt der Gebetsruf (*Azan/Ezan*) ins rechte und kurz vor Beginn des Gebets ins linke Ohr gesprochen. Dies wird durch eine männliche Person vollzogen, die als entsprechend kompetent in religiösen Fragen gilt. Das Sprechen des Gebetsrufs gilt als erste Einweisung in den Glauben, die dem religiösen Verständnis nach von dem Neugeborenen natürlich noch nicht verstanden wird, jedoch dessen Herz erreicht. Mit dieser Zeremonie wird nach dem Sprechen des Gebetsrufs der von den Eltern gewählte Name je dreimal in das rechte und das linke Ohr des Kindes gesprochen. Die Namensgebung kann der Tradition nach auch am siebten Tag nach der Geburt erfolgen, wobei *Azan/Ezan* und *Ikama/Ikame* gesprochen und dann der Name je drei Mal in beide Ohren geflüstert wird.

Für männliche Muslime bildet die Beschneidung (Zirkumzision) ein wichtiges biographisches Ereignis, das auch für das religiöse Selbstverständnis eine große Bedeutung trägt. Die Beschneidung bei Jungen wird nicht nur von streng religiösen Menschen, sondern auch von den meisten Kulturmuslimen als eine unverzichtbare Tradition gesehen. Für männliche Muslime ist die Beschneidung ein zentrales Merkmal der Glaubenszugehörigkeit, ganz gleich, wie sehr oder wie wenig praktizierend sie jeweils sind. Die Entfernung der Vorhaut beim männlichen Kind erfolgt – anders als im Judentum – nicht unmittelbar nach der Geburt, sondern in der Regel in den Jahren vor Erreichung der Pubertät, also etwa im

Alter von acht Jahren. Die Beschneidung gehört nicht zu den koranischen Geboten, sondern ist eine der prophetischen Empfehlungen. Da es sich also um eine Handlung handelt, bei der man sich somit auf die prophetische Überlieferung (*Sunna*) stützt, hat sich im türkischen Sprachgebrauch bereits vor langer Zeit als Bezeichnung für die Beschneidung der Begriff „*sünnet*" etabliert. Die Beschneidung ist üblicherweise eingebettet in eine Feier, die meist über die Verwandtschaft hinausgeht und weitere Menschen einbezieht. Auf die meisten Muslime, für die die Beschneidung ihrer männlichen Kinder alles andere als eine körperliche Verstümmelung, sondern allenfalls eine gottgefällige Handlungsweise darstellt, hat die Debatte, die infolge des Kölner Gerichtsurteils zur Beschneidung losgetreten wurde, Befremden ausgelöst. Weniger als die Sorge um das Kindeswohl – dass jüdische und muslimische Jungen beschnitten werden, ist nicht erst seit dem Urteil bekannt – hat sich hier ein weiteres Mal der Drang nach kultureller Fremdbestimmung versucht breitzumachen, der sich aus anderen Quellen als den vorgegebenen nährt.[11]

Religiöse Bestimmungen und Traditionen spielen für viele Muslime auch bei der Eheschließung eine wichtige Rolle. Für viele Familien und auch das Paar ist es wichtig, dass die Eheschließung nach islamischem Brauch und religiösen Bestimmungen erfolgt. Dies ist für die meisten Muslime die Eheschließung, die durch den Imam vollzogen wird und deshalb von den Muslimen selber als „Imam-Trauung" bezeichnet wird. Bei der Imam-Trauung wird zwischen den Eheleuten ein Vertrag abgeschlossen, mit dem der Ehemann für den Fall einer Scheidung eine Summe benennt, die er der Frau aushändigen muss, damit sie für eine Weile keine ökonomische Notsituation erlebt. Bei der Imam-Ehe sind auch Zeugen zugegen, die den Ehevertrag mitunterzeichnen. Die Imam-Eheschließung kann theoretisch an jedem dafür geeigneten Ort geschlossen werden. So bitten einige Familien den Imam nach Hause, um die Eheschließung dort vollziehen zu lassen. Andere wiederum gehen in die Moschee, um die Zeremonie dort durchführen zu lassen. Im Zuwanderungsland, in dem Muslime eine Minderheit darstellen, haben sich unter sehr religiösen Menschen teilweise Bräuche entwickelt, die es in den Herkunftsländern so nicht gibt. So lassen

---

[11] Vgl. Heiner Bielefeldt, Marginalisierung der Religionsfreiheit? Zum diskursiven Umfeld des Kölner „Beschneidungsurteils", Vorabfassung vom 16. Juli 2012; URL:http://peteramsler.files.wordpress.com/2012/07/bielefeldt_beschneidungsurteil_vorabfassung.pdf [24.08.2012].

die Familien sehr religiöser Menschen die Hochzeitsfeier in den Räumlichkeiten einer Moschee stattfinden und nicht in einem Hochzeitssaal. Dementsprechend finden dort auch keine Aktivitäten wie Musik und Tanz statt. Hochzeitsfeiern in Moscheen sind jedoch der seltenere Fall. Die meisten Hochzeitsfeiern finden in entsprechenden Sälen statt, und die Hochzeit wird mit musikalischer Begleitung und Tanz begangen.

Eine zentrale Dimension des menschlichen Lebens ist dessen Ende. Der Tod ist aus Sicht der Gläubigen der Übergang der Seele ins Jenseits. Teil des gelebten Glaubens der Muslime auch in Deutschland ist die Bestattung, die religiösen Bestimmungen folgt, die von gläubigen Muslimen beachtet werden. Ein zentraler Aspekt ist die Erdbestattung, bei der die verstorbene Person so gebettet wird, dass sie in Richtung Mekka blickt. Weitere wichtige Aspekte bei der Bestattung sind die sarglose Bestattung im Leichentuch, die in den meisten Glaubensrichtungen praktiziert wird. Andere Praktiken wie beispielsweise die Verbrennung oder sonstige Bestattungsformen gelten aus religiöser Sicht nicht als statthaft.

Viele zugewanderte Muslime der ersten Generation lassen sich nach dem Tod in ihr Herkunftsland überführen, da ihnen die Bestattung in der ursprünglichen Heimat sehr wichtig ist. Neben emotionalen Gründen sind es teilweise jedoch auch konkrete Gründe oder vage Bedenken, die sie von einer Bestattung in Deutschland absehen lassen. So ist auf den meisten Friedhöfen in Deutschland eine sarglose Bestattung nicht zugelassen oder es gibt noch keine eigenen Bereiche für Muslime. Allerdings gibt es inzwischen zahllose Friedhofsordnungen von Kommunen, die auch Erdbestattungen von Muslimen zulassen.

Gleichwohl haben die meisten islamischen Dachverbände bereits vor Jahrzehnten Bestattungsfonds eingerichtet, in denen Muslime Mitglied werden können. Die Bestattungsfonds, für die ein jährlicher Beitrag entrichtet werden muss, organisieren die Überführung der Verstorbenen in das Herkunftsland, wo sie bestattet werden möchten. Neben den islamischen Verbänden, die in diesem Bereich Dienstleistungen anbieten, die auch die Erledigung oder Hilfestellungen bei der Erledigung bürokratischer Formalitäten einschließen, sind in denjenigen Städten und Regionen, in denen viele Muslime leben, in den letzten Jahren auch Muslime unternehmerisch aktiv geworden, indem sie Bestattungsunternehmen gegründet haben und Formalitäten rund um die Bestattung erledigen.

Eine Initiative zur Einrichtung eigener Friedhöfe hat es bislang von muslimischer Seite nicht gegeben, da verschiedene Voraussetzungen nicht bzw. noch nicht gegeben sind. In einigen Bundesländern gibt es mittlerweile Gesetze oder Verordnungen, die die sarglose Bestattung ermöglichen, wie beispielsweise das Bestattungsgesetz in Nordrhein-Westfalen von 2005, das auch die sarglose Bestattung grundsätzlich ermöglicht. Die Umsetzung der gesetzlichen Möglichkeiten muss jedoch auf der kommunalen Ebene erfolgen. Aber seit einigen Jahren kann man inzwischen auch auf vielen städtischen Friedhöfen Gräberfelder für Muslime sehen, was auf die Zulassung sargloser Bestattungen hinweist.

5 Schlussbemerkungen

Die Ausführungen auf den vorangehenden Seiten sollten einen kurzen Überblick darüber geben, was das „Muslimsein" in Deutschland für die Individuen wie auch die Muslime als gesellschaftliche Gruppe bedeutet. Dass hierbei viele Punkte nur angerissen und andere nicht einmal erwähnt werden konnten, ergibt sich aus der Kürze des Beitrags. Der kurze Einblick sollte zeigen, was Religion für die in Deutschland lebenden Muslime bedeutet, indem die religiösen Handlungen und Bereiche, die religiös Bedeutung tragen, benannt wurden. Religiöse Praxis und gelebte Religiosität manifestieren sich in jeweils unterschiedlichen Formen und Intensitäten, sie sind aber fester Bestandteil des individuellen sowie des Soziallebens von Muslimen in Deutschland. Wichtig ist auch das Wissen um die Vielfalt jeweiliger Orientierungen. Muslime in Deutschland weisen eine Vielfalt an religiösen Orientierungen auf, die sich aus den unterschiedlichen Herkünften speisen, jedoch auch viele Anzeichen einer Eigendynamik in sich tragen, die vor dem Hintergrund der vielfältigen Einflussfaktoren der Menschen zu sehen sind und auch mit der Diasporasituation in Deutschland zusammenhängen.

Literatur

Halm, Dirk; Sauer, Martina; Schmidt, Jana und Stichs, Anja, Islamisches Gemeindeleben in Deutschland, im Auftrag der Deutschen Islam Konferenz. Forschungsbericht Nr. 13. Herausgegeben vom Bundesamt für Migration und Flüchtlinge (Nürnberg) / Zentrum für Türkeistudien und Integrationsforschung (Essen), Nürnberg 2012.

Haug, Sonja; Müssig, Stephanie und Stichs, Anja, Muslimisches Leben in Deutschland, im Auftrag der Deutschen Islam Konferenz. Herausgeber: Bundesamt für Migration und Flüchtlinge, Forschungsbericht 6, Nürnberg, Juni 2009.

Hero, Markus; Krech, Volkhard und Zander, Helmut (Hrsg.), Religiöse Vielfalt in Nordrhein-Westfalen. Empirische Befunde und Perspektiven der Globalisierung vor Ort, Paderborn · München · Wien · Zürich: Ferdinand Schöningh 2008.

Kaddor, Lamya; Müller, Rabeya und Behr, Harry Harun (Hrsg.), Saphir 5/6. Religionsbuch für junge Musliminnen und Muslime, München 2008.

Kaplan, İsmail: Staatlicher Islamunterricht aus Sicht der Aleviten, in: Reichmuth, Stefan; Bodenstein, Mark; Kiefer, Michael und Väth, Birgit (Hrsg.), Staatlicher Islamunterricht in Deutschland. Die Modelle in NRW und Niedersachsen im Vergleich, Münster: Lit Verlag 2005 (Islam in der Lebenswelt Europa, Bd. 1), S. 105–117.

Koch, Katja und Darwisch, Kinan (Hrsg.), Dimensionen religiöser Erziehung muslimischer Kinder in Niedersachsen. Ergebnisse der Tagung des Pädagogischen Seminars der Georg-August-Universität Göttingen in Kooperation mit der SCHURA Niedersachsen, Landesverband der Muslime in Niedersachsen e. V., Göttingen: Universitätsverlag Göttingen 2010.

Rohe, Mathias, Das islamische Recht. Geschichte und Gegenwart, München: C. H. Beck 2009.

Ucar, Bülent (Hrsg.), Ein Blick in den Islam. Ein Schulbuch für die Jahrgangsstufe 5/6 Hückelhoven 2010.

Internetquellen

Bertelsmann Stiftung (Hrsg.): Religionsmonitor 2008. Muslimische Religiosität in Deutschland. Überblick zu religiösen Einstellungen und Praktiken, Gütersloh 2008; im Internet unter: http://www.bertelsmann-stiftung.de/cps/rde/xbcr/SID-0A000F0A-E443BA04/bst/xcms_bst_dms_25864_25865_2.pdf [20.09.2012]

Bielefeldt, Heiner: Marginalisierung der Religionsfreiheit? Zum diskursiven Umfeld des Kölner „Beschneidungsurteils", Vorabfassung vom 16. Juli 2012; URL: http://peteramsler.files.wordpress.com/2012/07/bielefeldt_beschneidungsurteil_vorabfassung.pdf [24.09.2012].

Bundesministerium des Innern, Deutsche Islam Konferenz: Zusammenfassung „Muslimisches Leben in Deutschland", [Berlin, 25.06.2009]; im Internet unter:
http://www.deutsche-islam-konferenz.de/cln_101/SharedDocs/Anlagen/DE/DIK/Downloads/Plenum/MLD-Zusammenfassung,templateId = raw,property = publicationFile.pdf/MLD-Zusammenfassung.pdf [26.09.2012].

Islam in deutschen Medien

Sabine Schiffer

Wenn es um „Islam" in deutschen Medien gehen soll, könnten wir diesen Aufsatz schnell beenden. Der Islam als Religion und eigentliches Thema kommt in den Massenmedien kaum vor und fast gar nicht das religiöse Selbstverständnis von Muslimen.[1] Kommen Muslime selbst zu Wort, dann oft als Befragte zu Themen, die andere implementiert haben. Das Islambild der Medien ist ein eigenes Konstrukt und bildet damit keine Ausnahme. Denn immer dann, wenn uns ein direkter Zugang zu einem Thema, Land, Menschen fehlt, dominieren die Wahrnehmungsstrukturen, die uns eine problemzentrierte Berichterstattung vorgibt.[2] Wenn sich deren Folgen dann noch in medialen Folgeprodukten wie Film oder Talk niederschlagen, ergibt sich ein Wiederholungseffekt mit starker Überzeugungskraft und unabhängig vom Wahrheitsgehalt des Dargestellten.

In der Talkshow „Menschen bei Maischberger" zum „Beschneidungsstreit", der Juden und Muslime gleichermaßen betrifft, gab es unter anderem einen kurzen Einspieler über Rechtsfragen rund um Islam und Muslime.[3] Es ging um die Kopftuchverbote in acht Bundesländern für Lehrerinnen, um das Schächten und die Möglichkeit einer Rechtsprechung nach islamischem Zivilrecht – der Scharia – in Deutschland sowie um das Urteil an einem Frankfurter Gericht, das einem muslimischen Ehemann ein Züchtigungsrecht für seine Frau zusprach. Die in wenigen Minuten erreichte, verkürzte bis fehlerhafte Reproduktion medialer Aufgeregtheiten ist nicht neu. En passant wird ein Islambild geformt oder

---

[1] Eine Ausnahme bildet hier das „Islamische Wort" des SWR, das aber nur wenigen bekannt sein dürfte, unter: http://www.swr.de/islamisches-wort (31.08.2012). Natürlich ließe sich der Medienbegriff auch auf Schulbücher anwenden, die vom Georg Eckert Institut ausführlich untersucht wurden, dies wird aber im Rahmen dieses Beitrags nicht möglich sein. Darum sei an dieser Stelle auf die interessanten Forschungsergebnisse verwiesen: http://www.gei.de/aktuelles/mitteilungen/mitteilung-details/article/modernes-europa-versus-antiquierter-islam-die-darstellung-von-islam-und-muslimen-in.html (31.08.2012). Zur Selbstdarstellung des Islam in Schulbüchern für Islamischen Religionsunterricht und Islamkunde vgl. Klaus Spenlen und Susanne Kröhnert-Othman (Hrsg.) 2012.

[2] Vgl. Sabine Schiffer 2005.

[3] ARD, 14. August 2012: 22.45 Uhr.

bestätigt, das viel mit Vorurteilen und medialen Produktionsprozessen und wenig mit dem Objekt der Betrachtung zu tun hat.

Die Einbeziehung fremden Zivilrechts in die hiesige Rechtsordnung ist ein deutsches Rechtsprinzip und wird seit Jahrzehnten auf das Zivilrecht sowohl sog. islamischer als auch anderer Staaten angewandt, sofern es die Betroffenen wünschen. Denn die Beteiligten können sich auch nach deutschem Zivilrecht aburteilen lassen, wenn es für sie vorteilhafter ist. Genau dies strebte eine deutsche Konvertitin an, als sie sich vorzeitig von ihrem marokkanischen Ehemann wegen dessen Gewalttätigkeit scheiden lassen wollte. Diesem Wunsch gab eine Frankfurter Richterin nicht statt, weil diese dem Muslim ein Züchtigungsrecht zusprach. Ihr rassistisches Urteil, das die Ehefrau weiterhin einem Martyrium ausgeliefert hätte, wurde auf juristischer Ebene sofort korrigiert. Die Richterin wurde vom Dienst suspendiert, ein Kollege sprach der Klägerin das vorzeitige Trennungs- und Scheidungsrecht zu. Dieses Faktum verhinderte jedoch weder die Darstellung in der Springer-Zeitung „Die Welt", auf die sich Maischberger bezieht, noch den Spiegel-Titel „Mekka Deutschland" vom 26. März 2007. Letzterer behauptete, Muslime würden in Deutschland ihr eigenes Rechtssystem durchdrücken und das ganze Land „islamisieren". Und genau dieses Angstszenario reproduziert Sandra Maischberger in ihrer Sendung und stellt die falsch schlussfolgernden Fragen: „Ist das zu viel Religionsfreiheit?" und „Wie viele Ausnahmeregelungen [sic!] verträgt denn ein Staatswesen?"

Außer beim Schächten handelt es sich jedoch nicht um Ausnahmeregelungen: Weder sind wir ein laizistischer Staat, der religiöse Symbolik wie das Kopftuch aus öffentlichen Räumen verbannen müsste, noch handelt es sich bei der Rechtsprechung und auch nicht beim Schiedsmannswesen um „Ausnahmen", denn alles ist nach deutschem Recht geordnet und kann nur dann Anwendung finden, wenn es nicht grundgesetzlichen Bestimmungen widerspricht.[4]

Das Beobachtete ist symptomatisch auch in Zeiten, in denen viele Medienmacher glauben, sie hätten ein Problembewusstsein für das entwickelt, was Studien in den letzten Jahren vermehrt bemängeln: Medien tragen zu einer antiislamischen Stimmung bei. Die gut belegte Studie vom Institut für Kommunikationswissenschaft der Universität Jena, die Wolfgang Frindte und Nicole Haußecker

---

[4] Vgl. Mathias Rohe [2]2001.

unter dem Titel „Inszenierter Terrorismus" 2010 herausgaben, bezeugt dies exemplarisch. Sie zeigt unter anderem, dass sich unkritisch kolportierte Terrorwarnungen beim Publikum nicht primär als Angst vor Terror niederschlagen, sondern als Angst vor dem Islam.

Wenig Bewusstsein scheint von Medienseite nach wie vor für Fragen des Agenda-Settings zu bestehen, etwa wenn man sich zu einer Art Verlautbarungsjournalismus für Lobbyorganisationen oder Ministerien hinreißen lässt. So folgt das Agenda-Setting um Islamismus und Salafismus stark der Veröffentlichungspraxis von Pressemitteilungen des Bundesministeriums des Innern (BMI): Während es zur Razzia gegen Salafisten im Juni 2012 eine entsprechende Pressemitteilung gab, fehlte eine solche in Bezug auf die verfassungsrechtlich sehr relevante Zusammenkunft von Vertretern des Bundeskriminalamts, der Bundespolizei und der Verfassungsschutzämter ungefähr zur gleichen Zeit, die lediglich auf der Website des BMI Erwähnung fand.[5] Ersteres wurde zum breiten Medienthema, Letzteres nicht. Auch die Veröffentlichungspraxis bezüglich einer weiteren Studie von Prof. Frindte selbst gab Anlass zur Kritik und einer Stellungnahme des Studienleiters, die vonseiten großer Tageszeitungen auch aufgegriffen wurde. Zu dem Zeitpunkt war jedoch die alarmistische Botschaft des Innenministers über „integrationsunwillige Muslime" schon verlautbart – vor allem in den Nachrichtenformaten des Leitmediums Fernsehen.[6]

Die genannten Beispiele sind so singulär wie symptomatisch. Eine Aufarbeitung ist angesichts der Fülle von Nachrichten kaum mehr möglich und trägt immer den Ruch des Relativierens in sich, angesichts dominanter antiislamischer Einstellungen. Darum ist es sinnvoll, sich mit einigen grundlegenden Mechanismen der Konstruktion eines Bildes vom Anderen auseinander zu setzen – in dem Fall am Beispiel von Islam und Muslimen.

---

[5] Vgl. Sabine Schiffer 2012.

[6] Vgl. bspw. die Berichterstattung der Süddeutschen Zeitung mit der der Tagesschau Anfang März 2012.

1 Das Framing des Islams: Frames und ihre nachhaltige Wirkung

Unser Islambild wurde im Wesentlichen durch die Auslandsberichterstattung geprägt, mindestens seit der Iranischen Revolution 1979.[7] Starke, bis heute wirksame Rahmen der Wahrnehmung – Frames – sind entstanden. In diese Schablonen werden neuere Entwicklungen schnell eingepasst. So ist heute noch der Frame der Frauenunterdrückung dominant, den Betty Mahmoody mit ihrem Buch und Film „Nicht ohne meine Tochter" gesetzt hat. Dies mag eine mögliche Erklärung dafür sein, warum beispielsweise Ayaan Hirsi Magan alias Hirsi Ali mit dem Axel-Springer Ehrenpreis ausgezeichnet wurde und auch weiterhin eine hohe Glaubwürdigkeit genießt, obwohl sie über ihre Herkunft, ihre angebliche Verfolgung und ihre Ehe nachweislich gelogen hat.[8] Ihre indirekte Rechtfertigung der Untaten Anders Breiviks in ihrer Ehrenpreisrede erregte nur wenig Aufsehen.[9] Sie passt einfach in den Frame der Frauenunterdrückung als eine Frau, die sich aus den Fängen „des Islams" befreit habe. Auch der Frame der Gewaltaffinität von Muslimen oder einer Feindschaft gegenüber Kunst- und Meinungsfreiheit im Zusammenhang mit der Affäre um Salman Rushdies Buch „Die satanischen Verse" 1989 ist virulent. Während diese Interpretation in Bezug auf den Mordaufruf Ayatollah Khomeinis gegenüber Rushdie stimmte, wurde die gleiche Interpretationsschablone voreilig auf den Karikaturenstreit angewandt, wo es weniger um Kunstfreiheit ging, sondern vielmehr um eine gezielte und bösartige Provokation.[10]

Wie schwer man sich damit tut, etablierte Frames zu überwinden, ließ sich beim Umgang mit dem Mord an Marwa El Sherbiny ersehen – Muslime als Opfer schienen nicht vorstellbar, so dass Politik und Medien lange brauchten, bis sie die Islam feindliche Dimension der Tat erkannten.[11] Inwiefern die neuen

---

[7] Vgl. Kai Hafez 2002.

[8] siehe „Ayaan Hirsi Ali Lies Exposed" in dailymotion.com, unter: http://www.dailymotion.com/video/xa09uv_ayaan-hirsi-ali-lies-exposed-part-1_people 1-4 (31.08.2012).

[9] Details zur Rede und dem Medienecho finden sich zusammengefasst in: Schiffer; Sabine „Ayaans Ruf nach Mord" in migazin.de, 29.05.2012, unter: http://www.migazin.de/2012/05/29/ayaans-ruf-nach-mord-blieb-nicht-ganz-ungehort/ (31.08.2012).

[10] Vgl. Xenia Gleißner und Sabine Schiffer 2008.

[11] Der sehr lesenswerte Beitrag von Stephan Kramer „Im Zeichen der Solidarität mit allen Mus-

Bilder aus Nahost vom sog. arabischen Frühling unsere Vorurteile zu korrigieren vermögen, bleibt abzuwarten. Die religiösen Frames zur Interpretation der aktuellen Entwicklungen stehen schon bereit, wie nicht zuletzt ein Focus-Titel vom 7. Februar 2011 nahe legt: „Kann der Islam [sic!] Freiheit?" heißt es da framekonform auf der Titelseite. Die alten Rahmen der Wahrnehmung, deren Filterfunktion und der Zuweisung bestimmter Problematiken auf „den Islam" könnten sich langfristig als dominant erweisen, weil sie schon so lange etabliert sind. Und dies birgt die Gefahr, die vielen anderen und möglicherweise relevanteren Aspekte vor Ort zu übersehen.[12]

So wird seit Jahren gar keine Islamdebatte geführt, sondern eine Islambilddebatte, die mehr über die Bildträger aussagt, als über das Objekt der Betrachtung. Die Bildträger wählen ja die zu betrachtenden Aspekte aus – nach ihren Erwartungen. Und so bestimmen die Vorurteile das, was auch zukünftig bemerkt werden kann. Dabei gilt: Alles, was wir wissen, ist (weitestgehend) wahr. Es ist eben nur nicht alles. Und es ist so extrem wenig von dem vielfältigen Ganzen, dass ein völlig verzerrtes Bild entstanden ist – aber ein wirkmächtiges, weil es schon so oft wiederholt wurde. Und Wiederholung hat die stärkste Überzeugungskraft schlechthin.[13]

2 Zur Konstruktion des Islambilds

Das Bild ist entstanden aus bestimmten Fakten, die ausgewählt und in den Vordergrund gerückt werden. Es sind mediale Konstruktionen. Medienverantwortliche bestimmen, welche Aspekte gezeigt und welche ausgeblendet werden, welche vergrößert und welche verkleinert werden. Vergleicht man die Europol-Statistiken zum Terrorismus mit den lupenartigen Vergrößerungen einzelner

---

limen" vom 13.07.2009 auf www.qantara.de macht auf diese Problematik aufmerksam, unter: http://de.qantara.de/Im-Zeichen-der-Solidaritaet-mit-allen-Muslimen/2671c2765i1p127/index.html (31.08.2012).

[12] Interview mit der Autorin in: "Die Ökonomie entscheidet" (taz 31.07.2011).

[13] Z. B. Marian Schwartz: „Repetition and rated truth value of statements," In: Journal of Psychology vol. 95/Nr. 3, 1982: S. 393–407, unter: http://www.jstor.org/pss/1422132 (31.08.2012); William James sagte: „Nichts ist zu absurd, dass es nicht geglaubt würde, wenn es nur oft genug wiederholt worden ist!" zitiert nach: Ozubko, Jason und Fuelsang, Jonathan: „Remembering makes evidence compelling: Retrieval from Memory can Give Rise to the Illusion of Truth," In: Journal of Experimental Psychology; Vorabveröffentlichung online 8.11.2010, unter: http://www.reason.uwaterloo.ca/Site/OzubkoFugelsang_11.pdf (31.08.2012).

Terroranschläge mit muslimischen Akteuren in den Medien und den entsprechenden politischen Debatten, dann kann man das Potential der Verzerrung abschätzen.[14] Während etwa die große Anzahl von ETA-Anschlägen als Gefahr für deutsche Touristen medial kaum eine Rolle spielt, ist sie auch weniger im Bewusstsein. Anders bei Anschlägen oder Anschlagsversuchen aus dem sog. islamistischen Spektrum. Kein Thema sollte jedoch erörtert werden, ohne dessen mediale Konstruiertheit zu erfassen. Schließlich können ganze Talkshow-Zyklen die relevanten Zusammenhänge verfehlen.

Zu analysieren sind als Teil der Inhaltsanalyse bzw. über die reine Inhaltsanalyse hinausgehend immer noch mindestens

- die Nominationspraxis,
- eine Markierungspraxis mitsamt daraus resultierender Prämissen,
- faktizierende und relativierende Darstellungselemente,
- komplexe Metaphern und deren implizite und idealisierte Maßstabssetzung,
- Platzierungs- und Raumfragen mit Blick auf die Aufmerksamkeitssteuerung.

2.1 Die Nominationspraxis

Je nach ausgewählter Benennung erscheint der zu beschreibende Sachverhalt in einer bestimmten Perspektive. Bezeichnet man einen Attentäter als „Amokläufer" oder „Terrorist", als „Fanatiker", „Rebell" oder „Freiheitskämpfer", so wird der Tat implizit mehr oder weniger Legitimation zugesprochen. Darum sind die sich durchsetzenden Benennungspraxen jeweils zu untersuchen. Und natürlich erhält die Nichtübersetzung des arabischen Wortes für Gott, „Allah", den Eindruck von Fremdheit und Polytheismus aufrecht – egal, ob dieser Fehler von Muslimen oder Nichtmuslimen begangen wird. Aus journalistischer Perspektive ist es jedoch wichtig, sich selbst zu prüfen, wann man sich nämlich auf Selbstaussagen von Muslimen beruft und wann man diese als irrelevant ablehnt. Die Diskurs- und Medienanalyse hilft, die Inkohärenzen in der Bewertung aufzuspüren.

---

[14] Die Anschläge der ETA würden die Nachrichtenwertfaktoren erfüllen – als Gefahr etwa für deutsche Touristen in Spanien –, spielen medial aber allenfalls eine untergeordnete Rolle.

2.2 Eine Markierungspraxis mitsamt daraus resultierender Prämissen

Die Nominationsanalyse berührt bereits den viel komplizierteren Komplex der Präsuppositions- bzw. Prämissenanalyse. Prämissen erweisen sich ob ihrer Subtilität als besonders stark und resistent gegenüber Aufklärung, weil sie nur schwer explizit angegriffen werden können. Die Frage „Wie gefährlich ist der Islam?" setzt bereits eine Gefährlichkeit voraus, da lediglich nach dem Grad gefragt wird.[15] Vergleichbare Unterstellungen sind auch durch Sinn-Induktionsphänomene zu erreichen, etwa indem man entsprechende Fotos, Begriffe oder Symbole in einem Kontext verwendet, der problematisch ist bzw. nicht spezifisch oder gar relevant für den Sachverhalt oder die fokussierte Gruppe. Etwa der Hinweis auf die Durchführung einer Genitalverstümmelung an Mädchen „in der Nähe einer Moschee" ist irrelevant, da diese altafrikanische Praxis in muslimischen, christlichen und animistischen Communities durchgeführt wird.[16] Durch die räumliche Nähe im Ko(n)text, die auch durch Adjektivierung oder das Einstreuen von Nebensätzen zu erreichen ist, werden Zusammenhänge unterstellt, die zu prüfen wären. Etwa bei der Polemik des streitbaren konservativen Predigers Qaradawi gegen die Weihnachtsdekoration 2009 in Doha, der Hauptstadt Katars: Hier kann die Kontextlosigkeit nur zu dem Missverständnis führen, der Islamist würde gänzlich Weihnachten ablehnen.

2.3 Faktizierende und relativierende Darstellungselemente

Als faktizierendes Element erweisen sich nicht nur bestimmte Artikel (Definitpartikel), der verwendete Modus, sondern auch die Verwendung von Aktiv- oder Passivkonstruktionen – wie natürlich wiederum entsprechende Nominationen, ob etwa eine Aussage mit dem Verb „versichert", „sagt" oder „behauptet" oder eben mit „wurde behauptet" präsentiert wird. Die Verwendung von bewertenden Partikeln wie „ehrlicherweise" oder „paradoxerweise" markieren zwei gegensätzliche Pole der Skala, um Vorkommnisse als erwartbar und damit wahr oder eben als unwahr zu markieren, wobei gerade Letzteres ein effektives Mittel ist, um Abweichungen vom eigenen Bild als Ausnahme nahe zu legen.

---

[15] Titelseite Stern 13.09.2007.
[16] Vgl. Anika Rahman und Nahid Toubia 2000.

2.4 Komplexe Metaphern und deren implizite und idealisierte Maßstabssetzung

Eine dominante komplexe Metapher im Kontext der Abwertung von Islam und Muslimen ist die der Emanzipation als Fortschrittsgradmesser. Selbstidealisierend wird auf die angeblich realisierte „Gleichstellung der Frau" [sic!] hingewiesen und auf die Bekämpfung der Homosexuellendiskriminierung. Auch hier könnte man von einem Frame sprechen, der als Maßstab benutzt wird, um eine andere Kultur abzuwerten – denn auch hier gilt, dass die Auswahl von Aspekten die Vergleichsergebnisse bestimmt und eher Stereotype reproduziert, statt sie korrigiert. In Bezug auf Islam und Muslime werden vielfach entmenschlichende Metaphern angewandt, die entweder Krankheit (Irrsinn, Krebsgeschwür) oder Gefahr (Bombenallusionen) heraufbeschwören.[17]

2.5 Platzierungs- und Raumfragen mit Blick auf die Aufmerksamkeitssteuerung

Unsere repräsentative Analyse im Rahmen des Projektes Islam-Media-Watch aus dem Jahre 2003 hat ergeben, dass die aufmerksamkeitsrelevant platzierten Beiträge zum Themenfeld „Islam" vor allem problemzentriert waren, während differenzierte Beiträge in Print und Fernsehen vorhanden waren, aber generell nicht gut platziert wurden und somit weniger wahrgenommen werden konnten. Diesbezüglich wäre eine aktuelle Analyse erforderlich, um zu prüfen, inwiefern die vernehmbaren guten Vorsätze zur Forderung nach mehr Ausgewogenheit von Medienmacherseite umgesetzt werden.

Die einmal etablierte Konstruktion eines Bildes ist aber auch darum so wirkmächtig, weil unsere Sprache uns oftmals einen Streich spielt.[18] Nicht nur, dass unser Unterbewusstsein Verneinung nicht erkennt und jede Ablehnung eines Stereotyps als Wiederholung empfindet, auch die positive Betonung von Selbstverständlichem impliziert genau dort eine Problematik, wo man keine vermutet wissen will.[19] Etwa „Der Islam ist mit unseren Werten vereinbar!" ist ein solch

---

[17] Vgl. Jürgen Link 2007 mit Westergaard-Bombenkopf.
[18] Vgl. Sabine Schiffer 2010a.
[19] Vgl. Christoph Butterwegge und Gudrun Hentges 2006.

kontraproduktiver Satz, der das „Wir vs. Ihr" betont und eine Vereinbarkeitsproblematik präsupponiert.

Zur Problematik der Sprach- und Bildproduktion sowie deren Kombination gesellt sich noch die Rezeption durch das Medienpublikum, das einen nicht unerheblichen Teil der Verantwortung trägt für das, was es aus den Darstellungsweisen schließt. Ein verallgemeinernder Reflex geschieht – neben der Wirkung von Wahrnehmungsfiltern durch die eigene Erwartung – vor allem aus einer Außenperspektive heraus, während aus einer Innenperspektive heraus berichtete Skandale eher als Abweichung von der Norm interpretiert werden: Dies geschah etwa bei den Missbrauchsskandalen in christlichen Einrichtungen hierzulande. Während Empörung und Ablehnung groß und gut zu vernehmen waren, hätte Vergleichbares in muslimischen oder anderen Ländern sehr vermutlich nicht zu den gleichen Reflexen mit einer Solidarität den empörten Muslimen gegenüber geführt, sondern viel wahrscheinlicher zu einer verallgemeinerten ablehnenden Haltung gegenüber der Out-Group nach dem Motto: „Aha, bei denen ist das also so!" Umgekehrt geschah dies auch, als ich im Ausland gefragt wurde, warum wir in Deutschland unsere Kinder umbrächten.

Ein verallgemeinerndes Stereotyp machen erst die Betrachter aus den berichteten Vorfällen, wenn sie bestimmte Vorkommnisse als Eigenschaften – etwa neuerdings von sog. Salafisten – pars-pro-toto einer ganzen Gruppe zuweisen, in dem Fall der großen, heterogenen Gruppe der Muslime. Der beliebte Einsatz kollektiver Symboliken durch Bildmedien wirkt da wie ein Katalysator.

Was Sprachfallen und Diskursschleifen anbelangt, bietet die Analyse des antisemitischen sowie des anti-antisemitischen Diskurses des ausgehenden 19. Jahrhunderts ein erhellendes Lernfeld.[20] Für die Nutzbarmachung der Ergebnisse der Antisemitismusforschung für die allgemeine Vorurteilsforschung plädiert nicht zuletzt der ehemalige Leiter des Zentrums für Antisemitismusforschung Wolfgang Benz.[21] Die Erkenntnisse aus diesem Forschungszweig machen deutlich, dass die Bekämpfung von Antisemitismus nicht die Juden oder das Judentum in den Fokus nimmt, sondern die Träger des Ressentiments und deren (bewusste oder unbewusste) Konstruktionen.

---

[20] Vgl. Sabine Schiffer und Constantin Wagner 2009.
[21] Vgl. Wolfgang Benz 2009, 2010.

Eine Folge der Konstruktion des Fremdbilds Islam ist die Übertragung auf die jeweiligen Muslime, die in europäischen Ländern leben. So wurde der Diskurs über „den Islam" zu einem Teil des „guten alten" Ausländerdiskurses. Stark verkürzt ließe sich sagen: Aus dem Italiener ist ein Türke und aus dem Türken ist ein Muslim geworden im Laufe der jahrzehntelangen Betrachtung, die übrigens immer dann vermehrt einsetzte, wenn es konjunkturelle Schwierigkeiten gab. Heute wird nicht selten eine Statistik oder ein Bericht über Einwanderung oder Integration mit dem Bild einer kopftuchtragenden Frau geschmückt.[22]

Foto aus den 1970ern   1974   1997   2004

Nun könnte man einerseits aus dem Diskurs über die Italiener lernen, wie man – ohne dass „Integrationsleistungen" wie etwa ein besonderer Bildungserfolg erbracht wurden – eine enorme Imageverbesserung erreicht hat. Auf der anderen Seite scheint die vermehrte Markierung von tatsächlich oder vermeintlich Islamischem zu einer Verschiebung der Wahrnehmung von der Nationalität hin zur Religion geführt zu haben. Aus den Türken der 1980er und 1990er Jahre – erinnert sei an die Anschläge in Mölln und Solingen – sind inzwischen Muslime geworden.

3 Wenn die Analyse nicht stimmt, verfehlen auch die Lösungsansätze

Der Diskurs über Islam und Muslime kann als Defizitdiskurs bezeichnet werden, weil er primär Defizite aktualisiert und nicht von der Gleichwertigkeit der Kulturen ausgeht, die alle ihre Stärken und Schwächen haben. Die Debatte um Thilo Sarrazins Buch „Deutschland schafft sich ab" befeuerte diesen defizitorientierten

---

[22] Vgl. Yasemin Shooman 2011, S. 59–76.

Diskurs aufs Neue, der seit nur mehr 30 Jahren vorherrscht und sich manchmal noch althergebrachter Mythen aus den Hochzeiten des Orientalismus bedient.[23] Die Anschläge vom 11. September 2001 haben – entgegen vielfacher Einschätzung – keine neue Qualität in die Debatte gebracht, allenfalls einen Quantitäts- und Explizitheitsschub in Richtung „Feindbild Islam" befördert.[24]

Entgegen der medialen Dominantsetzung und verbreiteten Einschätzung eines Versagens von muslimischer Seite belegen die sogenannten Heitmeyer Studien „Deutsche Zustände", dass heute das antiislamische Ressentiment mit dem wachsenden Erfolg der Gruppe wächst.[25] In Zeiten von Wirtschaftskrise und Abstiegsängsten macht sich eine gruppenbezogene Ablehnung gerade im gebildeten Mittelstand breit und trifft besonders die aufstiegsorientierten Muslime.

Darum wären unsere Medien etwas spät dran, wenn sie genau jetzt – nach langen Jahren vergeblichen Forderns von wissenschaftlicher Seite – auch oder gar betont die gelungenen Beispiele von Integration und Erfolg aus dem islamischen Bereich zeigten. Dies könnte das Ressentiment gerade noch verstärken. Wie Angelika Königseder vom Zentrum für Antisemitismusforschung zugespitzt formulierte: „Nicht die Putzfrau mit Kopftuch hat uns gestört, sondern die kopftuchtragende Akademikerin!"[26]

Denkt man Medien als Vierte Gewalt, als Kontrollinstanz der Machtinstanzen, dann wäre es ihre genuine Aufgabe, kritisch auf derlei Zusammenhänge hinweisen. Dies gelingt auch immer wieder: etwa wenn SWR und Süddeutsche Zeitung aufdecken, dass im Münchner Prozess gegen die „Globale Islamische Medienfront" (GIMF) die wichtigste Person nicht vor Gericht steht, nämlich der Kopf der Gruppe, der Kontakte zum Verfassungsschutz hatte.[27] Häufig jedoch dominiert der Eindruck, dass die großen Medien mehrheitlich die Debatten um die Minderheit in der Minderheit – nämlich sog. Integrationsverlierer, Menschen mit radikalen Ansichten oder auch Verbrecher unter Muslimen – geradezu be feuern (s. o. Maischberger z. B.). Hierin könnte einer der Gründe für den Erfolg

---

[23] Vgl. Edward Said ²1997, Iman Attia 2007.
[24] Vgl. Sabine Schiffer 2005.
[25] Vgl. Wilhelm Heitmeyer 2010.
[26] Angelika Königseder 2009, S. 21 ff.
[27] Vgl. Holger Schmidt 2011–2012, unter: http://www.swr.de/blog/terrorismus/category/gimf/ (31.08.2012).

des Internets als Alternative zum empfundenen Mainstream liegen, welches allerdings anderen Problemen unterliegt und sich in Sachen Rassismuskritik noch nicht besonders hervorgetan hat.

Die Analyse muss stimmen, um die richtigen Maßnahmen ergreifen zu können. Es mag durch die Aufmerksamkeitsverschiebung der letzten Jahrzehnte von der nationalen zur religiösen Kategorie durchaus auch Interesse am Islam an sich entstanden sein: Wissen über den Islam als solches ist aber nur bedingt notwendig, um einem antimuslimischen Rassismus zu begegnen. Das aufkommende Feindbild China wird auch nicht durch Informationen über die Eigenheiten chinesischer Kultur korrigiert werden. Die voraussehbar in Zukunft kritisierten Eigenschaften Chinas, die jetzt auch schon alle da sind, würden durch ein Eingehen darauf als relevant in den Aufmerksamkeitskegel gerückt. Man sollte also vielmehr die Intentionen hinter dieser Fokussierung ernst nehmen und durchschauen.

Genauso hier: Die Funktion des antimuslimischen Rassismus im heutigen Diskurs gilt es zu ermitteln. Folgt man dem Blick des Rassisten auf das Objekt seiner Betrachtung und diskutiert über dessen tatsächliche oder imaginierte Eigenschaften, haben Rassist und Rassismus gesiegt. Es gilt also, genau die Kontexte zu prüfen, um die es jeweils geht. Wenn wir dem Blick von Rassisten auf die Eigenschaften ihrer Objekte der Betrachtung folgen, die momentan zufällig religiös markiert sind, arbeiten wir einer rassistischen Zuschreibung zu.[28] Um es nochmal mit einer Gegenprobe zu verdeutlichen: Ja, es gibt schwarze Vergewaltiger. Angesichts des Vorkommens von Vergewaltigungen weltweit sollte eine solche Feststellung als irrelevant erkannt werden und nicht dazu verleiten, über Besonderheiten von Schwarzen zu diskutieren. Auch hier ist noch viel Spielraum für Selbstreflexion – bei allen Beteiligten, aber vor allem bei denen, die die Themensetzungen (Agenda-Setting) des Diskurses bestimmen.

Aus dem Geschriebenen ergeben sich folgende Überlegungen bzw. Anregungen:

- Interreligiöser Dialog gehört dahin, wo die Menschen religiös interessiert sind. Im unglücklichsten Fall könnte er – als politisches Instrument miss-

---

[28] Vgl. Sabine Schiffer und Constantin Wagner 2009.

braucht – der Religionisierung anders gearteter Debatten noch weiter zuarbeiten.
- Wissen über islamische Geschichte als Vorläufer unserer Wissenschaften gehört in den Fachunterricht in den Schulen. Ein starkes Differenzempfinden resultiert zumeist aus dem Fehlen dieses Grundwissens.
- Hingegen kann die Verortung dieser Inhalte im Mediendiskurs einer weiteren Problemwahrnehmung dienen, weil von Medien allgemein erwartet wird, Themen dann aufzugreifen, wenn es Probleme gibt.
- Rassismus- und diskriminierungskritische Ansätze gehören in den Bildungskanon, ebenso wie Wissen über gruppendynamische und psychologische Prozesse, um Verwerfungen als Produkt solcher Prozesse zu erkennen und nicht der jeweils markierten Gruppe zuzuweisen.
- Als Demokratie benötigen wir einen systematischen Lehrplan Medienbildung, der (mediale) Meinungsbildungsprozesse kritisch reflektiert, sowie evaluiertes didaktisches Material. Die aktuellen Technisierungsinitiativen an Schulen gehen am Ziel vorbei.
- In Bezug auf die Berichterstattung über angeblich oder tatsächlich islamische Fragen sind die gleichen Standards anzuwenden, wie anderswo auch.[29] Eine übermäßige Markierung von Muslimen führt zu einer stereotypen Zuweisung allgemein relevanter Fragestellungen auf diese Gruppe – etwa die Genderfrage. Die konsequente Anwendung von Qualitätsstandards (wozu auch Framing-Analysen gehören) gelten für alle Themen und sind immer wieder selbstkritisch zu prüfen.
- Eine „kultursensitive Berichterstattung", die suggeriert, dass man Muslime in Watte packen müsse, operiert hingegen mit falschen Prämissen. Statt sog. Islamaufklärung (im falschen Kontext) wäre oftmals die Dekonstruktion der Zuweisungsprozesse Aufgabe der Medien – was übrigens auch auf andere Themen zutrifft, beispielsweise bezüglich des „Ossi"-Bilds.
- Die Anwendung journalistischer Standards müsste zu einer sorgfältigen Kontextklärung führen, die verhindert, dass Phänomene vorschnell oder monokausal „dem Islam" zugewiesen werden. Schließlich lassen sich die

---

[29] Vgl. Pressekodex; http://www.presserat.de.

historisch gewachsenen und global verstrickten Situationen in Ländern wie Tschetschenien, Pakistan oder Mali nicht reduktionistisch verstehen.
- Statt die gelungenen Beispiele von Inklusion und Erfolg besonders herauszuheben, was sie wiederum als Ausnahme markiert, ist längst Normalität angesagt. Und die ist sehr vielfältig, und dies kann gerade in den Unterhaltungsformaten gut dargestellt werden.[30] Diversity Mainstreaming bedeutet eben gerade nicht eine besondere Thematisierung von Differenz, sondern das unmarkierte und damit gleichwertige Vorkommenlassen verschiedenster Menschen, Rollen und Lebensformen.[31]

4 Self-fulfilling prophecy oder Durchbrechung des Teufelskreises?

Das Potential, das unsere Medien haben, ist noch lange nicht ausgeschöpft. Zu glauben, dass sich alles schon richten werde, wenn der Islam als Religion in Deutschland anerkannt sei und die Muslime eine Körperschaft öffentlichen Rechts bildeten, entpuppt sich mit Blick auf die Situation in Österreich als naiv.[32] Gerade die Missdeutungen von Diversity Mainstreaming und das Nichtausschöpfen der Potentiale im Unterhaltungsbereich, machen eine dem Nachrichtenwertfaktor Negativismus verpflichtete Berichterstattung zum Sprengsatz für gesellschaftlichen Zusammenhalt. Würden in den Unterhaltungsformaten kopftuchtragende Ärztinnen, dunkelhäutige Lehrkräfte und Kippa tragende Anwälte vorkommen, wäre auch ein türkischstämmiger Bankräuber leichter in die vorhandene Vielfalt einzuordnen und würde weniger schnell als Prototyp einer ganzen Gruppe wahrgenommen.

Als die EUMC (inzwischen FRA) ihren Bericht „Muslime in der Europäischen Union – Diskriminierung und Islamophobie" 2006 herausgab,[33] hieß es in der Zusammenfassung bezüglich „Medien":

> Die Medien sollten ihre Berichterstattung überprüfen, um sicherzustellen, dass sie über diese Themen korrekt und umfassend informieren. Die Medien werden ermutigt, Maßnahmen zur Einstellung und Ausbildung von Journalisten zu initiieren, die

---

[30] Vgl. Andreas Dörner 2000, S. 164–178.
[31] Vgl. Sabine Schiffer 2010b.
[32] Vgl. John Bunzl und Kai Hafez 2009.
[33] Vgl. unter: http://fra.europa.eu/fraWebsite/attachments/Perceptions_DE.pdf (31.08.2012).

die innerhalb der EU herrschende Vielfalt widerspiegeln. Die Mitgliedsstaaten werden ermutigt, in Übereinstimmung mit Artikel 14 der Richtlinie über den elektronischen Geschäftsverkehr (2000/31/EG) die entsprechenden für Internetanbieter geltenden Gesetze zu verabschieden oder zu verschärfen, um eine Weiterverbreitung von illegalem rassistischem Material zu verhindern.[34]

Neuere Untersuchungen zeigen, dass zwar Bildungsprogramme für Journalisten implementiert wurden – wie beispielsweise bei der Deutschen Welle – aber ein unaufgeregter Umgang mit dem Thema weiterhin ein Desiderat in Deutschland, der EU und darüber hinaus bleibt.[35] Solange man vonseiten des öffentlich-rechtlichen Rundfunks die Problematik immer wieder den privaten Rundfunkanbietern zuschiebt (wie in der Deutschen Islamkonferenz zwischen 2006 und 2009) oder man allenfalls gemeinsam gegen Blogs im Internet polemisiert (wie dies in der Schockphase nach den Morden in Norwegen 2010 geschah), wird es nur spärliche Fortschritte in Richtung Differenzierung und Deeskalation geben. Denn es liegt nicht am einzelnen Anderen, das Bild über die eigene Gruppe zu korrigieren, wie man aus dem antisemitischen Diskurs längst hätte lernen können.

Die Bevorzugung polarisierender Stimmen auch in den Mainstream-Medien befördert eher spaltende Tendenzen und nicht den gesellschaftlichen Zusammenhalt. Insofern sind heutige Phänomene von Segregation und Misstrauen aus journalistischer Sicht auch mit Blick auf die jüngere Geschichte zu betrachten und wiederum nicht vorschnell auf „kulturelle Eigenheiten" zu projizieren.

Der in Spanien tätige niederländische Kommunikationswissenschaftler Teun van Dijk bescheinigt den europäischen Mediendiskursen insgesamt eine Tendenz zur Idealisierung der eigenen Gruppe. Das Rezept für diese Selbstidealisierung sei einfach, so van Dijk: „Betone deine guten Eigenschaften und die schlechten des anderen!"[36] Insofern tut der Beginn jeder Auseinandersetzung

---

[34] http://fra.europa.eu/fraWebsite/attachments/EUMC-highlights-DE.pdfS. ~ 5(31.08.2012).

[35] Z. B. Kai Hafez und Carola Richter 2007; Dirk Halm ²2008; Kay Sokolowsky 2009; Susan Schenk 2009; OECD Konferenz zum Thema Islamphobie (mit einer Sektion zu Medienfragen) am 28.10.2011 in Wien; Institute of Strategic Dialogue „Muslims in the European Mediascape", unter: http://www.strategicdialogue.org/documents/Muslims%20in%20the%20European%20Mediascape%20discussion%20paper.pdf (31.08.2012). Präsentation vorläufiger Ergebnisse am 30.5.2012 unter: http://www.vodafone-stiftung.de/presseinfomodul/detail/172.html (31.08.2012).

[36] Van Dijk 2007, S. 108.

mit dem eigenen Splitter oder Balken im Auge gut, auch wenn man Vergleichbares im Auge des jeweiligen Gegenübers finden kann.

Literatur

Attia, Iman (Hrsg.), Orient- und Islambilder: Interdisziplinäre Beiträge zu Orientalismus und antimuslimischen Rassismus. Münster 2007.

Benz, Wolfgang (Hrsg.), Islamfeindschaft und ihr Kontext. Berlin 2009.

Benz, Wolfgang, Antisemitismusforschung als akademisches Fach und öffentliche Aufgabe, in: TUB-newsportal 16.11.2010.

Butterwegge, Christoph und Hentges Gudrun (Hrsg.), Massenmedien, Migration, Integration. Wiesbaden 2006.

Bunzl, John und Hafez, Farid, Islamophobie in Österreich. Wien 2009.

Dijk, Teun van, Rassismus und die Medien in Spanien, in: Jäger, Siegfried und Halm, Dirk (Hrsg.), Mediale Barrieren. Rassismus als Integrationshindernis. Münster 2007.

Dörner, Andreas, Das Kino als politische Integrationsagentur. Afro-amerikanische Identitätsangebote im Hollywood-Film der 90er Jahre, in: Schatz, Heribert u. a. (Hrsg.), Migranten und Medien. Neue Herausforderungen an die Integrationsfunktion von Presse und Rundfunk. Wiesbaden 2000.

Frindte, Wolfgang und Haußecker, Nicole (Hrsg.), Inszenierter Terrorismus. Mediale Konstruktionen und individuelle Interpretationen. Wiesbaden 2010.

Gleißner, Xenia und Schiffer, Sabine, Das Bild des Propheten, in: Paul, Gerhard (Hrsg.), Das Jahrhundert der Bilder, Bd. II – 1949 bis heute. Göttingen 2008, S. 750 ff.

Hafez, Kai, Die politische Dimension der Nahostberichterstattung. Bd. 2, München 2002.

Halm, Dirk, Der Islam als Diskursfeld. Bilder des Islams in Deutschland, 2. Auflage, Wiesbaden 2008.

Heitmeyer, Wilhelm (Hrsg.), Deutsche Zustände. Folge 9/Dez. 2010.

Königseder, Angelika, Feindbild Islam, in: Benz, Wolfgang (Hrsg.), Islamfeindschaft und ihr Kontext. Berlin 2009.

Lakoff, George, Metaphor and War, in: alternet.org, 17.03.2003.

Link, Jürgen, Zur Archäologie der Bombenköpfe, in: Jäger, Siegfried und Halm, Dirk (Hrsg.), Mediale Barrieren. Rassismus als Integrationshindernis, Münster 2007, S. 151–165.

Rahman, Anika und Nahid Toubia, Female genital mutilation: a guide to laws and policies, in: "worldwide G – Reference, Information and Interdisciplinary Subjects Series". 2000, S. 209.

Rohe, Mathias, Der Islam – Alltagskonflikte und Lösungen. Rechtliche Perspektiven. 2. Auflage Freiburg 2001.

Said, Edward, Covering Islam, How the Media and the Experts Determine How We See the Rest of the World. Vintage Books, 2. Auflage 1997.

Schenk, Susan, Das Islambild im internationalen Fernsehen: Ein Vergleich der Nachrichtensender Al Jazeera English, BBC World und CNN International. 2009.

Scheufele, Bertram, Frames – Framing – Framing-Effekte: Theoretische und methodische Grundlegung des Framing-Ansatzes sowie empirische Befunde zur Nachrichtenproduktion. Wiesbaden 2003.

Schiffer, Sabine, Die Darstellung des Islams in der Presse. Sprache, Bilder, Suggestionen. Würzburg 2005.

Schiffer, Sabine, Die Grenzen wohlmeinender Diskurse, in: migazin.de, 1.10.2010 (a).

Schiffer, Sabine, The Fiction of a Homogeneous National Culture, in: Anna Lindh Report 2010 (b), S. 48 f.

Schiffer, Sabine, Grenzenloser Hass im Internet. Wie „islamkritische" Aktivisten in Weblogs argumentieren, in: Schneiders, Thorsten (Hrsg.), Islamfeindlichkeit. Wenn die Grenzen der Kritik verschwimmen. 2. Auflage Wiesbaden 2010 (c), S. 355–376.

Schiffer, Sabine, Medienverantwortung in Zeiten der Panikmache, in: migazin.de, 19.06.2012.

Schiffer, Sabine und Wagner, Constantin, Antisemitismus und Islamophobie – ein Vergleich. Wassertrüdingen 2009.

Shooman, Yasemin, Keine Frage des Glaubens. Zur Rassifizierung von „Kultur" und „Religion" im antimuslimischen Rassismus, in: Friedrich, Sebastian (Hrsg.), Rassismus in der Leistungsgesellschaft. Analysen und kritische Perspektiven zu den rassistischen Normalisierungsprozessen der ‚Sarrazindebatte'. Münster 2011.

Sokolowsky, Kay, Feindbild Moslem. Berlin 2009.

Spenlen, Klaus und Kröhnert-Othman, Susanne (Hrsg.), Integrationsmedium Schulbuch. Anforderungen an islamischen Religionsunterricht und seine Bildungsmaterialien, in: Eckert. Die Schriftenreihe, Band 132, Göttingen 2012.

Internetquellen

Hafez, Kai und Richter, Carola, Das Islambild von ARD und ZDF, in: bpb.de 21.06.2007 unter: www.bpb.de/publikationen/BSF019,0,Das_Islambild_von_ARD_und_ZDF.html (31.08.2012).

Von der sprachlichen Konstruktion des Islam

Nina Kalwa

1 Einleitung

Ob der Islam nach Deutschland gehört, da sind sich der derzeitige Bundespräsident Joachim Gauck und der ehemalige Bundespräsident Christian Wulff uneinig. Die Aussage Wulffs in seiner Rede zum 20. Jahrestag der deutschen Widervereinigung „Der Islam gehört zu Deutschland" relativierte Gauck, indem er bekannte: „Ich hätte einfach gesagt, die Muslime, die hier leben, gehören zu Deutschland." Tatsächlich scheint es ganz intuitiv so zu sein, als stelle diese Aussage eine Relativierung der Aussage Wulffs dar. Für Gauck wie für viele andere der deutschen Gesellschaft scheint der Satz *Die Muslime gehören zu Deutschland* wesentlich akzeptabler als die Formulierung *Der Islam gehört zu Deutschland*. Der Vergleich der Reaktionen auf die beiden Äußerungen lässt darauf schließen, dass es zwischen der Bedeutung von *Islam*[1] und der Bedeutung von *Muslime* fundamentale Unterschiede gibt. Dies ist vor allem deshalb erstaunlich, weil andere Äußerungen im Islamdiskurs keinen so großen Bedeutungsunterschied zwischen *Islam* und *Muslime* vermuten lassen:

(1) Der Islam begreift sich nicht nur als spirituelle Weltansicht, sondern als Weltanschauung, die das alltägliche Leben, die Politik und den Glauben als eine untrennbare Einheit sieht.[2]

(2) Das Welt- und Menschenbild des Islam – auch wenn es einzelne anders und demokratisch verstehen – hängt eng mit Integrationsversäumnissen zusammen.[3]

(3) Der Islam hat es 1.400 Jahre lang versäumt, kritische Fragen zu stellen und sich von der Politik zu lösen.[4]

---

[1] Im Folgenden werden alle metasprachlichen Ausdrücke kursiv gesetzt. Zudem markiere ich Bezüge auf Äußerungen im Diskurs, die keine Zitate darstellen, jedoch den Inhalt einer Äußerung wiedergeben, ebenfalls durch Kursivierung.

[2] FAZ (Nr. 128, S. 33), 06.06.2007, Das Minarett ist ein Herrschaftssymbol (Necla Kelek).

[3] SPIEGEL Online, 12.07.2007, „Wir haben wahrlich nichts zu feiern" (Claus Christian Malzahn und Anna Reimann); http://www.spiegel.de/-politik/deutschland/-0,1518,493420,00.html.

[4] Ebenda.

(4) Wirkliche Religionsfreiheit könne nur wechselseitig praktiziert werden. Zuvor war die Evangelische Kirche in Deutschland (EKD) dem Vorwurf muslimischer Verbände entgegengetreten, sie beabsichtige beim Dialog mit dem Islam eine christliche Mission.[5]

Die genannten Aussagen sind Beispiele aus dem Kölner Moscheebaudiskurs, bei dem es um den Streit um den Bau einer Moschee im Kölner Stadtteil Ehrenfeld geht.[6] Wie kann der Islam als Religion sich als etwas begreifen (1), wie kann er ein bestimmtes Welt- und Menschenbild haben (2), etwas versäumen (3) oder in einen Dialog treten (4)? Die Beispiele lassen vermuten, dass *Islam* nicht als die „auf die im Koran niedergelegte Verkündigung des arabischen Propheten Mohammed zurückgehende Religion" verstanden wird,[7] sondern dass *Islam* hier *die Gesamtheit der Muslime* bedeutet. Nicht der Islam als religiöse Lehre hat nach Auffassung der Diskursteilnehmer etwas versäumt oder hat ein bestimmtes Menschenbild, sondern die Muslime haben versäumt etc. Auch Bundeskanzlerin Angela Merkel macht in ihrer Äußerung zu der Diskussion, ob der Islam zu Deutschland gehört, deutlich, dass die religiöse Lehre letztlich nicht von ihren Anhängern zu trennen ist.

(5) Für Bundeskanzlerin Angela Merkel ist der Islam inzwischen ein fester Bestandteil Deutschlands. „Die Muslime gehören heute zu unserer Lebenswelt dazu", sagte sie bei einem Besuch einer Schule in Berlin. Viele Muslime seien Deutsche. „Deshalb gehört der Islam eben heute dazu."[8]

Weil viele Muslime Deutsche sind, gehört der Islam zu Deutschland – In dieser Schlussfolgerung Merkels wird also ein anderer Islambegriff konstituiert als in der Äußerung Gaucks. Während die Äußerung Gaucks als Reaktion auf die Aussage Wulffs annehmen lässt, dass es zwischen *Islam* und *Muslime* Bedeutungsunterschiede gibt, werden diese Bedeutungsunterschiede in der Äußerung Merkels nicht konstituiert.

---

[5] SPIEGEL Online, 10.06.2007, Kirchentagspräsident fordert Verhandlungen mit Terroristen und Taliban; http://www.spiegel.de/-panorama-/gesellschaft/-0,1518,487704,00.html.

[6] Vgl. hierzu auch den Beitrag von Uwe Gerrens (S. 335–367) in diesem Sammelband.

[7] http://www.duden.de/rechtschreibung/Islam; zuletzt abgerufen am 30.09.2012.

[8] ZEIT Online, 14.05.2012, Merkel widerspricht CDU-Konservativen in Islamfrage; http://www.zeit.de/politik/-deutschland/2012-05/merkel-islam-friedrich.

Wann immer wir über den Islam reden, scheint es Konsens zu sein, was wir unter *Islam* verstehen. Tatsächlich verhält es sich jedoch so, dass in der Diskussion über den Islam erst ausgefochten wird, was der Islam ist. In dem vorliegenden Beitrag wird gezeigt, wie die Bedeutung von *Islam*, so wie sie sich im Reden über den Islam manifestiert, erfasst werden kann. Eine wichtige Prämisse dabei ist, „dass Sprache nicht als bloße Spiegelung der Wirklichkeit, sondern als ganz wesentlicher Motor ihrer Gestaltung gesehen wird".[9] Das bedeutet, dass Sprache nicht nur Teil unserer Kultur ist,

> sondern [sie] konstituiert diese wesentlich, und in ihr spiegeln sich nicht außersprachliche Konstellationen, Strukturen o. ä., sondern mit ihrer Analyse erhalten wir Zugang dazu, wie welche Gruppen sich mittels des sprachlichen Symbolsystems ihre Wirklichkeiten, ihr soziales Wissen erst schaffen [...][10]

Wissen konstituiert und manifestiert sich in Texten. Eine Analyse der Texte erlaubt damit einen Zugriff auf dieses Wissen. Die neuere Sprachwissenschaft verfügt in ihren Unterdisziplinen der lexikalischen Semantik und der Diskurslinguistik über Methoden, die es ermöglichen, das in Texten sedimentierte, kollektive Wissen einer Gesellschaft, dabei auch das zwischen den Zeilen nur Angedeutete, aufzuzeigen. Unter einem Diskurs verstehe ich wie Andreas Gardt

> die Auseinandersetzung mit einem Thema,
> – die sich in Äußerungen und Texten der unterschiedlichsten Art niederschlägt,
> – von mehr oder weniger großen gesellschaftlichen Gruppen getragen wird,
> – das Wissen und die Einstellungen dieser Gruppen zu dem betreffenden Thema sowohl spiegelt
> – als auch aktiv prägt und dadurch handlungsleitend für die zukünftige Gestaltung der gesellschaftlichen Wirklichkeit in Bezug auf dieses Thema wirkt.[11]

2 Korpuslinguistik als Methode der Diskurs- und Kulturanalyse

Diskurse sind also Orte, an denen sich Wissen konstituiert. Eine Methode, die es ermöglicht, das Wissen einer Gesellschaft aufzuzeigen, ist die Korpuslinguistik. Unter einem Korpus versteht man ganz allgemein eine Sammlung von Texten.

---

[9] Andreas Gardt 2008, S. 205.
[10] Martin Wengeler 2006a, S. 9.
[11] Andreas Gardt 2007, S. 26.

Die Daten des Korpus sind typischerweise digitalisiert [...]. Die Bestandteile des Korpus, die Texte, bestehen aus den Daten sowie möglicherweise aus Metadaten, die diese Daten beschreiben, und aus linguistischen Annotationen, die diesen Daten zugeordnet sind.[12]

Man könnte meinen, dass die Korpuslinguistik nun die Beschäftigung mit einem beziehungsweise die Analyse eines solchen Korpus darstellt. Unter Korpuslinguistik versteht man jedoch gegenwärtig in der Sprachwissenschaft den Zugriff auf sehr große Korpora, der nicht mehr über das bloße Lesen der Texte realisiert wird, sondern mittels spezieller Computerprogramme, die beispielsweise Häufigkeiten des Vorkommens bestimmter Ausdrücke in der Umgebung anderer Ausdrücke berechnen.

Eine korpuslinguistische Analyse zum Zweck der kulturwissenschaftlichen Forschung kombiniert immer zwei verschiedene methodische Ansätze miteinander, die sogenannte corpus-driven Analyse mit der corpus-based Analyse. Während bei einer korpusbasierten (corpus-based) Untersuchung konkrete Forschungsfragen vorliegen – Beispiel: Welche Adjektive stehen im Korpus immer direkt vor *Muslime*? –, wird bei einer korpusgesteuerten (corpus-driven) Analyse das Korpus nicht hinsichtlich einer bestimmten Fragestellung untersucht, sondern nach allgemeinen Auffälligkeiten befragt. Beispielsweise werden bei einer sogenannten Keywordanalyse die Schlüsselausdrücke im Korpus herausgearbeitet. Welche Ausdrücke kommen im Untersuchungskorpus also signifikant häufig vor? Dies lässt sich auch auf sogenannte Mehrworteinheiten übertragen: Welche aneinander gereihten Ausdrücke sind im Korpus häufig aufzufinden? Zudem erscheint interessant, welche Ausdrücke in der nächsten Umgebung des Ausdrucks *Islam* vorkommen. Dies lässt sich im Rahmen einer sogenannten Kollokationsanalyse ermitteln.[13] Im Rahmen dieses Beitrags werden einige der im Rahmen meines Dissertationsprojektes durchgeführten korpuslinguistischen Untersuchung dargestellt.

---

[12] Lothar Lemnitzer und Heike Zinsmeister 2006, S. 7.

[13] Unter einer Kollokation wird das frequente und/oder signifikante Miteinandervorkommen zweier oder mehrerer Ausdrücke in einer definierten Umgebung verstanden.

3 Das Islambild der deutschen Gesellschaft – eine korpuslinguistische Analyse

Die Dissertation mit dem Titel „Das Konzept *Islam*. Eine diskurslinguistische Untersuchung" beschäftigt sich mit der Bedeutung von *Islam*, die sich in der öffentlichen Auseinandersetzung mit dem Islam spiegelt und gleichzeitig auch erst konstituiert wird. Um herauszufinden, was eine Diskursgemeinschaft unter *Islam* versteht, ist es notwendig, verschiedene Methoden miteinander zu kombinieren. Wenngleich eine korpuslinguistische Untersuchung, wie sie hier vorgestellt wird, zur vollständigen Bedeutungsbeschreibung auch nicht hinreichend sein kann[14], ermöglicht sie uns einen ersten Einblick, einen ersten Hinweis darauf, was unter *Islam* zu verstehen ist. Geht man von der Bedeutungsdefinition Firth' aus „You shall know a word by the company it keeps"[15], so scheint die Korpuslinguistik eine gute Methode, um Bedeutung zu erfassen, schließlich lassen sich damit eine große Menge an sprachlichen Umgebungen erfassen, in die der Ausdruck *Islam* eingebettet ist.

Für eine solche korpuslinguistische Untersuchung wurden drei Untersuchungskorpora erstellt. Da der 11. September 2001 unumstritten als ein wichtiges Ereignis in der Geschichte des Islamdiskurses gewertet werden kann, umfasst ein Korpus Zeitungstexte aus dem Jahr vor dem 11. September, ein weiteres Korpus Texte aus denselben Zeitungen und Magazinen aus dem Jahr nach dem 11. September. Das dritte Korpus besteht aus den jeweiligen Artikeln aus dem Jahr 2009. Somit konnte ein gegenwartsnahes Islambild der Diskursgemeinschaft mit dem Bild kurz vor und kurz nach 9/11 verglichen werden. Die Texte wurden automatisch über eine Datenbank heruntergeladen. Voraussetzung dafür, dass ein Text ins Korpus aufgenommen wurde, war die Tatsache, dass mindestens einmal die Buchstabenfolge *islam* oder *muslim* oder *moslem* oder *moschee* vorkommen musste.[16]

---

[14] Vgl. Nina Kalwa 2012, S. 38.

[15] John Rupert Firth 1968, S. 179.

[16] Ein Text wurde also dann ins Korpus aufgenommen, wenn beispielsweise das freistehende Lexem *Islam* oder aber das Morphem *islam* in *islamisch* darin mindestens einmal vorkam.

Die drei Korpora bestehen aus Artikeln aus *Die WELT, Die WELT am Sonntag, Focus, taz, SPIEGEL, stern, Bonner Generalanzeiger, Berliner Morgenpost, Die Bunte* und dem *Hamburger Abendblatt*.

	Anzahl der Texte	Anzahl der Tokens
Korpus „Vor 9/11"	3.584 Artikel	2.086.699
Korpus „Nach 9/11"	8.084 Artikel	5.364.156
Korpus „2009"	7.504 Artikel	4.636.483

Tab. 1: Die Untersuchungskorpora

Betrachtet man die Größe der jeweiligen Korpora, so wird deutlich, wie sich das öffentliche Interesse am Gegenstand *Islam* im Laufe der Jahre verändert hat. Das Korpus, das die Zeitungstexte aus dem Jahr nach dem 11. September umfasst, ist mehr als doppelt so groß wie das Korpus mit den Texten aus dem Jahr vor dem 11. September. Das öffentliche Interesse am Islam ist 2009 nur unwesentlich geringer als kurz nach dem 11. September.

Im Folgenden werden einige Ergebnisse der korpuslinguistischen Untersuchung aufgezeigt, die auf das Islambild der deutschen Diskursgemeinschaft schließen lassen.

3.1 Das Konstituieren einer islamischen Welt

Für den Korpuslinguisten ist die Betrachtung der häufigsten Mehrworteinheiten im Korpus von besonderem Interesse. Bubenhofer spricht in diesem Zusammenhang von Sprachgebrauchsmustern.[17] Diese Cluster aus mehreren Wörtern können als Musterhaftigkeiten im Diskurs betrachtet werden. Laut Foucault stellen eben diese Regelhaftigkeiten die diskursive Praxis dar.[18] Die Untersuchungskorpora wurden somit auf diese Mehrworteinheiten hin untersucht.[19] Bei der Durchführung der Analyse fielen besonders die häufigsten Vierworteinheiten auf.

In den unten stehenden Tabellen werden die frequentesten Vierworteinheiten gelistet, dabei wurden all jene Cluster entfernt, die sich ganz offensichtlich

---

[17] Vgl. Noah Bubenhofer 2009.
[18] Vgl. Michel Foucault 1981, vgl. auch Noah Bubenhofer 2009, S. 309.
[19] Im Folgenden verwende ich die Ausdrücke *Cluster* und *Mehrworteinheit* referenzidentisch.

nicht auf die Textinhalte, sondern auf das Textlayout, d. h. die äußere Form des Textes, beziehen. Es kommen beispielsweise bestimmte Häufungen etwa von Eigennamen der jeweiligen Blätter (*Axel Springer Verlag AG*) vor, weil vor jedem Artikel im Korpus diese als Quelle angegeben sind. Nach der Aussortierung der Vierwort-Cluster, die sich eindeutig auf die Textoberfläche beziehen, sind nun also in den folgenden Tabellen die zehn häufigsten inhaltlichen Vierwortcluster der drei Korpora gelistet.

An den häufigsten Vierworteinheiten in den drei Korpora ist erkennbar, wie sich der Fokus auf verschiedene Teildiskurse des Islamdiskurses im Laufe der Zeit verändert hat. Es finden sich im Korpus „vor 9/11" (Tab. 2) vor allem Einheiten, die sich auf den Nahostkonflikt beziehen, wie *zwischen Israelis und Palästinensern*, *in Westjordanland und im* und *in den besetzten Gebieten*. *In den letzten Jahren*, *in der Nähe von* und *handelt es sich um* sind Sprachgebrauchsmuster, die auf die im Korpus enthaltenen Textsorten – also Zeitungsberichte, Kommentare usw. – zurückzuführen sind. Auch die Häufigkeit von *auf der anderen Seite* als textstrukturierendes Element ist mit den im Korpus enthaltenen Textsorten zu begründen.[20]

Wortgruppe	Absolute Freq
in den letzten Jahren	69
in der vergangenen Woche	63
zwischen Israelis und Palästinensern	58
Verbrechen gegen die Menschlichkeit	50
auf der Suche nach	45
in Westjordanland und im	44
in den besetzten Gebieten	44
handelt es sich um	43
in der Nähe von	38
auf der anderen Seite	38

Tab. 2: Vierwortgramme im Korpus „Vor 9/11"

---

[20] Auffällig hingegen ist *auf der Suche nach*, das unter den Vierworteinheiten im Korpus vor „9/11" ebenfalls einen vorderen Rang einnimmt. Bei einer näheren Betrachtung der sprachlichen Umgebung von *auf der Suche nach* zeigen sich jedoch keine eindeutigen Tendenzen, deshalb soll diesem Sprachgebrauchsmuster keine weitere Beachtung geschenkt werden.

Wortgruppe	Absolute Freq
New York und Washington	577
nach dem # September	541
das World Trade Center	465
Kampf gegen den Terrorismus	357
in New York und	338
auf das World Trade	286
US-Präsident George W Bush	280
im Kampf gegen den	275
von New York und	239
des World Trade Center	220

Tab. 3: Vierwortgramme im Korpus „Nach 9/11"

Wie zu erwarten war, beziehen sich die häufigsten relevanten Vierworteinheiten im Korpus „nach 9/11" (Tab. 3) meist ganz direkt auf den Diskurs um die Anschläge vom 11. September, so *nach dem # September, das World Trade Center, im Kampf gegen den Terrorismus, auf das World Trade, des World Trade Center*. Auch die anderen Vierworteinheiten in der Liste beziehen sich implizit – so wird es doch mithilfe unseres Hintergrundwissens deutlich – auf eben diesen Diskurs (*New York und Washington, US-Präsident George Bush* etc.). Auffällig ist, dass die Vierworteinheiten, die sich offensichtlich auf das Textthema *die Anschläge des 11. Septembers* beziehen, sogar noch häufiger sind als die textsortenspezifischen Wendungen aus dem Korpus „nach 9/11", wie *in den letzten Jahren, in der Nähe von* und *auf der anderen Seite*.

Bei der Liste der Vierworteinheiten im Korpus „2009" (Tab. 4) wiederum fällt das Ergebnis heterogener aus. Einzelne Vierworteinheiten beziehen sich auf nationale, also „deutsche" Diskurse, so etwa *den Bau von Minaretten*[21] und *der Muslime in Deutschland*. Neben den textsortenspezifischen Wendungen (*in den vergangenen Jahren, in den letzten Jahren, auf der anderen Seite, in der Nähe von, in der vergangenen Woche*) fallen zum einen *US-Präsident Barack Obama* und zum anderen *in der islamischen Welt* sowie *in der arabischen Welt* auf. Da Barack Obama im Januar 2009 zum 44. Präsidenten der Vereinigten Staaten von

---

[21] Genauer genommen bezieht sich *den Bau von Minaretten* auf einen Schweizer Volksentscheid gegen den Bau von Minaretten. Dieser Volksentscheid wurde jedoch auch in Deutschland bezüglich seiner Bedeutung für das eigene Land diskutiert.

Amerika gewählt wurde und im selben Jahr eine Rede an die islamische Welt hielt,[22] ist es nicht verwunderlich, dass das Vierwortcluster *US-Präsident Barack Obama* unter den frequentesten Clustern im Korpus „2009" auftaucht. Auffällig hingegen ist die frequente Verwendung der Vierworteinheiten *in der arabischen Welt* und *in der islamischen Welt*.

Wortgruppe	Absolute Freq
in den vergangenen Jahren	171
in der islamischen Welt	100
in der arabischen Welt	99
den Bau von Minaretten	94
in den letzten Jahren	80
auf der anderen Seite	79
der Muslime in Deutschland	79
von US-Präsident Barack Obama	78
in der Nähe von	76
in der vergangenen Woche	76

Tab. 4: Vierwortgramme im Korpus „2009"

Es stellt sich die Frage, warum die Diskursteilnehmer hier überhaupt die Vorstellung einer *islamischen* beziehungsweise *arabischen Welt* entwerfen. Wenn nun wiederum diejenigen sprachlichen Umgebungen betrachtet werden, in denen diese Cluster eingebettet sind, so fällt auf, dass die islamische Welt der westlichen Welt gegenübergestellt wird.

(6) Das westliche Demokratieverständnis ruht auf der Vorstellung des autonomen Individuums. Für die islamische Welt, meist traditionelle Gesellschaften, steht dagegen die Gemeinschaft im Zentrum, nicht der Einzelne. Familie, Klan, Sippe, Stamm und letztlich die Umma, die Gemeinschaft der Gläubigen. Die Freiheit des Individuums verwirklicht sich allein im Islam.[23]

(7) Die islamische Welt ist in sich tief gespalten, heterogen, von vielerlei Klüften und fremden Einflüssen geprägt. Der Unterschiede zum christlichen und nachchristlichen Europa gibt es viele, keiner prägender als die Abfolge der Revolutionen, die

---

[22] Mit *Rede an die islamische Welt* wurde die Rede Obamas häufig bezeichnet, so auch der Titel ihres Wikipedia-Artikels (http://de.wikipedia.org/wiki/Rede_an_die_islamische_Welt).

[23] SPIEGEL, 19.12.2009 (S. 102), Die Rückkehr des Allmächtigen (Marc Hujer, Andreas Lorenz, Walter Mayr, Alexander Smoltczyk, Daniel Steinvorth, Volkhard Windfuhr, Bernhard Zand).

das Abendland veränderten, das Morgenland aber nicht. Das begann im Mittelalter mit dem geschichtsmächtigen Streit zwischen Kaiser und Papst.[24]

(8) Der Umgang mit dem Islam ist die vielleicht größte Herausforderung für Europa. Gelingt es, die eigenen Werte zu bewahren, ohne Muslime zu diskriminieren, dann kann daraus ein neuer Wertekonsens entstehen, dann könnten europäische Muslime zum Vorbild für die islamische Welt werden. Gelingt es nicht, könnte Europa seine eigenen Werte verraten, könnten die Populisten gewinnen, deren einfache Lösungen den Kampf der Kulturen anfachen.[25]

Die Beispiele machen deutlich, dass die islamische Welt und die westliche Welt ein Gegensatzpaar bilden. Während etwa im Westen die Vorstellung eines autonomen Individuums existiert, steht in der islamischen Welt hingegen die Gemeinschaft im Vordergrund (6). In Beispiel 7 wird explizit gesagt, dass es viele Unterschiede zwischen der westlichen und der islamischen Welt gebe. Bezogen auf die islamische Welt schwingt hier die Idee der Rückschrittlichkeit mit, wenn ausgesagt wird, *dass das Abendland eine Abfolge von Revolutionen prägt, das Morgenland jedoch nicht*. Schließlich wird in Beispiel 8 Europa der islamischen Welt gegenübergestellt, indem die unterschiedlichen Wertevorstellungen thematisiert werden. Insgesamt werden also die westliche und die islamische Welt als ein konträres Gegensatzpaar dargestellt: Die Zugehörigkeit zur einen Welt schließt dabei die Zugehörigkeit zur anderen Welt aus.

Was genau ist aber gemeint, wenn Diskursteilnehmer von einer islamischen Welt sprechen? Die genaue Betrachtung der sprachlichen Umgebungen dieses Clusters zeigt, dass nicht nur die Staaten, in denen die Mehrheit der Bevölkerung muslimischen Glaubens ist, zur islamischen Welt gezählt werden können. Häufig referiert der Ausdruck *islamische Welt* nicht auf Staaten:

(9) Ein päpstliches Zeichen gegen die „dunklen Wolken am Horizont", gegen die drohenden Gefahren für die Menschheit durch „neue, erschütternde Konflikte", will er setzen, einen Anstoß geben zu Kooperation und gegenseitiger Achtung aller Religionen. Wichtigster Adressat der Botschaft ist die islamische Welt. Den Anhängern des Propheten signalisierte der Papst schon vor Weihnachten mit einer symbolischen Aktion seinen Willen zu religionsüberschreitendem Respekt: Für den 14. Dezember rief er seine Gläubigen weltweit zum Fasten auf. Weil das zugleich der

---

[24] WELT (Ausg. 288, S. 7), 10.12.2009, Die Schweiz ist anders (Michael Stürmer).
[25] SPIEGEL, 07.12.2009 (S. 112), Angst vor Eurabien (Andrea Brandt, Marco Evers, Juliane von Mittelstaedt, Mathieu von Rohr, Britta Sandberg).

letzte Tag des muslimischen Fastenmonats Ramadan war, hungerten Millionen Katholiken und Muslime gemeinsam. Viele Kardinäle in Rom, aber auch Bischöfe in den Kirchenprovinzen fanden das überhaupt nicht schicklich.[26]

(10) Der marokkanische Außenminister Taleb Fassi-Fihri offenbarte wenige Tage nach den Ereignissen den wahren Grund, der von Nordafrika bis in den rund 5000 Kilometer entfernten Nahen Osten Besorgnis erregt: Die islamische Welt fürchtet eine kulturelle Infiltration durch den Iran. Man habe „schiitischen Aktivismus festgestellt", so der Außenminister, „insbesondere in der diplomatischen Vertretung in Rabat", die sich gegen „fundamentale religiöse Werte Marokkos" richtete und „den sunnitischen Maliki-Glauben bedrohen."[27]

So wird in Beispiel 9 deutlich, dass sich der Ausdruck *islamische Welt* nicht auf bestimmte Staaten, sondern auf die Gesamtheit aller Muslime bezieht. Die islamische Welt wird hier mittels der Nominalphrase *den Anhängern des Propheten* wiederaufgenommen. Referent, also die außersprachliche Bezugnahme, von *islamische Welt* sind also die Muslime. Auch im darauffolgenden Auszug (10) kann sich der Ausdruck nicht auf Staaten mit mehrheitlich muslimischer Bevölkerung beziehen, schließlich würde dann der Iran in diese Bezeichnung miteingeschlossen und die Äußerung *die islamische Welt fürchtet eine kulturelle Infiltration durch den Iran* wäre widersprüchlich. Der damalige marokkanische Außenminister Fassi-Fihri kann außerdem nicht für Staaten wie Syrien oder den Libanon sprechen. Der Referent von *islamische Welt* ist hier, wie in vielen anderen Beispielen, nicht ganz eindeutig. In der Äußerung in 10 kann der Ausdruck *islamische Welt* weder durch den Ausdruck *islamische Staaten* (beziehungsweise Staaten, deren Hauptreligion der Bevölkerung der Islam ist) noch durch den Ausdruck *Gesamtheit der Muslime* ersetzt werden.

Dass der Referent von *islamische Welt* oft nicht eindeutig ist, macht es umso erstaunlicher, dass der Ausdruck im Diskurs beinahe inflationär gebraucht wird. Es wird *eine Rede an die islamische Welt gehalten, mit der islamischen Welt in den Dialog getreten, Politik gegenüber der islamischen Welt gemacht*, es gibt *Bemühungen für eine Partnerschaft mit der islamischen Welt*. Wenn mit jemandem in Dialog getreten wird, Politik gegenüber jemandem gemacht wird, müsste das

---

[26] SPIEGEL, 21.01.2002 (S. 124), Christ oder Raubtier (Hans-Jürgen Schlamp).
[27] WELT am Sonntag (H. 14/2009, S. 8), 05.04.2009, Geheime Mission: Weltrevolution (Alfred Hackensberger).

Patiens jedoch eindeutig benennbar sein. So sind im Konzept von *mit jemandem in Dialog treten* zwei Leerstellen offen: Man braucht jemanden, der in den Dialog tritt, also ein Agens, den aktiven Teil. Die Dialogbereitschaft geht im Untersuchungskorpus immer von einer westlichen Instanz aus: *Obama tritt in den Dialog, die katholische Kirche tritt in den Dialog, die evangelische Kirche sucht den Dialog*. Das Patiens, also derjenige mit dem in Dialog getreten wird, müsste eigentlich ebenfalls eindeutig benannt werden, denn ein Dialog mit einem nicht eindeutigen Referenten kann nicht funktionieren. Die vage Bezeichnung der *islamischen Welt* erscheint somit auffällig.

Für Hermanns ist *Welt* der „Totalitätsbegriff par excellence"[28]. Unter einer Totalitätsbezeichnung oder einem Totalitätsbegriff bezeichnet Hermanns all jenes Wort,

> das eine Gesamtheit irgendwelcher gleichartiger Entitäten (Elemente) benennt, und zwar unabhängig davon, ob diese Gesamtheit vielleicht außerdem – aus zusätzlichen Gründen – eine „Einheit" darstellt, außer einer sozusagen rechnerischen. Eine Vorentscheidung hinsichtlich des ontologischen Charakters der Gesamtheit soll also mit der Beschreibung eines Wortes [...] als Totalitätsbezeichnung gerade nicht vorausgesetzt und impliziert bzw. suggeriert sein. Jeder neue Totalitätsbegriff konstituiert [...] einen neuen Gegenstand des Redens und Denkens, eben die „Gesamtheit" der von ihm zusammenfassend bezeichneten Entitäten.[29]

Dass mit einer Totalitätsbezeichnung wie *islamische Welt* ein neuer Gegenstand des Redens und des Denkens konstituiert wird, konnte auch hier deutlich gemacht werden. Die *islamische Welt* entsteht erst im Diskurs, die Referenz des Ausdrucks ist nicht eindeutig. Laut Hermanns ist es oft sprach- und denkökonomisch

> über Mengen – statt umständlich über alle ihre Elemente oder die Gesamtheit ihrer Elemente – Aussagen zu machen; deshalb (und nur deshalb) spricht man überhaupt von Mengen. Und aus diesem Vorteil läßt sich ohne weiteres wohl auch erklären, daß auch in den natürlichen Sprachen Totalitätsbezeichnungen geprägt und verwendet werden (sic!).[30]

Islamische Welt und *arabische Welt*, sogar das Wort *Islam,* können jeweils als Totalitätsbezeichnung im Sinne von Hermanns aufgefasst werden. Durch die

---

[28] Fritz Hermanns 1999, S. 357.
[29] Ebenda, S. 356 f.
[30] Ebenda, S. 357.

Totalitätsbezeichnungen werden Einheiten sprachlich konstruiert: Eine einheitliche islamische Welt, eine arabische Welt, *der* Islam. Auch eine der islamischen Welt gegenüberstehende westliche Welt wird im Diskurs konstituiert. Durch die Konstitution dieses Gegensatzes entsteht die Vorstellung der Unvereinbarkeit des Islam mit der westlichen Welt, wie sie sich ebenso in der strittigen Diskussion um die Äußerungen Gaucks und Wulffs manifestiert.

3.2 Die verschiedenen Formen des Islam

Eine ebenfalls im Rahmen des Dissertationsprojektes durchgeführte Untersuchung des Kölner Moscheebaudiskurses ergab, dass einige Diskursteilnehmer dem Islam nicht in seiner Gesamtheit bestimmte Eigenschaften zu oder abschreiben, sondern vielmehr zwischen verschiedenen Formen des Islam unterscheiden:[31]

(11) Wenn man den Eindruck erweckt, der Islam – egal welcher Couleur – habe einfach keinen Platz in Deutschland, dann schweißt man die Radikalen mit den Moderaten zusammen und erzeugt so den Effekt überhaupt erst, den man anprangert.[32]

(12) Nordrhein-Westfalens Integrationsminister Armin Laschet (CDU) plädierte vor der Abstimmung für den Bau einer repräsentativen Moschee. Er bescheinigte der Organisation Ditib, auf dem Boden des Grundgesetzes zu stehen. Ditib stehe für einen offenen, demokratischen Islam.[33]

(13) Eine Fülle von Leserbriefen und Gastbeiträgen zur geplanten Kölner Zentralmoschee und zum Islam zeigt das Interesse der Bürger. Weil es um eine Moschee geht? Weil es um „den" Islam als Religion geht?[34]

In Beispiel 11 ist davon die Rede, dass der Islam verschiedene *Couleur* haben kann. Damit macht der Sprecher deutlich, dass er nicht davon ausgeht, dass es den einen Islam gibt, sondern vielmehr verschiedene Formen des Islam unterscheidet. Ähnliches geht auch aus der Äußerung Laschets hervor (12), wenn dieser angibt, die Bauherrin der Kölner Moschee, die DİTİB, *stehe für einen, offenen, demokratischen Islam*. Die Anführungszeichen in Beispiel 13 zeigen, dass

---

[31] Vgl. dazu auch Nina Kalwa 2010, S. 70.

[32] WELT (Heft 131/2007, S. 9), 08.06.2007, Nie wieder Hinterhof (Mariam Lau).

[33] SUEDEUTSCHE Online, 15.08.2007, CDU für Verkleinerung der geplanten Moschee; http://www.sued-deutsche.de/politik/koeln-cdu-fuer-verkleinerung-der-geplanten-moschee-1.239808.

[34] Kölner Stadtanzeiger Online, 27.08.2007, Schweigen auf rechtlichem Neuland; http://www.ksta.de/html-/artikel/-1188192002361.shtml.

auch dieser Sprecher nicht davon ausgeht, dass der Islam in Form einer Einheit existiert. Die Untersuchung machte deutlich, dass der Ausdruck *Islam* negative Bedeutungsanteile hervorruft. Als eine Konsequenz daraus schreiben selbst muslimische Sprecher dem Islam in seiner Gesamtheit nicht mehr bestimmte Eigenschaften zu oder ab, sondern spalten ihn in verschiedene Formen auf und weichen aus auf Formulierungen wie *Wir vertreten einen moderaten Islam.*[35] Ob dieses Phänomen nur eine Eigenart des Kölner Moscheebaudiskurses ist und ob die Diskursteilnehmer auch verschiedene Formen des Christentums und des Judentums unterscheiden, kann mithilfe einer korpuslinguistischen Analyse nachvollzogen werden. Aus diesem Grund wurde anhand des Untersuchungskorpus „2009" zunächst überprüft, welche Wortarten jeweils direkt vor den Ausdrücken *Islam*, *Christentum* und *Judentum* vorkommen. Dabei fallen deutliche Unterschiede auf:

Rang	Wortart	absolute Freq	relative Freq
1	ART	1.661	0.562288
2	APPRART	465	0.157414
3	ADJA	371	0.125592
4	APPR	79	0.026743
5	NE	76	0.025728
6	NN	75	0.025389
7	KON	73	0.024712
8	$.	34	0.011510
9	$,	31	0.010494
10	$(	27	0.009140

Tab. 5: Wahrscheinlichkeit Wortart vor ‚Islam' im Korpus „2009"

Insgesamt gibt es 2.954 Treffer für *Islam/Islams*, 318 Treffer für *Christentum/Christentums* und 175 Treffer für *Judentum/Judentums*. Die Tabellen zeigen, welche Wortarten häufig direkt vor *Islam*, *Christentum* und *Judentum* in den beiden Flexionsformen im Singular vorkommen. Die häufigste Wortart, die direkt vor einem der drei Substantive steht, ist der Artikel (ART). Bei *Islam* macht das im Korpus 2009 mehr als 50 % aller Fälle aus. An zweiter Stelle folgt bei allen drei Substantiven – aber weitaus seltener – die Präposition mit enthaltenem

---

[35] Vgl. Nina Kalwa 2012, S. 211.

Rang	Wortart	absolute Freq	relative Freq
1	ART	136	0.427673
2	APPRART	49	0.154088
3	$,	32	0.100629
4	KON	31	0.097484
5	APPR	25	0.078616
6	ADJA	14	0.044025
7	$.	8	0.025157
8	$(	6	0.018868
9	ADV	3	0.009434
10	CARD	3	0.009434

Tab. 6: Wahrscheinlichkeit Wortart vor ‚Christentum' im Korpus „2009"

Rang	Wortart	absolute Freq	relative Freq
1	ART	57	0.325714
2	APPRART	29	0.165714
3	KON	21	0.120000
4	APPR	18	0.102857
5	$,	17	0.097143
6	$.	9	0.051429
7	ADJA	9	0.051429
8	NN	9	0.051429
9	$(	2	0.011429
10	PPOSAT	2	0.011429

Tab. 7: Wahrscheinlichkeit Wortart vor ‚Judentum' im Korpus „2009"

Artikel (APPRART). Darunter fallen also Konstruktionen wie *beim Christentum* oder *zum Islam*. Auffällig ist jedoch, dass mit einer relativen Wahrscheinlichkeit von mehr als 12 % im Korpus „2009" vor *Islam* ein attributiv gebrauchtes Adjektiv (ADJA) steht. Die Wahrscheinlichkeit, dass vor *Christentum* ein attributiv gebrauchtes Adjektiv steht, liegt im Korpus „2009" hingegen bei unter 5 %, dass vor *Judentum* ein solches steht bei knapp über 5 %. Sowohl vor *Judentum* als auch vor *Christentum* befinden sich im untersuchten Korpus häufiger eine nebenordnende Junktion (KON) oder ein Komma ($,). Da sämtliche Texte im Korpus in irgendeiner Weise den Islam thematisieren – schließlich war dies ein Kriterium, warum die Texte überhaupt ins Korpus aufgenommen wurden –, kann man vermuten, dass diese Verteilung ihre Ursache darin hat, dass der

Islam in einer Aufzählung mit den beiden anderen Religionen häufig zuerst genannt wird. Die Aufzählung *Islam, Christentum und Judentum* scheint häufiger als die Reihenfolge *Christentum, Judentum und Islam*. Da Islam in den Korpora insgesamt häufiger vorkommt als die beiden anderen Substantive, ist ebenfalls möglich, dass diese Aufzählungen im Falle von *Islam* weniger ins Gewicht fallen.

Die häufige Verwendung attributiv gebrauchter Adjektive gibt einen Hinweis darauf, dass der Islam in verschiedene Teilformen gespalten wird. Es stellt sich nun die Frage, welche attributiv gebrauchten Adjektive häufig vor *Islam* stehen. Zum Vergleich werden erneut auch die Adjektive vor *Christentum* und *Judentum* betrachtet:

Rang	Lemma	absolute Freq	relative Freq
1	politisch	78	0.210243
2	<unknown>	60	0.161725
3	radikal	36	0.097035
4	schiitisch	32	0.086253
5	deutsch	16	0.043127
6	militant	11	0.029650
7	europäisch	9	0.024259
8	aufgeklärt	8	0.021563
9	türkisch	5	0.013477
10	wahr	5	0.013477

Tab. 8: Attributiv gebrauchte Adjektive vor ‚Islam' im Korpus „2009"

Insgesamt kommen im Korpus nur sechs verschiedene attributiv gebrauchte Adjektive vor *Judentum*, 10 vor *Christentum* vor. Hingegen stehen im Korpus „2009" vor *Islam* insgesamt 81 verschiedene attributiv gebrauchte Adjektive, von denen hier aus Darstellungsgründen nur die häufigsten zehn aufgeführt werden.[36] Es wird deutlich, dass die Adjektive vor *Islam* einem anderen semantischen Feld zuzuordnen sind als die vor *Christentum* und *Judentum*. *Politisch*, *radikal* und *militant* sind Adjektive, die negative Bedeutungsaspekte hervorrufen. Das Adjektiv *politisch* evoziert nicht für sich genommen eine solche negative Bedeutung, sondern erst in Verbindung mit *Islam*, da in unserem westlichen

---

[36] Selbstverständlich muss dabei beachtet werden, dass die Ausdrücke *Judentum* und *Christentum* im Korpus insgesamt weniger frequent sind als der Ausdruck *Islam*.

Rang	Lemma	absolute Freq	relative Freq
1	<unknown>	3	0.214286
2	liberal	2	0.142857
3	westlich	2	0.142857
4	umfassend	1	0.071429
5	aufgeklärt	1	0.071429
6	orthodox	1	0.071429
7	wehrhaft	1	0.071429
8	friedfertig	1	0.071429
9	katholisch	1	0.071429
10	früh	1	0.071429

Tab. 9: Attributiv gebrauchte Adjektive vor ‚Christentum' im Korpus „2009"

Rang	Lemma	absolute Freq	relative Freq
1	orthodox	2	0.222222
2	modern	2	0.222222
3	deutsch	2	0.222222
4	ursprünglich	1	0.111111
5	lebendig	1	0.111111
6	traditionell	1	0.111111

Tab. 10: Attributiv gebrauchte Adjektive vor ‚Judentum' im Korpus „2009"

Verständnis Religion und Politik unbedingt voneinander zu trennen sind. Die angebliche Eigenschaft des Politisch-Seins des Islam ruft somit eine ablehnende Haltung hervor, denn, sollte der Islam eine politische Religion sein, ist er nicht mit den westlichen Werten und dessen Demokratieverständnis zu vereinbaren.

Christentum wird mithilfe attributiv gebrauchter Adjektive hinsichtlich der verschiedenen Konfessionen näher klassifiziert (*katholisch, orthodox*). *Liberal* und *friedfertig* können als Adjektive betrachtet werden, die positive Bedeutung evozieren. Auch die attributiv gebrauchten Adjektive vor *Judentum* unterscheiden sich maßgeblich von den Adjektiven vor *Islam*. Alle Adjektive, die *Judentum* attribuieren, sind wertneutral oder rufen positive Bedeutungsaspekte auf (*modern, lebendig*).

Die Aufspaltung des Islam in verschiedene Teilformen zeigt sich also in dieser korpuslinguistischen Analyse bestätigt. Vor allem der politische Islam wird von den Diskursteilnehmern immer wieder hervorgehoben. In einem letzten Analyseschritt wird nun untersucht, inwiefern auch die Ausdrücke *Muslim* beziehungsweise *Muslime* (oder auch *Muslims*) mit Adjektiven, die negative Bedeutungsaspekte evozieren, attribuiert werden:

Rang	Lemma	absolute Freq	relative Freq
1	jung	77	0,083878
2	gläubig	63	0,068627
3	<unknown>	50	0,054466
4	deutsch	48	0,052288
5	lebend	45	0,04902
6	radikal	40	0,043573
7	bosnisch	31	0,033769
8	strenggläubig	29	0,03159
9	gut	25	0,027233
10	ander	23	0,025054

Tab. 11: Adjektive vor ‚Muslim' (in den verschiedenen Flexionsformen) im Korpus „2009"

Vergleicht man nun die attributiv gebrauchten Adjektive vor *Islam* mit denen vor *Muslim*, so fällt auf, dass die Diskursteilnehmer eher dem Islam negative Eigenschaften zuschreiben als den Muslimen. Mit Ausnahme von *radikal* sind alle Adjektive wertneutral oder rufen positive Bedeutungsaspekte hervor (*gut*[37]). Es scheint also für die Diskursteilnehmer leichter annehmbar, dem Islam negative Eigenschaften zuzuschreiben als den Muslimen. Dies führt dazu, dass der Ausdruck *Islam* stärkere negative Bedeutungsaspekte evoziert als der Ausdruck *Muslime*. Damit wird erneut deutlich, warum die Aussage *Die Muslime gehören zu Deutschland* für viele Mitglieder der deutschen Gesellschaft weitaus akzeptabler erscheint als die Aussage *Der Islam gehört zu Deutschland*.

4 Schluss

Der Beitrag hat deutlich gemacht, dass die Bedeutung von *Islam* nicht feststeht, sondern sich im Reden über den Islam erst konstituiert. Während die Aussage Gaucks einen Islambegriff konstituiert, der sich stark von dem Begriff *Muslime* unterscheidet, suggerieren andere Aussagen, dass mit *Islam* letztlich doch die Muslime gemeint sind. In ihren neueren Aussagen zur Debatte begründet auch

---

[37] *Gut* in Verbindung mit *Muslim* wird im Korpus im Sinne von *gläubig* verwendet.

Bundeskanzlerin Merkel ihre Annahme, dass der Islam „ein Teil von uns" ist damit, „dass mittlerweile mehr als drei Millionen Muslime in Deutschland leben."[38] Damit wird in den Aussagen Merkels, der Gegensatz von WIR und DIE, der in vielen anderen Aussagen im Diskurs konstituiert wird, aufgehoben. Weil der Islam beziehungsweise die islamische Welt im Diskurs häufig der westlichen Welt gegenübergesetzt wird, weil sich das Reden von einem radikalen, politischen Islam häuft, evoziert der Ausdruck *Islam* negative Bedeutungsanteile – so macht es die Betrachtung seiner sprachlichen Umgebungen im Korpus deutlich. Dies ist einer der Gründe, warum viele Deutsche den Satz *Die Muslime gehören zu Deutschland* eher bejahen als die Aussage *Der Islam gehört zu Deutschland*.

Literatur

Barsch, Achim; Scheuer, Helmut und Schulz, Georg-Michael (Hrsg.) (2008), Literatur – Kunst – Medien. Festschrift für Peter Seibert zum 60. Geburtstag. München.
Bubenhofer, Noah (2009), Sprachgebrauchsmuster. Korpuslinguistik als Methode der Diskurs- und Kulturanalyse. Berlin.
Firth, John Rupert (1968), "A synopsis of Linguistic Theory". In: Palmer (Hrsg.), Selected papers of J.R. Firth 1952–1959, 168–205.
Foucault, Michel (1981), Archäologie des Wissens. Frankfurt a. M.
Gardt, Andreas; Haß-Zumkehr, Ulrike und Roelcke, Thorsten (Hrsg.) (1999), Sprachgeschichte als Kulturgeschichte. Berlin/New York (Studia Linguistica Germanica, Bd. 54).
Gardt, Andreas (2007), Diskursanalyse. Aktueller theoretischer Ort und methodische Möglichkeiten. In: Warnke (Hrsg.), Diskurslinguistik nach Foucault, 28–52.
Gardt, Andreas (2008), Kunst und Sprache. Beobachtungen anlässlich der documenta 12. In: Barsch, Scheuer und Schulz (Hrsg.), Literatur – Kunst – Medien, 201–224.
Hermanns, Fritz (1999), Sprache, Kultur und Identität. Reflexionen über drei Totalitätsbegriffe. In: Gardt, Haß-Zumkehr und Roelcke (Hrsg.), Sprachgeschichte als Kulturgeschichte, 351–391.
Kalwa, Nina (2010), „Islam"-Konzepte im Kölner Moscheebaudiskurs: Eine frame-semantische Analyse zum Islambegriff. In: Aptum 1/2010, S. 55–75.
Kalwa, Nina (2012), Das Konzept *Islam*. Eine diskurslinguistische Untersuchung. (Diss. Universität Kassel).
Lemnitzer, Lothar und Zinsmeister, Heike (2006), Korpuslinguistik. Eine Einführung. Tübingen.

---

[38] WELT Online, 26.09.2012, Merkel – „Der Islam ist ein Teil von uns"; http://www.welt.de/politik/deutschland-/article109489800/Merkel-Der-Islam-ist-ein-Teil-von-uns.html.

Palmer, Frank Robert (Hrsg.) (1968), Selected papers of J. R. Firth 1952–1959. London.
Schmid, Helmut (1994), Probabilistic part-of-speech tagging using decision trees. In: Proceedings of the International Conference on New Methods in Language Processing. Manchester, UK. (Online abrufbar als PDF unter ftp://ftp.ims.uni-stuttgart.de/pub/corpora/tree-tagger1.pdf; zuletzt abgerufen am 30.09.2012.)
Warnke, Ingo H. (Hrsg.) (2007), Diskurslinguistik nach Foucault. Theorie und Gegenstände. Berlin.
Wengeler, Martin (2006a), Linguistik als Kulturwissenschaft. Eine Einführung in diesen Band. In: Wengeler (Hrsg.), Linguistik als Kulturwissenschaft, 1–23.
Wengeler, Martin (Hrsg.) (2006b), Linguistik als Kulturwissenschaft. Hildesheim/New York.

Hürden für gesellschaftliche Anerkennung

Die Allgemeine Erklärung der Menschenrechte von 1948 markiert zwar einen wichtigen Schritt bei der Entwicklung der Menschenrechtsidee. Gleichwohl scheiterten damals universelle Bestrebungen, eine Weltcharta der Menschenrechte als rechtlich voll verbindliches und allgemein akzeptiertes Völkerrechtsdokument zu verabschieden. Damit sind nach wie vor kein Zustand universeller Akzeptanz und kein Konsens über Inhalte und Reichweite der Menschenrechte erreicht. Das weltweit gemeinsame Ideal bürgerlicher, politischer, wirtschaftlicher, sozialer und kultureller Rechte gibt es also nicht. Zugleich scheiterte auch der Versuch, die Grundprämissen des traditionellen *Völker*rechts auch auf Rechtsordnungen anzuwenden, auf die sich die Individuen in den einzelnen Nationalstaaten berufen können. So entwickelte sich das Rechtsverständnis in den verschiedenen Zivilisationen unterschiedlich, auch das Verständnis der Menschenrechte in der islamisch und der westlich geprägten Welt.

Der Islam bestimmt das Leben von Gläubigen in ihren privaten wie öffentlichen Angelegenheiten. Zugleich bildet er auch heute noch in einigen islamischen Staaten die Grundlage von Staats- und Gesellschaftsordnung. Ein grundlegender Unterschied zwischen der Geschichte des Abendlandes zu der des islamischen Raumes ist das Fehlen einer grundsätzlichen Trennung von Staat und Religion in islamisch geprägten Staaten. Viele islamisch geprägte Länder haben ihre Verfassungen mit den islamischen Werten in Einklang gebracht. Sie berufen sich dabei auf religiöse Quellen (Koran, Sunna u. a. m.), und zum materiellen Recht des Islam gehört eben auch die Scharia, die aus islamischer Sicht Bestandteil der Menschenrechte ist. Während die westliche Welt die Menschenrechte im Laufe der Geschichte immer weiter entwickelt hat, war dies nach diesem Verständnis nicht erforderlich, da die Menschenrechte schon immer in den religiösislamischen Quellen vorhanden waren.

Diese Konfliktlagen sind Bestandteil der Migrationsgeschichte von Muslimen, die in ihrer neuen Heimat Deutschland zum überwiegenden Teil nach wie vor nicht abschließend gelöst sind und die subtil oder massiv in unterschiedlichen Gesellschaftsbereichen zutage treten. Zugleich zeichnet sich aber ab, dass die islamischen Dachverbände trotz gelegentlicher Kritik in Gestalt katholischer und evangelischer Vertreter auch Verbündete erhalten – jedenfalls bei grundlegenden Konfliktlinien zum deutschen Staatskirchenrecht: Denn was die einen noch erreichen wollen, wollen die anderen nicht grundsätzlich diskutiert wissen, schon gar nicht infrage gestellt sehen und erhöhen so ihre rhetorische Phalanx.[1]

Deutsche Universitäten müssten als Orte gesellschaftlicher und islamisch-theologischer Veränderungen noch akzentuierter hervortreten: Die Anstrengungen von Bund und Ländern, hier mithilfe islamischer Studien die Akademisierung und schulische Beheimatung des Islam voranzutreiben, bietet auch die Chance, die Konfliktlagen von Muslimen mit der Gesellschaft und diejenigen der Gesellschaft mit „dem" Islam zu harmonisieren. Dazu müssten die Fakultäten nicht den Schwerpunkt auf die Lehre von Tradition legen, sondern stattdessen als zentrales Ziel von Forschung und Lehre die Vereinbarkeit von Pflichten und Prinzipien islamischer Lehre mit der modernen europäischen Kultur und ihren Werten ausgeben. Damit entsprächen sie den Vorstellungen des Wissenschaftsrates, der bereits 2010 mit „der Empfehlung, Islamische Studien an staatlichen Universitäten einzurichten, […] eine Weiterentwicklung des theologischen Feldes im Rahmen des bestehenden Religionsverfassungsrechts" als Ziel formuliert hat.[2]

Bezogen auf die muslimischen Gemeinschaften, die im Zuge der religiösen Pluralisierung in Deutschland berechtigterweise Ansprüche auf Religionsunterricht an staatlichen Schulen sowie auf Repräsentanz im Hochschulsystem anmelden, wurde ein Mo-

---

[1] Folgende Beispiele mögen als Belege dienen: Trotz massiver verfassungsrechtlicher Vorbehalte, die beide Kirchen im parlamentarischen Anhörungsverfahren zur Einführung islamischen Religionsunterrichts in NRW vorgetragen hatten, unterstützten ihre Vertreter das Vorhaben in der Presse und versuchten damit auch Fragen nach der Sinnfälligkeit konfessionsgetrennter Religionsunterrichte in einer Zuwanderungsgesellschaft erst gar nicht aufkommen zu lassen. Zudem begrüßen die Kirchen den Staatsvertrag, den der Hamburger Senat mit der dortigen Schura nach fünfjährigen Verhandlungen noch 2012 abschließen will auch deshalb, weil die beabsichtigte islamische Feiertagsregelung sozusagen auch die kirchlichen Feiertage festschreibt und die Mitgliedschaft der Kirchen etwa in den Rundfunkräten durch die neuen islamischen Mitglieder ebenfalls nicht grundsätzlich infrage gestellt werden kann. Schließlich unterstützen die Kirchen aktuell die religiösen Beschneidungen von Jungen, weil durch das Urteil des Kölner Landgerichts vom 07. Mai 2012 (Az. 151 Ns 169/11) die grundsätzliche Frage der Grenzen von Religionsausübung gestellt werden könnte.

[2] Vgl. Wissenschaftsrat, Empfehlungen zur Weiterentwicklung von Theologien und religionsbezogenen Wissenschaften an deutschen Hochschulen, Drs. 9678-10, Berlin 2010, S. 93.

dell der Mitwirkung entworfen. Ob es auch für die Integration der wissenschaftlichen Reflexion anderer religiöser Gemeinschaften von Bedeutung sein könnte, kann zum jetzigen Zeitpunkt nicht abgeschätzt werden.[3]

Deshalb darf man umso gespannter auf die Evaluationsergebnisse dieses „Mitwirkungsmodells" sein, die 2015 vorliegen sollen. Und man darf gespannt darauf sein, ob die von den Fakultäten verantwortete universitäre Imamausbildung die Anzahl der „intellektuell-offensiven" Imame als Brückenbauer zwischen Moscheegemeinden und Gesellschaft merklich erhöhen wird.[4]

Klaus Spenlen

---

[3] Ebd.

[4] Vgl. hierzu Rauf Ceylan, Die Prediger des Islam. Imame – wer sie sind und was sie wollen, in: Bundeszentrale für politische Bildung, Schriftenreihe Band 1071, Bonn 2010.

Islam und islamisch begründete Rechtsansprüche im säkularen Verfassungsstaat[1]

Wolfgang Bock

Im Folgenden wird vor dem Hintergrund der wissenschaftlichen Diskussion über die Reichweite des Begriffs „Islam" untersucht, unter welchen Bedingungen von islamischem Recht zu sprechen ist. Erstens wird gefragt, ob und wann islamisch begründeten rechtsnormativen Sätzen der Charakter positiven Rechts zuzusprechen ist. Zweitens werden einzelne schariatisch gegründete Rechtsbildungen an den Maßstäben des Grundgesetzes gemessen.

1 Der Islam als Thema von Rechtspraxis und Rechtswissenschaft

Insbesondere islamistische und sich als orthodox qualifizierende Strömungen des Islams erheben den Anspruch, sehr weite Teile des alltäglichen Lebens und Verhaltens von Muslimen zu beeinflussen. Daher sind die Rechtswissenschaft und die Entscheidungspraxis der Gerichte auf den unterschiedlichsten Feldern gezwungen, auf die islamische Religion bezogene Phänomene und das Verhalten von Muslimen teils tatsächlich festzustellen und teils rechtlich zu beurteilen. Im Mittelpunkt zahlreicher zivilgerichtlicher Entscheidungen stehen Fragestellungen des internationalen Privatrechts. Regelmäßig ist insbesondere im Fall der erforderlichen Anwendung ausländischer Rechtsordnungen über die Anwendbarkeit islamisch beeinflusster Normen und die Durchsetzungsmöglichkeit derartiger Rechtsvorstellungen zu entscheiden. Familiengerichtliche Entscheidungen betreffen Heirat und Scheidung sowie deren Rechtswirkungen, Mehrfachehen, die Vormundschaft sowie das Sorge- und Erziehungsrecht.[2] Islamisch motivierte Erbrechtsgestaltungen sind ein weiteres Thema der Ziviljustiz. Im Gerichtsverfassungsrecht gibt es divergierende Entscheidungen zum Kopftuch

---

[1] Der nachfolgende Aufsatz ist eine erweiterte und aktualisierte Fassung des 2012 in der Juristen-Zeitung veröffentlichten Artikels „Islam, islamisches Recht und Demokratie" (JZ 2012, 60–67).
[2] Dazu Mathias Rohe 2009, S. 343–366 sowie Wolfgang Bock 2011, S. 122–127.

von muslimischen Schöffinnen.³ Entscheidungen der ordentlichen Gerichtsbarkeit gelten der Meinungsäußerungsfreiheit anlässlich kritischer Stellungnahmen zum Islam und zum Handeln von Muslimen.⁴ Der Verfassungsschutz beobachtet gegen das Grundgesetz gerichtete und daher als (extremistisch) zu qualifizierende islamistische Bestrebungen, und die Sicherheits- und Verwaltungsbehörden befassen sich mit der Abwehr terroristischer Bestrebungen, mit vereinsrechtlich zu beurteilenden Verboten von islamistischen Vereinigungen, mit Fragen des Staatsbürgerschaftsrechts, mit dem Asyl- und Aufenthaltsrecht, mit dem Schulrecht (Einführung islamischen Religionsunterrichts, Befreiungen von der Teilnahme am Unterricht und an Klassenfahrten, Kopftuch von Lehrerinnen) und mit dem Schächten: All dies ist rechtlich von den Verwaltungsgerichten zu beurteilen.⁵ Arbeitsgerichtliche Entscheidungen haben das Kopftuch von Lehrerinnen, Erzieherinnen und Verkäuferinnen, sonstige religionsbezogene Ansprüche am Arbeitsplatz und Ansprüche wegen Diskriminierungen nach dem AGG zum Thema.⁶ Mehrfachehen sind auch Gegenstand sozialgerichtlicher Entscheidungen. Im Steuer- und Finanzrecht ist über die Gemeinnützigkeit islamistisch orientierter Vereinigungen zu entscheiden. Dass die strafrechtliche Verfolgung und Ahndung von islamistisch motiviertem Terrorismus und von Gewalttaten gegen Frauen innerhalb muslimischer Familien ebenfalls auf Kenntnis des Islams angewiesen sein können, bedarf keiner besonderen Betonung.

Die juristische Praxis, aber auch die rechtswissenschaftliche Theorie stehen so vor der Frage nach der Struktur und Erfassbarkeit des Islams (dazu unter 2.), sie sind aber auch genötigt, sich der Frage nach dem Rechtscharakter islamischen Rechts und schariatisch geprägter Rechtsforderungen wie -gestaltungen zu stellen (dazu unter 3.) sowie das Problem ihrer Geltung und Bewertung an Hand der Maßstäbe des Grundgesetzes zu erörtern (dazu unter 4.).

---

³ LG Bielefeld, Beschluss v. 16.03.2006 (Az.: 3221 b E H 68) (zit. nach juris); LG Dortmund, Beschluss v. 07.01.2006 (Az.: 14 [VIII] Gen Str K) (zit. nach juris); LG Dortmund, Beschluss v. 12.02.2007 (Az.: 14 Gen Str K 12/06) (zit. nach juris).

⁴ OLG Brandenburg, Urt. v. 23.04.2007 (Az.: 1 U 10/06) (zit. nach juris); OLG Köln, Urt. v. 17.05.2005 (Az.: 15 U 211/04) (zit. nach juris); LG Aurich, Beschluss v. 11.05.2009 (Az.: 1 S 66/09) (zit. nach juris); OLG München, Urt. v. 12.12.2006 (Az.: 18 U 4341/06) (zit. nach juris); s. auch OLG Oldenburg, Beschluss v. 23.10.2006 (Az.: 1 Ws 422/06) (zit. nach juris).

⁵ Vgl. Wolfgang Bock 2007, S. 1250 ff.

⁶ Vgl. Wolfgang Bock 2011, S. 1200–1204.

2 Der Begriff „Islam" in der wissenschaftlichen Diskussion

Darf man wissenschaftlich von „dem Islam" sprechen? Diese aus rechtswissenschaftlicher Sicht den Sozial- und Kulturwissenschaften, insbesondere der Islamwissenschaft, gestellte Frage stößt auf zwei einander entgegenstehende Positionen. Die erste fasst (mit unterschiedlichen Akzentsetzungen) den Islam als ein historisch und religiös zu definierendes und definiertes Gesamtphänomen. Die zweite Position lehnt eine solche Bestimmung ab, weil sie darin einen unzulässigen Essentialismus sieht. Sie bestimmt das wissenschaftliche Objekt Islam als das (veränderliche) Verhalten der Muslime selbst.

2.1 Der Islam als Gesetzes-Religion und die religiöse Dogmatik seiner Rechtsschulen

Die erste Position stellt auf in der knapp 1.400-jährigen Geschichte des Islams gleichbleibende oder wenig veränderliche Elemente und auf die für seine unterschiedlichen Strömungen konstitutiven Charakteristika ab. Mit gutem Grund steht dabei eher die glaubensbezogene Dogmatik im Zentrum als die (von den unterschiedlichen Gruppierungen des Islams anerkannten) „fünf Säulen" der alltäglichen muslimischen Frömmigkeitspraxis: Bekenntnis, Gebet, Almosenabgabe, Ramadan-Fasten und Pilgerfahrt.

Nach der religiösen Dogmatik der weit überwiegenden Mehrzahl islamischer Strömungen gilt der Koran den Muslimen als wörtlich geoffenbarter und damit heiliger Text. Im Fall von Widersprüchen setzen später offenbarte Suren ältere, also vorher offenbarte, außer Kraft. Die Sunna beinhaltet dagegen überlieferte Aussprüche, Handlungen und Verhaltensweisen des Propheten; sie ist in klassischen Sammelwerken überliefert, von denen die Sunniten sechs und die Schiiten vier je unterschiedliche Sammlungen anerkennen. Sunniten, Schiiten wie auch andere traditionelle Strömungen sehen im Islam übereinstimmend eine Gesetzes-Religion. Schon die Kreuzfahrer beschrieben Überläufer zu den Muslimen mit den Worten: Er hat den Finger gehoben und das Gesetz beschworen. Muslime verstehen insofern in der Regel Koran und Sunna als normative Festsetzungen Gottes als des einzigen Souveräns. Angesichts der insofern unstreitigen religionsbezogenen dogmatischen Festlegungen, die weit über die sunnitischen und schiitischen Rechtsschulen hinausgehen, erscheint es fraglich, denjenigen, die in dieser dogmatischen Grundannahme den Verzicht auf die Möglichkeit eines säkularen Rechtsdenkens angelegt sehen, entgegenzuhalten, sie würden damit die dogmatischen Kategorien islamischer Konservativer bzw. Fundamentalisten übernehmen.[7] Denn beherrscht ein derartiges Verständnis von Recht und Gesetz den Großteil der islamischen Überlieferung und des Selbstverständnisses sich als orthodox verstehender Muslime, so rechtfertigt es dies, aus der damit verbundenen Gegnerschaft gegen demokratische Gesetzgebung zu schließen, dass zumindest sehr große Gruppierungen des Islams und die diesbezügliche Anhängerschaft die Verwirklichung eines säkularen Rechtsstaats ablehnen.[8] Dass damit keine Aussagen über sich anders entscheidende muslimische Individuen[9] oder Gruppen getroffen werden, bedarf keiner zusätzlichen Hervorhebung.

In ihrer Bedeutung für die glaubensbezogene Dogmatik wie auch für die institutionelle Seite des Islams kaum zu überschätzen sind die auf unterschiedliche Prinzipienkombinationen gegründeten gelehrten theologischen (Rechts-)Schulen der Sunniten und der Schiiten.[10] Theologie wird als Rechtsauslegung und Rechtsanwendung betrieben. Der Islam bedient sich aus innerreligiösen Gründen für seine glaubensbezogene Dogmatik (Theologie) der Formen des Rechts. Die unumstößliche und sichere Form des Rechts soll auch die Konstanz und verlässliche Kontinuität der Tradition gewährleisten.[11] Dabei handelt es sich in den Augen dieser Muslime nicht um von einer menschlichen Gemeinschaft gesetztes Recht, sondern um ein religiöses, heiliges Normensystem. Über dessen Gehalt entscheiden Religionsgelehrte auf der Grundlage des jeweils gegebenen Verständnisses des Korans und der Sunna. Unter Heranziehung von Denkformen der Rechtswissenschaft und unter Einsatz von Handlungsweisen praktischer Juristen entstanden Schulen religiöser (Rechts-)Dogmatik, die einander trotz ihrer Differenzen gegenseitig anerkennen. Die vier für die Sunniten entscheidenden (Rechts-)Schulen werden zwischen 760 und 860 gegründet. Die Gründer und ihre Schüler behandeln jeweils in Form großer, teils mehrbändiger Traktate alle

---

[7] So mit einer Warnung vor „kulturalistischen Verengungen", vgl. Heiner Bielefeldt 2004, S. 95 ff. (insbesondere im Text nach Fn. 3).
[8] So z. B. schon Wolfgang Loschelder 1986, S. 149–176.
[9] Vgl. als einen „weißen Raben" Nasr Hamid Abu Zaid 2008.
[10] Für einen Überblick: Diana Zacharias 2008, 43 ff. (73–107).
[11] So schon Joseph Schacht 1935, 130 ff.

für einschlägig erachteten Fragen. Ab etwa dem 11. Jahrhundert gilt das Tor der freien Bildung theologisch-juristischer Lehrmeinungen – auch der Neubildung juristischer Gedanken auf der Grundlage der bisherigen Tradition (*igtihad*) – als verschlossen. Daher werden in der Folge die Gedankengebäude dieser Schulen – zwar ausgebaut, aber in den Grundlagen ganz weitgehend unverändert – den späteren Abhandlungen zugrunde gelegt. Die Gutachten der Al-Azhar Universität in Kairo und Fatwas (Gutachten islamischer Gelehrter zu als Rechtsfragen aufgefassten innerreligiösen Problemen) fußen noch heute auf ihnen.

Für die damit umrissene erste Position stehen angesehene Islamwissenschaftler wie z. B. Josef van Ess, Tilman Nagel oder Ursula Spuler-Stegemann. So mahnt Josef van Ess:

> Man kann zwar in der Exegese so tun, als meinten die Texte etwas anderes, als was dasteht. Aber die Gefahr eines Rückfalls ist sehr groß – und was wichtiger ist: Dieser Rückfall kann sich mit gewissem Recht als Rückkehr zur Wahrheit ausgeben. Anders ist dies nur dann, wenn die Religion die geschichtliche Bedingtheit religiöser Aussagen anerkennt.[12]

Wählten größere Teile der Muslime den damit angedeuteten theologischen Weg einer historisch-kritischen Hermeneutik, so würde damit eine neue Phase in der Geschichte des Islams anbrechen und seine Charakteristik als Gesetzesreligion wäre in der vorstehenden Form nicht mehr aufrechtzuerhalten.

2.2 Die Muslime als Gestalter eines zukunftsoffenen Islams

Die zweite Position wird insbesondere von politikwissenschaftlicher und zum Teil auch von islamwissenschaftlicher Seite vertreten. Während hinsichtlich der vorstehend beschriebenen historischen Geschehensabläufe im Tatsächlichen kaum Differenzen bestehen, stehen ihre unterschiedliche Bewertung und die Beurteilung möglicher zukünftiger Entwicklungen im Mittelpunkt der Auseinandersetzung. Die zweite Position wirft der ersten Essentialismus und Verabsolutierung geschichtlicher Momente vor. Pointiert zusammengefasst besagt sie: Unter Islam ist das zu verstehen, was Muslime bestimmen und praktizieren.[13] Teils werden andere Versuche einer Definition des Islams als unangemes-

---

[12] Josef van Ess und Hans Küng 2000, S. 125 ff.

[13] Islam ist weitgehend das, „was Muslime an einem bestimmten Ort zu einer bestimmten Zeit als islamisch definieren und praktizieren", Gudrun Krämer 1999, S. 25.

sen und unergiebig abgelehnt oder als „aus der Natur der Sache" folgend für unmöglich erklärt.[14] Der Islam als Religion sei kein Grund für Rückständigkeit, sondern werde sich mit den an ihn gestellten Anforderungen verändern. „Nicht die Religion ist der Schlüssel zur Gesellschaft, sondern die Gesellschaft ist der Schlüssel zum Verständnis der Religion."[15] Die Wurzeln aller Übel lägen nicht in der Religion, sondern in der Politik, der politisch-kulturellen Geschichte oder in anderen in diesem Zusammenhang angeführten materiellen Faktoren. Der Islam werde im übrigen für völlig unterschiedliche Zwecke instrumentalisiert.[16] Vereinzelt von Intellektuellen vorgenommene radikale, die Menschenrechte bejahende Neuinterpretationen von Koran und Sunna zeigten, dass der Islam sowohl mit den Menschenrechten als auch mit der Demokratie kompatibel sei.[17]

2.3 Der Islam zwischen Traditionsgebundenheit und Öffnung zu Menschenrechten und säkularer Rechtsstaatlichkeit

Der Streit betrifft die Bewertung des Islams als Religion. Der Islam umfasst ein vielgestaltiges, weitgefächertes Spektrum: Einerseits finden wir innerlich orientierte, einen mystischen, aber nur zum Teil offenen Islam vertretende sufistische Gruppen, aber auch zum Beispiel kritische, reformtheologisch orientierte und sich zur Moderne öffnende Professoren der Theologischen Fakultät der Universität von Ankara; zum letztgenannten Lager gehören zahlreiche in die europäische und nordamerikanische Emigration gezwungene Wissenschaftler und Intellektuelle aus vielen islamisch geprägten Staaten wie auch ein wesentlicher Teil der für die Türkei bedeutsamen Aleviten. Dem steht andererseits das große, bei kaum ersichtlichen liberalen Anwandlungen eher der Orthodoxie zuzurechnende Hauptfeld gegenüber: mit einem fließenden Übergang hin zu dem in den letzten achtzig Jahren sehr angewachsenen Lager der Islamisten und Salafisten, die verbreitet auch als Fundamentalisten bezeichnet werden. Nicht allein in der Stammesgesellschaft des Iraks kommt es zu gewalttätigen Konfrontationen zwischen Sunniten und Schiiten. Die innerislamischen Differenzen wiegen umso

---

[14] Lorenz Müller 1996, S. 68 und 70.

[15] Halim Barakat (libanesischer Soziologe) zit. nach Albrecht Metzger 2002, S. 1.

[16] Lorenz Müller, a. a. O., S. 112.

[17] Stellvertretend für viele Autoren dieser zweiten Position: Lorenz Müller, a. a. O., S. 321–330.

schwerer, als keine Möglichkeit der autoritativen Eingrenzung oder Entscheidung von Streitigkeiten besteht. Der Islam hat aus sich selbst heraus keine festen organisatorischen, beispielsweise kirchenähnlichen Strukturen gebildet. Die Vielfalt des zeitgenössischen Islams trägt ebenso wie die grundsätzlich weitreichende Wandlungsfähigkeit von Religionen dazu bei, dass die wissenschaftliche Bewertung des Islams und seine Beurteilung als Religion umstritten sind; es besteht keine Übereinstimmung über seine künftigen Perspektiven. Das erschwert sowohl die Aufgaben der Politik als auch die der Rechtswissenschaft und -praxis.

In dieser wissenschaftlichen Situation sollten die Überlegungen der ersten Position ernst genommen werden. Unter wissenschaftsmethodischen Gesichtspunkten erscheint der ihr entgegengehaltene Vorwurf des „Essentialismus", dem die Entwicklungsoffenheit der eigenen (zweiten) Position gegenübergestellt wird, kaum weiterführend. Das gilt auch für die oft anzutreffende Argumentation, die Auffassungen angesehener Islam- und Orientwissenschaftler der Vergangenheit liefen parallel zu den von Islamisten vertretenen Meinungen.[18] Solange das orthodoxe Mehrheitslager der Muslime der Grundauffassung der Islamisten, der Islam beruhe auf einer Einheit von Staat und Religion, mit keiner nennenswerten religionsdogmatischen Gegenposition entgegentritt, bleiben die seitens der ersten wissenschaftlichen Position angeführten, auf die weitgehend anerkannte islamische Tradition zurückgreifenden, zutreffenden Argumente auch für die heutige Situation weiterhin richtig. Eine erweislich zutreffende Erkenntnis der Entwicklung des Islams in der Vergangenheit verliert nicht dadurch an Kraft, dass sich diese Religion entwicklungsoffen für die Zukunft verändern kann oder könnte.

Wissenschaftlich spricht vieles dafür, die Konfrontation dahingehend aufzulösen, dass einerseits den Argumenten der ersten Position ihr gutes Recht gelassen wird: Das bislang in den meisten islamisch geprägten Ländern mehrheitlich vorherrschende orthodoxe Lager des Islams ist den traditionellen Positionen sehr stark verhaftet. Andererseits ist aber auf dieser Grundlage keine endgültige Aussage dahingehend zu treffen, dass diese Positionen allein für alle Muslime maßgeblich sind und es bleiben werden. Ob ein historisch-kritisch aufgeklärter,

---

[18] So statt vieler: Said Amir Arjomand 1993, S. 81–109 (103, 108 Fn. 50). Diese Kritik richtet sich u. a. gegen Gustav Edmund von Grunebaum 1963, S. 181 und 196 ff.

säkular-humanistisch orientierter und sich den Menschenrechten öffnender Islam Halt und an Boden gewinnen kann, ist eine Frage der Entscheidungen der Muslime selbst. Insofern enthalten auch Argumentationen der zweiten Position einen wahren Kern, der aber nicht zu einem ausschließenden Widerspruch mit der ersten Position führt. Keine der beiden Positionen darf die Wissenschaft davon entbinden, die innerislamischen Auseinandersetzungen genau zu beobachten und sie vorurteilslos zu bewerten. Insgesamt ist damit ebenso vom Islam, von seinen sunnitischen und schiitischen Richtungen wie vom Christentum, dem Katholizismus und dem Protestantismus, vom Buddhismus oder vom Judentum zu sprechen. Es kommt zwar auf das Handeln und Denken der Muslime an, aber nicht in erster Linie in Bezug auf Gesellschaft und Politik, sondern in Bezug auf die Strukturen der eigenen Religion.

Grundsätzlich sind Hypotheken, also prinzipiell als abtragbar anzusehende Belastungen von Religionen unvoreingenommen an der Geschichte der jeweiligen Religion sowie anhand ihrer früheren und aktuell gegebenen Strukturen festzustellen und an rechtlichen, ethischen und (gegebenenfalls) philosophischen Maßstäben zu messen. Sollten derartige Hypotheken bestehen, so sind sie, auch soweit sie den verfassungsrechtlichen Rahmen und die für alle geltenden Gesetze überschreiten und zu staatlichem Eingreifen führen können oder müssen, doch in letzter Instanz nur von und innerhalb der jeweiligen Religion selbst zu bewältigen: Denn es geht dabei in der Regel um glaubensbezogene dogmatische Grundannahmen oder (in der Sprache der christlichen Kirchen) um die theologische Dogmatik. Als Konsequenz der Religionsfreiheit dürfen staatliche Instanzen die innere Entwicklung einer Religion nicht zweckgerichtet beeinflussen.

Der weltweit zu beobachtende innerislamische Bürgerkrieg, der gerade auch bis zum 18. Jahrhundert in Afrika zu kriegerischen Auseinandersetzungen geführt hat, dürfte wohl erst an ein Ende kommen können, wenn Koran und Sunna als heilige Texte in historisch-kritischer Auslegung gelesen und verstanden und damit auch historisch relativiert werden dürfen: Die im Islam bislang weitgehend geächteten Prinzipien historisch-kritischer Auslegung und ihre religionsspezifischen Äquivalente könnten friedliche Wege in die Zukunft eröffnen. Würde die Religionsfreiheit im vollen Umfang anerkannt, so könnte sich der

Kampf gegen Abtrünnige, Neuerer und Ketzer auf die geistige Auseinandersetzung beschränken. Das bedeutete zugleich ein Nein zu theokratischen Ambitionen, die heute in islamistisch-politischen Strömungen in voller Blüte stehen. Wie insofern die in Ägypten und auch international tätige Muslimbrüderschaft und die türkische, sich an Fetullah Gülen orientierende Gemeinschaft einzuschätzen sind, ist politisch in Europa und in den USA umstritten, wenngleich viele wissenschaftlich bedeutsame Stimmen hier erhebliche Gefahren sehen – nicht zuletzt auch Stimmen aus Israel.[19]

3 Was ist islamisches Recht?

Muslime verstehen Koran und Sunna als normative Festsetzungen Gottes als des einzigen Souveräns. Dass jedenfalls die späte Herausbildung der Sunna in Form der *Hadîthe* (angebliche Überlieferungen über das Handeln des Propheten) dem entgegenstehe, wie seit dem Ende des 19. Jahrhundert von herausragenden Islamwissenschaftlern begründet angenommen wird, spielt für die Lehre des Islams ganz überwiegend keine Rolle und wird auch immer wieder nicht zuletzt von muslimischen Wissenschaftlern bekämpft.[20] Religiöse Dogmatik – der Islam kennt den Begriff der Theologie nicht – wird in Form der Rechtsauslegung und Rechtsanwendung betrieben. Sehen die großen Richtungen des Islams in ihm übereinstimmend eine Gesetzes-Religion, so ist diese Ausgangslage bei der Betrachtung und Bestimmung der islamischen Scharia (arab.: *šarî'a*) – also insbesondere der religiösen Normen mit Anspruch auf rechtliches Gelten – zugrunde zu legen.

Vor diesem Hintergrund wird zum Teil der Begriff Scharia zur Bezeichnung von als rechtsnormativ verstandenen Sätze des Koran angewendet, und es wird mit dem Begriff Sunna die durch den Propheten übermittelte göttliche Satzung bezeichnet.[21] Der Begriff Scharia dient aber auch zur Bezeichnung aller aus dem Korpus von Koran und Sunna gewonnenen oder zu gewinnenden, theologisch, ethisch oder rechtlich als normativ verstandenen Sätze. In einer anderen, häu-

---

[19] Zuerst ist auf den Politik- und Islamwissenschaftler Martin Kramer und seinen Internetblog „Sandbox" hinzuweisen.

[20] Vgl. Joseph Schacht 1950; Tilman Nagel 2001, S. 174 ff.; Jeanette Wakin 2003, S. 23–31 m. w. Nachw.

[21] Vgl. Gudrun Krämer, in: Hans Joas und Klaus Wiegandt (Hrsg.) 2005, 469–493 (478 m. w. Nachw.).

fig anzutreffenden Verwendungsweise umfasst der Begriff Scharia dagegen nur die Sätze aus dem Koran und zusätzlich aus der Sunna, denen rechtsnormativer Charakter zugesprochen wird. Bezeichnen Muslime insofern die Scharia als ein Korpus von Rechtssätzen, so ist zu beachten, dass wissenschaftlich darin Sätze theologischer Dogmatik zu sehen sind, die ihrer Natur nach unterschiedlichen Interpretationen offenstehen können. Qualifiziert man dagegen diese Sätze umstandslos als Normen religiösen Rechts, so besteht die Gefahr, die Grenzen zwischen theologisch-dogmatischen Festsetzungen einerseits und Rechtssätzen andererseits zu verwischen. Gehalt und Umfang, Stellenwert und Geltung des schariatischen Rechts sind im Islam durchaus umstritten, ja, sie stehen im Kern vieler aktueller islamischer Auseinandersetzungen.

Historisch regierte die Mehrzahl der muslimischen Herrscherdynastien seit den Omaijaden (auch Umayyaden, 660–750) und den daran anschließenden Abbasiden auch im Wege der Rechtsetzung für die weltlichen Bereiche, die nicht den als schariatisch verstandenen Normkomplexen unterfielen. Die erlassenen Normen wurden nicht als Gesetze, sondern als Richtlinien oder Vorschriften bezeichnet.[22] Der dafür geprägte Begriff *Siyasa* als Gegensatz zu schariatischen Rechtsnormen bedeutete ursprünglich das hinter sich Herführen von Vieh an einem Strick.[23] Heute bezeichnet Siyasa auch die Politik, wobei im Arabischen die Konnotation von Polis zu Politik nicht aufscheint. Diese *Siyasa*-Normen sahen die sich als Rechtsgelehrte begreifenden islamischen Religionsgelehrten als rechtlich nicht erheblich an, da sie nicht in das von ihnen zugrunde gelegte religionsdogmatische System integriert werden mussten, sondern sich per definitionem außerhalb der schariatischen Prinzipien und Normen befanden. Sprichwörtlich war zudem die Distanz zwischen den sich als Juristen verstehenden Religionsgelehrten einerseits und den in der Regel vom Herrscher abhängigen Richtern, da die letztgenannten Kadis (Muftis) sich in enger Abhängigkeit von der Macht befanden, auch wenn sie ebenso wie die sich als Juristen verstehenden Religionsgelehrten ausgebildet worden waren.[24] Zwischen den Vertretern der Religion und den muslimischen Inhabern der politischen Macht bestand,

---

[22] Informativ zur diesbezüglichen schiitischen Entwicklung: Said Amir Arjomand 1984.
[23] Wohl insofern unzutreffend das hervorragende Buch von Bernard Lewis 1991, S. 27 ff. und 40.
[24] Vgl. dazu Tilman Nagel 2001, S. 117 ff.; Irene Schneider 2007, 55 ff. (70 ff.).

auch wenn letztere an die Religion gebunden waren und sich als ihre Schützer verstanden, ein schwer zu überbrückender Abgrund. Da aber die muslimischen Herrscherdynastien grundsätzlich das religionsdogmatische Gebäude der Religions- und Rechtsgelehrten akzeptierten, führte die teils auf den rein weltlichen Bereich beschränkte Rechtsetzung der politischen Machthaber zu keiner Gefährdung schariatischer Grundannahmen.

Ein moderner Rechtsbegriff umfasst das Element der positiven Geltung, nämlich erstens der je historischen Setzung des Rechts durch Menschen sowie zweitens in einer und für eine Rechtsgemeinschaft.[25] Das genannte zweite Moment beinhaltet ein Minimum an Anerkennung und realer Befolgung. Legt man einen derartigen Rechtsbegriff zugrunde, so muss der Begriff des islamischen Rechts positiv gegebene und von einer Rechtsgemeinschaft anerkannte Rechtsnormen beinhalten; diese Normen müssen aus dem schariatischen Lehrgebäude oder aus der islamischen Religionsdogmatik abgeleitet sein, und sie müssen auch rechtspraktisch in Geltung stehen. Diese Normen können in Form des Richterrechts, also in Form von gerichtlichen Entscheidungen, Geltung erlangen oder erlangt haben (so über lange Zeiträume der islamischen Geschichte). Sie können aber auch in gleichsam kodifizierten Abhandlungen enthalten und anerkannt sein (Recht aus Rechtsbüchern, Gewohnheitsrecht). Seit der Entstehung der modernen Nationalstaaten finden wir islamisches Recht auch in Form staatlich gesetzter Rechtsnormen.

Weitergehende Überlegungen und ein tieferes Eingehen in die Sache fordert eine Entscheidung des Bundesgerichtshofs (BGH): Darin werden islamische Rechtsgrundsätze als anwendbar bezeichnet.[26] Das erscheint zunächst fragwürdig, da das islamische Recht und seine Grundsätze regelmäßig nicht einfach in positivierter Form zur Verfügung stehen. Vielmehr sind sie oft nur in Form von religionsspezifischen Rechtsvorstellungen und Postulaten und damit als von Theologen veränderbare Positionen gegeben und festzustellen. Religiöse Aussa-

---

[25] Vgl. Ralf Dreier 1972, S. 40–60; ders. 1986, 890 ff. (896); Armin Engländer 2000, 113–118; Peter Badura 2010, S. 623 (F Rn. 1); Bernd Rüthers, Christian Fischer und Axel Birk 2011, Rn. 53–59, 332–342; Wolfgang Bock 2006, S. 329–348; ders. in: Christian Krijnen und Kurt Walter Zeidler (Hrsg.) 2011, S. 43–60 (49, 53 f.). Vgl. auch zur gesamten Problematik einschließlich der erforderlichen Zwangsbewehrung der Normen die einschlägigen Beiträge in: Stefan Griller und Heinz Peter Rill (Hrsg.), 2011, S. 1–152.

[26] BGH, Beschluss v. 14.10.1992 (Az.: XII ZB 18/92) = BGHZ 120, 29 = NJW 1993, 848.

gen und Forderungen sind aber grundsätzlich kein von staatlichen Gerichten unmittelbar anzuwendendes positives Recht. Ihnen eignet nicht der Charakter positiven Rechts. Insofern ist die Grenze zwischen auf Glauben beruhenden religiösen Rechtsvorstellungen und -forderungen einerseits und der Wissenschaft zugänglichen, positiv gesetzten Rechtsnormen andererseits entscheidend. Allerdings nehmen islamisch geprägte Rechtsordnungen zahlreicher Staaten in Verweisungsnormen explizit auf die Grundsätze des islamischen Rechts Bezug (regelmäßig unter autoritativer Nennung einer bestimmten islamischen Rechtsschule). Wenden Gerichte eines solchen Staates derartige religiöse Grundsätze in übereinstimmender Weise an, weil den Abhandlungen und Äußerungen der Rechtsschule eine eindeutige und klare Aussage zum rechtlich-normativen Gehalt dieser Normen zu entnehmen ist, so dürften keine Bedenken gegen die internationalprivatrechtliche Validität der jeweiligen staatlichen Verweisungsnorm bestehen. Existieren die religiösen Rechtsvorstellungen jedoch nur in Form von *Fatwas* (Aussprüchen islamischer Religionsgelehrter) mit unterschiedlichen Gehalten und Aussagen zu der jeweils relevanten Frage, so ist wohl von keinem rechtlich eindeutigen Normbefund auszugehen. Insofern enthält der Verweis auf islamische Rechtsgrundsätze erhebliche, nicht auf den ersten Blick deutliche Probleme. Um etwas als islamisches Recht bezeichnen zu können, muss das Element der Positivität gegeben sein.

4 Schariatische Rechtsgestaltungen und das Grundgesetz

Ist damit das historisch anzutreffende islamische Recht ebenso wie das heute bestehende staatliche islamische Recht hinreichend genau bestimmt, so stellt sich verfassungsrechtlich die Frage nach der Geltung und Bewertung schariatisch legitimierter Normen, sei es, dass sie als Richterrecht in einzelnen islamisch geprägten Staaten angewendet werden, sei es, dass es sich um staatliche Gesetze handelt, oder sei es, dass Muslime ihre Durchsetzung für den Fall der Begründung einer islamisch geprägten Rechtsordnung fordern. Es kommt insofern auf verfassungsrechtliche und internationalprivatrechtliche Maßstäbe an. Nachfolgend wird dies an drei Fällen schariatischer Rechtsgestaltungen erörtert, nämlich am Imamat bzw. Kalifat und der Trennung von Staat und Religion (1.), an der Glaubensfreiheit (2.) sowie an der Gleichberechtigung und der Stellung der Frau im Familien- und Erbrecht (3.).

4.1 Das Imamat und die Trennung von Staat und Religion

4.1.1 Einheit von geistlicher und weltlicher Führung?

Klassische sunnitische Autoren des islamischen Staatsrechts wie auch aktuelle große Sammelwerke der islamischen Rechtslehre gehen übereinstimmend davon aus, dass die bestehende oder einzusetzende höchste rituelle Instanz des Islams, die insbesondere für das Freitagsgebet zuständig ist, in Form des Imamats oder Kalifats als des Vertreters des Propheten auch die höchste weltliche Gewalt innehaben soll.[27] Dieses Modell orientiert sich auch an der klassischen Einheit von Religion und Staatsführung, wie sie Mohammed zuerst in Medina praktizierte. Die glaubensbezogene Dignität einer derartigen Einheit von Religion und Staat wird umso höher zu veranschlagen sein, als dem Handeln des Propheten unter Muslimen ganz verbreitet höchste Vorbildhaftigkeit zugesprochen wird.[28] Insofern besteht wohl eine grundsätzliche Übereinstimmung im Mehrheitslager der orthodoxen Sunniten. Die Schiiten sprechen dem Imamat in ihrer religionsdogmatischen Literatur eine noch höhere glaubensbezogene Bedeutung zu. Davon abweichende Gruppierungen und Stimmen gab es zwar vereinzelt; sie konnten sich aber bislang nicht durchsetzen. Die Geschichte des Islams weist zahlreiche Gestaltungen des Verhältnisses von Staat und Religion auf, die dieses Modell mehr oder weniger stark modifizieren.[29] Der Gründer der modernen Türkei, Mustafa Kemal Atatürk, strebte allerdings seine vollständige Aufgabe an. Ob Muslime säkulare, auf einer Trennung von Staat und Religion beruhende Staaten mit mehrheitlich muslimischer Bevölkerung akzeptieren

---

[27] Vgl. dazu schon T. W. Arnold, Stichwort: Khalifa, in: A. J. Wensinck und J. H. Kramers (Hrsg.) 1941, S. 295 m. w. Nachw.; Tilman Nagel 1988, S. 286–323 m. w. Nachw.; vgl. auch ders. 2008a, S. 966–968; ders. in: „Der Islam" im modernen Rechtsstaat – Verwirklichung und Begrenzung religiöser Ansprüche im Rahmen der freiheitlichen demokratischen Grundordnung (Fachtagung des Landesamts für Verfassungsschutz Hessen in Wiesbaden am 06.09.2011), unveröffentlichtes Manuskript. Optimistisch hinsichtlich künftiger Entwicklungsmöglichkeiten: Baber Johansen in Heiner Marré und Johannes Stüting (Hrsg.) 1986, S. 12–60.

[28] Dazu Tilman Nagel 2008b.

[29] Umfassend: Tilman Nagel 1981.

können, wird in der diesbezüglichen Literatur bezweifelt und als nicht mit Sicherheit festzustellen angesehen.[30]

Sofern jedoch Muslime an diesem Grundmodell festhalten, dürfen sie nach der eigenen Lehre zwar in der Diaspora unter einer anderen Rechts- und Verfassungsordnung leben, selbst wenn diese den Grundsatz der Trennung von Staat und Religion respektiert; nach der überwiegenden Lehre reicht es für ein beanstandungsfreies Leben von Muslimen unter Nichtmuslimen aus, die eigenen religiösen Pflichten (die angeführten fünf Säulen der alltäglichen Frömmigkeitspraxis) erfüllen zu können. Muslime dürfen dann, so wiederum die vorherrschende islamische Auffassung, eine von ihnen nach ihrem religiösen Selbstverständnis eigentlich abzulehnende Verfassungs- und Rechtsordnung respektieren. Es kommt daher erst zum Schwur, sobald die Muslime eine politische Mehrheit ausmachen. Dann sind sie – jedenfalls nach der bislang überwiegend vertretenen orthodoxen Lehre sowohl des Sunniten- als auch des Schiitentums – verpflichtet, auf dem Wege der Verfassungsänderung das religionsspezifische Ideal einer Einheit von Staat und Religion entsprechend dem medinensischen Urmodell herbeizuführen – in welcher Variante auch immer.[31] Das wird von der Mehrzahl der Religionsgelehrten vertreten, obwohl sich in der neueren Zeit vereinzelte Theologen und Wissenschaftler unter islamischem Vorzeichen für eine Trennung von Staat und Religion ausgesprochen haben.[32]

Bisher wenig erörtert ist die schwierige Frage, ob das dargestellte islamische Ideal der Einheit von Staat und Religion als eine Form der Theokratie zu qualifizieren ist.[33] Versteht man Theokratie eng im Sinne der Herrschaft oder Herrschaftsbeteiligung der Inhaber von religiösen Ämtern oder einer Religionsgemeinschaft, so ist das islamische Regierungsideal mangels einer entsprechenden religiösen Organisation des Islams und mangels hauptamtlicher religiöser Funktionsträger nicht als theokratisch zu qualifizieren; die historisch außergewöhnliche, bislang erst- und einmalige Regierungsform des heutigen Iran bleibt inso-

---

[30] Vgl. Ulf Matyssek 2008, 158–233 (232 ff.).

[31] Vgl. Lukas Wick 2009; vgl. dazu die zustimmende Rezension von Ernst-Wolfgang Böckenförde FAZ vom 22.04.2009, unter Hinweis auf „die Selbstverteidigung, die der freiheitliche Verfassungsstaat sich schuldig ist".

[32] Vgl. Gudrun Krämer, a. a. O.; Lorenz Müller, a. a. O.

[33] Dazu aber Bernhard Lewis, a. a. O., S. 57 ff.

fern zunächst außer Betracht. Versteht man aber Theokratie in einem weiteren Sinne als Regierungsform einer durch wen auch immer vermittelten und bewirkten Gottesherrschaft,[34] so ist die nachfolgende, religionsdogmatisch und staatstheoretisch zentrale Aussage der orthodoxen Mehrheit sowohl der Sunniten als auch der Schiiten als theokratisch zu bewerten: Allah ist der einzige gesetzgebende Souverän, nur er stiftet politische Autorität und steht hinter dieser, sofern die staatliche Gewalt dem islamischen Gesetz dient. Es erscheint interessant, dass die letztgenannte Definition von Theokratie mit einem bestimmten Verständnis des Begriffs der Staatsreligion zusammenfallen kann. Eine mögliche Konsequenz dieses theokratischen Ideals der Einheit von Staat und Religion liegt darin, dass verschiedene islamische Organisationen, Strömungen und Personen um die Definitionshoheit im Bereich der nunmehr weitgehend einander angenäherten Staats- und Religionspolitik streiten können und werden. Ist der Islam die Lösung, wer verwirklicht dann den wahren Islam? Ein Beispiel dafür bilden die Auseinandersetzungen und Kämpfe zwischen Sunniten und Schiiten im Irak, aber auch die Kämpfe zwischen den (von Saudi-Arabien unterstützten) Salafisten und den (u. a. von Quatar unterstützten) Anhängern der Muslimbruderschaft in Syrien, in Ägypten oder in Tunesien. Wird das Ideal der Einheit von Staat und Religion aus der weitgehend passiven, betrachtenden und legitimierenden Perspektive der mittelalterlichen islamischen Gelehrten gelöst und zum Prinzip der aktiven staatlichen Gestaltung erhoben – ein Motto vieler islamischer „Reformbewegungen" spätestens seit dem ersten Viertel des 20. Jahrhunderts –, dann eröffnet dies den Weg hin zu innerislamischen, religionsdogmatisch instrumentierten Auseinandersetzungen um die Verwirklichung dieses Ideals – bis hin zum Bürgerkrieg.[35] Das Ausblenden und die Verleugnung dieser Realität erklären einen Teil der Attraktivität des Islamismus und des Jihadismus als extremistischer Bewegungen und Ideologien. Das so verstandene islamische Ideal der Einheit von Staat und Religion ist eine Wurzel möglichen Scheiterns islamistischer Staatsentwürfe – es sei denn, aus der innerislamischen Auseinandersetzung erwüchse die schon bei *Immanuel Kant* zu findende Einsicht, dass

---

[34] Die enge und die weite Bedeutung werden in eins gesetzt bei Michael Klöpfer 2011, § 27 Rn. 5.
[35] In der Geschichte des Islams finden sich immer wieder auch derart aktivistische Auffassungen und Strömungen; Vgl. Bernhard Lewis 1991, S. 156–163.

nur die Staatsform der auf Freiheit und Gleichheit beruhenden Republik den Widerstreit der Auffassungen auf rationale Weise zu einer friedlichen Lösung führen kann.[36] Das könnte ein erster Schritt hin zur Universalität der Grund- und Menschenrechte sein, die Freiheit und Gleichheit für alle unabhängig vom Bekenntnis gewährleisten.

4.1.2 Das Grundgesetz und das islamische Ideal der Einheit von Staat und Religion

Wie wäre nun das Anstreben und das Bewirken einer derartigen Verfassungsänderung in Richtung einer Einheit von Staat und Religion zu beurteilen, sei es, dass sie in Form einer politischen Organisation oder Partei angestrebt oder dass dafür geworben würde? Der Versuch, eine islamische Theokratie in welcher Form auch immer einzuführen, verstieße gegen Art. 79 Abs. 3 GG, der die Unveränderbarkeit von Art. 1 und 20 GG in ihrem substantiellen Kerngehalt auf Dauer gewährleistet.[37] Die freiheitliche demokratische Grundordnung, wie sie von Art. 18, 21 Abs. 2 GG geschützt wird, ist eine Teilmenge der von Art. 79 Abs. 3 GG geschützten Rechtsgüter.[38] Die in Art. 20 Abs. 1 und 2 GG vorgeschriebene Staatsform einer demokratischen Republik schließt jegliche Form einer Theokratie aus. Erstaunlicherweise finden sich in den großen Grundgesetzkommentaren unter Art. 79 Abs. 3 GG[39] keine diesbezüglichen Ausführungen. Dies erklärt sich wohl auch daraus, dass die entsprechende Fragestellung einer längst vergangenen, nicht mehr aktuellen Epoche zugeordnet wird. Ein Staat, der sich als islamisch bezeichnet und unter diesem Aspekt die Trennung von Staat und Religion aufhebt oder sie nicht kennt (1), ist ebenso als Theokratie zu qualifizieren wie ein Gemeinwesen, das die Scharia zu einer oder zur obersten Quelle seiner Gesetzgebung erklärt (2) und/oder muslimischen Geist-

---

[36] Vgl. Immanuel Kant 1923, S. 340–386 (366).

[37] BVerfGE 30, 1 (24); Horst Dreier, in: ders. (Hrsg.) 2006, Art. 79 Abs. 3 Rn 26; Matthias Herdegen, in: Theodor Maunz und Günther Dürig, Komm. z. GG, Art. 79 Rn. 108.

[38] Vgl. Matthias Herdegen, in: Theodor Maunz und Günther Dürig, Komm. z. GG, Art. 79 Rn. 85.

[39] Vereinzelt wird aber bei Art. 21 Abs. 2 GG darauf hingewiesen, dass sich eine Partei mit der Zielsetzung der Errichtung eines Gottesstaates anstelle des säkularen Staates des Grundgesetzes weder auf die Parteienfreiheit noch auf die Religionsfreiheit stützen kann. So *Klein*, in: Maunz und Dürig, Komm. z. GG, Art. 21 Rn. 528; vgl. auch Ernst-Wolfgang Böckenförde, in: Josef Isensee und Paul Kirchhof (Hrsg.) 2004, § 24 Rn. 61 f.

lichen einen wie auch immer organisierten oder anders gearteten Einfluss auf die Staatstätigkeit gewährt (3). Auch wenn einige islamisch geprägte Staaten in den Augen westlicher Regierungen gegenwärtig auf dem Weg zu einer islamisch überformten Demokratie zu sein scheinen: Die Realisierung eines der drei vorstehend genannten Elemente qualifiziert einen Staat als Theokratie und führt nichtdemokratische, nämlich religiös-diktatorische Elemente in die Verfassung oder (mangels Verfassung) in die reale Staatsorganisation ein. Die Verwirklichung eines der drei genannten Elemente setzte die von Art. 20 Abs. 1 und 2 GG gewährleistete demokratische Ordnung außer Kraft und verstieße insofern auch gegen Art. 79 Abs. 3 GG, der eine auf Freiheit und Gleichheit beruhende Demokratie und die Menschenwürde dauerhaft gegen Verfassungsumstürze schützt.[40] Die rechtlich privilegierende Zwischenschaltung eines wie immer gearteten religionsspezifischen Verstärkers in die legitimierende demokratische Hervorbringung der Staatsgewalt durch das Volk im Wege allgemeiner, gleicher und freier Wahlen oder sonst in den Prozess demokratischer Repräsentation verstieße gegen die vom Grundgesetz gewährleistete demokratische Ordnung. Werden die Grundsätze der Freiheit und Gleichheit aus den Angeln gehoben, so wird die demokratische Legitimation der Staatsgewalt unterhöhlt. Wird das vom Grundgesetz in Art. 140 GG i. V. m. Art. 137 Abs. 1 WRV gewährleistete Prinzip der grundsätzlichen Trennung von Staat und Religion aufgehoben, um auf die beschriebene Weise islamische Elemente in das Grundgesetz einzuführen, so wird zugleich das auf dem Rechtsprinzip der Gleichheit (Art. 3 Abs. 3, 38 Abs. 1 GG) beruhende Prinzip der demokratischen Republik im Kern verletzt: Die Staatsgewalt muss in gleicher Weise von jedem einzelnen Staatsbürger ausgehen und damit demokratisch legitimiert werden können. Art. 140 GG i. V. m. Art. 136 Abs. 1 WRV stellt implizit, aber mit wünschenswerter Klarheit fest: Es besteht zwischen der Ausübung der staatsbürgerlichen Rechte und Pflichten sowie der Inanspruchnahme der Religionsfreiheit kein wie auch immer gearteter Zusammenhang.

Ob die Einführung islamischer Elemente in das Grundgesetz zudem die Vorschrift des Art. 1 Abs. 1 GG in seinem Kern außer Kraft setzte und damit wie-

---

[40] Vgl. Karl-E. Hain, in: Hermann von Mangoldt, Friedrich Klein und Christian Starck, Kommentar zum GG, Bd. 2, 6. Aufl., 2010, Art. 79 Abs. 3 Rn. 75 f.

derum auch gegen das Änderungsverbot des Art. 79 Abs. 3 GG verstieße, wäre jeweils aufgrund einer Untersuchung der betroffenen Grundrechte festzustellen. Denn der von Art. 1 Abs. 1 GG garantierte Schutz der Menschenwürde kann auch einen änderungsfesten Kern der übrigen Grundrechte betreffen. In diesem Zusammenhang sind die Gleichberechtigung der Frau (Art. 3 Abs. 2 und 3 GG) und die Glaubens- und Religionsfreiheit (Art. 4 Abs. 1 und 2 GG) zu nennen. Eine Außerkraftsetzung dieser zentralen Grundrechte könnte eine Beeinträchtigung und damit materielle Änderung ihres Menschenwürdegehalts und damit implizit auch eine von Art. 79 Abs. 3 GG untersagte Änderung von Art. 1 Abs. 1 GG zur Folge haben.[41]

Den änderungsfesten Gehalt des Grundgesetzes (Art. 79 Abs. 3 GG) angreifende Bestrebungen sind als verfassungsfeindlich von den Verfassungsschutzbehörden des Bundes (§ 3 Abs. 1 Nr. 1 BVerfSchG) oder des jeweiligen Landes (z. B. § 2 Abs. 2 Nr. 2 HessLfVG) zu beobachten und dürfen in den Verfassungsschutzberichten kenntlich gemacht werden. Vereinigungen, die derartige Zielsetzungen verfolgten und sich damit gegen die verfassungsmäßige Ordnung richteten, wären verboten, was von dem jeweils zuständigen Innenministerium auszusprechen wäre (Art. 9 Abs. 2 GG, §§ 3 ff. VereinsG). Sie könnten sich nicht mit Aussicht auf Erfolg auf die Vereinigungsfreiheit berufen. Sollte sich eine Partei mit derartigen Zielsetzungen bilden, so obläge die Feststellung ihrer Verfassungswidrigkeit nach einem vorhergehenden Antrag dem Bundesverfassungsgericht (Art. 21 Abs. 2 GG, §§ 13 Nr. 2, 43–47 BVerfGG, § 32 ParteiG).

4.2 Glaubensfreiheit und Apostasie

Weite Teile des orthodoxen sunnitischen und schiitischen Islams stimmen darin überein, dass die Apostasie vom Islam (der Glaubensabfall) die Todesstrafe zur Folge haben muss. Angesichts dessen, dass diese nicht im Koran, sondern „nur" in der Sunna enthaltene Strafe in Vergangenheit und Gegenwart durchaus regelmäßig verhängt und vollstreckt worden ist[42], kommen der Glaubensfreiheit

---

[41] Vgl. zur umstrittenen Frage des Menschenwürdegehalts der Grundrechte: Horst Dreier, in: ders. (Hrsg.) 2006, Art. 79 Abs. 3 Rn 28 f.; Matthias Herdegen, in: Theodor Maunz und Günther Dürig, Komm. z. GG, Art. 79 Rn. 113 f. jeweils m. w. Nachw.

[42] Dazu schon W. Heffening, Stichwort: Murtadd, in: A. J. Wensinck und J. H. Kramers (Hrsg.) 1941, S. 544 ff. m. w. Nachw.

und der Freiheit des Religionswechsels evidentes Gewicht und herausragende Bedeutung zu. Auch unter Muslimen trifft man zwar oft auf die Auffassung, der Islam kenne Religionsfreiheit. So wird Vers 256 der Sure 2 wie folgt übersetzt: „Es gibt keinen Zwang im Glauben" oder auch: „In der Religion gibt es keinen Zwang"[43]. Diese den Sinn wohl nur unvollständig erfassende Übersetzung führt zu dem (weit) verbreiteten Missverständnis der Toleranz des Islams. Zieht man aber unterschiedliche Übersetzungen heran, insbesondere auch von muslimischen Vereinigungen aus dem englischen Sprachraum, so ergibt sich eine bessere Übertragung der fraglichen Stelle. Sie besagt: „Es gibt keinen Zwang im recht verstandenen Glauben" – also für Muslime innerhalb des Islams sowie hinsichtlich des Übertritts zum Islam.[44] Dafür dass diese Interpretation vorherrschte, spricht nicht zuletzt die Jahrhunderte lang anzutreffende Verhängung der Todesstrafe gegen Apostaten. Dass die Diskriminierung und Verfolgung von Apostaten der menschenrechtlich gewährleisteten Glaubensfreiheit ebenso wie der in Art. 4 Abs. 1 und 2 GG garantierten Religionsfreiheit widerspricht, bedarf keiner weiteren Begründung.[45] Muslime mit einem Religionsfreiheit ermöglichenden Verständnis des Islams, die auch die Bezeichnung des Islams als die einzig wahre Religion (Sure 3 Vers 19; Sure 98 Vers 6) im Verhältnis zu anderen Religionen relativieren, werden bis heute in zahlreichen mehrheitlich muslimischen Staaten verfolgt oder getötet und müssen in grundrechtlich verfassten rechtsstaatlichen Demokratien Asyl in Anspruch nehmen.[46]

Neben der Apostasie ist die Gleichbehandlung von Anhängern anderer Religionen und von Atheisten ein zentrales Problem schariatischer Rechtsgestaltungen. Viel zu wenige Muslime treten den in zahlreichen Stellen des Korans (Sure 98 Vers 6; Sure 8 Vers 38 ff.; Sure 47 Vers 8; Sure 9 Vers 5) enthaltenen,

---

[43] So die Übersetzung des Korans von Rudi Paret.

[44] Ein Teil der frühen muslimischen Korangelehrten hielt den Vers für abrogiert. Bis ins 19. Jahrhundert hinein interpretierten viele traditionelle Exegeten den Vers restriktiv im hier genannten Sinne. Vgl. zur Interpretation auch Rudi Paret, Sure 2, 256: la ikraha fi d-dini. Toleranz oder Resignation, 1969, S. 299 f.; wie hier: Tilman Nagel in der FAZ vom 05.02.2008.

[45] Vgl. auch Christoph A. Stumpf 2003, S. 129 ff.

[46] Märtyrer eines freiheitlichen Religionsverständnisses im Islam finden sich sowohl unter den Sunniten als auch unter den Schiiten. Aufsehen erregte 1995 die Zwangsscheidung von Nasr Hamid Abu Zaid durch ein ägyptisches Gericht, in dessen Folge der Wissenschaftler und seine Ehefrau nach Westeuropa emigrierten.

gegen Anders- und Ungläubige gerichteten negativen Aussagen entgegen oder relativieren sie im Sinne einer mit der Religionsfreiheit verträglichen Glaubenspraxis. Zahlreiche islamisch geprägte Rechtskulturen dulden oder fördern die Diskriminierung und Verfolgung insbesondere von Christen, von Bahai und von Ahmadiyyas. Ausdruck derartiger Diskriminierung sind auch der erbrechtliche Ausschluss von zu einer anderen Religion übergetretenen Abkömmlingen sowie jeweils unterschiedlich strukturierte Eheverbote bei Glaubensverschiedenheit. Zahlreiche Entscheidungen deutscher Zivilgerichte sehen in diesen und derartigen Phänomenen einen Verstoß gegen den ordre public (Art. 6 EGBGB) und gegen zentrale grundrechtliche Gewährleistungen des Grundgesetzes. Demgemäß erhalten entsprechende schariatische Rechtsvorstellungen und Rechtsnormen unter dem Grundgesetz keinen Raum.[47] Irreführend kann insofern die vereinzelt anzutreffende Behauptung wirken, deutsche Gerichte und Behörden wendeten verbreitet schariatisches Recht an: Diese Möglichkeit besteht nur, wenn derartige Rechtsbildungen den grundlegenden Anforderungen der deutschen Verfassung und Rechtsordnung entsprechen und mit ihnen vereinbar sind.

4.3 Die Gleichberechtigung der Frau

Eine Reihe schariatischer Rechtsformen verstößt gegen die grundrechtlich gewährleistete Gleichberechtigung der Frau (Art. 3 Abs. 2 und 3 GG). Zu nennen sind erstens die sich als allgemeine Rechtswirkungen aus der Ehe ergebenden Vorrechte des Mannes, die sich in zahlreichen familienrechtlichen Einzelfragen, im Sorge-, Erziehungs- und Aufenthaltsbestimmungsrecht niederschlagen, zweitens aber auch besondere Formen der Eheschließung sowie drittens nicht zuletzt generelle erbrechtliche Benachteiligungen der überlebenden Ehefrau sowie der weiblichen Abkömmlinge (Sure 4 Vers 11). Auch insofern haben zahlreiche Gerichtsurteile die grundsätzliche Unvereinbarkeit derartiger Rechtsnormen mit den Grundrechten und mit dem deutschen ordre public festgestellt.[48] Dass das in zahlreichen Rechtsordnungen islamisch geprägter Staaten anerkannte („moderate") Züchtigungsrecht des Ehemannes (vgl. Sure 4 Vers 34)

---

[47] Vgl. Wolfgang Bock 2011a.
[48] Vgl. ebenda.

keinen Bestand haben kann, ergibt sich schon aus der Strafbarkeit derartiger Handlungen.

Nach islamisch geprägten Rechtsordnungen erlaubte Mehrfachehen von Männern (Polygynie, Polygamie von Männern) – eine bedeutsame Ausnahme bildet Tunesien mit einem von 1957 datierenden Verbot – werden im deutschen Recht grundsätzlich weder anerkannt noch geduldet (§ 1306 BGB; Art. 6 Abs. 1 GG).[49] Die entsprechende Koranstelle (Sure 4 Vers 129) ist unter islamischen Religionsgelehrten in ihrer Bedeutung kontrovers. Ein Anspruch auf Witwenrente ist bei einer „Imam-Ehe" ausgeschlossen;[50] eine nach islamischem Recht in einem anderen Land geschlossene Zweitehe führt zu keiner ausländerrechtlichen Privilegierung der Zweitfrau;[51] Einbürgerungen dürfen rückwirkend zurückgenommen werden, wenn der Betreffende mehrere Ehen geführt und dies bei der Antragstellung verschwiegen hat;[52] in der Folge erlischt auch eine mit der Einbürgerung erteilte unbefristete Aufenthaltsgenehmigung.[53] Allerdings werden die für Frauen aus im Ausland geschlossenen Mehrehen resultierenden rechtlichen Vorteile beispielsweise im Unterhalts- und Erbrecht von der deutschen Rechtsordnung nicht vernichtet. Insofern werden Mehrehen zwar nicht als rechtsgemäß anerkannt, da sie nach deutschem Recht jederzeit auf Antrag hin aufgelöst werden können, wohl aber werden gewisse Rechtswirkungen toleriert. Das zeigt insbesondere § 34 Abs. 2 SGB I, wonach die Rentenansprüche eines verstorbenen Ehemannes pro Kopf gleich unter den hinterbliebenen Witwen aufgeteilt werden.[54] Eine nach dem Heimatrecht des überlebenden Ehemannes geschlossene Zweitehe entzieht diesem gemäß § 46 SGB VI die aus der im deutschen Inland mit seiner verstorbenen Ehefrau geschlossenen Ehe zustehende

---

[49] OLG Zweibrücken, Urt. v. 21.11.2003 – 2 UF 51/03, Rz. 28 = FamRZ 2004, 950 (951).

[50] LSG Nordrhein-Westfalen, Urt. v. 10.02.1998 – L 18 Kn 70/97 (zit. nach juris).

[51] OVG Lüneburg, Urt. v. 06.07.1992 – 7 L 3634/91, Rz. 30 (zit. nach juris); VG Neustadt, Urt. v. 26.09.2003 – 8 K 696/03.NW, Rz. 22 ff. (zit. nach juris); VGH Mannheim, Urt. v. 21.08.2007 – 11 S 995/07, NJW 2007, 3453; abweichend wohl OVG Koblenz, Urt. v. 12.03.2004 – 10 A 11717/03, InfAuslR 2004, 294 ff.

[52] VG Berlin, Urt. v. 16.08.2005 – 2 A 161.04 (zit. nach juris); VG Augsburg, Urt. v. 08.03.2005 – Au 1 K 04.697 (zit. nach juris).

[53] BVerwG, Urt. v. 19.04.2011 – 1 C 2.10 (zit. nach juris).

[54] BSG, Urt. v. 30.08.2000 – B 5 RJ 4/00 R (zit. nach juris).

Witwerrente, da die ausländische Zweitehe rechtlich als Wiederverheiratung angesehen wird.[55]

Dass die Bedeutung von Kleidungsvorschriften – nicht zuletzt die Frage des Kopftuchtragens – (dazu Sure 24 Vers 31, Sure 33 Vers 53 und Vers 59) im Islam ein zentraler Gegenstand des Kampfes um die Auslegungshoheit ist, zeigt die Bedeutung der diesbezüglichen religionspolitischen Auseinandersetzungen. Für viele orthodoxe und islamistische Muslime ist das Kopftuchtragen von Mädchen und Frauen nur eine Seite der vorstehend beschriebenen rechtlichen Minderstellung von Frauen. Das in diesem Zusammenhang vorgetragene Argument, Frauen sollten nicht zur Versuchung von Männern werden, zeigt ein patriarchalisches Menschenbild.

Nach einer ersten Entscheidung des LG Bielefeld zugunsten einer ein Kopftuch tragenden Schöffin entpflichteten zwei Strafkammern des LG Dortmund Schöffinnen, die auf dem Tragen eines Kopftuchs beharrten, von ihrem Amt.[56] In einem Fall mit der interessanten Feststellung, die Schöffin habe sich zur Begründung der Ungleichwertigkeit der Aussagen von Männern und Frauen auf die Lehre der hanafitischen Rechtsschule und dabei insbesondere auf die Unterschiedlichkeit von Mann und Frau berufen. Die diesbezüglich einschlägige Stelle des Koran (Sure 2 Vers 282) lautet: „Und nehmt von euren Leuten zwei zu Zeugen. Sind nicht zwei Männer da, dann sei es ein Mann und zwei Frauen, die euch als Zeugen passend erscheinen, so dass, wenn eine der beiden irrt, die andere sich erinnern kann."

5 Islamische Menschenrechtserklärungen

Es ist aufschlussreich, dass islamische Menschenrechtserklärungen bezüglich der Gleichberechtigung von Frauen Einschränkungen vorsehen oder dieses Grundrecht zumindest einem Vorbehalt der Scharia oder generell des Islams unterstellen. Die „Allgemeine Erklärung der Menschenrechte im Islam" von 1981 geht vom Islam als der wahren Religion aus und propagiert die unbedingte Umsetzung der Scharia, ohne ein Menschenrecht der Frau auf Gleichberechtigung

---

[55] Hess. Landessozialgericht, Urt. v. 29.06.2004 – L 2 RA 429/03 (zit. nach juris).

[56] LG Bielefeld, Beschluss v. 16.03.2006 (Az.: 3221 b E H 68) (zit. nach juris); LG Dortmund, Beschluss v. 07. 1. 2006 (Az.: 14 (VIII) Gen Str K) (zit. nach juris); LG Dortmund, Beschluss v. 12. 02. 2007 (Az.: 14 Gen Str K 12/06) (zit. nach juris).

zu kennen. Der im Jahr 1990 von 45 Außenministern der „Organisation der Islamischen Konferenz" in Kairo verabschiedete Entwurf einer „Erklärung der Menschenrechte im Islam"[57] enthält den Vorbehalt, dass die Rechte und Freiheiten der Scharia unterstünden und nach ihr auszulegen seien. Die Frau ist danach nur „dem Manne an Würde gleich". Eben eine derartige Relativierung der rechtlichen Gleichheit von Frauen im Entwurf einer neuen tunesischen Verfassung führte jüngst zu erheblichen Protestkundgebungen tunesischer Frauen: Sie wenden sich gegen die Aufhebung der seit 1956 durch einfaches Gesetz gewährleisteten Gleichberechtigung der Frauen.

Die Freiheit der Eheschließung lässt nach dem Kairoer Entwurf einer „Erklärung der Menschenrechte im Islam" das Ehehindernis der Religionsverschiedenheit unberührt (Art. 5). Eine vom Rat der Liga der arabischen Staaten im September 1994 verabschiedete „Arabische Charta der Menschenrechte" bestätigte ebenso wie deren 2004 überarbeitete Fassung die Kairoer „Erklärung der Menschenrechte im Islam". Auch die im Februar 2002 vom Zentralrat der Muslime in Deutschland verabschiedete „Islamische Charta" enthält trotz einer zu begrüßenden Anerkennung der Religionsfreiheit zahlreiche Relativierungen der Menschenrechte sowie des Grundgesetzes und der deutschen Rechtsordnung.[58] Eine vorbehaltlose Anerkennung der Menschenrechte ohne deren islamische Umdeutung und ein Bekenntnis zum säkularen, demokratisch begründeten Rechtsstaat steht damit weiterhin aus. Es ist zu erwarten, dass zahlreiche der vorstehend dargelegten Konflikte zwischen einem schariatisch geprägten Rechtsverständnis und den Grund- und Menschenrechten sich im Rahmen der Verfassungsgebung in Staaten wie Ägypten und Tunesien aktualisieren werden.

6 Ergebnis

Unter Berücksichtigung der vielfältigen Strömungen und Richtungen des Islams und der zwischen ihnen bestehenden Kontroversen lässt sich sowohl historisch als auch im Hinblick auf gegenwärtige Entwicklungen dennoch von „dem Islam"

---

[57] Vgl. die deutsche Übersetzung in: Gewissen und Freiheit (36) 1991, S. 93–98, sowie im Übrigen: Alexandra Petersohn 1999.

[58] Dazu Thomas Lemmen in: Hans Waldenfels und Heinrich Oberreuter (Hrsg.) 2004, S. 107 (mit Literaturnachweisen in Fn. 11); Tilman Nagel in: Hartmut Lehmann (Hrsg.) 2004, S. 114–129; Rainer Glagow 2005, S. 334–352.

sprechen. Mannigfach erforderliche Differenzierungen sind den Wissenschaften nicht fremd, sondern verhindern generalisierende, unangebrachte Pauschalierungen. Hypotheken des Islams und islamisch-religiöser Rechtsvorstellungen sind Fragen der Religion selbst und daher in erster Linie nur von den Muslimen selbst abzutragen. Der sich aufdrängende Einwand, in Istanbul oder Ankara lebten doch die Eliten säkular und nicht entsprechend den hier angeführten islamischen Rechtsvorstellungen, führt zu keinem anderen Ergebnis. In den Fällen liberalisierter oder zum Teil säkularisierter, islamisch geprägter Gesellschaften werden die schariarechtlichen Gebote vielleicht beiseitegeschoben, ihr Gehalt wird aber dadurch zunächst nicht verändert. Dies geschähe erst, wenn aus dem Nachdenken über die Scharia Schlussfolgerungen für eine historisch-kritische Lektüre von Koran und Sunna gezogen würden und die hier in den Blick gefassten religiösen Normen in ihrem Gehalt neu bestimmt werden dürften. Dass dieser Abbau von Belastungen des Islams Aufgabe der Muslime selbst ist, sollte nicht hindern, entsprechend informierte Fragen zu stellen. Religionen können sich grundsätzlich verändern. In welchem Maße dies aber geschieht, hängt von dem Denken und Verhalten der Glaubenden wie den Einrichtungen der jeweiligen Religion ab.

Unter islamischem Recht sind nicht umstandslos alle schariatisch geprägten normativen Sätze mit Rechtsanspruch zu verstehen. Religiöse Aussagen und Forderungen sind grundsätzlich kein von staatlichen Gerichten unmittelbar anzuwendendes positives Recht. Der moderne Rechtsbegriff beinhaltet das Element der Gesetztheit, der positiven Geltung in und für eine Rechtsgemeinschaft. Islamisches Recht sind positiv gegebene und von einer Rechtsgemeinschaft anerkannte Rechtsnormen, die aus dem schariatischen Lehrgebäude abgeleitet sind und praktisch in Geltung stehen, sei dies in Form des Richterrechts, in Form gleichsam kodifizierter und von einer Rechtsgemeinschaft anerkannter Abhandlungen (Rechtsbücher) oder in Form staatlicher Gesetze.

In sehr weiten Bereichen steht das Grundgesetz der Geltendmachung, Einführung und Durchsetzung schariatischer Rechtsvorstellungen und -gestaltungen entgegen. Das gilt sowohl für theokratische Elemente als auch für Beschränkungen oder einschränkende Modifizierungen der Religionsfreiheit oder der Gleichberechtigung der Frau. Der internationalprivatrechtliche deutsche ordre public

(Art. 6 EGBGB) wie auch verfassungsrechtliche Fundamentalnormen (Art. 79 Abs. 3 i. V. m. Art. 20 Abs. 1 und 2 GG) und die Grundrechte (Art. 3 Abs. 2 und 3, 4 Abs. 1 und 2 GG) ziehen – wie gezeigt – Grenzen. Der Einführung einer islamischen Gerichtsbarkeit stehen erhebliche rechtsstaatliche und grundrechtliche Einwände entgegen. Religiöse Institutionen können nicht die für staatliche Einrichtungen notwendige Religionsneutralität gewährleisten. Recht gewährleistet Freiheit – unabhängig von der Religionszugehörigkeit der Rechtssubjekte.

Literatur

Abu Zaid, Nasr Hamid, Mohammed und die Zeichen Gottes. Der Koran und die Zukunft des Islam, Freiburg/Basel/Wien 2008.

Arjomand, Said Amir, The Shadow of God and the Hidden Imam. Religion, Political Order and Societal Change in Shi'ite Iran from the Beginning to 1890, Chicago/London 1984.

Arjomand, Said Amir, Shi'ite Jurisprudence and Constitution Making in the Islamic Republic of Iran, in. Martin E. Marty and R. Scott Appleby, The Fundamentalism Project, Vol. III, Fundamentalisms and the State, Chicago 1993, S. 81–109.

Arnold, T. W., Stichwort: Khalifa, in: A. J. Wensinck und J. H. Kramers (Hrsg.), Handwörterbuch des Islam, Leiden 1941, S. 295.

Barakat, Halim zit. nach Albrecht Metzger, Islam und Politik, in: Bundeszentrale für politische Bildung (Hrsg.), Informationen zur politischen Bildung 2002, S. 1.

Bielefeldt, Heiner, Menschenrechte in der islamischen Diskussion, in: Hans Waldenfels und Heinrich Oberreuter (Hrsg.), Der Islam – Religion und Politik, Paderborn/München/Wien/Zürich 2004.

Badura, Peter, Staatsrecht. Systematische Erläuterung des Grundgesetzes für die Bundesrepublik Deutschland, 4. Aufl., München 2010.

Bock, Wolfgang, Gerechtigkeit als Prinzip des Rechts, Rechtstheorie 37, Berlin 2006, S. 329–348.

Bock, Wolfgang, Der Islam in der aktuellen Entscheidungspraxis der Familiengerichte, NJW 2011a, 122–127.

Bock, Wolfgang, Kants Rechtsbegriff: Philosophische Bestimmung und geschichtlicher Reichtum, in: Christian Krijnen und Kurt Walter Zeidler (Hrsg.), Gegenstandsbestimmung und Selbstgestaltung. Transzendentalphilosophie im Anschluss an Werner Flach, Würzburg 2011b, S. 43–60.

Böckenförde, Ernst-Wolfgang, Religionsfreiheit ist kein Gottesgeschenk, Frankfurter Allgemeine Zeitung vom 22.04.2009.

Böckenförde, Ernst-Wolfgang, Demokratie als Verfassungsprinzip, in: Handbuch des Staatsrechts der Bundesrepublik Deutschland, Bd. II, hrsg. v. Josef Isensee und Paul Kirchhof, 3. Aufl., Heidelberg 2004, § 24.

Dreier, Horst, in: ders. (Hrsg.), Grundgesetz-Kommentar, Band 1, 2. Aufl., Tübingen 2006.
Dreier, Ralf, Das kirchliche Amt. Eine kirchenrechtstheoretische Studie, München 1972.
Dreier, Ralf, Der Begriff des Rechts, NJW 1986, 890 ff.
Engländer, Armin, Grundzüge des modernen Rechtspositivismus, JURA, Berlin/New York 2000, 113–118.
Ess, Josef van und Küng, Hans, Islam, München 2000.
Glagow, Rainer, Die „Islamische Charta" des Zentralrats der Muslime, in: Hans Zehetmaier (Hrsg.), Der Islam im Spannungsfeld von Konflikt und Dialog, Wiesbaden 2005, S. 334–352.
Griller, Stefan und Rill, Heinz Peter (Hrsg.), Rechtstheorie. Rechtsbegriff – Dynamik – Auslegung, Wien/New York 2011.
Grunebaum, Gustav Edmund von, Medieval Islam, Chicago 1954.
Grunebaum, Gustav Edmund von, Der Islam im Mittelalter, München/Zürich 1963.
Heffening, Wilhelm, in: A. J. Wensinck und J. H. Kramers (Hrsg.), Handwörterbuch des Islam, Stichwort: Khalifa, Leiden 1941, S. 544 ff.
Johansen, Baber, Staat, Recht und Religion im sunnitischen Islam – Können Muslime einen religionsneutralen Staat akzeptieren?, in: Heiner Marré und Johannes Stüting (Hrsg.), Essener Gespräche zum Thema Staat und Kirche (20), Münster 1986, S. 12–60.
Kant, Immanuel, Zum ewigen Frieden. Ein philosophischer Entwurf (1795), in: Kants gesammelte Schriften (Akademie-Ausgabe), Bd. VIII, Berlin 1923.
Klöpfer, Michael, Verfassungsrecht, Bd. I, München 2011.
Krämer, Gudrun, Gottes Staat als Republik. Reflexionen zeitgenössischer Muslime zu Islam, Menschenrechten und Demokratie, Baden-Baden 1999.
Krämer, Gudrun, Wettstreit der Werte: Anmerkungen zum zeitgenössischen islamischen Diskurs, in: Hans Joas und Klaus Wiegandt (Hrsg.), Die kulturellen Werte Europas, Frankfurt a. M. 2005, S. 469–493.
Lemmen, Thomas, Die Islamische Charta des Zentralrats der Muslime in Deutschland, in: Hans Waldenfels und Heinrich Oberreuter (Hrsg.), Der Islam – Religion und Politik. Paderborn/München/Wien/Zürich 2004, S. 107.
Lewis, Bernard, Die politische Sprache des Islam, Berlin 1991.
Loschelder, Wolfgang, Der Islam und die religionsrechtliche Seite des Grundgesetzes, in Heiner Marré und Johannes Stüting (Hrsg.), Essener Gespräche zum Thema Staat und Kirche (20), Münster 1986.
Mangoldt, Hermann von; Klein, Friedrich und Starck, Christian, Kommentar zum GG, Bd. 2, 6. Aufl., München 2010.
Matyssek, Ulf, Zum Problem der Trennung von Religion und Politik im Islam, in: Stefan Muckel (Hrsg.), Der Islam im öffentlichen Recht des säkularen Verfassungsstaates, Berlin 2008, 158–233.

Müller, Lorenz, Islam und Menschenrechte. Sunnitische Muslime zwischen Islamismus, Säkularismus und Modernismus, Hamburg 1996.
Nagel, Tilman, Staat und Glaubensgemeinschaft im Islam. Geschichte der politischen Ordnungsvorstellungen der Muslime, Bd. 1 und 2, München/Zürich 1981.
Nagel, Tilman, Die Festung des Glaubens. Triumph und Scheitern des islamischen Rationalismus im 11. Jahrhundert, München 1988.
Nagel, Tilman, Das islamische Recht. Eine Einführung, Westhofen 2001.
Nagel, Tilman, Zum schariatischen Hintergrund der Charta des Zentralrats der Muslime in Deutschland, in: Hartmut Lehmann (Hrsg.), Koexistenz und Konflikt von Religionen im vereinten Europa, Göttingen 2004, S. 114–129.
Nagel, Tilman, Mohammed. Leben und Legende, München 2008a.
Nagel, Tilman, Allahs Liebling. Ursprung und Erscheinungsformen des Mohammedglaubens, München 2008b.
Nagel, Tilman, Die unzeitgemäße Macht des Scharia-Islams, Frankfurter Allgemeine Zeitung vom 05.02.2008.
Nagel, Tilman, Ritenvollzug und Machtanspruch. Eine Konstante muslimischer Gesellschaften und ihre Bedeutung für den nichtmuslimischen säkularen Staat, in: „Der Islam" im modernen Rechtsstaat – Verwirklichung und Begrenzung religiöser Ansprüche im Rahmen der freiheitlichen demokratischen Grundordnung (Fachtagung des Landesamts für Verfassungsschutz Hessen in Wiesbaden am 06.09.2011), unveröffentlichtes Manuskript.
Paret, Rudi, Der Islam, Berlin 1969.
Petersohn, Alexandra, Islamisches Menschenrechtsverständnis unter Berücksichtigung der Vorbehalte muslimischer Staaten zu den UN-Menschenrechtsverträgen, Bonn 1999.
Rohe, Mathias, Das islamische Recht, München 2009.
Rüthers, Bernd; Fischer, Christian und Birk, Axel, Rechtstheorie mit juristischer Methodenlehre, 6. Aufl., München 2011.
Schacht, Joseph, Gotthelf Bergsträsser's Grundzüge des Islamischen Rechts, Berlin/Leipzig 1935.
Schacht, Joseph, The Origins of Muhammadan Jurisprudence, Oxford 1950.
Schneider, Irene, Qadi und Qadi-Justiz im vormodernen und modernen islamischem Recht, in: Heinrich Scholler und Silvia Tellenbach (Hrsg.), Position und Aufgaben des Richters nach westlichem und nach islamischem Recht, Tübingen 2007, S. 55 ff. (70 f.).
Stumpf, Christoph A., Die Freiheit des Religionswechsels als Herausforderung für das religiöse Recht des Islams und des Christentums, Zeitschrift für evangelisches Kirchenrecht 48, Tübingen 2003, 129 ff.
Wakin, Jeanette, Remembering Joseph Schacht (1902–1969), Harvard 2003.

Wick, Lukas, Islam und Verfassungsstaat. Theologische Versöhnung mit der politischen Moderne?, Würzburg 2009.

Zacharias, Diana, Islamisches Recht und Rechtsverständnis, in: Stefan Muckel (Hrsg.), Der Islam im öffentlichen Recht des säkularen Verfassungsstaates, Berlin 2008, 43 ff. (73–107).

Salafistische Netzwerke zwischen religiösem Wahrheitsanspruch, politischer Protestbewegung und Legitimierung von Gewalt

Ekkehard Rudolph

Phänomenbeschreibung

In den islamisch geprägten Ländern wie unter muslimischen Gemeinschaften westlicher Staaten hat das Glaubens- und Gesellschaftsmodell des Salafismus (arab. *salafiya*) in den letzten Jahren in beträchtlichem Maße an Einfluss gewonnen. Damit ist für die traditionellen islamischen Organisationen und Akteure eine neue dynamische Konkurrenz in der Auseinandersetzung um die Deutungshoheit über islamische Glaubenslehren entstanden.

Auch wenn die Zahlenstatistik ihnen lediglich eine marginale Rolle unter muslimischen Gemeinschaften zuerkennt, beschreiben Sicherheitsexperten die salafistischen Bewegungen insbesondere im Westen als eine der am schnellsten wachsenden Richtungen innerhalb des Islam.[1]

Dafür gibt es neben inneren und äußeren gesellschaftlichen Konfliktlinien, die der Bewegung Anhänger zutreiben, auch mediale Gründe. Denn die Bewegung versteht es, sich die neuen Medien effektiv zunutze zu machen. Als Plattformen zur Selbstdarstellung, Kommunikation und Vernetzung dienen Internet – vor allem Web 2.0 – ebenso wie als reaktives Instrument zur Zurückweisung kritischer Mediendarstellungen.[2]

Zugleich haben sich aus der salafistischen Bewegung mittlerweile verschiedene, teilweise kontroverse Auslegungsrichtungen und Netzwerke entwickelt, die eine differenzierte Betrachtung verdienen.

---

[1] Vgl. das Statement der Leiterin des Berliner Verfassungsschutzes, in: Tagesspiegel (Berlin) vom 3.12.2008, unter http://www.tagesspiegel.de/politik/deutschland/Islamisten-Salafisten;art122,2675271 (05.12.2008); zur aktuellen Einschätzung des Salafismus vgl. Guido Steinberg 2012; Der Verfassungsschutzbericht für 2011 nennt die Zahl von 3.800 Personen, die dem Salafismus in Deutschland zugerechnet werden, abgerufen unter http://www.verfassungsschutz.de/de/publikationen/verfassungsschutz bericht/ (18.07.2012).

[2] Beispielhaft ist der Internetauftritt von „Islamically incorrect" als Reaktion auf den rechtspopulistischen und islamkritischen Weblog „Politically incorrect".

Hintergrund für das Aufkommen salafistischer Strömungen ist der subjektiv empfundene Glaubens- und Werteverlust, den Teile der muslimischen Gemeinschaft als charakteristisch für die islamische Gemeinschaft (*umma*) insgesamt reklamieren. Von den geistigen Wortführern der Bewegung werden daraus Analogien zur historischen Vergangenheit des Islam und zu seinem universal gültigen Glaubens- und Rechtssystem konstruiert. Durch die vermeintliche Abweichung von der „wahren" islamischen Lehre hätten sich die Muslime von ihren religiösen Ursprüngen entfernt und liefen Gefahr, ihre Glaubenswerte in einer mehrheitlich säkularen, nicht-islamischen Umgebung zu verlieren.

Als Leitbild dient der Bewegung das Beispiel der sogenannten „frommen Vorfahren" (*al-salaf al-salih*) oder der Prophetengefährten (*sahaba*), d. h. der Protagonisten der frühen muslimischen Gemeinde von Medina, die nach islamischer Lehre das „Zeitalter der Glückseligkeit" (*asr al-sa'ada*), d. h. die Herrschaft des Islam in Abgrenzung von einer als religiös „unwissend" (*jahil*) wahrgenommenen Stammeskultur begründeten. Aus dem Ideal dieser heldenhaft verklärten Tradition bezieht der Salafismus seine Legitimation und Wirkungskraft bis heute.

Indem sie Geist und Buchstaben der prophetischen Tradition (*Sunna*) ohne Abstriche wiederzubeleben suchen und die vermeintlich regressiven gesellschaftlichen Entwicklungen der islamischen Welt – Salafisten bezeichnen diese als „unerlaubte Neuerungen" (*bid'a*) – als Quelle aller politischen und sozialen Probleme betrachten, begeben sie sich in einen teilweise unauflösbaren (Identitäts-)Konflikt mit den Gesellschaftssystemen islamisch geprägter Länder wie den westlichen Demokratien.

Abweichend von den meisten islamistischen Bewegungen der Vergangenheit, die einen politischen Geltungsanspruch ihrer Ideologie und die Beeinflussung gesellschaftlicher Strukturen und Entwicklungen als extremistischen Gegenentwurf zu demokratischen Systemen offen vertreten, argumentieren viele salafistische Gelehrte und Prediger zunächst in einem religiös-theologischen Begriffsrahmen, der auf ein streng islamkonformes Regelverhalten des einzelnen Gläubigen zielt. In der Konsequenz allerdings hat das Islam-Verständnis salafistischer Akteure und deren buchstabengetreue Auslegung der offenbarten Texte eine Befürwortung frühislamischer Herrschafts- und Gesellschaftsformen zur

Folge, die sich in einer mehr oder weniger deutlichen Antithese zu den Rechts- und Wertenormen der umgebenden Gesellschaften befindet.[3]

In religiöser Hinsicht ist das Bekenntnis zur Einheit und Einzigkeit Gottes (*tauhid*) für alle Salafisten von zentraler Bedeutung. In Fragen der Rechtsauslegung folgen sie fast ausschließlich der Schule (*madhhab*) der Hanbaliten, die sich in Fragen der religiösen Praxis und der sozialen Verhaltensregeln allein auf Aussagen in Koran und Sunna stützen und eine davon unabhängige Urteilsfindung in der islamischen Rechtslehre rigoros ablehnen.[4]

Der Kern salafistischer Lehre zeigt sich insbesondere in der Strömung des Wahhabismus (*wahhabiyya*), dessen Begründer der Religionsgelehrte Muhammad ibn Abd al-Wahhab (1703–1791) war und dessen Theorien sich in Saudi-Arabien als religiöse Staatsdoktrin nachhaltig ausgebreitet haben.[5] So genießt das „Buch des Monotheismus" (*Kitab al-Tauhid*) von Abd al-Wahhab, in dem die behauptete Abkoppelung des Islam von seinen religiösen Ursprüngen als Häresie gebrandmarkt wurde, in salafistischen Bewegungen bis heute Kultstatus.[6]

Gefördert durch die mediale Verbreitung religiöser Rechtsgutachten (*fatwas*), durch Publikationen und Finanzhilfen von Organisationen und Stiftungen, die in erster Linie der staatlichen Religionspolitik Saudi-Arabiens verpflichtet sind, finden salafistische Deutungen weite Verbreitung auch und gerade in der muslimischen Diaspora in Europa. Während die ältere Generation wahhabitischer Gelehrter eine vermeintlich politisch loyale, „puristische" Form des Salafismus nach außen vertritt, haben Vertreter der jüngeren Generation – angeregt u. a. durch die Lage in Afghanistan seit den 1980er Jahren und das Bündnis des saudischen Königshauses mit den USA – eine militante Ausdrucksform des Salafismus theoretisch begründet und eingefordert.[7]

---

[3] Vgl. Bernard Haykel, On the Nature of Salafi Thought and Action, in: Roel Meijer 2009, S. 33 ff.; Marwan Abou-Taam 2012a.

[4] Die Rechtsschule geht auf den islamischen Theologen und Rechtsgelehrten Ahmad ibn Hanbal (gest. 855 in Bagdad) zurück. Vgl. Mathias Rohe 2011, S. 27 ff.

[5] Vgl. Werner Ende und Udo Steinbach 2005, S. 537 ff.

[6] Eine deutsche Übersetzung kursiert seit 2008 im Internet: Kitab at-Tawhid, übers. von Abu Izzudin, 1429 H.

[7] Vgl. Guido Steinberg 2005, S. 143 ff.

In der Frage der offenen Legitimierung von Gewalt zur praktischen Durchsetzung islamischer Staatsvorstellungen ist die Bewegung bis heute gespalten. Während viele Salafisten den offensiven gewaltsamen Jihad (*Ǧihād, Dschihad*) oder auch Selbstmordattentate als Verstoß gegen die Lehren des Islam ablehnen, wird die salafistische Bewegung seit den 1990er Jahren durch die Theorie zur Verteidigungspflicht der islamischen Länder gegen nichtislamische Besatzungsmächte und den Aufruf zum globalen Jihad massiv beeinflusst. Hier sind zahlreiche Schnittmengen zwischen den militanten Bewegungen und der „revolutionären" jihad-salafistischen Ideologie (*Salafiya Jihadiyya*) erkennbar.[8]

In der Forschung werden salafistische Bewegungen deshalb seit Jahren in ihrer Divergenz zwischen verschiedenen Strömungen wahrgenommen, erstens einer apolitischen „puristischen" Strömung,[9] zweitens einer breiten missionarischen Strömung („Mainstream"- oder *Da'wa*-Salafismus) und drittens, einer Militanz einschließenden Strömung (*Salafiya Jihadiya*), die sich dem Netzwerk Al-Qaida ideologisch angenähert hat.[10] Im Zuge der dynamischen Entwicklung der salafistischen Denkschulen haben sich auch die Meinungsunterschiede und Kontroversen mit den politischen Bewegungen des Islamismus, vor allem mit der Muslimbruderschaft, deutlicher herausgebildet.[11] Die theologische und rechtstheoretische Basis, auf die sich salafistische Strömungen zurückführen, weist jedoch – ungeachtet abweichender Auslegungen – viele Gemeinsamkeiten auf.

Salafistische Ideologie im Internet

Unter muslimischen Gemeinschaften in Deutschland findet die salafistische Ideologie in ihren verschiedenen Ausprägungen seit Jahren wachsende Anhängerzahlen. Eine Schlüsselrolle bei der Verbreitung spielt dabei das Medium Internet. Hier wird eine effektive Kommunikationsstrategie eingesetzt, die das Ziel

---

[8] Vgl. Thomas Hegghammer, Jihadi Salafis or Revolutionaries? In: Roel Meijer 2009, S. 244 ff.

[9] Die puristische, gewaltablehnende Variante des Salafismus wird vor allem von Gelehrten wie dem saudi-arabischen Scheich Rabi' al-Madkhali (geb. 1931) vertreten und unterhält auch in Europa Netzwerke von Anhängern.

[10] Vgl. Quintan Wiktorowicz 2006, S. 207 ff.

[11] Vgl. Olivier Roy 2006, S. 243 ff.

der Verbreitung salafistischer Lehren im Sinne einer aktiven Ansprache von Zielgruppen mit den Bedürfnissen der modernen Mediengesellschaft verbindet.

So werden auf deutschsprachigen Internetseiten in nahezu unüberschaubarer Zahl Predigten und religiöse Abhandlungen auf Deutsch bzw. in deutscher Übersetzung bereitgestellt. Diese Entwicklung korrespondiert mit der weltweiten Zunahme salafistischer Webseiten mit Online-Predigten und „e-*Fatwas*" vor allem saudisch-wahhabitischer Herkunft seit etwa 2000.[12]

In den letzten Jahren konnte die Mehrheit der Internetauftritte eher dem „Mainstream"-Salafismus zugeordnet werden, d. h., die Inhalte richteten sich auf die Vermittlung einer vermeintlich authentischen sunnitisch-islamischen Lehre und der darauf basierenden religiösen Orthopraxie in unterschiedlichen Alltagssituationen von Muslimen. Vor allem heterodoxe islamische Sekten und Bewegungen (Schiiten, Ahmadiyya u. a.), aber auch konkurrierende Islamauslegungen wurden ausgegrenzt.

Im Kern vermitteln die Betreiber vieler Internetseiten ein „geschlossenes" islamisches Weltbild, das vor allem jungen Muslimen mit Migrationshintergrund und Konvertiten Immunität gegenüber Gewaltneigung auf der einen Seite wie gegen Identitätsverlust und „Verwestlichung" auf der anderen Seite verspricht. Als Mittel dient ihnen das rigorose Einhalten islamischer Pflichten und Alltagsregeln, die teilweise bis in letzte Details vorgeschrieben werden. Einige Inhalte sind so fließend, dass die Grenzziehung zwischen einer rigoros-salafistischen Auslegung islamischer Überlieferungen und Intoleranz gegenüber anderen Auslegungen, die schließlich auch Sanktionen gegenüber „Abweichlern" einschließen kann, nicht leicht zu ziehen ist.

Traktate und Predigten prominenter wahhabitischer Gelehrter bilden auf vielen salafistischen Internetseiten die Hauptautoritäten in der Auslegung islamischer Quellen.[13] Typisch ist dabei die Ablehnung religiöser „Neuerungen" und Abweichungen vom „wahren Islam". Immanent wird die Wiederherstellung der

---

[12] Vgl. Dominique Thomas, Le role d'Internet dans la diffusion de la doctrine salafiste, in: Bernard Rougier 2008, S. 87 ff.; Der Ruf zu Gott 2011, S. 37 ff.

[13] Zu den im „Mainstream"-Salafismus wie in Teilen des Jihad-Salafismus anerkannten Autoritäten gehören vor allem die Gelehrten Nasir al-Din al-Albani (1914–1999), Scheich Abd al-Aziz ibn Baz (gest. 1999) und Muhammad ibn al-Uthaimin (1926–2001).

ursprünglichen Ordnung des Islam in den muslimischen Ländern als „Heilsweg" propagiert.

Inhalte vieler salafistischer Webseiten zeigen eine Nähe zur Lehre des „*Takfir*", die eine zeitgemäße Auslegung des Koran und des islamischen Rechts als Beweise für „Unglauben" (*kufr*) versteht und damit in Teilen eine religiöse Legitimation für deren Bekämpfung liefert. Auch wenn in der Konsequenz nicht zwingend eine Aufforderung zum aktiven und gewaltsamen Jihad propagiert wird, so ist feststellbar, dass hier eine kämpferische, an einer „dualistischen" Welt- und Werteordnung orientierte Propaganda verbreitet wird, die dazu angelegt ist, Intoleranz und Desintegration unter muslimischen Gemeinschaften zu fördern. Hierdurch wird zum einen Intoleranz gegenüber „unislamischen" Verhaltensweisen sowie gegenüber anderen Religionen und Glaubenslehren zum Ausdruck gebracht. Zum anderen wird die Orientierung auf das Weiterleben der „wahren Gläubigen" im „Jenseits" als vorrangige Glaubensnorm vertreten. Im Kern sind somit argumentative Brücken zur jihad-salafistischen Ideologie zu erkennen.[14]

Multimediale Missionsbewegung

In den letzten Jahren verbreiteten deutschsprachige Prediger, darunter zum Islam konvertierte Jugend-Imame wie Pierre Vogel, die Botschaften salafitischer Netzwerke mit ihrem multimedialen „Aufruf zum Islam" (*Da'wa*) lokal und bundesweit über zahlreiche Vortrags- und Seminarveranstaltungen.[15] Die Wochenendseminare zu islamischen Glaubensfragen, seit 2004 im Internet beworben und in Moscheegemeinden verschiedener deutscher Großstädte wie Berlin, Hamburg, Frankfurt, Köln und Bonn abgehalten, wurden durch eine Vielzahl von Vorträgen und Tagesveranstaltungen – teilweise auch als Open-Air-Event – zelebriert und um Prediger aus dem gesamten Bundesgebiet ergänzt. Die Teilnehmerzahlen zeigen den Sogeffekt der salafistischen *Da'wa*. Video-Mitschnitte von Vorträgen und Veranstaltungen werden über Internetportale wie YouTube, soziale Netzwerke oder über diverse Weblogs abrufbar gehalten.[16]

---

[14] Vgl. Marwan Abou-Taam 2012a.

[15] Die Zahl der Prediger wird aktuell auf ca. 50 geschätzt. Hinzu kommen jeweils einige Dutzend Anhänger, vgl. Guido Steinberg 2012, S. 6.

[16] In einem Internetforum wurden 2008 von einem Teilnehmer 30 maßgebliche deutschsprachige In-

Viele Internetseiten popularisieren salafitisches Gedankengut im Sinne einer jugendnahen umfassenden islamischen Lebensordnung. Das Ziel, neue Anhänger zu werben und an die bestehenden Netzwerke zu binden, wird durch Vor-Ort-Veranstaltungen, Online-Unterweisungen via Paltalk und Möglichkeiten zum Download von Text-, Audio- und Videodateien deutlich. Auf einzelnen Webseiten nehmen religiöse „Schnellkurse" und visualisierte Konversionen Jugendlicher zum Islam ebenso viel Raum ein wie Kritik an gesellschaftlichen Fragen und Problemen. Solche Themen finden auch in Internetforen Beachtung, in denen salafistische Deutungsangebote teilweise auch kontrovers diskutiert werden.

Schließlich sind auf vielen salafistischen Internetseiten auch kommerzielle Angebote einschließlich eines auf die Bedürfnisse der muslimischen Klientel angelegten Warenangebots zu finden. So können hier beispielsweise neben Büchern, Bild- und Tonträgern auch islamisch korrekte Kleidung und Ritualgegenstände online bestellt werden.

Inhalte und Konsequenzen salafistischer Deutung

Im Folgenden werden verschiedene salafistische Deutungsmuster vorgestellt. Auf salafistisch dominierten Webseiten und in Foren wird in der Konsequenz deutlich, wie extremistische Auslegungen religiöser Quellen eine intolerante, gesellschaftliche Desintegration fördernde und in Teilen gewaltlegitimierende Ideologie hervorbringen, mit der Protagonisten versuchen, die Deutungsmacht traditioneller muslimischer Akteure zu brechen.

Pflicht zur Ablehnung des *Taghut*

Auf salafistisch relevanten Internetseiten finden sich zahlreiche Texte über die Pflicht zur Ablehnung „nichtislamischer" Rechtsordnungen. Ein Beispiel ist ein aus dem Arabischen übersetzter Vortrag unter dem Titel *Die Ablehnung des Taghuts*. Unter Zitierung des Koran, von Aussagen des Propheten (*Hadîth*) und

---

ternetseiten für „korrekte" Informationen über den Islam angegeben. Inzwischen dürften Facebook-Accounts und diverse Weblogs die Möglichkeiten der Verbreitung solcher Informationen um ein Vielfaches übersteigen.

wahhabitischen Rechtsgelehrter wird davor gewarnt, „ungläubige" Rechtsordnungen, Demokratie, Volksvertretungen etc. zu akzeptieren. Diese werden als *Taghut* (wörtlich: Götzen, d. h. dem Unglauben dienend) bezeichnet. Falls der Gläubige sich dennoch dem *Taghut* unterwerfe, falle er vom Islam ab, wobei Sanktionen für den „Abfall vom Islam" nicht konkret benannt werden:

> So ist dieser Säkularismus, der die Shari'a außer Kraft setzt, und das erlaubt, was Allah [...] verboten hat und das verbietet, was Allah [...] erlaubt hat, so muss man Kufr gegen ihn machen, denn er ist ein Taghut...[17]

In einem anderen Traktat zum gleichen Thema wird über demokratische Systeme Folgendes ausgesagt:

> Die Demokratie ist ein Taghut und bildet das Fundament der Taghut, die außer Allah angebetet werden. Destotrotz zögern und scheuen sich die Menschen nicht, in diesen Din [d. h. Religion] einzutreten. Sie lassen sich vor ihr richten und loben ihn, ohne sich zu scheuen...[18]

Abfall vom Islam

Auf einer Internetseite werden die Folgen des Übertritts vom Islam unter islamrechtlichen Kriterien wie folgt wiedergegeben:

> Die hanafitischen Ulama sind sich darüber einig, dass ein Mann, der sich vom Islam abgewendet hat (nachdem er Muslim war) getötet werden muss, eine Frau hingegen muss eingesperrt werden...[19]

Diese Rechtsauffassung wird u. a. in der Schrift *Die Glaubenslehre der sunnitischen Gemeinschaft* des in der salafistischen Bewegung als Autorität verehrten saudiarabischen Rechtsgelehrten Muhammad ibn al-Uthaimin (gest. 2001) verbreitet. Diese Haltung zur Sanktionierung der Apostasie gilt wegen ihrer Rückführung auf *Hadîthe*, nicht nur in der strengeren hanbalitischen Rechtsschule, als rechtlich unumstrittene Empfehlung. Ihre Durchsetzung sollte aller-

---

[17] Bishr ibn Fahd al-Bishr: Die Ablehnung des Taghut, Deutsche Übersetzung eines Vortragsreihe, erschienen im At-Taqwah Verlag, Riad, S. 42, abgerufen unter http://www.al-iman.net (02.06.2008, Seite ist nicht mehr im Netz).

[18] Die Erklärung des Begriffes *Taghut*, S. 22, abgerufen unter http://www.tawhed.de (02.04.2009).

[19] Vgl. Textauszug unter link „Die Aqida / Der Unterschied zwischen einem Murtadd (Abtrünnigen) und einem Kafir", abgerufen unter http://www.unserislam.de (02.06.2008).

dings nach vorherrschender Meinung einem Rechtsgelehrten in einem islamischen Staatswesen vorbehalten bleiben.[20]

Jenseitsorientierung

In der salafistischen Deutung wird die Orientierung der Gläubigen auf den „Jüngsten Tag" und das „Paradies" besonders herausgehoben und mit der Sinnfrage und dem islamgemäßen Verhalten der Gläubigen verknüpft. Vorträge und Traktate beschreiben in oft suggestiv-emotionaler Art den Zustand der Gläubigen im Jenseits.[21] Oft bestehen diese aus einer extrem kontrastierenden Beschreibung des Paradieses und im Gegensatz der Hölle als dem für die Gläubigen beziehungsweise Ungläubigen jeweils zu erwartendem Schicksal. Die teilweise drastische Beschreibung des „Jüngsten Gerichts" (*yaum al-qiyama*) und der Selektion zwischen „Gläubigen", „Ungläubigen", „Heuchlern" und „Sündern" wird auf koranische und prophetische Überlieferungen zurückgeführt. Typisch ist die hier vermittelte Sicht auf das „Diesseits", das als pauschal verkommen und wertlos erscheint und das dem Paradies als Ziel des „wahren Gläubigen" gegenübergestellt wird. In einem Traktat aus dem Predigernetzwerk *Die wahre Religion* wird die Strafe im Sinne einer apokalyptischen Prophezeiung für diejenigen angedroht, die den Weg der „wahren Religion" nicht beschreiten:

> Diejenigen, die die Befehle Allahs in dieser Welt zurückweisen und, bewusst oder unbewusst, das Bestehen ihres Schöpfers leugnen, werden keine Rettung im Jenseits finden. Deshalb muss jeder, ohne Zeit zu verlieren, seine Situation begreifen und sich Allah stellen. Andernfalls wird er es bedauern und er sieht sich einem furchtbaren Ende gegenüber...[22]

Abgrenzung von den „Ungläubigen"

Mit dem aus dem Koran stammenden Begriffspaar *al wala wa al-bara* – sinngemäß übersetzt mit „Loyalität zum islamischen Glauben und Lossagung vom

---

[20] Vgl. Silvia Tellenbach 2006.

[21] Vgl. dazu das im Internet verbreitete Traktat „Die Früchte der Investition" von Abdullah Muhammad Behdschat, das in deutscher Übersetzung vorliegt. Abruf unter http://www.way-to-allah.com (20.08.2008).

[22] „Das Leben nach dem Tod", in: Die Wahre Religion, Autor: nicht genannt, Hrsg. http://www.diewahre religion.de, S. 331.

Unglauben" – haben konservative islamische Rechtsgelehrte wie moderne islamistische Theoretiker ihre Rechtfertigung für das strikte Festhalten am Glauben und die Abgrenzung von den „Ungläubigen" hergeleitet.[23] Im Internet verbreitete salafistische Predigten und Traktate enthalten rigide Empfehlungen zum Verhalten von Muslimen gegenüber Ungläubigen und „abgefallenen" Muslimen, die implizit auch deren Ausgrenzung und Bekämpfung einschließen. So findet sich in einer Abhandlung zu dem Thema folgendes Zitat:

> Barah entspringt dem Hassen um der Religion willen… Hierzu gehört,… dass man Dschihad macht mit dem Geld, der Zunge und mit Waffen und dass man die Länder der Kuffar [d. h. der Ungläubigen] verlässt und zu den Ländern der Muslimin geht…[24]

Jihad-Rhetorik

Bei der Forderung an die Muslime, das Glaubensbekenntnis und die strikte Einhaltung der Verhaltensregeln im Alltag durch die aktive Teilnahme am Jihad zu ergänzen, sind salafistische Bewegungen und Netzwerke bis heute tief gespalten.[25] „Das Verhältnis zur Gewaltanwendung ist unter Salafisten entweder ambivalent, situationsbezogen oder eindeutig gewaltbejahend wie unter Jihadisten."[26] Vor allem diskutiert wurde die Frage der islamrechtlichen Autorität, die den Jihad unter bestimmten Bedingungen ausrufen darf.

In einer Schrift aus dem in Saudi-Arabien angesiedelten „Islamic Propagation Office" wird die Ambivalenz der Jihad-Deutung erkennbar:

> Allah machte den Ğihad, den Kampf für Seine Sache, zu einer belohnten Handlung, an welche die Muslime glauben und welche sie praktizieren. Tatsächlich wird der Ğihad als der „Höcker" des Kamels betrachtet, die höchste, wichtigste Stelle des Kamelkörpers, und genauso sollte dies für den Muslim gelten. Dem Kampf einzig und allein für

---

[23] Eine ausführliche Abhandlung zu der Lehre, die im Internet auch auf Deutsch angeboten wird, stammt von dem saudischen Gelehrten Muhammad Said al-Qahtani: Al-Wala wal-Bara, Loyalität und Lossagung für Allah nach der Aqida der Salaf.; Vgl. auch Joas Wagemakers, The Transformation of a Radical Concept – al-wala wa-l-bara in the Ideology of Abu Muhammad al-Maqdisi, in: Roel Meijer 2009, S. 81 ff.

[24] Traktat „Walah und Barah", abgerufen unter http://www.al-iman.net (15.06.2008, aktuell nicht mehr im Netz)

[25] Vgl. Mariella Ourghi 2010, S. 26 ff.

[26] BMI 2011, S. 49.

die Sache Allahs muss sich der ernsthafte gläubige Muslim in diesem Leben hingeben...[27]

Auf einer Internetseite sind detaillierte Ausführungen zum Umgang mit Nicht-Muslimen und „Abtrünnigen", zum Jihad und zum islamischen Strafrecht enthalten, die sich auf den Umgang mit den gegnerischen Stammesverbänden zur Zeit des Propheten Mohammad in Medina beziehen, aber zugleich eine Handlungsanweisung für die Muslime in der Gegenwart enthalten:

Heutzutage, wo die imperialistischen Kuffar [d. h. Ungläubige] die islamischen Länder besetzt halten, ist der Djihad für jeden Gläubigen, der es vermag, eine 'ibadat im Range von Fard 'Ayn [d. h. unbedingte Glaubenspflicht]...[28]

Diese Auslegung bietet, wie in vielen Vorträgen und Traktaten zum Thema Jihad, die im Internet verbreitet werden, Muslimen eine Legitimation für Gewalthandeln, insbesondere beim Verhalten in Krisengebieten unter „feindlicher" Besatzung.

Der gewaltförmige Widerstand gegen Besatzungsmächte z. B. in Afghanistan wird von salafistischen Akteuren im Internet seit Jahren religiös gerechtfertigt. Dabei versuchen Verbreiter jihad-salafistischer Propaganda, die Legitimation mit religiösen Quellen, aber auch mit den Schriften der Vordenker militant-islamistischer Bewegungen zu begründen. Diese Schriften reichen von frühen Theoretikern wie Sayyid Qutb (Muslimbruderschaft, 1906–1966) bis zu den Ideologen des militanten Islamismus wie Abdallah Azzam (1941–1989) und Abu Muhammad al-Maqdisi (geb 1959). Deren ins Deutsche übersetzte Traktate können auch über relevante Internetforen heruntergeladen werden. So werden die zentralen Argumentationslinien der *Takfir*- bzw. *Jihad*-Ideologie an Interessierte vermittelt.

Die Quintessenz der Propaganda wurde vor einigen Jahren in einem deutlichen Aufruf an die Muslime zum Anschluss an den Jihad gegen alle „Ungläubigen" und ihre Verbündeten, darunter den Juden, mit folgenden Worten verbreitet:

Und wir rufen zum ernsthaften I'dād (Ausbildung und Vorbereitung) auf allen Ebenen und Arten (Rüstung, physisch, finanziell, mental und in Taqwā [d. h. Gottesfurcht])

---

[27] Abdul Rahman Al-Sheha: Missverständnisse über Menschenrechte im Islam. Riyadh 2003, S. 22.
[28] Textauszug, abgerufen unter http://www.unserislam.de (17.07.2008).

für den Jihād auf dem Wege Allāhs und zur größtmöglichen Anstrengung in der fortwährenden Konfrontation gegen die Tawāghīt [d. h. Götzen] und ihrer Helfer – gegen die Yahūd [d. h. Juden] und ihre Verbündeten, um die Muslime und ihre Ländereien von den Fesseln der Demut und Besatzung zu befreien..."[29]

Entwicklung salafistischer Netzwerke in Deutschland

Die salafistische Szene in der Bundesrepublik hat sich nach der Jahrtausendwende schrittweise etabliert. Vorläufer salafistisch inspirierter Zentren in den 90er Jahren waren das Multikulturhaus (MKH) in Neu-Ulm (Verbot 2005) und das Islamische Informationszentrum (IIZ) in Ulm (Verbot 2007). Hieraus gingen Akteure hervor, die sich ideologisch in Teilen der globalen jihad-salafistischen Bewegung verbunden fühlten, darunter Exil-Ägypter mit Kontakten zu salafistischen Netzwerken in Ägypten, Saudiarabien u. a. Die Grauzone zur Aktionsbereitschaft bei einzelnen Mitgliedern des Ulmer Milieus zeigte sich spätestens 2007 durch die Aufdeckung von Anschlagsplanungen der sogenannten „Sauerland-Gruppe".[30]

Seit 2004 nahmen Islamseminare zur religiösen Unterweisung, die im Internet angekündigt wurden („Lerne den Islam"), zunächst in Bonn und in Berlin die Rolle von multiplikatorischen Schulungen bei der salafistischen Deutung islamischer Glaubenslehren ein. Die Laienprediger Abul-Hussain (Leipzig), Abu Jamal (Bonn) und Abdul Adhim (Berlin) fungierten hier als religiöse Führer und zugleich ideologische Wortführer einer salafistischen Bewegung, die sich an bestimmte Autoritäten bzw. Netzwerke und deren Lehrmeinungen insbesondere in Syrien, Marokko u. a. arabischen Ländern anlehnte.[31] Im Kern wurden hier vor allem Jugendliche gemahnt, sich an einem strikt islamkonformen und Integration ablehnenden Glaubens- und Verhaltensmuster zu orientieren, ohne auf politische Einflussmöglichkeiten mittels Medienkampagnen völlig zu verzichten (Politischer oder „Mainstream"-Salafismus).

Mit der „Salafisierung" im Umfeld von Moscheegemeinden, insbesondere in Stadtquartieren mit starken multiethnischen Bevölkerungsanteilen, wuchs auch

---

[29] Textauszug, abgerufen unter http://www.aazara.net (16.09.2008, Seite ist nicht mehr im Netz).
[30] Vgl. Souad Mekhennet u. a. 2006, S. 46 ff. sowie Annette Ramelsberger 2008.
[31] Vgl. Klaus Hummel 2009.

die Anziehungskraft der Bewegung auf Jugendliche. Der 2000 zum Islam konvertierte Ex-Boxer Pierre Vogel („Abu Hamza") fand seitdem durch eine spezifische, von Lokalkolorit geprägte Ansprache und einem religiös-moralischem Pathos Einfluss vor allem auf Jugendliche mit Migrationshintergrund und Konvertiten.[32] Durch die Etablierung des Netzwerks „Die wahre Religion" (DWR) ab 2005 einschließlich von Schulungen („Was ist Islam", „Der Sinn des Lebens") und einer begleitenden Internetpräsenz gelang es Vogel zusammen mit dem Kölner Laienprediger Ibrahim Abou-Nagie, eine überregionale mediengestützte Bewegung salafistischer *Da'wa* zu installieren, die vor allem die Konversion Jugendlicher zum Islam – gewissermaßen „im Schnellverfahren" – forcierte. Mit einfachen Slogans gelang es verschiedenen Predigern, den Islam mehr und mehr als Antwort auf Sinn- und Identitätskrisen Jugendlicher zu empfehlen.[33]

Nach taktischen Meinungsverschiedenheiten unterbrach Vogel 2008 die Zusammenarbeit mit Abou-Nagie und etablierte in der Folgezeit das Netzwerk „Einladung zum Paradies" (EZP), von dem in der Folgezeit Veranstaltungen mit „Event"-Charakter und internationalen Gastpredigern aus der salafistischen Szene ausgingen.

2009 erfolgte eine Verschmelzung mit den missionarischen Aktivitäten des türkischstämmigen Islampredigers Abu Anas, Initiator der „Online"-Islamschule in Braunschweig. Die Idee, die Islamschule, die nach dem Lehrverständnis wahhabitischer Gelehrsamkeit ausgerichtet ist, als Aus- und Fortbildungseinrichtung nach Mönchengladbach zu verlegen und mit der ortsansässigen Moschee zu verschmelzen, mündete ab 2010 in einer Kampagne um den Einfluss des salafistischen „Mainstreams" auf Teile der muslimischen Gemeinschaft. Im Rahmen von lokalen juristischen Auseinandersetzungen, die von den öffentlichkeitswirksamen Aktivitäten einer Bürgerinitiative gegen Salafismus begleitet wurden, polarisierten Vogel und Vertreter der Bürgerinitiative auch vehement in den Medien.[34] Nach dem Verzicht auf die Bauplanung und der Auflösung des Vereins „Einladung zum Paradies" näherte sich Vogel seit 2011 wieder dem Netzwerk „Die wahre Religion" um den salafistischen Prediger Ibrahim Abou-Nagie

---

[32] Vgl. Julia Gerlach, Die lässigen Gehirnwäscher, in: DIE ZEIT, Nr. 41, 2007.

[33] Vgl. Wolf Schmidt, Allah statt Playstation: Salafismus in Deutschland, in: Tageszeitung, 27. Juli 2009.

[34] Vgl. dazu Jörg Lau, Willkommen im Paradies, in: DIE ZEIT, Nr. 42, 2011.

an, die laut einer aktuellen Analyse der „Stiftung Wissenschaft und Politik" als „rechter Flügel des politischen Salafismus" gilt.[35] Aus dem Kölner Netzwerk heraus wurde 2011 schließlich auch die Kampagne der kostenlosen Koranverteilung in deutschen Großstädten („Lies!") entwickelt, die nach Ansicht von Beobachtern die Bindewirkung zwischen diversen salafistischen Flügeln durch traditionelle *Da'wa* herzustellen sucht, in dem sie die religiöse Quelle des Islam neu ins Zentrum rückt.[36]

Die Problematik der Segregation und sukzessive ideologischen Radikalisierung innerhalb salafistischer Netzwerke kann aktuell durch die Etablierung der Plattform *Millatu Ibrahim* (dt. Religionsgemeinschaft Abrahams) seit Ende 2011 nachverfolgt werden. In ideologischer Anbindung an Akteure aus dem Netzwerk DWR gelang es einigen in Österreich und Deutschland agierenden Protagonisten (Abu Usama al–Gharib, Ebu Tejma, Abou Maleeq) durch Islamseminare und eine dicht gestaffelte Internetpräsenz in kurzer Zeit Anhänger für eine gewaltaffine salafistische Ideologie zu formieren.[37] Deren ideologischer Resonanzboden lässt sich auf jihad-salafistische Akteure u. a. in Jordanien, Ägypten und Marokko zurückführen, die wie der einflussreiche Theoretiker des Jihad, Abu Muhammad al-Maqdisi, teilweise in ihren Ländern inhaftiert sind. Die Konfrontation der international vernetzten Plattform von *Millatu Ibrahim* mit der islamfeindlichen „Pro-Bewegung", die mit provokativ enthüllten Muhammad-Karikaturen einen Landtags-Wahlkampf gegen die Präsenz des Islam in Deutschland insgesamt zu führen versuchte, mündete im Frühjahr 2012 in gewaltsamen Auseinandersetzungen in einigen Städten in Nordrhein-Westfalen.[38]

Auch wenn die medienwirksame Selbstvermarktung solcher Gruppierungen, die an die Jihad-Ideologie anknüpft und sie aktiv propagiert, deren realen Einfluss auf den salafistischen „Mainstream" verschleiert, ist die Rasanz der Ent-

---

[35] Guido Steinberg 2012, S. 7.

[36] Vgl. Florian Flade, Ein Koran in jedem deutschen Haushalt, in: Die Welt vom 08.04.2012, abgerufen unter http://www.welt.de/politik/deutschland/article106163929/Ein-Koran-in-jedem-deutschen-Haushalt.html (10.04.2012).

[37] Vgl. Souad Mekhennet, Austrian Returns, Unrepentant, to Online Jihad. In: New York Times, 15.11.2011.

[38] Zu den Auseinandersetzungen zwischen salafistischen Akteuren und Pro NRW vgl. den Kommentar von Heinrich Wefing, Liberal, aber nicht blöd, in: DIE ZEIT vom 10.05.2012.

wicklung und Polarisierung innerhalb der salafistischen *Da'wa*-Bewegung, die auch in anderen europäischen Ländern zu beobachten ist, bemerkenswert. Nicht zuletzt stellt sie auch die Integrations- und Sicherheitspolitik vor neue Herausforderungen.[39]

Rückblickend ist die rasante Entwicklung vor allem informeller salafistischer Strukturen – hierin unterscheiden sich Akteure und Anhängerschaft von formal und hierarchisch strukturierten islamischen Organisationen wie *Milli Görüs* (= „Nationale Sicht" – Islamische Gemeinschaft Milli Görüs) auch eine Entwicklung hin zu einer wachsenden Binnendifferenzierung. So sind zwischen den verschiedenen Strömungen im Internet starke Rivalitäten und Deutungskontroversen zu beobachten, die eine organisatorische Vereinigung in einer einheitlichen Struktur in Zukunft nicht realistisch erscheinen lassen.[40]

Mehrheitsislam und Salafismus

Auf die Herausforderung salafistischer Netzwerke hinsichtlich ihrer Einflussnahme auf gesellschaftliche Entwicklungen, insbesondere auf Integration und Teilhabe von Muslimen in Alltag und Politik, ist in der Bundesrepublik wie in anderen europäischen Nachbarländern, die sich mit dem Phänomen auseinandersetzen, noch keine erfolgreich erprobte Präventionsstrategie erkennbar.[41] Gleichwohl sind in den letzten Jahren zahlreiche Projekte initiiert und damit Bemühungen verstärkt worden, einer Radikalisierung durch salafistische Ideologie insbesondere unter Jugendlichen auf unterschiedlichen Ebenen vorzubeugen. Diese richten sich vor allem an Pädagogik, Jugend- und Sozialarbeit, Familien und Politik.[42]

Die kritische Auseinandersetzung mit extremistischen Auslegungen islamischer Glaubenslehren ist aber auch Aufgabe islamischer Gemeinschaften und

---

[39] Vgl. dazu F. W. Horst 2012; Albrecht Metzger 2012.
[40] Vgl. BMI 2011, S. 11.
[41] Vgl. u. a. National Coordinator for Counterterrorism (Netherlands) 2008.
[42] Vgl. Konrad-Adenauer-Stiftung 2011; Claudia Dantschke 2011, S. 78 ff. Erfolgversprechend ist auch das Projekt „Islam, Islamismus & Demokratie – Filme für die pädagogische Arbeit mit jungen Muslimen" der Hochschule für Angewandte Wissenschaften in Hamburg, vgl. dazu http://www.haw-hamburg.de/index.php?id=25915&type=98 (30.07.2012).

Organisationen, deren Selbstverständnis als religiöse Minderheit und als Bürger in einem demokratischen Verfassungsstaat in Frage gestellt wird.

Dieser Aufgabe der Prävention nach innen nehmen muslimische Dachverbände nicht immer nach außen transparent wahr, sodass gelegentlich der Eindruck entsteht, dass die notwendige Bekämpfung xenophober oder islamfeindlicher Tendenzen und ihrer Protagonisten in der Gesellschaft eine weit wichtigere Rolle in der Außendarstellung spielt als die offene Auseinandersetzung mit sich ausweitenden extremistischen und desintegrativen Ideologien unter muslimischen Gemeinschaften.

Umso bemerkenswerter ist es, wenn in einem Kommentar eines muslimischen Journalisten dazu selbstkritisch wie folgt Stellung genommen wird:

> Es zählt zu den Schwachstellen des organisierten Islam in Deutschland, dass sich dieser in den letzten zehn Jahren zwar oft – und kompromisslos wie eindeutig – gegen „Terror" und „Extremismus" aussprach. Die Ideologie und falsche Lesart des Islam aber, die deren Grundlage bildete, blieb mehrheitlich ausgespart. Vielleicht weil es den Verbänden an geeigneten und mutigen Gelehrten fehlt, vielleicht, weil die Vorstellung, wir seien „doch alles Brüder", bislang dominierte; bisher jedenfalls fehlt eine fundierte, rechtlich überzeugende Zurückweisung dieser Ideologie.[43]

Jüngste Äußerungen und Kommentare belegen, dass Vertreter der muslimischen Dachverbände in der Bundesrepublik die Herausforderung, dass vor allem junge Muslime in wachsendem Umfang in der Gefahr stehen, sich von selbsternannten salafistischen Predigern in eine „moderne Irrlehre" hineinziehen zu lassen, erkannt haben.[44] Gleichwohl sind Bemühungen, die praktische Immunität der überwältigenden Mehrheit der Muslime in Deutschland gegenüber „Radikalismen" nachhaltig in den Vordergrund zu rücken, für die öffentliche Wahrnehmung des Islam und der muslimischen Akteure von erheblicher Bedeutung.

---

[43] Sulaiman Wilms, Hilfreiche Radikale, in: Islamische Zeitung vom 28.06.2011, abgerufen unter http://www.islamische-zeitung.de/?id=14843 (07.07.2011).

[44] Vgl. Khalil Breuer, Rational und differenziert, in: Islamische Zeitung vom 14.06.2012, abgerufen unter http://www.islamische-zeitung.de/?id=15840 (15.06.2012); Interview „Extremismus können wir nur gemeinsam bekämpfen" mit Aiman Mazyek, Vorsitzender des Zentralrats der Muslime (ZMD), unter http://www.tagesschau.de/inland/integration212.html (05.03.2012); vgl. auch Kommentar „Jenseits von Eden" von Muhammad Murtaza zu den Anschlägen von Toulouse auf der Webseite des ZMD, eingestellt am 22.03.2012, unter http://www.islam.de/20027.php (Datum: 25.03.2012); vgl. auch Muhammad Sameer Murtaza 2012.

Fazit

Vor allem das Internet trägt zum schnellen und passgenauen Transfer von salafistischer Ideologie bei. Dadurch sind neue informelle Gemeinschaften mit überregionalen islamischen Autoritäten wie Laienpredigern oder Jugendimamen entstanden, die häufig in internationale salafistische Netzwerke eingebunden sind.

Trotz theoretischer Abgrenzungen zwischen Verfechtern einer „wahren Religion", den Akteuren politischer Protestbewegungen beispielsweise gegen Erscheinungsformen von Islamophobie und den Verfechtern einer aktiven Jihad-Ideologie bestehen häufig enge Verlinkungen in Doktrin und Rechtsauffassung, deren differenziertes Verständnis Wissenschaft, Medien und Politik vor komplexe Herausforderungen stellt. Auch wenn zu differenzieren ist, inwieweit salafistische Überzeugungen allein Gewaltbereitschaft hervorbringen oder fördern, ist festzustellen, dass eine militant-islamistische Ideologie ihre Legitimation nahezu ausschließlich aus dem Reservoir salafistischer Deutungen zieht. Daraus folgt, dass die Art und Weise der Beeinflussung beachtlicher Teile, überwiegend, aber nicht ausschließlich muslimischer Jugendlicher durch salafistische Akteure sowohl auf die Tagesordnung muslimischer Verbände wie der Integrations- und Sicherheitsbehörden gehört. Zudem erscheint es unverzichtbar, dass im islamischen Religionsunterricht das Verhältnis von Selbstbestimmung, gesellschaftlicher Verantwortung und religiöser Orientierung im Zentrum steht.

Während strafrechtliche und verfassungsschutzrelevante Sachverhalte von den Sicherheitsbehörden bearbeitet werden, entziehen sich die vielfältigen Formen radikalisierender Einflussnahme durch verzerrende Propaganda häufig der flächendeckenden Beobachtung und Bewertung durch gesellschaftliche Verantwortungsträger. Im Rahmen wissenschaftlicher Analysen ist deshalb anzuraten, die „Trichterfunktion" etwa des Salafismus für Radikalisierungs- und Desintegrationsprozesse nicht aus den Augen zu verlieren. Schließlich sollte der vor allem über das Internet gesteuerte Ideologietransfer durch lokale, nationale und internationale Netzwerke mit den Möglichkeiten „dekonstruierender" Medien beeinflusst werden, um vor allem jugendliche Zielgruppen zu befähigen, einseitige Verführungsversuche durch eigene Erkenntnisse und Wahrnehmungen zu relativieren. Hier liegt ein Förderungspotential, das besonders für lokale und überregionale Präventionsprojekte sowie die Sozial- und Schulpädagogik mit Jugendlichen, die im Kontakt zu salafistischen Milieus stehen, hilfreich und notwendig ist.[45]

Literatur

Dantschke, Claudia, Ahmad Mansour u. a.: „Ich lebe nur für Allah" – Argumente und Anziehungskraft des Salafismus, in: Handreichung für Pädagogik, Jugend- und Sozialarbeit, Familien und Politik. Schriftenreihe Zentrum für Demokratische Kultur, Berlin 2011.

Ende, Werner und Steinbach, Udo (Hrsg.), Der Islam in der Gegenwart. 5. Auflage. München 2005.

Horst, F. W., Gewalttätige Gegenkultur, in: Frankfurter Allgemeine Zeitung vom 10.05.2012.

Hummel, Klaus, Salafismus in Deutschland – eine Gefahrenperspektive. Stand: Juni 2009. Analysepapier (unveröffentlicht). LKA Sachsen.

Konrad-Adenauer-Stiftung (Hrsg.), Islamismus!? Die wichtigsten Fragen und Antworten zu religiöser Radikalisierung bei Jugendlichen – Eine Handreichung für Pädagoginnen und Pädagogen, Sankt Augustin 2011.

Meijer, Roel (Hrsg.), Global Salafism: Islam's New Religious Movement, London/New York 2009.

Mekhennet, Souad, Sautter, Claudia, Hanfeld, Michael, Die Kinder des Dschihad: Die neue Generation des islamistischen Terrors in Europa, München 2006.

Murtaza, Muhammad Sameer, Mohammeds Erben: Was ist Salafismus – und warum wurde er zu einer gewalttätigen Ideologie? In: DIE ZEIT, Nr. 25 vom 21.6.2012.

Ourghi, Mariella, Muslimische Positionen zur Berechtigung von Gewalt – Einzelstimmen, Revisionen, Kontroversen, Würzburg 2010.

Ramelsberger, Annette, Der deutsche Dschihad. Berlin 2008.

Rohe, Mathias, Das islamische Recht: Geschichte und Gegenwart, München (3. Aufl.) 2011.

Rougier, Bernard (Hrsg.), Qu'est-ce-que le salafisme? Paris 2008.

Roy, Olivier, Der islamische Weg nach Westen – Globalisierung, Entwurzelung und Radikalisierung, München 2006.

Steinberg, Guido, Der nahe und der ferne Feind – Die Netzwerke des islamistischen Terrorismus, München 2005.

---

[45] Vgl. aktuelle Projekte des Berliner ZDK (http://www.zentrum-fĀijr-demokratische-kultur.de), der Aktion Courage (http://www.schule-ohne-rassismus.org) oder des Vereins „ufuq e. V." (http://www.ufuq.de), die in den letzten Jahren als zivilgesellschaftliche Träger von beispielhaften Präventionsinitiativen hervorgetreten sind.

Wiktorowicz, Quintan, Anatomy of the Salafi Movement. In: Studies in Conflict & Terrorism, Philadelphia. Nr. 29, 2006, S. 207–239.

Internetquellen

Abou-Taam, Marwan (2012a), Die Salafiyya – eine kritische Betrachtung, in: Bundeszentrale für Politische Bildung (Hrsg.), Bonn 2012, unter http://www.bpb.de/politik/extremismus/islamismus/138468/die-salafiyya-eine-kritische-betrachtung (25.07.2012).

Abou-Taam, Marwan (2012b), Die Salafiyya-Bewegung in Deutschland, in: Bundeszentrale für Politische Bildung (Hrsg.), Bonn 2012, unter http://www.bpb.de/politik/extremismus/islamismus/136705/die-salafiyya-bewegung-in-deutschland (25.07.2012).

BMI – Bundesministerium des Innern (Hrsg.), Lagebild zur Verfassungsfeindlichkeit salafistischer Bestrebungen, vorgelegt der Innenministerkonferenz am 22.06.2011, unter http://www.bundesrat.de/cln_117/DE/gremien-konf/fachministerkonf/imk/Sitzungen/11-06-22/anlage14,templateId=raw,property=publicationFile.pdf/anlage14.pdf (30.07.2011).

Bundesamt für Verfassungsschutz (Hrsg.), Salafistische Bestrebungen in Deutschland. Köln 2012, unter: http://www.verfassungsschutz.de/de/publikationen/Islamismus/broschuere_1204_salafistische_bestrebungen/ (30.04.2012).

Metzger, Albrecht, Viel Populismus, wenig strategisches Denken: Die Salafisten und die deutsche Sicherheitspolitik, in: Internetportal „Qantara" vom 11.07.2012, unter http://de.qantara.de/Viel-Populismus-wenig-strategisches-Denken/19470c20666i0p8/index.html (15.07.2012).

Ministerium für Inneres und Kommunales des Landes Nordrhein-Westfalen, Abteilung Verfassungsschutz (Hrsg.), Der Ruf zu Gott – Formen salafistischer Propaganda, Düsseldorf 2011, unter http://www.mik.nrw.de/verfassungsschutz/islamismus.html (30.11.2011).

National Coordinator for Counterterrorism Netherlands (Hrsg.), Salafism in the Netherlands: A passing phenomenon or a persistent factor of significance? 2008. Abrufbar unter: http://www.nctb.nl (24.07.2008).

Steinberg, Guido, Wer sind die Salafisten – Zum Umgang mit einer schnell wachsenden und sich politisierenden Bewegung. Berlin: Stiftung Wissenschaft und Politik, SWP Aktuell Nr. 28, Mai 2012, unter http://www.swp-berlin.org/fileadmin/contents/products/aktuell/2012A28_sbg.pdf (25.05.2012).

Tellenbach, Silvia, Die Apostasie im islamischen Recht, in: Gesellschaft für Arabisches und Islamisches Recht – GAIR – (Hrsg.), Stand: 2006, unter http://www.gair.de/pdf/publikationen/tellenbach_apostasie.pdf (30.7.2008).

Islamische Theologie, islamischer Religionsunterricht – Kritische Anmerkungen zur Funktion und Praxis der neu gegründeten Beiräte

Michael Kiefer

1 Einleitung

Während in den Feuilletons nach wie vor mit Verve darüber gestritten wird, ob der Islam zu Deutschland gehört, hat die Schul- und Bildungspolitik in den vergangenen zwei Jahren zu dieser Frage eindeutige Fakten geschaffen, die keinen Zweifel daran aufkommen lassen, dass der Islam in Hochschullehre und schulischer Ausbildung einen festen Platz einnehmen wird.

Jüngstes Beispiel ist die Einführung eines islamischen Religionsunterrichts in Nordrhein-Westfalen im Schuljahr 2012/2013, der sukzessiv die bei muslimischen Verbänden wenig geschätzte Islamkunde ablösen soll.[1] Folgt man der Sichtweise des nordrhein-westfälischen Bildungsministeriums, stellt das neue Fach eine echte Innovation dar, da die muslimischen Organisationen des Landes bei der inhaltlichen Gestaltung des Faches und der Zulassung der Lehrkräfte erhebliche Mitspracherechte geltend machen können. Ähnlich will ab dem Schuljahr 2013/2014 auch Niedersachsen verfahren. Auch hier hat man in Übereinstimmung mit den muslimischen Verbänden eine Beiratslösung etabliert. Die Einführung eines Religionsunterrichts im Sinne des Artikels 7 Abs. 3 GG, der vorsieht, dass der Religionsunterricht in Übereinstimmung mit den Grundsätzen einer Religionsgemeinschaft zu erteilen ist, gilt damit als gesichert. Nicht unerwähnt bleiben sollten im schulischen Kontext die hessischen Bemühungen. Nach einem langwierigen Gutachterverfahren plant die Landesregierung

---

[1] Vgl. den Beitrag zum Islamischen Religionsunterricht von Klaus Spenlen (S. 307–334) in diesem Sammelband.

für das kommende Schuljahr gleichfalls die Einführung eines islamischen Religionsunterrichts, der allerdings unter Auslassung einer Beiratslösung in direkter Kooperation mit Islamverbänden realisiert werden soll.

Bei der institutionellen Integration des Islam sind an einigen deutschen Universitäten gleichfalls große Anstrengungen zu verzeichnen. Als Initialzündung wirkten im Jahr 2010 die Empfehlungen des Wissenschaftsrates (WR), der an mehreren universitären Standorten die Einführung sogenannter islamischer Studien empfahl, die im Rahmen von neu zu gründenden Instituten an jeweils philosophischen oder kulturwissenschaftlichen Fakultäten angesiedelt werden sollen.[2] Die Empfehlungen fanden rasch die Zustimmung der Bundesregierung, die Finanzmittel in Höhe von 20 Millionen Euro für die Implementierungsphase bereitstellte. Zwischenzeitlich können die Universitätsstandorte Münster, Osnabrück, Frankfurt (Gießen), Erlangen und Tübingen Institutsgründungen vorweisen.

An erster Stelle zu nennen ist hier die Universität Osnabrück, die bereits vor vier Jahren das *Zentrum für interkulturelle Islamstudien (ZIIS)* gründete. Im Institut sind mittlerweile vier Professuren, eine drei Forschungsstellen umfassende Postdoc-Gruppe und sechs wissenschaftliche Mitarbeiter tätig. In der letzten Ausbaustufe soll die islamische Theologie sieben Professuren umfassen. Münster, das nach dem Willen des BMBF eng mit Osnabrück kooperieren soll, gründete ebenfalls ein Institut. Das *Zentrum für Islamische Theologie* verfügt derzeit über eine Professur und ein Graduiertenkolleg. Zwei weitere Juniorprofessuren sollen in naher Zukunft folgen. Beachtliche Ausmaße hat mittlerweile auch das *Institut für Studien der Kultur und Religion des Islam* an der Goethe Universität Frankfurt am Main erreicht. Das Institut umfasst vier Professuren, eine vier Wissenschaftler umfassende Postdoc-Gruppe und vier wissenschaftlichen Mitarbeiter. Im März 2012 hat die Friedrich-Alexander Universität Erlangen das *Department für Islamische Religiöse Studien* geründet. Derzeit umfasst das Department eine Professur. Drei weitere Professuren sollen in Jahresfrist eingerichtet werden. Schließlich wäre noch das *Zentrum für islamische Theologie* der Eberhard Karls Universität Tübingen anzuführen, das am 16. Januar 2012 eröff-

---

[2] Vgl. WR 2010.

net wurde. Bereits im Wintersemester 2012 soll die Lehre von drei Lehrstühlen und zwei Juniorprofessuren verantwortet werden.

Angesichts dieser beeindruckenden Fakten kommt man nicht umhin zu konstatieren, dass Bund und Länder in den vergangenen zwei Jahren außerordentlich große Anstrengungen unternommen haben, um die Akademisierung und schulische Beheimatung des Islam voranzutreiben. Dieser unstrittig positive Befund kann jedoch nicht darüber hinwegtäuschen, dass zur Etablierung einer islamischen Theologie an philosophischen oder kulturwissenschaftlichen Fakultäten und den Mitwirkungsmöglichkeiten der muslimischen Verbände in den sogenannten Beiräten durchaus kritische Fragen gestellt werden können.

Ein erstes nicht unerhebliches Problem betrifft die Verortung der neuen Wissenschaft an der Universität. Die Gründung einer „bekenntnisorientierten" islamischen Theologie an einer philosophischen Fakultät verwischt die Grenze zur Islamwissenschaft. Die Islamwissenschaft betrachtet ihre Gegenstände frei von religiös-normativen Einschränkungen aus einem neutralen Erkenntnisinteresse, und die Lehrenden benötigen keine Lehrerlaubnis. Bei der Einstellung des lehrenden Personals zählt alleine die fachliche Kompetenz. Anders hingegen verhält es sich mit der islamischen Theologie. Diese betreibt ihre Forschung aus der Binnenperspektive der Religion und ist durchaus mit normativen Grenzen behaftet. Hinzu kommt, dass die Vertreterinnen und Vertreter der Lehre im Einstellungsprozess das Placet einer Religionsgemeinschaft benötigen.[3] Der Islamwissenschaftler Rainer Brunner vertritt ausgehend von dieser Sachlage die pointierte Ansicht, dass allein aus erkenntnistheoretischen Erwägungen eine Theologie an einer Philosophischen Fakultät nichts zu suchen habe.[4]

2 Beiräte als Vertreter einer islamischen Religionsgemeinschaft an der Hochschule

Wer bekenntnisorientierte Islamische Studien an deutschen Universitäten etablieren möchte, braucht eine Religionsgemeinschaft, denn ein bekenntnisneutraler Staat kann die Verantwortung für die Inhalte eines Theologiestudiums

---

[3] Vgl. Michael Kiefer 2011, S. 37.

[4] Vgl. Rainer Brunner, Die Empfehlungen des Wissenschaftsrats zur Einführung des Fachs „Islamische Studien" aus der Sicht eines Islamwissenschaftlers.

schwerlich übernehmen. Diese Grundposition vertreten nahezu alle Religionsverfassungsrechtler. Mit Blick auf die Mitwirkungsrechte der Kirchen ist diese Position auch für Nichtjuristen durchaus nachvollziehbar. In den christlichen Theologien ergeben sich die Partnerschaften aus historisch gewachsenen staatskirchlichen Verhältnissen. Die Kirchen nehmen ihre Mitwirkungsrechte in der Regel über einen Bischof wahr. Da bei den Muslimen etablierte kirchenähnliche Strukturen bekanntlich nicht vorkommen, bestand und besteht ein gravierendes Problem bei der Auswahl der Partner auf muslimischer Seite. Die altbekannten Fragen lauten unter anderem: Wer repräsentiert den Islam, und welche Strömungen sind zu berücksichtigen?

Diese Fragen wurden vor allem in Bezug auf den islamischen Religionsunterricht in den vergangenen zwei Dekaden außerordentlich kontrovers diskutiert. Zu einer wirklich einvernehmlichen Lösung mit allen Beteiligten ist es bislang in keinem Bundesland gekommen. Der Wissenschaftsrat, der sich dieses Sachverhalts sehr wohl bewusst ist, sieht als Mitwirkungsorgane der muslimischen Religionsgemeinschaften sogenannte Beiräte vor. Die Zusammensetzung der Beiräte „sollte dem Selbstverständnis der Muslime, der Vielfalt ihrer Organisationsformen in Deutschland sowie den Anforderungen an theologische Kompetenz Rechnung tragen."[5] Aus pragmatischen Erwägungen schlägt der WR die Mitwirkung des Koordinationsrats der Muslime (KRM) vor. Mit Blick auf eine denkbare Pluralisierung des Islams sollten die Beiräte sich aber auch für „neue muslimische Organisationen" offen zeigen.[6]

2.1 Befugnisse der Beiräte

Nach Auffassung des WR ergeben sich die umfangreichen Mitwirkungsrechte bzw. Befugnisse einer Religionsgemeinschaft bei der Ausgestaltung einer an Universitäten gelehrten islamischen Theologie aus dem Verfassungsrecht. Hierzu zählen:

- Mitwirkung an der Gründung eines Instituts für muslimische Studien
- Zustimmung zur Einrichtung islamisch theologischer Studiengänge
- Mitwirkung an der Ausarbeitung der neuen Studiengänge

---

[5] WR 2010, S. 80.
[6] Ebd.

- Mitwirkung bei der Änderung oder Aufhebung von Studiengängen
- Beteiligung in den Berufungsverfahren.

Von zentraler Bedeutung ist insbesondere die Beteiligung der Beiräte in den Berufungsverfahren. Der WR betont ausdrücklich, dass die Beurteilung der wissenschaftlichen Qualität alleine Aufgabe der Universität sei. Der Beirat solle nur aus „religiösen Gründen" Einwände gelten machen können. Was unter den möglicherweise konfliktträchtigen „religiösen Gründen" zu verstehen ist, bleibt jedoch im Dunkeln.[7]

2.2 Wer vertritt die Muslime in den Beiräten?

Wenn in den vergangenen zwei Dekaden die Frage nach einem repräsentativen Ansprechpartner auf muslimischer Seite gestellt wurde, entbrannte stets eine Diskussion darüber, ob die in Deutschland tätigen Dachverbände – der Zentralrat der Muslime in Deutschland (ZMD), der Islamrat für die Bundesrepublik Deutschland (IRD), die Türkisch-Islamische Union (DITIB) und der Verband der Islamischen Kulturzentren (VIKZ) – für sich das Recht reklamieren können, für „die Muslime" in Deutschland zu sprechen. Kritiker verwiesen stets auf die relativ geringen Mitgliederzahlen der Verbandsorganisationen. Unstrittig sei, dass eine deutliche Mehrheit der ca. 4,3 Millionen Muslime Deutschlands in keiner der genannten Organisationen bzw. Unterorganisationen Mitglied sei. Gestützt wird diese Sicht der Dinge auch durch die Ergebnisse der repräsentativen Studie „Muslimisches Leben in Deutschland", die aufzeigt, dass lediglich 20 Prozent der Muslime in einer religiösen Gemeinde oder einem religiösen Verein organisiert sind.[8]

Eine etwas andere Sicht der Dinge ergibt sich, wenn man von den Moscheegemeinden ausgeht. In Deutschland gibt es ca. 2.600 Gemeinden. Nach eigenen Schätzungen vertreten die im KRM zusammengeschlossenen Dachverbände ca. 85 Prozent der Moscheegemeinden. Gerade die letztgenannten Zahlen zeigen deutlich, dass die Dachverbände, trotz der relativ geringen Mitgliedszahlen, das

---

[7] Vgl. ebd., S. 79 ff.
[8] Vgl. BAMF 2009, S. 343. Vgl. zudem den Beitrag von Martina Sauer und Dirk Halm (S. 389–417) in diesem Sammelband.

gemeindliche Alltagsleben in einem erheblichen Ausmaß mitverantworten. Gerade diese unbestrittene Tatsache führte dazu, dass den Dachverbänden in den Beiräten erhebliche Stimmenanteile überlassen werden sollen.

2.3 Beispiele Hochschule

2.3.1 Ordnung des konfessionellen Beirats für Islamische Theologie der Westfälischen Wilhelms-Universität Münster

Zwischenzeitlich haben nahezu alle universitären Zentren für Islamische Theologie Ordnungen für Beiräte erlassen. Hierbei folgte man in allen wesentlichen Punkten den Empfehlungen des WR. Exemplarisch angeführt sei hier die „Ordnung des konfessionellen Beirats für Islamische Theologie der Westfälischen Wilhelms-Universität Münster",[9] die der Senat der Universität Münster im Dezember 2011 nach kontrovers verlaufender Diskussion verabschiedete. Die elf Paragraphen umfassende Ordnung sichert dem Beirat in drei Punkten erhebliche Mitspracherechte zu. So muss die Universität vor der Einrichtung oder Änderung eines theologischen Studiengangs sowie bei allen „bekenntnisrelevanten Fragen" das Placet des Beirats einholen. Gleiches gilt für den Erlass oder die Änderung von Studien- und Prüfungsordnungen. In beiden Fällen kann das Einverständnis nur „aus religiösen Gründen" verweigert werden. Was hierunter im Einzelnen zu verstehen ist, wird in den Empfehlungen des WR nicht ausgeführt. Erheblich sind ferner die in der Ordnung eingeräumten Mitwirkungsmöglichkeiten bei Personalentscheidungen. Die Universität muss vor „der Berufung oder Anstellung einer Dozentin/eines Dozenten mit selbstständigen Lehraufgaben" das Einverständnis des Beirats einholen. Diese Regelung gilt auch bei der Erteilung eines Lehrauftrags. Verweigert werden kann auch hier das Einverständnis nur aus religiösen Gründen, die sich „auf Lehre oder Lebenswandel" des Betroffenen beziehen. Schließlich verfügt der Beirat über die Möglichkeit, nachträglich die Lehrtätigkeit einer Dozentin/eines Dozenten aus „religiösen Gründen" zu beanstanden. In einem solchen Fall verpflichtet sich die Universität dazu, dass die betroffene Person nicht mehr im Bereich der Islamischen Theologie unterrichtet.[10]

---

[9] Vgl. Westfälische Wilhelms-Universität Münster 2011.
[10] Vgl. ebenda.

Angesichts dieser beträchtlichen Mitwirkungsmöglichkeiten stellt sich die Frage nach den Entscheidungsträgern bzw. den Mitgliedern des Beirats. Die Ordnung des Konfessionellen Beirats sieht insgesamt acht Mitglieder vor. Vier Mitglieder entsendet der Koordinationsrat der Muslime (KRM), vier weitere Mitglieder umfassen „zwei Persönlichkeiten des öffentlichen Lebens" und „zwei Religionsgelehrte". Die vier verbandsunabhängigen Mitglieder sind vom KRM und der Universität einvernehmlich zu bestimmen. Sofern eine Einigung nicht erzielt werden kann, benennt die Universität eine Person aus der Liste des KRM und der KRM eine Person aus der Liste der Universität.[11]

Kontrovers diskutiert wurde insbesondere die Rolle des KRM. Angesichts der Tatsache, dass der KRM keine eigene Rechtspersönlichkeit besitzt und damit als ein informeller Zusammenschluss von Dachverbänden angesehen werden muss, in dem die DITIB über ein Vetorecht verfügt, erscheint eine so weitreichende Zusammenarbeit nicht unbedenklich. Hinzu kommt, dass die Regelungen über die Mitgliedschaft den großen, eher konservativ orientierten Verbänden de facto die Mehrheit sichern. Angesichts dieses Sachverhalts stieß die Ordnung universitätsintern auf Widerstand. Nach Angaben der Westfälischen Nachrichten mussten selbst der Senatsvorsitzende, Janberd Oebbecke, gemeinsam mit der Uni-Rektorin, Ursula Nelles, einräumen, dass die Ordnung „keine wirklich gute Lösung" darstelle.[12]

2.3.2 Konfessioneller Beirat für Islamische Theologie der Universität Tübingen

Über eine viel diskutierte Beiratskonstruktion verfügt auch die Universität Tübingen. Dort soll ein siebenköpfiger Beirat, ähnlich wie in Münster, bei diversen Institutsangelegenheiten umfassend mitwirken. In Tübingen verzichtete die Universität auf eine direkte Mitwirkung des KRM. Stattdessen kooperiert die Universitätsleitung direkt mit in Baden-Württemberg tätigen islamischen Spitzenverbänden, die insgesamt fünf von sieben Mitgliedern entsenden. Von herausragender Bedeutung ist die DITIB, die gleich drei Beiratsmitglieder benennen durfte. Der VIKZ und die Islamische Gemeinschaft der Bosniaken (IGBD)

---

[11] Vgl. ebenda.
[12] Vgl. Westfälische Nachrichten vom 07.12.2011.

entsenden jeweils ein Beiratsmitglied. Zwei nichtorganisierte Mitglieder werden vom Rektor vorgeschlagen.

Die Zusammensetzung des Beirats konnte nicht einvernehmlich zwischen Universität und muslimischen Organisationen geregelt werden. Die Islamische Gemeinschaft Baden-Württemberg (IGWB), die nach Eigenangaben ca. ein Drittel der Moscheegemeinden des Landes vertritt und an den Vorbereitungsgesprächen teilgenommen hatte, wurde aufgrund einer Intervention des Bundesbildungsministeriums ausgeschlossen. Hintergrund waren nach Angaben des Rektors, Bernd Engler, „verfassungsrechtliche Bedenken". Stein des Anstoßes ist vor allem die Mitgliedschaft der Islamischen Gemeinschaft Milli Görüs (IGMG) in der IGBW, die seit vielen Jahren vom Verfassungsschutz beobachtet wird. Vor allem dieser Vorgang zeigt, dass die Rechtsstellung der Beiratskonstruktionen als instabil und prekär anzusehen ist. Grundsätzlich gelten sollte, dass staatliche Interventionen in Besetzungsangelegenheiten theologischer Beiräte eine inakzeptable Option darstellen sollten. Hinzu kommt, dass andernorts – so in Münster – die IGMG als Gesprächspartner explizit nicht ausgeschlossen wurde. Diese kann über den KRM direkte Mitwirkungsmöglichkeiten im Beirat wahrnehmen.

Durchaus problematisch ist darüber hinaus die Machtfülle, welche die DITIB in Institutsangelegenheiten ausüben kann. Auch wenn bei der DITIB, insbesondere im hessischen Landesverband, eine begrüßenswerte Tendenz zur Eigenständigkeit erkennbar ist, wird die Agenda der Organisation nach wie vor in einem erheblichen Ausmaß von der türkischen Administration mitbestimmt. Sichtbarer Ausdruck dieses Sachverhalts sind immer noch die Botschaftsräte für Religionsangelegenheiten der Türkischen Republik, die bislang das Amt des Vorstandsvorsitzenden bekleideten. Fortgesetzt wird diese Tradition derzeit von dem Theologen und Botschaftsrat Ali Dere, der in der Türkei als Abteilungsleiter für DIYANET tätig war. Ferner sind die ca. 600 Imame zu erwähnen, die von der türkischen DIYANET nach Deutschland entsandt werden, um in DITIB-Gemeinden ihre Dienste zu verrichten. Auch diese müssen als hauptamtliche Beschäftigte der türkischen Religionsbehörde Direktiven aus der Türkei befolgen.

In Tübingen erstreckte sich der Einfluss der DITIB nicht nur auf den konfessionellen Beirat, in dem die Organisation gleich drei Sitze für sich beanspruchen konnte, sondern auch auf die Berufungskommission. Nach verlässlichen

Angaben einer Person, die an den Bewerbungsgesprächen teilgenommen hat, war zumindest in einem Fall der Botschaftsrat Ali Dere beteiligt. Diese Tatsache ist durchaus in zweifacher Hinsicht pikant. Erstens hat im Regelfall eine Religionsgemeinschaft auf die fachliche Auswahl von Kandidatinnen und Kandidaten keinen Einfluss. Zweitens muss kritisch nachgefragt werden, was ein weisungsgebundener Diplomat des türkischen Staates in einer unabhängigen Berufungskommission einer deutschen Universität zu suchen hat. Einer unabhängigen bzw. eigenständigen Islamischen Theologie ist dieser Umstand wenig zuträglich.

3 Beiräte für den islamischen Religionsunterricht

Da nach Auffassung der Bildungsministerien der Länder die in Deutschland tätigen islamischen Organisationen nicht den Status einer Religionsgemeinschaft im Sinne des Religionsverfassungsrechts unstrittig erfüllen, bemühen sich aktuell Nordrhein-Westfalen und Niedersachsen um Übergangsmodelle, die die Einführung eines islamischen Religionsunterrichts im Sinne des Artikel 7 Abs. 3 GG ermöglichen sollen. Handlungsleitend waren die Schlussfolgerungen des Zwischenresumees der 3. Plenarsitzung der Deutschen Islamkonferenz vom 13.08.2008, in denen es heißt:

> Wegen der besonderen Bedeutung des Religionsunterrichts für die Religionsfreiheit der Schüler und Eltern sollte seine Einführung bei Bedarf nicht daran scheitern, dass die Qualifikation einer Organisation als Religionsgemeinschaft noch nicht endgültig feststeht. In solchen Fällen ist es als Übergangslösung zu einem Religionsunterricht nach Art. 7 Abs. 3 GG denkbar, mit im Land verbreiteten Organisationen zu kooperieren, die Aufgaben wahrnehmen, welche für die religiöse Identität ihrer Mitglieder wesentlich sind.[13]

Die konkrete Umsetzung dieser Empfehlung geschieht in Nordrhein-Westfalen und in Niedersachsen – ähnlich wie an den bereits aufgeführten Universitäten – mit Beiräten.

In Nordrhein-Westfalen wurde für die Einführung des islamischen Religionsunterrichts am 22. Dezember 2011 eigens ein Gesetz erlassen, das unter anderem die Mitwirkungsrechte des Beirats regelt.

---

[13] Deutsche Islam Konferenz (DIK) 2008, Berlin, S. 27.

Der Beirat stellt fest, ob der Religionsunterricht den Grundsätzen im Sinne des Artikels 7 Absatz 3 Satz 2 Grundgesetz entspricht. Er ist an der Erstellung der Unterrichtsvorgaben, der Auswahl der Lehrpläne und Lehrbücher und der Bevollmächtigung von Lehrerinnen und Lehrern zu beteiligen. Eine ablehnende Entscheidung ist nur aus religiösen Gründen zulässig, die dem Ministerium schriftlich darzulegen sind.[14]

Bei der Größe und Zusammensetzung des Beirats orientiert man sich weitgehend am Beispiel der Westfälischen Wilhelms-Universität Münster. Der Beirat für den islamischen Religionsunterricht hat gleichfalls acht Mitglieder. Vier theologisch oder religionspädagogisch qualifizierte Vertreterinnen werden „von den islamischen Organisationen in Nordrhein-Westfalen oder von deren Zusammenschluss bestimmt". Überdies umfasst der Beirat zwei muslimische Persönlichkeiten des öffentlichen Lebens und zwei muslimische Religionsgelehrte, die vom Ministerium im Einvernehmen mit den organisierten Muslimen benannt werden.[15]

In Niedersachsen wurden für den Beirat keine neuen gesetzlichen Grundlagen erlassen. Der Beirat konstituierte sich auf der Grundlage einer schriftlich niedergelegten Vereinbarung zwischen dem DITIB Landesverband Niedersachsen-Bremen und der SCHURA Niedersachsen – Landesverband der Muslime in Niedersachsen e. V. Der Beirat „hat die Aufgabe, die erforderliche Mitwirkung beim Religionsunterricht für die durch ihn repräsentierten Religionsgemeinschaften wahrzunehmen und die staatlichen Behörden bei seiner Durchführung zu unterstützen."[16] Wie in Nordrhein-Westfalen überprüft der Beirat die Übereinstimmung des Religionsunterrichts mit den Grundsätzen der Religionsgemeinschaft. Ferner ist er zuständig für die Erteilung und gegebenenfalls den Entzug einer Lehrerlaubnis. Der Beirat setzt sich aus vier stimmberechtigten Mitgliedern zusammen, die zu gleichen Teilen von der DITIB und der SCHURA entsandt werden. Anders als in Nordrhein-Westfalen ist eine Mitwirkung des Staates bei der Zusammensetzung des Beirats explizit nicht vorgesehen.

---

[14] Gesetz- und Verordnungsblatt (GV. NRW.), Ausgabe 2011, Nr. 34 vom 30.12.2011, S. 725–732.
[15] Ebenda.
[16] Vereinbarung über die Bildung eines Beirats für den islamischen Religionsunterricht in Niedersachsen 2011.

3.1 Die Beiräte in der Praxis – Beispiel Lehrerlaubnis

Die Haupttätigkeit der neugegründeten Beiräte bestand bislang in der Ausarbeitung von sogenannten „Idschaza"-Ordnungen und der Durchführung der damit verbundenen Vergabeverfahren. Bereits in der Ausarbeitungsphase der „Idschaza"[17]-Ordnungen zeigte sich, dass die Vorstellungen der beteiligten islamischen Spitzenverbände zum Teil deutlich über die üblichen Mitwirkungsbereiche hinausreichten. Zur Erinnerung: Beiräte und Religionsgemeinschaften haben ausschließlich über die religiöse Eignung der Anwärterinnen und Anwärter zu befinden, die fachliche Seite ist alleinige Sache des Staates. Genau dies sah die DITIB in Niedersachsen offenbar zunächst anders. In einem nichtdatierten Papier mit dem Titel „Vorausgesetzte Kompetenzen der islamischen Religionslehrer/innen nach DITIB"[18] listet die DITIB 145 Qualifikationsmerkmale, die Lehrkräfte der Primarstufe und der Sekundarstufen I und II erbringen sollen. Dem Papier nach sollen selbst Lehrkräfte in der Grundschule 35 fachliche Voraussetzungen erfüllen. Bereits die nachfolgend zitierten ersten fünf Punkte dokumentieren die Maßlosigkeit des Anforderungsprofils.

1. Kann den Koran nach den Regeln des Tadschwid rezitieren.
2. Kann die letzten Suren (ab 93) sowie alle Suren und Gebete, die zum Verrichten des Gebets notwendig sind und auch Suren Ya-Sin, Mulk und Naba aus dem Koran auswendig rezitieren.
3. Kennt die Bedeutung der auswendig rezitierten Koranverse.
4. Kann bei Bedarf auf Arabischkenntnisse auf A2 Niveau und Klassisch-Arabisch-Kenntnisse auf B2 Niveau zurückgreifen.
5. Kennt die Hauptthemen des Korans.[19]

Wie nicht anders zu erwarten war, hatten in der Diskussion mit den staatlichen Stellen diese Forderungen keinen Bestand. In der aktuellen „Idschaza"-Ordnung vom 05. Juni 2012, für die SCHURA und DITIB verantwortlich zeichnen, werden noch sieben Voraussetzungen genannt, die sich im Kern auf die

---

[17] الإجازة – Idschāza bezeichnet die Erlaubnis zur Weitergabe der islamischen Lehre.
[18] Das nichtveröffentlichte Papier liegt dem Autor als PDF-Dokument vor.
[19] Vorausgesetzte Kompetenzen der islamischen Religionslehrer/innen nach DITIB, S. 1. Die Zahlen beziehen sich auf die Anspruchniveaus des Gemeinsamen Europäischen Referenzrahmens für Sprachen (GER): Lernen, lehren, beurteilen.

religiöse Eignung der Anwärterin bzw. des Anwärters beziehen. Die Ordnung verlangt von den Bewerberinnen und Bewerbern

- das „Bekenntnis zum Islam"
- „die Versicherung und Bereitschaft, den Religionsunterricht in Übereinstimmung mit den Lehren des Islam glaubwürdig zu erteilen und in der persönlichen Lebensweise die Grundsätze islamischer Lebensführung ... zu beachten"
- die „aktive Teilnahme am religiösen Leben der islamischen Gemeinschaft"
- und die erfolgreiche Teilnahme an einem „Motivationsgespräch" mit dem Beirat.[20]

Die Idschaza-Ordnung, die sich weitgehend an kirchlichen Regelungen orientiert, die insbesondere bei der Erteilung der katholischen missio canonica Geltung beanspruchen können, stießen innermuslimisch teilweise auf massive Kritik. Die Erlanger Religionspädagogen Harry Harun Behr, Amin Rochdi und die Religionspädagogin Fahima Ulfat weisen in ihrer umfassenden und theologisch fundierten Kritik zunächst darauf hin, dass das in der Lehrbefugnis vorzufindende Religionsverständnis auf eine kirchenähnliche Stabilisierung des Islam hinauslaufe, die erhebliche Risiken mit sich brächte. Die Verfasser der Ordnung drohen „eben genau das zu gefährden, was sie schützen wollen, nämlich die Authentizität der Lehre und die Integrität ihrer Repräsentanten".[21]

Massive Kritik äußern die Erlanger Theologen ferner zu den „Idschaza"-Regelungen, die die Lebensführung und das gemeindliche Engagement der Bewerberinnen und Bewerber betreffen. Hierzu heißt es in der „Idschaza"-Ordnung:

> c. Versicherung und Bereitschaft, den Religionsunterricht in Übereinstimmung mit den Lehren des Islam glaubwürdig zu erteilen und in der persönlichen Lebensweise die Grundsätze islamischer Lebensführung, die ethisch-moralische Werte umschließen, zu beachten.
> d. Aktive Teilnahme am religiösen Leben der islamischen Gemeinschaft.
> e. Die Teilnahme wird nachgewiesen durch ein Empfehlungsschreiben – als Vordruck – des gewählten Vorstandes und des Imams einer Moschee, sowie einer eigenen Darstellung des Bewerbers oder der Bewerberin über die Art der Beteiligung

---

[20] Idschaza-Ordnung Niedersachsen 2012.
[21] Harry Harun Behr, Amin Rochdi und Fahima Ulfat 2012, S. 19.

am Gemeindeleben. Der Beirat kann ggf. die Beibringung ergänzender Unterlagen verlangen.[22]

Diese Regelungen und deren „investigativer Charakter" halten die Erlanger Religionspädagogen für problematisch. Der Text lasse ein grundsätzliches Misstrauensvotum erkennen. Dabei sollte es eher umgekehrt sein. Eine Lehrkraft sollte hoffen dürfen, im Beirat einen solidarischen Partner zu finden. Stattdessen „tritt ihr neben einer gegen den Islam konditionierten Öffentlichkeit, einer sensibilisierten Dienstaufsicht, einem kritisch eingestelltem Kollegium (...) nun noch ein weiterer Golem gegenüber".[23] Darüber hinaus widerspräche die Abfrage zur vorbildlichen Lebensführung den hier üblichen freiheitlichen Standards. Mit dem Verweis auf Muhammads glaubenseifrigen Gefährten Umar ibn al-Chattab, dem der Prophet untersagte, über die Mauer zu spähen, um die Lebensstile der Gemeindemitglieder zu überprüfen, kommen die Erlanger schließlich zu dem Urteil, dass kein Fall bekannt sei, in dem Muhammad Gemeindemitglieder derart auf den Prüfstand gestellt habe, wie es die „Idschaza"-Ordnung vorsehe. Insgesamt betrachtet erhebe der Text einen „maturidischen Standard", der sich durch einseitige Engführung der Quelltexte auszeichne und mit der ursprünglichen Weite islamischer Theologie und Philosophie wenig gemein habe. Dies ist nach Auffassung der Erlanger sehr bedauerlich, denn die islamische Theologie in Deutschland gewinne ihre Attraktivität durch die Pluralität eines islamischen Religionsverständnisses, dass von dem „staubigen Kerker" der „Religionsbürokratie" befreit sei. Mit der Lehrbefugnisordnung marschiere man „ohne Not in die Gegenrichtung los".[24]

Auch in Nordrhein-Westfalen ist der Beirat für die Erteilung der „Idschaza" bzw. Bevollmächtigung zuständig. Die ersten Vergabeverfahren zur Bevollmächtigung verliefen nach Lage der Dinge intransparent und nicht ganz reibungslos. Als ungewöhnlich ist zunächst der Umstand anzusehen, dass nahezu vierzig Vergabeverfahren auf der Grundlage einer nicht veröffentlichten Verfahrensordnung durchgeführt wurden. Selbst interessierten Personen – so dem FAZ-Journalisten Hermann Horstkotte – wurde bis August 2012 die Einsicht ver-

---

[22] Idschaza-Ordnung, S. 2.
[23] Harry Harun Behr, Amin Rochdi und Fahima Ulfat 2012, S. 20.
[24] Ebenda, S. 21

wehrt.[25] Die Publikation der Verordnung erfolgte erst am 03.09.2012. Warum Beirat und Ministerium an diesem Punkt Geheimniskrämerei betrieben, ist nicht ganz nachvollziehbar.

Durchaus pikante Details wurden ferner aus den jeweils halbstündigen Einzelgesprächen berichtet, welches die künftigen Religionspädagoginnen und Pädagogen durchlaufen mussten. Nach Recherchen von Hermann Horstkotte ging es hierbei auch um die Eindeutschung der Fachtermini, die Hadsch und weitere fachliche Fragen.[26] Eine weitere seriöse Quelle berichtet darüber hinaus, dass Kandidatinnen und Kandidaten ihre Korankompetenz durch das zügige Auffinden von Suren unter Beweis stellen mussten. Diese Vorgehensweise irritierte nicht nur die Lehrkräfte; sie entbehrt sogar jeglicher gesetzlicher Grundlage. Auf der Grundlage des modifizierten Schulgesetzes darf der Beirat ausschließlich über die religiöse Eignung befinden. Die Überprüfung der fachlichen Kompetenzen ist alleine Sache des Staates.

Für weitere Irritationen sorgte im August 2012 ein Brief des Beirats, der die bereits zugelassenen Lehrkräfte mit Fristsetzung aufforderte, dem Beirat bestehende Mitgliedschaften in Moscheegemeinden mitzuteilen. Auch in diesem Fall muss konstatiert werden, dass der Beirat, der sich scheinbar wesentlich als religiöse Kontrollinstanz begreift, seine Befugnisse in einem nicht hinnehmbaren Ausmaß überschreitet.

4 Fazit

Die aufgeführten Beispiele zeigen, dass die Implementierung von Beiräten an Universität und Schule zahlreiche Problemstellungen mit sich bringt. Erste Unklarheiten bestehen bereits bei der Zusammensetzung der Beiräte. Das Tübinger Beispiel demonstriert, dass der Staat unliebsame Organisationen ausschließen kann. Für einen unabhängigen theologischen Beirat ist ein solcher Akt staatlicher Einmischung kaum hinnehmbar. Fragwürdig ist ferner die herausragende Position der islamischen Spitzenverbände, insbesondere der DITIB, die in zahlreichen inhaltlichen und personellen Fragen erhebliche Mitwirkungsrechte geltend machen können. Zu fragen ist in diesem Zusammenhang auch nach den

---

[25] Vgl. Hermann Horstkotte 2012.
[26] Vgl. ebenda.

Mitwirkungsmöglichkeiten kleinerer muslimischer Organisationen und nichtorganisierter Muslime. Die bislang getroffenen Regelungen sind nicht wirklich überzeugend, da alle Beiräte die faktische Pluralität islamischen Lebens nur unzureichend zur Abbildung bringen. Unklarheiten bestehen schließlich auch bei den Kompetenzen der Beiräte. Die angeführten Beispiele zu den jüngsten Beiratsaktivitäten im Kontext der Vergabe von Bevollmächtigungen zeigen deutlich, dass einige Verbandsvertreter umfassende Kontrollbefugnisse für sich reklamieren.

Literatur

BAMF – Bundesamt für Migration und Flüchtlinge (Hrsg.), Muslimisches Leben in Deutschland. Im Auftrag der Deutschen Islamkonferenz, Nürnberg 2009.

Behr, Harry, Harun; Rochdi, Amin und Ulfat, Fahima, Zur Diskussion um die Lehrbefugnisornung, in: Zeitschrift für die Religionslehre des Islam, Heft 11, Mai 2012.

Deutsche Islam Konferenz (DIK), Zwischen-Resümee der Arbeitsgruppen und des Gesprächskreises, Vorlage für die 3. Plenarsitzung der DIK, 13. März 2008, Berlin 2008.

Horstkotte, Hermann, Auf dem Schulweg zum Staatsislam, FAZ vom 24.07.2012.

Kiefer, Michael, „Islamische Studien" an deutschen Universitäten – Zielsetzungen, offene Fragen und Perspektiven, in: Aus Politik und Zeitgeschichte, Nr. 13/14, 2011.

WR – Wissenschaftsrat, Empfehlungen zur Weiterentwicklung von Theologien und religionsbezogenen Wissenschaften an deutschen Hochschulen, Berlin 2010.

Internetquellen

Brunner, Rainer: Die Empfehlungen des Wissenschaftsrats zur Einführung des Fachs „Islamische Studien" aus der Sicht eines Islamwissenschaftlers, unter: http://www.wissenschaftsrat.de/download/archiv/Brunner.pdf (04.08.2012).

Idschaza-Ordnung des Beirat für den islamischen Religionsunterricht in Niedersachsen, unter: http://beirat-iru-n.de/app/download/5780358776/Ijaza-Ordnung+Niedersachsen+Fssg+27.01.12.pdf (18.08.2012).

Westfälische Nachrichten vom 07.12.2011, unter: http://www.wn.de/Muenster/2011/12/Hitzige-Debatte-um-Islambeirat-an-Uni-Senat-Zweifel-an-Zusammensetzung (13.08.2012).

Westfälischen Wilhelms-Universität Münster, Ordnung des konfessionellen Beirats für Islamische Theologie vom 21. Dezember 2011, unter: http://www.uni-muenster.de/imperia/md/content/wwu/ab_uni/ab2012/ausgabe03/beitrag_02.pdf (13.08.2012).

Vereinbarung über die Bildung eines Beirats für den islamischen Religionsunterricht in Niedersachsen, unter: http://beirat-iru-n.de/app/download/5778852067/Beiratsvereinbarung+17.01.11.pdf (17.08.2012).

Muslimische Selbstbestimmung

Wenn es nach den internationalen und nationalen Schulleistungsstudien geht, sind Menschen aus islamisch geprägten Herkunftsländern, mehrheitlich also Muslime, die Verlierer im Bildungssystem und damit weitgehend von gesellschaftlicher Partizipation in Deutschland ausgeschlossen. Damit zusammen hängt auch, dass Selbst- und Fremdbild, Wunsch und Wirklichkeit, oftmals derart auseinanderklaffen, dass eine Angleichung nur schwer möglich erscheint.

Die Alternative für Muslime in Deutschland könnte heißen: sich anzupassen, nicht aufzufallen, sich der Mehrheitsbevölkerung anzugleichen. Ist aber Anpassung alternativlos? Schließt sie aus, dass Muslime hier ihr Leben weitgehend selbstbestimmt führen, oder steuern vielfältige Erwartungen ihre Einstellungen und ihr Verhalten derart, dass sie eher deren Ergebnis sind? Was macht also die Selbstbestimmung von Muslimen aus?

Zunächst: Selbstbestimmung ist ein Menschenrecht und zugleich der Weg, dieses Recht zu verwirklichen. Die Strecke, die dabei zurückzulegen ist, erscheint dann endlos, wenn Offenheit und Vielfalt des Einzelnen und der Gesellschaft gewünscht sind und es nicht die eine Wahrheit, sondern eine Pluralität der Weltanschauungen gibt. Jeder kann in einer offenen Gesellschaft wie der in Deutschland mit individueller Lebensführung eine eigene Identität herausbilden und auf diese Weise Sinn für sich und andere stiften. Dabei sind der Fülle und dem Einfallsreichtum individueller und gemeinschaftlicher Anstrengungen – im Rahmen der Rechtsordnung – kaum Grenzen gesetzt. Hierin unterscheiden sich Muslime nicht grundsätzlich von Nichtmuslimen. Ein Individuum, das Selbstbestimmung realisiert, ist für seine Entscheidungen und sein Handeln als Urheber verantwortlich. Selbstbestimmung hat also mit Selbstverantwortung zu tun.

Dazu müssen Lebensziele definiert werden. Muslime in der Diaspora müssen allerdings dafür konkurrierende Anerkennungsmodi synthetisieren und Strategien entwickeln sowie daraus resultierende Bevormundung und Manipulationen, auch Versuchungen, vermeiden. So geht es bei der Selbstbestimmung von Muslimen in Deutschland konkret darum, sich so weit wie möglich zu befreien – gerade auch durch Bildung – von behindernden Traditionen, den Erwartungen ihrer Familien, von engen Vorgaben der Religion, von Bemühungen ihrer Community nach Linearität und Uniformität, von religiös und gesellschaftlich konservativen Zielvorgaben islamischer Verbände, den Einflüssen von Politikern ihrer Herkunftsländer oder Rollenerwartungen der Mehrheitsgesellschaft. Und wer genau hinsieht, findet auch als Nichtmuslim die meisten Parameter bei seiner gesellschaftlichen Verortung wieder.

Klaus Spenlen

„Ich hätte einfach gesagt, die Muslime, die hier leben, gehören zu Deutschland."[1] Reflexionen über präsidiale Einschätzungen

Assia Maria Harwazinski

1 Zur Vorgeschichte

„Der Islam gehört inzwischen auch zu Deutschland" lautete eine Aussage des ehemaligen Bundespräsidenten Christian Wulff 2009 im Rahmen einer Ansprache zur Migration. Thilo Sarrazin reagierte darauf mit seinem Buch „Deutschland schafft sich ab", das wesentlich unter dem Eindruck der Entwicklungen in Großstädten wie Berlin geschrieben wurde, deren Probleme nicht einfach wegretuschiert oder wegdiskutiert werden können, auch wenn manchen die Thematisierung von offenkundigen Missständen bereits als Rassismus oder Diskriminierung gilt.[2]

Christian Wulff mag es sicherlich gut gemeint haben, Thilo Sarrazin meinte es in einer anderen Richtung offenkundig und aus seiner speziellen Sicht ebenfalls gut. Allerdings sahen und sehen das viele anders.

Dieser – zugegeben: zugespitzte und in Teilen polarisierende – Beitrag wird geschrieben, ohne dass die Autorin das umstrittene Buch von Thilo Sarrazin ge-

---

[1] Bundespräsident Joachim Gauck hat sich von der Einschätzung seines Vorgängers Christian Wulff distanziert, der Islam gehöre zu Deutschland. Diesen Satz könne er so nicht übernehmen, „aber seine Intention nehme ich an", sagte Gauck in einem Gespräch mit der Wochenzeitung DIE ZEIT. Wulff habe die Bürger auffordern wollen, sich der Wirklichkeit zu öffnen. „Und die Wirklichkeit ist, dass in diesem Lande viele Muslime leben. ... Ich hätte einfach gesagt, die Muslime, die hier leben, gehören zu Deutschland", vgl. http://www.spiegel.de/politik/deutschland/integration-gauck-distanziert-sich-von-wulffs-islam-rede-a-836241.html (31.08.2012).

[2] Vgl. Uwe Gerrens 2012 sowie den Vorabdruck des Buchs „Neukölln ist überall". Darin prangert der Bürgermeister des Berliner Problembezirks Neukölln, Heinz Buschkowsky, erneut die Zustände der multikulturellen Gesellschaft scharf an. Jugendliche Einwanderer würden Umgangsformen wie Höflichkeit oder Rücksichtnahme sowie die einfachsten Regeln, wie man sich in der Öffentlichkeit gegenüber anderen benehmen sollte, häufig demonstrativ nicht beachten, vgl. unter Neuköllns Bürgermeister rechnet mit Multikulti ab, unter: http://www.jungefreiheit.de/Single-News-Display-mit-Komm.154+M58b9b6ebaa3.0.html (19.09.2012).

lesen hat. Mein Augenmerk liegt vielmehr auf der Alltagspraxis im Zusammenhang mit dem „zugewanderten Islam", der ja nicht als rollendes corpus delicti ins Land kam, für das man nun seit über 30 Jahren nach einem günstigen Parkplatz sucht und keinen findet. Diejenigen, die heute die muslimische Minderheit in Deutschland bilden, immigrierten mehrheitlich als Gastarbeiter in den 60er und 70er Jahren des letzten Jahrhunderts – vorrangig Männer, die später ihre Frauen und Kinder nachholten. Einen weiteren Teil dieser muslimischen Minderheit bilden Menschen, die hierher kamen, weil sie zuhause verfolgt wurden – in der Regel von anderen Muslimen –, sowie ein kleinerer Teil „einheimischer" Konvertiten zum Islam, der manchmal wächst, um dann wieder zu schrumpfen. Interessant ist hierbei, dass die Gruppe derjenigen, die aus politischen Gründen hierher kamen, sich zum Teil aus Menschen zusammensetzt, die vor rigoristischen islamischen Regimen geflohen sind, die ihnen zuhause das Leben schwer bzw. unerträglich bis unmöglich gemacht haben. Diese kleine Gruppe spaltet sich auf in solche, die weiterhin mit Religion nicht viel oder gar nichts am Hut haben, und solchen, die hier in Deutschland seit den 80er, vor allem aber 90er Jahren, auf einmal ihre ursprüngliche Herkunftsreligion in der Migration „neu entdeck(t)en", weil sie ihnen hier auf besondere Weise mit Hilfe von interreligiösem Dialog, kirchlicher Unterstützung und zunehmendem Bau von Moscheen auf vermeintlich unbekannte Weise schmackhaft gemacht wird. Dazu gehören Einrichtungen wie das „Haus des Islam" in Lützelbach (Odenwald), das sich sanftmütig als Sufi-Strömung präsentiert, aber zur Trägerschaft der umstrittenen „Islamischen Zentren" um Muhammad Rassoul gehören soll und damit radikal-islamistischen Bewegungen in Saudi-Arabien sowie Ägypten nahesteht.[3] Die Anfälligkeit türkischer Kemalisten der jüngeren Generationen für islamistisches Gedankengut von Muslimbruderschaften (und aktuell der Salafisten) führt Gökhan Çetinsaya auf das Fehlen eines entsprechenden intellektuellen Erbes in der Türkei vor der Republikgründung, also im Osmanischen Reich, zurück:

> [...] Islam was seen as a unique system/ideology in itself, similar to socialism and capitalism, and very much distinct from nationalism. Islamic youth began to question nationalism as an alien ideology. This was, of course, very much obscure, as may be

---

[3] Vgl. hierzu Ursula Spuler-Stegemann 1998, S. 275 ff. Spuler-Stegemann beschreibt hier insbesondere finanzielle Transaktionen, die den Kauf solcher Objekte wie das „Haus des Islam" ermöglichen.

peculiar to the Arab world or other post-colonial Islamic states, in light of Turkish political tradition.[4]

So ist dieser Beitrag nicht ganz leicht zu schreiben, da man als Wissenschaftler/in in entsprechenden Debatten oft und schnell in die Defensive gedrängt und des Germano-/Eurozentrismus oder gar Schlimmerem bezichtigt wird, von Muslimen, die argumentieren: „Aber das ist nicht Islam! Das sind patriarchalische Traditionen!" oder „Das muss man anders interpretieren, anders deuten!" Diese Aufspaltung zwischen „Islam" und „patriarchalischen Traditionen" wird sehr gerne gemacht, hilft aber für die real existierenden Probleme nicht viel weiter; vielmehr zeigt er die *„Sehnsucht nach einem anderen Islam"*, wie auch immer dieser erreicht werden soll/mag. Besonders gerne kommen solche „Verteidigungen des Islam" von jungen muslimischen Studentinnen, Kopftuchträgerinnen, rhetorisch eloquent geschult und gebildet, aus islamistischem Umfeld, die für „ihren" Islam in die Bresche springen – und ganz verzweifelt reagieren, wenn man sich nicht darauf einlässt. Diese Diskussionen zeigen dasselbe Dilemma wie entsprechende im Christentum: Menschen, die „am religiösen Grundlagentext kleben", müssen diesen zuweilen schon arg verdrehen, um nicht zu sagen: vergewaltigen, um ihre Legitimation für Feminismus, Demokratie, Gleichberechtigung und dergleichen mehr dort herauszuholen bzw. hineinzulesen. Die Frage danach, wer die Deutungshoheit der religiösen Texte hat, wird von diesen jungen Frauen meistens nicht gestellt.

Gleichwohl vertrete ich inhaltlich die Position des Titels dieses Beitrags samt der Programmatik von Joachim Gauck: Muslime dürfen hier ohne Wenn und Aber leben, und sie profitieren in vielerlei Hinsicht von diesem Land und seiner vergleichsweise liberalen Rechtsordnung – und zwar deshalb, weil diese Rechtsordnung eben keine religiöse, erst recht keine islamrechtliche ist.

Man könnte auch soweit gehen zu behaupten: Muslime profitieren von dieser Situation, weil der Islam *nicht* zu Deutschland gehört. Sie gehen aber in einigen Teilen, gerade auch den islamistischen Strömungen (darunter Muslimbrüder und -schwestern sowie Salafisten[5]) hierzulande soweit, zu behaupten, dass

---

[4] Gökhan Çetinsaya 1999, S. 370 ff. Hier ist nicht der Koran die entscheidende Quelle, sondern erweiterte Quellen des islamischen Rechts.

[5] Vgl. den Beitrag von Ekkehard Rudolph (S. 191–209) in diesem Sammelband.

Deutschland ein islamisches Land sei, weil sie hier mehr Freiheiten als in ihren islamisch geprägten Herkunftsländern hätten.[6] Deutschland habe also den Islam in seiner Freiheits- und Gerechtigkeitsvorstellung eigentlich verwirklicht, was man der Mehrheitsbevölkerung natürlich erst mal sagen und klarmachen muss (wohl auch den meisten Muslimen). Wenn dem nun so wäre, fragt man sich nur: Weshalb werden dann ständig von den Verbandsfunktionären diese ausufernden Kataloge nach noch mehr islamischen Strukturen eingefordert, die letztendlich dazu dienen, diese schöne pauschalisierend von einigen Muslimen festgestellte gerechte Freiheitsordnung wieder abzuschaffen bzw. religionsrechtlich einzuschränken?

Was uns dies zeigt: Es sind religiöse, theologische oder, etwas wissenschaftlicher ausgedrückt, hermeneutische Interpretationen und rhetorische Spitzfindigkeiten. Genau davon sollte sich die Politik jedoch nicht leiten lassen und sich dezidiert um eine korrekte Behandlung und konkrete Auslegung der gegebenen Rechtsgrundlagen bemühen bzw. diese einhalten. Den meisten fehlt der Götterbote zur Auslegung der „inneren Bedeutung".

Wer sich ein besseres Bild von der Situation machen möchte, sollte unbedingt die Studie der Berliner Jugendrichterin Kirsten Heisig lesen, die direkt aus ihrer langjährigen juristischen Praxis im Jugendstrafvollzug berichtete (mit einem ausgesprochen hohen Anteil muslimischer Klientel).[7] Eine internationale wissenschaftliche Diskussion um die Probleme der multikulturellen Einwanderungsgesellschaften lieferte 2009 der empfehlenswerte Sammelband des Islamwissenschaftlers Stephan Conermann.[8] Eine weitere wichtige, wenn auch an einigen Punkten sehr kritikwürdige Studie,[9] lieferte der Islamwissenschaftler und Jurist Mathias Rohe, der sich mit dem Islam als zugewandertem Rechtskorpus

---

[6] Solche Aussagen kenne ich aus der Vergangenheit von muslimischen Kommilitonen und Kommilitoninnen aus dem Spektrum der Muslimbruderschaften.

[7] Kirsten Heisig 2010.

[8] Stephan Conermann 2009. Viele kritische Stimmen und Hinterfragungen gegenwärtiger Entwicklungen und Entscheidung werden hier in international vergleichender Perspektive präsentiert.

[9] Rohes bereits früher mehrfach geäußerte Forderung nach Einführung einer Teil-Scharia (also eines Teils des islamischen Rechts) löste unter kritischen Islam- und Religionswissenschaftlern Unbehagen und Kritik aus. Tatsache ist, dass die Einführung einer Teil-Scharia die Lebenswelt der Juristen (und anderer Menschen) in Deutschland vermutlich eher verkomplizieren als vereinfachen würde und der Islamisierung der Gesellschaft weiter die Tür öffnet.

intensiv befasst hat.[10] Wesentlich problemorientierter, tiefgehender und konkreter ist jedoch die hoch kompetente Studie des Rechtsethikers Hartmut Kreß, die Anfang 2012 herauskam und der sehr viele grundlegende Fragen zu Religionsrecht und -freiheit unserer Rechtsordnung detailliert und fundiert anspricht.[11] Sehr empfehlenswert ist das Lexikon des Religionsverfassungsrechtlers Gerhard Czermak zu „Religion und Weltanschauung in Gesellschaft und Recht", das mit vielen Überblicksartikeln juristische Grundlagenfragen zum Spannungsfeld zwischen Religionsrecht und Religionsfreiheit der deutschen Verfassung bzw. des Grundgesetzes erörtert und darstellt.[12] Sehr grundlegend sein Beitrag zum Streit um religiöse Symbole im öffentlichen Raum, insbesondere im Unterrichtsraum, in einem Aufsatz in der Zeitschrift für Religions- und Geistesgeschichte 2011, ein Aufsatz, den man sowohl Theologen als auch Religionswissenschaftlern und Politikern zur Pflichtlektüre machen sollte, bevor sie sich an dieses Thema und die Entscheidungsfindung heranmachen.[13]

2 Anleihe in der Popmusik

Marianne Rosenberg, die Berliner Sängerin, präsentierte 1975 ein Liebeslied in der Hitparade, dessen Textzeilen exakt diesen Konflikt beschreiben: „Er gehört zu mir", einen Schmusesong, der damals schnell in den Charts hoch aufstieg. Der Text hat unter anderem folgende Zeilen: „Er gehört zu mir, wie mein Name an der Tür, und ich weiß, er bleibt hier, er gehört zu mir. ... Ist es wahre Liebe, die nie mehr vergeht, oder wird die Liebe vom Winde verweht?"

Treffender kann man das gesellschaftspolitische Verhältnis von Islam und der Mehrheitsgesellschaft in Deutschland kaum beschreiben: Es handelt sich um eine spontane Verliebtheit (*Faszination der Exotik*), die ihren Ursprung in einer Zufallsbegegnung hat (*Anwerbung muslimischer Gastarbeiter in den 1960er Jahren*), aus der eine unzertrennliche Anhänglichkeit erwuchs (*die Gastarbeiter brauchen ihre Jobs hier für ihre Familie in der Heimat, die Deutschen brauch(t)en die Gastarbeiter eine Zeitlang zur Deckung des Arbeitskräftemangels*), die in eine recht-

---

[10] Vgl. Mathias Rohe 2011.
[11] Vgl. Hartmut Kreß 2012.
[12] Vgl. Gerhard Czermak 2009.
[13] Vgl. Gerhard Czermak 2011, S. 348–363.

lich verwobene Beziehung mündete (*Ansprüche der muslimischen Zuwanderer in Sachen Religionsrecht, Religionsunterricht, Religionsfreiheit und daraus resultierende Konflikte aufgrund unterschiedlicher Wertvorstellungen und Rechtsorientierungen*). Insofern spiegelt auch bereits Marianne Rosenberg, eine der Ikonen der Homosexuellen-Bewegung, die Zerrissenheit von privatem und öffentlichem Leben, die vielen Muslimen in der Diaspora ebenfalls nicht fremd ist und die ihr Selbst- und Fremdbild beeinflusst.

Ob sich Christian Wulff der Bedeutung und der Auswahl seiner Worte in diesem Ausmaß bewusst war? Oder erwies er sich dadurch in gewisser Weise besonders als Romantiker im Sinne der Textzeilen von Rosenberg, noch frisch verliebt in sein Amt und seine Frau, mit der er gemeinsam das Parkett der öffentlichen politischen Auftritte betrat? In derselben Weise schien er sein Verhältnis zum Islam zu artikulieren: „Der Islam gehört zu Deutschland". Thilo Sarrazin dagegen äußerte sich sozusagen als erprobter Ehegatte, geprägt vom langjährigen Alltag, der die Grenzen des jeweils Erträglichen aufzeigt. Viele rechtlich abgesegnete Partnerschaften gäbe es nicht, wenn die Beteiligten zu Beginn wüssten, was auf sie im Lauf der Zeit zukommt und wie sich die Beziehung entwickelt. Deshalb kann man sich in diesem Land scheiden lassen bzw. muss gar nicht unbedingt heiraten. In der rechtlich verankerten Beziehung zwischen dem Staat und einer Religionsgemeinschaft wird die Trennung, erst recht die Scheidung, ungleich schwieriger, da der Interessen- und Rechtskonflikt zwischen Kollektiven ausgetragen würde.[14]

3 Islam – eine virulente Religion

Der Islam ist eine höchst virulente Religion, mit einem umfangreichen Rechtskorpus, diversen Rechtsschulen, umfangreichem Schrifttum politischer, philosophischer, religionsrechtlicher und wirtschaftlicher Art und einer weltweit großen Anhängerschaft. Es ist leicht, zum Islam zu konvertieren, aber weniger leicht, ihn zu leben, da er dem Individuum eine Fülle von religionsrechtlichen Verpflichtungen abverlangt, die in weite Teile der individuellen Lebensbereiche

---

[14] Zu den religionsverfassungsrechtlichen Schwierigkeiten und Gegebenheiten vgl. einschlägig Gerhard Czermak, Religion und Weltanschauung in Gesellschaft und Recht, und Hartmut Kreß, Ethik der Rechtsordnung.

und darüber hinaus in viele Alltagsbereiche hineinreichen. Die zentrale Instanz für das muslimische Leben ist die Orientierung an einem monotheistischen Gott, der seine Bedürfnisse und Wünsche an Verhaltensnormen gegenüber seinen Gläubigen in der Botschaft des Koran herabließ, der mit seinen Vorschriften zu befolgen sei – so das gläubige Dogma. Da der Koran voller Widersprüche und die Datierung seiner Entstehung ungeklärt ist,[15] entstand im Lauf der Zeit ein umfangreiches rechtliches Schrifttum, um die Glaubenspraxis zu leben und den Koran „richtig" zu verstehen bzw. auszulegen. Es ist auf anregende Art spannend und ergiebig, als Wissenschaftler/in diesen Dingen auf den Grund zu gehen und sie zu erforschen – es ist jedoch weniger spannend, unter diesen religionsrechtlichen Richtlinien leben zu müssen und ständig damit beschäftigt zu sein, sie möglichst religionsgerecht und gottesfürchtig zu umgehen, ihnen quasi zu entkommen. Vor allem, wenn islamische Strafgerichtsbarkeit in der Anwendung über einem schwebt. Der islamische Rechtspluralismus hat nichts mit moderner Demokratie zu tun, da es nicht um politische Gewaltenteilung im westlichen Verständnis geht.[16] Auf islamischem Gebiet, dem „Haus des Islam", beansprucht der Islam durch seine religionsrechtlichen Vertreter die Kontrolle über alle Lebensbereiche; er regelt das Essen, das Trinken, das Waschen, die Sexualität und das Gebet.[17] Er beherrscht die rechtlichen, die politischen, die sozialen und die kulturellen Einrichtungen. Die Anerkennung und Einführung einer Teil-Scharia in Deutschland, wie sie neben dem Juristen und Islamwissenschaftler Mathias Rohe auch vom Leiter des neuen „Zentrum für Islamische Theologie" in Tübingen, Omar Hamdan, befürwortet wird, käme faktisch und juristisch auf der Verwaltungsebene einer Teil-Konversion dieses Landes zum Islam gleich, entschieden über die Köpfe der Bürgerinnen und Bürger dieses Landes.[18] Faktisch bedeutet dies einen Verstoß gegen die Religionsfreiheit, gegen die freie Religi-

---

[15] Siehe hierzu die einschlägigen Studien von John Wansborough (Quranic Studies), John Burton (The Collection of the Qur'an) sowie die deutschsprachige Aufsatzsammlung „Streit um den Koran" von Christoph Burgmer (Hrsg.) sowie den Beitrag von Michael Marx (S. 61–98) in diesem Sammelband.

[16] Vgl. dazu exemplarisch den Beitrag von Wolfgang Bock (S. 163–190) in diesem Sammelband.

[17] Siehe auch beispielhaft die Publikation von Hasan Arikan „Der kurzgefasste Ilmihal", den der VIKZ herausgibt und der die Gläubigen bis ins Detail bevormundet.

[18] Siehe hierzu meine Polemik „Neue Formen deutscher Entwicklungshilfe" in: Aufklärung und Kritik 3/2012.

onsausübung und Weltanschauungsfreiheit, die jedem Einzelnen die Möglichkeit zur Wahl lässt; es wäre folglich eine Grundrechtsverletzung.

Erfreulicherweise haben wir in Deutschland eine nichtreligiöse Rechtsordnung, die sich ganz besonders im Straf- und Familienrecht sehr von islamischer oder sonstiger religionsrechtlicher Gesetzgebung unterscheidet.[19] Die Gesetzgebung hier ist seit der Gründung der Bundesrepublik Deutschland auf der Grundlage der Einhaltung der Menschenrechte rechtsverbindlich verankert. Die Menschenrechtserklärung der Vereinten Nationen stellt das Individuum zur Beurteilung und zur Wahrung seiner Rechte in den Vordergrund, nicht ein religiöses Kollektiv, wie dies im Islam der Fall ist. Die meisten islamisch geprägten Staaten haben die Verpflichtung zur Einhaltung der menschenrechtlichen Grundlagen zugestimmt und sie vertraglich unterzeichnet. Vor diesem Hintergrund rechtlicher Polarisierung müssen die Konflikte verstanden und die Entscheidungen gefällt werden. Leider ist davon manchmal bei den gegenwärtigen politischen Entscheidungen in diesem Land wenig zu spüren; man wundert sich über die Unkenntnis, mangelndes Problembewusstsein und Unschärfen in der rechtlichen Diskussion. Religiöse Schwärmerei und Romantik überwiegt vor kulturwissenschaftlicher, religions- und verfassungsrechtlicher Sachkenntnis. Man kann den Eindruck gewinnen, tendenziell konservative interreligiöse Theologen beherrschen die Informationszugänge in Sachen „Religion" und „Religionen". Die Gefahr des interreligiösen Dialogs liegt in einer Harmonisierung und Vereinheitlichung, die dem Pluralismus der Monotheismen nicht gerecht wird, geschweige denn anderer religiöser Systeme oder gar dem Religionsbegriff.[20] Ich möchte anmerken: Es gibt Gesellschaften, die ohne einen Ursprungs-

---

[19] Das Befassen mit den Vorschriften des jüdischen Religionsgesetzes könnte bei einigen romantisch veranlagten Menschen in einigen Punkten einen (heilsamen?) Schock auslösen, aber das ist hier nicht das Thema.

[20] Theoretische Diskussion der Problematik um den Religionsbegriff findet sich einschlägig bei Michael Stausberg, Religionswissenschaft, S. 33 ff. Stausberg weist ausdrücklich darauf hin, dass sich die Religionswissenschaft „nunmehr in einer Phase nach dem Verlust ihres Gegenstands befindet" (S. 15), da die Kritik am Eurozentrismus religionswissenschaftlicher Forschung, d. h. an der unkritischen Beurteilung religiöser Sachverhalte anhand von überkommenen europäischen Denkmustern zu einer Entkleidung des Religionsbegriffs von seiner Faktizität geführt habe. Hartmut Zinser leitet seine Studie „Grundfragen der Religionswissenschaft" ein mit einer Erörterung des Unterschiedes von Religionswissenschaft zu Religion und Theologie und führt mit einer Problematisierung der Definition des Begriffs der Religion fort. Zum Religionsbegriff im Islam siehe: Harwazinski, Assia,

mythos, Gottheiten oder Ähnliches auskommen, und dennoch funktionieren, auch wenn sie in der Regel kleine Gesellschaften sind, die in lange isolierten Räumen gelebt haben.[21]

4 Konfliktfelder und der Versuch ihrer Bewältigung

Der Islam, den ich hier kritisch beschreibe, artikuliert sich in der Regel laut, fordernd, sichtbar, deutlich, immer häufiger gut organisiert, manchmal durchaus aggressiv und – vermutlich genauso häufig – unterstützt von kirchlicher Seite, beide Konfessionen eingeschlossen, sowie gutmeinenden Wissenschaftlern, allen voran manche Ethnologen und Pädagogen, die zum Teil problematische Gesellschaftsstrukturen, wie z. B. ostanatolische Klanstrukturen, kulturrelativistisch als für die gesamte Migrantengesellschaft gültig betonieren. Die Konfliktfelder, die sich hieraus ergeben, heißen: Auseinandersetzung mit dem Atheismus und Religions- und Weltanschauungsfreiheit, Erziehungswesen, Freiheit der Meinungsäußerungen (Karikaturenstreit, Religionskritik usw.), Geschlechterordnung, Ausmaße und Grenzen der Religionsausübung, Kunst und Kunstverständnis, Religionsunterricht, Sport- und Schwimmunterricht, religiös ausgestaltete medizinische und pflegerische Behandlung (islamisches Krankenauswesen, Alters- und Pflegeheime), Sexualität, unverheiratetes Zusammenle-

---

Aufsätze zum Islam – Gemischte Schriften, S. 91 ff. Für Anfänger und leicht verständlich bietet Hans-Jürgen Greschat einen Einstieg in den Umgang mit Religion aus religionswissenschaftlicher Sicht, der leicht zu lesen ist und den Beginn einer Horizonterweiterung bei vielen Außenstehenden des Faches einleiten kann; Greschat, Die Sache Religion in religionswissenschaftlicher Sicht, Berlin, 2008. – Persönlich möchte ich der Stellungnahme von Stausberg insofern widersprechen, als der Eurozentrismus-Vorwurf nur teilweise berechtigt ist. So beziehen sich viele muslimische Denker seit über einem Jahrtausend traditionell auf Schrifttum aus dem griechischen Raum – also der Quelle, aus dem auch die europäischen christlichen Theologen sich ständig gespeist haben und bis heute vorzugsweise „ernähren". Der „Umgang mit dem Fremden" bzw. „den Fremden" ist ein früher Gegenstand der Religions- und Menschheitsgeschichte, der sich international im Schrifttum findet, soweit es sich um eine Schriftkultur handelt. Es ist keine eurozentristische Besonderheit. Allerdings ist die Disziplin der Religionswissenschaft im 19. Jahrhundert aus der evangelischen Theologie heraus entstanden, primär zunächst als Religionsgeschichte, und ist somit selbstverständlich eine europäische Entwicklung.

[21] Als ein Beispiel sei hier die ausgezeichnete, aktuelle Studie von Daniel Everett, Don't sleep, there are snakes, genannt, die auf dreißig Jahren Feldforschung im Amazonas-Dschungel zwischen 1977 und 2007 beruht und als wissenschaftliche Erhebung im Rahmen eines linguistischen Forschungsprojekts am renommierten Massachusetts Institute of Technology in Cambridge, Massachusetts, durchgeführt wurde. Wir haben in der Wissenschaft jedoch weitere Quellen und Belege.

ben unter Muslimen oder von gemischt-konfessionellen Paaren. Hierzu sind in den eingangs genannten Arbeiten und Studien umfangreiche Behandlungen und Erörterungen, Schilderungen und Entscheidungsfindungsmöglichkeiten vorhanden.

Einen kleinen Einblick vermittelte mir die Unterrichtspraxis in einer Bildungseinrichtung, die sich unter anderem wesentlich der Resozialisierungsarbeit verschrieben hat und in der ich mit sog. benachteiligten Jugendlichen aus überwiegend „bildungsfernen Elternhäusern" zu tun hatte.[22] Das heißt: Hier wurden junge Menschen unterrichtet, die zum Teil weder Förder- noch Hauptschulabschluss erlangt hatten, durch alle Netze der bisherigen Bildungseinrichtungen gefallen waren (bzw. „entschult" worden waren) sowie junge Leute mit einem bemerkenswerten Vorstrafenregister, die nochmals eine Chance für einen zivilen Lebensweg in dieser Gesellschaft erhalten sollten. Darunter befand sich ein bemerkenswert hoher Anteil an Jugendlichen muslimischer Herkunft aus verschiedenen Ländern, die meisten jedoch türkischstämmig.[23] Es ging für das Lehrpersonal darum, diesen jungen Menschen wesentlich die Instrumente des Wissenserwerbs beizubringen und „Lernen zu lernen". Eine wichtige Angelegenheit war die deutsche Sprache, das vorrangig wichtige Mittel der Kommunikation in Deutschland. Hierbei stellte das Lehrerkollegium in kürzester Zeit erhebliche und grundlegende Sprachdefizite fest, auch unter denjenigen, die schon über ein Jahrzehnt in diesem Land lebten bzw. als Baby hierhergekommen waren und hier zur Schule gingen: Sie hatten, aus welchen Gründen auch immer, nicht gelernt, sich zu artikulieren und mit der deutschen Sprache aktiv in Wort und Schrift umzugehen. Nach Überwindung des anfänglichen „Mangelbildungsschocks" auf Seiten der Lehrkräfte und Bildungsbegleiter wurden Maßnahmen gestartet, um hier Abhilfe zu schaffen. Dazu gehörten vor allem Lese- und Schreibübungen, Wortfeld- und Grammatik-Einheiten und im Lauf der Zeit auch kleine Tests zur Überprüfung des Wissensstandes. Bei solchen Gelegenhei-

---

[22] Siehe hierzu meine Monographie „Ich bin keine Schlampe, ich bin Griechin!" Einblicke in die Lebenswelten jugendlicher Migranten in der Berufsvorbereitung. Berlin, 2011.

[23] Grob geschätzt: Etwa zwei Drittel derjenigen mit Vorstrafenregister waren Muslime, davon der größte Anteil türkischstämmig (neben Kosovaren, Bosniern, Kurden), der Rest setzte sich zusammen aus Russlanddeutschen und Süditalienern; bei Letzteren handelt es sich jedoch um Bagatelldelikte, wie beispielsweise Verstößen gegen die Straßenverkehrsordnung.

ten erlebten wir Lehrkräfte ein Ausmaß an Selbstbewusstsein bei einigen jungen Männern, von dem die meisten Menschen nur träumen können. So behaupteten Einige allen Ernstes, sie hätten qua nationaler Zugehörigkeit zu den Türken, sprich: qua Türkentum und ihrer Abstammung eine „natürliche Veranlagung zur Intelligenz" aufzuweisen, sozusagen ein angeborenes Intelligenz-Gen.[24] Leider haben wir Lehrkräfte den gesamten Zeitraum unserer Tätigkeit überwiegend vergeblich nach dieser ethnisch begründeten „natürlichen Intelligenz" gesucht und uns viel Mühe gegeben, diese zu entdecken, festzustellen und entsprechend zu würdigen. Gewürdigt wurde jedoch in einigen auffallenden Fällen der kreative Umgang mit der Aufgabenstellung und die Problemlösefähigkeit, auch wenn sie nicht unbedingt zielgerichtet im Sinne der Aufgabenstellung war. Wir versuchten, Anerkennung für das zu vermitteln, was anzuerkennen war – und zu motivieren. Es war keine leichte Arbeit, auch aus weiteren Gründen, die hier unerwähnt bleiben können. Genau hier aber, in diesen Problembereichen der Ausbildung und Erziehung, gilt es anzusetzen, will man künftige Konflikt- und Gewaltpotentiale einschränken, verringern und ihnen entgegenwirken. Genau hier aber werden zu wenige Gelder in den Ausbau von Stellen und Unterricht, Stützunterricht, zusätzliche Betreuungsangebote, Ganztagsschulen und Sozialarbeit investiert; stattdessen sieht die Politik einhellig die Lösung gesellschaftlicher und individueller Fragen in der Implementation islamischer Theologie.[25] Die Frage, die sich an dieser Stelle aufdrängt: Zieht sich die Gesellschaft in Deutschland eine Klientel heran, für die es kaum zivile Tätigkeitsfelder gibt, außer Hilfsarbeiter zu werden (und auch diese Möglichkeiten sind heute begrenzter als je zuvor) und investiert in die Möglichkeit, sie irgendwie sozialverträglich unterzubringen, oder setzen Gesellschaft und Politik auf die Lösung, alle sich der gesellschaftlichen Integration verweigernden Muslime der religiösen Indoktrination auszusetzen bzw. in die Moscheen zu schicken, damit sie dort, vermeintlich, „befriedet" werden? Doch für die Befriedigung des Anspruchs und

---

[24] Anzumerken ist, dass diese Bemerkung von Angehörigen der politischen Gruppierung der „Grauen Wölfe" getätigt wurden, die in Auftritt und Verhalten als sehr dominant auffiel und vor Selbstbewusstsein nur so strotzte. Hier mischen sich generelles, durch die traditionell islamische Erziehung geprägtes Machotum mit faschistisch-nationaler Ideologie der „Bozkurtlar" (= Graue Wölfe).

[25] Vgl. die Beiträge von Klaus Spenlen zum Islamischen Religionsunterricht (S. 307–334) sowie von Michael Kiefer (S. 211–226) in diesem Sammelband.

die Auseinandersetzung mit der eigenen und anderen Herkunftskulturen stehen im Wesentlichen der Politik- und Geschichtsunterricht zur Verfügung, des weiteren Fächer wie Gemeinschaftskunde, Wirtschaft & Soziales, Lebenskunde/Ethik/Religionskunde, die von Anspruch und Ansatz her weit über das Angebot von konfessionellem Religionsunterricht hinausgehen, der von der Konzeption her Bekenntnisse vermittelt, weniger aber Kenntnis über Kultur an sich. Möglicherweise muss sich das Ausbildungs- und Bildungswesen auch neuen Unterrichtsmöglichkeiten und -fächern öffnen, um diese Probleme in den Griff zu bekommen.[26]

5 Muslime in öffentlichen Schulen und beim Berufseinstieg[27]

Der persönliche Blick wird durch den Blick auf die internationale PISA-Studie, die 2006 durchgeführt und Ende 2008 veröffentlicht wurde, bestätigt.[28] Danach besteht u. a. ein Zusammenhang zwischen hohen Lernleistungen und höherem Pro-Kopf-Einkommen; den Ausgaben je Schülerin/Schüler; guter Ausstattung in Lehr-, Lern- und Sachmitteln; dem wirtschaftlichen, kulturellen und sozialen Hintergrund der Familien; der Tatsache, nicht im Ausland geboren zu sein und keine ausländischen Eltern zu besitzen; der häufigen Benutzung von Bibliotheken, Computern, Taschenrechnern, Labors etc.; enger und vertrauensvoller Zusammenarbeit zwischen Eltern und Schulen; einer positiven Einstellung zum Lernen; einer positiven Einstellung zur Schule; der Einsicht in die Bedeutsamkeit schulischen Lernens; geringer Segregation zwischen den Schulen; geringen Unterschieden zwischen den Schulformen; spezialisierten Lehrerinnen und Lehrern in größeren Schulen bis 1.000 Schülerinnen/Schüler.[29]

---

[26] Mein Gedanke geht in Richtung auf Gewalt- und Konflikttrainings, gezieltes Erlernen von Teamfähigkeit und Fairplay, wobei dem Sportunterricht eine besonders große Bedeutung zukommen würde. Neue Ansätze wären gezielte Einheiten im Bereich Kunst, die zu mehr Sensibilisierung und Ausdrucksfähigkeit führen könnten, ebenso wie die Einführung von Gymnastik und Tanz, insbesondere für muslimische Mädchen, die dadurch gezielt einen bewussten Umgang mit Bewegung und Körperlichkeit erlangen und einüben könnten. Dies würde mehr entsprechend ausgebildetes Lehrpersonal erfordern. Die deutsche Gesellschaft (vermutlich auch keine andere) kann nicht innerhalb kurzer Berufsvorbereitungslehrgänge die Defizite von Jahrzehnten ausgleichen.

[27] Vgl. hierzu insbesondere Klaus Spenlen 2010.

[28] Vgl. die Analysen des PISA-Konsortiums 2001, 2003, 2004, 2005, 2007 und 2008.

[29] Vgl. im Einzelnen Deutsches PISA-Konsortium (Hrsg.) 2004, S. 235 ff. sowie dass., 2007, S. 346 ff.

Unter dem Aspekt, die Schülerleistungen differenziert nach dem für Muslime in Deutschland wichtigsten Herkunftsland Türkei betrachten zu können, bietet sich ein Vergleich der zwei Länder an, aus denen die meisten Migranten in Deutschland stammen:

- Jugendliche, die aus der ehemaligen Sowjetunion zugewandert sind, verfügen im Durchschnitt über höhere Kompetenzen als Jugendliche aus Familien türkischer Herkunft. Jugendliche mit Eltern aus der ehemaligen Sowjetunion sind in fast 90 % der Fälle im Ausland geboren, sprechen aber in über 40 % der Fälle im Alltag vorwiegend Deutsch.
- Dagegen sind fast drei Viertel der Jugendlichen, deren Eltern aus der Türkei stammen, in Deutschland geboren und aufgewachsen. Dennoch spricht nur knapp ein Drittel dieser Jugendlichen im Alltag vorwiegend Deutsch. Dieser Befund wird von den PISA-Forschern aufgrund der Ergebnisse des Zusammenhangs von Sprachgebrauch und Kompetenzniveau als alarmierend bezeichnet.
- Die durchschnittlichen „Mathematik-" und „Lesekompetenzen" etwa der Hälfte der in Deutschland geborenen Jugendlichen türkischer Herkunft gehen nicht über die Kompetenzstufe I hinaus. Sie haben damit äußerst unzureichende Voraussetzungen für die weitere Teilhabe am wirtschaftlichen und gesellschaftlichen Leben, obwohl sie in Deutschland geboren und zur Schule gegangen sind.
- Im Bereich „Sprachkompetenz" weisen die türkischen Schülerinnen und Schüler, die zwar in Deutschland geboren sind, aber nicht oder nur teilweise die deutsche Sprache benutzen, besonders geringe Leistungen auf.[30]

Zwar werden seit PISA 2000 kontinuierliche Verbesserungen in allen Kompetenzbereichen sichtbar. Sie lassen den Schluss zu, dass sich das Bildungssystem insgesamt positiv entwickelt hat. Einen besonders großen Entwicklungssprung von 2000 auf 2006 haben die neuen Länder vollzogen. Gleichwohl bleibt trotz des insgesamt positiven Trends festzuhalten, dass sich vor allem in Bildungsgängen, die zum Hauptschulabschluss führen, große Anteile leistungsschwächerer Schü-

---

[30] Vgl. Deutsches PISA-Konsortium (Hrsg.) 2004, S. 269 ff. sowie 2007, S. 347.

lerinnen und Schüler befinden, darunter überdurchschnittlich viele aus sozial benachteiligten Familien und mit Migrationshintergrund.[31]

Die in den Medien vielbeachtete Studie des Berlin-Instituts für Bevölkerung und Entwicklung[32] hat zwar ebenfalls nicht ausdrücklich das Merkmal „Muslim" untersucht, bezeichnet jedoch die „Gruppe mit türkischem Hintergrund", also durchweg Muslime, als am schlechtesten integrierten Personenkreis, bei dem auch die jüngere Generation wenig Bildungsmotivation erkennen ließe.[33]

Ein weiteres Handlungsfeld ist der gesamte durchschnittliche Arbeitsalltag, in dem sich oftmals persönlicher und gesellschaftlicher Frust Bahn bricht. Wenn dies in gewaltsamer Form geschieht, müssen Delinquenten – unabhängig von Ethnie, Religion, Geschlecht oder Staatsangehörigkeit – rechtlich belangt werden.[34] Dieses hat dann nichts mit Rassismus oder Diskriminierung zu tun. Dahinter steht natürlich oft die Unfähigkeit oder Unbeholfenheit im Umgang mit der Bürokratie, mangelnde Sprach- oder Amtskenntnis und dergleichen mehr, was die Taten jedoch nicht legitimiert. Eine weitere Erklärung für deren Einstellungen sowie ggf. daraus resultierendes deviantes Verhalten kann darin gesehen werden, dass muslimische Kinder und Jugendliche

> in Familie und Peergroups Anerkennungsmodi und Regelwerke [erleben], die mit jenen der Schule nur schwer in Einklang zu bringen sind. In der Familie dürfen Jungen toben und lebhaft sein, müssen sich nicht an viele Regeln halten und werden – wenn es aus der Sicht der Eltern nötig erscheint – energisch und in einem autoritären Stil gemäßigt. Sie werden zudem kaum für verantwortungsvolle Aufgaben vorbereitet. In der Schule sollen sie still sitzen und zuhören, selbstständig Aufgaben erledigen, sich an teilweise unbekannte Umgangsformen und ungewohnte Regeln halten, die Autorität der Lehrkraft akzeptieren, ohne dass die Lehrkraft autoritär ist, bei Regelverstößen Einsicht zeigen und ihr Verhalten in einem kommunikativen, auf Nachsicht ausgerichteten Prozess verbessern. Nicht nur, aber insbesondere auch bei weiblichen Lehrkräften kann es zu Verhaltensproblemen kommen. Diesen Erwartungen werden Mädchen viel eher gerecht, da sie sich auch zu Hause zurückhaltend, vorsichtig, diszipliniert und verantwortungsbewusst verhalten sollen.[35]

---

[31] Vgl. Deutsches PISA-Konsortium (Hrsg.) 2007, S. 343 ff.
[32] Vgl. Berlin-Institut für Bevölkerung und Entwicklung (Hrsg.) 2009.
[33] Vgl. ebenda, S. 7.
[34] Fall vom Juni 2012 aus dem Jobcenter Osnabrück, dokumentiert in den Osnabrücker Nachrichten vom 24.06.2012: „Jobcenter-Mitarbeiter mit dem Messer bedroht".
[35] El-Mafaalani und Toprak 2011, S. 115.

Allerdings ist die Überlegung anzustellen, wie man solche Situationen von vornherein abfedern oder verhindern kann. Dazu müsste gut ausgebildetes Personal mit Kenntnissen entsprechender Kulturkreise, viel Geduld, Zeit und gediegenen Qualifikationen eingestellt werden. Das Beispiel des Auto-Konzerns Daimler Benz sollte keine Schule machen: Der musste sich in der jüngsten Vergangenheit mit Hilfe des Arbeitsrechts – diesmal zugunsten des Arbeitgebers – gegen einen ehemaligen türkischstämmigen Terrorhelfer mit deutscher Staatsbürgerschaft wehren, was dazu führte, dass dieser Mann nach seiner Rückkehr aus der Haftentlassung seine Wiedereinstellung in den Konzern juristisch einklagen wollte. Er unterlag jedoch, weil er für seine Kollegen, Belegschaft und Vorgesetzte nicht mehr zumutbar sei.[36]

Auch hieran wird deutlich: Bei der Frage der Integration von Muslimen (und Migranten schlechthin) darf es nicht darum gehen, ihnen einen Sonderstatus einzuräumen, der anderen nicht zusteht. Dies entspräche vielmehr einem äußerst arroganten, hierarchischen Menschenbild, welches das Selbstverständnis fundamental-islamischer bis islamistischer Orientierung reflektiert: Da der Islam die beste aller Religionen ist und der Prophet Muhammad das Siegel der Prophetie, sind auch die Muslime die besten aller Menschen – was impliziert: höherwertig als alle Nichtmuslime.

Diese Strategie verfolgt der politische Islam. Es gibt im Wesentlichen zwei Ebenen, auf denen agiert wird: Die Verwaltungsebene (die juristische Klagen und Prozesse mit einschließt) und die rein rhetorische, die im interreligiösen Dialog und entsprechenden Kreisen sowie in Interviews, Talkshows usw. eine zentrale Rolle spielt. Letztere beinhaltet die Vorgehensweise, im Zusammenhang mit dem Islam und den Forderungen von Muslimen nach Integration alles verharmlosend darzustellen, was von nicht-muslimischer Seite – oder auch von laizistisch-säkularen Muslimen – problematisiert wird.

---

[36] Vgl. exemplarisch unter: http://www.spiegel.de/karriere/berufsleben/rueckkehr-nach-sabbat-jahr-daimler-wehrt-sich-gegen-ex-terrorhelfer-a-813254.htmlvom09.06.2012 (zuletzt eingesehen: 19.09.2012), SPIEGEl-online vom 24.05.2012, Süddeutsche Zeitung vom 24.05.2012: „Klage zurückgezogen: Daimler muss verurteilten Terrorhelfer nicht wieder einstellen" von Max Hägler.

6 Interreligiöser Dialog

Damit spreche ich noch einmal die Rolle des „interreligiösen Dialogs" an, die bei der Beurteilung und Auseinandersetzung eine große Rolle spielt, die meines Erachtens zu positiv eingeschätzt wird. Meiner Erfahrung und meinem Eindruck nach (in immerhin über zwanzig Jahren im Beobachterstatus einer Religionswissenschaftlerin) führte dieser Dialog nur zu wenig mehr Verständnis, aber zu viel Schwammigkeit, und reduziert den Begriff der Religion auf den Monotheismus. Der Diskurs findet primär zwischen Christen, Juden und Muslimen statt, alle anderen Religionsgemeinschaften bleiben außen vor. Auch die Bandbreite, Widersprüchlichkeit und der Facettenreichtum der drei Monotheismen werden in diesem Dialog eher unterschlagen und ignoriert. Das Ergebnis ist ein monotheistischer Einheitsbrei unter dem gemeinsamen Dach der „abrahamitischen Religionen", in dem sich viele gar nicht wiederfinden und der der Wirklichkeit nicht gerecht wird, sondern sie essentiell reduziert und verkürzt. In Dialogzirkeln werden häufiger gegen Ende einer Diskussion oder Austauschrunde allseits harmonische „Gemeinsamkeiten" produziert, Konflikte werden eher systematisch ausgeklammert und nicht thematisiert. Nichtsdestotrotz mögen geführte Besuche von religiösen Stätten für die Teilnehmer aufschlussreich und interessant sein und können in begrenztem Maß zu einem besseren Verständnis führen.

Es ist primär dem „interreligiösen Dialog" zuzurechnen, dass die Entscheidung für die Einführung von islamischem Religionsunterricht und islamischer Religionspädagogik in diesem Land seitdem an verschiedenen Universitäts-Standorten vorbereitet und grundgelegt wird: Münster, Osnabrück, Frankfurt am Main, Erlangen und Tübingen.[37] Eine Anfrage dazu an das Bundesministerium für Bildung und Forschung meinerseits führte zu einem Antwortschreiben vom 29.06.2012, aus dem hervorgeht, dass die Beteiligten der Entscheidungsfindung sich offenbar des Konfliktpotentials und der Rechtsproblematik nur unzureichend bewusst waren/sind. Es zeigt die Dilemma-Situation, in der sich Wissenschaftler und Politiker befinden, wenn sie sich aus Notwendigkeit und Redlichkeit abgrenzen: Die Schuld am Missverständnis über das „Neutralitätsgebot des deutschen Staates" wurde mir als Fragestellerin und Kritikerin

---

[37] Vgl. den Beitrag von Michael Kiefer (S. 211–226) in diesem Sammelband.

in die Schuhe geschoben bzw. man verstand meine Bedenken nicht.[38] Es wurde argumentiert, dass die verfassungsrechtliche Notwendigkeit bestünde, dass Staat und Religionsgemeinschaften kooperieren, sofern „gemeinsame Angelegenheiten" (sog. res mixta) vorlägen. Zu diesen würden u. a. die bestehenden christlich-theologischen Fakultäten und Institute an staatlichen Hochschulen, die gleichzeitig Sache des Staates (z. B. die dienstrechtliche Stellung der Hochschulprofessuren) und Sache der Kirche (z. B. die kirchliche Lehre als Gegenstand der Lehrtätigkeit an der Universität) sind. Der Wissenschaftsrat habe in seinen Empfehlungen die „historisch gewachsene Verankerung der christlichen Theologien an staatlichen Universitäten" im deutschen Sprachraum als „Erfolgsgeschichte" aufzuweisen. Dabei erscheint es aus meiner Sicht nicht schwer, eine Erfolgsgeschichte zu schreiben, wenn die Politik diesen Erfolg dargestellt wissen will, auch dann, wenn sie sich, wie die Theologien, auf nicht-wissenschaftliche Prämissen berufen. Es ist nicht schwer, die Geschichte der christlich-theologischen Fakultäten im deutschen Raum als Erfolgsgeschichte zu verbuchen, denn christliche Theologen besetzen inzwischen eine ganze Anzahl Arbeitsfelder, die eigentlich mit Theologie und Christentum wenig, dagegen mit politischen Interessen viel zu tun haben: Pädagogik, Gesundheitswesen, Erziehungswesen, Finanzbereich, Management, Psychologie, Medien. Und auf alle diese Bereiche hat bereits jetzt oder wird der Islam zukünftig ebenfalls Einfluss haben.

Die Religionen bzw. ihre Vertretungen sind überall zu finden, wo sie Sachverhalte in ihrem Sinne beeinflussen können. Sie tun dies nach eigener Argumentation im Sinne gesellschaftlichen Fortschritts. Der mir nicht unsympathische und zupackende baden-württembergische evangelische Alt-Landesbischof Renz äußerte sich im Februar 2012 mir gegenüber in einem Gespräch über den Islam in Deutschland dahingehend, dass „wir Christen unseren Glauben im Angesicht des Islam nun wieder stärker betonen müssen und unsere Position klarmachen" müssen. Das ist aus seiner Sicht und Stellung heraus logisch und nachvollziehbar, kommt aber der Position der gegenseitigen konfessionellen Hilfestellung mit erwarteter Gegenleistung schon näher.[39] Man könnte ja auch in Erwägung

---

[38] Schreiben des Bundesministeriums für Bildung und Forschung vom 27.07.2012, mit Bezugnahme auf meine Anfrage vom 29.06.2012.

[39] Zum Problem des religiösen Fundamentalismus als sozialem Phänomen vgl. die religionssoziologische Studie von Martin Riesebrodt 1990.

ziehen, Glaubensfragen übereinstimmend aus dem öffentlichen Raum fernzuhalten und als private Angelegenheit des Einzelnen zu verstehen.

7 Schlussbemerkungen

Ist der Islam nun in Deutschland angekommen oder nicht? Jedenfalls sind die Muslime hier angekommen, in den sechziger Jahren die ersten, viele weitere später. Inzwischen stellen sie ca. 5 % der in Deutschland lebenden Menschen und verbinden ihre Anwesenheit auch mit gesellschafts-, religions-, rechts- und weiteren wissenschaftspolitischen Forderungen.

Der Islam repräsentiert sich in der Personifikation von Imamen, Theologen und angehenden islamischen Religionspädagogen, in schöner Imitation der christlichen und jüdischen Funktionsträger. Damit hat sich die Gesellschaft auseinander zu setzen, besser heute als morgen. Die religiöse Landschaft in diesem Land hat sich verändert, verändert sich weiter, und dies hat Konsequenzen. Wie bei sonstigen gesellschaftlichen und pluralistischen Entwicklungen bedarf es einer Art Qualitätskontrolle, damit Dinge, die offenkundig schädlich oder gar spalterisch sind, nicht unbeobachtet und unkontrolliert „auf den Markt geworfen" werden und – aktive wie passive – Konsumenten übermäßig schädigen. Der Islam ist per se ein religiöses und politisches System, das sich mit der individuellen privaten Religionsausübung schwer tut und stattdessen von Beginn an die Kontrolle über den öffentlichen Raum anstrebt: Der Islam regelt primär das Diesseits, um später im Jenseits die versprochenen paradiesischen Lorbeeren an die Gläubigen zu verteilen.

Der öffentliche Raum muss aber weiterhin konsequent in der kontrollierenden Hand eines demokratisch unabhängigen, säkularen und zivilen Rechtsstaats bleiben, der das Diesseits für alle darin Lebenden erträglich ausgestalten muss, denn über das Jenseits kann man nur spekulieren: Es ist Glaubenssache, keine Rechts- oder Bürgersache. Wenn Glaubenssache von Religionsfreiheit gekennzeichnet bleiben will, müssen Rechts- und Bürgersachverhalte so unabhängig wie möglich von religiösen Grundlagen geregelt und beurteilt werden.

Fazit: Wer in einem Rechtsstaat wie Deutschland Migranten, zumal Religiöse, in dem Fall Muslime, aufnimmt, hat zwei Optionen: Sie zu umarmen oder sich von ihnen wieder zu trennen. Dazwischen gibt es noch die Möglichkeit, sich einfach etwas distanziert und so neutral wie möglich – aber ohne Umarmung! – gegenüber zu stehen, eine Möglichkeit, von der die Politiker hierzulande öfter Gebrauch machen sollten. Ungeachtet dessen, dass die zweite Möglichkeit nur eine hypothetische ist und jedwedem Menschenrecht zuwiderläuft, müssen Politik und Zivilgesellschaft unveräußerliche Rechte und Pflichten definieren, die allen zustehen und an die sich alle zu halten haben und die Grundlage von Zugehörigkeit zu Deutschland sind.

Literatur

Berlin-Institut für Bevölkerung und Entwicklung (Hrsg.), Ungenutzte Potentiale. Zur Lage der Integration in Deutschland, Berlin 2009.

Burton, John. The Collection of the Qur'an. Cambridge 1979.

Burgmer, Christoph (Hrsg.), Streit um den Koran. Die Luxenberg-Debatte: Standpunkte und Hintergründe. Berlin, 2004 (3. Auflage 2007).

Çetinsaya, Gökhan „Rethinking Nationalism and Islam: Some Preliminary Notes On The Roots Of „Turkish-Islamic Synthesis" In Modern Turkish Political Thought" in: The Muslim World, Vl. LXXXIX, No. 3–4, July–October 1999.

Conermann, Stephan (Hrsg.), Die multikulturelle Gesellschaft in der Sackgasse? Europäische, amerikanische und asiatische Perspektiven. Bonner Asienstudien, Bd. 3. Berlin 2009.

Czermak, Gerhard. Religion und Weltanschauung in Gesellschaft und Recht. Ein Lexikon für Praxis und Wissenschaft, Aschaffenburg 2009.

Deutsches PISA-Konsortium (Hrsg.), PISA 2000. Basiskompetenzen von Schülerinnen und Schülern im internationalen Vergleich, Opladen 2001.

Deutsches PISA-Konsortium (Hrsg.), PISA 2000. Ein differenzierter Blick auf die Länder der Bundesrepublik Deutschland, Opladen 2003.

Deutsches PISA-Konsortium (Hrsg.), PISA 2003. Ergebnisse des zweiten internationalen Vergleichs, Kiel 2004.

Deutsches PISA-Konsortium (Hrsg.), PISA 2003. Der zweite Vergleich der Länder in Deutschland. Was wissen und können Jugendliche in Deutschland?, Münster 2005.

Deutsches PISA-Konsortium (Hrsg.), PISA 2006. Die Ergebnisse der dritten internationalen Vergleichsstudie, Münster 2007.

Deutsches PISA-Konsortium (Hrsg.), PISA 06. Pisa 2006 in Deutschland. Die Kompetenzen der Jugendlichen im dritten Ländervergleich, Münster 2008.

El-Mafaalani, Aladin und Toprak, Ahmet. Muslimische Kinder und Jugendliche in Deutschland. Lebenswelten – Denkmuster – Herausforderungen, in einer Veröffentlichung der Konrad-Adenauer-Stiftung, Sankt Augustin 2011.

Everett, Daniel, Don't sleep, there are snakes. Life and Language in the Amazonian Jungle, London 2008.

Gerrens, Uwe, Eugenik und Islamfeindlichkeit. Ein Versuch, Thilo Sarrazin zu deuten, in: Farid Hafez (Hrsg.), Jahrbuch für Islamophobieforschung 2012, new adacemic press, Wien 2012, S. 78–98.

Greschat, Hans-Jürgen. Die Sache Religion in religionswissenschaftlicher Sicht. Wie Religion erforscht, erlebt und gelebt wird. Berlin 2008.

Harwazinski, Assia Maria. Islam als Migrationsreligion. Vom Umgang der Deutschen mit ihrer muslimischen Minderheit am Beispiel der Region Stuttgart. Überarbeitete Dissertation von 1999/2001; Marburg 2004.

Harwazinski, Assia Maria. „Ich bin keine Schlampe, ich bin Griechin!" Einblicke in die Lebenswelten jugendlicher Migranten in der Berufsvorbereitung. Ein Erfahrungsbericht aus dem Unterrichtsalltag. Berlin 2011.

Harwazinski, Assia Maria. Aufsätze zum Islam – Gemischte Schriften. Bonner Islamwissenschaftliche Hefte Nr. 27. Berlin 2012.

Harwazinski, Assia. „Neue Formen deutscher Entwicklungshilfe. Islamischer Kreationismus als Hilfestellung zur Bewältigung der Integrationsprobleme. Das reizvolle Spiel mit dem interkulturellen Feuer" in: Aufklärung und Kritik 3/2012, 240–245.

Heisig, Kirsten. Das Ende der Geduld. Freiburg im Breisgau 2010.

Kreß, Hartmut. Ethik der Rechtsordnung. Staat, Grundrechte und Religionen im Licht der Rechtsethik. Stuttgart 2012.

Osnabrücker Nachrichten vom 24.06.2012: „Jobcenter-Mitarbeiter mit dem Messer bedroht. Landgericht OS verurteilte 12fachen Vater zu 10 Monaten".

Riesebrodt, Martin. Fundamentalismus als patriarchalische Protestbewegung. Amerikanische Protestanten (1910–28) und iranische Schiiten (1961–79) im Vergleich. Tübingen 1990.

Rohe, Mathias. Das Islamische Recht. Geschichte und Gegenwart. München 2011 (3. Auflage, 1. Auflage 2009).

Klaus Spenlen. Integration muslimischer Schülerinnen und Schüler. Analyse pädagogischer, politischer und rechtlicher Faktoren, in: Gritt Klinkhammer u. a. (Hrsg.), Islam in der Lebenswelt Europa, Band 8, Münster 2010.

Spuler-Stegemann, Ursula. Muslime in Deutschland. Nebeneinander oder Miteinander. Freiburg im Breisgau 1998.

Stausberg, Michael (Hrsg.), Religionswissenschaft. Berlin/Boston, 2012.

Süddeutsche Zeitung vom 24.05.2012: „Klage zurückgezogen. Daimler muss verurteilten Terrorhelfer nicht wieder einstellen".

Wansbrough, John. Quranic Studies. Sources and Methods of Scriptural Interpretation. Oxford/London, 1977.

Zinser, Hartmut. Grundfragen der Religionswissenschaft. Paderborn, 2010.

Internetquellen

SPIEGEL vom 03.02.2012: „Rückkehr nach Sabbat-Jahr. Daimler wehrt sich gegen Ex-Terrorhelfer" und http://www.spiegel.de/karriere/berufsleben/rueckkehr-nach-sabbat-jahr-daimler-wehrt-sich-gegen-ex-terrorhelfer-a-813254.html

Islami(sti)scher Rap in Deutschland? Sozial- und kulturwissenschaftliche Beobachtungen zum Diskurs um Integrationsverweigerung und Fundamentalismus

Marc Dietrich und Martin Seeliger

1 Einleitung

Wenn jemand fragt, was der Euro-Rettungsschirm, Marco Weiß im türkischen Jugendgefängnis[1] und die Lebenssituation von Muslimen in Deutschland gemeinsam haben, könnte dies dem ersten Eindruck nach vielleicht etwas befremdlich erscheinen. Solche Verwirrungen würden sicherlich nicht zu Unrecht hervorgerufen, liegt doch die Verknüpfungsleistung nicht bei gegenstandsimmanenten Überschneidungen supranationaler Wirtschaftspolitik, juristischer Aufarbeitung sexueller Gewalt und gruppenspezifischer Lebensstile. Um die Verbindung der drei Sachverhalte erkennen zu können, muss man sich – so unsere These – zuerst einmal in einer Weise von ihnen distanzieren, die nicht sie selbst in den Mittelpunkt des Interesses rückt, sondern vielmehr die Art, mit der sie öffentlich diskutiert werden. Etwas bündiger und mit Niklas Luhmann formuliert: Es bedarf neben der Analyse der Oberfläche einer „Beobachtung zweiter Ordnung".[2]

Stellt man nun die Frage abgewandelt nach etwaigen Gemeinsamkeiten fauler sog. griechischer Arbeiter, inkompetenter türkischer Justiz und Muslimen in Deutschland, wird der umfassende Referenzrahmen deutlicher. Während die Eigenheit, dass alle drei Phänomene einen (wie auch immer gearteten) Bezug zur deutschen Gesellschaft aufweisen, noch relativ wenig Aussagekraft entfalten kann, findet sich eine Gemeinsamkeit in den Zuschreibungen, die die drei Phänomene in der öffentlichen Diskussion erfuhren und erfahren. Dass diese

---
[1] Vgl. Marco Weiß 2008.
[2] Niklas Luhmann 2008, S. 434.

nicht eben positiv, sondern vor allem pathologisch ausfallen, nehmen wir im vorliegenden Text als relevante Rahmenbedingung unserer Analyse des Verhältnisses von Rap und Islam.

Konstatieren lässt sich zunächst und auch mit Verweis auf die Eingangsbemerkungen, dass „Islam und Deutschland" ein prekäres Thema ist: Die Verteilung von Koran-Exemplaren und die immer wieder aufflammenden Diskussion um den Moscheebau in Köln,[3] an der gesellschaftliche Akteure verschiedenster Couleur teilnahmen, sich Provokationen sowie gewaltsamen Ausschreitungen in eben diesen Fällen abspielten, kann man feststellen: Islam und Deutschland – dass ist auch und aktuell ein gesellschaftlich polarisierendes Thema. Nun wollen wir in diesem Beitrag weniger das vermeintlich generelle Verhältnis von einer „deutschen" und einer „islamischen Kultur" rekonstruieren, als vielmehr einen Blick in die Popkultur wagen. Hierbei handelt es sich keineswegs um ein Phänomen, das einer reinen „Oberflächenästhetik" verschrieben ist,[4] sondern durchaus um ein komplexes Netz aus Symbolen und Narrativen, das auf gesellschaftlich relevanten und fundierten Diskursen aufruht – mit der Folge, dass auch politische oder religiöse Semantiken im Pop ästhetisiert und verhandelt werden. Dies gilt besonders für Rap als einer ästhetischen Praxis, dem der Ruf einer subversiven Kultur, als Sprachrohr marginalisierter Gruppen, anhaftet(e). Die Erkenntnis einer politischen Dimension von Pop und Rap ist weder neu noch überraschend. Sowohl im Feuilleton als auch in der Wissenschaft wird dem Rechnung getragen – man denke an die wegweisenden Arbeiten der Cultural Studies. Pop im Allgemeinen und HipHop im Besonderen ist hier längst ein konstantes Thema der Auseinandersetzung.[5]

Eine politische Imprägnierung des vermeintlich hedonistischen Pop-Programms lässt sich also in ganz besonderer Weise für Rap[6] konstatieren.[7] Ne-

---

[3] Vgl. den Beitrag von Uwe Gerrens (S. 335–367) in diesem Sammelband.

[4] Thomas Hecken 2009, S. 265–271.

[5] Vgl. Rupa Huq 2007, S. 78.

[6] Wir sprechen von Rap als der musikalischen Praxis, die in der übergreifenden HipHop-Kultur integriert ist. Neben den klassischen vier Elementen (Breakdance, Graffiti, DJing/Turntablelism und eben Rap) lassen sich mittlerweile auch noch weitere ausdifferenzierte Disziplinen nennen. In diesem Artikel fokussieren wir allerdings auf Rapmusik.

[7] Detaillierte Ausführungen zu HipHop und Rap werden wir an dieser Stelle nicht liefern, histori-

ben den Topoi der seit ein paar Jahren dominanten und mittlerweile wieder abgeklungenen „Bling-Bling-Ära", die durchaus auch eine politische Komponente hatte,[8] gibt und gab es immer auch politischen Rap, der jedoch selten jene Popularität erlangte wie die Protagonisten des erwähnten Zeitalters.

2 Krisendiskurs: Akteure (und Rapper) mit Migrationshintergrund

Im Fokus der Medien stehen immer wieder Rapper, deren auf Authentizität getrimmte Texte, deren Spiel mit Fiktion und Biographie zu einer Verwirrung der Rezipienten führt. Wo fängt das künstlerische Alter Ego an, und wo hört die selbst verordnete „Realness" auf?[9] Besonders im deutschen Rap, wo seit Jahren ohnehin das vermeintliche Schreckgespenst vom Gangsta-Rapper mit türkischem oder tunesischem Migrationshintergrund umherstreift und als Paradefigur des integrationsunwilligen Ausländers mit Affinität zur Kriminalität medial ausgeschlachtet wird, findet der Diskurs Zielscheiben. In den letzten Jahren wurde der Prototyp des „G-Rappers" vor allem vom Berliner *Bushido* (sowie einer langen Liste seiner Fachkollegen) verkörpert. An anderer Stelle haben wir detaillierter gezeigt, dass die Darstellungen des G-Rap-Genres als symbolischer Bezugspunkt Eingang in eine öffentliche Diskussion findet, die Einwanderung nach Deutschland mit Aspekten jugendlicher Delinquenz und steigender Ge-

---

sche Studien zu diesem Komplex finden sich in den HipHop-Studies recht gut ausgearbeitet. Auch ist die Kulturgeschichte nach unserem Eindruck mittlerweile über diverse Dokumentationen, Filme, Magazinartikel und Fachzeitschriften recht weit ins Bewusstsein der breiten Öffentlichkeit gelangt. Für deutschen Rap empfehlenswert sind etwa Klein und Friedrich (2003) sowie Loh und Güngör (2002), für die amerikanische Szene bieten sich Toop (2001), Kage (2003) sowie Forman und Neal (2012) an.

[8] Vgl. Marc Dietrich 2012.

[9] Die Realness lässt sich als ein Kulturdispositiv fassen, das zwar in den letzten Jahren an Einfluss verloren hat, im Gangsta-Rap jedoch noch sehr wirksam ist. Es handelt sich dabei um die Forderung nach einer Kongruenz von Leben und Kunst. Rap wird verstanden als Medium der Straßenrealität, die es anhand tatsächlicher biografischer Erfahrungen zu schildern gilt. Bezugspunkt der „Streetales" ist immer wieder der entstammte Sozialraum, das Ghetto oder die Hood, prekäre Räume also, denen Murray Forman (2002) eine Art Beglaubigungsfunktion im Sinne einer „hardcore urban reality" zugeschrieben hat. Es scheint plausibel eher eine inszenierte Realität als Kernstrategie der performativen Praxis anzunehmen, als die Lyrics „für bare Münze" und eindeutig mit der Person verknüpft zu sehen.

waltkriminalität vermischt.[10] Zum Gangsta-Rapper lässt sich zunächst sagen, dass es sich aus unserer Sicht um eine Figur handelt, die eine Projektionsfläche für gesellschaftliche, komplexitätsreduzierende Ordnungsversuche darstellt: Im Anschluss an Moebius und Schroer[11] erfassen wir Gangsta-Rapper insofern als „Sozialfiguren". Diese sind zu verstehen als „Typisierungen [...], mit denen Ordnung in die Vielfalt der empirischen Erscheinungen gebracht werden soll".[12] Dieser Ordnungsversuch hat mit einem traditionsreichen Diskurs um die Rolle von Menschen mit Migrationshintergrund zu tun. Im vorliegenden Kontext reicht es auf Folgendes hinzuweisen:

Vermutete Anomietendenzen im Spannungsfeld von „Mehrheits- und Parallelgesellschaft"[13] werden ganz häufig mit dem dekontextualisierten Verweis diskutiert, dass Menschen mit Migrationshintergrund eine eminente Rolle in dieser Entwicklung zukomme. Dieser – tendenziöse – Verweis kann vor dem Hintergrund bereits historischer Zuschreibungen gesehen werden. So beschreibt der Sozialstrukturforscher Rainer Geißler den Zeitraum zu Beginn der 1980er Jahre mit dem Begriff der „Abwehrphase" der deutschen Integrationspolitik.[14] Nicht zuletzt unter dem Eindruck der seit 1973 immer wieder aufkeimenden wirtschaftlichen Rezession, welche sich einwanderungspolitisch nicht zuletzt im 1973 verhängten Anwerbestopp äußerte, prägten Neologismen wie der des „Asylanten" einen Diskurs über „volle Boote" und „Ausländerfluten", die über „uns" hereinbrächen (u. a. m.). Das Sprechen über „Ausländer" kann dabei auch nicht unbedingt als erfahrungsgesättigt beschrieben werden.[15] Während die pathologische Darstellung von Migranten im Spiegel der deutschsprachigen Medien sicherlich keine besonders neue Entwicklung darstellt,[16] vollzieht sich seit einigen Jahren eine wahrnehmbare Zuspitzung entsprechender Ressentiments

---

[10] Vgl. Marc Dietrich und Martin Seeliger 2012.

[11] Vgl. Stephan Moebius und Markus Schroer 2010.

[12] Ebenda, S. 8.

[13] Diese letzte Formulierung gibt den Modus der Thematisierung wieder und unterstellt keineswegs eine derartige sozialtopologische Gliederung der Gesellschaft.

[14] Vgl. Rainer Geißler 2006, S. 235.

[15] Einem Befund Geißlers (2006, S. 246) zufolge konnten darüber hinaus im Jahr 1980 lediglich 15 % der Westdeutschen in Deutschland lebende Ausländer/Ausländerinnen zu ihrem Freundes- oder Bekanntenkreis zählen (2002 waren es mit über 60 % immerhin vier Mal so viele).

[16] Vgl. Rainer Geißler und Horst Pöttker (Hrsg.) 2005.

in der öffentlichen Auseinandersetzung. So ist nach Hartmann in den letzten Jahren eine „deutliche Verschärfung der Debatte über Multikulturalismus und das angebliche ‚Scheitern der multikulturellen Gesellschaft' zu beobachten."[17]

Den Anfangspunkt einer Welle derartiger Berichte machte die Anfang 2008 erschienene Ausgabe des Nachrichtenmagazins „Der Spiegel" mit ihrer Titelstory „Migration der Gewalt. Junge Männer – Die gefährlichste Spezies der Welt."[18] Nachdem Ende 2007 ein Münchener Hauptschulrektor Opfer einer brutalen Attacke zweier Jugendlicher geworden war,[19] wird dies in der deutschen Medienlandschaft zum Anlass für eine äußerst skandalisierende und pauschale Berichterstattung genommen, im Zuge derer (männliche) Jugendliche mit Migrationshintergrund als generell zu Gewaltdelinquenz neigend dargestellt werden. Dass die Zuschreibung entsprechender Eigenschaften an Einwanderer (oder deren Nachkommen) nicht allgemeingültig ist – man spricht nicht von Skandinaviern, Australiern, US-Amerikanern, Chilenen, Japanern, usw. –, sondern auf spezifische Herkünfte abzielt (in aller Regel der arabische Raum oder Osteuropa, d. h. die Staaten der ehemaligen Sowjetunion), kann hier abgelesen werden. Mit Bude kann man die konstruierte Sozialfigur vom (klischeehaften) jungen Deutschen mit türkischem Hintergrund und muslimischer Affinität, wie folgt beschreiben: „Das stereotypische Bild dafür ist der handybenutzende, jeansbehoste, körperstolze deutschtürkische Jungmann, der sich in Berufung auf den Koran um die ‚Ehre' seiner unter dem schlechten Einfluss verderbter Emanzipationsvorstellungen stehenden Schwester sorgt."[20]

Interessanterweise werden nach den Gangsta-Rappern nun Rapper mit Migrationshintergrund und muslimischem Glauben Objekt eines „Krisendiskur-

---

[17] Eddi Hartmann 2008, S. 503.

[18] Der Artikel weist eindeutig essentialistische Aussagen und tendenziöse Argumentation auf: http://www.spiegel.de/spiegel/print/d-55294620.html (05.08.2012). Deutlich wird auch, dass an der skandalisierenden Berichterstattung keineswegs nur Boulevardmedien mitwirken, sondern auch „intellektuelle" Organe wie die Zeit: „Mit Gürtelschnallen dreschen junge Türken auf einen Polizisten ein" rückt in einem Dossier über ethnisierte Jugendgewalt (Lebert und Willeke 2008) immerhin an die prominente Stelle einer Zwischenüberschrift, selbstverständlich ohne dass etwaige Motive (wie z. B. möglicherweise auch Affekt, Verteidigung) weiter in Betracht gezogen würden. Vgl. hierzu auch die Beiträge von Sabine Schiffer (S. 121–137) und Nina Kalwa (S. 139–158) in diesem Sammelband.

[19] Vgl. Joachim Käppner 2008.

[20] Heinz Bude 2006, S. 35.

ses", der den neuen unliebsamen Prototypen vom „islamischen" oder gar „islamistischen Rapper" heraufbeschwört – ohne dass so richtig klar ist, wer damit überhaupt gemeint sein könnte bzw. was das eigentlich ist. Die „bewährte" Sozialfigur gewinnt an Attraktivität, weil sie mit einer Zusatz-Semantik aufgeladen werden kann, die latent schon mitgeführt wurde. Der Rapper gerät nicht nur zur Personifikation des bildungsunwilligen, gewaltbereiten und parallelgesellschaftsfixierten Menschen mit ausländischen Wurzeln, sondern auch zum vermeintlichen Repräsentanten einer Religion, die oft als anachronistisch bis extremistisch wahrgenommen wird. Wir werden zu zeigen versuchen, dass der gesellschaftlich und medial konstituierte Rahmen der Wahrnehmung von Menschen mit Migrationshintergrund nicht nur in die Behandlung von Gangsta-Rap, sondern auch in die Stilisierung des sog. „islamischen Rappers" hineinspielt.

Folgendem möchten wir uns zumindest skizzenhaft nähern durch:

- einen Einblick in die amerikanische Rapszene, aufgrund ihrer „Mutterschiffs-Funktion" für die deutsche Szene. Wir umreißen die Verbandelung von US-Rap mit islamischen/islamistischen Gruppen, die tatsächlich zu so etwas wie politischem islamischem bzw. islamistischem Rap geführt hat. Hierbei berufen wir uns insbesondere auf die Studie des Anthropologen Ted Swedenburg „Islam in the Mix" (1997);
- einen kompakten Einblick in die deutsche Rapszene, die sich vor dem Hintergrund von Glokalisierungsprozessen[21] konstituierte und bisweilen analog funktionierende (amerikanisch-stämmige) Sprecherpositionen (z. B. Gangsta-Rapper) zu Tage förderte.

Zuletzt versuchen wir uns an einem Fazit, das der Frage nachgeht, ob Rap für die Integration muslimischer Semantiken eine geeignete Bühne darstellt, und ob islamischer Rap in Deutschland ein soziologisch und medial relevantes Phänomen ausmacht.

3 Islam und Rap in den USA

Wenn man deutschen Rap als Produkt oder gar reine Kopie des amerikanischen Modells begreift (was öfters getan wird, aber tatsächlich nur unter Einschränkungen der Fall ist), so ist man geneigt, amerikanische Phänomene und deren

---

[21] Vgl. Roland Robertson 1998 sowie Malte Friedrich und Gabriele Klein 2003.

Integration auch in der deutschen Kultur als in ihrer Funktionsweise analog zu verstehen. In manchen Fällen macht dies sogar Sinn.[22] Was allerdings nicht analoge Durchsetzung gefunden hat, ist die Sprecherposition „islamischer/islamistischer Rapper".

Soviel sei an dieser Stelle schon gesagt. Die schnelle Rede von Islam(isten)-Rap ist auch für den US-Raum nicht unproblematisch: Auseinanderzuhalten sind einerseits US-amerikanische Sprecherpositionen, die sich mit dem Label „*Polit-Rap*" (nicht *Gangsta*-Rap) identifizieren lassen und an denen sich islam-affine (nicht islamische) bis extremistische Orientierungen ablesen lassen. Zu letzterer Sorte zählen solche Sprecher, die insbesondere in den 1980er Jahren und frühen 1990er Jahren als Aktivisten der so genannten *5 Percenter* präsent waren. Hierbei handelt es sich um eine Splittergruppe der ohnehin schon recht autark vom dogmatischen Islam agierenden *Nation of Islam* (NOI).

Die zweite Gruppe von Sprechern arbeitet mit Referenzen an den Islam, ist aber programmatisch nicht so aufgestellt, dass man hier tatsächlich von islamischem oder islamistischem Rap sprechen könnte (z. B. bei den mittlerweile aufgelösten *Fugees*). Widmen wir uns also den *5 Percentern*, die nicht nur in ihrer musikalischen Repräsentation einen relevanten Gegenstand abgeben, sondern sicherlich auch religionssoziologisch von Interesse wären. Hier lässt sich noch ein Forschungsdesiderat ausmachen.

Die folgenden Ausführungen zu diesem wenig erforschten Gegenstand basieren auf einem Essay, den der Anthropologe Ted Swedenburg bereits 1997 verfasst hat.[23] Da einige Rapper bis heute aktiv sind und oder gehört werden, haben die Erkenntnisse durchaus noch Gültigkeit.

---

[22] So kann mit Recht davon gesprochen werden, dass der deutsche Gangsta-Rapper sich etablieren konnte und ähnlich funktioniert wie sein amerikanisches Pendant, weil gewisse Diskursverschränkungen in den USA den deutschen nicht unähnlich sind und in beiden Fällen eine Außenseiterposition reklamiert werden kann. Der afroamerikanische Gangsta-Rapper inszeniert sich als „bad man", der sich in der Figur des „Niggaz" manifestiert, so wie sich der deutsche Gangsta-Rapper mit Migrationshintergrund als „Kanacken-Rapper" (oder wie es neuerdings heißt „Azzlack") präsentieren kann.

[23] Vgl. http://comp.uark.edu/~tsweden/5per.html (05.08.2012).

3.1 *Nation of Islam* und *5 Percenters*

Nicht an der Oberfläche, wohl aber omnipräsent sind NOI-Verweise oder Referenzen an die *5 Percenter* in US-Rap-Texten und Performances. Die in Europa wenig bekannte und unkonventionelle religiöse Gruppe hatte massiven Einfluss auf die Szene in den USA – von *Gangstarr* bis zum *Wu-Tang-Clan*.

Bei der *5 Percent Nation* bzw. der *Nation of Gods and Earths*,[24] wie die Eingeweihten häufig sagen, handelt es sich um eine religiöse Gemeinschaft, die nur wenig mit dem fundamentalistischem Islam teilt, aber große Gemeinsamkeiten mit der Nation of Islam *Louis Farrakhans* hat. Gegründet wurden die *5 Percenter* von *Clarence 13X*, der in den 1950er Jahren zunächst einem Harlemer NOI-Tempel beitrat, der zu dieser Zeit von *Malcolm X* geführt wurde. In den 1960er Jahre distanzierte sich *Clarence 13X* von der NOI. *Farrakhans* Nation nahm an, dass 1930 in Detroit mit *Master Farad Muhammad* Gott erschienen sei.[25] *Clarence 13X* vollzog den Split mit dem Verweis auf *Farads* Hautfarbe: *Farad* sei nicht schwarz, sondern von eher heller Hautfarbe gewesen (er hatte vermutlich asiatische Wurzeln). Dies – so *Clarence* – kollidiere mit der einstigen NOI-Annahme, der zufolge Allah nur schwarz sein könne. An dieser Überzeugung wollte *Clarence* festhalten.

Clarence' Ideologie war mit der Überzeugung verbunden, dass prinzipiell in jedem schwarzen Mann Göttliches stecke. Dieses Potential gelte es durch Studium und intensive Reflexion zu entwickeln. Der Prediger verließ die NOI und nahm eine Reihe von Anhängern mit sich. Fortan wurde er *Father Allah* genannt und verbreitete seine religiöse Message auf den Straßen Harlems – eine Praxis, die von den traditionellen NOI-Seminaren im Sinne eines „question-and-answer format"[26] abwich und so wohl auch Gehör bei straßenaffinen Vertretern der späteren HipHop-Community fand.

3.2 Das Weltbild der *5 Percenter*

Der Name der *5 Percenter* rührt von einem durch Wissenshierarchien gekennzeichneten Weltbild her: Die vielleicht elementarste Überzeugung besteht in

---

[24] Vgl. ebenda, S. 1.
[25] Vgl. ebenda, S. 3.
[26] Vgl. ebenda, S. 4.

der Annahme, dass fünfundachtzig Prozent der Bevölkerung eine verblendete und unwissende Existenz führt. Zehn weitere Prozent sind wissend, setzen diese Wissensbestände jedoch zum eigenen Vorteil und unter Inkaufnahme von Ausbeutung der Übrigen ein. Unter ihnen befinden sich maßgeblich Weiße als „bloodsuckers of the poor".[27] Lediglich 5 Prozent der Menschheit sind prädestinierte Wissende, die Kenntnis vom Lauf der Dinge auf Erden besitzen und gewissermaßen eine Meta-Perspektive beanspruchen können.

Die Hauptbezugspunkte der gläubigen *5 Percenter* sind die von *Father Allah* entwickelten so genannten Supreme Mathematics und Supreme Alphabets,[28] die auch nach seiner Ermordung 1969 weitergegeben wurden und sich in anderen Großstädten – besonders unter jungen Afroamerikanern – der USA zu etablieren wussten. Es handelt sich hierbei weniger um feste Glaubenssätze als vielmehr spirituelle Annahmen, die im Eigenstudium zu durchdringen sind. Die Supreme Mathematics sind im Grunde als Numerologie mit Welterklärungsanspruch zu verstehen. Eine prominente Rolle in der Lehre, die das Verhältnis des Menschen zum Universum zu beschreiben sucht,[29] spielt die Nummer „7".[30]

> Seven is the number of perfection. It stands for the seventh letter of the alphabet, G, and for God. (Five Percenters originated the homeboy expression, "sup (what's up), G?", originally "G" stood for God, not gangsta.). According to Jah-Z Allah, keeper of the 5 % website, "The God sees in cyles of 7 colors of the rainbow and hears in 7 cycles of notes on the musical scale." According to Farad's lessons, the Original (Black) Man has 7, 5 ounces of brain, the (white) devil, only 6 ounces (Farad, Lost Found Muslim Lesson No. 2). The flag of the Five Percenters, known as the Universal Flag of Islam, contains a 7 (symbol of God) surrounded by a crescent moon (signifying the black woman) and a star (signifying the child).[31]

Typisch für *5 Percenter* ist auch ein gründlicher, aber eigenwilliger Umgang mit Sprache. Man geht Wortteilen auf den Grund („breakin' it down") und versucht auf diese Art neue Deutungen von Wörtern zu erschließen.[32] Dieses Cha-

---

[27] Ebenda.
[28] Vgl. ebenda, S. 5.
[29] Vgl. ebenda.
[30] Vgl. das Symbol unter http://api.ning.com/files/-VCqNhXiur-XLob0ipFvknLsE6CpNbjkBOMjQDf6X9TcP6QkQWkOkjobrfhURLGLn7X90sAwLcl7aF6o0N9J3HG9WRSYE6Cl/UniversalFlag.gif (05.08.2012).
[31] Ebenda.
[32] Vgl. ebenda, S. 7.

rakteristikum des kreativen Umgangs mit Sprache teilen Rap[33] und die *5 Percenter*, so wie auch das „Predigen" auf der Straße eine gewisse Gemeinsamkeit mit dem Rappen „an der Straßenecke" darstellt. Viele Wort-Wendungen wie etwa „droppin science" oder auch das obligatorische „peace", das einem Vorgänger der *5 Percenter*, dem so genannten *Moorish Science Temple*, entlehnt ist, sind in das HipHop-Vokabular eingedrungen und haben ihren originalen Bedeutungsgehalt im kollektiven Gedächtnis der amerikanischen Rapkultur eingebüßt.[34]

Nach der Lehre der *5 Percenter* zu leben bedeutet primär ein Eigenstudium nach wenigen orientierenden Leitgedanken zu verfolgen. Die Ausbildung des „knowledge of self", die selbstbestimmte Aneignung universellen Wissens, ist das Ziel. Jeder Einzelne der erlesenen Wissenselite hat sich selbst durch Bildung und Studium der Welt bzw. des Menschen seinen Status erarbeitet (so die Überzeugung). Der *5 Percenter* hat sich dann zum „god" empor gearbeitet – eine Möglichkeit, die prinzipiell jedem disziplinierten, wissbegierigen und vorzugsweise schwarzem Menschen aus Sicht der *5 Percenter* offen steht. Gott ist also keine Figur im monotheistischen Sinne, sondern etwas, das im Menschen selbst erweckt werden kann und somit konzeptuell dem Pantheismus zugehörig ist.

3.3 Lebenspraxis

Wie Swedenburg betont, sprechen sich einige *5 Percenter* in islamischer Manier gegen den Konsum von Alkohol und Drogen aus. Einige Rapper widersprechen dieser asketischen Haltung, indem sie auf die Ansicht verweisen, dass ein jeder Gott seines eigenen Universums sei und so ein Stück weit nach seinen eigenen Regeln leben solle.[35]

Weitere verbreitete Elemente des Glaubens sind die folgenden, die prominente Rapper in der Lebenspraxis häufig selektiv-, nicht- oder konträr ausgelegt haben:

---

[33] Die 5-Percenter-Elemente im Rap lassen sich aber auch auf der Oberfläche finden: Der Rapper *Lord Jamar (Brand Nubian)* etwa releaste ein „5 %-Album", das konsequenterweise das Symbol der religiösen Strömung schon auf dem Cover trägt. Vgl. unter http://www.bing.com/images/search?q=lord+jamar+the+5+percent+album&view=detail&id=D810C695E80B7FAC808AC15456310BEEA146396B&FORM=IDFRIR (05.08.2012).

[34] Vgl. ebenda, S. 6.

[35] Vgl. ebenda, S. 7.

- Die Rolle der Frau ist tendenziell eine dem Mann untergeordnete: „Just as earth resolves around the sun, woman is subordinate to man.".[36] Grundsätzlich kann die Frau nach Maßgabe der *5 Percenter*-Lehre nicht das Stadium der Perfektion erreichen („7"), sondern lediglich zu daran angrenzenden Stufen (maximal „6") hervordringen. Ein komplettes „knowledge of self" bleibt also eine männliche Domäne.[37]
- Weiße Menschen haben ebenfalls einen prekären Status inne: Der Überzeugung folgend, dass der weiße Mann das 6.000 Jahre alte Produkt eines bösen Wissenschaftlers mit Namen *Yacub* ist (daher auch die bisweilen anzutreffende Wendung vom „white devil"), haben Weiße eine antagonistische Rolle innerhalb des orthodoxen Weltbildes inne.[38]

3.4 Schlaglichter auf Inszenierungen im US-Rap

Der Spagat zwischen autonomer Lebensführung und fundamentalistischer Glaubenspraxis führt nicht selten zu widersprüchlichen Performances. Bei *Big Daddy Kane* etwa – einem bekennenden *5 Percenter* mit Klassikerstatus in der Rapszene – dokumentiert sich eine recht hybride Inszenierung, die Nacktfotos im Playgirl Magazin[39] ebenso zu integrieren versuchte wie die Ode an den Hedonismus im 1989er Hitvideo zu „Smooth Operator".[40] Dort inszeniert sich Kane als gewinnsüchtiger Player und versierter Verführer, der dazu den „Vorzeige-Original-Black-Man" im Sinne eines afroamerikanischen Königs zu geben versucht.[41] Garniert mit *5 Percenter*-Floskeln („word is bond", „peace") rief der selbst ernannte *King Asiatic Nobody's Equal* auch Kritiker aus den eigenen Reihen auf den Plan.

Ein anderer interessanter Fall ist der einstige NOI-Repräsentant und heutige Agnostiker *Paris*. Fast das gesamte musikalische Schaffen des studierten Wirt-

---

[36] Ebenda.
[37] Vgl. ebenda.
[38] Vgl. ebenda, S. 8.
[39] Vgl. unter: http://www.blackdogue.net/Playgirl2/BigDaddyKane/BigDaddyKane.html (05.08.2012).
[40] Vgl. unter: http://www.youtube.com/watch?v=8g5bjSUysQA (05.08.2012).
[41] Eine detaillierte Video- und Textanalyse findet sich in der laufenden Dissertation von Marc Dietrich „Rapresent what? Zur Inszenierung von Ethnizität, Authentizität und sozialer Differenz im Rap-Video".

schaftswissenschaftlers und Teilzeit-Stock-Brokers konzentriert sich auf Themen wie „Polizeigewalt gegen Afroamerikaner", „Diskriminierung", „Rassismus" sowie „US-amerikanischer Imperialismus". Schon der erste Schritt auf die popkulturelle Bühne mit „The devil made me do it" zeigte den Rapper als problack-Aktivisten („pro black and it ain't no joke").[42] Das Video zeigt einen rassistischen weißen Polizisten, der u. a. die (angedeutete) Vergewaltigung einer schwarzen Frau unternimmt und bei allen Taten von einem bizarren „Uncle-Sam-Verschnitt" begleitet wird.[43] Jene Version des Uncle Sam wird hier zweifelsohne zur Ikone der „white supremacy" und damit zum „white devil" stilisiert. Die Raplines sind unschwer erkennbar mit NOI-Elementen gespickt: *Revolution ain't never been simple; Following the path from Allah for know just; Build your brain and we'll soon make progress; Paid your dues, don't snooze or lose; That came with the masterplan that got you; So know who's opposed to the dominant dark skin; Food for thought as a law for the brother man.*

Im Auftrage Allahs gilt es, sich mit Wissen für die Revolution zu wappnen: Dabei muss klar sein, wer der Feind ist, nämlich derjenige, der „opposed to the dominant black skin" ist und in Form des White Devil/Uncle Sam auf der Bildebene eingeführt wird. Ton und Aussage der Musik von *Paris* kreisen bis heute um solche Antagonismen zwischen weißer Hegemonie und schwarzer Marginalisierung. Die *5 Percenter*-Rhetorik tritt im späteren Werk durch den Wechsel zum Agnostizismus zurück und konzentriert sich stärker auf eine Kulturkritik, die Amerika und letztendlich auch den sog. weißen Mann stets als Bedrohung für andere Kulturen und Religionen führt. Dabei begibt sich *Paris* in seiner Ikonographie zum Album mit dem provokativen Titel „Sonic Jihad", dass nur wenige Jahre nach dem 11. September 2001 herausgebracht wurde, in die Nähe von Dschihadisten.[44]

Fassen wir vorläufig zusammen:

Im US-Rap findet sich eine lange Tradition von Rappern mit Bindung zum Islam. Zwei prominente Figuren haben wir gestreift. Darüber hinaus existiert

---

[42] Vgl. unter: http://www.lyricsmode.com/lyrics/g/golden_earring/the_devil_made_me_do_it.html (05.08.2012).

[43] Vgl. unter: http://www.youtube.com/watch?v=hKRAFPHD8W4 (05.08.2012).

[44] Das Albumcover zeigte das Bild von einem Flugzeug, das zielgerichtet auf das Weiße Haus zuflog. Vgl. http://www.guerrillafunk.com/paris/sonic_jihad/ (05.08.2012).

eine große Anzahl von Rappern, die hier nicht explizit behandelt werden konnten, Rapper, die auch aktuell in allen Ohren sind. *Freeway* und *Mos Def* pflegen Referenzen an den Islam vorzunehmen, ohne dabei inszenatorisch einer dezidiert religiösen Programmatik verschrieben zu sein. Man ist Muslim, ohne diese Eigenschaft in extenso für die Performance einzusetzen. Auf der anderen Seite sind es Polit-Rapper wie *Paris* (oder *Dead Prez*, *Brand Nubian*, *Public Enemy* und *The Coup*), die die historische Marginalisierung schwarzer Bürger mit Black Panther- und NOI-gefärbten Inhalten zusammenbringen. Hierbei handelt es sich vornehmlich um Rapper, die in den 1980er- und 1990er-Jahren relevant waren. In dieser Zeit finden sich deutlich mehr Referenzen an die NOI oder eben die *5 Percenter* als in der Gegenwart.

Für Inspiration sorgen dabei also insbesondere islamische Strömungen, die die Rolle schwarzer Akteure aufwerten. Die Attraktivität der Verbindung von pro-black-orientierter Religion und Rap liegt sicherlich auch in der Ursprungserzählung von Rap als Stimme der Straße und „Black CNN" (*Chuck D*). Rap wird hier als Gegenkultur interpretiert, die die marginalisierte Position des „Schwarzen Mannes" mit Verweis auf eine rassistisch motivierte, „weiße" Kultur-Hegemonie reflektiert. Afrozentrische Emanzipationsversuche, die sicher nicht zufällig in der Reagan-Ära aufkeimten und sich wie geschildert auch auf religiös-ideologische Versicherungen berufen konnten, vermochten sich im Medium einer als „schwarz" gedeuteten ästhetischen Praxis zu kanalisieren.[45]

Dieses Phänomen ist in der Retrospektive jedoch eher von kurzfristiger Natur gewesen. Schaut man auf den Status quo der amerikanischen Rapszene, so scheint diese inhaltlich wie inszenatorisch-ästhetisch weitestgehend im postmodernen „anything goes" aufgegangen zu sein. Aufstrebende Künstler wie die *Gruppe ODD Future* um *Tyler the Creator*[46] und der Rapper *Spaceghost Purrp*[47] spielen mit religiösen bzw. satanistischen Symbolen genauso wie mit fiktiven Gewaltverbrechen oder der Integration absurder mythologischer Szenerien, ohne dass eine dezidiert politische oder religiöse Verortung in übergreifender Form ablesbar wäre.

---

[45] Vgl. dazu Tricia Rose 2008, S. 42–44.
[46] Vgl. Stephan Szillus 2012, S. 20–26.
[47] Vgl. Zainab Jama 2012, S. 29.

Es mag auch mit der Tatsache zu tun haben, dass die USA mittlerweile und erneut von einem schwarzen Demokraten regiert werden (Stand November 2012), dass die Lyrics über eine weiße Übermacht und die Notwendigkeit schwarzen Aufbegehrens weniger Durchschlagskraft entfalten. Die Sprecherposition „islam-affiner Polit-Rapper" ist wohl auch aus diesem Grunde nicht mehr sonderlich „in Mode".

4 Rap und Islam in Deutschland

Wenn deutscher Rap sich durch die so genannte „Glokalisierung"[48] – das heißt in diesem Fall die lokal gefärbte Anverwandlung und Adaption von medial verbreiteten US-Inszenierungen – herausgebildet hat, so könnte man annehmen, dass so etwas wie islamischer Rap auch in der deutschen Szene Etablierung gefunden hat. Schließlich gibt es ja auch deutschen Gangsta-Rap. In Deutschland sind die Diskussion und auch die „popkulturelle Realität" allerdings etwas anders gelagert als in den USA. Politischer Rap ist gegenwärtig kaum auszumachen. Eine nähere Betrachtung des Diskurses muss feststellen, dass der mit dem Islam verbandelte Rapper auch eher in der Sprecherposition des Gangsta-Rappers oder zumindest im straßenorientierten Rapper vermutet wird. Der politische Rap wurde in Deutschland jedoch lange Zeit eher von Nicht-Muslimen wie dem Kulturmitbegründer *Torch* und seiner Gruppe *Advanced Chemistry* praktiziert, bevor linke Untergrundgruppen wie *Anarchist Academy* auftauchten. Mit G-Rap hat dies nichts zu tun. Mit etwas Mut zur großzügigen Kategorisierung kann man aktuell Rapper wie den iranisch-stämmigen *Fard* noch am ehesten als politisch bezeichnen. Martin Seeliger erkannte Klassenkampfmotive – und damit politischen Gehalt – bei *Nate 57*.[49] Islami(sti)sche Inhalte finden sich hier aber ebenfalls nicht. Angesprochen auf den Status und die Präsenz von islamischem Rap in Deutschland bemerkt der Chefredakteur des europaweit einflussreichsten Rap-Magazins *Juice*, Stephan Szillus, in einem privaten Gespräch, dass es so etwas wie islamischen Rap in Deutschland eigentlich nicht gebe.

---

[48] Vergleiche zum Begriff im allgemeinen Robertson (1998) und hiphop-spezifisch Klein und Friedrich (2003, S. 85–113).
[49] Vgl. Martin Seeliger 2012.

Kommen wir noch einmal auf den Gangsta-Rapper zurück: Gangsta-Rap in Deutschland erfüllt soziologisch betrachtet eine ganz ähnliche Funktion wie in den USA. Er wird in der Öffentlichkeit tendenziell als Plattform für gewaltbereite junge Erwachsene mit defizitärem Bildungs- und oft auch Migrationshintergrund gesehen. Die Genre-Größen fungieren häufig in Talkshows, Tageszeitungen und Fernsehreportagen als Personifizierung des gesellschaftlich Dysfunktionalen, als Projektionsflächen befürchteter anomischer Auswüchse. Die von den USA inspirierten Lyrics über das harte Leben auf der Straße im Spannungsfeld von Aufstiegsfantasien, zur Schau getragenem Outlaw-Stolz und Gangsta-Tales bringen Stilisierungen hervor, die analog zu amerikanischen Brennpunkten funktionieren: Marginalisierte Gegenden wie Berlin-Neukölln oder die Frankfurter Nordweststadt werden zu mythisch besetzten Orten, die Compton (Los Angeles) oder der Bronx (New York) in kaum etwas nachstehen. Ähnliches lässt sich über die Funktionsweise der Textsubjekte behaupten: Der „Nigga" als kriminell aufbegehrendes, gewaltbereites und zentrales Subjekt des amerikanischen Gangsta-Rap wie ihn *N.W.A.* kreiert haben, kann als inszenatorisches Analogon zum Kanacken-Rapper, zum „Azzlack" (um mit dem Genrehelden *Haftbefehl* zu sprechen) gesehen werden.[50] Dabei rührt die gesellschaftliche Abwehr des Gangsta-Rappers mitunter von Ressentiments respektive der Hautfarbe (im Falle der USA: Race) bzw. dem migrantischen Hintergrund (Deutschland) her. Hier greift die Glokalisierung also auf interessante Weise und mit soziologisch relevanten Effekten.

Es sind unsere Thesen, dass der Gangsta-Rapper (1) aufgrund seiner provokanten und Ängste um eine vermeintliche Parallelgesellschaft schürende Inszenierung kritisiert und (2) besonders deshalb der islamistischen Propaganda verdächtigt wird, weil sich Menschen mit türkischem oder tunesischem Hintergrund in diesem Feld betätigen – Bevölkerungsgruppen also, denen man eine Affinität zu islamistischen Haltung und Integrationsverweigerung ohnehin zu unterstellen geneigt ist.

---

[50] Vgl. Marc Dietrich 2012.

4.1 Gangsta-Rapper als Islamisten? *Deso Dogg* und andere

Wenn der Gangsta-Rapper also als eine Sozialfigur mit komplexitätsreduzierender Funktion („Ordnung herstellen") zu denken ist, an der die kampflustige Diskussion um jugendliche Migranten mit Kriminalitätsneigung und Bildungsunwilligkeit einen geeigneten Sandsack findet, dann zielt der Diskurs um islamische/islamistische Akteure mit dem Rapper *Deso Dogg* (bürgerlicher Name: Denis Mamadou Cuspert) auf eine Figur, die scheinbar noch eine weitere beängstigende Eigenschaft aufweist: Er ist nicht nur (Ex)-Gangsta-Rapper, sondern auch noch Salafist. In einem medial mitkreiierten Klima der Angst vor „Überfremdung" und der polarisierenden Debatte um die Zugehörigkeit des Islams zu Deutschland findet sich hier scheinbar die Personifizierung des gesellschaftlichen Übels. Diese Diskussion ist schnell zu beruhigen: Denis Cuspert ist zwar sicherlich ein eingespannter Seelenfänger und Verbreiter fragwürdiger islamistischer Inhalte, aber eben kein Rapper. Nicht mehr. Bei YouTube findet man einen Aufruf an die Fans, seine Musik zu vernichten, gespickt mit Beteuerungen, das Musikerleben habe ihm übel mitgespielt, er wolle warnen vor diesem „falschen Weg", der mit dem Glauben nicht zu vereinbaren sei.[51]

Dass die Medien dies ignorieren und trotzdem quer durch alle Magazine und Formate vom Hass- und oder Islamisten-Rapper die Rede ist,[52] spricht weniger für die journalistische Gründlichkeit, als für das zweifelhafte Auffinden einer enorm anschlussfähigen Semantik, die sich in eben der Sozialfigur des Salafisten-Gangsta-Rappers reflektiert.

---

[51] Vgl. http://www.youtube.com/watch?v=i58F-mCTDDY&feature=related (05.08.2012).

[52] Dies dokumentiert sich insbesondere bei Boulevardblättern wie der *BZ* http://www.bz-berlin.de/archiv/gesuchter-hass-rapper-untergetaucht-article1497573.html (05.08.2012). Aber auch der *Focus* hebt sich da nicht wesentlich ab: http://www.focus.de/politik/deutschland/ex-rapper-deso-dogg-singt-loblied-auf-bin-laden_aid_642789.html (05.08.2012). Die Bezeichnung „Rapper" oder der Rapname in Kombination mit der Betätigung im Salafisten-Feld ist stets präsent. Grundsätzlich würde es reichen, die vormalige Beschäftigung von Abou Maleeq (so der angenommene Name) einmalig zu nennen. Stattdessen evoziert schon die Überschrift „Deso Dogg singt Loblied auf Bin Laden" einen Nexus von Raptum und extremistischer Orientierung.

5 Fazit: Rap als Bühne oder kulturelle Praxis für islamische und islamistische Akteure?

Zweifelsohne ist die (sub-)kulturelle, ästhetische Praxis des Rap ein Betätigungsfeld für Akteure mit ganz verschiedenen Lebensorientierungen und Überzeugungssystemen. Artikuliert wird so ziemlich alles. Es wurde grundsätzlich auch schon über alles gerappt: Banküberfälle, gescheiterte Beziehungen, Schussverletzungen, Orgasmen, die Freude am heterosexuellen (und neuerdings auch homosexuellen) Sex, Liebe, Hass, Lokal- und Nationalpatriotismus, Verabscheuung der Heimat. Sogar über Fußballspiele (*Blumentopf*) und Würstchenbuden wurde schon gerappt (*Imbiss Bronko*). Rap als ökonomisch wenig voraussetzungsvolle Praxis[53] – es genügt im Grunde ein Laptop und ein Mikrofon – mag eine Menge von potentiellen Aktivisten anziehen, die die Musik nicht nur aufgrund der „Hipness", sondern eben auch zu Versuchszwecken frequentieren. Die Heterogenität und Polyphonie ästhetischer Zugänge hat wohl auch mit der kreative Potentiale erschließenden Produktionstechnik, dem Sampling zu tun, die zwar nicht von Rappern erfunden, aber doch am intensivsten genutzt wurde.[54] Bei der Produktion von Beats kann man Stücke sampeln und so etwa ein Instrumental mit klassischer Musik (z.B. bei *Die Firma,* die bei „Das neue Jahrtausend" ein Sample aus Mozarts 40. Sinfonie nutzt) basteln oder aber ein Instrumental stricken, das auf dem hydraulischen Geräusch von hochfahrenden Autos (so genannten „Lowridern") basiert (*Xzibit* „Front 2 Back"). Auch Vocal-Samples gehören zum ästhetischen Inventar. Ein Ausschnitt aus einer Martin-Luther-King-Rede (z.B. *Common* „A Dream") ist dabei genauso integrierbar wie ein Kinderchor (*Jay-Z* „Hard knock life" mit einem Sample aus dem Musical „Annie"). Die Qualität der Anverwandlung der Ursprungsquelle ist dabei von Fall zu Fall zu untersuchen und mit der lyrischen und gegebenenfalls visuellen Performan-

---

[53] Dazu Klein und Friedrich 2003, S. 188, in Bourdieuscher Terminologie: „Während z.B. in der Techno-Szene die Raver über ein gewisses Maß an ökonomischem Kapital verfügen müssen, um überhaupt an den entsprechenden Events, den Raves und Parties teilnehmen zu können, spielt in den lokalen HipHop-Szenen das ökonomische Kapital, das den globalen Markt der Rap-Musik beherrscht, eine vergleichsweise geringe Rolle. Szenetypisch und positionsanzeigend ist primär also das kulturelle Kapital in Form von szenespezifischem Wissen oder Fähigkeiten in der jeweiligen Disziplin."
[54] Vgl. Lothar Mikos 2003, S. 73 ff.

ce in Beziehung zu setzen. Im vorliegenden Kontext muss man festhalten: Ein Zitat aus dem Koran oder ein islamisches Sprachspiel macht noch keine islamische Rap-Performance. Niemand würde beispielsweise die Rap-Gruppe *Die Firma* aufgrund ihrer massiven Bibelreferenzen für eine christliche Band halten. Ebenso wenig war die Performance von *Pussy Riot* im Sommer 2012 in einer orthodoxen Moskauer Kathedrale grundsätzlich religiös motiviert, obwohl deren Kritik sich auch auf die Orthodoxe Russische Kirche bezog.[55]

Feststellen lässt sich zudem, dass islam-affine Rapsongs nur sehr vereinzelt auftreten – so wie auch christliche Rapsongs kaum zu hören sind. Über die Gründe können wir an dieser Stelle nur spekulieren: Es könnte damit zusammenhängen, dass Muslime ihren Glauben nicht mit dem verankerten Symbol- und Erzählungs-Kosmos des Rap zusammenbringen möchten. Für diese Vermutung sprechen auch die Resultate einer Schwerpunktreportage, die auf ZDFNeo lief.[56] Nachgegangen wurde der Frage, ob es in Deutschland islamischen bzw. islamistischen Rap gebe. Verschiedene Rapper (*Deso Dogg*, *Manuellsen*, *Alpa Gun* und *PA Sports*) mit islamischem Hintergrund wurden befragt, wie sie es mit ihrer musikalischen Praxis und der Zugehörigkeit zum Islam halten.

Im Falle *Deso Dogg* ist es so, dass Musik als etwas betrachtet wird, das gemäß der Glaubensauslegung nicht praktiziert werden kann – Musik als Entertainment sieht der Koran in dieser Lesart nicht vor. Musik ist *haram*, also Sünde. Etwas anders argumentieren die Rapper *Alpa Gun*, *PA Sports* und *Manuellsen*. Sie plädieren dafür, Religion als Teil des Privatlebens zu betrachten und nicht missionarisch für die Rap-Performance zu instrumentalisieren. Rap sei schlicht die falsche Bühne für den Glauben. Rap als Praxis, die oft den stilisierten Rausch, Promiskuität und Grenzüberschreitung zur Inszenierung einsetzt, mag nicht als ideale Plattform für die religiöse Orientierung gesehen werden.

Extremistische Vertreter sind sich der inkludierenden Wirkung von Rapmusik und dem Einfluss seiner populären Figuren dennoch wohl bewusst: Pierre Vogel konnte *Deso Dogg* bereits „bekehren", mit Gangsta-Rappern wie *Bushido* und

---

[55] Vgl. unter: http://www.fr-online.de/meinung/analyse-zu-pussy-riot-die-kirche-hat-das-nachsehen,1472602,16763688.html (05.08.2012).

[56] Vgl. unter: http://www.zdf.de/ZDFmediathek/hauptnavigation/startseite#/beitrag/video/1285846/Wild-Germany---Islamischer-Rap (05.08.2012).

Massiv liebäugelte er auch bereits.[57] Es scheint zudem so, dass Religion und Rap in Deutschland insgesamt kaum in der Lage sind, Verschränkungen im breitentauglichen Sinne einzugehen. Dies mag damit zusammenhängen, dass die oft zirkulierenden, aufregenden Semantiken der lustvollen Grenzüberschreitung, der Eskapismusfantasien und der Zelebrierung von finanziellem Wohlstand, nicht gerade klassische Domänen oder Desiderate der religiösen Lehren sind. Religion scheint für das zeitgenössische Publikum eher das Gegenstück zu allem zu sein, was Rap (und Pop) interessant macht. Es handelt sich letzten Endes also um eine „Aversion", eine Vermeidungsstrategie, die auf Seite der Produktionsakteure wie auf der Rezeptionsseite vorzufinden ist: Die einen halten ihren Glauben aus verschiedenen Gründen aus dem musikalischen Schaffen heraus, während die anderen offenbar froh sind, von religiösen Inhalten „verschont" zu bleiben.[58]

Schlussendlich stellen wir fest, dass es sich beim islamischen oder islamistischen Rapper eher um eine Fiktion handelt, die der Diskurs in Deutschland zur Ordnungsstiftung und Kanalisierung latenter Ängste konstruiert hat. Was in der amerikanischen Szene durchaus als medial und soziologisch relevantes Phänomen auffindbar ist und vor dem Hintergrund des skizzierten Diskurses und anderen gesellschaftlichen Konditionen emergierte, kann in diesem Maßstab für die deutsche Szene nicht konstatiert werden. Dass es irgendwo auf YouTube oder in anderen Foren Rapper gibt, die sich an islamischem Rap oder extremistischen Varianten versuchen, ist nicht auszuschließen. Ob dies ein soziologisch relevantes Phänomen darstellt oder einer intensiven Mediendebatte zugeführt werden sollte, ist aber mehr als fraglich.

---

[57] Vgl. unter: http://www.youtube.com/watch?v=zpLH7dpabZc&feature=related (05.08.2012).

[58] Dass es Produktionen gibt, die sich auch mit misslungener Integration, Diskriminierungen sowie Islamophobie in Deutschland kritisch beschäftigen und die Mehrheitsgesellschaft in die Pflicht nehmen (z. B. *Massiv* – Ghettolied, *Advanced Chemistry* – Operation Artikel 3, *Automatikk* – Vaterstaat, *Bushido* – Sonnenbank Flavour, *Ahmet Gündüz* – Fresh Familee) soll nicht bestritten werden. Die erwähnten Tracks fallen allerdings überwiegend in die Jahrtausendwende, bekamen zusätzliche Nahrung durch 9/11, gingen aber in den Folgejahren in die allgemeine Gesellschaftskritik auf. Rückblickend sind sie in ihrer religionsbezogenen Qualität eher als verstreute Phänomene, keineswegs aber als stabile Entwicklungen zu betrachten.

Literatur

Bude, Heinz, Gläubig – Ungläubig, in: Lessenich, Stephan; Nullmeier, Frank (Hrsg.), Deutschland. Eine gespaltene Gesellschaft, in: Bundeszentrale für politische Bildung, Bonn 2006, S. 295–313.

Dietrich, Marc, Von Miami zum Ruhrpott. Analyse von Gangsta-Rap-Performances in den USA und Deutschland, in: Dietrich, Marc und Seeliger, Martin (Hrsg.), Deutscher Gangsta-Rap. Sozial- und kulturwissenschaftliche Beiträge zu einem Pop-Phänomen, Bielefeld 2012.

Forman, Murray, The Hood comes first. Race, Space, and Place in Rap and Hip Hop. Middletown, Connecticut 2002.

Forman, Murray und Neal, Mark-Anthony, That's the joint. The HipHop Studies reader. Second Edition, New York 2012.

Friedrich, Malte und Klein, Gabriele, Is this real? Die Kultur des HipHop, Frankfurt a. M. 2003.

Geißler, Rainer, Die Sozialstruktur der Bundesrepublik, Wiesbaden 2006.

Geißler, Rainer und Pöttker, Horst (Hrsg.), Massenmedien und die Integration ethnischer Minderheiten in Deutschland. Problemaufriss, Forschungsstand, Bibliographie, Bielefeld 2005.

Hartmann, Eddie, Die „Banlieue-Krise" und die émeutes urbaines. Soziologische Perspektiven auf einen gesellschaftlichen Konflikt, in: Berliner Journal für Soziologie 19, 503–517, Berlin 2008.

Hecken, Thomas, Pop. Geschichte eines Konzeptes 1955–2009, Bielefeld 2009.

Huq, Rupa, Resistance or incorporation? Youth policy making and hip hop culture. In: Hodkinson, Paul; Deicke, Wolfgang, (eds.) Youth cultures: scenes, subcultures and tribes, Abingdon 2007, S. 79–92.

Jama, Zainab (2012). Spaceghost Purp, in: Juice 06/2012, S. 29–30.

Kage, Jan, American Rap. US – Hip Hop und Identität, Mainz 2002.

Käppner, Joachim, Das Kind, das nicht zurückkam, in: Süddeutsche Zeitung, 28./29.6.2008, München 2008, S. 8.

Lebert, Stephan; Willeke, Stefan, Ich mach dich fertig, ganz normal, in: Die Zeit 7, Hamburg 2008, S. 15–17.

Loh, Hannes und Güngör, Murat, Fear of a Kanak Planet. HipHop zwischen Weltkultur und Nazirap, Höfen 2002.

Luhmann, Niklas, Die Kunst der Gesellschaft, in: Werber, Nils (Hrsg.): Schriften zu Kunst und Literatur, Frankfurt a. M. 2008.

Mikos, Lothar, Interpolation and sampling. Kulturelles Gedächtnis und Intertextualität, in: Janis Androutsopoulus (Hrsg.): Globale Kultur – lokale Praktiken, Bielefeld 2003, S. 64–84.

Moebius, Stephan und Schroer, Markus, Diven, Hacker, Spekulanten – Sozialfiguren der Gegenwart, Berlin 2010.

Robertson, Roland, Glokalisierung. Homogenität und Heterogenität in Raum und Zeit, in: Beck, Ulrich (Hrsg.), Perspektiven der Weltgesellschaft, Frankfurt a. M. 1998, S. 198–220.

Rose, Tricia, Introduction, in: Rose, Tricia The wars of Hip Hop. What we talk about when we talk about hip hop – and why it matters. BasicCivitas, New York 2008, S. 33–61.

Seeliger, Martin, Kulturelle Repräsentation sozialer Ungleichheiten Eine vergleichende Betrachtung von Polit- und Gangsta-Rap, in: Dietrich, Marc; Seeliger, Martin (Hrsg.), Deutscher Gangstarap. Sozial- und kulturwissenschaftliche Perspektiven, Bielefeld 2012, 165–187.

Szillus, Stephan, ODD Future (Coverstory), in: Juice 06/2012, S. 20–27.

Toop, David, Rap Attack 3. African Rap to global Hip Hop, London 2000.

Weiß, Marco, Meine 247 Tage im türkischen Knast, Hamburg 2008.

Internetquellen

Dietrich, Marc und Seeliger, Martin (2012), Gangsta-Rap – mal wissenschaftlich.
http://norient.com/de/academic/gangsta-rap/ (05.08.2012).

Esch, Christian (2012), Die Kirche hat das Nachsehen
http://www.fr-online.de/meinung/analyse-zu-pussy-riot-die-kirche-hat-das-nachsehen, 1472602,16763688.html (05.08.2012).

Swedenburg, Ted: Islam in the mix. Lessons of the 5 Percent.
http://comp.uark.edu/~tsweden/5per.html (05.08.2012).

Bartsch, Matthias (u. a.), Exempel des Bösen. In: Spiegel 2 / 2008. vgl.
http://www.spiegel.de/spiegel/print/d-55294620.html (05.08.2012).

BZ-Artikel zu Deso Dogg BZ,
http://www.bz-berlin.de/archiv/gesuchter-hass-rapper-untergetaucht-article1497573.html (05.08.2012).

Focus-Artikel zu Deso Dogg,
http://www.focus.de/politik/deutschland/ex-rapper-deso-dogg-singt-loblied-auf-bin-laden_aid_642789.html (05.08.2012).

Musik, Albencover und Onlinevideos

Big Daddy Kane im Playgirl
http://www.blackdogue.net/Playgirl2/BigDaddyKane/BigDaddyKane.html (05.08.2012).

Big Daddy Kane "Smooth Operator"
http://www.youtube.com/watch?v=8g5bjSUysQA (05.08.2012).

Lyrics Paris "The devil made me do it"
   http://www.lyricsmode.com/lyrics/g/golden_earring/the_devil_made_me_do_it.html (05.08.2012).
Video http://www.youtube.com/watch?v=hKRAFPHD8W4 (05.08.2012).
Deso Dogg Aufruf
   http://www.youtube.com/watch?v=i58F-mCTDDY&feature=related (05.08.2012).
ZDFNeo-Reportage Wild Germany zu Rap und Islam in Deutschland
   http://www.zdf.de/ZDFmediathek/hauptnavigation/startseite#/beitrag/video/1285846/Wild-Germany---Islamischer-Rap (05.08.2012).
Die universelle Flagge der 5 Percenter, unter:
   http://api.ning.com/files/-VCqNhXiur-XLob0ipFvknLsE6CpNbjkBOMjQDf6X9TcP6QkQWkOkjobrfhURLGLn7X90sAwLcl7aF6o0N9J3HG9WRSYE6Cl/UniversalFlag.gif (05.08.2012).
Das Albumcover von Rapper Lord Jamar (Brand Nubian), unter:
   http://www.bing.com/images/search?q=lord+jamar+the+5+percent+album&view=detail&id=D810C695E80B7FAC808AC15456310BEEA146396B&FORM=IDFRIR (05.08.2012).
Das Albumcover zu „Sonic Jihad" von Paris
   http://www.guerrillafunk.com/paris/sonic_jihad/ (05.08.2012).

Aleviten – die besseren Muslime?

Ali Ertan Toprak und Ismail Kaplan

1 Aleviten – Eine unabhängige Glaubensgemeinschaft und ihre Transformation in die Moderne

Ali Ertan Toprak

Im Zuge der Debatten über Islam und Integration rücken zunehmend Aleviten in den Mittelpunkt diverser öffentlicher Diskussionen. Sie stehen in Deutschland in dem Ansehen, toleranter, gebildeter und undogmatischer zu sein als z. B. Sunniten oder Schiiten. Sie gelten als weniger streng in der Auferlegung und Befolgung religiöser Pflichten, ohne deshalb gleich religiös „lau" zu sein, gelten häufig als besonders gut integrierte und somit als die besseren Muslime. Damit dienen Aleviten für Optimisten vielfach als „letzte Hoffnung" und als Beweis dafür, dass der Islam doch in die hiesige Gesellschaft und in die Werteordnung des Grundgesetzes integrierbar ist. Ob Aleviten überhaupt die besseren Migranten oder gar Muslime sind, soll daher hinterfragt werden.

Auch wenn sich der Bekanntheitsgrad der Aleviten durch die neue deutsche Integrationsdebatte – die eigentlich immer schon und ausschließlich eine Islamdebatte ist – in den letzten Jahren beträchtlich erhöhte, herrscht in der Öffentlichkeit nach wie vor weitgehende Unkenntnis darüber, was das Alevitentum tatsächlich auszeichnet. Diese Unkenntnis ist aber nicht nur auf die nicht-islamische Mehrheitsgesellschaft begrenzt. Selbst die meisten türkeistämmigen Muslime haben wenig bis gar keine Kenntnis darüber, wer oder was die Aleviten eigentlich sind. Unterstützt wird diese breite Unkenntnis dadurch, dass die Öffentlichkeit in dieser Frage mit widersprüchlichen Aussagen seitens der Aleviten selbst konfrontiert wird. Während die einen das Alevitentum als eine „liberale Interpretation des Islam" sehen wollen, bestreiten immer mehr Aleviten, dass es sich überhaupt um eine islamische Religionsgemeinschaft handele. Wiederum andere, mehrheitlich progressive Aleviten, sehen im Alevitentum eine humanistische Philosophie außerhalb jeglicher Religion. Diese Beispiele für unterschiedliche Selbstdefinitionen könnte man unendlich fortführen.

Der Transformationsprozess der Aleviten in die Moderne ist zugleich ein Selbstfindungsprozess. Dieser Selbstfindungsprozess einer seit Jahrhunderten verfolgten und noch bis heute in ihrem Herkunftsland Türkei diskriminierten Religionsgemeinschaft sollte nicht allzu sehr verwundern, sondern von Außenstehenden verstanden und respektiert werden.

Die Widersprüchlichkeiten in diesem Selbstfindungsprozess wurzeln in der Geschichte und in der Situation der Aleviten in den verschiedenen politisch-geschichtlichen Phasen vor und seit dem Osmanischem Reich, der Gründung der Türkischen Republik bis zur heutigen politischen Lage in der Türkei.

Die heutige Türkei, woher der größte Teil der Aleviten abstammt, deklariert zwar, dass 99 % ihrer Bevölkerung Muslime sind, erkennt aber die Aleviten als eine eigenständige Religionsgemeinschaft bis heute nicht an.

Der Anteil der Aleviten an der Gesamtbevölkerung der Türkei kann nur sehr grob auf 20–25 % geschätzt werden, da keine systematischen Erhebungen vorliegen.

1.1 Geschichte und Gegenwart des Alevitentums

Der Kern der Geschichte ist einfach; die Lehren aus ihr sind weitreichend und komplex: Die Region zwischen Anatolien und Mesopotamien war seither als Grenzregion ein Zentrum und Zufluchtsort für vielfältige Glaubensvorstellungen und Gemeinschaften, der islamischen und christlichen Häretik, der Gnostik, des Manichäismus, der Naturreligionen, die Heimstätte der Paulikaner und das Gebiet unermesslicher Götter und Heiliger.

Von Anatolien bis Mesopotamien, einer Region, die sich wie ein Nadelöhr zwischen Europa und Asien schiebt und durch die seit Jahrtausenden viele Kulturen, Völker und Religionen hindurchgekommen sind, versammelten sich mit der Zeit – neben Menschen mit unterschiedlicher Herkunft, unterschiedlicher Auffassung von Gott und der Welt in einem Klima der Toleranz und Aufklärung – auch ein reichhaltiges heterodoxes Geistesleben. Die Gruppen und Stämme, die aufeinander zugingen und zugehen, bilden Amalgame, die weiter verändern, und sie widersetzen sich gleichzeitig einer Zentralgewalt, die auf Uniformierung, auf Orthodoxie aus ist.[1]

Trotz der repressiven Vereinheitlichungspolitik der „modernen" Türkei gehört dieser Variantenreichtum auch heute noch keinesfalls der Vergangenheit an, so dass ihr Ergebnis auch in der Gegenwart allein durch die Begriffe „türkisch" oder „islamisch" nur unzureichend beschrieben werden können.

Durch Grobeinteilungen, die gerade durch die Begriffe wie Islam, Christentum, islamische oder christliche Welt mit verursacht werden, wird die Wahrnehmung für das kreative und innovative Potential der Räume zwischen den großen Blöcken „Islam" und „Christentum", die durchaus fruchtbar an der Ausformung von anderen Sichtweisen beteiligt waren, behindert.[2] Diese anderen Sichtweisen haben ihren Ursprung gerade in der besonderen Eigenschaft der Begegnung, der Übergänge und Grenzen. Heterodoxe Erscheinungen in dieser Zeit weichen nicht lediglich vom üblichen Kanon ab, sondern sind zudem meistens dem Dilemma der Wanderung des Menschen entwachsen. Gerade dieser Hintergrund macht das Phänomen der Heterodoxie und insbesondere das Toleranzverständnis in diesen Kreisen auch für die Gegenwart, besonders aber für das moderne kosmopolitische Leben, interessant.

Eine weitere Vertiefung zur Vorgeschichte ist leider in Rahmen dieses Beitrags nicht möglich. Aber die Aufarbeitung der anatolisch-mesopotamischen Heterodoxie, ihrer Wurzeln, ihrer regionalen Ausbreitung und ihrer Lebensvorstellungen ist gegenwärtig auch von größter Wichtigkeit in Anbetracht der aktuellen Diskussionen über Religionen, insbesondere über den Islam und den sog. Kampf der Kulturen. Es gilt in Zukunft intensiver heraus zu arbeiten, ob diese heterodoxen Gruppen sich mit ihrer heterodox-mystischen Weltanschauung und Ethik gewissermaßen eine eigene philosophische Religion schufen und ob diese Denkanstöße für die Gegenwart enthalten.

Für die Betrachtung des Islam heute dienen seine Orthodoxien, in der Hauptsache der Sunnismus und Schiismus, allgemein als Grundlage, wodurch viele synkretische und mystische Vorstellungen und Zweige in der Regel ausgeklammert bleiben. Dadurch ist das religiöse Bild der heutigen Türkei und des Islam

---

[1] Vgl. Mesut Keskin 2003.
[2] Vgl. hierzu den Beitrag von Michael Marx (S. 61–98) in diesem Sammelband.

zum Gegenstand vieler undifferenzierter Urteile geworden. So verlieren wir z. B. in der Geschichtsschreibung, die die Region zwischen Anatolien und Mesopotamien betrifft, mal die Christen, dann die Armenier, die anatolischen Gnostiker, dann die jüdische Bevölkerung aus den Augen, weil vor uns das Gesamtbild „türkisch-islamisches Anatolien" steht, um aber die „verlorenen" Anteile dann vielleicht später, so z. B. im Zuge der Gründung der modernen Türkei des 20. Jahrhunderts als Armenier-, Aleviten- oder Kurdenfrage wiederzuentdecken.

Die Diskussion um die kulturelle und religiöse Orientierung, vor allem von anatolischen Einwanderern und ihren Kindern im Rahmen der Bildung und Erziehung, erhält durch diese synkretisch-heterodoxen Phänomene zusätzliche reiche Facetten, so dass die Erforschung ihrer Wurzeln und ihrer gegenwärtigen Erscheinungen dafür von Belang sind.

1.2 Verfolgung und Marginalisierung – Die osmanische Periode

Die Religionsgemeinschaft der Aleviten ist aus den Reihen dieser unterschiedlichen heterodoxen (meist turkmenischen und kurdischen) Gruppierungen in Anatolien und Mesopotamien hervorgegangen, die seit dem 13. Jahrhundert in enger religiöser Verbindung zu den Sufi-Orden der Safaviden im heutigen Iran gestanden haben. Als Zeichen ihrer Anhängerschaft trugen sie eine rote Kopfbedeckung, die ihre Bezeichnung als Kizilbasch (*Kızılbaş*, „Rotkopf") begründete und erst im 19. Jahrhundert durch die Selbstbezeichnung „Alevi" verdrängt wurde, weil der Begriff *Kızılbaş* mit der Zeit den Charakter einer denunziatorischen und sogar bis heute beleidigenden Fremdbezeichnung annahm. Es gibt dennoch einige Stimmen in der Literatur, die die Bezeichnung *Kızılbaş*, bis zu den Hurremiern und Mazdaismus zurückführen, die sich traditionell rot gekleidet haben.[3]

Der heterodoxen, durch die Ablehnung religiöser Dogmen und Gesetze gekennzeichneten Religiosität dieser volkstümlich-mystischen Gruppierungen, wohnte eine sozio-ökonomische Sprengkraft inne, die sich in Krisensituationen leicht in Aufstände gegen die sunnitisch-osmanische Obrigkeit entladen konnte. So waren die berühmten *Kızılbaş*-Aufstände des 16. Jahrhunderts, die das Osmanische Reich in seinen Grundfesten zu erschüttern drohten, trotz ihrer religiösen Belange eher eine sozial-politische Auflehnung. Jedenfalls stempelte der Begriff

---

[3] Vgl. Haki Gürtas 2005.

Kızılbaş die Aufständischen, die sich gegen Zentralisierungsbestrebungen und gegen die anwachsende Steuerforderungen des osmanischen Reiches zu Wehr setzten, zu Häretikern und Landesverrätern. Den Osmanen ist es erst nach einer bis dahin beispiellosen kollektiven Verfolgung gelungen, die politisch-religiöse Opposition der *Kızılbaş* endgültig auszuschalten. Die drastischen Maßnahmen wurden durch *Fatwas* (islamische Rechtsgutachten) religiös legitimiert. In ihnen wurden die Aleviten zu Ketzern erklärt, deren Tötung eine religiös verdienstvolle Tat darstelle. Den äußeren Anlass für die Marginalisierung und Diskriminierung der Aleviten über mehr als vier Jahrhunderte boten ihre religiösen Anschauungen und Praktiken, die sich nicht nur der orthodoxen muslimischen Gelehrsamkeit, sondern auch dem einfachen Muslim als Ungläubige erscheinen ließen. Jene, die den Hinrichtungen und Deportationen entgangen waren, zogen sich in schwer zugängliche Gebiete zurück. Mit der Zeit wurde die Zugehörigkeit zur Gemeinschaft an die Voraussetzung der Abstammung geknüpft, und Eheschließungen mit Nicht-Aleviten wurden unter der Strafe der Exkommunikation untersagt. Um sich vor der Diskriminierung und möglicher Verfolgung zu schützen, praktizierten die Aleviten jahrhundertelang *taqîyya* (Verstellung), indem sie Außenstehenden gegenüber ihre wahre kulturelle und religiöse Zugehörigkeit geheim hielten.[4]

1.3 Von der Gründung der Türkischen Republik bis heute

Nach jahrhundertelanger Unterdrückung und Verfolgung im Osmanischen Reich, für den die Aleviten den orthodoxen Islam und seine Institutionen verantwortlich machten, nahmen sie die Republikgründung mit Hoffnung auf: die Abschaffung des Kalifats und der Scharia, die Säkularisierung des Staates u. a. Die moderne Türkei brachte jedoch nicht das erhoffte Ende ihrer Diskriminierung. Alle Erscheinungsformen mystischer und heterodoxer Religiosität (Derwischorden, religiöse Versammlungen außerhalb der Moscheen, unter anderem die alevitischen Orden und die *Cem*-Zeremonien der Aleviten, die Heiligen- und Gräberkult u. a.) wurden dagegen per Gesetz verboten, was de facto auf das Verbot der Ausübung alevitischen Glaubens hinauslief (und -läuft). Damit wurde

---

[4] Vgl. Krisztina Kehl-Bodrogi 1993, S. 267–282 sowie den Beitrag von Klaus Spenlen „Facetten muslimischen Lebens in Deutschland" (S. 25–45) in diesem Sammelband.

der sunnitische Islam zur einzig legitimen Staatsreligion der neuen „säkularen" Republik. Das wurde wiederum durch die neue staatliche Religionsbehörde mit Verfassungsrang, der DIYANET, rechtlich und politisch manifestiert. Die neue Religionsbehörde ist bis heute ausschließlich sunnitisch-islamisch ausgerichtet und bestimmt das ganze religiöse Leben der Türkei. Das geht so weit, das vom Parlament über die Regierung bis zur den Gerichten die DIYANET die Deutungshoheit in allen religiösen Fragen übertragen bekommen hat. So hat die DIYANET für Gerichte und den Staat Gutachten erstellt, in denen sie die Gebetsstätten der Aleviten, die *Cem*-Häuser, nicht als solche ansieht, sondern auch für die Aleviten die Moscheen als die einzig legitimen Gotteshäuser festlegt.

Dennoch blieb die überwiegende Mehrheit der Aleviten loyal zur Republik, solange diese auch den Einfluss der sunnitisch islamistischen Kräfte auf Politik und Gesellschaft zurückdrängte. Der staatlich verordnete Säkularismus (*laiklik*) bot den Aleviten das erste Mal in ihrer Geschichte die Chance auf gesellschaftliche Integration und Partizipation, auch wenn der Preis, die Verleugnung der eigenen alevitischen Sonderidentität, hoch war. Es blieb aber nicht nur bei dieser drastischen Assimilationspolitik, es kam auch zu entsetzlichen staatlichen Vertreibungen und Verbrechen. Dabei sollte sich das Jahr 1937/38 ganz besonders in die Geschichte der Aleviten – schmerzhaft und für immer – verewigen. Die türkische Republik verübte an den Aleviten in diesem Jahr in Dersim (heutige Bezeichnung Tunceli), einer Hochburg der zaza-kurdischen Aleviten („Zaza Dialekt" sprechende „Kurden", ein Teil dieser Gruppierung sieht sich als eine von den Kurden unabhängige eigenständige Volksgruppe), eines der schlimmsten Menscheitsverbrechen seit dem Genozid an den Armeniern von 1915 auf anatolischem Boden. Zehntausende zaza-kurdische Aleviten wurden von der türkischen Armee in Massenexekutionen umgebracht, tausende von Menschen wurden zwangsdeportiert. Viele elternlose Kinder wurden ihren Familien und Geschwistern entrissen und türkischen Offizieren als Adoptivkinder übergeben, ohne dass der Staat bis heute die Angehörigen informiert, geschweige denn, sich entschuldigt hätte. Dieser Teil der Republikgeschichte war bis vor kurzem eines der größten Tabu-Themen der modernen Türkei.

Und einer der größten Widersprüche der Aleviten ist bis heute noch, dass sie jahrzehntelang Atatürk als Befreier angesehen haben, obwohl Atatürk 1937/38 den Vernichtungsfeldzug in Dersim angeordnet hatte und zudem faktisch ihre Religion verboten hat. Atatürk, mit dessen Namen die Säkularisierung der Türkei verbunden ist, wurde vor allem aus diesem Grund weiterhin verehrt. Erst die jüngere progressive Generation der Aleviten hat damit begonnen, diesen Widerspruch zu hinterfragen und mit Atatürk zu brechen.

Die langsam beginnende Industrialisierung der Türkei zwischen 1950–1960 führte in diesen Jahren zu massenhafter Landflucht. Die seit dem Osmanischen Reich in der Peripherie lebenden Aleviten verließen ihre Dörfer, um in den Städten von den besseren Arbeits- und Bildungschancen zu profitieren. Dadurch wurden sie zu Konkurrenten der alteingesessenen sunnitischen Mehrheitsgesellschaft im Kampf um die knappen Ressourcen. Dieser Umstand trug schnell zu einer Verschärfung der konfessionellen Gegensätze bei. Daher kam es seit den 1960ern immer wieder in vielen Provinzen der Türkei zu Pogromen gegenüber Aleviten.

1.4 Politisierung und Säkularisierung der Aleviten

Unter diesen Vorzeichen und den Bedingungen des städtischen Lebens konnten die traditionellen sozialreligiösen Strukturen, die auf Verhältnisse in dörflich geschlossenen Systemen ausgerichtet waren, auf lange Zeit nicht überleben. Die sunnitisch-islamische Ausrichtung des Staates und seine Assimilationspolitik haben zusätzlich dazu beigetragen, dass das religiöse Leben der Aleviten von den 1960er Jahren an langsam zum Erliegen kam. Die traditionellen religiösen Institutionen der Aleviten lösten sich auf, und die mündliche Vermittlung religiösen Wissens von einer Generation an die nächste brach ab. Das Alevitentum säkularisierte sich in einem größeren Umfang als die sunnitische Mehrheitsgesellschaft.

Der endgültige Bruch der sunnitischen Mehrheit mit den religiösen Traditionen des Alevitentums wurde durch die Politisierung der Jugend vorangetrieben. Die Diskriminierungen und Erniedrigungen machten levitische Jugendliche in hohem Maße anfällig für sozial-revolutionäre Ideologien der 1968er Generationen. Während die Elterngeneration noch im Kemalismus (Staatsideologie der Republik Türkei) den Garanten ihrer Existenz sah, fanden die Jüngeren in der egalitären Ideologie des Sozialismus ihre Botschaft von einer freiheitlichgleichberechtigten Gesellschaft. Somit waren überproportional viele alevitische Jugendlichen in politisch linken Bewegungen vertreten. Dies führte zu einem Widerspruch zwischen den von bislang geheim abgehaltenen religiösen Riten und ihrem Anspruch nach wissenschaftlicher Erkenntnis, Demokratie, Liberalismus und Humanismus. In der Folgezeit erachteten viele progressive städtische Aleviten ihre religiöse Praxis überholt und vernachlässigten ihre traditionelle Glaubenslehre und ihre religiösen Praktiken. Das alles fand in einer Zeit extrem politischer Polarisierung in der Türkei statt.

Zur gleichen Zeit kam die Gleichung „Kızılbaş(-Alevite) gleich Kommunist" auf. Im Zeitalter des sog. Kalten Krieges wurde dies von den Ultrarechten propagandistisch ausgeschlachtet. In vielen Städten der Türkei wurden Teile der sunnitischen Bevölkerung von politisch Rechten und dem Staat unter Ausnutzung ihrer antikommunistischen Ressentiments zu Pogromen gegen Aleviten aufgehetzt. In dieser Zeit herrschten bürgerkriegsähnliche Zustände, und viele Aleviten mussten um das nackte Überleben kämpfen. Zahlreiche flohen als politische Flüchtlinge vor den sich ankündigenden und nach den stattgefundenen Putschen der Armee im Jahre 1980 nach Europa. Somit ist Europa und vor allem Deutschland in erster Linie nicht ein wirtschaftlicher Standort für viele Aleviten, sondern ein Ort der Freiheit. Nach über zwanzig Jahren Unterbrechung der Weitergabe religiösen Wissens begann die Revitalisierung des Alevitentums vor allem in der Diaspora. Die freiheitlich-demokratischen Gesellschaften Europas ermöglichten den alevitischen Migranten, zum ersten Mal in ihrer Geschichte, sich offen zu ihrer alevitischen Identität zu bekennen. Dem Coming-out ihrer Glaubensgenossen in der Diaspora folgte langsam aber sicher das öffentliche Bekenntnis der Aleviten in der Türkei zu ihrer stigmatisierten Identität. Die nach dem Militärputsch staatlich geförderte Rückkehr des Islam in Politik und Gesellschaft und die damit verbundene wiedereinsetzende staatliche Assimilationspolitik gegenüber den Aleviten führte zu einer Rückbesinnung auf die eigene Gemeinschaft.

1.5 Sivas-Massaker und seine Folgen für die alevitische Bewegung

Einen starken Impuls erhielt die alevitische Bewegung zudem nach den Ereignissen von Sivas. Im Sommer 1993 verübten radikale Islamisten und Faschisten gemeinsam vor den Augen der türkischen Polizei und des Militärs einen Brandanschlag auf ein traditionell alevitisches Kulturfestival, das in der Stadt Sivas stattfand. Bei diesem Anschlag kamen 37 Menschen ums Leben. Nach diesem Massaker fühlten sich viele Aleviten vom Staat verraten, da der Staat bei diesem Verbrechen erneut nur zuschaute. Diese wiederholte Opfererfahrung führte der Bewegung massenhaft neue Mitstreiter zu. Die Gründung der meisten alevitischen Gemeinden, sowohl in der Diaspora als auch in der Türkei, fällt in diese Zeit. Diese Rückbesinnung auf die eigene Gemeinschaft ging mit einer politischen Bewegung einher, die ein für alle Mal die Unsichtbarkeit der Aleviten beendete.

Heute ist das Alevitentum in den Großstädten und in ihren eigenen Siedlungsgebieten der Türkei sichtbar geworden. Die Revitalisierung der Aleviten inmitten der heftigen politischen Auseinandersetzungen im Zusammenhang mit dem Erstarken des Islamismus sicherte ihnen die Unterstützung der säkularen und demokratischen Kräfte des Landes, die im Alevitentum ein Gegengewicht zum politischen Islam sahen und sehen. Jedoch müssen die Aleviten unter der islamischen AKP-Regierung mehr als zuvor um Anerkennung und gegen Diskriminierung kämpfen. Weder erfolgte die legale Anerkennung des Alevitentums als eigene Religionsgemeinschaft, noch wurde der sunnitisch-islamische Pflichtreligionsunterricht abgeschafft oder die *Cem*-Häuser der Aleviten als deren Gebetsstätten anerkannt. Zudem erzeugen die regelmäßigen aggressiven Anspielungen des türkischen Ministerpräsidenten Erdogan auf die alevitische Herkunft des Oppositionsführers Kilicdaroglu für eine gefährliche Stimmung in der sunnitischen Mehrheitsgesellschaft. Nach langer Zeit kommt es im potentiellen EU-Beitrittsland wieder zu Pogrom ähnlichen Attacken gegenüber Aleviten, was die Angehölrigen dieser Volksgruppe und Religionsgemeinschaft in der Türkei wie in der Diaspora stark beunruhigt.

Schon diese kurze Übersicht über die Geschichte der Aleviten vom Mittelalter bis in die Moderne zeigt, dass wir es bei den Aleviten mit einer Gemeinschaft zu tun haben, die nach all der Leidensgeschichte, der bis heute in der Türkei andauernden Assimilationspolitik und der Selbstvernachlässigung auf der einen Seite einen Existenzkampf führt und auf der anderen Seite einen Selbstfindungsprozess durchlebt. Eine fast verschwundene Religionsgemeinschaft, die ambivalent und hin- und hergerissen ist zwischen der verschütteten Vergangenheit und der strahlenden Renaissance des Alevitentums.

Die Widersprüchlichkeiten dieser Religionsgemeinschaft sind allein diesem Umstand geschuldet und sollten daher – wie eingangs erwähnt –, auf Verständnis und Respekt stoßen, zumal ihr Einsatz für Anerkennung und Überleben im Herkunftsland immer noch unter widrigen Umständen andauert.

1.6 Die Glaubenslehre

Die Geschichte der Entstehung der alevitischen Religion wird noch heute in der Türkei von Anhängern der offiziellen Staatsideologie (sog. türkisch-islamische Synthese) systematisch verfälscht und manipuliert. Da die Aleviten innerhalb einer islamisch dominierten Gesellschaft aus Angst vor Diskriminierung und Vernichtung ihre wahre religiöse Identität tarnen mussten, behaupteten sie, „wahre Muslime" zu sein, ohne die Grundwerte des Islam übernommen zu haben.

Das Alevitentum besitzt selbst kein „heiliges Buch" oder überlieferte Texte aus seiner Entstehungszeit und ist somit keine Schriftreligion. Die alevitische Religion konnte dank des Rituals der Priesterschaft (Pir oder Dede's genannt) und der Volksbarden (Ozan genannt) bis in die heutige Zeit überleben. Bis heute werden die religiösen Grundwerte des Alevitentums durch die mündlich tradierten Mythen und die Ausführung der Rituale dargestellt. Durch die Schriftlosigkeit des Alevitentums konnte die staatliche Verfälschung der alevitischen Religion leichter vonstatten gehen. Diese Situation führte zur einen faktischen De-Institutionalisierung des Alevitentums. Diese Faktoren machen es heute vor allem den Aleviten selbst schwierig, ihre Religion Außenstehenden zu vermitteln und zu erklären. Zumal vielen Aleviten durch die erlittene Verfolgung und die noch andauernde Assimilationspolitik der Zugang und das Verständnis zu ihrer eigenen Religion erschwert worden ist.

Im Allgemeinen wird das Alevitentum nach den Mustern bzw. Begriffen der monotheistischen Buchreligionen untersucht und betrachtet. Im Besonderen aber wird das Alevitentum nach dem Muster des Islam betrachtet und folglich meistens innerislamisch situiert. Das ist bei genauem Hinschauen aber höchst problematisch, in methodischer und logischer Hinsicht sogar falsch.

Bei der ersten oberflächlichen Betrachtung des Alevitentums könnte man aufgrund der besonderen Rolle und der religiösen Verehrung wichtiger islamischer Persönlichkeiten, wie z. B. Ali (vierter islamischer Kalif und Vetter und Schwiegersohn des Propheten Mohammed) oder Alis Sohn Hüseyin (Märtyrer in der großen Tragödie von Kerbela) und vor allem der Verehrung der zwölf Imame, sofort eine schiitische Verbindung herstellen. Je tiefer man sich jedoch mit dem Alevitentum beschäftigt und das Verborgene dieser Religion sichtbar wird, wird es einem bewusst, dass das Alevitentum etwas Besonderes und etwas Eigenständiges sein muss. Die alevitische Menschen- und Gottesvorstellung, Ethos und Ritus sind überhaupt nicht zu erklären, wenn man vom Islam, vom Koran und von der islamischen Mystik sowie vom Monotheismus ausgeht. Denn vor allem Gottesvorstellung, Ethos und Ritus sind im Alevitentum durch und durch vom Pantheismus durchdrungen und weltlich orientiert, so dass der Mensch die Wahrheit und sein „Heil", seine „Vollkommenheit", in sich und in der sozialen Gesellschaft, aber auch im ganzen Kosmos suchen soll.[5]

Die Gesamtheit der alevitischen Glaubenslehren lässt sich eher als ein Synkretismus beschreiben. Sie weist ein Nebeneinander verschiedener religiöser Traditionen auf, die zu keiner kohärenten Einheit zusammengefügt sind. Man könnte sie vielleicht am besten mit einem Mosaik vergleichen, bei dem sich das Gesamtbild aus zahlreichen, häufig voneinander unabhängigen Einzelteilen ergibt. Das Alevitentum hat niemals eine kanonische bzw. dogmatische Einheit gebildet. Die unter den verschiedenen heterodoxen Gruppen im anatolisch-mesopotamischen Raum tradierten Lehren weisen – bedingt durch die mündliche Tradierung unter den Umständen der Verfolgung – eine große Heterogenität auf. Auslegungen bestimmter Glaubenslehren können nicht nur von einer Ocak (heilige Priesterfamilien) zur anderen, sondern auch innerhalb der zur selben Heiligen Priesterfamilie gehörenden Heiligen Männer (*Mürsit, Pir* oder *Dede*) beträchtlich variieren. „Einer ist der Weg, aber 1001 die Arten, darauf zu wandeln" (*yol bir, sürek binbir*), so lässt sich der Spruch der Aleviten übersetzen, mit denen sie selbst die Vielfalt ihrer Glaubenslehren umschreiben, die von Gegend zu Gegend, von Gruppe zu Gruppe variieren können. Neben oberflächlichen schiitisch-islamischen Einflüssen gibt es Lehren eindeutig vorislamischen Ur-

---

[5] Vgl. Ahmet Terkivatan 2010, S. 99–118.

sprungs, wie jener der Naturreligionen, der Inkarnation und der Seelenwanderung, der Glaube an eine Art Trinität (*Hak, Muhammed, Ali*) und pantheistische Vorstellungen.[6]

1.7 Die religiöse Praxis

Die anatolischen Aleviten unterscheiden sich in Praxis, Religion und Weltanschauung grundlegend von den Schiiten und damit vom Islam. Sie gehen nicht in der Moschee beten, sondern kommen in ihren eigenen Versammlungshäusern (*Cem*-Haus) zusammen, um ihr gemeinschaftliches Ritual, den *Cem*, zu vollziehen. Keine der islamischen Gebote, wie z. B. das fünfmalige Gebet, das Gebot des Fastens im Ramadan noch die Wallfahrt nach Mekka oder auch das Alkoholverbot, werden von Aleviten eingehalten.

1.7.1 Der „Gottesdienst", das Ritual

Der *Cem* ist die wichtigste gemeinschaftliche rituelle Andacht, an dem Frauen und Männer gemeinsam teilnehmen. Hier finden verschiedene religiöse Praktiken statt: Das Ritual des Einvernehmens, das Ritual des Gelübdes, die Solidargemeinschaft des *Musahiplik* (eine Form von ritueller Verwandtschaft, die zwischen zwei miteinander nicht verwandten Männern geschlossen wird und diese zu lebenslanger Solidarität und gegenseitiger Unterstützung verpflichtet), Andacht an die Märtyrer des alevitischen Weges, die rituelle Musik, der rituelle Semah-Tanz und die Zeremonie der Mahlverteilung. Somit ist die *Cem*-Zeremonie ein Ort des gemeinschaftlichen Gottesdienstes, der Schlichtung und Rechtsprechung in zwischenmenschlich-sozialen Konflikten, des Friedens und der Pflege der Sitten und der gemeinschaftlichen Prinzipien. Dieser besondere alevitische Gottesdienst unterscheidet sich explizit von den Ritualen der syrischen Alawiten (auch Nusayri-Aleviten genannt), Schiiten und vor allem der Sunniten. Man kann in der islamischen Welt und der *Umma* nirgends ein ähnliches Ritual vorfinden. Dies ist ein weiteres wichtiges Anzeichen für die Eigenständigkeit der alevitischen Religion.

---

[6] Vgl. Krizstina Kehl-Bodrogi 1988.

1.7.2 Mythologie

Wie bereits deutlich wird, unterscheidet sich das Alevitentum von monotheistischen Religionen durch die Schriftlosigkeit und die Durchführung des speziellen Rituals. Die religiös-theologische Konstruktion des Alevitentums ist nicht der Koran, sondern eine Mythologie, in der die Durchführung des Rituals und zugleich wesentliche religiöse Aspekte beschrieben werden. Es gibt viele alevitische Mythen, die einen anatolisch-mesopotamischen Ursprung haben und die mit der Zeit mit schiitischen und sufistischen Zügen ausgestattet wurden. Aber der zentrale Mythos ist der Entstehungsmythos der *Cem*, die ihre mesopotamische Herkunft eindeutig vorweist.

Diese Mythologie, auf die das Alevitentum aufgebaut ist, widerspricht eindeutig den Grundwerten des Islam.

Der alevitische Entstehungsmythos basiert auf der „Versammlung der 40er". Das ist der Ur-*Cem*, die erste *Cem*-Zeremonie, die aus der Versammlung von 40 Personen besteht. Die Hauptpersonen dieses Mythos sind Mohammed, Ali und Selman-i Farsi. Außer diesen drei Personen wird noch Fatima (Tochter von Mohammed und die Ehefrau von Ali) namentlich erwähnt. Die Versammlung findet im Geheimen statt und besteht aus 23 Männern und 17 Frauen. Diese „erste" religiöse Zeremonie wird von den Aleviten als *Kirklar Cem'i* (Versammlung der Vierzig) bezeichnet.

Nachdem Mohammed seine Himmelfahrt (*Mirac*) beendet hatte, kam er an einem Haus vorbei. Aus dem Inneren hörte er Stimmen und begehrte Einlass. Auf die Frage, wer er denn sei, antwortete Mohammed: „Ich bin der Gottgesandte. Öffnet die Tür!". „In unsere Reihen passt kein Gottgesandter. Verkünde deine Prophetie deiner *Umma* (islamische Gemeinschaft)", bekam er als Antwort. Mohammed musste zuerst auf die Bezeichnung Prophet verzichten, um eingelassen zu werden. Er musste sich als „Diener der Armen" bekennen, um an der Ur-*Cem*-Zeremonie teilnehmen zu dürfen. Gleichzeitig kann man dies als symbolische Konvertierung Mohammeds zum Alevitentum deuten.

Er verzichtete auf seine Bezeichnung als Gottgesandter und wurde Alevite. Trotz Konvertierung bekommt er aber keine wichtige Rolle. Der islamische Prophet übernimmt die Funktion des *Saki* (Mundschenk), d.h. desjenigen, der den Wein während der *Cem*-Zeremonie einschenkt und austeilt. Modern gesprochen: Er wird zum Kellner. Im alevitischen *Cem* gibt es zwölf symbolische Dienste. Mohammed erfüllt als Mundschenk den zehnten Dienst, wobei diese Pflicht keine wichtige Rolle innerhalb der Zeremonie einnimmt. Die wichtigen religiösen Dienste bzw. Aufgaben werden vom *Mürsid, Pir* und *Rehber* übernommen. Trotz der Andeutung der Konvertierung von Mohammed zum Alevitentum bekommt er keine religiöse Führerfunktion im Entstehungsmythos des Alevitentums, Ali hingegen bekommt im Mythos und Ritual die Rolle des perfekten Menschen zugeteilt. Ebenso ist die Art seines Verhältnisses im Mythos zum Propheten problematisch. Insgesamt gesehen erscheint er aber jenem übergeordnet. In der Überlieferung des alevitischen Mythos wird Ali zudem symbolisch als Löwe dargestellt. Der Löwe scheint einerseits Ali zu sein, andererseits ist er die Verkörperung des Göttlichen. Dieser Mythos weist erstaunliche Ähnlichkeiten mit vielen vorislamischen Mythen aus dem persischen und mesopotamischen Raum auf. So kann man z. B. mit dem zarathustrischen religiösen Ritualen oder den Ritualen der alten Hethiter viele Parallelen zum *Cem*-Ritual nachweisen. Es ist nicht abwegig, dass Ali und Mohammed Maskierungen von Personen der vorislamischen Religionen sind. Aus Platzgründen kann dies hier leider nicht weiter ausgeführt werden.[7] Damit wird an dieser Stelle eine Interpretation überflüssig, weil der alevitische Entstehungsmythos eindeutig eine Ablehnung des islamischen Propheten darstellt.

Ein weiterer Aspekt, der auf ein nicht-islamisches Ritual des Alevitentums hinweist, ist die Unkenntnis dieses Rituals für Mohammed. Er wusste nicht, wann und wo dieses Ritual stattfindet und aus wem und wie vielen Teilnehmern diese Zeremonie bestand. Denn der Mythos besagt, dass er dort 39 Gläubige versammelt sah und er wissen wollte, wer sie seien. „Wir sind Vierzig. Wir sind Eins in unserer Gesamtheit, was einer von uns ist, das sind wir alle", antworteten die anderen ihm. Diese „Versammlung der Vierzig", der sog. Ur-*Cem*, hatte zwei wichtige Komponenten: Eine ist die Inkarnation des Göttlichen im Menschen, die im Alevitentum durch die „Vier Tore – Vierzig Stufen"-Lehre zum Ausdruck kommt, an dessen Ende der Mensch zum *Insan-i Kamil* (zum „vollkommenen Menschen") werden soll. Die zweite wichtige Komponente bezieht sich auf den utopischen gesellschaftlichen Aspekt, der im Alevitentum die idea-

---

[7] Näheres vgl. Haki Gürtas 2010, S. 85–98.

le Gesellschaftsform als das gleichberechtigte, friedliche Zusammenleben aller Menschen im Einvernehmen darstellt.

Das Alevitentum ist eine Gemeinschaftsreligion dahingehend, dass die Gemeinsamkeit der Gläubigen und ihr Eintreten füreinander betont werden. Das gemeinsame Ritual und die Herstellung des „Einvernehmens" (*rizalik*) unter den Teilnehmerinnen und Teilnehmern bei den Gottesdiensten, das dann auch ins Alltagsleben ausstrahlt, zielt auf die Reifung und letztendlich Vervollkommnung aller Gläubigen in der Gemeinde. Demnach müssen Männer und Frauen gemeinsam am *Cem*-Ritual teilnehmen und alle Differenzen rituell aufgehoben werden.[8]

Zusammengefasst muss man sagen: Sowohl der Weintrank, die gemeinsame Teilnahme von Frauen und Männern am *Cem*-Ritual als auch die göttliche Inkarnation Alis sowie die Ablehnung der Bezeichnung Gottgesandter für den Propheten Mohammed widersprechen eindeutig dem Islam. Das alevitische Ritual widerspricht sowohl förmlich als auch inhaltlich Grundwerten und dem Ritual des Islam.

Vor allem dieser Umstand verschuldet meiner Ansicht nach den unüberbrückbaren Konflikt zwischen Aleviten und Muslimen bis heute.

1.7.3 Gottesverständnis

Gotteserkenntnis im Alevitentum ist untrennbar mit Selbsterkenntnis verbunden. Wie ein alevitischer Spruch besagt: „Wer sein Selbst nicht erkennt, kennt auch Gott nicht."

Die Gottes- und Menschenvorstellung der Aleviten wird von bedeutenden Dichtern und Denkern wie Yunus Emre, Seyyid Nesimi, Fuzuli und Haci Bektas Veli im 13.–15. Jahrhundert zum Ausdruck gebracht. Diese von den Aleviten wie Heilige verehrten Persönlichkeiten haben solche Aussprüche wie z. B. „Das bedeutendste Buch, das man lesen kann, ist der Mensch selbst", „Der Mensch ist der sprechende Koran" oder „Was du immer auch suchst, such es in dir selbst. Nicht in Jerusalem, in Mekka oder auf der Pilgerfahrt" zum Ausdruck gebracht. Das sind demonstrative Ausdrücke des Glaubens an die absolute Autonomie des Individuums.

---

[8] Vgl. Handan Aksünger 2010, S. 85–98.

Im Alevitentum wirkt der pantheistische Gott, der nicht mit dem theistischen Gott zu verwechseln ist. Dem alevitischen Gottesverständnis ist ein ergreifender, bestrafender, allmächtiger Gott, der alles erschaffen hat und kontrolliert, fremd. Im pantheistischen Sinne sagen Aleviten *Enel-Hak* (*ana'l-haqq*, „Ich bin die Wahrheit"). Der Ausdruck „Hak" in der Bedeutung von „Gott", „Gottheit", „Wahrheit" oder „göttliche Wahrheit" ist entsprechend der alevitischen Lehre *vahdet-i mevcud* (*wahdat al-maudschud*, „Einheit alles seienden") der allgemeine Name für das All, für den Kosmos im Ganzen. Er ist ein Synonym für das Ganze, für die Einheit zwischen Menschen, Natur und dem Kosmos. Das All ist die Gottheit selbst, d. h. dass Gott in allen Dingen lebt. Als Teilhaber an der Substanz Gottes ist der Mensch in der Lage, die Wahrheit aus sich heraus zu erkennen. Daher ist das Heilige Buch der Aleviten, der wahre Koran, der perfekt lebende Mensch, sein Wort und Denken, sein lebendiges Wort. Der Mensch erkennt die Wahrheit durch die Vernunft. Die Vernunft des (perfekten) Menschen ist alles erkennend, allmächtig. Man ist aber nicht als perfekter Mensch geboren, sondern man muss erst ein solcher werden. Deswegen bezeichnen Aleviten ihre Religion als „Weg" (*Yol*). Der perfekte Mensch ist dabei eine Idee, wobei die Orientierung an dieser Idee die Erkennung der Wahrheit ermöglicht, die über die Selbsterkenntnis zur göttlichen Erkenntnis führen soll. Gott stellt somit für die Aleviten nur die Selbsterkenntnis des Individuums dar. Im Gegensatz zur islamischen Mystik ist die alevitische Religion Diesseits orientiert. Es wird nicht die Vereinigung mit Gott angestrebt, sondern Gott wird als potentielles, innewohnendes menschliches Attribut des Guten betrachtet. Der Mensch, mit Vernunft ausgestattet, ist durch Selbsterkenntnis in der Lage, göttliche Eigenschaften zu erreichen. Das erste wichtige alevitische Geheimnis ist, dass das Universum, die Natur, die sichtbare Gestalt Gottes ist und das zweite, dass Gott im Universum im Menschengeist zum Selbst-Bewusstsein kommt.[9]

1.7.4 Ethos

Dieses pantheistische Gottesverständnis im Alevitentum bildet auch die Grundlage für das Ethos in Form einer tiefsinnigen humanistischen Gesinnung und Werteorientierung.

---

[9] Vgl. Haki Gürtas 2005 und Ahmet Terkivatan 2010, S. 99–118.

Ebenso wichtig wie Wissen und Erkenntnis ist dem Alevitentum das ethische Ideal, reinen Herzens zu sein. Dem hat das Individuum Rechnung zu tragen, indem es sich als soziales Wesen um moralische Integrität und Vervollkommnung bemüht. Dieses Gottes- und Menschenverständnis im Alevitentum hat in seiner Rhetorik Werten wie Toleranz, Solidarität, soziale Gerechtigkeit und Unabhängigkeit des Denkens große Bedeutung verschafft. Einerseits wird mit dem auf Gemeinschaft ausgerichteten sozio-religiösen System ein hohes Maß an sozialer Kontrolle der Gemeinde erreicht, andererseits wird mit der Selbstverantwortungsethik die Last auf dem Gewissen des Einzelnen schwerer. Der letztgenannte Aspekt kommt im folgenden Satz zum Ausdruck: „Seiner Hände, seiner Zunge und seiner Lende Herr sein." Das bedeutet, das Individuum soll mit seinem freien Willen zwischen Gut und Böse eine Wahl treffen. Diese Selbstverantwortungsethik ist im Alevitentum dem religiösen Kern gegenüber sehr dominant. Man kann auch sagen, dass die Grundbausteine dieser Religion das Individuum und die individuelle Ethik sind. Das alevitische Ethos bietet dem Menschen den Freiraum, zwischen Gut und Böse auszuwählen. Dieser Aspekt zeigt, dass im Alevitentum keine Ursünde vorhanden ist und das Schicksal des Menschen nicht von Gott bestimmt wird, sondern von individuellen Entscheidungen.

1.8 Zusammenfassung

Zusammenfassend kann gesagt werden, dass das Alevitentum eine eigenständige Religion ist. Sowohl durch die alevitische Entstehungsgeschichte und die alevitische Religionssicht (wie z. B. Gottesvorstellung, Menschenbild, Ethik und Lebensstil) als auch durch die Besonderheit der Mythen und Rituale kommt man unter diesen dargelegten Voraussetzungen zu dem Ergebnis, dass das Alevitentum keine Form des Islam ist. Es gibt ca. 1,3 Milliarden muslimische Gläubige, mit denen die Aleviten kaum bis keine Gemeinsamkeiten nachweisen können. Im muslimischen Raum gibt es auch sonst keine Entwicklung vergleichbarer Art.

Das Alevitentum und der Islam sind zwei unterschiedliche Religionen, die unterschiedliche religiöse Kontexte aufweisen, die sich eindeutig widersprechen. Die alevitische Religion lehnt die wesentlichen Grundwerte des Islam, die „Scharia", ab. Die Ablehnung der Scharia bedeutet zugleich die Ablehnung der islamischen heiligen Schrift, des Koran. Wenn sich eine Religionsgemeinschaft nicht eindeutig auf den Koran beruft, so kann dieser Glaube unter keinen Umständen als islamisch bezeichnet werden. Die Abweichung vom Koran ist aus islamischer Sicht undenkbar, da das Gotteswort eine Vollkommenheit ausdrückt, das von Menschen nicht in Frage gestellt werden darf. Die Aleviten haben – wie dargelegt – aus Angst vor Vernichtung und Diskriminierung ihre wahre religiöse Identität tarnen müssen, um in einer islamisch dominierten Umgebung überleben zu können. Sie behaupteten, und viele tun das bis heute noch, dass sie die „wahren" Muslime sind, ohne die Grundwerte des Islam je übernommen zu haben. Das größte Handicap der Aleviten ist, dass sie durch die lange Verfolgungsgeschichte bis in die Moderne hinein und die noch andauernde aggressive Assimilationspolitik im Herkunftsland die Verbindung zu den wahren Quellen ihrer Religion weitgehend verloren haben. Es gibt vermutlich weltweit keine andere Religionsgruppe, die so groß ist und so wenig über ihre eigene Religion Bescheid weiß.

Die alevitische Religion war lange Zeit verschüttet und fast dem Untergang geweiht. Erst die Diasporasituation in Europa hat bewirkt, dass sie sich wieder neu organisieren konnte und sich auch neu erfinden musste. Es findet zurzeit religionswissenschaftlich ein ganz spannender Transformationsprozess einer fast zum Aussterben gekommenen Religion in der Moderne statt. Es bleibt abzuwarten, wie sich die Revitalisierung des Alevitentums trotz widriger Umstände in der Türkei und – unter viel besseren Umständen – in Europa fortsetzen wird. Während sich die Diaspora-Organisationen durch die erstmalige Religionsfreiheit in ihrer Geschichte sowohl gesellschaftlich als auch rechtlich als eine eigene Religionsgemeinschaft in ihren neuen Heimatländern immer mehr etablieren, kämpfen die Aleviten in der Türkei immer noch gegen Assimilation und für Anerkennung als eigenständige Religionsgemeinschaft.

Für die Islam- bzw. Integrationsdiskussion in Deutschland muss klargestellt werden, dass sich die Aleviten nicht als „die besseren" bzw. „gute" Muslime eignen. Sie sollten als das, was sie sind, wahrgenommen werden. Nämlich als Aleviten, die bereits als eine eigene Religionsgemeinschaft gem. Art. 7 Abs. 3 GG in vielen Bundesländern anerkannt sind. Für die weitere wissenschaftliche Erforschung und die endgültige Etablierung des alevitischen Religionsunterrichtes in Deutschland ist aber die Einrichtung von eigenständigen und von den islamischen Lehrstühlen unabhängigen „Alevitischen Instituten" unabdingbar. Das vielleicht wichtigste Prinzip, das Einvernehmen,[10] tritt in der alevitischen Religion in universalisierter Form als Prinzip der Toleranz, Gleichheit und Freiheit auf. Insofern ist das Alevitentum ein humanistischer, auf Aufklärung durch Bildung und Erziehung, Rationalität und Wissenschaft bedachter Glaube. Gleichstellung der Geschlechter, Nächstenliebe, Naturverbundenheit, Toleranz, Weltoffenheit, Bescheidenheit und Hilfsbereitschaft sowie insgesamt die Menschenrechte sind Kernelemente der alevitischen Religion. Das sind alles Attribute, die unsere Gesellschaft in Zukunft noch mehr als je zuvor brauchen wird, um unsere interkulturelle Gesellschaft zusammenzuhalten. Daher ist es an der Zeit, sich mit der alevitischen Religion, die sich ohne Konflikte schon längst in Deutschland eingebürgert hat, eingehender zu beschäftigen und ihr Potential für unsere Gesellschaft zu entdecken.

2 Aleviten in Deutschland – Eine dialogfähige Glaubensgemeinschaft

Ismail Kaplan

2.1 Entwicklung des Alevitentums in Deutschland

In ihrer Beantwortung einer Großen Anfrage zum „Islam in Deutschland" bezifferte die Bundesregierung die Zahl der Aleviten, die im Jahre 2000 in Deutschland lebte, mit 400.000–600.000.[11] Heute leben schätzungsweise 600.000–700.000 Aleviten türkischer, kurdischer und arabischer Herkunft hier. Dabei dürfte der Anteil der Aleviten unter den Migranten aus der Türkei in Deutschland höher sein als in der Türkei selbst, wo sie einen Anteil an der Gesamtbevölkerung von ca. 20–30 % aufweisen. Zum einen kamen die sogenannten Gastarbeiter in den 1960er und 1970er Jahren eher aus den ländlichen Gebieten der Türkei, in

---

[10] Vgl. zum „Einvernehmen" in der Lehre die Beiträge von Michael Kiefer (S. 211–226) und Klaus Spenlen (S. 307–334 zu islamischem Religionsunterricht) in diesem Sammelband.

[11] Vgl. Deutscher Bundestag 2000.

denen der Anteil der Aleviten überdurchschnittlich hoch war. Zum anderen kamen in den 80er Jahren verstärkt Aleviten als Asylsuchende nach Deutschland, da die überwiegende Mehrheit der alevitischen Bevölkerung vor dem Militärputsch 1980 in der Türkei auf der Seite der Opposition stand.

Aleviten wohnen wie andere Migranten in den Industrieregionen in Deutschland. Sie leben überwiegend in Millionenstädten wie Berlin, Hamburg, Köln und München, aber auch in vielen westdeutschen Kleinstädten.

Die meisten Aleviten konnten sich durch die Migration zunächst von der psychischen und religiösen Unterdrückung der sunnitisch geprägten Umgebung in der Türkei befreien.[12] Die politisch aktiven Aleviten organisierten sich zuerst in den Arbeitervereinen und Gewerkschaften. Religiös orientierte Aleviten veranstalteten ab und zu Gottesdienste (*Cem*) mit ihnen bekannten Geistlichen aus der Türkei weiterhin im Geheimen.

Nachdem sunnitische Muslime Mitte bis Ende der 70er Jahre islamische Kulturzentren bzw. Moscheevereine gegründet hatten, fühlten sich damit auch die Aleviten unter religiös-kulturellem Druck gesetzt, sich ihrer religiösen Wurzeln bewusst zu werden und sie zu leben. Druck kam dadurch auf, dass auch alevitische Kinder Koranschulen – wie sie damals in Deutschland in größer Zahl entstanden – zusammen mit ihren sunnitischen Schulfreunden besuchen mussten. Diejenigen alevitischen Mädchen, die von ihren Eltern nicht hinreichend in der Ausübung ihres Glaubens unterstützt wurden, sahen sich selbst in den Ballungsgebieten wie Berlin, dem Ruhrgebiet und Hamburg gezwungen, entgegen der alevitischen Tradition ein Kopftuch zu tragen. Dazu kam, dass das türkische Amt für Religionswesen DIYANET aufgrund des Abkommens zwischen der Türkei und Deutschland sunnitische Geistliche nach Deutschland entsandte und noch immer entsendet. Somit hatte jeder Moscheeverein die Möglichkeit, eigene Geistliche zu anzustellen, die vom türkischen Staat bezahlt wurden und werden. Davon waren die Aleviten jedoch ausgenommen.

---

[12] Bereits unter den Osmanen wurden die Aleviten als Häretiker verfolgt, insbesondere, weil sie sich mit den iranisch-safawidischen Schahs gegen die Osmanen verbündeten. Deshalb kam es im Laufe der Zeit immer wieder zu Aufständen und Niederschlagungen. Seit der Gründung der modernen Türkei genießen die Aleviten zwar Glaubensfreiheit, werden aber bis heute vom türkischen Staat nicht als religiöse Minderheit anerkannt.

Mit dem Bewusstsein vieler Migranten, dass aus dem vorübergehenden ein dauerhafter Aufenthalt in Deutschland werden würde, wurden religiöse und kulturelle Fragen zunehmend auch für Aleviten, die hier lebten, wichtig. Andererseits drohte auch wegen der fehlenden seelsorgerischen Betreuung durch eigene Geistliche eine schleichende Sunnitisierung. Diese Entwicklungen nahmen Aleviten zum Anlass, sich intensivere Gedanken über die Zukunft ihrer Religionszugehörigkeit in Deutschland zu machen.

Die Alevitische Kulturwoche Hamburg, die von der Alevitisch-Bektaschitischen[13] Kulturgruppe im Oktober 1989 an der Universität Hamburg organisiert wurde und 5.000 Besucher anzog, kann als der erste Schritt der alevitischen Bewegung in Deutschland betrachtet werden. Diese Kulturgruppe hatte im Mai 1989 ein „Alevitisches Manifest" verabschiedet und veröffentlicht, das später die Grundlage der alevitischen Bewegung in Europa bildete. In diesem Manifest wurden als wichtigste Ziele genannt, das Alevitentum zu fördern und die zweite Generation der alevitischen Einwanderer bei ihrer Identitätsentwicklung zu unterstützen. Um ein Verständnis zwischen der sunnitischen und alevitischen Bevölkerung zu fördern sowie einen Beitrag zur Multikulturalität zu leisten, wollte diese Gruppe die sunnitischen Muslime und die deutsche Bevölkerung durch eine gezielte Öffentlichkeitsarbeit über das Alevitentum informieren. Dazu gehörten neben religiösen Inhalten auch politische, wie das Bekenntnis zum Laizismus, der Demokratie sowie den Grundrechten einschließlich der negativen wie positiven Religionsfreiheit, der Gleichstellung der Geschlechter sowie der Gewaltfreiheit.

Viele Aleviten organisierten sich nach diesem Durchbruch in Deutschland mit den Zielen in alevitischen Ortsgemeinden, die meistens „Alevitisches Kulturzentrum", „Förderverein Hacı Bektaş Veli" oder „Alevitisch-bektaschitischer-Kulturbund" hießen. Die Mehrzahl der alevitischen Gemeinden entstand nach dem Massaker in Sivas vom 2. Juli 1993. In den folgenden fünf Jahren verdoppelte

---

[13] Der Mystiker Haci Bektas Veli (13. Jahrhundert), auf den sich die Bektasi (oder Bektaschi) zurückführen, wird auch von den Aleviten als nach Ali wichtigster Heiliger verehrt. Die Alevitische Gemeinde sieht deshalb eine strukturelle und glaubensspezifische Nähe des städtisch geprägten Bektasi-Ordens zum ländlichen Alevitentum, das zu einer weitgehenden Gleichsetzung der beiden Gemeinschaften führt, sodass sie oft zusammengenommen Alevi/Bektasi genannt werden. Näheres vgl. unter: http://www.alevitentum.de/alevitentum/18Alevi/28Alevi/28alevi.html (12.08.2012).

sich die Zahl der alevitischen Gemeinden mit eigenem *Cemevi* (Gotteshaus) auf 70. Seither bieten alevitische Gemeinden in ihren Zentren eine Fülle verschiedenartiger Aktivitäten an, wie zum Beispiel Saz- und Semahkurse,[14] Deutsch- und PC-Kurse, Hausaufgabenhilfe, Kinder-/Müttergruppen, Hilfen für Arbeitslose, und sie führen Kulturveranstaltungen, Diskussionen zu aktuellen Themen sowie Seminare über den alevitischen Glauben und Traditionen durch.[15]

In Deutschland gibt es zur Zeit in über 130 Städten ca. 150 alevitische Gemeinden. In vielen Großstädten bildeten sich sogar mehr als eine Gemeinde. Allein in der Alevitischen Gemeinde Deutschland e. V. (Almanya Alevi Birlikleri Federasyonu – AABF) sind 135 Gemeinden zusammengeschlossen.

Im Jahre 2002 haben die alevitischen Föderationen in den europäischen Ländern (Deutschland, Frankreich, Belgien, Niederlande, Dänemark, Österreich, Schweiz und Schweden) die Alevitische Union Europa gegründet. Dabei spielte die AABF eine führende Rolle. Die Alevitische Union Europa vereint aktuell insgesamt 200 alevitische Gemeinden und vertritt somit die Interessen von über einer Million Aleviten in Europa.

Obwohl die Aleviten in Deutschland Religionsfreiheit genießen, sind sie auch hier oft der Diskriminierung von Islamisten ausgesetzt. Sie können gegen diesen Druck deshalb erst jetzt Widerstand leisten, weil sich in den letzten 20 Jahren zahlreiche alevitische Vereine gegründet haben, die durch die AABF aktiv ihre Interessen zur Sprache bringen. Dennoch können die alevitischen Kinder und Jugendlichen in den deutschen Schulen die alevitische Lehre noch nicht überall erlernen, was aber auch daran liegt, dass es nicht an jeder Schule die für Religionsunterricht ausreichende Anzahl alevitischer Schülerinnen und Schüler gibt.

Die Aleviten in Deutschland bilden, bezogen auf ihre religiöse Kultur, eine weitgehend homogene Gruppe. Sie verstehen sich als eine Gruppe, die im islamischen Kulturraum eigenständige Glaubens- und Kulturinhalte entwickelt hat. Diese unterscheiden sich fundamental von den sunnitischen. Die wichtige Unterschiede sind der *Cem*-Gottesdienst als Nachahmung der Versammlung der Vierzig Heiligen, die Verehrung der zwölf Imame, die Anerkennung der *Dedes*/Dorfältesten als Geistliche, das Muharrem-Fasten, die Weggemeinschaft, die

---

[14] Saz- und Semahkurse sind Instrumental-, Gesangs- und Tanzkurse.

[15] Vgl. auch den Beitrag von Martina Sauer und Dirk Halm (S. 389–417) in diesem Sammelband.

Opfer-Zeremonie und das Gelöbnis-Mahl, das Wertesystem der Vier Tore und Vierzig Stufen, die Gewaltlosigkeit sowie Gleichwertigkeiten aller Menschen. Die gesondert zu erwähnende gleichberechtigte Stellung der Frau wird auch dadurch offenkundig, dass es anstelle der – männlichen – *Dedes* in manchen Gemeinden weibliche *Anas* gibt und zudem Männer von Frauen nicht räumlich getrennt die Gottesdienste besuchen.[16]

Alle Aleviten sind diesen Grundwerten verbunden, die für die Homogenität und Einigkeit der alevitischen Gemeinschaft maßgebend sind.

Gemäßigte Vertreter des Islam sehen das Glaubensbekenntnis „Ich bezeuge, dass es keinen Gott außer Allah gibt, und Muhammed ist sein Prophet" als hinreichend verbindlich für alle Muslime an. Nach diesem Verständnis ist jede mündige Person ein Muslim, der das Glaubensbekenntnis vor zwei Zeugen ausspricht. Dagegen bezeichnen Vertreter sunnitisch-orthodoxer Gruppen[17] Personen und Gruppen als nicht islamisch ab, die die vorgeschriebene Interpretationen der Verständnis der Werte und Normen des Koran und der authentischen Sunna ganz oder teilweise nicht erfüllen. Somit werden die alevitischen Glaubensinhalte von diesen Gruppen als nicht-islamisch zurückgewiesen. Für diese Vertreter sind Aleviten „Häretiker" und „moralische Abweichler", gegen die dann auch folgerichtig bereits mehrfach religiöse Urteile, sog. *fatwas*, ergangen sind.

Für die meisten Aleviten ist der religionskulturelle Zusammenhalt wichtiger als die ethnische Herkunft. So reichen die religionskulturellen Elemente unter Aleviten türkischer und kurdischer Herkunft vollständig aus, um gemeinsame alevitische Gemeinden zu bilden und sie zusammenzuhalten. Die Existenz der AABF ist ein Beweis dafür. Aufgrund der Öffentlichkeitsarbeit dieser Vereine beginnt die europäische Öffentlichkeit die Aleviten und das Alevitentum zunehmend als eigenständige, nicht zum Islam zugehörige Glaubensgemeinschaft wahrzunehmen, und die religiöse Tradition wie die Ablehnung durch orthodoxe Muslime bestärkt auch viele Aleviten darin, sich als vom Islam unabhängige Glaubensgemeinschaft zu verstehen.

---

[16] Vgl. Ismail Kaplan 2004 und Martin Sökefeld (Hrsg.) 2008.

[17] Vgl. exemplarisch das Presseorgan „Freitagsblatt" Nr. 2 vom Januar/Februar 1999, S. 11, in dem die Islamische Religionsgemeinschaft Hessen für die Beschreibung der Aleviten die Formulierung „unislamisch" verwendet.

Das Alevitentum basiert zudem nur in Teilen auf den islamischen Quellen von Koran und Sunna, es wurde mit seiner in sich geschlossenen Lehre und Tradition bis in das 21. Jahrhundert überwiegend mündlich überliefert. Durch die damalige Abwanderung in die türkischen Städte und besonders durch die Arbeitsemigration nach Deutschland seit den 70er Jahren des vorigen Jahrhunderts wurden die vornehmlich dörflichen Gemeinschaften mit ihren Traditionen aufgebrochen. Als Konsequenz musste sich das Alevitentum öffnen und neue Formen gemeinsamer Lebensweisen und bei der Ausübung des alevitischen Glaubens entwickeln.

Zu dieser Entwicklung gehörte in den europäischen Aufnahmeländern der Weg in die Öffentlichkeit. Das im osmanischen Reich als überlebensnotwendig erachtete Prinzip des Geheimhaltens und Versteckens alevitischer Religiosität und Gottesdienste konnte in der demokratischen Gesellschaft gefahrlos zugunsten einer offenen Ausübung der alevitischen Religion im persönlichen Zeugnis ebenso wie in *Cem*-Gottesdiensten aufgegeben werden.

Verbunden mit dieser Öffnung stießen die Aleviten auch auf das Interesse von Außenstehenden, die gelegentlich Näheres über das Alevitentum und „die Aleviten" wissen wollten. Es ist daher notwendig, dass Aleviten selbst die Wesenszüge ihres Glaubens darlegen, um so die Einordnung ihrer Religionsgemeinschaft in der Vielfalt der Religionsgemeinschaften des jeweiligen Gastlandes festzulegen.

2.2 Wesentliche Glaubensinhalte im Alevitentum

Aleviten glauben an einen Gott (*Allah/Hak*). Gott ist für sie der Schöpfer, der Gerechte und der Liebende und lässt zugleich alle Lebewesen Anteil haben. Sie glauben zudem an den Propheten Mohammed als den Gesandten Gottes und an den Weiser Gottes Ali. Sie drücken dies in ihrem Glaubensbekenntnis aus in einer Kurzform: „Hak, Muhammed, Ali". Das bedeutet:

- Gott ist überall zu fühlen und zu sehen.
- Mohammed ist sein Prophet. Er vermittelte die Gottesbotschaft.
- Ali ist sein Heiliger. Er lebte heilig und zeigte den Menschen den Weg zu Gott.

Aleviten glauben an eine heilige Kraft des Schöpfers *(kutsal güç)*, die an die Menschen weitergegeben wird. Nach diesem Glauben wird der Mensch als Widerspiegelung *(yansıma)* Gottes betrachtet.

Nach alevitischem Verständnis hat jeder Mensch, sei er Alevit, Christ, Sunnit, Frau oder Mann die heilige Kraft. Gott wollte seine Schöpfermacht und Schönheit durch die Erschaffung des Menschen zeigen. Nach diesem Verständnis ist der Mensch das vollkommenste und schönste Lebewesen, auch wenn manche Menschen diese Eigenschaften durch äußere Einflüsse und durch das eigene Ego verlieren.

Der Verstand des Menschen (als Gabe Gottes) hat zur Konsequenz, dass jeder Mensch für die Führung seines Lebens verantwortlich ist. Aleviten glauben, dass das weltliche Leid nicht auf Gottes Willen zurückzuführen ist, sondern durch menschliches Versagen bzw. durch das kollektive Fehlverhalten der Menschen entsteht.

Aleviten glauben, dass jeder Mensch seine heilige Kraft, die eine Gabe Gottes ist, durch den eigenen Weg in sich entdecken kann und dass sich am Ende dieses Prozesses der einzelne Mensch wieder mit Gott vereinigen kann. Das nennt man im Alevitentum „die Vervollkommnung" *(insan olmak)*. Für Aleviten ist der Mensch mit Hilfe seines Verstandes fähig, Gott zu erkennen und selbstständig zwischen Gut und Böse zu unterscheiden; somit ist der menschliche Verstand *(akıl – can)* für Aleviten eine Quelle der Offenbarung. Aleviten beten zu Gott nicht aus Furcht vor der Hölle oder aus Hoffnung auf das Paradies.

Im Alevitentum werden alle Menschen und Glaubensrichtungen als gleichwertig geachtet. Bestandteil ist die Überzeugung, dass Menschen anderer Religionszugehörigkeit auf eigenen Wegen Gott erkennen und ihre eigene heilige Kraft entdecken können.

Nach alevitischer Vorstellung ist die Menschenseele heilig und unsterblich *(canın ölmezliği)*. Die Seelen kommen von Gott und gehen zu ihm zurück. Die Körper sterben, jedoch nicht die Seelen. Alle Seelen ruhen bei Gott, bis sie Gestalt annehmen und zur Welt kommen. Dieser Kreislauf dauert so lange, bis die Seele die Vervollkommnung erreicht.

Der Begriff „Sterben" wird von Aleviten als ein biologischer Begriff verstanden. Das biologische Sterben für Aleviten ist nicht identisch mit dem Ende des

Lebens. Deshalb drücken Aleviten das Sterben des Körpers mit dem Ausdruck „zu Gott gehen" aus *(Hakka Yürümek)*.

2.3 Alevitischer Religionsunterricht an den Schulen

Die Bestrebungen, Kenntnisse des Alevitentums im Unterricht zu vermitteln, gehen auf die Gründungsjahre der alevitischen Gemeinden in Deutschland zurück. Im September 1991 hatte das Alevitische Kulturzentrum Hamburg eine Unterschriftenkampagne gestartet, um Inhalte des Alevitentums in den Schulen zu vermitteln. Aufgrund dieser Aktion und darauf folgender Verhandlungen wurden 1998 verschiedene alevitische Themen im Rahmen des interreligiösen Religionsunterrichts in den Lehrplan für die Hamburger Grundschulen aufgenommen. Dieser Religionsunterricht wird in den Staatsvertrag des Hamburger Senats mit der Alevitischen Gemeinde Deutschland aufgenommen, der noch in 2012 unterschrieben werden soll.

In Berlin hatte zudem das Kulturzentrum Anatolischer Aleviten auf seinen Antrag am 17.03.2000 auf Einführung von alevitischem Religionsunterricht (ARU) die Zulassung dafür am 17.05.2002 erhalten. Damit war der Einstieg zu ARU in weiteren Ländern gelungen.

Die Anträge der AABF von 2000 und 2001 auf Einführung von ARU wurden auch in den Flächenländern positiv beschieden, wenngleich erst nach langem Verfahren. Um eine gemeinsame Lösung für ARU in Nordrhein-Westfalen, Baden Württemberg, Hessen und Bayern zu finden, hatte das damalige Ministerium für Schule, Jugend und Kinder des Landes Nordrhein-Westfalen die Islamwissenschaftlerin und profunde Kennerin des Alevitentums, Ursula Spuler-Stegemann, beauftragt, in einem religionswissenschaftlichen Gutachten die Fragen zu klären, ob das Alevitentum ein eigenständiges Bekenntnis oder ein zum Mehrheitsislam bekenntnisverwandter Glaube und ob die AABF eine eigene Religionsgemeinschaft im Sinne des Art. 7 Abs. 3 Grundgesetz ist.[18] Für die Entscheidung zur Einführung von alevitischem Religionsunterricht bildet dieses Gutachten gemeinsam mit dem korrespondierenden Rechtsgutachten des Staatskirchenrechtlers Stefan Muckel die zentrale Grundlage.[19]

---

[18] Vgl. Ursula Spuler-Stegemann 2003.

[19] Vgl. Martin Stock 2005, der das Gutachten von Stefan Muckel zitiert.

Die vier genannten Bundesländer bildeten in Federführung von Nordrhein-Westfalen im Oktober 2004 eine länderübergreifende Arbeitsgruppe, um die Einführung von ARU zu begleiten. Damit konnte das Kultusministerium von Baden-Württemberg bereits Anfang 2006 beschließen, ARU vom Schuljahresbeginn 2006/07 im Rahmen eines Modellversuchs einzuführen, die drei anderen Länder folgten, so dass es fortan neben den etablierten katholischen, evangelischen, orthodoxen und jüdischen Religionsunterrichten auch alevitischen Religionsunterricht nach den Glaubensgrundsätzen der AABF gibt.

Die AABF hatte zudem in den Jahren 2002/03 am Runden Tisch zum *islamischen* Religionsunterricht in Niedersachsen teilgenommen. Da der dort erstellte Lehrplan ihres Erachtens für diesen Unterricht das Alevitentum nicht bzw. nicht ausreichend behandelt, stellte sie im Mai 2003 auch beim Kultusministerium des Landes Niedersachsen den Antrag auf Einführung von ARU, dem ebenfalls stattgegeben wurde und der seit dem Schuljahr 2009/10 an einigen Grundschulen erteilt wird.

Vergleichbare AABF-Anträge in Rheinland-Pfalz und Schleswig-Holstein wurden noch nicht beschieden. Dagegen wurde der Antrag der AABF auf Einführung von ARU im Saarland positiv aufgenommen, und der gewünschte Unterricht wird seit August 2010 in vier Grundschulen erteilt.

Aleviten in Deutschland haben mit der Einführung des alevitischen Religionsunterrichts in einigen Bundesländern ein wichtiges gemeinsames Bildungsziel für ihre Kinder an den Schulen erreicht. Unter den Aleviten besteht ein Glaubenskonsens, die AABF ist mithin auch als Religionsgemeinschaft anerkannt, und es besteht mit ihren Mitgliedern eine klare Mitgliedschaftsstruktur.[20] Damit erfüllen die Aleviten alle Voraussetzungen, die Art. 7 (3) GG für die Einführung von Religionsunterricht vorsieht. Seitdem ist ARU ordentliches Lehrfach, das von alevitischen Lehrkräften erteilt und benotet wird. Zugleich wird mit der Einführung von ARU deutlich, dass es einen gemeinsamen Religionsunterricht von Aleviten und Muslimen in den Ländern der Bundesrepublik Deutschland nicht gibt und nicht geben wird, weil es keine hinreichend stabile gemeinsame Glaubensbasis gibt.

---

[20] Vgl. Satzung der Alevitischen Gemeinde Deutschland, 2002.

Der für dieses neue Fach erforderliche Lehrplan wurde vom Schulministerium NRW 2006/07 in Abstimmung mit der AABF für die Grundschule erstellt und bildet seitdem die Grundlage für den alevitischen Religionsunterricht in den Ländern. Nach zweijährigen Erfahrungen an den Grundschulen hat dasselbe Ministerium im Frühjahr 2010 – wieder in Abstimmung mit der AABF – eine Lehrplankommission für die Erstellung eines Lehrplans für die Sekundarstufe I beauftragt, der im Februar 2012 in Kraft getreten ist. Somit kann ARU vom Schuljahr 2012/2013 auch an den weiterführenden Schulen unterrichtet werden.

Die in kurzer Zeit gesammelten Erfahrungen zeigen, dass ARU nicht nur bei den alevitischen Kindern und deren Eltern sowie in der alevitischen Gemeinschaft identitätsstiftend wirkt, sondern er letztendlich auch die Beziehungsfähigkeit zu nicht-alevitischen Schülerinnen und Schüler fördert. Darin trifft das öffentliche Interesse an ARU mit dem alevitischen Grundsatz „im Einvernehmen mit der Gemeinschaft sein" zusammen.

2.4 Perspektiven

Das Alevitentum als Glaubenssystem wurde in den letzten 400 Jahren durch Unterdrückungen, Verfolgungen und Verbote durch die osmanischen Macht seiner historischen Dokumente und damit eines Teils seiner Wurzel beraubt und in den Untergrund bzw. in die räumliche Isolation getrieben, es fand eine Ghettoisierung statt. Demzufolge entwickelte es sich in Details regional unterschiedlich. Auch deshalb sind die Aleviten darauf angewiesen, ihre bisher weitgehend mündlich überlieferten Inhalte in türkischer und deutscher Sprache unter Zuhilfenahme moderner pädagogischer Methoden aufzuarbeiten.

Das Bemühen der Aleviten, die alevitische Glaubenslehre und Liturgie ins Deutsche zu übertragen und in ihren Gemeinden anzuwenden, dauert unvermindert an. Neben der sprachlichen Übertragung der alevitischen Quellen sind Fragen wie die der zukünftigen Form der Weggemeinschaft, der Stellung und den Aufgaben der alevitischen Geistlichen (*dede* und *ana*), ihre den deutschen Verhältnissen angemessenen Ausbildung sowie deren Rechenschaft (*görgü*) wichtige Themen dieses Bemühens.

Aleviten sind seit den letzten 20 Jahren dabei, ihren Glauben durch die Gründung der alevitischen Gemeinden wieder zu beleben und durch Großveranstaltungen [z. B. Epos des Jahrtausends (*Bin Yılın Türküsü*), Epos der Frau (*Kadının Türküsü*), von der Klage zur Hoffnung (*ağıttan umuda*), Epos der Jugend (*gençlerin türküsü*)] an die Öffentlichkeit zu bringen, auf sich und ihre Glaubensgemeinschaft aufmerksam und sich als unabhängig vom Islam zu präsentieren.

Die Aufnahme in die alevitische Glaubensgemeinschaft – wie sie bei *Kızılbaş*-Aleviten gängig ist – erfolgt in der Regel durch die Geburt in eine alevitische Familie. Darüber hinaus müssen aber auch – wie es bisher schon in den alevitischen Gemeinden in der *Bektaşi*-Tradition möglich ist – Menschen, die sich zum Alevitentum hingezogen fühlen, in die alevitischen Gemeinden aufgenommen werden.

In den alevitischen Gemeinden kommen Aleviten aus den verschiedenen Traditionen (*Kızılbaş, Bektaşi, Tahtacı, Abdal* u. a.) zusammen. Die Neuorganisation versucht nach Satzung der AABF diese verschiedenen Traditionen zu berücksichtigen. Das Alevitentum sollte vorhandene Institutionen aktuellen Gegebenheiten anpassen bzw. neue Institutionen bilden, ohne seine Glaubensinhalte aufzugeben. Für die Integration der Migrantinnen und Migranten haben sich die alevitischen Gemeinden in den letzten Jahren zu Informations- und Begegnungszentren entwickelt. Durch Multiplikatoren zum interreligiösen Dialog, die durch die AABF aus- und fortgebildet werden, organisieren sie interkulturelle Begegnungen und intensivieren damit den interreligiösen Dialog. Durch die Einführung des alevitischen Religionsunterrichts werden sich die Ortsgemeinden zu Informationszentren mit Materialien wie Büchern, Zeitschriften, Musikproduktionen, Saz, Semah-Kleidung, Videos u. ä. entwickeln.

Religiöse Bildung kann sich nur in einer säkularisierten Gesellschaft wie Deutschland weltoffen und zeitangepasst entwickeln. Das säkulare System ist die unverzichtbare Voraussetzung für die Realisierung der Religions- und Meinungsfreiheit sowie für einen interreligiösen Dialog. Wenn wir heute von einer interreligiösen Gesellschaft sprechen können, ist dies das Verdienst des säkularen und rechtstaatlichen Systems in Deutschland. Das Grundgesetz für die Bundesrepublik Deutschland schützt die Religionsfreiheit des Einzelnen und das der Gemeinschaften und verhindert Exklusivitäts- oder Hierarchieansprüche einzelner Religionen oder Konfessionen. Daran mitzuwirken und gesamtgesellschaftliche Verantwortung zu übernehmen spielte auch bei der Einführung von alevitischem Religionsunterricht eine Rolle. Aleviten schöpfen Mut aus dieser Grundlage und stellen sich der Bildungsaufgabe ihrer Kinder, nicht nur der religiöser Bildung. Gerade in Zeiten, in denen Gesellschaften aufgrund wachsender sozialer Unterschiede auseinander zu brechen drohen, kann der Zusammenhalt der alevitischen Ortsgemeinden identitätsstiftend nicht nur auf seine Mitglieder wirken, sondern darüber hinaus Sozialkapital für die Gesellschaft in Deutschland generieren, weil das Alevitentum in keinerlei Dissens zu den Grundwerten des Grundgesetzes gelebt werden kann.

Literatur

Aksünger, Handan, Eine ethnologische Interpretation des Cem-Rituals, in: Aleviten in Deutschland, EZW-Texte Nr. 211, Berlin 2010.

Gürtas, Haki, Mythen und Rituale des Alevitentums, Zur Religionssoziologie einer Glaubensgemeinschaft im Nahen Osten, in: Herausgegeben von Horst Baier und Erhard R. Wien, Konstanzer Schriften zur Sozialwissenschaft, Konstanz 2005.

Kaplan, Ismail, Das Alevitentum. Eine Glaubens- und Lebensgemeinschaft in Deutschland, Köln 2004.

Kaplan, Ismail, Alevice-Inancımız ve Direncimiz, Hrsg.: Alevitische Gemeinde Deutschland, 2009.

Ministerium für Schule und Weiterbildung des Landes Nordrhein-Westfalen (Hrsg.), Lehrplan für Alevitischen Religionsunterricht, Grundschule Klasse 1 bis 4, Düsseldorf 2008.

Kehl-Bodrogi, Krisztina, Die Wiederfindung des Alevitentums in der Türkei. Geschichtsmythos und kollektive Identität, in: Orient Bd. 34, Heft 2 1993.

Kehl-Bodrogi, Krizstina, Die Kizilbas/Aleviten. Untersuchungen über eine esoterische Glaubensgemeinschaft in Anatolien. Diss. Freie Universität 1985, in: K. Schwarz, Islamkundliche Untersuchungen, Bd. 126, Berlin 1988.

Keskin, Mesut, Der Aufstand Scheich Bedreddin Mahmud Israils und die Toleranzidee der anatolischen Heterodoxie, Band I, Berlin 2003.

Sökefeld, Martin (Hrsg.), Aleviten in Deutschland. Identitätsprozesse einer Religionsgemeinschaft in der Diaspora, Bielefeld 2008.

Terkivatan, Ahmet, Was ist das Alevitentum tatsächlich?, in: Aleviten in Deutschland, EZW-Texte Nr. 211, Berlin 2010.

Internetquellen

AABF – Almanya Alevi Birlikleri Federasyonu – Alevitische Gemeinde Deutschland – (Hrsg.), Satzung, Köln 2002, Seite 2–6, unter: http://alevi.com/de/wir-uber-uns/satzung/ (20.08.2012).

Deutscher Bundestag, Drucksache 14/4530, 14. Wahlperiode, 08. 11. 2000. Antwort der Bundesregierung auf die Große Anfrage der Abgeordneten Dr. Jürgen Rüttgers, Erwin Marschewski (Recklinghausen), Wolfgang Zeitlmann, weiterer Abgeordneter und der Fraktion der CDU/CSU – Drucksache 14/2301 – vom 01. 12. 1999 zum Thema „Islam in Deutschland", unter: http://dipbt.bundestag.de/dip21/btd/14/045/1404530.pdf (15.08.2012).

Spuler-Stegemann, Ursula, Ist die Alevitische Gemeinde Deutschland e. V. eine Religionsgemeinschaft? Religionswissenschaftliches Gutachten, erstattet dem Ministerium für Schule, Jugend und Kinder des Landes Nordrhein-Westfalen, Marburg 2003 unter: http://www.inforel.ch/fileadmin/user_upload/dateien/215.AlevSpuler.pdf (20.08.2012).

Stock, Martin, Islamunterricht in öffentlichen Schulen in Nordrhein-Westfalen. Zur Lage nach dem Urteil des BVerwG vom 23.2.2005, BVerwGE 123, S. 49 ff., Bielefeld 2005, unter: http://www.jura.uni-bielefeld.de/lehrstuehle/stock/veroeffentlichungen/vortragsdatenbank/aufsatz_bverwg_islamunterricht.pdf (20.08.2012).

Wechselseitiges Lernfeld Integration

Integration soll gesellschaftliches Zusammenwachsen ermöglichen. Dennoch gibt es kaum einen Begriff, der so unterschiedlich und Interesse geleitet definiert wird. Primär defizit-orientierte Ansätze greifen ebenso zu kurz wie ein Schutzwall Integration behindert, der mit den „Werten der Mehrheitsgesellschaft" errichtet wird. Da Muslime in Deutschland als Minderheit leben, werden sie von Teilen der Mehrheitsgesellschaft mit Anpassungserwartungen konfrontiert, die sich auf ein weitgehendes Aufgehen in der neuen Umgebung durch Übernahme etwa von Gebräuchen, Verhaltensweisen, Sprache, Kultur, Werten usw. der Mehrheitsgesellschaft beziehen. Andererseits fordern Muslime Veränderungen im Verhalten Einheimischer als Voraussetzung für gelingende Integration. Damit wird deutlich, dass Integration ein wechselseitiger Prozess ist: Unverzichtbar bedarf es auf muslimischer Seite des Willens, sich zu integrieren und dafür entsprechende Integrationsleistungen zu erbringen. In gleicher Weise bedarf es aber auch Anstrengungen der Aufnahmegesellschaft, um die kulturelle Identität des Einzelnen und diejenige von Gruppen zu bewahren und zugleich ein gesellschaftliches Zusammenwachsen zu ermöglichen. Nur wenn Einheimische wie Muslime aufeinander zugehen, Vorurteile abbauen, Akzeptanz wechselseitig leben und sich dafür hinreichend Zeit geben, ist eine Veränderung der Gesellschaft in Richtung gemeinsamer Vorstellungen möglich.

Selbstverständlich kann man immer und also auch im Zusammenleben mit „dem" Islam sagen, dass wechselseitiges aufeinander Zugehen und wechselseitige Akzeptanz noch nicht ausreichen. Andererseits: Wenn Menschen mit ihren jeweiligen Lebensorientierungen und unterschiedlichen Religionen aufeinandertreffen, können sie sich in unterschiedlichem Grad als Gegensätze erfahren. Falls sie dann jedoch verstehen,

> dass sich verschiedene religiöse Systeme nicht wechselseitig ausschließen müssen, sondern auf je eigene Weise die Menschen zu ihrem Ziel führen können, sehen sie sich in ihren Differenzen nicht als Widersprüche, sondern als kulturell verschiedene Interpretationen, die man nebeneinander gelten lassen, vielleicht sogar in ihrer Vielgestaltigkeit und trotz ihrer Spannungen integrieren kann.[1]

---

[1] Hans Zirker, Christentum und Islam Theologische Verwandtschaft und Konkurrenz, Düsseldorf

Ob dies gelingt, hängt nicht zuletzt von der Bedeutung von Religion ab, die Individuen, die Gesellschaft und die Politik ihr beimessen. Nachdem es in Westeuropa lange Zeit so schien, als ob sich Religionen im Rahmen einer kontinuierlich fortschreitenden Säkularisierung im individuellen wie gesellschaftlichen Bereich verflüchtigen würden, ist seit einigen Jahren eine gegenteilige Entwicklung erkennbar. Es ist bereits jetzt absehbar, dass das „Paradigma der Säkularisierung" nicht länger tragfähig ist, weil sich neue Bedeutungen von Religion identifizieren lassen, deren Ausbalancierung jedoch noch nicht erfolgt ist.[2] Und diese Balance zu finden ist gemeinsame Aufgabe aller, die in Deutschland leben. Mit der Einführung von islamischem Religionsunterricht ist in Nordrhein-Westfalen dazu ein Weg beschritten worden. Was selbstverständlich erscheint, ist es angesichts des Selbstverständnisses des Islam, zugleich Religion und Staatstheorie zu sein, jedoch nicht. „Islam" hätte, statt schulisch im Religionskanon verortet zu werden, auch Wertschätzung erfahren und Kindern und Jugendlich nähergebracht werden können, wenn er dem gesellschaftswissenschaftlichen Lernbereich als eigenständiges Fach hinzugefügt worden wäre.

Klaus Spenlen

2009, S. 21, unter: http://duepublico.uni-duisburg-essen.de/servlets/DerivateServlet/Derivate-14857/Chri-Islam.pdf (15.10.2012).

[2] Vgl. Wolfram Weiße und Hans-Martin Gutmann (Hrsg.), Religiöse Differenz als Chance? Positionen, Kontroversen, Perspektiven, in : Religionen im Dialog. Eine Schriftenreihe des Interdisziplinären Zentrums Weltreligionen im Dialog / der Akademie der Weltreligionen der Universität Hamburg, Band 3, Münster 2010.

Förderung der Integration durch Islamischen Religionsunterricht?

Klaus Spenlen

Religionsunterricht ist das einzige Schulfach mit Verfassungsrang, weshalb seine Berechtigung, Bestandteil des Fächerkanons auch in Zeiten zu sein, in denen immer wieder Forderungen laut werden, dass sich gesellschaftliche Entwicklungen in neuen Fächern konstituieren sollen (z. B. Gesundheits-, Verbraucher-, Umweltunterricht), selbstverständlich hingenommen wird. Und das, obwohl sich in säkularen Gesellschaften wie der deutschen ein Abschmelzen konfessioneller Milieus abzeichnet, das in vielen Familien zu einem weitgehenden Verzicht auf religiöse Sozialisation führt. Damit verbunden ist eine Verringerung religiöser Prägekraft für Lebensstile mit der Folge, dass sich zunehmend mehr Kinder ihre Religiosität oder Religion außerhalb der Schule selbst „konstruieren" müssen. Verstärkt wird dieser Prozess durch einen zunehmenden Verlust von Identität zwischen Religionen, ihren Institutionen sowie Vertretern auf der einen und der Gesellschaft auf der anderen Seite, der religiöse Sinngebung und Weltdeutung verzichtbar erscheinen lässt.

Solche Entwicklungen scheinen in muslimischen Familien anders zu verlaufen, in denen religiöse Eltern ihr tradiertes Wissen und ihre religiösen Prinzipien an ihre Kinder weitergeben. Dabei sind die Erziehungsvorstellungen dieser Eltern durchweg geprägt von Erinnerungen an die eigene Kindheit sowie den Erwerb „eigenen religiösen Wissens durch die Islamdeutungen islamischer Gruppen, Medien und transnationaler Wissensnetzwerke".[1] Zwar sind muslimische Eltern i. d. R. keine religiösen Gelehrten im Sinne der *ulamā*, allerdings können nach muslimischem Verständnis auch Laien durch Praxiserfahrungen religiöse Expertise erwerben. In diese Expertise fließen dann Traditionen ein, die familiär und/oder regional geprägt sein können. Umso wichtiger erscheint

---

[1] Jeannette Spenlen, 2009, die sich auf eine Befragung muslimischer Eltern aus dem arabischen Kulturraum, die im Rheinland leben, beruft.

es, muslimischen Kindern und Jugendlichen ihre Religion auf der Basis der islamischen Quellen von Koran und *Hadîthe* zu vermitteln, zumal Muslim zu sein für viele Jugendliche über den religiösen Bereich hinaus Lebensführung und Zukunftsorientierung bedeutet.[2]

Der Islam ist eine Religion der Orthopraxie, bei der es wesentlich auf Verhalten ankommt und der sich in Deutschland in der Diaspora befindet. Die ca. 4 Millionen Muslime in Deutschland, unter ihnen ca. 800.000 muslimische Schülerinnen und Schüler, haben die Diskussionen über das tradierte Verhältnis von Staat und Religion sowie Fragen nach gemeinschaftsbildenden Aufgaben von Religionen neu belebt und öffentlich gemacht. Dies führt zwangsläufig auch zu der Frage, wie lange es in den öffentlichen Schulen einer pluralistischen Gesellschaft noch konfessionellen Religionsunterricht geben kann, wie er sich – nicht nur verfassungsrechtlich – legitimiert und welches die Bedingungen für und die Grundlagen von schulischem islamischem Religionsunterricht sind.

1 Verfassungsrecht

Trotz der weit überdurchschnittlichen Aussagekraft der Texte der Religionsverfassung des Grundgesetzes (GG) weist kaum ein anderes Teilgebiet des Verfassungsrechts bei seiner Entwicklung in Praxis und Literatur solche Brüche und Dissonanzen auf wie das traditionelle Staatskirchenrecht. Deshalb wundert es nicht, dass grundrechtsdogmatisch heute u. a. Fragen der Zulässigkeit staatlicher Religionsförderung, des Kirchenvertragsrechts, des Körperschaftsstatus, des Grundrechtseingriffs und der Schranken der Religionsfreiheit mit ihren Einzelaspekten kontrovers und häufig mit gegenteiligen Einschätzungen diskutiert werden.[3] In einem gestuften Verfahren steht die Anerkennung als Religionsgemeinschaft dabei an zweiter Stelle, nach dem Erwerb der Rechtsfähigkeit der Religionsgemeinschaft und vor der Anerkennung als Körperschaft des öffentlichen Rechts sowie weiteren Rechten, etwa der Vertretung in Rundfunkräten.[4] Und was Juristen und Theologen in Deutschland unter einer Religionsgemein-

---

[2] Vgl. BMI 2007, S. 109 ff. sowie BMI 2009, S. 137 ff.
[3] Vgl. Gerhard Czermak, 2002, S. 2.
[4] Vgl. Ulrich Rhode, 2011, S. 111 ff.

schaft verstehen, ist gesetzlich nicht festgelegt, wohl aber haben sich Gutachter und Gerichte dazu geäußert.

Der Verfassungsrang für schulischen Religionsunterricht ergibt sich aus Art. 7 Abs. 3, Sätze 1 und 2 GG:

> Der Religionsunterricht ist in den öffentlichen Schulen mit Ausnahme der bekenntnisfreien Schulen ordentliches Lehrfach. Unbeschadet des staatlichen Aufsichtsrechtes wird der Religionsunterricht in Übereinstimmung mit den Grundsätzen der Religionsgemeinschaft erteilt.

Nach der häufig in der Rechtsliteratur verwendeten Umschreibung von Anschütz[5] für die nahezu wortgleiche Vorgängernorm des Art. 149 Abs. 1 S. 3 der Weimarer Reichsverfassung (WRV) bedeutet dies, dass Religionsunterricht „in konfessioneller Positivität und Gebundenheit"[6] zu erteilen ist. Das Bundesverfassungsgericht (BVerfGE 74, 244, 252) hat Religionsunterricht als Verfassungsbegriff folgendermaßen definiert:

> Er ist keine überkonfessionelle vergleichende Betrachtung religiöser Lehren, nicht bloß Morallehre, Sittenunterricht, historisierende und relativierende Religionskunde, Religions- oder Bibelgeschichte. Sein Gegenstand ist vielmehr der Bekenntnisinhalt, nämlich die Glaubenssätze der jeweiligen Religionsgemeinschaft. Diese als bestehende Wahrheiten zu vermitteln ist seine Aufgabe.

Damit hat das Gericht neben einer Positivdefinition zugleich Unterrichte beschrieben, die nicht Religionsunterricht im Sinne des GG sind, jedoch religiöse Themen zum Inhalt haben. Ausgenommen von der Pflicht für die Einführung von Religionsunterricht sind durch Artikel 141 GG Länder, in denen am 1. Januar 1949 eine andere landesrechtliche Regelung bestand. Auf diese sog. „Bremer Klausel" berufen sich Bremen, Berlin und Brandenburg. Mithin besteht in den dreizehn anderen Ländern bei Vorliegen der Voraussetzungen ein Rechtsanspruch auf Einführung von Religionsunterricht.[7]

Dabei handelt es sich um eine *res mixta*, d. h. um eine gemeinsame Angelegenheit von Landesregierung und Religionsgemeinschaft. Die Länder haben dafür

---

[5] Vgl. Gerhard Anschütz, 1933, Art. 137 Anm. 2.

[6] Die Verfassung des Deutschen Reiches vom 11. August 1919, S. 691.

[7] Vgl. Myrian Dietrich 2006, S. 48 ff., die die Komplexität des Rechtsanspruchs aufzeigt und u. a. der Frage nachgeht, ob die Religionsgemeinschaft, die Schülerinnen und Schüler oder deren Erziehungsberechtigte diesen Rechtsanspruch geltend machen können.

die sachlichen und personellen Voraussetzungen zu schaffen und zu finanzieren, die letztlich der Erfüllung kirchlicher Aufgaben dienen (etwa Ausbildung der Lehrkräfte, Einrichtung von Lehrstühlen). Diese Aufgaben erfüllen die Länder, indem sie u. a. Personalausgaben, die bei einzelnen Religionsgemeinschaften anfallen, refinanzieren.

Auch wenn die Religionsgemeinschaften die Grundsätze des Religionsunterrichts festlegen und damit seinen Inhalt wesentlich bestimmen, bleibt er, wenn er als ordentliches Lehrfach an öffentlichen Schulen durchgeführt wird, staatlicher Unterricht, der nach Art. 7 Abs. 3 Satz 2 GG ausdrücklich der staatlichen Schulaufsicht unterliegt. Diese erschöpft sich nicht in der Aufsicht über die äußeren Umstände des Unterrichts. Vielmehr kann der Staat für die Qualifikation der Lehrkräfte und die pädagogischen und wissenschaftlichen Standards Vorgaben machen und ihre Einhaltung sicherstellen. Darüber hinaus ist der staatlichen Schulaufsicht gem. Art. 7 Abs. 1 GG die Befugnis des Staates zu entnehmen, in den Grenzen der Verfassung eigene Erziehungsziele für das Schulwesen zu formulieren.

Ausdruck dieses Doppelstatus ist auch, dass in den Konkordaten mit der katholischen Kirche und den Staatskirchenverträgen mit den Evangelischen Kirchen eine kirchliche Einverständniserklärung bzw. ein konsultatives Votum der Kirchen vorgesehen ist. Vergleichbares gibt es derzeit im Hinblick auf den Islam nicht. In analoger Anwendung dieses Grundsatzes des Staatskirchenrechts wären von den Bundesländern mit islamischen Religionsgemeinschaften ggf. Staatsverträge zu schließen oder eine sonstige rechtsverbindliche Norm herbeizuführen.[8]

2 Islamische Religionsgemeinschaft

Die gemeinsame zentrale politische Forderung der islamischen Verbände ist die Anerkennung des Islam als gleichberechtigte Religionsgemeinschaft in Deutschland, d. h. die Gleichstellung mit den christlichen Kirchen. Die Verbände möch-

---

[8] Den bevorstehenden Abschluss eines solches Staatsvertrages zwischen dem Senat der Stadt Hamburg und den drei islamischen Verbänden Schura (Rat der islamischen Gemeinschaften), DİTİB und dem VIKZ vermeldete erstmalig der NDR am 25.05.2012, unter: http://www.ndr.de/regional/hamburg/staatsvertrag125.html. Der Abschluss steht zum Redaktionsssschluss dieses Bandes Ende 2012 unmittelbar bevor.

ten in Deutschland z. B. islamische Riten praktizieren, Moscheen und Friedhöfe bauen und islamischen Religionsunterricht (IRU) in Schulen erteilen dürfen.

Außer den vier islamischen Dachverbänden DİTİB (Türkisch-Islamische Union der Anstalt für Religion e. V. – Diyanet İşleri Türk İslam Birliği –), ZMD (Zentralrat der Muslime in Deutschland e. V.), Islamrat und VIKZ (Verein islamischer Kulturzentren in Deutschland e. V.) agiert noch der größte Dachverband der Aleviten in Deutschland, die „Almanya Alevi Birlikleri Federasyonu/ Alevitische Gemeinde Deutschlands e. V." (AABF). Aleviten unterscheiden sich in vielen Glaubensgrundsätzen, Riten und Gebräuchen von Muslimen. Es wird geschätzt, dass der Anteil von Aleviten an der türkischstämmigen Bevölkerung zwischen 20 % und 30 % ausmacht. Zudem versteht ein nicht näher zu quantifizierender Anteil von Aleviten ihre Religion als außerhalb des Islam.[9]

Um IRU einzuführen, beantragten der ZMD (bzw. dessen Rechtsvorgänger) 1994 sowie der Islamrat durch Beitritt 1996 beim damaligen Ministerium für Schule und Weiterbildung Nordrhein-Westfalen dessen Einführung. Nachdem die Anträge mit der Begründung, die Kläger stellten keine Religionsgemeinschaften dar, die Ansprechpartner des Landes für IRU seien, abgewiesen worden waren, folgte ein jahrelanger Rechtsstreit vor der Verwaltungsgerichtsbarkeit.[10] In den Leitsätzen, mit denen die Klage abschließend abgewiesen wurde, führte das Bundesverwaltungsgericht u. a. aus, dass Dachverbände mehr sein müssen als das Sprachrohr der Mitgliedsvereine; dass sie die für die Identität der Religionsgemeinschaft wesentlichen Aufgaben auf Dachverbandsebene (religiöse Autorität) wahrnehmen müssen; dass eine Beschränkung auf die Vertretung gemeinsamer Interessen nach außen oder auf Koordinierung der Mitgliedsvereine nicht ausreichend sei und dass Mitgliedsvereine, die keine oder nur partiell religiöse Aufgaben wahrnehmen, den Dachverband nicht dominieren dürfen. Zudem scheide ein Verband als Partner des Staates bei der Einführung von Religionsunterricht aus, wenn er nicht die Gewähr biete, nicht gegen die fundamentalen Verfassungsprinzipien von Art. 79 Abs. 3 GG, die Grundrechte sowie die Grundprinzipien des Religions- und Staatskirchenrechts zu verstoßen.

---

[9] Vgl. die Beiträge von Ali Ertan Toprak und Ismail Kaplan (S. 273–303) in diesem Sammelband.
[10] Vgl. Urteile des VG Düsseldorf vom 02.11.2001 – VG 1 K 10519/98, des OVG Münster vom 02.12.2003 – OVG 19 A 997/02 sowie des BVerwG vom 23.02.2005 – BVerwG 6 C 2.04.

Das Scheitern der Klage hat indes nichts mit dem Status der Kläger als Dachorganisation zu tun, denn auch eine bundesweite, einheitlich organisierte Religionsgemeinschaft kann gegenüber einem Land grundsätzlich die für die Einrichtung des Religionsunterrichtes in diesem Land erforderlichen Maßnahmen vornehmen. Die Gerichte verneinten bei den Dachverbänden „lediglich" deren religiöse Kompetenz. Hinzu kommen beim Islamrat Vorbehalte wegen verfassungsrechtlicher Bedenken.[11]

An der Rechtssituation änderte auch die Gründung des Koordinierungsrates der Muslime (KRM) am 11. April 2007 durch DİTİB, ZMD, Islamrat und VIKZ juristisch nichts. Denn der bundesweit agierende KRM erfüllt nicht bereits durch den Zusammenschluss der vier Dachverbände die Voraussetzungen, die das BVerwG 2005 beim ZMD und Islamrat als nicht erfüllt angesehen hat. Zudem ist nach wie vor nicht erkennbar, ob es sich bei dem KRM lediglich um einen losen Zusammenschluss weiterhin selbstständiger Dachverbände oder um einen neuen Dachverband mit einer eigenen Rechtspersönlichkeit handelt.

Damit hatte nach wie vor keine der Landesregierungen, auf die Art. 7 Abs. 3 GG zutrifft, einen Partner für die flächendeckende Einführung von IRU an öffentlichen Schulen. Doch mit dem „Gesetz zur Einführung von islamischem Religionsunterricht als ordentliches Lehrfach (7. Schulrechtsänderungsgesetz)" vom 30.12.2011 hat der Landtag von NRW für die mehr als 320.000 muslimischen Schülerinnen und Schüler die Einführung von IRU vom Schuljahr 2012/13 an beschlossen.[12] Wegen der besonderen Bedeutung des Religionsunterrichts für die Religionsfreiheit der Schülerinnen und Schüler sowie deren Eltern sollte seine Einführung nicht daran scheitern, dass die Qualifikation einer Organisation als Religionsgemeinschaft im Sinne von Artikel 14 und 19 Landesverfassung und Artikel 7 Absatz 3 GG noch nicht endgültig feststünde.[13] In solchen Fällen sei es als Übergangslösung zu einem Religionsunterricht nach Art. 7 Abs. 3 GG denkbar, mit im Land verbreiteten Organisationen zu kooperieren, die Aufgaben wahrnähmen, welche für die religiöse Identität ihrer Mitglieder wesentlich sei-

---

[11] Vgl. Urteil des OVG Rheinland-Pfalz vom 24. Mai 2005 – 7 A 10953/04.

[12] Vgl. Gesetz- und Verordnungsblatt (GV. NRW.), Ausgabe 2011 Nr. 34 vom 30.12.2011, Seite 725 bis 732.

[13] Vgl. die Begründungen im Parteien übergreifenden Gesetzentwurf als LT-DS 15/2209 unter: http://www.land-tag.nrw.de/portal/WWW/dokumentenarchiv/Dokument/MMD15-2209.pdf.

en. Die Organisation müsse eigenständig und unabhängig sein und die Gewähr dafür bieten, dem Land bei der Veranstaltung des Religionsunterrichts auf absehbare Zeit als Ansprechpartner zur Verfügung zu stehen. Zudem müsse sie die in Artikel 79 Absatz 3 Grundgesetz umschriebenen Verfassungsprinzipien, die dem staatlichen Schutz anvertrauten Grundrechte der Schülerinnen und Schüler sowie die Grundprinzipien des freiheitlichen Religions- und Staatskirchenrechts des Grundgesetzes achten. Vertreten mehrere Organisationen das gleiche oder ein verwandtes Bekenntnis, soll das zuständige Schulministerium eine Zusammenarbeit mit ihnen gemeinsam anstreben. Damit verbinden die Parlamentarier die Erwartung, dass diese Organisationen innerhalb einer absehbaren Frist alle Merkmale einer Religionsgemeinschaft unzweifelhaft erfüllen.

Die fehlende Religionsgemeinschaft wird im Schulrechtsänderungsgesetz durch einen Beirat ersetzt, der wiederum innerhalb einer absehbaren Frist durch eine Religionsgemeinschaft ersetzt werden soll. Dieses Engagement der Politik schwankt zwischen der Ausgestaltung wohlwollender Neutralität und stärkerer Laizität.[14] Aber auch mit der Variante Beirat steht bereits jetzt Ärger über Detailfragen ins Haus: Der Beirat besteht zur Hälfte aus Vertretern, die der KRM, und zur anderen Hälfte aus Vertretern, die das Ministerium benennt. Da auch DİTİB Mitglied des KRM ist, wird – neben dem deutschen Staat – einem ausländischen Staat, der Republik Türkei, proaktive Einflussnahme auf Bildungsinhalte in Deutschland eingeräumt.

Allerdings gibt es mit der Lösung, als vorläufigen Ansprechpartner der Landesregierung einen Beirat zu installieren, bereits Erfahrungen. So unterhält die Westfälische Wilhelms-Universität Münster seit mehreren Jahren am Centrum für Religiöse Studien einen Beirat, dem bei Bedarf Entscheidungsbefugnisse einer Religionsgemeinschaft zugebilligt werden.[15] Vergleichbar arbeiten die Bei-

---

[14] Niedersachsen und Hessen beobachten den Versuch in NRW, weil auch sie beabsichtigen, möglichst bald IRU in ihren Ländern in ähnlicher Rechtskonstruktion einzurichten.

[15] Allerdings sind die Konditionen, die die Universität dem Beirat einräumt, schwer zu ertragen, weil sie den Mainstreamislam der konservativen Dachverbände damit perpetuiert und zugleich die Freiheit universitärer Lehre und Forschung massiv einschränkt: „Beanstandet der Beirat nachträglich die Lehrtätigkeit einer/eines angestellten oder berufenen Dozentin/Dozenten aus religiösen Gründen, so trägt die Westfälische Wilhelms-Universität dafür Sorge, dass die/der Betroffene nicht mehr im Bereich der Islamischen Theologie unterrichtet." Vgl. § 4 Abs. 2 der Ordnung des konfessionellen Beirats für Islamische Wilhelms-Universität Münster vom 21. Dezember 2011 unter:

räte an denjenigen deutschen Universitäten, an denen Imame aus- und weitergebildet werden. Insofern bildet das Konstrukt Beirat bei der Implementation von IRU in NRW keine Ausnahme. Andererseits sind Schulen und Hochschulen insofern nicht miteinander zu vergleichen, als der universelle Anspruch des Staates an Religionsgemeinschaften auf Verfassungstreue in Bezug auf Schulen insbesondere das Verbot enthält, Schulkinder den Verfassungsprinzipien zu entfremden. Deshalb ist es ebenso konsequent wie unverzichtbar, dass der Landtag von NRW die Laufzeit des 7. Schulrechtsänderungsgesetzes bis Ende Juli 2019 befristet hat. Die Zeit bis dahin soll u. a. dafür genutzt werden, den Beirat durch eine Religionsgemeinschaft zu ersetzen, es sei denn, Verwaltungsgerichte werden vorher angerufen, um die Frage zu klären, ob ein Beirat überhaupt – wenn auch nur vorübergehend – Religionsgemeinschaft im Sinne von Art. 7 Abs. 3 GG sein kann.

3 Erfahrungen aus dem staatlichen Islamkundeunterricht

Verfassungsrechtliche Fragen zum Vorläufer von IRU,[16] der staatlichen Islamkunde, können an dieser Stelle ausgespart werden, da Islamkunde seinerzeit ausdrücklich als „Platzhalter" für den Zeitraum eingerichtet wurde, in dem es noch keinen IRU gibt.[17] Mithin stellten sich für diesen Unterricht auch nicht Fragen, wer Religionsgemeinschaft ist, sowie nach der Besonderheit von Religionsunterricht, Bekenntnisunterricht zu sein und damit Lehren und Erfahrungen zum Inhalt zu haben, die aus Sicht der jeweiligen Religion für wahr und richtig gehalten werden.[18]

Aber auch Islamkunde, die sukzessive von Jahrgangs- zu Jahrgangsstufe dort IRU weichen wird, wo dieser angeboten wird, wurde und wird nicht voraussetzungslos erteilt.[19] Es entspricht – wie jeder andere Unterricht auch – inhalt-

---

http://www.uni-muenster.de/imperia/md/content/wwu/ab_uni/ab2012/ausgabe03/beitrag_02.pdf (25.11.2012); siehe hierzu auch den Beitrag von Michael Kiefer (S. 211–226) in diesem Sammelband.

[16] Vgl. Klaus Spenlen 2010, S. 222 ff.

[17] Vgl. Klaus Spenlen in Klaus Spenlen und Susanne Kröhnert-Othman (Hrsg.), 2012, S. 23–59.

[18] Vgl. Myrian Dietrich 2008, S. 33 ff.

[19] Zwar hat der Islamische Religionsunterricht in NRW zum Schuljahresbeginn 2012/13 erst in 44 von ca. 3.500 Grundschulen und für lediglich 2.500 von insgesamt ca. 320.000 muslimische Schülerinnen und Schüler, ohne Lehrplan und mit nur wenigen ausgebildeten Lehrkräften begonnen.

lich den Verfassungsansprüchen und -prinzipien und dem darauf basierenden Bildungsauftrag von Schule. Für einen an den Maßstäben der Verfassung gemessenen „unaufgeklärten" Unterricht gibt es in keinem Fall in der Schule eine Legitimation und einen Platz. Den Grundrechten einschließlich des individuellen Rechts, sich nach Art. 4 GG vom Religionsunterricht aus Gewissensgründen abzumelden (Bestandteil der sog. negativen Religionsfreiheit), ist mit Bezug auf den Unterricht ebenso Geltung zu verschaffen wie z. B. dem Demokratie- und Rechtsstaatsgebot. Allerdings gibt es einen zentralen Unterschied zwischen IRU und Islamkunde: Die Länder haben sicher zu stellen, dass im Islamkundeunterricht kein positiver Bekenntnisbezug vorgenommen und damit dem Unterricht kein Bekenntnis verkündender Charakter beigemessen wird.

Gleichwohl können für IRU viele Erfahrungen aus der Islamkunde genutzt werden, etwa bei der Formulierung von Erziehungszielen; der Förderung von Zugehörigkeits- und Minderung von Fremdheitsgefühlen; der Verankerung von Integration als Erziehungsziel der Schule; in unterschiedlichen Werten und Motiven als Stimulus für Lernprozesse. Nutzen sind aber auch in vielen Lehrplaninhalten, in Unterrichtsmaterialien, in den Grundlagen von Akzeptanz bei Eltern, Schülerinnen und Schülern, bei Lehrkräften sowie der ganzen Schulgemeinde für das neue Fach, in gemeinsamem Arbeiten und Abstimmen der Lehrkräfte in schulischen Fachkonferenzen u. a. m. zu erzielen

Zudem kann sich IRU als neues Fach an verbindlichen Inhalten, Methoden, vor allem aber an allgemein akzeptierten Bildungsstandards – möglichst für Doppeljahrgangsstufen – der Islamkunde und anderen Religionsunterrichten orientieren und sie weiterentwickeln.[20] Denn hier hat IRU einen hohen Nachholbedarf. Während die in den Schulen etablierten Religionen und Religionsge-

---

Trotzdem sind viele Muslime mit der Abschaffung von Islamkunde zugunsten von islamischem Religionsunterricht nicht einverstanden, insbesondere nicht die „Kulturmuslime", die eine fundamentale Ausrichtung des Unterrichts durch die islamischen Dachverbände befürchten.

[20] Zum Schuljahr 2012/13 bietet Nordrhein-Westfalen als bevölkerungsreichstes Land der Bundesrepublik Deutschland katholischen, evangelischen sowie lokal begrenzt jüdischen, orthodoxen (serbisch-, syrisch-, griechisch-, rumänisch-, bulgarisch-, russisch-, ukrainisch- und georgisch-orthodoxen), alevitischen und eben neuerdings islamischen Religionsunterricht als ordentliche Unterrichtsfächer an. Die Lehrkräfte im jüdischen und orthodoxen Religionsunterricht sind akademisch ausgebildete Würdenträger ihrer Religion/Konfession und arbeiten im Rahmen von Gestellungsverträgen.

meinschaften inzwischen länderübergreifende Bildungsstandards für ihren jeweiligen Religionsunterricht entwickelt haben, gilt dies für den islamischen Bereich noch nicht. Gerade die Vielheit des Islam bietet die Chance, die Entwicklung von Bildungsstandards für IRU nicht nur in einer „islaminternen" Diskussion zu führen, sondern die Tendenzen weiterzuentwickeln, die auf ein interreligiöses und interkulturelles Lernen zielen.[21]

4 Unterrichtsinhalte

IRU als bekenntnisorientierter Unterricht wird unspezifisch als religionspädagogisches schulisches Angebot für Muslime verstanden. Da der Islam aber kein monolithischer Block ist und es allein in Deutschland ca. 70–80 Organisationen und Strömungen innerhalb des Islam gibt,[22] stellt sich die Frage, nach wessen Glaubensgrundsätzen IRU unterrichtet werden soll. Unstreitig ist, dass der Islam in seinen unterschiedlichen Ausprägungen eine Religion bzw. ein Bekenntnis ist. Die Deutsche Islam Konferenz (DIK) hatte bereits 2008 dazu Grundlagen erarbeitet und u. a. festgestellt, dass eine Religionsgemeinschaft auch Angehörige unterschiedlicher, aber verwandter Glaubensbekenntnisse umfassen kann, wie das in denjenigen evangelischen Landeskirchen in Deutschland der Fall ist, die Gemeinden unterschiedlichen Bekenntnisstandes haben (reformiert, lutherisch, uniert).[23] Welche Bekenntnisse insofern „verwandt" sind, kann nur unter Zugrundelegung des Selbstverständnisses der jeweiligen Gemeinschaft bestimmt werden. Religion bzw. Bekenntnis werden durch das religiöse Selbstverständnis der Religionsgemeinschaften konstituiert bzw. definiert. Im Grundsatz können daher muslimische Gemeinschaften selbst darüber entscheiden, ob Angehörige einer bestimmten islamischen Glaubensrichtung ihnen angehören können oder nicht. Die Beschränkung auf die Anerkennung von Koran und Sunna als gemeinsame Glaubensgrundlage reicht aus. Eine weitergehende vollständige kon-

---

[21] Vgl. Gisbert Gemein in Klaus Spenlen und Susanne Kröhnert-Othman (Hrsg.), 2012, S. 61–72.

[22] Vgl. Volker Krech 2009, S. 11.

[23] Vgl. http://www.deutsche-islam-konferenz.de/SharedDocs/Anlagen/DE/DIK/Downloads/Sonstiges/2008-IRU-zwis chenresumee-der templateId = raw, property = publicationFile.pdf/2008-IRU-zwischenresumee-der-dik.pdf
(10.10.2012).

fessionelle Homogenität der Gemeinschaft ist für den Religionsunterricht nicht erforderlich.[24]

Da der konfessionelle Religionsunterricht gem. Art. 7 Abs. 3 Satz 2 GG nach den Grundsätzen der jeweiligen Religionsgemeinschaft gestaltet ist, deren Definition dem Selbstbestimmungsrecht unterliegt, sind mithin auch mehrere islamische Religionsunterrichte unterschiedlicher Bekenntnisse möglich und ggf. rechtlich geboten. Umgekehrt können sich auch Religionsgemeinschaften unterschiedlicher Glaubensrichtungen innerhalb einer Religion zur Formulierung gemeinsamer Grundsätze für einen einheitlichen Religionsunterricht zusammenfinden. In Nordrhein-Westfalen haben die Partner den Weg beschritten, IRU als gemeinsamen Unterricht in deutscher Sprache für alle Ethnien und Glaubensrichtungen des Islam und von in Deutschland ausgebildeten Lehrkräften durchführen und von der Schulaufsicht beaufsichtigen zu lassen.

Ungeachtet unterschiedlicher islamischer Strömungen beschreiben unstreitige didaktische Leitlinien die Themen von IRU: das Verhältnis des Menschen zur Natur, zu anderen Menschen, zu sich selbst und zu Gott. Es geht im IRU also darum, muslimische Kinder und Jugendliche mit islamischen Überzeugungen und Überlieferungen vertraut zu machen; sie mit den religiösen Quellen und deren Botschaften bekannt zu machen; sie zu befähigen, Deutungsmöglichkeiten zu erkennen; sie bei der Entwicklung einer islamischen Identität in einer nichtmuslimischen Umwelt zu unterstützen; ihnen die islamische Traditionen in ihrer Geschichte bewusst zu machen; ihnen Orientierung auf der Suche nach einer eigenen Lebensausrichtung zu geben; ihnen unter Wahrung der eigenen Identität Toleranz gegenüber Andersgläubigen zu vermitteln; sie mit gesellschaftlichen Sachverhalten, wie z. B. religiösem Extremismus, zu konfrontieren; ihre Sprache besonders im Hinblick auf die islamische Sprachkultur und Metaphorik zu fördern; auf der Grundlage islamischer Quellen zu motivieren, eigenverantwortlich zu leben und zu handeln.[25]

Inhalte von IRU sind die Grundlagen der Religion (*uṣūl ad dīn*): das Glaubensbekenntnis, die Endlichkeit der Welt, die Geschaffenheit der Welt durch Gott, das Ende der Welt mit der Auferstehung, der Konflikt zwischen Gottes Allmacht

---

[24] Vgl. die Entscheidung des Bundesverwaltungsgerichts vom 23.02.2005 – BVerwG 6 C 2.04.
[25] Vgl. Harry Behr 2005; Irka-Christin Mohr und Michael Kiefer (Hrsg.) 2009.

und Gerechtigkeit. Neben dem Bekanntmachen mit Koran, *Hadîthe* und dem Leben des Propheten lernen die Kinder die fünf Säulen des Islam (*ibâdât*), also das Glaubensbekenntnis (*šahâda. schahâda*), das Gebet (*ṣalât*), das Almosen (*zakât*), das Fasten (*sawn, saun*) sowie die Pilgerfahrt (*hadj, haddsch*) kennen. Zudem werden sie mit den sechs Glaubensgrundsätze vertraut gemacht: Glaube an Allah, die Propheten, die heiligen Bücher, die Engel, die Vorbestimmung sowie ein Leben nach dem Tod.

Konkrete Ziele, Inhalte, Themen und Methoden beinhalten für die jeweilige Jahrgangsstufe die Richtlinien und Lehrpläne,[26] die nach den Landesverfassungen bzw. Schulgesetzen in Verantwortung der Länder und in Übereinstimmung mit den Grundsätzen der Religionsgemeinschaften entwickelt werden.[27] Die Gemeinsamkeit von Staat und Religionsgemeinschaft wird i. d. R. dadurch gesichert, dass die ca. drei bis vier Mitglieder/Lehrkräfte der Lehrplankommission im Einvernehmen mit den Religionsgemeinschaften von der Landesregierung berufen werden. Dabei können von den Religionsgemeinschaften benannte Personen mit theologischer Expertise zusätzlich als Beobachter und Berater an den Sitzungen der Lehrplankommission teilnehmen und bereits dort die Übereinstimmung mit den Grundsätzen der Religionsgemeinschaften herstellen. Abschließend wird die abgestimmte Lehrplan-Fassung von der Landesregierung in ein Beteiligungsverfahren mit allen relevanten gesellschaftlichen Organisationen (u. a. Kirchen, Verbände, Gewerkschaften, Eltern- und Schülervertretungen, Migrantenorganisationen) gegeben. Hier haben die Religionsgemeinschaften und die Dachverbände noch einmal Gelegenheit zur Stellungnahme. Der aufgrund der Voten abschließend überarbeitete Lehrplan wird von der Landesregierung in Kraft gesetzt.

---

[26] Vgl. dazu Hessisches Kultusministerium (Hrsg.) 2012, da es einen Lehrplan in NRW derzeit (Stand: August 2012) noch nicht gibt.

[27] Ausnahmen bilden Baden-Württemberg (§ 98 SchG) und das Saarland (Art. 29 Saarl. Verf.), wo die Religions-Lehrpläne zwar von den Religionsgemeinschaften entwickelt werden, gleichwohl der Prüfung und Zustimmung des Landes unterliegen.

5 Lehrkräfte

Religionsunterricht, für dessen Durchführung eine bestimmte Anzahl von Schülerinnen und Schülern vorhanden sein muss,[28] kann nur von Personen der Religionsgemeinschaft erteilt werden, die für diese Aufgabe ausgebildet worden sind, islamischer Religionsunterricht mithin ausschließlich von Muslimen. Diese Personen müssen nicht zwangsläufig Landesbedienstete sein. Es gibt verschiedene Optionen, Lehrkräfte für Religionsunterricht zu gewinnen. Ein Blick auf den Religionsunterricht anderer Religionsgemeinschaften gibt hier Aufschluss:

Bei geringen Nachfragequantitäten für Religionsunterricht, etwa weil es an den Schulen wenige Schülerinnen und Schüler für diese Glaubensrichtung gibt (das trifft etwa auf Aleviten zu), erwerben sog. grundständige Lehrkräfte, also Landesbedienstete, die gewillt sind, das Fach zu unterrichten, die notwendigen Qualifikationen in einem Zertifikatskurs. Dass die Personalauswahl im Einvernehmen zwischen dem Land und der Religionsgemeinschaft erfolgt, ist Folge der *res mixta*.

Eine Alternative hierzu stellen die sog. „Gestellungsverträge" dar. Hier bildet die Religionsgemeinschaft geeignete Personen, die nicht als Lehrkräfte, sondern etwa als Geistliche arbeiten, für die Aufgaben in den Schulen aus (das trifft etwa auf Juden und Orthodoxe zu). Die Religionsgemeinschaft, die ja den Unterricht in Übereinstimmung mit ihren Grundsätzen – ungeachtet des staatlichen Aufsichtsrechts – verantwortet, benennt dem Land geeignete Personen. Diese Personen werden nicht in den Landesdienst übernommen, das Land refinanziert der Religionsgemeinschaft allerdings die Personalkosten.

Für quantitativ „große" Religionsgemeinschaften mit der Wahrscheinlichkeit dauerhaften Bestands (etwa Katholiken und Protestanten) bieten die Länder universitäre Ausbildungsgänge im Rahmen der Lehrerausbildung an. Im Anschluss an erfolgreiche Abschlüsse in beiden Staatsexamen – und entsprechendem Bedarf – werden diese Personen als grundständige Lehrkräfte in den Landesdienst eingestellt. Diejenigen Länder, bei denen sich ein relativ großer Bedarf an Lehr-

---

[28] Die jeweilige Schulgesetzgebung des Landes legt fest, wie viele Schülerinnen und Schüler sich für eine Teilnahme am Religionsunterricht einer Glaubensrichtung angemeldet haben müssen, um einen Rechtsanspruch auf Durchführung des Unterrichts zu begründen. In NRW sind dies 12 Schüler pro Schule, vgl. Klaus Spenlen 2008, S. 21 ff.

kräften für IRU zeigen wird, werden die Option „Ausbildung zu grundständigen Lehrkräften" wählen, nicht zuletzt auch, um sich der Verpflichtung von Landesbediensteten zu den Grundwerten des GG zu versichern. Voraussetzung hierfür ist allerdings die Einrichtung entsprechender Lehrstühle bzw. der Ausbau vorhandener.

Zwischenzeitlich, in der IRU noch nicht völlig durch grundständige Lehrkräfte erteilt werden kann, unterrichten diejenigen Islamkundelehrkräfte, die an deutschen Universitäten zu Islamwissenschaftlerinnen und -wissenschaftlern ausgebildet wurden, das neue Fach. Allerdings sollten sie mit einer Zusatzausbildung in schulpädagogischen Fächern sowie in Schwerpunkten bekenntnisorientierten Religionsunterrichts auch dafür qualifiziert werden. Dass in NRW IRU im Schuljahr 2012/13 ohne eine gründliche Nachqualifizierung der Lehrkräfte gestartet ist,[29] diskreditiert das Fach von Beginn an, zumal in den ersten Monaten auch noch nicht einmal ein Lehrplan zur Verfügung steht.

Mit den verschiedenen Optionen sind zwangsläufig unterschiedliche Zeitabläufe verbunden: Die Ausbildung zu grundständigen Lehrkräften bedarf eines langen Atems, sie dauert ca. sechs bis sieben Jahre. Wenn es sich dabei um ein neues Fach für Schulen handelt (wie IRU), beginnt dieser Unterricht in Klasse 1 und steigt Jahr für Jahr einen Jahrgang höher.

Ob Lehrkräfte für IRU notwendigerweise mit Imamen kooperieren müssen, kommt darauf an, ob der Imam zu der von Ceylan klassifizierten kleinen Gruppe der „intellektuell-offensiven" Imame gehört, die eine kritische Auseinandersetzung mit dem Islam und eine Neuinterpretation des Korans befürworten.[30] Imame sind in der Regel Vorbeter und Leiter des Gemeinschaftsgebetes, und zudem erfüllen sie als religiöse Repräsentanten der islamischen Gemeinde gottesdienstliche Aufgaben und übernehmen die Gemeindebetreuung, die religiöse und wissenschaftliche Vertretung des Islam nach außen sowie die religiöse Bildung und Erziehung der Gemeindemitglieder.[31] Darin unterscheiden sie sich in der Wahrnehmung ihrer Aufgaben nicht von Geistlichen der Kirchen. Da die Ausbildung von Imamen an deutschen Universitäten begonnen hat, ist von den

---

[29] Gleichwohl wurde diesen Lehrkräften vom Beirat die schulische Lehrerlaubnis erteilt.
[30] Vgl. Rauf Ceylan 2010, S. 16 ff.
[31] Vgl. Michael Kiefer 2010, S. 185–192.

Studieninhalten, die bekannt sind, zu erwarten, dass eine Zusammenarbeit mit den Schulen für diese, die Gemeinde und das gesamte Wohnumfeld befruchtend sein und zu gelingender Integration sowie zu einem Miteinander über die Religionen hinaus beitragen kann.[32] Langfristig gesehen sollten die Imamausbildung und die Einrichtung von IRU verbunden werden, da es viele Schnittstellen gibt. Die Forderung nach einer authentischen islamischen Religionspädagogik für Moscheen und Schulen erscheint daher schlüssig. Dennoch sind die beiden Formen der Unterweisung voneinander zu trennen, denn IRU ist „im günstigen Fall komplementär, jedoch grundlegd anders als in Moscheen und Elternhäusern (zu) definieren".[33]

Das Schlüsselwort für Ansehen und Akzeptanz beider Institutionen, Imamen wie IRU, heißt Transparenz: Dazu sind sog. Tage der offenen Moschee ein guter Anfang, der jedoch zwingend in Dialogen zwischen Schulen, den Imamen, Migrantenorganisationen, interreligiösen Gesprächskreisen, universitären Fakultäten, Studienseminaren u. a. m. über religionswissenschaftliche, fachdidaktische und gesellschaftspolitische Fragen weitergeführt werden muss.

6 Lehrbücher und Lehrverfahren

Schulbücher müssen Mindeststandards für Erziehen und Unterrichten in den jeweiligen Jahrgängen vermitteln und sichern. Sie müssen den Aufbau eines progredierenden fachlichen, überfachlichen und methodischen Kompetenzerwerbs unterstützen sowie die Schülerinnen und Schüler in entsprechende Arbeitstechniken einweisen. Dies gilt für jedwedes Unterrichtsfach und jede Jahrgangsstufe und dient dem Ziel, Kindern und Jugendlichen zu ermöglichen, selbständig Lernprozesse zu organisieren, sukzessive ihre individuellen Lernstände zu vergrößern und die Ziele der jeweiligen Jahrgangsstufen zu erreichen. Wenn die-

---

[32] So bietet die Universität Osnabrück u. a. Religionspädagogik (Moscheepädagogik, Medienpädagogik, Sozialpädagogik, pädagogische Psychologie und Soziologie) und ihre Fachdidaktik, Geschichte der Religionen (Schwerpunkt: Große Weltreligionen), Religionssoziologie (Religion und Modernität, Religion und Globalisierung), Religionspsychologie (religiöse Wahrnehmung und Entwicklung, Religion und Alter, religiöse und psychologische Betreuung der Kranken), Geschichte der muslimischen Migration in Europa und europäische Geschichte, Kultur und Rechtssystem (Organisationsrecht, Staatskirchenrecht) an, vgl. Bülent Ucar, Internetquelle 2010 sowie den Beitrag von Michael Kiefer (S. 211–226) in diesem Sammelband.

[33] Bülent Ucar, Internetquelle 2009, S. 3 ff.

se Mindeststandards zudem auch in Religionsunterrichten verfolgt werden, in denen die Schülerinnen nach Konfessionen getrennten Unterricht erfahren, ist dies die verbindende Klammer, auch mithilfe von Schulbüchern, die in diesen Unterrichten eingesetzt werden, über eine Vergleichbarkeit der Anforderungen gelingende Integration zu fördern.

Allerdings sieht der Islamwissenschaftler Michael Kiefer, dass die islamische Religionspädagogik, die in Deutschland eine sehr junge Fachwissenschaft ist, „[…] an den universitären Standorten […] seit wenigen Jahren in eher experimentellen Anordnungen gelehrt wird. Ein Hauptproblem ist gewiss darin zu sehen, dass das neue Fach weitgehend von muslimischen Wissenschaftlern vertreten wird, die über keine religionspädagogische Ausbildung verfügen."[34] Weitere Probleme sieht er in der nicht geklärten Bandbreite des neuen Fachs, also in Fragen, wenn nach sunnitischer Glaubensrichtung unterrichtet werden soll, wie mit den Inhalten anderer Strömungen umgegangen wird und worin sich fachdidaktische Unterschiede zu katholischer oder evangelischer Religionspädagogik äußern. Darin erblickt er aus fachlicher Perspektive für die Produktion von Lehrwerken für IRU ein Wagnis, zumal die Beiräte in NRW und Niedersachsen Einfluss auf die Inhalte nehmen werden. Er resümiert: „Die Schulbuchproduktion für den islamischen Religionsunterricht befindet sich für die nächsten Jahre zwangsläufig in einer Laborsituation, in der es durchaus auch zu Fehlentwicklungen bzw. fragwürdigen Ergebnissen kommen kann."[35]

Die folgende Auswahl von Qualitätskriterien für Schulbücher ergibt sich aus den beschriebenen Mindeststandards und entsprechenden Vorgaben in Schulgesetzen. Überschneidungen können nicht ausgeschlossen werden, eine Rangfolge ist nicht beabsichtigt.

Schülerorientierung: Werden Ziel- und Inhaltstransparenz durch die Kapitelüberschriften, die Sequenzialisierung der Kapitel oder durch Offenlegung von Lernzielen erkennbar? Beschränkt sich das Schulbuch in der Anzahl der angebotenen Themen, und geht es stattdessen in die Tiefe und Breite? Werden Alltagserfahrungen und Vorwissen der Schülerinnen und Schüler produktiv

---

[34] Michael Kiefer in Klaus Spenlen und Susanne Kröhnert-Othman (Hrsg.) 2012, S. 99–112.
[35] Ebenda, S. 100.

genutzt?[36] Werden die Schülerinnen und Schüler aktiviert? Sind Übungsmöglichkeiten vorhanden? Gibt es Differenzierungsangebote, auch solche, die die Schülerinnen und Schüler nicht zugewiesen bekommen, sondern nach Selbsteinschätzung auswählen können?[37]

Fachliche Kompetenzen: Wie wird Islam in den Schulbüchern rekonstruiert? Welcher Islam wird in den Lehrwerken zur Darstellung gebracht (Stichworte: Heterogenität der islamischen Gemeinschaften in Deutschland)? Welche islamischen Quellen finden Verwendung in den Lehrwerken (Stichworte: Koran, *Hadîthe*, Literatur usw.)? Gibt es erkennbare Kriterien für die Quellenauswahl (Stichworte: sich widersprechende Aussagen in Koran und Sunna, Kontroversität)? Wie werden islamische Quellen präsentiert (Stichworte: Verwendung von dekontextualisierten Zitaten, Quellenangaben)?[38]

Überfachliche Kompetenzen: Unterstützt das Lernmittel die Kinder/Jugendlichen darin, sich unter kultureller Wahrung für ein Leben in der Mehrheitsgesellschaft zu qualifizieren? Wird ein Beitrag geleistet, dass die Kinder/Jugendlichen eine individuelle und gesellschaftliche Persönlichkeit entwickeln?[39] Lernen die Schülerinnen und Schüler universelle ethische Prinzipien, Normen und Regeln kennen? Werden Angebote gemacht, sich konstruktiv mit diesen Werten Normen und Regeln auseinander zu setzen? Finden Angebote statt, eigene Überzeugungen und Haltungen zu entwickeln? Finden sich hinreichend Angebote zum Aufbau von Sach-, Urteils-, Entscheidungs- und Handlungskompetenz?[40] Ist das Lernmittel gegenüber unkonventionellen Erscheinungen und unkonventionellem Denken sowie auch gegenüber Minderheiten und Randgruppen tolerant?

---

[36] Vgl. entsprechende Forderungen in folgenden Schulgesetzen – SchG – :§ 4 (1) bremisches Schulgesetz.

[37] SchG: § 3 (1), (2) Hamburg, § 2 (4) Nordrhein-Westfalen, § 4 (1) Schleswig-Holstein, § 1 (1) Rheinland-Pfalz, § 1 (1), (2) Sachsen, § 1 (1) Sachsen-Anhalt, § 2 (1) Thüringen, § 4 (2) Mecklenburg-Vorpommern.

[38] Die fachlichen Kompetenzen stammen von Michael Kiefer in Klaus Spenlen und Susanne Kröhnert-Othman (Hrsg.), 2012, S. 100 ff.

[39] SchG: § 1 (2) Baden-Württemberg, § 2 (4), (5) Nordrhein-Westfalen, § 1 (1) Saarland, § 4 (3) Schleswig-Holstein, § 1 Berlin, § 4 (4) Bremen, § 5 (3) Bremen, § 1 (2) Rheinland-Pfalz, § 1 (2) Sachsen, § 1 (2) Sachsen-Anhalt, § 2 (1) Thüringen, § 4 (5) Brandenburg, § 2 (1), (2), (3) Mecklenburg-Vorpommern.

[40] SchG: § 1 (2) Baden-Württemberg, § 2 (1) Hamburg, § 1 Berlin, § 5 (3) Bremen, § 1 (2) Rheinland-Pfalz, § 1 (2) Sachsen-Anhalt, § 2 (2) Mecklenburg-Vorpommern.

Wird mit Werten anderer Kulturkreise bekannt gemacht? Gibt es substantielle Informationen über andere Religionen? Werden Grundlagen geschaffen, andere religiöse Überzeugungen zu respektieren? Berücksichtigt es künftige Anforderungen an die Erkenntnis- und Handlungskompetenzen der Kinder und Jugendlichen? (Wie) Wird sichergestellt, dass alle Schülerinnen und Schüler am Ende ihrer Schulzeit über fachliches, überfachliches und methodisches Basiswissen verfügen?

Methodenkompetenzen: Ist die Anzahl von Materialien zur Themenerarbeitung ausreichend/begrenzt? Werden neben Autorentexten und Dokumenten auch andere Informationsträger wie Statistiken, Tabellen, Karikaturen, Abbildungen etc. eingesetzt? Finden sich hinreichend Angebote zum Aufbau von Methodenkompetenz? Ist das Bildmaterial aktuell, und hat es didaktische Funktion? Finden sich Anregungen zur Einübung genereller und/oder fachspezifischer Arbeitstechniken wie Beobachten, Unterstreichen, Exzerpieren, Ordnen, Nachschlagen, Notieren, Befragen, Vergleichen? Wird in Erarbeitungsformen wie Interview, Befragung, Rollenspiel, Internetrecherche etc. fachlich fundiert eingeübt? Ergänzt das Lehrwerk fachliche um überfachliche, lehrmethodenzentrierte um offene, lehrbuch- und lehrerzentrierte um schülerzentrierte Verfahren?

Lernverfahren: Werden Hilfsmittel für die Erarbeitung eigener Problemlösungen bereitgestellt, oder können lediglich Standpunkte von „Autoritäten" rezipiert werden?[41] Werden stoffbezogene Verfahren um projektbezogene ergänzt? Wird ausreichend Spielraum für eigene Lösungsansätze der Schülerinnen und Schüler berücksichtigt? Unterstützt das Lernmittel die Erprobung von Gelerntem in variierenden Kontexten? Stellt das Lernmittel breites, lernanschlussfähiges und intelligent nutzbares Orientierungswissen zur Verfügung?[42] Unterstützt es kumulatives Lernen, indem es z. B. Querverweise herstellt und auf bisher Erlerntes zurückgreift?[43] Werden Wissensstände miteinander verknüpft und konstruktiv aufgebaut? Führt es hin zur Beherrschung reflexiv einsetzbarer Lern-

---

[41] SchG: § 2 (2) Hessen, § 2 (1) Niedersachsen, § 2 (5) Nordrhein-Westfalen, § 3 (2) Berlin, § 5 (3) Bremen, § 1 (2) Sachsen-Anhalt, § 4 (5) Brandenburg, § 2 (3) Mecklenburg-Vorpommern.

[42] SchG: § 1 (2) Baden-Württemberg, Art 1 (1) Bayern, § 2 (1) Hamburg, § 2 (1) Niedersachsen, § 2 (4) Nordrhein-Westfalen, § 1, 3 (1) Berlin, § 5 (3) Bremen, § 1 (2) Rheinland-Pfalz, § 1 (2) Sachsen, § 2 (1) Thüringen, § 4 (5) Brandenburg, § 2 (2) Mecklenburg-Vorpommern.

[43] SchG: § 2 (6) Nordrhein-Westfalen, § 4 (4) Berlin, § 1 (2) Sachsen, § 4 (6) Brandenburg.

strategien/Methoden? Werden Lernprozesse progredierend, d. h. mit zunehmendem Lernzuwachs aufgebaut? Sind die Fragen auf Verständnis hin angelegt oder ausschließlich auf Merkwissen gerichtet, sind sie anregend und aufschlussreich für die Schülerinnen und Schüler oder bleiben sie abstrakt?

Gesellschaftsorientierung: Wird das, was in der Gesellschaft strittig ist, auch im Schulbuch als strittig dargestellt? Befähigt das Lehrwerk, sich mit autoritaristischen Argumentationen kritisch auseinanderzusetzen und darauf zu reagieren? Werden Wertungen vorweggenommen, oder ist das Lernmittel offen angelegt? Reproduziert das Unterrichtswerk Rollenklischees, insbesondere die stereotype Zuweisung von „typisch männlichen" und „typisch weiblichen" Eigenschaften und Verhaltensweisen?[44] Nimmt das Werk Identifikationsangebote für Schülerinnen auf, die Mädchen und Frauen nicht einseitig auf traditionelle sowie benachteiligende Rollen in Familie, Beruf und Gesellschaft verpflichten, sondern diese als selbstständige, verantwortliche und kreativ handelnde Personen zeigen?[45] Nimmt das Unterrichtswerk Identifikationsangebote für Schüler auf, die zur Auseinandersetzung mit der Männerrolle in unserer Gesellschaft anregen?

Die bekanntesten Schulbücher für Islamkunde,[46] die zukünftig auch im neuen Schulfach IRU eingesetzt werden, wurden im Hinblick auf die genannten Standards hin bereits analysiert und besprochen, die Stärken und Schwächen Kriterien orientiert herausgearbeitet.[47] Auf diese Untersuchungen wird an dieser Stelle verwiesen, weil eine detaillierte Kritik an den Schulbüchern den Rahmen dieses Beitrags sprengen würde.

Eine Folge der Entscheidung für die Einführung von IRU bezieht sich – über erste Versuche in Grundschulen hinaus – auf die Qualität der Textanalysen im Unterricht. In der Schule muss unverzichtbar die historisch-kritische Be-

---

[44] SchG: Art 2 (1) Bayern, § 2 (1) Hamburg, § 2 (2) Hessen, § 2 (1) Niedersachsen, § 2 (6) Nordrhein-Westfalen, § 4 (2) Schleswig-Holstein, § 1 Berlin, § 5 (2) Bremen, § 1 (2) Rheinland-Pfalz, § 1 (2) Sachsen-Anhalt, § 2 (1) Thüringen, § 4 (5) Brandenburg, § 2 (3) Mecklenburg-Vorpommern.

[45] Wird das Berufsspektrum von Mädchen und Frauen erweitert? Werden die Leistungen der Frauen in Wissenschaft und Gesellschaft gewürdigt? Wird den Benachteiligungen von Mädchen und Frauen aktiv entgegengewirkt? Vgl. dazu folgende Schulgesetze: § 2 (2) Hessen, § 3 (3) Berlin, § 4 (4) und (5) Brandenburg; Art 2 (1) des bayerischen Gesetzes über das Erziehungs- und Unterrichtswesen.

[46] Vgl. die Schulbücher in der abschließenden Literaturliste.

[47] Vgl. Klaus Spenlen und Susanne Kröhnert-Othman (Hrsg.) 2012.

trachtung von Texten jedweder Art, mithin auch der von Koran und Sunna, Grundlage sein, bei der exklusive Wahrheitsansprüche inakzeptabel sind.[48] Dieses Selbstverständnis geht nicht mit einem Verzicht auf islamische Tradition einher, denn in der Tradition des Islam gibt es hinreichend Belege, Texte für alle Zeiten nicht einfach wörtlich zu übernehmen, sondern in ihren jeweiligen Kontexten zu bestimmen.

> Daraus folgt notwendigerweise, dass es eine Reihe von Interpretationsmöglichkeiten gibt, je nach dem Stand menschlichen Wissens und nach den jeweiligen sozio-politischen und kulturellen Umständen der jeweiligen Interpreten. Ausdrücke und Verse müssen mehrere Bedeutungsebenen besitzen, denn es handelt sich um Aussagen, die sowohl eine konkrete Bedeutung für ihre ursprünglichen Hörer gehabt haben als auch eine Bedeutung, die spätere Zuhörer aus ihnen herauslesen können. So wird sich an vielen Stellen des Korans die Frage stellen, ob sie neben ihrer wörtlichen Bedeutung eine metaphorische Bedeutung besitzen, und wenn ja, welche.[49]

Gerade das Ernstnehmen der Interessen und Voraussetzungen von Schülerinnen und Schülern eröffnet Chancen, unterschiedliche „Bindungskräfte des Islam für Jugendliche, die Diskrepanzen zwischen Anspruch religiöser Regeln und der Praxis des Alltagslebens etc." zu thematisieren und heraus zu arbeiten, was Islam für Jugendliche bedeutet.[50] Auch die Scharia (arab.: šarî'a), das islamische kanonische Recht, sei eine Konstruktion der Nachwelt Mohammeds und in ihrem Gesamtumfang heute nicht mehr akzeptabel, so der renommierte bosnische Kultur- und Religionswissenschaftler Balic.[51] „Der dynamische Charakter (von Koran und Sunna, Anmerkung des Verfassers) bleibt nur erhalten, wenn eine fortwährende Interpretation für eine textlich zwar abgeschlossene, jedoch in ihrer Anwendung fortlaufende Offenbarung möglich ist. Allein die Bemühungen

---

[48] Das Verständnis von „historisch-kritischer Betrachtung von Texten" beinhaltet im Sinne Oemings das „hermeneutischen Viereck", dem außer der historisch-kritischen die sozialgeschichtliche Exegese und zudem die historische Psychologie sowie die „New Archaeology" angehören, also Methoden, die Texte über Personen, Sachverhalte und Ereignisse in ihrer Zeit sehen und diese in ihren historisch-soziologischen Kontexten reflektieren. Dabei nehmen die Vor- und Entstehungsgeschichte der Texte, ihre regionale Verortung etc. ebenso wichtige Positionen ein wie archäologische Erkenntnisse und psychologische Profile. Vgl. hierzu Manfred Oeming 2010.

[49] Nasr Hamid Abu Zaid 2011, S. 78.

[50] Wolfram Weisse 2008, S. 2.

[51] Vgl. Smail Balic 2001.

darum stellen in der Praxis weit mehr als einen *iǧtihad* dar".[52] Es ist nicht nur möglich, sondern unverzichtbar, „ein und denselben Vers geschlechtergerecht oder Frauen marginalisierend zu übertragen"[53] – oder aber unter anderen Kriterien zu interpretieren.

7 Ausblick

Als zentrale Fragen verbleibt die Reflexion von Sachverhalten, die IRU in den Blick des „gesellschaftlichen Wunschbildes Deutschland" rückt.

Integrationsvorstellungen realisieren sich nicht nur in Familien und in Schulen, sondern auch in mehr oder weniger aktiven Integrationsbemühungen der Aufnahmegesellschaft. Zu den Störfaktoren gelingender Integration zählen u. a. die Arbeitsmarktkrise. Arbeitslosigkeit und die Auslagerung minderqualifizierter Arbeitskraft, sie haben eine der zentralen Integrationsinstanzen, das Berufsfeld, einbrechen lassen. Hinzu kommen soziale Polarisierungstendenzen, nicht zuletzt verschärft durch die Erosion der Sozialsysteme sowie die Betroffenheit breiter Bevölkerungsteile von „Down-Sizing".

Die Unterschiede in der Religiosität von Muslimen in Deutschland und der der nichtmuslimischen Bevölkerung mag zu dem Eindruck beitragen, dass seit den 1990er Jahren in ganz unterschiedlichen Alltagsbereichen gelingende Integration bei Muslimen zu regredieren scheint. Indikatoren dafür sind eine Zunahme öffentlich gelebter Religion, gemessen an Moscheebesuchen, Bedeckung von Frauen, „islamischen Sonderwegen" in den Schulen u. a. m.[54] Zudem ist ein Rückgang im Gebrauch der deutschen Sprache, eine Zunahme im Konsum „islamischer" Medien[55] sowie Veränderungen in der jugendlichen Musikkultur[56]

---

[52] Rabea Müller 2008, S. 16. *Iǧtihad* ist das arabische Wort für Anstrengung und meint die weitgehend selbständige Auslegung des Koran. Müller verweist an dieser Stelle zudem auf „klassische Herangehensweisen an den Text", die im Allgemeinen „über die wesentliche linguistische Bedeutung (*al-haqiqa al-luġawiyya*), die traditionelle Bedeutung (*al-haqiqa al-urfi yya*) und die Bedeutung gemäß der Scharia (*al-haqiqa al-šariyya*) (erfolgt). Es ist möglich, den Texten durch die Standardisierung nach der Zeichensetzung (*nuṭq*), der Setzung der diakritischen Zeichen (*šakl*) und der Lesung (*qira'a*) nachzugehen."

[53] Ebenda.

[54] Vgl. Klaus Spenlen 2009, S. 332 ff.

[55] Vgl. Helmut Reitze 2010 sowie BMI 2012, S. 379 ff.

[56] Vgl. den Beitrag von Martin Seeliger/Marc Dietrich (S. 251–272) in diesem Sammelband.

als Ausdruck veränderter Orientierungen feststellbar. Diese Faktoren scheinen Nährboden für eine Verfestigung tendenziell integrationsresistenter Sozialisationsmilieus zu sein, in denen ein Teil der muslimischen Kinder und Jugendlichen zunehmend religiös-autoritär, patriarchalisch und antiemanzipatorisch erzogen wird. Hier kann IRU eine gesellschaftlich bedeutsame Befriedungsleistung erbringen.

Integration muss wechselseitig gedacht und immer wieder neu als gesellschaftliches Projekt verstanden werden, das alle Menschen in Deutschland angeht, Eingewanderte wie Einheimische, Nichtgläubige wie Gläubige, Christen wie Muslime. Es ist zunehmend schwierig, sich eine junge Generation vorzustellen, in der sich „die" Muslime und „die" Nichtmuslime gegenseitig als Kollektive gegenüberstehen, von denen gegenseitige Anpassungsleistungen gefordert werden. Notwendig erscheint vielmehr gesellschaftliche Kohäsion, insbesondere nach bestehenden und zu vermittelnden Gemeinsamkeiten verbindlicher Wertvorstellungen, die die Gesellschaft zusammenhält. Alle müssen ihren Integrationsbeitrag leisten, ihn nicht nur der Politik überlassen, die für sich Religionsgovernance reklamiert und am liebsten auch Religionsfragen regeln möchte. Alle gesellschaftlichen Kräfte müssen sich gemeinsam betätigen, gemeinsam handeln, zusammen auf die gemeinsame Umwelt einwirken können.[57] Dabei müssen Positionen überdacht werden, denn wer sich als der oder die „Andere" denkt, kann sich kaum auf eine Perspektive von Gemeinsamkeiten oder Ähnlichkeiten einlassen. Erwartet werden darf von Muslimen wie Nichtmuslimen, die Gratwanderung der Bestimmung des „Eigenen" und des „Anderen" im Sinne von Gemeinsamkeiten zu reflektieren und sie nicht bei Bedarf wechselseitig strategisch einzusetzen, um pauschale Zumutungen und Vorwürfe gegenüber der Gruppe zu formulieren und abzuwehren oder Loyalitäten von Gruppenmitgliedern einzufordern. Erwartet werden darf aber auch ein modernes, plurales Islamverständnis und damit zugleich eine Abkehr vom Mainstream-Islam der Verbände. Und erwartet werden darf außerdem, dass Vertreter des Islam regen Kontakt in der Kommune pflegen, weil der unverzichtbar für wechselseitige Informationen, Transparenz und Offenheit ist. Eine erfolgreiche Integrationspo-

---

[57] Vgl. die Ausführungen zum Beitrag der Zivilgesellschaft am Integrationsprozess von Zuwanderern bei Rita Süssmuth 2006.

litik muss diesen wechselseitigen Prozess und die mit ihm verbundenen Ängste durch differenzierte und abgestimmte Informationen fördernd, aber auch fordernd begleiten.

Dieser Prozess wird auch für IRU weder kurz- noch mittelfristig abgeschlossen werden können. Wenn Integration in der Schule allerdings als offener Prozess verstanden wird, in dessen Verlauf Lehrkräfte, Schülerinnen und Schüler wie deren Eltern nach immer neuen Wegen suchen, auf Diversität zu antworten, ist das bereits eine solide Basis. Wenn zudem das Eigene nicht überbetont und Gemeinsames als vorrangig betrachtet wird, können damit Identitätsbildung und Sozialbindungen entscheidend gefördert werden. Damit wären zugleich die entscheidenden Voraussetzungen eines staatlich verantworteten Unterrichts geschaffen, dessen Ziel die Bildung eines reflektierenden kritischen Individuums und seiner Handlungskompetenzen, nicht aber die Herausbildung identitätspolitischer Positionen eines Kollektivs von Muslimen wäre.

Allerdings wird bislang bei der Frage, ob IRU die Integration von Muslimen fördert oder eher behindert, gewissermaßen stillschweigend davon ausgegangen, dass Ziele, Inhalte und Verfahren von IRU nicht im prinzipiellen Widerspruch zu den Grundlagen der staatlichen Ordnung stehen, im Idealfall im Unterricht selbst Verfassungsgrundsätze vermittelt werden. Unstreitig ist Bestandteil von schulischem Unterricht, der nicht Religionsunterricht ist, im Sinne der Grundwerte des Grundgesetzes zu erziehen und ein gutes Zusammenleben der Menschen in Gleichberechtigung, Frieden und gegenseitiger Achtung zu fördern. Ob das auch für Religionsunterricht, hier IRU, gilt, „setzt die Klärung der Frage voraus, wie die Rechte für die Ausgestaltung des Religionsunterrichts zwischen Staat und Religionsunterricht verteilt werden".[58] Konkret heißt das: Wie gehen IRU und Schulaufsicht mit der Frage der Gleichstellung von Mann und Frau um, der positiven wie negativen Religionsfreiheit, mit koranischen Züchtigungen und Strafen sowie weiteren Konfliktlinien der Scharia zur Werteordnung der Bundesrepublik Deutschland?

Die Richtung des Verfassungskonflikts zwischen der Religionsfreiheit und dem Aufsichtsrecht des Staates über das Schulwesen ist noch nicht abgeschlossen. Es muss dahin entschieden werden, dass „Kriterien für die Abwägung von

---

[58] Hans Markus Heimann 2011, S. 58.

Art. 4 Abs. 1 und 2 GG und den sonstigen Verfassungsgütern, über die das staatliche Aufsichtsrecht eine inhaltliche Überprüfung des Religionsunterrichts rechtfertigen kann",[59] entwickelt werden. Und das spätestens bis zu dem Zeitpunkt, zu dem IRU nicht nur in der Primar-, sondern aufsteigend auch in der Sekundarstufe unterrichtet wird, weil dann die „antagonistischen Energien"[60] in Unterrichtsinhalten deutlicher hervortreten.

Gemeinsame Kriterien könnten im Konzept der Mündigkeit gefunden werden, das konkret im sog. Beutelsbacher Konsens zum Ausdruck kommt [das Überwältigungs- bzw. Indoktrinationsverbot; das Kontroversitätsprinzip („Was in Wissenschaft und Politik kontrovers ist, muss auch im Unterricht kontrovers erscheinen"); die Hinführung zur selbstständigen Interessenwahrnehmung („eigene Interessenlage analysieren und die vorgefundene Lage im Sinne eigener Interessen beeinflussen lernen")].[61] Für Religionsunterricht konkretisiert sich das Konzept in den Grundsätzen Kunde vor Verkündigung; Kenntnisse vor Bekenntnissen; Aushandlung theologischer Positionen sowie Diskursivität als Unterrichtsprinzip. Dass diese Grundsätze realisiert werden, ist Aufgabe der Schulaufsicht.

Ob zu den Aufgaben von IRU auch explizit die von politischer Seite geforderte Extremismusprävention gehört, wird sich möglicherweise dauerhaft ebenfalls mit der im Unterricht zu vermittelnden Wertschätzung für die demokratische Grundordnung erledigen.

Die Mitwirkung der Religionsgemeinschaften beim Religionsunterricht erschöpft sich aber nicht in der Festlegung der inhaltlichen Grundsätze des Religionsunterrichts. Vielmehr haben sie auch das Recht zu entscheiden, ob eine Lehrkraft Religionsunterricht ihrer Konfession erteilen darf. Diese Entscheidung wird bei den christlichen Kirchen in Form der erforderlichen kirchlichen *vocatio* bzw. *missio canonica* getroffen. Auch beim IRU muss sichergestellt werden, dass aufgrund klarer Vertretungsregelungen die für die Erteilung der *iğaza* genannten Lehrerlaubnis zuständigen Organe benannt werden. Das gleiche gilt für die universitäre Lehrerlaubnis *nihil obstat*. Beide Lehrerlaubnisse wird in NRW für

---

[59] Ebenda, S. 64.
[60] Jan Assmann 2003, S. 28 ff.
[61] Siegfried Schiele u. a. 1977, S. 179 ff.

die Übergangszeit bis Ende Juli 2019 der Beirat erteilen, der sich dafür bereits Anfang 2012 eine Geschäftsordnung gegeben hat, die sich an entsprechenden Grundlagen der Kirchen orientiert.[62] Und innermuslimische Konflikte zeichnen sich dabei bereits jetzt ab, da sich das konservative Islamverständnis der Dachverbände im Beirat auch an Vorstellungen von Lebensgestaltung der Lehrkräfte reibt, die in Schulen und Universitäten islamische Religion bzw. Theologie lehren.[63]

Mit der Implementation von IRU muss zudem die Frage gelöst werden, wie die Zivilgesellschaft (Bürgerinnen und Bürger, Bürgerinitiativen, Vereine, Gewerkschaften, Wohlfahrtsverbände, Stiftungen, NGO- und viele weitere Gruppierungen) in den Dialog um die Zukunft bekenntnisorientierten Religionsunterrichts eingebunden werden kann. Deren Bedeutung für die Integrationsarbeit bildete sich schon lange, bevor die Politik Deutschland als Einwanderungsland anerkannte, heraus, und deren Aktivitäten haben meinungsbildend gewirkt, indem sich ihre Vertreterinnen und Vertreter eingemischt und Öffentlichkeit geschaffen haben. Die in Umfragen immer wiederkehrenden Vorbehalte gegen „den Islam" legen es nahe, diese Erfahrungen der Zivilgesellschaft zu nutzen und Muslime wie Nicht-Muslime zeitnah über Ziele, Themen, Lerninhalte sowie Lehrkräfte von IRU zu informieren. IRU muss als Bestandteil gelingender Integration verstanden und kommuniziert werden. In diesen Prozess müssen weite Bevölkerungsteile aktiv und konstruktiv – lokal, regional, übergreifend – eingebunden, und die Parteien- und Verbändedemokratie muss in gleichem Maße eingedämmt werden. Ohne die Zivilgesellschaft und in besonderer Weise ohne Muslime in Deutschland können die positiven Aspekte, die von IRU ausgehen können, nicht sichtbar werden. Primäres Ziel nicht in den Dachverbänden organisierter Musliminnen und Muslime ist „nicht die Gleichstellung der Verbände

---

[62] Allerdings sind die Grundlagen der *missio canonica* und der *vocatio* transparent und jedermann zugänglich, für die *iğaza* verweigern hingegen die Verbände und die Ministeriumsvertreter im Beirat deren Veröffentlichung. Bekannt geworden ist jedoch ein ca. 30-minütiges Gespräch, das die Lehrkräfte über sich ergehen lassen müssen, in dem u. a. die Loyalität zum Beitrat (!) abgeklopft wird.

[63] Vgl. exemplarisch die Artikel von Martin Spiewak, Glaubenszeugnis. Unter den Muslimen ist ein Streit darüber ausgebrochen, wer ihre Religion an Schulen unterrichten darf, in: DIE ZEIT Nr. 16 vom 12.04.2012, S. 34 sowie von Hermann Horstkotte, Auf dem Weg zum Staatsislam, in: Frankfurter Allgemeine Zeitung vom 25. Juli 2012, Nr. 171, S. 5.

und Vereine mit den christlichen Kirchen", sondern eine „grundsätzliche Auseinandersetzung" mit „den islamistischen Verbänden und Vereinen, und zwar mit dem Ziel, sie und ihre Anhänger davon zu überzeugen, dass die Gesamtheit der demokratischen Werte und Normen von allen, die in dieser Gesellschaft leben, uneingeschränkt zu akzeptieren ist, und religiös begründete Partikularforderungen nur innerhalb dieses Rahmens eine Geltung haben können"[64].

Literatur

Abu Zaid, Nasr Hamid mit Sezgin, Hilal, Der Koran und die Zukunft des Islam. Die Basis einer Weltreligion, Freiburg 2011.

Anschütz, Gerhard, Weimarer Reichsverfassung, Berlin 1933.

Assmann, Jan, Die Mosaische Unterscheidung oder der Preis des Monotheismus, München 2003.

Balic, Smail, Islam für Europa. Neue Perspektiven einer alten Religion, Köln 2001.

Behr, Harry, Curriculum Islamunterricht. Analyse von Lehrplanentwürfen für islamischen Religionsunterricht in der Grundschule. Ein Beitrag zur Lehrplantheorie des Islamunterrichts im Kontext der praxeologischen Dimension islamisch-theologischen Denkens, Bayreuth 2005.

BAMF – Bundesamt für Migration und Flüchtlinge (Hrsg.), Muslimisches Leben in Deutschland. Im Auftrag der Deutschen Islamkonferenz, Nürnberg 2009.

BMI – Bundesministerium des Innern (Hrsg.), Muslime in Deutschland, Hamburg 2007.

Dass., Bundesministerium des Innern (Hrsg.), Lebenswelten junger Muslime in Deutschland. Ein sozial- und medienwissenschaftliches System zur Analyse, Bewertung und Prävention islamistischer Radikalisierungsprozesse junger Menschen in Deutschland, Bonn 2011, veröffentlicht 2012.

Ceylan, Rauf, Die Prediger des Islam. Imame – wer sie sind und was sie wirklich wollen, Bonn 2010.

Dietrich, Myrian, Islamischer Religionsunterricht. Rechtliche Perspektiven, in: Axel Frhr. Von Campenhausen u. a. (Hrsg.), Schriften zum Staatskirchenrecht, Band 31, Frankfurt a. M. 2006.

Dies., Von der Islamkunde zum Islamischen Religionsunterricht: Wo liegt der rechtliche Unterschied?, in: Kiefer, Michael, Gottwald, Eckart und Ucar, Bülent (Hrsg.), Auf dem Weg zum Islamischen Religionsunterricht. Sachstand und Perspektiven in Nordrhein-Westfalen, Münster 2008, S. 33–44.

---

[64] Vgl. exemplarisch die Ziffern 3 und 7 der *Plattform der Initiative von säkularen und laizistischen Bürgerinnen und Bürger aus islamisch geprägten Herkunftsländern in Hessen*, derzeit ohne URL, sondern lediglich als Printversion.

Heimann, Hans Markus, Islamischer Religionsunterricht und Integration, Münster 2011.
Hessisches Kultusministerium (Hrsg.), Bildungsstandards und Inhaltsfelder. Das neue Kerncurriculum für Hessen. Primarstufe – Entwurf – Islamische Religion, Wiesbaden 2012.
Kiefer, Michael, Zielsetzungen einer Imamausbildung in Deutschland – Vom einfachen Vorbeter zum multifunktionalen Akteur?, in: Ucar, Bülent (Hrsg.), Imamausbildung in Deutschland. Islamische Theologie im europäischen Kontext, Göttingen 2010.
Krech, Volker, Islam und Integration – 12 Thesen, in: Friedrich Ebert Stiftung (Hrsg.), Migration-Integration-Religion, in: Policy Politische Akademie Nr. 30, Berlin 2009.
Mohr, Irka-Christin und Kiefer, Michael (Hrsg.), Islamunterricht – Islamischer Religionsunterricht – Islamkunde. Viele Titel – ein Fach?, Bielefeld 2009.
Müller, Rabea, in: Barlas, Asma u. a., Der Koran neu gelesen: feministische Interpretationen, in: Friedrich-Ebert-Stiftung (Hrsg.), Dokumentation. Politische Akademie/Interkultureller Dialog. Islam und Gesellschaft Nr. 6, Berlin 2008.
Oeming, Manfred, Biblische Hermeneutik, Darmstadt 2010.
Reitze, Helmut (Hrsg.), Media Perspektiven Basisdaten. Daten der Mediensituation in Deutschland 2010, Frankfurt a. M. 2010.
Rhode, Ulrich, Rechtliche Anerkennung der muslimischen Glaubensgemeinschaften als Religionsgemeinschaften: juristische Aspekte, in: Kurt, Hüseyin, Weber, Edmund u. a. (Hrsg.), Die Zukunft der Muslime in Deutschland, Frankfurt a. M. 2011, S. 111–118.
Schiele, Siegfried u. a., Das Konsensproblem in der Politischen Bildung, Stuttgart 1977.
Spenlen, Jeannette, Gender-Perspektiven „muslimischer Erziehung", in: Orientierungen. Zeitschrift zur Kultur Asiens, Nr. 2, Bonn 2009, S. 30–69.
Spenlen, Klaus, Auf dem Weg zu islamischem Religionsunterricht – Chancen, Grenzen sowie Lösungsversuche der Länder, in: Kiefer, Michael, Gottwald, Eckart und Ucar, Bülent (Hrsg.), Auf dem Weg zum Islamischen Religionsunterricht. Sachstand und Perspektiven in Nordrhein-Westfalen, Münster 2008, S. 21–32.
Ders., Integration muslimischer Schülerinnen und Schüler. Analyse pädagogischer, politischer und rechtlicher Faktoren, Münster 2010.
Ders. und Kröhnert-Othman, Susanne (Hrsg.), Integrationsmedium Schulbuch. Anforderungen an islamischen Religionsunterricht und seine Bildungsmaterialien, in: Eckert. Die Schriftenreihe, Band 132, Göttingen 2012.
Süssmuth, Rita, Migration und Integration: Testfall für unsere Gesellschaft, München 2006.
Weisse, Wolfram, Islamischer Religionsunterricht in Deutschland – ein Beitrag zur Integration? Religionspädagogischer Kommentar mit Bezug zu Alternativen in Deutschland und Europa, Berlin 2008.

Schulbücher

Abdel-Rahman, Annett und Ulfat, Fahimah, Bismillah – Wir entdecken den Islam, Arbeitshefte für den Islamunterricht, Klassen 1/2, 3 und 4, Braunschweig 2011.

Erkan, Serap u. a., Mein Islambuch. Grundschule 1/2, München 2009.

Gebauer, Klaus, Yakar, Havva u. a., Die schöne Quelle. Islamunterricht in der Grundschule. Klasse 3: helfen und stärken, Köln (2008).

Dies., Die schöne Quelle. Islamunterricht in der Grundschule. Klasse 4: Teilen und Anteil nehmen, Köln 2011.

Kaddor, Lamya u. a. (Hrsg.), Saphir 5/6. Religionsbuch für junge Musliminnen und Muslime, München 2008.

Dies., Saphir 7/8. Religionsbuch für junge Musliminnen und Muslime, München 2011.

Ucar, Bülent (Hrsg.), EinBlick in den Islam. Ein Schulbuch für die Jahrgangsstufe 5/6, Hückelhoven 2010.

Ders., EinBlick in den Islam. Ein Schulbuch für die Jahrgangsstufe 7/8, Hückelhoven 2011.

Internetquellen

Czermak, Gerhard, Das System der Religionsverfassung des Grundgesetzes, 2002, unter: forschungsgruppe weltanschauungen in deutschland: http://fowid.de/fileadmin/textarchiv/Czermak_Gerhard/Religionsverfassungsrecht_im_Grundgesetz_TA2000_2.pdf (28.08.2012).

Ucar, Bülent, Die Bedeutung und Entwicklung der Islamischen Religionspädagogik in der Schule und in den Gemeinden, Vortrag am 27.06.2009 in der Akademie Hofgeismar, unter: http://www.ekkw.de/akademie.hofgeismar/publ/Vortraege/Neu%20ab%202009/09081_Vortrag%20Prof%20%20Buelent%20UcarIslamische%20Religionspaedagogik.pdf(28.08.2012).

Ders., Die Gelehrten sind die Erben der Propheten: Auf dem Weg zu einer Imamausbildung an der Universität Osnabrück, erstmalig veröffentlicht im Webportal der Heinrich-Böll-Stiftung 2010, aktuell unter: http://www.ufuq.de/newsblog/1051-die-gelehrten-sind-die-erben-der-propheten-auf-dem-weg-zu-einer-imamausbildung-an-der-universitaet-osnabrueck-von-buelent-ucar (28.08.2012).

Der Islam sucht seinen Platz
Der Moscheebaukonflikt in Köln

Uwe Gerrens

Mehr als ein Jahrzehnt beschäftigen wir uns in Deutschland mit Moscheekonflikten. Nachdem die meisten der rund 2.700 Moscheen in Deutschland seit den siebziger Jahren ziemlich geräuschlos gebaut worden waren, gibt es bei den heutigen ca. 200 Neubaufällen oft Konflikte. Dies liegt vor allem daran, dass die Moscheen aus unscheinbaren und unansehnlichen Behelfsbauten in Hinterhöfen und Industriegebieten in zentrumsnahe und repräsentative Bauten mit Kuppel und Minarett umziehen.

Dabei sollte eigentlich alles klar sein: Deutschland anerkennt Religionsfreiheit (Art. 4 GG), Moscheevereine dürfen Grundstücke erwerben, im Rahmen des für alle geltenden Baurechts Gebäude errichten und nach den Regeln des Baunutzungsrechts auch nutzen. Doch Recht muss ausgelegt werden, und Gesetze lassen den Baubehörden Auslegungsspielraum; im Zweifel steht der Weg zu den Gerichten offen.[1] Politische Entscheidungen sind beim Verkauf eines staatlichen Grundstücks oder der Änderung eines Bebauungsplanes zu treffen. Das ist gar nicht so selten, zumal geeignete Grundstücke zu erschwinglichen Preisen in Großstädten beschränkt sind. Oft entzünden sich dann Kontroversen um Standort, Größe und Sichtbarkeit der Moschee.

Grundsätzlich sind Konflikte nichts Negatives, sondern notwniger Bestandteil einer sich wandelnden Gesellschaft. Kontroversen um Zuwanderung stellen sich oft als *Regelkonflikte* dar: Nach welchen Voraussetzungen kann die deutsche Staatsbürgerschaft erworben werden? Dürfen Lehrerinnen Kopftuch tragen? Darf man in einem öffentlichen Park grillen? Andere stellen sich als *Rangordnungskonflikte* zwischen Alteingesessenen und Neuzugezogenen (vergleichbar den Vertriebenen in der Nachkriegszeit) dar, wobei die Zuordnung von Akteuren zu sozialen Rangpositionen mit Macht, Einfluss und Kapital verbunden ist. Kontroversen um Bauprojekte stellen sich meist als *Ressourcenkonflikt* dar,

---

[1] Zur Rechtslage vgl. Janbernd Oebbecke 2006.

z. B. um die begrenzten öffentlichen Haushalte (Beispiel: Kosten der Hamburger Elbphilharmonie), den begrenzten Raum in einem engen Talkessel (Beispiel: Bahnhofsumbau „Stuttgart 21") oder die Nachtruhe für Anwohner (Beispiel: Flughafenausbau). Im Unterschied dazu können Moscheebaukonflikte als *Anerkennungskonflikte* charakterisiert werden, denn hier geht es weniger um reale Macht und wirkliche Ressourcen als um symbolische Repräsentation.[2] Das zeigt sich auch daran, dass Kontroversen um die Größe einer Moschee leidenschaftlicher geführt werden als um die eines vergleichbar großen Bürogebäudes. Beschränkt sind die Möglichkeit des Rechtes, Anerkennungskonflikte zu regeln. Ein Verwaltungsgericht kann zwar für oder gegen ein Moscheebauprojekt entscheiden, wird aber (hoffentlich) nicht Symbolpolitik treiben, sondern seine Entscheidung formaljuristisch begründen. Anerkennung entzieht sich weitgehend rechtlicher Beurteilung, kann aber von einem Moscheeverein erworben oder verspielt, von vielfältigen gesellschaftlichen Akteuren gefördert oder verweigert werden. Dabei müssen sich die lokalen inländischen und ggf. ausländischen Akteure auch intern verständigen, weshalb die Gemengelage, wer auf dem Weg Unterstützer und wer Gegner ist, nicht immer klar bestimmbar ist oder je nach Tagesaktualität und Stimmungslage wechseln kann. Es schließen sich im operativen Alltagsgeschäft Versuche an, die öffentliche Meinung zu beeinflussen, auch zu manipulieren.

Diese Strukturen sind auch am Kölner Konflikt aufweisbar, weshalb im Folgenden zunächst sein Ablauf chronologisch darstellt wird (Teil 1). Es schließt sich eine thematisch gegliederte Analyse an (Teil 2): Behandelt werden die Position der Kirchen, die Debatte um die Größe der Moschee, ihren angeblichen Zusammenhang mit dem Terrorismus und schließlich die Architekturkritik, die den gewählten Architekturstil als Selbstdarstellung des Islam verstand.

1 Chronologie

Architekturwettbewerb: In Köln nutzte die Türkisch-Islamische Union der Anstalt für Religion (Diyanet İşleri Türk İslam Birliği, kurz: DİTİB), ein eingetragener Verein unter Vorsitz eines türkischen Botschaftsrats, eine Fabrikhalle

---

[2] Vgl. Thomas Schmitt 2003, S. 142–146 u. ö. Die Grenzen zum Identitätskonflikt sind fließend.

Abb. 1: Fabrikhalle als DİTİB Zentral-Moschee, kurz vor dem Abriss (Foto: Elke Wetzig)

am „Inneren Grüngürtel" für Gottesdienste. Sie sollte durch einen Neubau ersetzt werden. Für sämtliche Neubauten galten allgemeine Höhenbeschränkungen, die die UNESCO in den neunziger Jahren mit der Ankündigung erzwungen hatte, dem Dom den Status Weltkulturerbe zu entziehen. Demnach darf um die Altstadtkirchen bis zu 20 m Höhe gebaut werden, in der Einkaufszone 35 m und entlang der „Grüngürtel" 60 m. Darüber hinaus galt aber genau für diese Stelle im damaligen Bebauungsplan maximal zwölf Meter Geschosshöhe.

Die DİTİB ernannte für einen anonymen Architekturwettbewerb ein Preisgericht überwiegend aus Nicht-Muslimen, darunter Vertreter von Kirchen, Gesellschaft und Politik: die Dombaumeisterin, die evangelische Islambeauftragte, der Vorsitzende des Integrationsrats und der Baudezernent. Indem sie so einflussreiche Kreise in die Entscheidung einband, warb sie auch um Akzeptanz.

Das Preisgericht entschied sich am 06.03.2006 mit 10 zu 8 Stimmen für einen Entwurf, der „unverkennbar ein Kind der Moderne, jedoch auch ganz unverkennbar eine Moschee ist". Gelobt wurde eine glasdurchbrochene Kuppel „von hoher räumlicher Qualität", unter der 1.250 Gläubige Platz finden sollten. Den zweiten Platz belegte ein noch stärker der Moderne verpflichteter Entwurf, „der ganz ohne Kuppel auskommt und dessen Minarette eher als ornamentale Zeichen, denn als Türme zu verstehen sind."[3] Der Bundestagsabgeordneten Lale Akgün (SPD) zufolge, die nach eigenen Angaben für den zweitplatzierten Entwurf stimmte, hätten vor allem die kirchlichen Vertreter „lieber etwas gewollt, was für sie aussieht, wie sie sich eine Moschee vorstellen".[4] Preisträger waren

---

[3] Barbara Schlei 16.03.2006.
[4] Pascal Beucker 23.06.2007.

Abb. 2: Wallfahrtskirche Neviges (Gottfried Böhm) unten links

Paul und Gottfried Böhm, sehr bekannte Architekten, die in vierter bzw. dritter Generation sehr viele Kirchen gebaut haben, darunter die Wallfahrtskirche in Neviges, für die Gottfried Böhm als bisher einziger Deutscher mit dem oft „Nobelpreis der Architektur" genannten Pritzker-Preis ausgezeichnet wurde.

Änderung des Bebauungsplans: Für die Baugenehmigung benötigte man eine Änderung des Bebauungsplans, denn die Kuppel sollte 35 m hoch sein, die Minarette 55 m, und der Komplex sollte Räume für Gastronomie und Einzelhandel enthalten, ein Jugend- und Frauenzentrum, Sporteinrichtungen, die Verwaltung der DİTİB-Deutschlandzentrale und Dienstwohnungen. Oberbürgermeister Fritz Schramma (CDU), nach Kommunalwahlrecht direkt gewählt, stand hinter dem Projekt. Frühzeitig schien sich abzuzeichnen, dass auch SPD, FDP, Grüne und Linkspartei im Stadtrat für eine Änderung des Bebauungsplans stimmen würden. Die CDU-Fraktion, die nur etwa ein Drittel der Sitze besaß, hatte zwar 2002 grundsätzlich grünes Licht signalisiert, doch fasste der Ehrenfelder Ortsverband im April 2006 einen gegenteiligen Beschluss. Die vom Verfassungsschutz wegen rechtsextremistischer Tendenzen beobachtete Partei „pro Köln"[5] sammelte Unterschriften für ein Bürgerbegehren gegen den Moscheebau. Der Ehrenfelder CDU-Ortsvorsitzende Jörg Uckermann kündigte öffentlich an, sein Ortsverband werde das unterstützen, wurde jedoch vom Kreisverband genötigt, sich von einer „angeblichen Annäherung an pro-Köln-Positionen" zu distan-

---

[5] Vgl. Innenministerium NRW 2006, S. 80.

zieren und „Missverständnisse" richtigzustellen.[6] „Pro Köln" musste ohne die CDU auskommen. Das Bürgerbegehren scheiterte, weil fast ein Drittel der Unterschriften ungültig war.[7]

Kurz darauf erklärte der Schriftsteller Ralph Giordano in einer Fernsehdiskussion des Kölner Stadtanzeigers (KStA) unter Leitung von Chefredakteur Sommerfeld:

> Dass ‚Pro Köln', die lokale Variante des zeitgenössischen Nationalsozialismus, gegen den Bau der Moschee ist oder so tut, als ob, kann mich nicht davon abhalten, mit meinen eigenen Motiven und Gründen dagegen zu sein. [...] Es gibt kein Grundrecht auf den Bau einer zentralen Großmoschee. [...] Seit 45 Jahren sind Muslime hier und die Integration ist gescheitert. [...] Auf dem Wege hierher musste ich einen Anblick ertragen, der meine Ästhetik beschädigt hat – eine von oben bis unten verhüllte Frau, ein menschlicher Pinguin.[8]

Einige Monate später legte Giordano nach: Zurzeit schössen „Giga-Moscheen ... wie Pilze aus dem Boden". [...] „Es ist eine Kriegserklärung, es ist eine Landnahme auf fremdem Territorium."[9]

Diese mehr als schrillen Töne fanden deutschlandweit Aufmerksamkeit. Schnell wurde deutlich, dass der Protest gegen den Moscheebau das Ghetto rechtsradikaler Querulanten verlassen hatte und in der Mitte der Gesellschaft angekommen war, dort freilich kontrovers diskutiert wurde.

Bei der Bürgeranhörung drängelten sich 800 Teilnehmende in einer stickigen Schulaula, rechtspopulistische Störer mussten zu Beginn von der Polizei herausgetragen werden. Doch nach der Projektion des Modells durch den Architekten wurde dem Schriftsteller und Islamwissenschaftler Navid Kermani zufolge spontan geklatscht. Die meisten Menschen formulierten „ganz konkrete Einwände. Es ging um die Verkehrsführung, die vielen Ein-Euro-Shops auf der Ehrenfelder Einkaufsstraße, die Lärmbelästigung, die viel zu knappen Informationen des Bauherrn, die Höhe des Minarettes, nicht um das Minarett an sich". Ein zufällig

---

[6] Vgl. Welt 26.03.2007. Ein Jahr später, als ihm ein Parteiausschlussverfahren wegen Wahlbetrugs droht, wird Uckermann aus der CDU aus- und in „pro-Köln" eintreten.
[7] Vgl. Natalie Wiesmann, 09.05.2007.
[8] Ralph Giordano, KStA 16.05.2007.
[9] Ralph Giordano, KStA 04.10.2007.

Abb. 3: Entwurf der Moschee (Büro Böhm)

anwesender iranischer Schriftsteller habe gestaunt über die Toleranz, mit der man das in Deutschland diskutierte.[10]

Kurz darauf veröffentlichte der Kölner Stadtanzeiger, eine Lokalzeitung mit (nahezu) Monopolstatus, eine Meinungsumfrage unter den Überschriften:

- „Kölner gegen Moschee in geplanter Höhe" (so im Hauptteil)
- „Zwei Drittel der Kölner halten den Bau generell für wichtig. Mehrheit sieht darin einen Beitrag zu besseren Integration der Muslime" (so im Lokalteil).[11]

Aus den nackten Zahlen (vgl. Abbildung 4) konnte man, ohne direkt zu lügen, das eine wie das andere herauslesen. Aber wie war dieser Widerspruch innerhalb ein- und derselben Zeitung möglich? Dazu schrieb die „tageszeitung":

> Laut Informationen der taz soll die unterschiedliche Interpretation der Umfrageergebnisse im Haupt- und Lokalteil auf einen internen Konflikt innerhalb des KStA um die von Chefredakteur Franz Sommerfeld vor einigen Monaten eingeschlagene moscheekritische Blattlinie zurückzuführen sein.[12]

Auch Befürworter des Moscheebaus kamen im KStA zu Wort, doch die Gegner erhielten mehr Raum. Kermani meinte, der KStA habe die Eskalation überhaupt erst „ausgelöst".[13] Burcu Çalışkan analysiert: „Jedes Mal, wenn die De-

---

[10] Vgl. Navid Kermani, SZ 04.06.2007, S. 93.
[11] KStA 29.06.2007 nach Burcu Çalışkan 2010, S. 105.
[12] taz 21.06.2007 nach Burcu Çalışkan 2010, S. 109 f.
[13] Navid Kermani, SZ 4.6.2007, S. 93.

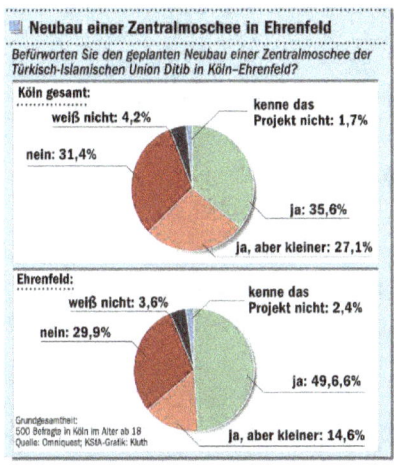 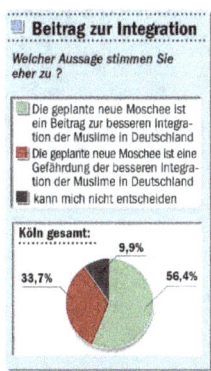

Abb. 4: Umfrageergebnisse Moscheebau (KStA)

batten und Streitigkeiten über das Thema abkühlten, wurde neues Material als Antriebsmittel beschafft".[14] Andreas Lindner beobachtet, der KStA habe zwar eine kritische Haltung gegenüber „pro Köln" eingenommen, sich gleichzeitig jedoch „zum Anwalt der von rassistischen Ressentiments geprägten diffusen Ängste der Moscheegegner aus der ‚einfachen Bevölkerung'"[15] gemacht. Dabei hielt sich der Chefredakteur selbst vornehm zurück und sorgte sich öffentlich vor allem, man könne sämtliche Moscheebaugegner in die rechte Ecke stellen: „Wer christdemokratische Vorbehalte gegen einen Moscheebau und rechtsradikale Propaganda vermengt, missbraucht die antifaschistische Idee".[16]

Auf dem Kölner CDU-Kreisparteitag warb Oberbürgermeister Schramma für den Bau und befürchtete „immer neue, unerreichbare Hürden als bewusste Soll-

---

[14] Burcu Çalışkan 2010, S. 93.

[15] Andreas Lindner 2008, S. 214.

[16] Franz Sommerfeld, KStA 27.08.08. Auch im Nachhinein sah Sommerfeld das eigentliche Problem in der Polemik der FDP-Fraktion, die CDU solle die „politische Geisterfahrt der Ehrenfelder CDU beenden", die den „rechten Rattenfängern" auf den Leim gingen, während er die tatsächlichen Versuche der Ehrenfelder CDU, mit „pro Köln" zusammenzuarbeiten, nicht einmal erwähnte (Vgl. Sommerfeld 2008, S. 19). Für jemanden, der von 1983 bis 1989 Chefredakteur der DKP-nahen „Deutschen Volkszeitung" war, brachte er da eine erstaunliche Nachsicht gegenüber einem aus dem Ruder gelaufenen CDU-Ortsverband auf.

bruchstellen". Der damalige NRW-Integrationsminister Armin Laschet betonte in einer engagierten Rede das „Recht der Muslime, sich ein würdiges Gebetshaus zu bauen."[17] Doch stießen sie bei der Parteibasis auf heftigen Widerspruch, den Ursula Heinen, Staatssekretärin im Verbraucherministerium, kommentierte mit: „Eigentlich wollen sie die ganze Moschee nicht oder so klein, dass man sie nicht bemerkt". Schließlich erklärte Schramma: „Wir werden heute [...] nicht entscheiden, ob oder wie die Moschee gebaut wird. Das wird der Rat tun, und zwar zumindest mit einer rot-rot-grün-gelben Mehrheit, die heute schon steht." Damit hatte ein CDU-Bürgermeister gedroht, sich mit einem großen Parteienbündnis inklusive Linkspartei gegen die eigene Parteibasis zu stellen.

Der schließlich gefasste Beschluss forderte, „Höhe und Größe der Kuppel zu verringern" und die Minarette „zumindest deutlich zu reduzieren", besser auf sie zu verzichten: „Dadurch wird dem Missverständnis entgegengewirkt, es handele sich bei dem Bau um eine politische oder religiöse Machtdemonstration."[18] Darüber hinaus verlangte man, dass deutsch gepredigt werde, bei Kurs- und Jugendveranstaltungen deutsch gesprochen, der Träger sich für die für die Gleichberechtigung von Mann und Frau und die gemeinsame Teilnahme von Jungen und Mädchen am Sport- und Schwimmunterricht ausspreche, auf das Zeigen der türkischen Flagge und den Muezzin-Ruf im Freien verzichte.

Damit wurde eine Reihe von Forderungen erhoben, die im Baurecht fremd sind, aber unter den gegebenen Bedingungen politisch verhandelbar waren. Am 23.01.2008 präsentierten Schramma, DİTİB und Architekt überarbeitete Pläne: Der Bau sollte im Gebetsraum um ein Viertel verkleinert werden, im unterirdischen Basar-Bereich um die Hälfte, die Minarette verschlankt, allerdings nicht verkürzt, denn deren Höhe sei auf die Kuppel abgestimmt. Gleichzeitig stellte die DİTİB eine „Erklärung zur geplanten Moschee als Beitrag zur geplanten Integration der Muslime in Köln" vor, in der sie Ziele formulierte, die den auf dem CDU-Kreisparteitag erhobenen Forderungen ähnelten, auch wenn man sich bemüht zeigte, das nicht als Zugeständnis erscheinen zu lassen.[19] So sprach sich die DİTİB, übrigens nicht zum ersten Mal, für den Verzicht auf den Muezzin-Ruf

---

[17] Hier und im Folgenden nach Schilder, FAZ 16.08.2007.
[18] CDU-Köln 14.08.2007, S. 2.
[19] Vgl. Helmut Frangenberg, KStA 23.1.08.

im Freien aus, für die Gleichberechtigung von Mann und Frau sowie gemeinsamen Schwimm- und Sportunterricht. Neu war, dass sie auf die türkische Fahne verzichten wollte. Deutschsprachige Predigten erstrebte sie (im Unterschied zu CDU-Forderung) nur langfristig, kurzfristig versprach sie eine Übersetzung.

Weder die CDU, noch die DİTİB, noch andere Parteien erwähnten in diesem Zusammenhang den Fremdsprachengebrauch Kölner Kirchen. Die katholische Kirche bietet Messen an in Englisch, Französisch, „Ghanaisch", „Indisch", Indonesisch, Italienisch, Japanisch, Kroatisch, Philippinisch, Polnisch, Portugiesisch, Rumänisch, Slowakisch, Spanisch, Syrisch und Chaldäisch, Ukrainisch, Ungarisch, Vietnamesisch und Latein.[20] Muttersprachlich gepredigt wird in folgenden Kirchengemeinden: Griechisch-Orthodox, Ukrainisch-Orthodox, Armenisch-Apostolisch, Äthiopisch-Orthodox, Anglikanisch-Episkopalistisch, Ungarisch Evangelisch, Finnisch Evangelisch-Lutherisch, Japanisch Evangelisch, Koreanisch Hanbit, Niederländisch, All Saints, International Baptist.[21] Darüber hinaus werden in zahlreichen kleineren sog. „Listengemeinden" noch exotischere Sprachen gesprochen wie Amharisch, Lingala, Tamilisch oder Twi.[22] Da erscheint es wenig einsichtig, von den Muslimen und nur von ihnen zu verlangen, dass sie deutsch predigen.

Hier wurden Gesichtspunkte, die wenig miteinander zu tun hatten, zu einem „Gesamtpaket" geschnürt. Man kann derartige „Deals" zynisch sehen wie der Kölner FDP-Fraktionsvorsitzende Ralph Sterck, der auch spottete, Böhm hätte besser mit 95 m Minaretthöhe geplant, damit man die 55 m jetzt als „Kompromiss" verkaufen könne.[23] Man kann aber auch „Deals", selbst faule Kompromisse, als Teil einer Konsens orientierten politischen Kultur würdigen, die in einer verfahrenen Situation möglichst viele Menschen mitzunehmen sucht. Zuletzt scheiterte er dennoch, weil die geplante Verkleinerung der Moschee den CDU-Fraktionsmitgliedern noch nicht ausreichte. FDP, SPD, Grüne, Linksfraktion samt Oberbürgermeister Schramma beschlossen am 28.08.08 die Änderung des Bebauungsplanes.

---

[20] Vgl. Internationale Katholische Seelsorge in Köln 2012.
[21] Vgl. Arbeitsgemeinschaft christlicher Kirchen in Köln, Kirchen und Gemeinden in Köln 2012.
[22] Vgl. Fremdsprachige Gemeinden 2008.
[23] Vgl. FDP-Köln 22.08.2007.

Daraufhin kündigte „pro Köln" einen „Anti-Islamisierungskongress" an: mit Jean-Marie Le Pen vom französischen „Front National", Heinz-Christian Strache von der österreichischen FPÖ, Filip Dewinter von den belgischen Separatisten „Vlaams Belang" und Mario Borghezio von der italienischen Lega Nord. Dagegen bildete sich ein Aktionsbündnis vom Oberbürgermeister bis zum Motorradclub „Kuhle Wampe", vom Hotel- und Gaststättenverband, der seinen Mitgliedern empfahl, keine Rechtspopulisten als Gäste aufzunehmen, bis zu den Taxifahrern, die einen bestimmten Kundenkreis übersehen wollten. Gegendemonstrationen und Blockaden wurden angekündigt, Demonstrationsverbote ausgesprochen und durch einstweilige Verfügungen wieder aufgehoben. Der Einsatzleiter der Polizei sprach von „einem der schwierigsten Einsätze überhaupt".[24] Doch die große Vereinigung europäischer Rechtspopulisten vor einer Kölner Baustelle blieb aus. Strache sagte ab, Le Pen war nach eigener Darstellung nicht einmal eingeladen worden. Eine Gruppe Rechtspopulisten steckte am Flughafen fest, kam nicht zum blockierten Bahnhof und fand kein Taxi, die Innenstadt war weitgehend von Gegendemonstranten abgeriegelt.

Tatsächlich bestand eine erhebliche Diskrepanz zwischen der medial vermittelten Relevanz dieser Partei und den gut 100 Demonstrierenden auf dem Heumarkt. Die meisten Moscheebaugegner, zu denen ja auch diejenigen gehörten, die Bedenken in Bezug auf Lärmbelästigung, Verkehrsberuhigung und Parkplätze hatten, akzeptierten den Ratsbeschluss als Ergebnis eines politischen Meinungsbildungsprozesses, bei dem man unterlegen war, und demonstrierten nicht mit „pro Köln".

Debatte um den Innenausbau: Drei Jahre später, der Rohbau stand schon, kündigte die DİTİB dem Architekten Böhm mit sofortiger Wirkung. Man warf ihm gravierende Baumängel vor, die Kosten seien explodiert: „Als Künstler hat Herr Böhm brilliert, als Bauleiter hat er leider versagt". Deshalb werde man die Moschee mit neuem Innenarchitekten vollenden. Düpiert sah sich der für die Unterstützung des Bauprojektes gebildete Beirat der Moschee, dem zahlreiche Persönlichkeiten der Stadt angehörten, u. a. Altbürgermeister Schramma. Man wäre gern informiert worden und befürchte, das Ganze würde „Wasser auf die

---

[24] Spiegel-online 17.09.2008.

Mühlen der Rechtsradikalen".[25] Lale Akgün, Mitglied des Beirates, war sich „relativ sicher", dass die Streitigkeit mit dem seit August 2010 neuen DİTİB-Vorstand zusammenhing, der, dem türkischen Ministerpräsidenten unterstellt, von der konservativer gewordenen „politischen Großwetterlage" abhinge:

> Vor einigen Jahren war bei der DİTİB eine Art ‚heiterer Öffnung' festzustellen, also es hat sich eine Veränderung ergeben, es gab eine Zusammenarbeit mit deutschen Institutionen, es wurde eine Jury eingerichtet, die sich dann auf dem Konsensswege für das Modell Böhm entschieden. Es ging auch darum, ob aus der DİTİB ein deutscher Verein gemacht würde, der dann Bauherr der Moschee sein würde. Übrigens, eine Sache möchte ich noch festhalten: Die DİTİB ist zwar Bauherr gewesen, aber es herrschte immer ein Konsens, dass es eine Moschee für Köln sein sollte, nicht nur für die DİTİB. Das ist wichtig. Und ich kann mir vorstellen, dass jetzt diese konservativen Kräfte innerhalb der DİTİB, aber auch innerhalb der Türkei sagen: Nein, diese Moschee entspricht nicht unseren Vorstellungen, sie ist zu modern, sie ist nicht traditionell genug und wir müssen eine andere Form wählen.[26]

Auf einer eigenen Pressekonferenz bestätigte Böhm, dass der Rohbau Mängel enthalte, nur sei das bei einem Bauwerk dieser Größe normal. Die beteiligten Bauunternehmen seien verpflichtet, sie bis zur Bauabnahme zu beseitigen. In den meisten Fällen sei das auch ohne größere Probleme möglich. Kernstreitpunkt sei die „Gestaltung des Innenraums, die Fassade und die Farbgebung"[27] und damit die Modernität des Baus. Es gebe „Kommunikationsstörungen" mit dem neuen Vorstand. Kostensteigerungen habe nicht er zu verantworten, sie seien durch Änderungswünsche der DİTİB verursacht und schriftlich genehmigt. Böhms Projektleiter erläuterte, dass man die Kuppel auf Wunsch von „Ankara" zweimal habe neu zeichnen müssen. Ein Entwurf sei durchgefallen, weil „vermeintliche Religionsexperten" in der Dreiteilung einen versteckten Hinweis auf die Trinität gesehen hätten, ein anderer, weil sie im Grundriss ein „Christusmonogramm", ein aus den griechischen Buchstaben XP bestehendes Symbol des Christentum ausfindig gemacht haben wollten: „Diese Posse wäre ein gefundenes Fressen für die Rechtspopulisten gewesen. Paul Böhm behielt sie für sich und plante einmal mehr um."[28] Jetzt wurde sie allerdings mit einem zwei Jah-

---

[25] Reiner Burger, FAZ 02.11.2011.
[26] Lale Akgün 27.10.2011.
[27] Simone Hübner 2012.
[28] Helmut Frangenberg, KStA 10.11.2011.

re alten Brief der DİTİB-Zentrale belegt. Böhms Rechtsanwalt sah sich an eine „kölsche Form der Baufinanzierung" erinnert, bei der der Bauherr seine Rechnungen nicht bezahle und Architekten und Betriebe mit Mängelrügen überhäufe, um Zeit zu gewinnen. Dennoch wünschte Böhm sich trotz aller Probleme, die Fertigstellung des Baus zu begleiten, damit Außen und Innen ein harmonisches Ganzes ergäben: „Es war noch nie einfach, diese Moschee zu bauen".

Nach Vermittlung von Beirat und Altbürgermeister einigten sich Böhm und DİTİB 2012, die finanziellen Fragen im Rahmen eines gerichtlichen Beweissicherungsverfahrens zu klären. Die DİTİB nahm den Vorwurf, Böhm habe als Bauleiter versagt, von ihrer Homepage. Böhm kehrte zum Bau zurück, nicht als Bauleiter, aber als „Berater".[29] Die DİTİB erklärte „Herr Böhm ist unser Gesprächspartner, wir wollen seine Meinung hören." Böhm zeigte sich zuversichtlich, dass „wir wieder zueinander finden".[30] Die DİTİB befürwortete jetzt eine moderne Innengestaltung, doch war noch nicht entschieden (Stand: August 2012), ob sie darunter das gleiche verstand wie Böhm. Offen ist auch die Architektur der Geschlechtertrennung: Der Bau besitzt einen für Frauen und Männer gemeinsamen Eingang (das ist ungewöhnlich) und eine (klassisch Frauen vorbehaltene) Galerie, die aber so klein ist, dass bei größeren Besucherzahlen einige Frauen nach unten kommen müssen. Hier soll nach Vorstellungen der DİTİB ein Frauenbereich unter der Galerie durch eine bewegliche spanische Wand abgetrennt werden, auf die der Architekt lieber verzichten würde.

Insgesamt haben sich die Einmischungen aus Ankara als wenig hilfreich erwiesen. DİTİB-interne Auseinandersetzungen waren die unvermeidliche Konsequenz. Machtkämpfe zwischen deutschen Gläubigen und einer autoritär auftretenden Zentrale im Ausland sind in anderer Weise auch aus der katholischen Kirche bekannt. Dabei hat sich in immer neuen Konflikten herausgeschält, dass der Vatikan, will er seine Macht behalten, sie auch begrenzen muss. So weit ist man innerhalb von DIYANET, der staatlichen türkischen Religionsbehörde und Vorgesetzten von DİTİB, noch nicht, die Kuppelform und Fassadenanstrich einer Moschee in Deutschland ebenso wie den Predigtinhalt selbst regeln will. Der deutsche Staat toleriert das, solange deutsche Gesetze eingehalten werden,

---

[29] Vgl. RP-Online 03.03.2012.
[30] Domradio 19.03.3012.

langfristig aber, diese Prognose sei gewagt, wird das den deutsch-türkischen Musliminnen und Muslimen kaum vermittelbar sein.

2 Die inhaltliche Debatte

Stellungnahmen der Kirchen: Katholische und Evangelische Kirche waren durch Teilnahme an der Jury in die Pläne eingebunden. Die Evangelische Kreissynode Köln-Nord, der Kirchenverband Köln und Umgebung sowie Stadtsuperintendent Ernst Fey votierten frühzeitig für das Projekt.[31] Internationale Aufmerksamkeit erregte eine Sonntagskollekte der katholischen Kirchengemeinde St. Theodor in Köln-Vingst, denn es wurde für den Moscheebau gesammelt. „Wir hätten nie gedacht, dass es einen über unser Viertel hinaus interessiert. Aber offensichtlich war es genau der Zeitpunkt, wo sich allmählich diese Fragestellung, Moschee oder nicht, aufbaute".[32]

Kardinal Meisner dagegen hielt sich in einem Interview des KStA für unzuständig: „Wir haben Religionsfreiheit. Und eine so große Gemeinschaft wie die Muslime in Köln hat auch das Recht auf ein Gotteshaus. Wie das ins Stadtbild passt, das müssen die kommunalen Behörden entscheiden".[33] Dennoch meinte er:

> Ich habe ein ungutes Gefühl. Letztens sagten mir noch traditionsbewusste Kölner, dass das Stadtpanorama in Köln wie in keiner anderen deutschen Stadt durch die Jahrhunderte dokumentiert ist. Ein neues Stadtpanorama würde jetzt noch eine Moschee zeigen. Da ist gleichsam von der Historie her doch ein Erschrecken, dass ein Kulturbruch in unserer deutschen europäischen Kultur durch die Einwanderung der Muslime passiert ist. Das muss man zur Kenntnis nehmen und darauf muss man entsprechend reagieren, nicht in einer Kontra-Stellung, aber wir müssen in Fairness miteinander arbeiten.[34]

Von Leiden an einem Kulturbruch zeugten auch seine Äußerungen im Streit um ein neues *Kirchen*fenster, das der Maler Gerhard Richter aus farbigen Quadraten entworfen hatte: „Das Fenster passt nicht in den Dom. Es passt eher in eine Moschee oder ein Gebetshaus."[35]

---

[31] Vgl. Stefan Rahmann 10.11.2007, bezugnehmend auf ältere Stellungnahmen.
[32] Franz Meurer 24.12.07.
[33] Joachim Kardinal Meisner, KStA 14.12.2007.
[34] Joachim Kardinal Meisner, Deutschlandfunk 20.06.07.
[35] Anette Bosetti und Bertram Müller 31.08.2007.

Der Augsburger Bischof Mixa äußerte, weil Christen in vornehmlich islamisch geprägten Ländern „so gut wie keine Daseinsberechtigung" hätten,[36] hielte er den Kölner Muslimen „in aller Freundschaft" entgegen: „Dann muss es eben keine große Moschee sein mit hoch emporragenden, demonstrativ in Erscheinung tretenden Minaretten, dann reicht in einer christlich geprägten Kultur auch ein schlichter muslimischer Andachtsraum."[37]

Hingegen erklärte der Vorsitzende der deutschen Bischofskonferenz Kardinal Lehmann in einer „Grußbotschaft zum Fastenbrechen 2007" an die deutschen Muslime:

> Wir alle waren in den vergangenen Wochen und Monaten Zeugen einer lebhaften Diskussion über den Bau von Moscheen in mehreren deutschen Großstädten. Leider wurden diese Debatten nicht immer im Geiste eines gedeihlichen Zusammenlebens geführt. Es ist mir deshalb wichtig, Ihnen einmal mehr zu sagen, dass sich die Katholische Kirche nachdrücklich zum Recht auf Religionsfreiheit bekennt. Sie gilt für Christen wie für Muslime, für Andersgläubige und auch für Nichtgläubige. Die Religionsfreiheit ist ein zentrales Menschenrecht mit universalem Geltungsanspruch. Überall in der Welt muss sie deshalb eingefordert werden. In Deutschland garantiert unsere Verfassung die Religionsfreiheit. Sie schützt auch das Recht der Muslime, würdige Moscheen in jenen Gegenden zu bauen, in denen sie leben. Die Katholische Kirche hat aber immer auch darauf hingewiesen, dass die Planungen zum Bau einer Moschee langfristig angegangen und durch intensive Diskussionen mit der Wohnbevölkerung und mit den Behörden vorbereitet werden sollten. Auch die Kirche steht gerne zu solchen Gesprächen bereit, um im Rahmen ihrer Möglichkeiten zu Ausgleich und Verständigung beizutragen. Erforderlich ist ein konstruktiver Meinungsaustausch auf der Grundlage wechselseitiger Wertschätzung, bei dem offen auch über Probleme bei der Auswahl eines geeigneten Standortes und über Fragen der architektonischen Gestaltung gesprochen wird. Auf diesem Wege vermögen legitime unterschiedliche Auffassungen zusammengeführt und gute Lösungen gefunden werden. Wenn alle Beteiligten

---

[36] Bischof Walter Mixa spielt hier auf den unter der Chiffre „Reziprozität" konstruierten Genehmigungsvorbehalt von Moscheebauten in Deutschland an, der von der Genehmigung von Kirchenbauten in islamischen Staaten abhängig gemacht werden soll. Dieser Genehmigungsvorbehalt würde allerdings gegen den Grundsatz der Gleichbehandlung von § 9 der Konvention zum Schutze der Menschenrechte und Grundfreiheiten (EMRK vom 4. November 1950 – BGBl. 1958/210 samt Zusatzprotokoll vom 20.3.1952, GBBl 1958/210) verstoßen. Dabei gilt die Konvention auch, obwohl – trotz ihrer Ratifizierung durch die Bundesrepublik Deutschland wie durch die Türkei – in vielen Verfassungen islamisch-geprägter Staaten wie etwa der der Türkei entsprechende kompatible Regelungen wie im Grundgesetz fehlen.

[37] Reinhold Michels, RP-Online 26.07.2007.

sich vom Geist des Ausgleichs bestimmen lassen, können auch strittige Diskussionen einen Beitrag zu einem friedlichen und gedeihlichen Zusammenleben leisten.[38]

Damit hatte Lehmann sich durchaus die Möglichkeit einer konkreten ästhetischen Diskussion vorbehalten, dennoch erschien sein Tonfall gesprächsbereit und zugewandt.

Der Präses der Evangelischen Kirche im Rheinland Nikolaus Schneider empfand die Architektur des Entwurfes in einem Interview des KStA als „schon sehr triumphierend angelegt": „Steine sprechen! Also frage ich die DİTİB als Bauherrin: Was bringt ihr mit diesem Bau zum Ausdruck?". Er bejahte die Frage seines Interviewpartners, ob es eine Anmaßung sei, dass – „Zufall oder nicht" – die geplanten Minarette etwas höher sein sollten als „der Turm der nahe gelegenen evangelischen Kirche": „In der Tat. Ich finde, das muss nicht sein". Er wünsche sich das Gebäude „zurückgenommener, nicht so imperial, [...] vielmehr in einer Gestalt, die mehr den integrierenden, dienenden Charakter von Religion zum Ausdruck bringt".[39]

Der EKD-Ratsvorsitzende Bischof Wolfgang Huber nahm das Thema auf der EKD-Synode auf:

> Deshalb bejahen wir als evangelische Kirche die freie Religionsausübung von Muslimen in unserem Land. An der Frage des Moscheebaus war das gerade in letzter Zeit verschiedentlich zu verdeutlichen; dabei schließt das Ja zum Bau von Moscheen die kritische Auseinandersetzung über den Ort und die Größe, die Gestaltung oder die Anzahl nicht aus. Wir machen unser Ja zur freien Religionsausübung von Muslimen nicht von der Frage abhängig, ob islamisch dominierte Länder den dort lebenden Christen Religionsfreiheit gewähren und auch den Übertritt zum Christentum als Ausdruck der Religionsfreiheit achten. Doch zugleich treten wir nachdrücklich für die Religionsfreiheit als universales Menschenrecht ein. Wir finden uns nicht damit ab, dass es insbesondere Christen sind, die in der heutigen Welt unter Einschränkungen und Verletzungen dieses Menschenrechts zu leiden haben. Zu fordern ist in diesem Zusammenhang auch, dass Muslime, die in unserem Land zum Christentum übertreten, deshalb genauso wenig bedrängt werden wie Christen, die zum Islam übertreten.[40]

Zuvor hatte Huber angesichts einer „groß angelegten Moscheebau-Initiative" Journalisten gegenüber erklärt, es müsse die Frage erlaubt sein, ob es sich dabei

---

[38] Karl Lehmann 2007.
[39] Nikolaus Schneider, KStA 30.08.07.
[40] Bericht 2007.

um die „legitime Befriedigung religiöser Bedürfnisse" oder um „weitergehende Machtansprüche" handele.[41]

Dem widersprach der damalige Generalsekretär des Zentralrates der Muslime Aiman A. Mazyek:

> In Sonntagsreden wird stets der sichtbare, der transparente Islam gefordert. Beginnen Muslime aber, damit ernst zu machen, schlagen manche in unserem Land sogleich schrill Alarm. Wir erleben dann in der Realität häufig Stellvertreterdebatten: über Bebauungspläne, Parkplätze oder die Höhe von Minaretten. Wir erleben Angstdebatten: Die sprechen ja gar nicht Deutsch. Oder wir erleben sogar, wie aus dem Bau von Moscheen Machtfragen konstruiert werden – so jüngst vom EKD Ratsvorsitzenden Bischof Wolfgang Huber. [...] Der Bau von Gotteshäusern ist ein fundamentales Recht, das nicht einfach unter Verweis auf ‚Machtsymbolik' oder ‚Zumutbarkeit' oder ‚Geschmack' wegzuverhandeln ist. Vor allen – womöglich legitimen – Differenzen über die Details von Moscheebau-Plänen müsste doch das Bekenntnis zum Artikel 4 des Grundgesetzes stehen.[42]

Noch während der EKD-Synode stellte Schneider „in einer mit Huber abgestimmten Reaktion" richtig: Das Recht der Muslime, Gotteshäuser zu errichten, werde von der Evangelischen Kirche „in keiner Weise in Frage gestellt" und das Bekenntnis zur Religionsfreiheit nach Art. 4 GG stehe „vor allen – womöglich legitimen – Differenzen über die Details von Moscheebauplänen".[43]

Der ehemalige EKD-Ratsvorsitzende Manfred Kock erläuterte, die Äußerungen seines Nachfolgers Huber bezögen sich auf den „Bauplan einer etwa 40-köpfigen muslimischen Gemeinde in Berlin" (die geplante Ahmadiyya-Moschee in Berlin Heimersdorf):

> Bemerkungen zum Kölner Moscheebau, welche die Höhe der Minarette oder die Größe des ganzen Baus kritisieren, sind dagegen von Unkenntnis der ganzen Situation getragen. In Ehrenfeld stehen Fernsehturm und mehr als 100 m hohe Verwaltungsgebäude in unmittelbarer Nachbarschaft. Da kann man nicht von Machtdemonstration sprechen, wenn eine architektonisch attraktive Moschee entstehen soll.[44]

Auch Alfred Buß, Präses der Evangelischen Kirche von Westfalen, betonte, dass Moscheen eine Stätte der Anbetung und nicht der Machtdemonstration

---

[41] epd-Meldung 18.10.2007.
[42] Aiman A. Mazyek, KStA 06.11.2007.
[43] KStA 06.11.07.
[44] Manfred Kock, KStA 20.11.07.

seien: „Die Frage, ob dies etwa für das Kölner Moscheeprojekt zutrifft, kann allerdings gestellt werden".[45] Dem widersprach sein katholischer Kollege, Ruhrbischof Felix Glenn, er glaube nicht, dass sich hinter Moscheebauten „verborgene Machtansprüche" verbergen würden: „Das unterstelle ich niemandem. [...] Ich würde nicht über die Meter von Minaretten streiten. Das hängt von den jeweiligen Umständen ab."[46]

Nun bat Bekir Alboga, Dialogbeauftragter der DİTİB, Präses Schneider um ein klärendes Gespräch. Schneider berichtete hinterher einem Journalisten, er habe Alboga deutlich machen wollen, dass kritische Nachfragen „Ausdruck von Interesse sind". Gerade er wolle „nicht verhindern, dass es die Moschee in Köln gibt", vielmehr lege ihm im Gegenteil daran, „dass sie gebaut wird". Ob er seine damalige Kritik „noch einmal in dieser Schärfe formulieren" würde, wisse er nicht. Ihn hätten die jüngsten rechtlichen Einschränkungen des griechisch-orthodoxen Ökumenischen Patriarchats in Istanbul durch den türkischen Staat geärgert: „Da war ich ziemlich geladen".[47]

In der Folge hat sich Schneider für den Bau ausgesprochen. Die Frage, ob es ihn störe, dass die geplanten Minarette höher würden als der Kirchturm der nächstgelegenen evangelischen Kirche, beantwortete er jetzt: „Das stört mich nicht. Den freundlichen Umgang miteinander und Religionsfreiheit kann man nicht in Metern messen".[48]

Insgesamt wurden innerhalb beider Kirchen unterschiedliche Positionen vertreten. Katholische Einzelpersonen aus dem Kölner Raum engagierten sich für den Bau, Kardinal Meisner artikulierte ein „ungutes Gefühl", während mehrere seiner Bischofskollegen (Mixa ausgenommen) gegensteuerten. Auf evangelischer Seite hatten die örtlichen Gremien frühzeitig für den Bau votiert, Ratsvorsitzender und Präses schienen da hineinzugrätschen, was in der weniger hierarchisch organisierten Evangelischen Kirche zu Irritationen führte. Doch wurde Hubers Position durch seinen Vorgänger zurechtgerückt, bzw. auf Berlin beschränkt, Schneider korrigierte sich selbst.

---

[45] KStA 17.10.2007.
[46] KNA 16.10.2007.
[47] Joachim Frank 2008, S. 196 Anm. 12.
[48] Nikolaus Schneider, WDR August 2008.

Abb. 5: Berliner Dom (1895–1905), Höhe 116 m (Foto: Nicolas Scheuer)

Die Katholische Kritik nahm an der Fremdartigkeit der Moschee Anstoß: Mixa bot Unauffälligkeit im Stadtbild an, was an Scheinlösungen im Umgang mit Protestanten erinnert, die bis Mitte des neunzehnten Jahrhunderts in Köln auch keinen Kirchturm errichten durften. Protestantische Kritik nahm an „Machtdemonstrationen" Anstoß, auch das ein altes Reaktionsmuster, seit die Reformation gegen Prunk beim Bau des Petersdoms protestierte. Der Verfasser dieses Aufsatzes, als evangelischer Pfarrer gewiss nicht neutral, teilt die letztlich theologisch begründete Auffassung, dass Sakralarchitektur den dienenden Charakter von Religion betonen sollte. Doch könnte man zuerst einmal selbstkritisch auf protestantische Bauten schauen, z. B. den Berliner Dom, von vielen als „zu protzig, Ausdruck kaiserlichen ‚Byzantinismus', ‚Schaustellerei'"[49] empfunden, Predigtstelle eines Ratsvorsitzenden, der schon in viel bescheideneren Moscheen Machtdemonstrationen sehen wollte.

Der Bund der Konfessionslosen und Atheisten urteilte, Kirchen, Moscheen, Tempel und Synagogen seien gleichermaßen systematische „Falschdenkschulen", dennoch:

---

[49] So Kritikerstimmen auf der home-page des Doms, vgl. Domneubau 2012.

> Wer eine Moschee bauen will, sich dabei an die allgemein geltenden Vorschriften hält und auch sonst rechtskonform ist, hat nach dem Grundgesetz und nach den allgemeinen Menschenrechten einen Anspruch darauf. Es ist und bleibt ein Grundrecht der Gläubigen, auch eine derart archaische Religion zu praktizieren und sich entsprechende Einrichtungen aus eigenen Mitteln zu schaffen.[50]

Die Stellungnahme ist polemisch, aber pluralismuskompatibel. Anders eine Erklärung des 2007 in Köln gegründeten „Zentralrats der Ex-Muslime": Moscheen seien „Zeichen eines politisierten Islam", der „nicht die Interessen der Muslime" vertrete, sondern eine reaktionäre und frauenfeindliche Politik. Es handele sich um eine „Sache der Menschenrechte", dass man derartige Bauten verbiete.[51] Ähnlich Necla Kelek in der FAZ: Moscheen seien „keine Sakralbauten wie Kirchen oder Synagogen, sondern ‚Multifunktionshäuser'", Moscheevereine hätten die „Funktion einer Glaubenspartei, einer politischen Interessenvertretung", deshalb sei Moscheebau „keine Frage der Glaubensfreiheit, sondern eine politische Frage"[52] und könnte auch untersagt werden. Juristisch gesehen ist das unzutreffend, denn die Rechtsprechung behandelt Moscheen als Sakralbauten.[53] Aber auch ein zugelassener politischer Verein genösse politische Freiheit und dürfte im Rahmen des für alle geltenden Baurechts ‚Multifunktionshäuser' errichten.

„Darf ein Minarett höher sein als ein Kirchturm?": Diese Frage rief auch Bundespolitiker auf den Plan. So verknüpfte Angela Merkel diesen Sachverhalt auf dem CDU-Parteitag mit grundsätzlichen Bemerkungen:

> Zur Integration gehört untrennbar für uns die Bereitschaft, sich auf unser Land auch wirklich einzulassen [...] Immer geht es um einen ständigen Dialog – das ist richtig –, aber diesen Dialog müssen wir unter klaren Bedingungen auf dem Boden des Grundgesetzes in unserem Land führen. Deshalb müssen wir ganz konkret auf bestimmte Dinge achten, zum Beispiel darauf, dass Moscheekuppeln nicht demonstrativ höher gebaut werden als Kirchtürme. Toleranz kann und darf nicht Beliebigkeit bedeuten. Toleranz muss für eigene Werte einstehen.[54]

---

[50] Internationaler Bund 01.06.2007.
[51] Mina Ahadi, Deutschlandradio 06.10.2007.
[52] Necla Kelek, FAZ 05.06.2007.
[53] Übersicht bei Oebbecke 2006.
[54] Angela Merkel 03.12.2007.

Doch zeigt sich die Toleranz wirklich daran, dass Moscheekuppeln niedriger bleiben als Kirchtürme, und aus welchem Artikel des Grundgesetzes soll das abzuleiten sein? Die Frage nach der relationale Bauhöhe machte schnell Karriere. Der Hamburger Bürgermeister Ole von Beust antwortete live auf die Frage Maybritt Illners, ob er sich vorstellen könnte, dass ein Minarett höher sei als der Hamburger Michel:

> Das wird schwierig. Das sage ich ganz ehrlich... Michel, das Wahrzeichen, das christliche Wahrzeichen der Stadt, wo die Tradition eine christliche Tradition ist, aber ich kann mir vorstellen, in Vierteln, wo erheblich mehr Muslime wohnen als Christen wohnen, dass auch die Christen bereit sind zu akzeptieren, dass die Muslime in einer Form ihren Glauben ausüben, wie wir's als Christen auch erwarten tun zu können. Das ist immer eine Einzelfrage, wo es wirklich hinpasst, und es gibt solche Viertel, und da scheint es denkbar zu sein, aber höher als der Michel, höher als das christliche Wahrzeichen, dafür können Sie mich nicht begeistern.[55]

Edmund Stoiber erklärte gegenüber der BILD-Zeitung: „Es gibt eine seit Jahrhunderten gewachsene Leitkultur in Deutschland. [...] Also: Bei aller Toleranz – Kathedralen müssen größer sein als Moscheen".[56]

Doch wo tritt das Problem eigentlich auf? Die für München-Sendling geplanten Minarette wären mit 41 m Höhe niedriger gewesen als der Kirchturm von St. Korbinian nebenan (55 m), sehr viel niedriger als die „Kathedrale" (Liebfrauenkirche 98 m), dennoch sprach Stoiber sich gegen den Plan aus. In Frankfurt stritt man sich um Minarette von 16 m Höhe, die Paulskirche, Symbol der Demokratie, ist 55 m hoch, der Dom 95 m, doch beide werden unauffällig zwischen den Banktürmen (Deutsche Bank 155 m, Commerzbank 300 m). Die höchsten Minarette in Hamburg (Imam-Ali-Moschee) dürften ungefähr 15 m hoch sein, bis zum Michel (132 m) wäre da noch Luft. Die großen Presseagenturen bieten Fotos an, auf denen das Minarett der Yavuz-Sultan-Selim-Moschee in Mannheim den Turm der benachbarten Liebfrauenkirche deutlich überragt,[57] angesichts der tatsächlichen Verhältnisse (Minarett 35 m, Kirchturm 76 m) eine sehr gewollte Perspektive. Auf absehbare Zeit wird es in keiner deutschen Großstadt

---

[55] Maybrit Illner, ZDF 08.11.2008.

[56] SZ 21.09.2007.

[57] Vgl. Focus 04.03.1999 laut Thomas Schmitt 2003, S. 84. Weitere Fotos dieser Art findet man leicht, wenn man „Kirchturm, Minarett" in eine Internetbildsuchmaschine eingibt.

ein Minarett geben, das nur halb so hoch wäre wie der höchste Kirchturm derselben Stadt. Insofern geht die Frage, ob Minarette höher sein dürfen als Kirchen, am Problem vorbei.

Abb. 6: Wo ist die Paulskirche? (Foto: Holger Weinandt)

Auch in Köln wurde maßlos übertrieben. Der Historiker Hans-Ulrich Wehler behauptete nicht nur, in der Moschee sollten 5.000 Menschen gleichzeitig beten (tatsächlich jetzt 1.200), sondern meinte, die Minarette sollten eine Höhe bekommen, die „nur noch vom Kölner Dom übertroffen wird", ein „Beispiel purer Machtarchitektur".[58] Tatsächlich wird eine dreistellige Zahl von Gebäuden in Köln höher sein als die Minarette, darunter

- in der Altstadt: Dom (157 m), St. Severin (73 m), Groß St. Martin (75 m), St. Aposteln (67 m)
- in 1 km Entfernung: Köln-Turm (165 m), das zweithöchste Gebäude der Stadt
- in 150 m Entfernung: Telekomhochhaus (105 m) und Fernsehturm (266 m), das höchste Gebäude der Stadt

In unmittelbarer Nachbarschaft, an den anderen drei Ecken der Kreuzung, steht ein Hochhaus, das niedriger ist als die Kuppel, eins höher als die Kuppel und eins höher als die Minarette. Die nächstgelegene evangelische Kirche

---

[58] Hans-Ulrich Wehler, Deutschlandfunk 26.08.2007.

ist niedriger (Friedenskirche Köln-Ehrenfeld, 41,5 m Höhe, ca. 1,3 km entfernt), aber nicht zu sehen. Die nächstgelegene katholische Kirche (St. Anna, 56 m Höhe, ca. 800 m entfernt) ist höher, was wohlmeinende Leute im Stadtrat sogleich lobend hervorhoben,[59] doch fehlt zum Höhenvergleich die Sichtachse. Die ganze Debatte geht an der Realität einer Stadt vorbei, in der die angebliche Mega-Moschee aus den meisten Perspektiven zwischen den Hochhäusern verschwindet und nur für den Durchgangsverkehr durch die Innere Kanalstraße richtig zu sehen ist.

Moscheen als Waffenlager: Am 31.06.2007 wurde im Regionalexpress 1 von Aachen über Köln nach Hamm eine Kofferbombe entdeckt, die eines technischen Defekts wegen nicht gezündet hatte. Viele Berufspendler, die täglich diesen Zug benutzen, darunter der Verfasser dieses Aufsatzes, erschraken angesichts der Nähe terroristischer Bedrohung. Sollte das etwas mit dem Kölner Bauvorhaben zu tun haben? In der BILD-Zeitung stand neben einem Bild der DİTİB-Moschee (noch als Fabrikgebäude) zu lesen:

> In diese Moschee ging er beten. ‚Er ging mit seinem Freund ständig in die Moschee', berichtet Hausmeister V*. Angeblich in die große Moschee an der Ecke Venloer Straße/Kanalstraße in Ehrenfeld. Nur fünf Minuten Fußweg entfernt von der Wohnung des Bahn-Attentäters Jihad Hamad in der Peter-Bauer-Straße. Hierhin ging der Terrorist zum gemeinschaftlichen Gebet. Ein Nachbar: ‚An einem Tag habe ich Jihad H. gesehen. Er trug eine Kopfbedeckung, wie sie die Muslime tragen.'[60]

„Pro Köln" druckte den Artikel in einem Flugblatt nach, und verschärft die Aussage noch einmal:

> Eben jene Moschee, die bald durch eine gewaltige Großmoschee ersetzt werden soll – samt religiösem Schulungszentrum, Basar, Geschäftsräumen und sonstigen Accessoires der islamischen Parallelgesellschaft! Damit werden die ewigen Verharmloser und Schönredner erneut Lügen gestraft: Auch in Köln ist wegen der unkontrollierten Massenzuwanderung eine islamisch-orientalische Parallelgesellschaft entstanden, in deren Dunstkreis Extremismus und Terrorismus gedeihen können. Auch die angeblich so liberale und staatstragende DİTİB-Gemeinde hatte anscheinend einen Bombenleger mitten in ihren Reihen!

---

[59] So Ralph Sterck (FDP), Rat der Stadt Köln 28.08.2008, S. 43.

[60] Pro-Köln Flugblatt 23.08.2007 bezugnehmend auf BILD Köln, S. 3, vom selben Tag (Name des Hausmeisters gekürzt, U. G.).

Nur bei sehr genauer Lektüre bemerkt man, dass das Gebet des Attentäters in der DİTİB-Moschee nur durch die Aussage eines einzigen Hausmeisters belegt war. Die BILD-Zeitung selbst relativierte sie durch das Wörtchen „angeblich"; „pro Köln" verschärfte zu „anscheinend". Bewiesen war die kurze Distanz zwischen der Wohnung des Attentäters und der Moschee: „fünf Minuten Fußweg" (tatsächlich 1 km). Der Rest war schlechte Spekulation, denn in einer DİTİB-Moschee wird türkisch gepredigt. Der Attentäter stammte aber aus dem Libanon und verstand kein Türkisch.

Fünf Tage später erläuterte die Islamwissenschaftlerin Christine Schirrmacher laut Presseerklärung des Islaminstituts der Deutschen Evangelischen Allianz, einem evangelikal geprägten Netzwerk freikirchlicher und landeskirchlicher Einrichtungen:

> Die Moschee gelte traditionell nicht nur als Ort des Gebets, sondern zugleich als gesellschaftspolitisches Zentrum, teilweise sogar als Ort der Politik. In vielen islamischen Ländern würden hier in den Freitagspredigten auch tagespolitische Ereignisse diskutiert, sogar in manchen Moscheen zum Jihad gegen die Ungläubigen aufgerufen oder Waffen gelagert. Zudem stehen die hohen Minarette, in islamischen Ländern stets höher als der Kirchturm, für die Überlegenheit der islamischen Religion, und die für die Kölner Großmoschee geplante Kuppel über dem Gebetsraum erinnert mit ihrer stilisierten Darstellung der Weltkugel an den globalen Herrschaftsanspruch des Islam, der nicht nur das private Glaubensleben, sondern immer zugleich auch Öffentlichkeit, Recht und Gesellschaft betreffe.[61]

Kein seriöser Mensch wird bestreiten können, dass in der über tausendjährigen Geschichte des Islam schon Waffen in Moscheen gelagert und zum „Jihad" im Sinne von Krieg aufgerufen wurde. (Auch in Kirchen hat es Waffen oder Kriegsaufrufe gegeben, im Dreißigjährigen Krieg, unter Napoleon oder Hitler, von „Wehrkirchen" ganz zu schweigen). Doch wird mit einem allgemeinen ‚wissenschaftlichen' Hinweis auf Waffen in Moscheen keine Erkenntnis über eine bestimmte Kölner Moschee gewonnen, nur Stimmung verbreitet.

Architekturdebatten finden meist geringe Aufmerksamkeit. In diesem Fall diskutierte allerdings eine breite Öffentlichkeit, wie modern oder wie traditionell osmanisch eine Moschee aussehen soll, ob ein Minarett dazugehört und ob eine Kuppel Ausdruck von Macht ist. Es ist nicht davon auszugehen, dass man mit

---

[61] Christine Schirrmacher 28.08.2007.

gleichem Interesse über griechisch-orthodoxe Kirchen diskutiert hätte, obwohl auch die in Deutschland sich nicht durch progressiven Baustil auszeichnen, fast immer Kuppelbauten sind und dieselbe Hagia-Sophia-Kirche/Ayasofya-Moschee in Konstantinopel/Istanbul als architektonisches Vorbild haben. Doch sind Erwartungen und Vorurteile beim Islam offenbar andere.

Böhm erläuterte, es gelte Muslime aus „Hinterhöfen und aufgelassenen Ladenlokalen" herauszuholen. Hierzu hätte die DİTİB sich ein würdiges Bauwerk gewünscht „irgendwo ist das Wort ‚repräsentativ' gefallen".

> Ich hoffe, mein Entwurf ist ein Schritt in die Moderne. Aber der Kirchenbau an sich ist sehr viel progressiver in seiner Entwicklung gewesen als der Moscheebau. Ich weiß nicht, warum der Moscheebau so stagnierte. Die Kirche hat sich immer als kulturstiftendes Element verstanden und sich bemüht, einen Beitrag zur Gesellschaft zu leisten und ihr neue Impulse zu geben.[62]

„K.West", das „Kulturmagazin des Westens", ließ die Architektin Gatermann mit Böhm diskutieren. Gatermann hielt Böhms Entwurf für nicht wirklich modern, wenn auch auf „sehr hohem Niveau", anders als sämtliche anderen in Deutschland gebauten Moscheen: „Bei denen kräuseln sich einem die Nackenhaare". Sie kritisiere die Form der Kuppel, neben dem Turm „der stärkste Ausdruck von Zentriertheit und Machtanspruch". Zwar wolle sie nicht die Kuppel als architektonische Form generell verbieten, habe aber Bedenken bei Religionsgemeinschaften, die damit „Machtansprüche" demonstrierten, egal ob Kirchen, Synagogen oder Moscheen. Sie würde grundsätzlich auf ein Minarett ebenso verzichten wie auf den Kirchturm.

Böhm dagegen respektierte „einen gewissen Stolz derer, die sich dieses Haus bauen, Stolz, dass sie in unserer Gesellschaft angekommen sind, dass sie es zu etwas gebracht haben und mit ihrer Religion Teil unserer Gesellschaft sind." Er empfinde ein „erhabenes Gefühl", wenn er in eine barocke Kuppelkirche ginge. Die Kuppel bilde „eine geniale Form, Geborgenheit darzustellen", sie wirke „sozusagen wie ein Iglu". Er kritisiere den Baustil der siebziger Jahre, als man Kirchen gebaut habe, „die auch Turnhallen sein könnten" und sich in der Neutralität der Städte versteckten. Für ihn gehöre der Kirchturm als „Zeichen der

---

[62] Paul Böhm, FAZ 08.06.2007.

Nutzung" hinzu. Daher habe er jetzt auch Kuppel und Minarett eingeplant, damit man die Moschee als solche erkenne.[63]

Bei dieser Kontroverse ging es nicht um Christentum gegen Islam, sondern um die (architektonische) Rolle von Religion in der Stadt. Böhm bejaht, Gatermann verneint, dass Sakralbauten Kuppeln oder Türme besitzen sollen. Gegen ‚weltliche' Türme hat auch Gatermann nichts einzuwenden, die seinerzeit übrigens den Büroturm („KölnTriangel", 103 m) baute, der den Anlass dafür abgab, den Kölner Dom auf die rote Liste bedrohten Weltkulturerbes zu setzen.

Christian Schaller, Vorsitzender des Bundes deutscher Architekten, und Erwin H. Zander, Vorsitzender des Kölner Hauses der Architektur, beschwerten sich in einer Presseerklärung über die „populistische Berichterstattung" im KStA, der die Kölner Pläne zu modern erschien:

> Der Bundesbauminister als oberster Hüter der Baukultur posiert vor der monströsen Duisburger Moschee und lobt die DİTİB Duisburg dafür, den Geschmack des Volkes mit dieser osmanischen Folklore getroffen zu haben. Der ebenfalls aus Duisburg stammende Präses der evangelischen Kirche liest der DİTİB in Köln die Leviten, weil sie anmaßende Architektur betreibe, und die Leser fordern die DİTİB auf, sich doch endlich als das zu zeigen, was sie ist und eine islamisch-osmanische Moschee zu bauen, statt ihre wahre Natur perfide hinter neuzeitlicher (Fabrik-)Architektur zu verstecken. [...] Es wäre ja vielleicht alles nicht so schlimm, wenn dahinter nicht ein kulturpolitisches Konzept sichtbar würde. Statt den für beide Seiten fruchtbaren Dialog auf Augenhöhe zu suchen, wird der Minderheit der anspruchsvolle kulturelle Dialog verweigert, um sie nach bewährtem Modell in ein folkloristisches Homeland abdrängen zu können, wo sie unter Aufsicht ihre archaische Hirtenkultur pflegen darf. Das ist Kultur-Rassismus, verbrämt wie eh und je mit dem pseudo-aufklärerischen Pathos der Hüter von Kultur und Zivilisation, ein Pharisäertum, das Bibel, Grundgesetz und Kultur nicht als befreiende Botschaft und Auftrag begreift sondern als Keulen, mit denen man/frau ungestraft und guten Gewissens dreinschlagen kann. Dabei bestünde die Chance, dass [...] ein beispielhafter Bau entsteht, wegweisend für einen selbstbewussten Islam in Deutschland – so wie es längst solch wegweisende Beiträge im Bereich der Literatur und des Films aus der deutsch-türkischen Kulturszene gibt, die zum Besten gehören, das Deutschland auf diesem Gebiet aufzuweisen hat und mit dem es im Ausland punktet.[64]

---

[63] Vgl. Dörte Gatermann und Paul Böhm, K.West 05.10.2008.
[64] Christian Schaller und Erwin Z. Zander 01.07.2007.

Dieses temperamentvolle Plädoyer hat die Rechnung ohne die Wirtin gemacht. Will die vor vierzig Jahren als „Gastarbeiterin" eingewanderte deutschtürkische Rentnerin beim Abendgebet in der Moschee wirklich einen anspruchsvollen kulturellen Dialog führen – auf einem Niveau, das den Bundesbauminister als rückwärtsgewandten Spießer erscheinen lässt? Vielleicht gefiele ihr ein herkömmlicher Baustil („osmanische Folklore") besser? Vieles spricht für eine soziologische Betrachtungsweise, wonach bestimmte Cluster der Gesellschaft sich einer Kultur der Moderne verpflichtet wissen, während andere Cluster stärker rückwärtsgewandte ästhetische Ideale besitzen. Eine Religionsgemeinschaft kann nicht nur für den Geschmack einiger Intellektueller bauen, sondern muss nach innen wie nach außen vermitteln, indem sie unterschiedliche Cluster zum Zuge kommen lässt. Duisburg mit einem etwa zweieinhalb Mal so hohen muslimischen Bevölkerungsanteil steht dabei für die Binnenperspektive deutschtürkischer Arbeiterfamilien, während in Köln, Wohnsitz zahlreicher prominenter muslimischer Intellektueller und der DİTİB-Zentrale, die Außenwirkung auf die deutsche Gesellschaft wichtiger wird.

Salomon Korn, Architekt und Vizepräsident des Zentralrats der Juden, erinnerte an den Synagogenbau im neunzehnten Jahrhundert. Da es einen eigenständigen Baustil nie gegeben hatte, standen sich zwei Stilrichtungen gegenüber: Die neo-romanische beinhaltete mit der Wahl eines einheimischen Baustils ein „Bekenntnis zu Deutschland", sah sich aber der Kritik ausgesetzt, Herkunft und Eigenart der eigenen Religion „zu verleugnen", die neo-islamische hob selbstbewusst ihr Judentum als „eigenständige Religion mit Wurzeln im Orient" hervor, stand aber in der Gefahr, fremdes zu betonen, Synagogen durch Exotik optisch aus dem Ortsbild zu lösen und damit gleichzeitig Juden als ‚undeutsch' auszugrenzen" (sic!). Dazwischen habe die 1938 von den Nationalsozialisten zerstörte Dresdner Synagoge von 1840 gestanden, für die man mit Gottfried Semper einen der bedeutendsten deutschen Baumeister gewonnen habe. Die neoromanische Außenhülle dieser Synagoge könne als „Anpassungsgeste gegenüber der christlichen Umwelt" gedeutet werden, der neoislamisch gestaltete Innenraum als „Symbol orientalischen Ursprung des Judentums". In dieser Diskrepanz habe sich die gesellschaftliche Situation deutscher Juden widergespiegelt, die nach außen hin, zur Gesellschaft, Anerkennung suchten, nach innen aber bestrebt waren, ihre Eigenständigkeit zu betonen.

Abb. 7: Neue Synagoge Berlin, 1857–1866 im neoislamischen Stil errichtet (Foto: Andreas Praefcke)

Ganz ähnlich habe man jetzt in Köln beim Bau der Moschee „durch zeitgenössische Formgebung" eine Anpassung an die gebaute Umgebung gesucht, was zunächst einmal Anerkennung verdiene. Doch solle jetzt auf Wunsch des Bauherrn der Innenraum im Gegensatz zur klaren Architektur der Außenhülle traditionell gestaltet werden. Diese formale Diskrepanz sei wie im Fall der Dresdner Synagoge vorrangig „kein ästhetisches Phänomen", sondern „Symptom eines gesellschaftlichen". Sie sei, unabhängig davon, wer sich beim Streit um die konkrete Innengestaltung durchsetze, nicht mit den Mitteln der Architektur lösbar, sondern nur durch eine andere Stellung der Muslime in der deutschen Gesellschaft. „Eine Entschärfung der Auseinandersetzung ausschließlich über gestalterische Anpassung von Moscheen an das städtebauliche Umfeld durch Vermeidung islamischer Symbole wird scheitern".

Korn hat auf ein gemeinsames Problem nicht akzeptierter Minderheiten aufmerksam gemacht, die Anerkennung durch die Gesellschaft um den Preis des Verlusts eigener Identität zu finden. Das hat Folgen für die Architektur. Doch während es im neunzehnten Jahrhundert durchaus Synagogen gab, die von außen für eine neo-romanische Kirche ohne Kirchturm hätten gehalten werden können (z. B. Kassel 1861, zerstört 1938), leugnet der Entwurf Böhms durch Kuppel und Minarett trotz modernen Baustils die osmanische Tradition nicht und wirbt damit um Anerkennung ohne Aufgabe der eigenen Identität – eine Kompromissform, aber gerade deshalb gelungen.

Abb. 8: Rohbau der DİTİB-Zentralmoschee, Köln Ehrenfeld (Foto: Raimond Spekking)

Ausblick: An einem Wochenende im Mai 2012 ist schon vor dem Rohbau viel los: Eine Stadtführung macht Fotopause. Fahrradfahrer bleiben stehen, um zu gucken. Ein Reisebus entlässt eine deutsch-türkische Gruppe aus Duisburg zur Besichtigung. Kinder hüpfen die Freitreppe hinauf und wieder herunter. Erwachsene klettern über den Bauzaun, um durch das Glas der Kuppel einen Blick ins Innere zu werfen.

Das beeindruckende Gebäude hat sich seinen Platz in der Stadt schon erobert. In wenigen Jahren wird die mühsame Entstehungsgeschichte Anekdote sein, hoffentlich bleibt aber das vielfältige Bürgerengagement in guter Erinnerung. Die Moschee gehört jetzt genauso zur Stadt Köln wie andere Sakralbauten auch. Ihre mittlere Größe erscheint dabei ebenso angemessen für die nach Mitgliedern drittstärkste Religionsgemeinschaft wie die relativ zentrale Lage, nicht in der Altstadt, aber auch nicht am Stadtrand. Ästhetisch formuliert sie den Anspruch, in der Moderne dazu zu gehören, behauptet aber auch nicht, die Spitze der Modernität zu repräsentieren. Sie ist für erwachsene deutsch-türkische Muslime gebaut, aber auch für Nicht-Muslime und Kinder interessant. Es besteht die berechtigte Hoffnung, dass sie traditionelle Sehgewohnheiten deutsch-türkischer Arbeiterfamilien verändert und Touristen die Möglichkeit eines differenzierteren Islambildes eröffnet. Mehr kann man von Beton und Glas nicht erwarten.

Literatur

Frank, Joachim, Klimawandel zwischen den christlichen Kirchen und den islamischen Verbänden, in: Sommerfeld 2008, 183–214.

Hero, Markus; Volkhard Krech und Helmut Zander (Hrsg.), Religiöse Vielfalt in Nordrhein-Westfalen, Paderborn u. a. 2008.

Innenministerium NRW (Hrsg.), Verfassungsschutzbericht des Landes Nordrhein-Westfalen 2006, Düsseldorf.

Kermani, Navid, Die Kölner Botschaft, SZ 04.06.2007, in: Sommerfeld 2008, 92–95.

Lindner, Andreas, "Wo, wenn nicht in Köln?" Zur Moscheebau-Berichterstattung des Kölner Stadtanzeigers, in: Alexander Häusler (Hrsg.), Rechtspopulismus als "Bürgerbewegung". Kampagnen gegen Islam und Moscheebau und kommunale Gegenstrategien, Wiesbaden 2008, 213–224.

Oebbecke, Janbernd, Moscheebaukonflikte und der Beitrag des Rechts, in: Rüdiger Robert und Norbert Konegen (Hrsg.), Globalisierung und Lokalisierung. Zur Neubestimmung des Kommunalen in Deutschland, Münster 2006, S. 273–283.

Schmitt, Thomas, Moscheen in Deutschland. Konflikte um ihre Errichtung und Nutzung, Forschungen zur deutschen Landeskunde, Bd. 252, Flensburg 2003.

Sommerfeld, Franz (Hrsg.), Der Moscheestreit. Eine exemplarische Debatte über Einwanderung und Integration, Hagen 2008.

Internetquellen

Ahadi, Interview Deutschlandfunk 06.10.2007,
http://www.dradio.de/dkultur/sendungen/interview/677829 (10.05.2012).

Akgün, Lale, Interview domradio 27.10.2011,
   http://www.domradio.de/aktuell/77413/nun-ist-der-beirat-gefordert.html (03.05.2012).
Arbeitsgemeinschaft christlicher Kirchen in Köln, Kirchen und Gemeinden in Köln,
   http://www.ack-koeln.kirche-koeln.de/kirchen_koeln.html (16.05.2012).
Bericht des Rates der EKD, November 2007,
   http://www.ekd.de/synode2007/2007_ratsbericht_teil_a_2.html (20.05.2008).
Beucker, Pascal, Klischees einer Moschee, taz 23.6.2007,
   http://www.beucker.de/2007/taz07-06-23.htm (07.05.2012).
Böhm, Paul, Interview FAZ 08.06.2007,
   http://www.goethe.de/kue/arc/thm/idd/de2429184.htm (30.06.2008).
Bosetti, Anette und Bertram Müller, Streit um neues Domfenster, RP-online 31.08.2007,
   http://www.rp-online.de/public/article/aktuelles/kultur/474852 (05.05.2008).
Burger, Reiner, Der beschädigte Neubau, FAZ 02.11.2011, http://www.faz.net/aktuell/politik/inland/koelner-moschee-der-beschaedigte-neubau-11515644.html (13.05.2012).
Çalışkan, Burcu, Die Akte des medialen Islam – Moscheebauen in Deutschland. Ein Aufstieg des homo islamicus? Oder die Einbürgerung des Islams. Eine diskursanalytische und kommunikationswissenschaftliche Untersuchung des Moscheestreits in Köln-Ehrenfeld, Magisterarbeit Duisburg-Essen 2010,
   http://www.mykowi.net/pdf/Caliskan_PublicOn_Nr.2010-14.pdf (16.05.2012).
CDU-Köln, Beschluss des Mitgliederparteitages 14.08.2007,
   http://www.cdu-koeln.de/attachment.php?attachmentid=953 (15.05.2012).
domradio 19.3.2012, Moschee in Köln-Ehrenfeld bekommt moderne Innengestaltung,
   http://www.domradio.de/news/artickel_80615.html (13.05.2012).
Domneubau (Berliner Dom),
   http://www.berlinerdom.de/content/view/81/123/lang,de (18.05.2012).
epd Meldung 18.10.2007,
   http://www.epv.de/node/3674 (20.06.2008).
FDP-Köln, Pressemeldung 22.08.2007,
   http://www.fdp-koeln.de/indes.php?11=9&12=0&13=1& aid=4434 (07.05.2012).
Frangenberg, Helmut, Schramma lobt neue Minarette, KStA 23.01.08,
   http://www.ksta.de/ html/arikel/1200142231488.shmtl (08.05.2012).
Ders., Böhm will zurück auf die Baustelle, KStA 10.11.2011,
   http://www.ksta.de/html/ artikel/1320825693129.shtml (13.05.2012).
Fremdsprachige Gemeinden, Liste,
   http://www.vemission.org/fileadmin/Dateien/Arbeitsbereiche/Fremdsprachige_Gemeinden/liste_flyer-allgemein_a4.pdf (06.07.2008).
Gatermann, Dörte und Paul Böhm, Interview 05.10.2008, K.West. Kulturmagazin des Westens, http://www.derwesten.de/kultur/die-kuppel-ist-ausdruck-von-macht-id1370510.html (12.05.2012).

Giordano, Ralph, „Stoppt den Bau dieser Moschee", 16.05.07, aktualisiert 23.08.07, http://www.ksta.de/html/artikel/1176113436263.shtml (05.06.2008).
Ders., „Es ist eine Kriegserklärung", KStA 04.10.2007, http://www.ksta.de/html/artikel/1191475994448.shtml (05.06.2008).
Hübner, Simone, Vorzeigeprojekt oder Desaster? Eine Chronik der Kölner Zentralmoschee, http://www.koelnarchitektur.de/pages/de/home/aktuell/2701.htm (13.05.2012).
Illner, Maybritt, Sendung ZDF 08.11.2008, zit. nach vonhaeften.wordpress.com/2007/11/10/maybrit-illner-minarette-kirchturme-und-bischof-mixa (11.05.2012).
Internationale Katholische Seelsorge in Köln, http://gemeinden.erzbistum-koeln.de/kirche_koeln/seelsorge/Internationale_Seelsorge_in_Koeln.html (16.05.2012).
Internationaler Bund der Konfessionslosen und Atheisten, Presseerklärung 01.06.2007, http://www.ibka.org/node/659 (11.05.2012).
Kelek, Necla, Das Minarett ist ein Herrschaftssymbol, FAZ 05.06.2007, http://www.faz.net/artikel/C31315/koelner-moscheenstreit-das-minarett-ist-ein-herrschaftssymbol-30073364.html (20.05.2007).
KNA, Meldung 16.10.2007, http://kirchensite.de/index.php?myELEMENT=139317 (16.05.2012).
Kock, Manfred, Interview KStA 20.11.07, http://www.ksta.de/html/artikel/1195247803129.shtml (06.07.2008).
KStA 17.10.2007, Streit über "Moscheen als Machtanspruch", www.ksta.de/jks/artikel.jsp?id=1190968686826 (06.07.2008).
KStA 06.11.2007, Muslime attackieren Huber und die EKD, http://www.ksta.de/html/artikel/1193144182496.shtml (06.07.2008).
Korn, Salomon, Zu schwach, um Fremdes zu ertragen?, FAZ 27.10.2008, http://www.zentralratdjuden.de/de/article/2076.html (13.5.2012).
Lehmann, Karl, Grußbotschaft zum Fastenbrechen 2007 http://dbk.de/aktuell/meldungen/01489/index.html (05.07.2008).
Leipziger Volkszeitung 29.08.2007, Zentralrat der Ex-Muslime verurteilt scharf Kölner Moschee-Bau, http://www.presseportal.de/pm/64Ât'351/1255790/leipziger_volkszeitung (10.05.2012).
Mazyek, Aiman A., Fundis geben in der EKD den Ton an, KStA 06.11.2007, http://www.ksta.de/html/artikel/1191475994448.shmtl (06.07.2008).
Meisner, Joachim, Interview KStA 14.12.2007, http://www.ksta.de/jks/artikel.jsp?id=1195816954268 (05.06.2008).
Ders., Interview Deutschlandradio 20.06.07, http://www.dradio.de/dlf/sendungen/interview_dlf/637480 (5.6.2008).
Merkel, Angela, Die Mitte sind wir, CDU Parteitag 03.12.2007, http://www.angela-merkel.de/071203-rede-merkel-final.pdf (20.05.2008).

Meurer, Franz, Interview Deutschlandfunk 24.12.07,
http://www.dradio.de/dkultur/sendungen/laenderreport/709943 (09.05.2012).

Michels, Reinhold, Mixa kritisiert Muslime, RP-online 26.07.2007,
http://www.rp-online.de/public/article/aktuelles/panorama/deutschland/religion/462665 (05.06.2008).

Pro Köln, Flugblatt 23.08.2007,
http://www.pro-koeln-online.de/stamm/moscheebau.htm (30.06.2008).

Rahmann, Stefan, Nachrichten von der Kreissynode Köln-Nord 10.11.2007,
http://www.kirchen-in-koeln.de/aktuell/artikel.php?id=1644&archiv (09.05.2012).

Rat der Stadt Köln, 43. Sitzung 28.08.2008,
offeneskoeln.de/attachments/2/6/pdf197962.pdf (11.05.2012).

RP-Online, 03.93.2012, Streit um Kölner Moschee vorerst beigelegt,
http:/nachrichten.rp-online.de/regional/streit-um-koelner-moschee-vorerst-beigelegt-1.2738272 (13.05.2012).

Schaller, Christian/ Erwin Z. Zander, Presseerklärung 01.09.2007,
http://www.koelnarchitektur.de/pages/de/home/aktuell/1868.kritische_stellungnahme.htm (15.05.2012).

Schilder, Peter, Moscheebau in Köln, FAZ 16.08.2007, 5, nach
http://www.faz.net/aktuell/politik/moscheebau-in-koeln-zustimmung-und-protest-1459763.html (16.05.2012).

Schirrmacher, Christine, Pressemitteilung Kölner Moscheenstreit 28.08.2007,
http://islaminstitut.de/Vollanzeige-Pressemitteilung.54+M55def9c0e68.0.html (11.05.2012).

Schlei, Barbara, Tradition gewinnt. Wettbewerb für die Kölner DITIB-Zentralmoschee entschieden, Pressemitteilung 16.03.2006,
http://www.koelnarchitektur.de/pages/de/home/akutell/1436.tradition_gewinnt.htm (06.05.2012).

Schneider, Nikolaus, Interview KStA 30.08.07,
http://www.ksta.de/html/artikel/1187344866845.shtml (05.07.2008).

Ders., Interview Morgenmagazin WDR August 2008,
http://www.ekir.de/www/service/71B4091BE8F442BE8ED43FE8BDC3B4C8.php (11.05.2012).

Sommerfeld, Franz, Lehrreicher Streit um die Moschee, KStA 27.08.08,
http://www.ksta.de/html/artikel/1218660437815.shmtl (07.05.2012).

Spiegel-online 17.9.2008,
http://www.spiegel.de/politik/deutschland/0,1518,578776.000html (16.05.2012).

SZ 21.09.2007, Leitkultur-Debatte,
http://www.sueddeutsche.de/bayern/artikel/2447133992/?page=5/print.html/print.html (20.07.2008).

Wehler, Hans-Ulrich, Türkenprobleme ohne Ende, Deutschlandfunk 26.08.2007, http://www.dradio.de/dkultur/sendungen/signale/661998 (11.08.2012).

Welt, Die, 26.03.2007, Irritationen um Moscheebau, http://m.welt.de/article.do?id = nrw/article778853/Irritationen-um-Moscheebau (08.07.2012).

Wiesmann, Natalie, Rechte Dummheit, taz 09.05.2007, http://www.taz.de/index.php?id = archiv&dig = 2007/05/09/a0013 (06.05.2012).

Islam und Sozialkapital
Beispiele muslimischer Gruppierungen in Deutschland

Yasemin El-Menouar

1 Einleitung

Das Interesse der Öffentlichkeit am Islam besteht seit Jahren unverändert fort und wird durch die mediale Aufmerksamkeit hoch gehalten. Die Diskussionen in Deutschland kreisen meist um Themen, die sich mit der Religiosität von Muslimen und die dahinter vermutete Desintegration befassen. In kurzer Zeit sind zahlreiche Studien zu diesen Themenkomplexen realisiert worden, die zum Teil zu unterschiedlichen Ergebnissen kommen.[1] Dies ist unter anderem auf die uneinheitliche Verwendung der Begriffe zurückzuführen. Was wird genau unter Integration verstanden?

Die neueren theoretischen Konzepte sind sich zumindest einig über das Ziel der Integration – oder neutraler ausgedrückt – über das Ziel einer erfolgreichen Eingliederung. Personen mit Migrationshintergrund sollen nach einer vollzogenen Eingliederung genauso stark bzw. genauso wenig von sozialer Ungleichgeit betroffen sein wie Einheimische, d. h., der Anteil von Arbeitslosen bspw. sollte sich zwischen Einheimischen und Personen mit Migrationshintergrund nicht unterscheiden. Die anteilsmäßige Verteilung der verschiedenen Bevölkerungsgruppen auf dem gesellschaftlichen Positionssystem sollte sich angleichen.[2] Damit das erreicht werden kann, müssen Personen mit nichtdeutschen Wurzeln in angesehenen gesellschaftlichen Positionen vertreten sein.

Über die Wege, die zur erfolgreichen Integration führen, besteht nach wie vor Uneinigkeit zwischen den Autoren. Während nach Hartmut Esser – sein

---

[1] Vgl. exemplarisch Sonja Haug, Stefanie Müssig und Anja Stichs 2009; Karin Brettfeld und Peter Wetzels 2007; Wolfgang Frindte et al. 2011; Martina Sauer und Dirk Halm 2009.
[2] Vgl. Jutta Aumüller 2009; Silke Hans 2010.

Eingliederungsmodell hat in Deutschland die größte Prominenz erlangt – eine erfolgreiche Eingliederung nur über den Weg einer Assimilation gelingen kann,[3] weisen andere Autoren auf Vorteile eigenethnischer Ressourcen bei diesem Prozess hin.[4] Vor allem bei stark benachteiligten Gruppen, bei denen eine Assimilation aufgrund ihrer sozioökonomischen Ausgangssituation und ihres Wohnkontextes nicht mit Erfolg verknüpft sein muss,[5] können herkunftslandspezifische Werte und Normen sowie Netzwerke zur Ressource werden. Dies ist gemeinhin unter dem Begriff Sozialkapital zu verstehen. Religiöse Werte und Netzwerke sind besonders dafür prädestiniert, Sozialkapital zu entwickeln.[6] So ist anzunehmen, dass fromme Muslime von den mit ihrer Religiosität verknüpften Ressourcen auf dem Weg zu einer erfolgreichen Eingliederung profitieren können. Zu berücksichtigen ist, dass sich die religiöse Orientierung auch unter frommen Muslimen stark unterscheiden kann und zudem durch Lebensumstände Wandlungen unterliegt. Unterschiedliche Zugänge zum Islam können mit Unterschieden in der Sozialkapitalaustattung und -struktur einhergehen.

In diesem Beitrag liegt der Fokus auf zwei muslimischen Gruppen, die deutliche Unterschiede in ihrem Sozialkapital aufweisen. Zum einen geht es um Muslime mit einem reformistischen Zugang zum Islam (im Folgenden auch Neo-Reformisten oder Neo-Orthodoxe genannt). Diese zeichnen sich durch Frömmigkeit und gleichzeitig durch eine zeitgemäße Auslegung der religiösen Quellen aus. Zum anderen sind Muslime mit einem klassisch orthodoxen Zugang zum Islam von Interesse. Diese halten an einer wortgetreuen Lesart der religiösen Primärquellen fest. Während Anhänger des *Reformislam* eher gruppenübergreifendes Brücken bildendes Sozialkapital (sog. *bridging social capital*) anstreben bzw. bereits darüber verfügen, so die Annahme, ist für Anhänger des *orthodoxen Islam* vornehmlich gruppeninternes bindendes Sozialkapital (sog. *bonding social*

---

[3] Vgl. Hartmut Esser 2001.

[4] Vgl. Alejandro Portes und Min Zhou 1993 sowie Min Zhou 1997.

[5] Nach Alejandro Portes und Ming Zhou (1993) führt die Assimilation an das „falsche" Segment der Gesellschaft zur *downward assimilation* bzw. zum dauerhaften Verbleib in der Unterschicht. Eine Assimilation an das falsche Gesellschaftssegment geht mit der Übernahme von unerwünschten Werten und Normen einher und zeigt sich in devianten Verhaltensweisen. Je nach Wohnkontext kann es passieren, dass keine Kontaktmöglichkeit zu Angehörigen der Mittelschicht – die meist als Vorbild für Assimilationsmodelle fungieren – besteht.

[6] Vgl. Robert Putnam 2000.

capital) von Bedeutung. Entsprechend unterscheiden sich die Integrationswege und -vorstellungen beider Gruppen.

Anhand von Fallbeispielen werden Unterschiede in der Sozialkapitalausstattung beider genannten religiösen Lager aufgezeigt und mögliche Erklärungen dafür dargestellt. Es wird auf die Organisations- und Mitgliedsstruktur, die Vernetzungen mit anderen Gruppen und Organisationen sowie das soziale Engagement ausgewählter muslimischer Organisationen bzw. Vereine in Deutschland eingegangen.

2 Strömungen im gegenwärtigen sunnitischen Islam

Es ist schwierig, die verschiedenen Strömungen im Islam fassbar zu machen, weil zumindest der sunnitische Islam, dem die überwiegende Mehrheit aller Muslime zugeordnet werden kann, keine institutionalisierte Religion ist und es deshalb sehr stark von Lehrmeinungen und Deutungen abhängt, welche konkrete Ausprägung er annimmt. Ein zentrales Unterscheidungskriterium ist der Umgang mit den religiösen Primärquellen – dem Koran und der Sunna (gesammelte Überlieferungen über die Aussprüche und Taten des Propheten Muhammad). Auf diese Weise kann zwischen vier Hauptströmungen unterschieden werden:[7] dem *ethischen Islam*, dem *skripturalistischen Islam*, dem *traditionellen Islam* und der *islamischen Mystik*. Allerdings ist zu beachten, dass es sich hierbei nicht um trennscharfe Kategorien handelt. Empirisch gibt es zahlreiche Überschneidungen, und verschiedene religiöse Gruppen lassen sich meist nicht eindeutig der einen oder anderen Strömung zuordnen.

Der *ethische Islam* ist mit einer privatisierten Religiosität nach unserem eher säkular-humanistischen Verständnis vergleichbar. Die Primärquellen bzw. der Koran wird eher als Buch, das ethische Richtlinien enthält, angesehen. Für die alltägliche Lebensgestaltung spielt er eine eher geringe Rolle.

Der *skripturalistische Islam* zeichnet sich dadurch aus, dass er nur die Primärquellen anerkennt, d. h. den Koran und die Sunna – in vielen Fällen sogar nur den Koran. Und diese spielen für die Lebensgestaltung eine zentrale Rolle, weil sie Richtlinien enthalten, wie ein Leben nach islamischen Vorschriften auszuse-

---

[7] Eigene Systematisierung verschiedener empirischer und theoretischer Typologien. Vgl. auch Tariq Ramadan 2001, S. 302.

hen hat. Volksislamische Praktiken werden strikt abgelehnt. Die verschiedenen Rechtsschulen, die im Laufe der Zeit entstanden sind und eigene Auslegungstechniken entwickelt haben, spielen eine eher untergeordnete Rolle. Innerhalb dieser Strömung lassen sich verschiedene Unterformen unterscheiden, die weiter unten beschrieben werden.

Der *traditionelle Islam* bezieht sich auch auf die Primärquellen, aber im Unterschied zum skripturalistischen Islam finden auch volksislamische Praktiken Platz darin. Hierbei handelt es sich meist um lokale Ausformungen des Islam, wie sie im Herkunftsland lange tradiert und von der ersten Migrantengeneration nach Deutschland mitgebracht wurden. Die Praktiken unterscheiden sich graduell je nach lokaler Prägung. Die Auslegung der Primärquellen durch die jeweiligen Rechtsschulen ist für diese Strömung von Bedeutung. Dabei gibt es eine Bandbreite zwischen eher nicht so strengen Auslegungen, wie z. B. bei den Hanafiten, und strengeren Auslegungen, wie z. B. bei den Hanbaliten.

Zu erwähnen ist natürlich auch die *islamische Mystik* – der Sufismus –, der einen spirituellen, keinen kognitiven Zugang zum Koran sucht. Hier herrscht meist die Ansicht, dass der Inhalt des Korans nur über Meditation und die so erreichte Nähe zu Gott erschlossen werden kann. Die meisten lokalen Ausprägungen des Islam, der so genannte „Volksislam", war immer eine Mischung von Traditionalismus und Mystik, wird aber heute immer stärker vom skripturalistischen Islam verdrängt bzw. als unislamisch abgewertet. Entsprechend verliert der Volksislam zunehmend an Bedeutung, und rational-skripturalistisch orientierte Formen gewinnen an Einfluss.

Wenn es um Re-Vitalisierung des Islam geht, handelt es sich meist um den skipturalistischen Islam. Dieser ist jedoch keineswegs homogen. Zunächst ist zwischen orthodoxen und reformistischen Skripturalisten zu unterscheiden. Die Orthodoxen zeichnen sich durch eine wortgetreue Lesart des Korans aus und lehnen die Interpretation der Inhalte ab. Dies kann auch als klassische Orthodoxie bezeichnet werden. Für die Reformisten bzw. reformistischen Skripturalisten ist die zeitgemäße Interpretation der Quellen zentral. Allerdings unterteilen sich die Reformer in zwei Lager: Die einen, die Neo-Reformer, sind der Ansicht, dass Moderne und Islam durchaus miteinander kompatibel seien und auch moderne Staatsformen kein Problem darstellen; der Islam müsse an die neuen Umstände angepasst werden bzw. moderne Werte seien durch den Koran begründbar. Werner Schiffauer bezeichnet diese Gruppe als Neoorthodoxe oder Postislamisten. Seiner Definition nach

> [...] setzt sich [die Neo-Orthodoxie] von der klassischen Orthodoxie ab, insofern sie einen ictihad, eine Weiterentwicklung der Rechtslehre fordert. Sie setzt sich andererseits von einem ‚Europäischen Islam' ab, wie er immer von europäischen Journalisten und Politikern gefordert wird, insofern sie dem Prinzip der Recht-Leitung, also der Ausrichtung der Lebensführung am göttlichen Willen, wie er Muhammad offenbart wurde, festhält.[8]

Die anderen, die Neo-Islamisten bzw. Neo-Fundamentalisten,[9] lesen dagegen den Koran zwar auch dynamisch, aber sehr selektiv, weil sie ein konkretes Ziel vor Augen haben: Das politische Handeln steht hier im Zentrum sowie das Ziel der Errichtung eines islamischen Gottesstaates. Dabei gibt es solche, die Gewalt vehement ablehnen und eher die Macht der Worte und Argumente vorziehen, während die anderen durchaus als gewaltbereit einzustufen sind.

Der Fokus des Beitrages liegt zum einen auf Gruppen, die der klassischen Orthodoxie zuzuordnen sind, und zum anderen auf Gruppen, die als Neo-Reformisten bzw. Neo-Orthodoxe bezeichnet werden können.[10] Ein weiteres Unterscheidungsmerkmal beider Gruppen ist, dass Anhänger der klassischen Orthodoxie meist Angehörige der ersten Migrantengeneration sind, Neo-Reformisten bzw. Neo-Orthodoxe sind meist Angehörige der zweiten und dritten Migrantengeneration. Letztere sind nicht selten in einem klassisch orthodoxen Milieu aufgewachsen, haben aber aufgrund ihrer Sozialisation in der hiesigen Gesellschaft eine neo-reformistische bzw. neo-orthodoxe Orientierung entwickelt.[11]

3 Sozialkapital frommer Muslime

In unterschiedlichen theoretischen Ansätzen werden übereinstimmend vier zentrale Elemente von Sozialkapital genannt. Diese sind soziale Beziehungen, Ressourcen, Normen und Vertrauen. Nach Putnam kann Sozialkapital wie folgt definiert werden: „By ‚social capital', I mean features of social life – networks,

---

[8] Werner Schiffauer 2010, S. 23.
[9] Vgl. Olivier Roy 2006.
[10] Vgl. Werner Schiffauer 2010.
[11] Vgl. Werner Schiffauer 2012, S. 285–287.

norms, and trust – that enable participants to act together more effectively to pursue shared goals".[12] In Beziehungsnetzwerken werden Putnam zufolge durch Kooperation der Mitglieder Reziprozitätsnormen generiert, welche die Kooperation untereinander erleichtern. Vor allem Religionsgemeinschaften seien besonders prädestiniert für die Produktion von Sozialkapital; Solidarität unter den Mitgliedern sei bereits durch ein Zugehörigkeitsgefühl zur Gruppe vorhanden. Normen und Vertrauen unter den Mitgliedern müsse nicht erst hergestellt werden, sondern werde bereits durch religiös vermittelte Werte bereitgestellt.[13] Nach Lukka ist „religiöses Kapital" eine Unterform von Sozialkapital.

Zentral für die Stabilität der Gruppe sind insbesondere „offene Rechnungen". Diese ergeben sich vor allem dann, wenn die Gegenleistung nicht direkt vom Empfänger erbracht wird, sondern z.B. durch die Gruppe insgesamt in Form von Anerkennung und Prestige. Vor allem soziales Engagement fördert das Prestige eines Akteurs in der Gruppe oder einer Gruppe in der Gesellschaft. Damit kommt gesellschaftlichem Engagement eine wichtige Funktion zu: Es fördert das Vertrauen in diese Gruppe und deren Ansehen. Soziales Engagement führt entsprechend zur Produktion von symbolischem Kapital,[14] was zentral ist für die Erlangung von Macht in der Gesellschaft und somit für die Durchsetzung von Interessen. Diesem Aspekt kommt in Bezug auf muslimische Gruppen in Deutschland eine zentrale Bedeutung zu, der weiter unten näher erläutert wird.

Eine weitere wichtige Dimension des Sozialkapitals für das Verständnis der Integrationsbemühungen von muslimischen Gruppen in Deutschland ist die Unterscheidung zwischen Brücken bildendem und bindendem Sozialkapital.

> Brückenbildendes Sozialkapital bezieht sich auf soziale Netzwerke, die völlig unterschiedliche Menschen zusammenbringen; bindendes Sozialkapital bringt in einigen Punkten (wie Ethnizität, Alter, Geschlecht, soziale Klasse usw.) ähnliche Menschen zusammen. […] In der Praxis sind allerdings die meisten Gruppen brückenbildend und bindend zugleich.[15]

Das trifft auch auf muslimische Gemeinschaften in Deutschland zu. Moscheevereine wurden schon zu Zeiten der so genannten Gastarbeiterwelle in den

---

[12] Robert D. Putnam 1995, S. 664 ff.
[13] Vgl. Priya Lukka 2003.
[14] Vgl. Pierre Bourdieu 1983.
[15] Robert D. Putnam 2001, S. 28 ff.

1970er Jahren gegründet, dienten aber nicht nur als Gebetsstätte, sondern stellten ein wichtiges Bindeglied in die Heimat dar.[16] Die Solidarität untereinander wurde gestärkt; die frühen Moscheevereine hatten vor allem bindenden Charakter – nicht nur konfessionell, sondern insbesondere auch ethnisch. Werte und Normen der Herkunftsgesellschaft erfuhren hier eine gewisse Form der Institutionalisierung in der „Fremde". Darüber hinaus entwickelten sich Moscheevereine zu einer wichtigen Anlaufstelle für die Probleme vieler Migranten aus demselben Land – die besser gebildeten unter ihnen boten ihre Unterstützung an, beispielsweise bei Behördengängen oder beim Ausfüllen von Formularen. Vor allen Dingen für Neuankömmlinge waren sie eine wichtige Anlaufstelle. Entsprechend stellten und stellen sie auch heute noch eine zentrale soziale Ressource in der muslimischen Migrantencommunity dar. Der Mangel an ökonomischen und kulturellen Ressourcen wurde so durch soziale Ressourcen ausgeglichen.

Diese Herkunftslandorientierung löst sich in einigen Vereinen zunehmend auf bzw. wird zunehmend unwichtiger. Es werden nicht nur Muslime unterschiedlicher Herkunft in Deutschland stärker einbezogen, sondern auch zunehmend Brücken in andere muslimische Länder weltweit gebaut. Brücken innerhalb Deutschlands, zu deutschen Institutionen und Organisationen, hat es zwar schon immer gegeben, werden aber immer stärker ausgebaut. Es sind gar neue religiöse Vereine und Netzwerke auszumachen – vor allem bestehend aus Mitgliedern der zweiten oder dritten Migrantengeneration –, deren zentrale Ausrichtung die Brückenbildung in die deutsche Gesellschaft darstellt.

Es können zwei Tendenzen in der muslimischen Vereinslandschaft ausgemacht werden, die jeweils – so die These – Wege aus der starken Begrenzung auf die ethnische Kolonie darstellen. Es kann angenommen werden, dass es sich in beiden Fällen um Strategien handelt, die engen Grenzen der Mobilität in der ethnischen Kolonie zu überwinden und langfristig die Position der Muslime in Deutschland zu verbessern, allerdings ohne sich vollständig von ihr abzunabeln.[17] Bereits Putnam betont, dass eine stark bindende Ausrichtung eines Ver-

---

[16] Vgl. den Beitrag von Martina Sauer und Dirk Halm (S. 389–417) in diesem Sammelband.
[17] Nach Hartmut Esser (2000) ist der soziale Aufstieg nur durch Assimilation an die Aufnahmegesellschaft möglich – dafür sei aber das Verlassen des ethnischen Schutzraumes (Binnenintegration)

eins – so wie die frühen Moscheevereine in der ersten Phase – eine notwendige Voraussetzung für eine spätere Brücken bildende Orientierung ist.

Im Folgenden werden zwei grundsätzlich voneinander zu unterscheidende muslimische Gruppen betrachtet, die ihre Brücken in unterschiedliche Richtungen ausbauen. Während die einen vor allen Dingen Brücken bildendes Sozialkapital in die Aufnahmegesellschaft – also in Deutschland – anstreben, kooperieren die anderen verstärkt mit Muslimen bzw. muslimischen Organisationen weltweit, besonders im Nahen Osten. Entsprechend kann der zweite Typ muslimischer Organisationen im Hinblick auf die konfessionelle Ausrichtung der Netzwerke als bindend bezeichnet werden, da sie sich speziell auf Muslime konzentrieren, während erstere vor allem Kontakte in die hiesige Gesellschaft und somit zu nicht-muslimischen Institutionen und Organisationen anstreben und daher konfessionell eine überwiegend Brücken bildende Ausrichtung aufweisen.

Die These ist, dass sich in Abhängigkeit von der Kapitalsorte bzw. von der Ressource, auf die jeweils gesetzt wird, die Strategien, um die Position der Muslime in der Gesellschaft zu verbessern, stark unterscheiden. Auch wenn Muslime in Deutschland noch immer über ein vergleichsweise geringeres Bildungsniveau und über weniger ökonomisches Kapital verfügen, wurde über die Jahre relativ viel von beiden Kapitalien angehäuft. Der Anteil mit Abitur und Universitätsabschluss hat bei der zweiten und dritten Generation deutlich zugenommen,[18] und es wurde relativ viel Geld angespart. Religiöses Sozialkapital, so die These, verspricht nun gute Erfolge bei der „gewinnbringenden" Umwandlung dieser Ressourcen.

Um kulturelles Kapital, also Bildungskapital, auch entsprechend anzuwenden, ist es erforderlich, in das Positionssystem der hiesigen Gesellschaft einzudringen. Entsprechend ist Brücken bildendes Sozialkapital in Deutschland notwendig. Um das Prestige der eigenen Gruppe in Deutschland zu erhöhen, ist gerade soziales Engagement in Deutschland zentral.

---

notwendig. Der Verbleib in der ethnischen Gemeinde gehe mit begrenzten Aufstiegsmöglichkeiten einher (Mobilitätsfalle). Siehe auch Norbert F. Wiley 1967.

[18] Vgl. Martina Sauer und Dirk Halm 2009.

Ökonomisches Kapital kann gewinnbringend bzw. die Position der Gruppe stärkend eingesetzt werden, wenn eigene Märkte entworfen werden können. Religiöse Normen bzw. religiöses Sozialkapital kann hier einen spezifischen Markt generieren (bspw. *Halal*-Produkte) und gleichzeitig den wirtschaftlichen Erfolg garantieren, wenn diese religiösen Normen von einer wachsenden Anzahl von Muslimen befolgt werden. Dafür ist eher bindendes Sozialkapital – also verstärkt Sozialkapital mit Muslimen – erforderlich, allerdings weltweit. Indem das soziale Engagement nicht auf eine kleine Gruppe beschränkt, sondern auf Muslime weltweit erweitert wird, können auch die spezifischen religiösen Deutungen bzw. Werte und Normen, die diesen spezifischen Markt tragen, exportiert werden.

Weiterhin wird angenommen, dass diese unterschiedlichen Ausrichtungen bezüglich des Sozialkapitals mit unterschiedlichen religiösen Orientierungen der entsprechenden Gruppen einhergehen. Während muslimische Gruppen mit einer transnational, aber konfessionell bindenden Sozialkapitalausrichtung eher eine klassische orthodoxe religiöse Ausrichtung aufweisen, sind diejenigen, die nationales, aber interkonfessionelles Brücken bildendes Sozialkapital anstreben, eher den Neo-Reformisten bzw. Neo-Orthodoxen mit einer relativ liberalen Deutung des Islam zuzuordnen.

Im Folgenden wird auf beide Vereinstypen näher eingegangen und exemplarisch anhand jeweils eines islamischen Vereins in Deutschland beschrieben. Dabei wird auf die Vereinsstruktur, auf spezifisch religiöse Werte und Normen, ihre Netzwerke und schließlich das soziale Engagement der Gruppen als zentrale Aspekte von Sozialkapital eingegangen.[19]

3.1 Klassische Orthodoxie und Sozialkapital

Merkmal der klassisch-orthodoxen Orientierung im Islam ist eine buchstabengetreue Lesart der religiösen Primärquellen – die Interpretation bzw. Abwandlung religiöser Gebote wird nicht akzeptiert. Die Orientierung an diesen Normen und Werten schränkt die Nutzung gängiger Märkte und der dort angebotenen Produkte ein und erfordert neue Märkte und Produkte, die diesen spezifischen Be-

---

[19] Die Informationen wurden dem Internetauftritt der Vereine und zum Teil aus der Vereinszeitschrift entnommen.

darf bedienen (*Halal*-Produkte und weitere islamkonforme Produkte). So hat der rationale Zugang zum Islam, in diesem Fall eine rigide Auslegung der religiösen Primärquellen, zum Wirtschaftsaufschwung in der islamischen Welt geführt, die ohne diese „neue Orthodoxie" nicht denkbar gewesen wäre. Dies soll am Beispiel ‚*scharia*-konformer' Finanzprodukte erläutert werden. Nach islamischem Recht sind Zinsen, Wucher und die Investition in Branchen, die mit Alkohol, Glücksspiel, Tabak und Schweinefleisch handeln, verboten. Entsprechend konnten sich islamische Finanzprodukte weltweit etablieren und wachsen jedes Jahr um 20 bis 30 Prozent[20]. Islamic-bancing ist mittlerweile einer der am schnellsten wachsenden Sektoren in der globalen Finanzdienstleistungsindustrie. Jede Bank, die islamische Finanzprodukte anbietet, benötigt ein so genanntes „Sharia-board", das sich aus Religionsgelehrten zusammensetzt und entscheidet, welche Finanzprodukte tatsächlich islamkonform sind und welche nicht. Das bedeutet auch eine Verwertbarkeit des spezifisch religiösen Kulturkapitals. In Deutschland bieten mittlerweile auch einige Banken islamische Finanzprodukte an und lassen sich z. B. vom Zentralrat der Muslime diesbezüglich beraten. Religiöse Gruppen bzw. Organisationen, die der klassischen Orthodoxie zugeordnet werden können, streben insbesondere auch transnationales Sozialkapital unter Muslimen an und stärken das Vertrauen untereinander. Viele islamische Gruppen sind mittlerweile transnational mit anderen muslimischen Gruppen vernetzt oder haben ihren Verein weltweit ausgebaut. Das soziale Engagement erstreckt sich auf die gesamte islamische Welt, beschränkt sich aber auf Muslime. Bisher waren islamische Orientierungen sehr kontextspezifisch und eher auf kleinere lokale Einheiten beschränkt. Transnationale Vernetzungen führen zum weltweiten Export von Ideen und Deutungen und unterstützen damit nicht nur die Globalisierung spezifischer religiöser Orientierungen, sondern auch der islamischen Ökonomie. Damit werden langfristig weltweit – auch in Deutschland – spezifische ökonomische Strukturen und ein entsprechendes Positionssystem geschaffen, dass die Position der Muslime in der Gesellschaft stärkt.

Die Islamische Gemeinschaft Milli Görüs (IGMG) kann als ein Beispiel für einen religiösen Verein mit transnationalen Vernetzungen angeführt werden, der vor allem bindendes Sozialkapital produziert und der klassischen Orthodo-

---

[20] Vgl. Friedrich Thießen und Mathias Saggau 2009.

xie zugeordnet werden kann. Die IGMG sieht die „religiöse Wegweisung" als ihre zentrale Aufgabe. In einem Absatz aus ihrer Selbstbeschreibung wird ihr Islamverständnis wie folgt zusammengefasst:

> Grundlage des Islamverständnisses der IGMG sind die Lehren von Koran und Sunna. Beide Quellen sind richtungweisend sowohl für die Gemeinschaft als auch für ihre Mitglieder. Der Islam ist im gesellschaftlichen und individuellen Bereich eine Lebensweise, deren Einfluss nicht an der Moscheetür endet, sondern auch im Alltagsleben der Muslime mit moralisch-ethischen Werten und Vorgaben eine maßgebliche Rolle spielt. Hierbei geht es der IGMG nicht um die Konservierung bestimmter regionalkultureller Formen der Religiosität, sondern um die Auslebung des Glaubens im Lichte des Korans und der darauf aufbauenden Tradition des Propheten.[21]

Ein so genannter *Fiqh*-Rat ist für die Auslegung der Lehre zuständig. Die transnationale Orientierung des Vereins wird im folgenden Zitat explizit bekundet: „Die IGMG bekennt sich auch zu ihrer Verantwortung gegenüber der weltweiten muslimischen Gemeinschaft (Umma) und setzt sich für die Lösung der Probleme der *Umma* ein." Der Verein ist hierarchisch organisiert: Den Moscheegemeinden sind Regionalverbände übergeordnet, denen wiederum der Europaverband übersteht. Religiöse Dienstleistungen, die Bildungsarbeit und soziale Angebote werden zentralistisch koordiniert. In Deutschland verfügt die IGMG nach eigenen Angaben über 323 Moscheegemeinden – hinzu kommen diverse Frauen-, Jugend-, Sport- und Bildungsvereine. Nach eigenen Angaben liegt die Zahl der eingetragenen Mitglieder bei 87.000 – die Gemeindegröße bei etwa 300.000 (,Freitagsgemeinde').

Offiziell finanziert sich die IGMG nur durch Spenden. Jedes Mitglied zahlt einen monatlichen Beitrag von etwa zehn bis 30 Euro. Zusätzlich ist nach dem religiösen Gebot des *zakat* jährlich ein festgelegter Anteil des Vermögens zu spenden (2,5 Prozent) sowie zum Ende des Fastenmonats Ramadan vor dem Gemeindegebet ein fester Betrag von neun Euro zu entrichten (*fitra*). Es ist bekannt, dass die IGMG über einflussreiche Kontakte im Nahen Osten verfügt und auch größere Spenden aus dieser Region erhält. Die durch Spenden gesammelten Gelder werden für soziale Zwecke eingesetzt – das soziale Engagement beschränkt sich auf Muslime weltweit in benachteiligten oder von Katastrophen betroffenen Regionen. Darüber hinaus werden Stipendien für das Studium an der Al-

---

[21] Unter: http://www.igmg.de (07.09.2012).

Azhar Universität in Kairo vergeben. Soziale Tätigkeiten im Jahr 2008 waren u. a.: Verteilung von Lebensmittelpaketen an 3.300 bedürftige Familien im Osten der Türkei, Hilfe auf dem Gaza-Streifen: in Zusammenarbeit mit der Union Arabischer Mediziner wurde die bedürftige Bevölkerung mit Nahrungs- und Arzneimitteln versorgt; Schwerverletzte wurden bzw. werden in Istanbuler und Kairoer Krankenhäusern versorgt; Bangladesch: Verteilung von Lebensmittelpaketen sowie Kleidung und Decken nach Super-Zyklon, Errichtung von Waisenhäusern, Krankenhäusern und Gebetsstätten (langfristig) in verschiedenen Städten, Baugrundstück zum Teil von wohlhabenden Einheimischen gespendet, Fertigstellung war Ende 2008 geplant.

3.2 Reformislam bzw. Neo-Orthodoxie und Sozialkapital

Anhänger des Reformislam bzw. der Neo-Orthodoxie können als ebenso fromm bezeichnet werden wie Anhänger der islamischen Orthodoxie (rituelle Pflichten sind ebenso wichtig), allerdings weichen sie zum Teil in der Lesart des Korans bezüglich gesellschaftlicher Aspekte von der Orthodoxie ab. Sie betonen explizit, dass eine dynamische und zeitgemäße Interpretation der religiösen Quellen erforderlich ist und jeder Einzelne selbst die Verantwortung dafür trägt. Jeder Einzelne habe die Aufgabe, sich um eine adäquate Auslegung der religiösen Quellen zu bemühen und sei dafür entsprechend mit Verstand ausgestattet. Dabei berufen sie sich auf Sure 96, die mit dem Wort „lies! (*iqra*)" beginnt. Wichtig ist dieser Gruppe, zu zeigen, dass sich moderne Werte (wie z. B. Gleichberechtigung von Mann und Frau) und Islam nicht ausschließen, sondern diese sogar durch den Islam selbst begründet werden können. Dies versuchen sie durch entsprechende Stellen im Koran oder der Sunna zu belegen.

Die oben genannte Sure 96 ist insgesamt zentral für diese Bewegung. Aus ihr wird abgeleitet, dass Bildung und Wissen religiöse Werte an sich seien. Es sei als religiöse Pflicht zu verstehen, sich zu bilden und zu forschen. Entsprechend handelt es sich bei den Mitgliedern durchweg um hoch gebildete Gläubige. Sie haben meist die hiesigen Bildungseinrichtungen durchlaufen und wollen nun auch entsprechende Positionen im hiesigen Positionssystem besetzen. Um dies zu erreichen, so die Annahme, streben sie vor allem Brücken bildendes Sozialkapital an. Dies wird auch an ihren Bemühungen ersichtlich: Es wird versucht, das Image des Islam in der Gesellschaft zu verbessern. Dafür ist der Aufbau von Vertrauen (Kreditwürdigkeit) in der Gesellschaft erforderlich, das sie durch gemeinnützige Tätigkeiten, die vorwiegend auch der hiesigen Gesellschaft und nicht nur Muslimen zu Gute kommen, anstreben. Des Weiteren versuchen sie Netzwerke mit zentralen Institutionen der Gesellschaft aufzubauen. Dafür werden Diskussionsabende organisiert, zu denen namhafte Politiker eingeladen werden. Es finden regelmäßige interkulturelle Veranstaltungen statt. Ziel ist es, aktiv durch bürgerschaftliches Engagement an der Gesellschaft zu partizipieren bzw. diese mitzugestalten und durch Sichtbarkeit positiv auf das Bild des Islam in der Gesellschaft einzuwirken. Sie empfinden sich als Teil der Gesellschaft und wollen auch als solcher anerkannt werden.

Die Muslimische Jugend Deutschland (MJD) kann dem Reformislam zugeordnet werden und strebt ihren Aktivitäten zufolge vor allem Brücken bildendes Sozialkapital an. Der Selbstdarstellung zufolge ist es ihr Ziel, den interreligiösen Dialog voranzutreiben sowie Vorurteile über den Islam in der Gesellschaft abzubauen und muslimischen Jugendlichen, die sich in der Schule oder im Beruf Diskriminierung ausgesetzt sehen, zu mehr Selbstbewusstsein zu verhelfen. Zudem unterstützen sie muslimische Jugendliche mit Integrationsproblemen und veranstalten Aufklärungskampagnen gegen Jugendgewalt und Kriminalität bzw. bieten Freizeitaktivitäten an. Der Verein ist netzwerkartig organisiert und besteht aus verschiedenen unabhängigen Lokalkreisen. Einmal im Jahr wird im Rahmen einer Mitgliederversammlung der Vorstand gewählt. Die Mitglieder entrichten einen Mitgliedsbeitrag von drei Euro im Monat und können sich in verschiedenen AGs sozial engagieren. Ehrenamtliches Engagement ist zentral. Die MJD finanziert sich hauptsächlich durch den Mitgliedsbeitrag sowie Spenden und durch Projektförderungen von staatlicher Seite. Zu den ehrenamtlichen Tätigkeiten zählen neben der Unterstützung von Jugendlichen bei Integrationsproblemen z. B. soziales Engagement beim Hochwasser in Sachsen im Jahre 2002, das Verteilen von Lunch-Paketen an Obdachlose wie auch das Verteilen von Süßspeisen in Krankenhäusern und anderen sozialen Einrichtungen zum Zuckerfest. Zudem organisiert die MJD interreligiöse Seminare zu verschiedenen gesellschaftlichen Themen (z. B. Demokratie und Toleranz) zusammen mit Jugendorganisationen anderer Religionsgemeinschaften und Initiativen z. B.

gegen Zwangsheirat. Des Weiteren ist die MJD an Projekten beteiligt, die von Ministerien finanziell gefördert werden. Im Jahre 2003 gab es Gelder vom Bundesfamilienministerium für ein Projekt gegen Gewalt. Im Frühjahr 2008 organisierte die MJD einen Diskussionsabend zum Thema „Jugendgewalt", an dem namhafte Politiker verschiedener Parteien in Deutschland teilnahmen. Gegenwärtig handelt es sich bei der MJD um ein breit ausgebautes Netzwerk, dass mit verschiedenen Organisationen und Vereinen der hiesigen Gesellschaft vernetzt ist.

Neben der MJD ist auch die Jugendorganisation der Milli Görüs dieser Gruppe zuzurechnen. Schiffauer zufolge konzentriert sich die neue Generation der IGMG stärker auf Deutschland und bemüht sich um Vernetzungen mit der hiesigen Gesellschaft. Zunehmend übernimmt diese neue Generation – es handelt sich auch hier um Angehörige der zweiten und dritten Migrantengeneration – Führungspositionen bei der IGMG. Mittlerweile wird etwa jeder 10. IGMG-Verein von Angehörigen der Nachfolgegeneration geführt. Merkmale der neuen Führungsriege der IGMG sind, dass sie sich in Deutschland zuhause fühlen, die hiesigen Bildungsinstitutionen durchlaufen haben und Teil der Gesellschaft werden wollen – ähnlich wie Angehörige der MJD.[22] Es ist davon auszugehen, dass sie den Kurs der IGMG mit der Zeit zunehmend in eine andere Richtung lenken werden und auch hier stärker brückenbildendes Sozialkapital an Bedeutung gewinnen wird.

4 Schlussbetrachtung

Ziel des Beitrages war es zu zeigen, dass sich fromme Muslime – entgegen der häufig vertretenen Annahme, der Islam stelle generell ein Integrationshindernis dar – ihre eigenen Integrationswege in die deutsche Gesellschaft suchen. Die religiöse Organisation bzw. das mit der religiösen Einbindung zur Verfügung stehende Sozialkapital wirkt dabei unterstützend und nimmt eine zentrale Rolle für das weitere Vorgehen ein. Maßgeblich zwei islamische Gruppen sind in dieser Hinsicht interessant, fast exemplarisch, die sich sowohl im Hinblick auf ihre religiöse Orientierung als auch bezüglich ihrer Sozialkapitalausstattung beträchtlich unterscheiden. Während Anhänger des *Reformislam bzw. der Neo-Or-*

---

[22] Vgl. Werner Schiffauer 2010.

thodoxie eher gruppenübergreifendes *Brücken bildendes Sozialkapital* anstreben bzw. bereits darüber verfügen, ist für Anhänger des *klassisch orthodoxen* Islam vornehmlich gruppeninternes *bindendes Sozialkapital* von Bedeutung. Entsprechend unterscheiden sich auch die Integrationswege und Vorstellungen beider Gruppen. Während die ersteren versuchen, durch einflussreiche Kontakte in die hiesige Gesellschaft und gemeinnützige Tätigkeiten, die nicht nur Muslimen, sondern auch Nicht-Muslimen zugutekommen, Vertrauen und Akzeptanz in der deutschen Gesellschaft zu erlangen, konzentrieren sich die letzteren auf gruppeninterne Kontakte weltweit, um ihren Einfluss auszubauen.

Als eine Erklärung für die unterschiedlichen Strategien der beiden Gruppen kann angeführt werden, dass beide Gruppen jeweils auf unterschiedliche Ressourcen setzen: Während sich Anhänger des Reformislam eher auf die Umwandlung von kulturellem Kapital konzentrieren bzw. auf die Übernahme von angesehenen Positionen in der deutschen Gesellschaft – entsprechend zu ihren hier erworbenen relativ hohen Bildungsabschlüssen –, setzt die klassische Orthodoxie vornehmlich auf ökonomisches Kapital. Die „konservative" Auslegung der religiösen Normen hat einen spezifisch islamischen Markt generiert, der sich durch den Export dieser Normen auch weltweit etabliert hat und zunehmend wächst, wie am Beispiel des Islamic Banking gezeigt werden konnte.

Abschließend kann gesagt werden, dass es sich in beiden Fällen um rationale und langfristig Erfolg versprechende Integrationsbemühungen handelt, ohne sich von der schützenden Migrantencommunity direkt abnabeln zu müssen. Die dort vorhandenen Ressourcen werden genutzt, um aus ihr herauszutreten bzw. die bisher in sich geschlossenen Communitys stärker mit der deutschen Gesamtgesellschaft bzw. transnational zu verweben. Interessant ist weiterhin, dass Anhänger der klassischen Orthodoxie meist Angehörige der ersten Migrantengeneration sind, während sich Neo-Reformisten bzw. Neo-Orthodoxe aus Angehörigen der Nachfolgegeneration zusammensetzen.[23] Es kann davon ausgegangen werden, dass es sich um zeitlich versetzte Entwicklungen handelt, wie sich auch aus dem internen Wandel der IGMG – ihre religiöse wie auch gesellschaftliche Ausrichtung betreffend – ablesen lässt: Das konservative Milieu der Elterngeneration und die darin bereitgestellten Ressourcen (Sozialkapital) haben zum

---

[23] Vgl. ebenda.

relativen Bildungserfolg der Nachfolgegenerationen beigetragen. Diese stoßen nun jedoch auf gesellschaftliche Barrieren, die sie daran hindern, ihre Bildung in entsprechende Positionen in der Gesellschaft zu übersetzen.[24] Die neo-orthodoxe religiöse Ausrichtung sowie das Streben nach brückenbildendem Sozialkapital der jungen Muslime können als Streben nach Anerkennung verstanden werden. Vielleicht entwickeln sich auf diese Weise die so genannten ethnischen Kolonien letzten Endes doch von *Fallen*[25] zu *Schleusen*[26].

Literatur

Aumüller, Jutta, Assimilation. Kontroversen um ein migrationspolitisches Konzept. Bielefeld 2009.

Bourdieu, Pierre, Ökonomisches Kapital, kulturelles Kapital, soziales Kapital, in: Reinhard Kreckel (Hrsg.), Soziale Ungleichheiten, Soziale Welt, Sonderheft 2: Göttingen 1983, S. 183-198.

Brettfeld, Katrin und Wetzels, Peter, Muslime in Deutschland. Integration, Integrationsbarrieren, Religion und Einstellungen zu Demokratie, Rechtsstaat und politisch-religiös motivierter Gewalt. Ergebnisse von Befragungen im Rahmen einer multizentrischen Studie in städtischen Lebensräumen. Im Auftrag des Bundesministeriums des Innern, Berlin 2007.

Elwert, Georg, Gesellschaftliche Integration durch Binnenintegration?, in: Kölner Zeitschrift für Soziologie und Sozialpsychologie 1982, 4: 717-731.

Esser, Hartmut, Soziologie. Spezielle Grundlagen. Band 2. Frankfurt/M. 2000.

Esser, Hartmut, Kulturelle Pluralisierung und strukturelle Assimilation: das Problem der ethnischen Schichtung, in: Swiss Political Science Review 2001, 7/2: 97-108.

Frindte, Wolfgang; Boehnke, Klaus; Kreikenborn, Henry und Wagner, Wolfgang, Lebenswelten junger Muslime in Deutschland. Ein sozial- und medienwissenschaftliches System zur Analyse, Bewertung und Prävention islamistischer Radikalisierungsprozesse junger Menschen in Deutschland. Im Auftrag des Bundesministeriums des Inneren, Berlin 2011.

Hans, Silke, Assimilation oder Segregation? Anpassungsprozesse von Einwanderern in Deutschland. Wiesbaden 2010.

Haug, Sonja; Müssig, Stefanie und Stichs, Anja, Muslimisches Leben in Deutschland – im Auftrag der Deutschen Islam Konferenz, in Bundesamt für Migration und Flüchtlinge (BAMF) (Hrsg.), Forschungsbericht 6, Nürnberg 2009.

---

[24] Vgl. dazu auch Martina Sauer und Dirk Halm 2009.

[25] Vgl. Norbert F. Wiley 1967.

[26] Vgl. Georg Elwert 1982.

Portes, Alejandro und Min Zhou, The New Second Generation: Segmented Assimilation and Its Variants. In: Annals of the American Academy of Political and Social Sciences 1993, 530: 74–96.

Putnam, Robert D. (Hrsg.), Gesellschaft und Gemeinsinn. Sozialkapital im internationalen Vergleich. Gütersloh 2001.

Putnam, Robert D., Einleitung. In: Putnam, Robert D. (2001), S. 15–43.

Putnam, Robert D., Bowling Alone. The Collapse and Revival of American Community, New York 2000.

Putnam, Robert D., Turning In, Turning Out: The Strange Disappearance of Social Capital in America. In: Political Science and Politics 1995, 28: 664–683.

Ramadan, Tariq, Muslimsein in Europa. Untersuchung der islamischen Quellen im europäischen Kontext, Marburg 2001.

Roy, Olivier, Der islamische Weg nach dem Westen. Globalisierung, Entwurzelung, Radikalisierung, München 2006.

Sauer, Martina und Dirk Halm, Erfolge und Defizite der Integration türkeistämmiger Einwanderer. Entwicklungen der Lebenssituation 1999 bis 2008, Wiesbaden 2009.

Schiffauer, Werner, Neo-Osmanismus und Hybridität – zwei Varianten der postislamistischen Suche in der Islamischen Gemeinschaft Milli Görüs (IGMG), in: Rauf Ceylan (Hrsg.), Islam und Diaspora. Analysen zum muslimischen Leben in Deutschland aus historischer, rechtlicher sowie migrations- und religionssoziologischer Perspektive, Reihe für Osnabrücker Islamstudien, Band 8, Frankfurt a. M. 2012: 285–296.

Schiffauer, Werner, Nach dem Islamismus. Eine Ethnographie der Islamischen Gemeinschaft Milli Görüs. Berlin 2010.

Wiley, Norbert F., The Ethnic Mobility Trap and Stratification Theory, in: Social Problems 1967, 15/2: 147–159.

Zhou, Min, Segmented Assimilation: Issues, Controversies, and Recent Research on the New Second Generation. In: International Migration Review 1997, 31/4: 975–1008.

Internetquellen

Lukka, Priya (2003): Energy for Change?: How Faith-based Volunteering is Developing Social Capital and Community Life in the UK, http://66.165.155.20/docs/events/2003_spring_research_conference/lukka.pdf (Stand: 12.09.2012)

Thießen, Friedrich und Mathias Saggau, Starke Förderung durch islamische Regierungen Islamic Banking ist ein sehr wachstumsstarker Finanzmarkt, in: Betriebswirtschaftliche Blätter 1, 2009, http://www.tu-chemnitz.de/wirtschaft/bwl4/interessantes/IslamicBanking.pdf (Stand 12.09.2012).

Kulturelle Synthesen

Vielfach fühlen sich Muslime in Deutschland genötigt, wenn sie auf das einzige sie verbindende Merkmal, das Religionsmerkmal, reduziert werden, ihre Religion gegenüber stereotypen Anfeindungen und Vorwürfen zu schützen und sich zugleich als fortschrittlich-„europäisch" zu definieren. Das gilt gleichermaßen für Nicht-, Gemäßigt- und Strenggläubige. Ihr damit verbundenes Identitätsproblem schlägt insofern auf die Mehrheitsgesellschaft zurück, als manche Muslime oder solche, die durch ihre Herkunft dafür gehalten werden, die ihnen zugeschriebene Loser-Identität akzeptieren und sich nicht in die Verantwortung für die gesamte Gesellschaft einbinden lassen, sondern sich im Sinne der *fulfilling prophecy* in die ihnen zugewiesene Rolle ergeben. Mit einem Abdrängen „des Islam", seiner Anhänger und seiner Symbole an den Rand der Gesellschaft, schafft sich die Gesellschaft erst die Rückständigkeit von Teilen, die Stimmungsmacher wie Thilo Sarrazin als mitgebrachte Lasten beklagen.

Da geht der Gesetzentwurf der Bundesregierung (Stand: Ende Oktober 2012) zur religiösen Beschneidung von Jungen – wenn man schwerwiegende medizinische, ethische und verfassungsrechtliche Bedenken ausblendet – insofern in die richtige Richtung, als von ihm ein Signal an (Juden und) Muslime ausgeht, dass ihre Religion auch in Deutschland lebbar ist. Die Frage, ob Beschneidungen überhaupt essentieller Bestandteil von Religionen ist, muss innerkonfessionell geklärt werden, auf Ratschläge sollte verzichtet werden.

Inzwischen haben viele Muslime wie Nichtmuslime, gleichermaßen Migranten wie Einheimische, aus dem wechselseitigen Einbahnstraßendenken herausgefunden und die gemeinsame Zukunft in kulturellen Synthesen ausgemacht. Bei vielen fließen inzwischen beide Kulturen zusammen. Oder sie sehen sich und Familienangehörige in einer „Chamäleon-Identität", die durch Inkonstanz von Zeit-, Orts- und Sozialbindungen gekennzeichnet ist. Oder sie haben Realitäten der deutschen Gesellschaft verinnerlicht. Dazu zählt, dass Menschen aus islamisch geprägten Herkunftsstaaten mehrheitlich den jüngeren Jahrgängen angehören, viele von ihnen qualifizierte Ausbildungen abgeschlossen haben, sich der Wert von Muslima für die Gesellschaft nicht an Kopftüchern festmachen lässt und westlich geprägter orthodoxer Feminismus die kulturelle Selbstbestimmung von Frauen nicht hinreichend berücksichtigt.

Muslime sind wie die meisten Migranten bei der Frage nach der Zukunft Deutschlands nicht mehr wegzudenken.

Klaus Spenlen

Angebote der islamischen Gemeinden in Deutschland – der integrative Beitrag des organisierten Islams[1]

Martina Sauer und Dirk Halm

1 Ausgangslage

Die Vergesellschaftung der insbesondere im Zuge der Arbeitsmigration eingewanderten Muslime in religiösen Gemeinden begann in Deutschland bereits in den 1960er Jahren.[2] Dennoch wurde dem Islam und seinen Organisationen in Deutschland erst seit der Jahrtausendwende mehr Aufmerksamkeit geschenkt, obwohl er inzwischen nach dem Christentum mit rund vier Millionen Angehörigen die zweitgrößte Religionsgemeinschaft ist.[3] Zum Teil ist diese neue Aufmerksamkeit dem veränderten Sicherheitsbedürfnis in Folge des 11. September geschuldet, zum Teil aber auch der Etablierung einer bundesweiten Integrationspolitik, die die Versäumnisse der vergangenen Jahrzehnte nachholen und die zweifellos bestehenden Defizite der Zuwanderer insbesondere in den Bereichen Bildungsbeteiligung und Arbeitsmarkt verringern sollen. Inzwischen werden die islamischen Organisationen sowohl von der Politik beispielsweise im nationalen Integrationsplan der Bundesregierung und durch die Deutsche Islam-Konferenz (DIK) als auch der Sozialwissenschaft in einer Reihe von Studien[4] als

---

[1] Die vorliegenden Ergebnisse entstammen dem von 2010 bis 2012 durch den Europäischen Integrationsfond (EIF) und dem Bundesamt für Migration und Flüchtlinge (BAMF) geförderten Projekt „Islamisches Gemeindeleben in Deutschland" (siehe Halm, Sauer, Schmidt und Stichs 2012). Wir danken Siamak Asgari und Thorsten Amberge für ihre Hilfe bei der Durchführung sowie Cem Sentürk für die Mitarbeit bei der Erstellung der Datenbank muslimischer Organisationen in Deutschland.

[2] Vgl. Ina Wunn 2007.

[3] Vgl. Sonja Haug, Stephanie Müssig und Anja Stichs 2009, S. 80–83.

[4] Im vergangenen Jahrzehnt entstanden mehrere umfassende Bevölkerungsbefragungen von Muslimen (z. B. Karin Brettfeld und Peter Wetzels 2007; Bertelsmann-Stiftung 2008, Sonja Haug, Stephanie Müssig und Anja Stichs 2009).

bedeutsame Akteure im Prozess der Integration von muslimischen Zuwanderern wahrgenommen: Die muslimischen Organisationen artikulieren die Interessen der Gläubigen und vermitteln sie in den politischen Prozess, zugleich werden sie seitens der Politik und der Medien als Ansprechpartner für Fragen des Zusammenlebens begriffen. Sie werden als Träger von Integrationsmaßnahmen genutzt, um Zugänge zu muslimischen Zuwanderern zu erhalten. Sie besitzen eine Schlüsselrolle, sowohl bei der individuellen Integration der Gläubigen als auch bei der strukturellen Verankerung des Islam in der deutschen Gesellschaft. Die Etablierung islamischen Religionsunterrichts an Schulen, die Verankerung islamischer Theologie an deutschen Universitäten und der interreligiöse Dialog verlangen nach dem Einbezug des organisierten Islam. Zugleich müssen die muslimischen Organisationen in einem Spannungsfeld zwischen den Ansprüchen der Mehrheitsgesellschaft an integrativen Beiträgen, der sich wandelnden eigenen Klientel an religiösen, gesellschaftlichen Dienstleistungen und Interessenvertretungen sowie der eigenen Aufgabe der Vermittlung von Glaubensinhalten agieren, was ein hohes Maß an Dynamik und Ressourcen erfordert.

Allerdings wird die Rolle der islamischen Organisationen im Integrationsprozess ebenso wie die Bedeutung der Verbände als Repräsentanten der Muslime in Deutschland kontrovers diskutiert.[5] So stellt sich die Frage, inwieweit eigenkulturelle Vergesellschaftung Ausdruck der Bildung sogenannter „Parallelgesellschaft"[6] oder aufgrund der Auseinandersetzung mit der Migrationssituation auch als Zeichen der Hinwendung zur Aufnahmegesellschaft zu verstehen ist, und inwieweit die Verbände der muslimischen Gemeinden tatsächlich das gesamte Segment der Muslime in Deutschland abdecken. Bisher fehlen jedoch umfassende und tiefere Einblicke in die Strukturen und Angebote der muslimischen Organisationen,[7] die nötig sind, um den Beitrag dieser Organisationen für die Integration jenseits einer öffentlichkeitswirksamen Politisierung beurteilen zu können. Bisherige Bestandsaufnahmen von islamischen Organisationen

---

[5] Vgl. Dirk Halm 2010, S. 293, siehe auch Gerdien Jonker 2005.
[6] Vgl. Claus Leggewie 2009, S. 117–118.
[7] Vgl. Riem Spielhaus 2006; siehe auch Markus Hero, Volkhard Krech und Helmut Zander 2008; Raida Chbib 2011, Martin Sökefeld 2008/1; Werner Schiffauer 2010; Kerstin Rosenow 2010; Gerdien Jonker 2002.

sind zumeist beschränkt auf einzelne Bundesländer,[8] detailliertere Analysen zu einzelnen islamischen Organisationen liegen in Form von Fallstudien vor.

Der wissenschaftlichen Analyse kommt im Zusammenleben mit dem Islam in Deutschland eine wichtige Rolle zu, weil das Bild des Islam in Deutschland durch kontroverse politische Positionen geprägt ist.[9] Im folgenden Beitrag werden zwei Aspekte der Debatte um die Rolle der muslimischen Organisationen im Integrationsprozess untersucht: Die sozialintegrationsrelevanten Angebote der Gemeinden sowie die Bedeutung der Verbände für den organisierten Islam. Auf der empirischen Grundlage einer umfassenden Befragung von 1.141 islamischen einschließlich alevitischer Organisationen zu ihren Strukturen und Angeboten werden Anhaltspunkte für die Beurteilung des Beitrags der Gemeinden zur Integration der muslimischen Zuwanderer geliefert und Bedingungen herausgearbeitet, die solche Beiträge unterstützen. Da kaum wissenschaftliche Analysen vorliegen, die Anhaltspunkte für die Hypothesenbildung liefern können, greift die vorliegende Untersuchung auch die politischen Debatten auf.

2 Die Diskussion um den integrativen Beitrag der Angebote islamischer Organisationen und die Rolle der Verbände

Zunächst ist – wie immer bei der Auseinandersetzung mit dem Thema – der zugrunde liegende Integrationsbegriff zu klären, der im wissenschaftlichen Diskurs zumeist nicht mit der in der öffentlichen Debatte anklingenden diffusen, aber normativen Bedeutung verwendet wird. In der Forschung wird Integration als ein verschiedene gesellschaftliche Dimensionen (kognitive, strukturelle, gesellschaftliche und emotionale Integration) umfassender Prozess beschrieben, der sowohl durch die Orientierungen der Zuwanderer als auch durch die gesellschaftlichen und politischen Rahmenbedingungen beeinflusst ist und unterschiedliche Verläufe nehmen kann: Assimilation als Übernahme der Aufnahmekultur bei Aufgabe der Herkunftskultur, Segregation als Beibehaltung der

---

[8] Im Jahr 2009 führte die Stiftung Zentrum für Türkeistudien und Integrationsforschung (ZfTI), gefördert durch den EIF, eine Bestandsaufnahme der muslimischen Organisationen in Deutschland durch. Die daraus entstandene Datenbank ist Grundlage der Befragung in der hier vorgestellten Studie.

[9] Vgl. Dirk Halm und Hendrik Meyer 2010, S. 287.

Herkunftskultur ohne Annäherung an die Aufnahmekultur, Inklusion als Einbindung in die Gesellschaft ohne Übernahme der Aufnahmekultur und Exklusion als Ausschluss aus der Gesellschaft trotz Übernahme der Herkunftskultur.[10] Assimilation ist zwar von der Mehrheitsgesellschaft am einfachsten zu bewältigen und wird von ihr daher zumeist auch favorisiert: Zugleich ist sie aber auch der voraussetzungsvollste Verlauf des Integrationsprozesses, da sie ein hohes Maß an Offenheit der Aufnahmegesellschaft verlangt und nur dann wahrscheinlich ist, wenn keine soziale Schließung zu finden ist, wenn also die Zugehörigkeit zur Minorität keinen Einfluss auf die sozialen Chancen und den Statuserwerb hat.[11] Ist letzteres der Fall, bestehen also Mechanismen, die die Chancen der Zuwanderer auf gesellschaftliche Teilhabe einschränken, ist Segregation wahrscheinlicher. Zugleich bestehen Zweifel, ob eine national gefasste Gesellschaft mit einem „Mainstream", auf den sich die Assimilation der Zuwanderer beziehen kann, noch der Lebenswirklichkeit entspricht[12] und ob nicht etwa statt der eindimensionalen Gegenüberstellung von Assimilation und Segregation eher multiple Integrationsformen zur Normalität werden.[13] Multiple Integration meint die Erhaltung von Schlüsselcharakteristika der Herkunftskultur bei zugleich stattfindender Übernahme zentraler Aspekte der Aufnahmegesellschaft. Erfolgreiche Integration findet dann statt, wenn die Beibehaltung von Elementen der Herkunftskultur nicht mit einer Distanzierung von der Aufnahmegesellschaft verknüpft ist. Ein ausschließlich auf Assimilation gestütztes Integrationsangebot der Mehrheitsgesellschaft an die Zuwanderer würde nach Ansicht von Portes[14] sogar deren Einbezug verhindern.

Das Modell der multiplen Integration führt zu einem weit gefassten Verständnis von Integration und damit auch der möglichen integrativen Leistungen der islamischen Gemeinden. Werden sowohl assimilatorische, auf die Aufnahmegesellschaft gerichtete (etwa Deutschkurse oder Hausaufgabenhilfe für Jugendliche) als auch binnenintegrative, auf die Zuwanderungscommunity gerichtete

---

[10] Vgl. Hartmut Esser 2009.
[11] Vgl. Maurice Crul und Jens Schneider 2010.
[12] Vgl. Richard Alba und Victor Nee 2003.
[13] Vgl. Hartmut Esser 2008.
[14] Vgl. Alejandro Portes 1998.

Aktivitäten angeboten, ist der integrative Beitrag nicht infrage gestellt. Stehen beide jedoch innerhalb der Gemeinden in einem Konkurrenzverhältnis, ist dies unter integrativer Perspektive problematisch. Neuere Befunde zur Integration von Einwanderern in Deutschland stützen die Überlegung der multiplen Integration und weisen eher auf ein neutrales, denn auf ein Konkurrenzverhältnis von Assimilation und Binnenintegration hin.[15] Somit ziehen wir zur Beurteilung des integrativen Beitrags der islamischen Organisationen sowohl die assimilatorischen Angebote, aber insbesondere das Verhältnis von diesen zu binnenintegrativen Aktivitäten heran. Integrationsbeiträge der Gemeinden werden daher vor allem an der Vielfalt der Angebote und deren Offenheit gemessen.

Die Muslime in Deutschland sind eine sehr heterogene Gruppe, sowohl bezogen auf die Herkünfte als auch auf die Glaubensrichtungen.[16] Zahlreiche, aber bei weitem nicht alle islamischen Gemeinden haben sich zu verschiedenen Dachverbänden mit unterschiedlichen Ausrichtungen zusammengeschlossen.[17] Die bisherigen Bestandsaufnahmen[18] deuten darauf hin, dass der organisierte

---

[15] Vgl. Hartmut Esser 2009.

[16] Eine Studie des BAMF weist 2,5 bis 2,7 Millionen der in Deutschland lebenden Muslime als türkeistämmig aus, gefolgt von rund 500.00 bis 600.000 aus südosteuropäischen Ländern, rund 300.000 bis 370.000 aus dem Nahen Osten und 260.000–302.000 aus Nordafrika. In Deutschland ist die Mehrheit von 74 % der Muslime sunnitisch, gefolgt von den Aleviten mit 13 % und Schiiten mit einem Anteil von 7 %. Vgl. Sonja Haug, Stephanie Müssig und Anja Stichs 2009, S. 80–83.

[17] Der größte Verband ist DITIB – Diyanet İşleri Türk İslam Birliği (deutsch: Türkisch-Islamische Union der Anstalt für Religion). Er wurde auf Initiative des türkischen Präsidiums für Religionsangelegenheiten mit dem Ziel gegründet, in Deutschland für die Migranten aus der Türkei einen laizistisch geprägten Islam zu etablieren. Die IGMG – Islamische Gemeinschaft Milli Görüs – ist staatsunabhängig, unterhält aber enge Beziehungen zur islamistischen Milli-Görüs-Bewegung in der Türkei und steht unter Beobachtung des Verfassungsschutzes. Der Verband der Islamischen Kulturzentren (VIKZ) vertritt einen mystisch orientierten, sunnitischen Islam mit starker Orientierung auf Deutschland. Die bedeutendste alevitische Organisation ist die Alevitische Gemeinde Deutschland (Almanya Alevi Birlikleri Federasyonu – AABF). Ihre Hauptziele sind die eigenständige Etablierung des Alevitentums und die Förderung der Rückbesinnung auf die alevitische Religion unter Jugendlichen. Zusätzlich gibt es zwei mehrheitlich sunnitisch geprägte, größere „Dachverbände" auf Bundesebene, den Islamrat, der die IGMG als Mitglied hat, sowie den Zentralrat der Muslime (ZMD). VIKZ und DITIB sind nicht Mitglieder eines dieser Dachverbände. Im Kontext der Deutschen Islam-Konferenz (DIK) hat sich der „Koordinierungsrat der Muslime" (KRM) bestehend aus DITIB, Islamrat, VIKZ und ZMD als Reaktion auf die Forderung nach einem einheitlichen Ansprechpartner für den deutschen Staat konstituiert. Siehe Wunn 2007.

[18] Vgl. Riem Spielhaus 2006, Volkhard Krech 2008; vgl. auch Anja Stichs, Sonja Haug und Stephanie Müssig 2010, S. 132.

Islam in Deutschland beträchtlich fragmentiert ist. Zudem werden auch zahlreiche Muslime durch die Organisationen überhaupt nicht erreicht und daher nicht durch sie repräsentiert. Zu beachten ist zudem, dass die Organisation der Muslime nicht den kirchlichen oder kirchenähnlichen hierarchischen Strukturen entspricht, die die deutsche Gesellschaft bis heute für eine geregelte Einbindung von Religionsgemeinschaften voraussetzt und die Einbeziehung des organisierten Islam häufig erschwert.[19]

Sowohl der Glaubensrichtung als auch der Zugehörigkeit zu unterschiedlichen Dachverbänden werden Einflüsse auf die Offenheit und das Integrationsengagement der Gemeinden zugeschrieben. So werden etwa alevitische Organisationen in Bezug auf ihren integrativen Beitrag positiver eingeschätzt als sunnitische oder schiitische Verbände.[20] Allerdings konnten solche Einflüsse empirisch und systematisch vergleichend bisher nicht nachgewiesen werden. Dagegen rückt die organisationssoziologische Perspektive die materiellen und immateriellen Ressourcen in den Fokus, da davon auszugehen ist, dass die Vielfalt der Angebote von der Verfügung über materielle und personelle Ressourcen abhängig ist und diese eine Konkurrenz zwischen religiösen und nichtreligiösen, integrativen Angeboten beeinflussen könnte.[21]

Bezogen auf die Verbände taucht immer wieder die Frage auf, wie viele Gemeinden und Gläubige überhaupt und durch welche Dachverbände repräsentiert werden, inwieweit also die etablierten Verbände die Muslime in Deutschland vertreten. Die Repräsentation der Muslime durch die Verbände wird insbesondere im Rahmen der Deutschen Islam-Konferenz zu einer politischen Frage, da bezweifelt wird, dass die dort vertretenen eher konservativen Verbände und ihre Positionen tatsächlich den Anspruch auf die Vertretung der Muslime erheben können und ein nicht unerheblicher Teil insbesondere der europäisch orientierten Muslime eben über keine Organisationsstrukturen verfügen.[22] Darüber hinaus stellt sich die Frage, welche Bedeutung eine (bestimmte) Verbandsmit-

---

[19] Vgl. Ulrich Willems 2008.

[20] Vgl. Martin Sökefeld 2008/2, S. 278.

[21] Vgl. Derek Pugh et al. 1969.

[22] Vgl. dazu Mounir Azzaoui 2011, S. 262. Siehe zur Repräsentanz der großen Verbände Spielhaus 2006, S. 15. Volkhard Krech 2008, Sonja Haug, Stephanie Müssig und Anja Stichs 2009, S. 179.

gliedschaft für die Angebote der Gemeinden hat. Diese Perspektive ist für eine Einschätzung der Bedeutung der Verbände für die Integration des Islam und der Muslime unerlässlich.

3 Datengrundlage

Datengrundlage für die empirische Analyse der oben genannten Aspekte der Debatte um die Rolle der muslimischen Organisationen im Integrationsprozess ist eine von der Stiftung Zentrum für Türkeistudien und Integrationsforschung (ZfTI) im ersten Halbjahr 2011 durchgeführte telefonische, standardisierte Befragung von muslimischen einschließlich alevitischen Gemeinden in deutscher, türkischer und in arabischer Sprache.[23]

Grundlage der Befragung war eine vom ZfTI im Jahr 2009 im Rahmen eines vom Europäischen Integrationsfonds (EIF) geförderten Projektes erarbeitete und vom Bundesamt für Migration und Flüchtlinge (BAMF) im Jahr 2010 ergänzte Datenbank, die 2.804 muslimische Organisationen mit Telefonnummern zuzüglich 496 Organisationen ohne Telefonnummern umfasste. Aufgrund der akribischen und umfassenden Recherche kann davon ausgegangen werden, dass die Datenbank die tatsächlich existierenden Gemeinden weitgehend beinhaltete, wenngleich eine vollständige Erfassung nicht garantiert werden kann.

Da eine Vollerhebung angestrebt war, wurden bis zu 20 telefonische Kontaktversuche unternommen. Die Gemeinden, für die keine Telefonnummern vorlagen, wurden brieflich kontaktiert. Insgesamt wurden 1.141 Interviews, davon 28 postalisch, durchgeführt. Die Interviews wurden mit Gesprächspartnern in unterschiedlichen Funktionen geführt.[24]

Ein Vergleich der Ergebnisse der Befragung hinsichtlich der verfügbaren Merkmale „Glaubensrichtung" und „Verbandszugehörigkeit" mit der Ausgangsdatenbank zeigt eine hohe Übereinstimmung. Eine Ausnahme bildet die Überreprä-

---

[23] Die Föderation der Aleviten-Gemeinden in Europa (AABF) sieht das Alevitentum als eigenständige Religion und nicht als eine Glaubensrichtung innerhalb des Islams an. Es war aufgrund der unterschiedlichen Glaubenspraxis notwendig, eine teilweise abweichende Variante des Fragebogens für die alevitischen Gemeinden zu erstellen, was speziell die Erhebung grundsätzlicher Strukturmerkmale der Organisationen betraf (religiöse Angebote und ihre Frequenz).

[24] Zu 33 % mit den Gemeindevorsitzenden, 23 % mit Vorstandsmitgliedern, 21 % mit den Imamen bzw. Dedes, 15 % mit Gemeindemitgliedern und 4 % mit Angestellten.

sentation der Islamischen Gemeinden Milli Görüş (IGMG) in der Befragung (19 % zu 13 %). Dort wurden von 195 Organisationen Mitgliedschaften in mehreren großen Verbänden oder in einem Verband und einer Schura angegeben. Ersteres ist zwar nicht ausgeschlossen, erscheint jedoch wenig plausibel, erklärt aber möglicherweise die Diskrepanz. Möglicherweise kommen hier unexakte Informationen zum Tragen, die von einem Verbandswechsel herrühren, möglicherweise auch andere Motive der Organisationen, in mehreren Verbänden Mitglied zu sein.[25] Darüber hinaus ist der Anteil der unabhängigen Gemeinden in der Befragtengruppe mit 24 % deutlich geringer als in der Ausgangsdatenbank (36 %). Dies mag größtenteils daran liegen, dass bisher unbekannte Verbandszugehörigkeiten im Rahmen der Befragung bekannt wurden. Nicht auszuschließen ist aber, dass trotz der zahlreichen Kontaktversuche große und ressourcenstarke und damit auch verbandszugehörige Gemeinden in der Befragung überrepräsentiert sind. Trotz der genannten Beschränkungen sollten die Ergebnisse aber aussagekräftig für die Landschaft der Moscheegemeinden in Deutschland sein.[26]

4 Die Struktur der muslimischen Gemeinden in Deutschland

Entsprechend der aus Befragungen bekannten Glaubenszugehörigkeit der Muslime in Deutschland[27] zählen sich auch die Gemeinden überwiegend der sunnitischen Richtung zu (83 %), 5 % sind alevitische Gemeinden und 2 % gehören der schiitischen Richtung an. 6 % der Gemeinden nannten eine gemischte Ausrichtung.

Ein Viertel der Gemeinden sind keine Mitglieder in einem Verband, der mit Abstand größte Teil der befragten Gemeinden gab bei der Möglichkeit von Mehrfachnennungen an, DITIB-Mitglied zu sein (45 %), gefolgt von IGMG (19 %) und

---

[25] Wir betrachten in den folgenden Auswertungen jeweils alle genannten Mitgliedschaften. Zu allen Zusammenhängen mit der Mitgliedschaftsvariablen wurden zusätzlich Berechnungen nur mit Fällen eindeutiger Verbandmitgliedschaft bzw. ohne Verbandmitgliedschaft durchgeführt. Zumeist variierten Signifikanzniveaus und Effektstärken nur gering. In zwei Fällen (Fn. 36 und Fn. 37) wird wegen eines deutlich abweichenden Ergebnisses auch die alternative Berechnung dargestellt.

[26] Die Studie hat insofern keinen repräsentativen Charakter, als Repräsentativität nicht nur die Bekanntheit der Grundgesamtheit voraussetzt, sondern auch eine zufällige Stichprobenziehung bevorzugte Strategie zur Erlangung von Repräsentativität wäre. Beides ist hier nicht erfüllt.

[27] Vgl. z. B. Sonja Haug, Stephanie Müssig und Anja Stichs 2009.

dem VIKZ (17 %). Dem alevitischen Verband gehören 4 % der befragten Gemeinden an. Alle anderen Verbände wurden nur von wenigen Gemeinden genannt.

Tab. 1: Glaubensrichtung und Verbandsmitgliedschaft der islamischen Gemeinden (Prozentwerte, Mehrfachnennungen)

	Häufigkeit	Prozent
Glaubensrichtung		
sunnitisch	951	83,3
schiitisch	25	2,2
alevitisch	54	4,7
Ahmadi	21	1,8
Sufi	4	0,4
gemischt	73	6,4
Weiß nicht/Keine Angabe	13	1,1
Gesamt	1.141	100
Verbandmitgliedschaft		
DITIB	512	44,9
IGMG	220	19,3
VIKZ	190	16,7
AABF	42	3,7
Andere	154	13,5
Keine Verbandsmitgliedschaft	278	24,4
Gesamt	1.141	122,5

DITIB = Türkisch-Islamische Union der Anstalt für Religion; IGMG = Islamische Gemeinschaft Milli Görüş; VIKZ = Verband der islamischen Kulturzentren; AABF = Alevitische Gemeinde

Die Herkunft der Besucher der Gemeinden ist in hohem Maße heterogen, rund zwei Drittel der Gemeinden werden von Gläubigen aus verschiedenen Ländern besucht (43 % von drei oder mehr Herkunftsgruppen, 25 % von zwei Herkunftsgruppen). Trotz der ausgeprägten Herkunftsheterogenität der Besucher dominieren Gläubige aus der Türkei häufig: Zum einen werden 81 % der Gemeinden auch von Türkeistämmigen genutzt, zum anderen stellen sie in 64 % der Gemeinden mindestens 70 % der Besucher. Dominierende Gruppen sind zudem Bosnier (3 %) und Pakistaner (3 %), 5 % der Gemeinden gaben an, dass keine Herkunftsgruppe dominiere.

Der größte Teil der untersuchten Gemeinden wurden zwischen 1980 und 1999 gegründet (63 %). Davor existierten nur 19 %, ab 2000 wurden lediglich weitere 13 % gegründet. Der Gründungszeitpunkt unterscheidet sich nach dominierenden Herkünften. So haben sich vor allem die türkisch dominierten Gemeinden überdurchschnittlich häufig in den 1970er Jahren, ein großer Anteil jedoch auch in den 1980er Jahren gegründet, und nur noch ein kleiner Teil entstand nach 2000. Bosnisch dominierte Gemeinden wurden hingegen überwiegend seit den 1990er Jahren wohl auch in der Folge der Flucht vor dem Krieg im ehemaligen Jugoslawien ins Leben gerufen. Die von anderen Herkünften dominierten Gemeinden sind zumeist jünger und zu einem Drittel ab dem Jahr 2000 entstanden. Somit wurde der Großteil der Gemeinden im Zuge der Verfestigung der Aufenthalte und des Familiennachzugs der Arbeitsmigration gegründet, was trotz einer weiterhin bestehenden Entwicklung auf eine weitgehende Etablierung der muslimischen Organisationslandschaft in Deutschland hinweist.

Die Größe der befragten Gemeinden[28] ist sehr unterschiedlich: 48 % der Gemeinden erreichen bis 200 Gläubige, 41 % schätzen ihr Klientel noch größer. Kleinere Gemeinden mit weniger als 50 Besuchern sind mit 16 % jedoch eher selten.

Zwei Drittel der Gemeinden liegen in mittleren bis großen Städten (66 %). Dies entspricht den Erwartungen, da der Zuzug von Muslimen im Rahmen der Gastarbeitermigration in die industriellen Ballungsräume erfolgte. Gleichwohl sind Organisationen nicht ausschließlich in den großen Städten vertreten, sondern auch an deren Peripherie sowie im ländlichen Raum. Immerhin ein Viertel der Gemeinden liegt in Kleinstädten und 5 % in kleinen Gemeinden mit weniger als 5.000 Einwohnern.

Fast alle befragten Gemeinden verfügen neben festen eigenen Gebetsräumen auch über abgetrennte Gebetsmöglichkeiten für Frauen. Eine große Mehrheit der Gemeinden (81 %) verfügt über zusätzliche Räumlichkeiten für Freizeit- und Bildungsangebote. Nur eine Minderheit ist jedoch im Eigentum der Räumlichkeiten (29 %) und nur wenige unterhalten eine repräsentative Moschee mit Minarett (12 %, ohne Aleviten). Allerdings planen 39 % der Gemeinden Neubauten, so dass sich die räumliche Ausstattung zukünftig in beträchtlichem Umfang verbessern könnte, zugleich aber auch Konflikte im nachbarschaftlichen Umfeld solcher geplanten bauten zunehmen könnten.

---

[28] Klassifiziert nach der Frage, wie viele Menschen durch die Angebote der Gemeinden insgesamt erreicht werden.

Trotz des grundsätzlich ehrenamtlichen Charakters der Tätigkeiten ist die Organisationsstruktur der Gemeinden häufig sehr ausdifferenziert. Mehr als 90 % der Gemeinden verfügen über einen eigenen Imam bzw. Dede[29] und einen Kassenwart. Mehr als drei Viertel haben darüber hinaus zur Wahrnehmung nicht religiöser Aufgaben Beauftragte oder Abteilungen für Frauen, Jugend, Dialog, Öffentlichkeitsarbeit und Bildung, über Sportabteilungen verfügen gut fünfzig Prozent und über Seniorenabteilungen knapp die Hälfte.

Somit lässt sich konstatieren, dass die muslimischen Gemeinden in der Regel über grundlegende Infrastrukturelemente verfügen. Dazu gehören ein Vorbeter, entsprechende Räumlichkeiten sowie eine Aufgabendifferenzierung. Unterschiede bestehen allerdings bei den Eigentumsverhältnissen und der Repräsentativität der Räumlichkeiten. Die Gemeinden von DITIB und IGMG haben überdurchschnittlich differenzierte Organisationsstrukturen, im Gegensatz zu unabhängigen Gemeinden, die eine geringere Ausdifferenzierung ihrer Strukturen aufweisen. Die Ressourcenausstattung hängt erwartungsgemäß mit der Gemeindegröße zusammen, je größer die Gemeinde, desto besser die Ausstattung.

5 Vielfalt der Angebote

Neben Gebeten und Gottesdiensten bieten die Gemeinden weitere religiöse Dienstleistungen für Gläubige.

Am häufigsten sind dies bei den nichtalevitischen Organisationen Korankurse bzw. Islamunterricht für Kinder und Jugendliche, interne *Iftar*-Essen (Fastenbrechen nach Sonnenuntergang im Ramadan, 80 %), Feiern der heiligen Nächte (Geburtstag des Propheten, Himmelsreise des Propheten etc.), Wallfahrten und Begräbnisfeiern. Jeweils mehr als die Hälfte bieten Spendensammlungen (*Zekat/Zakat*), Feiern anlässlich von Beschneidung und Eheschließung und die Vermittlung von Tieropfern anlässlich des Opferfestes an. Die alevitischen Gemeinden wurden nur nach der Existenz von *Saz*- und *Semah*-Kursen[30] gefragt. Auch hier ist das Angebot solcher Kurse mit 93 % bzw. 91 % die Regel.

---

[29] Vorbeter in alevitischen Gemeinden.
[30] *Saz*- und *Semah*-Kurse sind Instrumental-, Gesangs- und Tanzkurse.

Tab. 2: Religiöse Angebote der Gemeinden
(Prozentwerte, Mehrfachnennungen, ohne Aleviten)

Korankurse/Islamunterricht für Kinder	95,5
Iftar-Essen für Gemeinde	91,8
Feiern heiliger Nächte	85,1
Hadsch/Wallfahrt	81,0
Begräbnisse	80,3
Spendensammlung/Zekat	79,9
Beschneidungsfeiern	69,7
Eheschließung	68,5
Vermittlung Tieropfer/Opferfest	66,0
Geburtsfeiern	50,0
Sonstiges	2,9

Tab. 3: Vielfalt des religiösen Angebots nach strukturellen Kennzahlen der Gemeinden (Mittelwert*, ohne alevitische Gemeinden)

	Mittelwert	**Anzahl**
Gemeindegröße		
bis 20	6,15	39
21 bis 50	6,12	132
51 bis 200	6,99	330
201 bis 500	6,90	249
mehr als 500	7,52	191
Glaubensrichtung		
sunnitisch	6,95	951
schiitisch	4,92	25
gemischt	5,84	73
Dominierende Herkunft		
Türken	7,22	677
Bosnier	5,55	51
Andere	4,91	98
keine dominierende Gruppe	5,34	56
Ressourcenausstattung		
geringe Ressourcenausstattung	5,39	109
mittlere Ressourcenausstattung	5,94	259
hohe Ressourcenausstattung	7,37	677
Gesamt	6,75	1.087

* Mittelwert der Anzahl der genannten Angebote, maximal mögliche Anzahl = * 10

Die Vielfalt der religiösen Angebote steigt mit der Gemeindegröße und der Ressourcenausstattung, je größer die Gemeinde und je höher die Ressourcen, desto vielfältiger ist das Angebot.[31] Die nicht alevitischen Gemeinden bieten den Nutzern im Durchschnitt 6,8 verschiedene religiöse Dienstleistungen an. Die vielfältigsten Angebote unterbreiten die sunnitischen Gemeinden, deutlich weniger vielfältig ist das religiöse Angebot der schiitischen Gemeinden, die aber auch erheblich kleiner sind. Werden die Gemeinden durch Türkeistämmige dominiert, ist das Angebot ebenfalls vielfältiger, als wenn die Besucher durch Bosnier oder keine Herkunftsgruppe dominiert werden.

Tab. 4: Nichtreligiöse Angebote der Gemeinden (Prozentwerte, Mehrfachnennungen)

	für Jugendliche	für Erwachsene
Sport/Bewegung	72,2	25,6
Gesellschaftskunde/Exkursionen	66,5	48,2
Interreligiöser Dialog	65,2	60,4
Hausaufgabenhilfe	57,3	–*
Sprachkurse Deutsch	31,0	23,5
Musik, Kultur, Tanz, Folklore	31,0	11,1
Sprachkurse Herkunftssprache	29,8	12,4
Computer, EDV	27,7	15,2
Handarbeiten, Basteln, Kochen	19,2	14,6
Integrationskurse (verpflichtend lt. Gesetz)	–*	20,2
Einzelhandel, Friseur etc.	–*	10,3
Teestube	–*	83,8
Gesundheitsberatung	–*	36,5
Erziehungsberatung	–*	43,0
Sozialberatung	–*	43,2
Sonstiges	3,2	1,8
Keine Angebote	6,1	1,7

* nicht abgefragt

---

[31] Zur Abbildung der Ressourcenausstattung wurde ein summativer Index aus folgenden Variablen gebildet: Vorhandensein eines eigenen Imams/Dedes (ja/nein), Existenz eigener Räumlichkeiten (ja/nein), Existenz von Räumlichkeiten für Freizeit- und Bildungsangebote (ja/nein), Immobilienbesitz (ja/nein), geplante Bauprojekte (ja/nein) und Anzahl von Beauftragten/Abteilungen (geteilt durch die mögliche Anzahl), wobei „ja" mit 1 und „nein" mit 0 codiert wurde. Dieser summative Index wurde anschließend durch die Anzahl der eingeflossenen Variablen geteilt, so dass der metrische Index Werte zwischen 0 (= keine Ressourcen) und 1 (= hohe Ressourcenausstattung) umfasst; je höher die Ausprägung dieses Index, desto größer die Ressourcen der Gemeinden.

Tab. 5: Vielfalt der nichtreligiösen Angebote nach strukturellen Kennzahlen der Gemeinden (Mittelwert*)

	Angebote für Jugendliche	Angebote für Erwachsene
Gemeindegröße		
bis 20	2,85	3,20
21 bis 50	3,85	4,07
51 bis 200	4,22	4,70
201 bis 500	4,22	4,81
mehr als 500	4,98	5,79
Glaubensrichtung		
sunnitisch	4,04	4,40
schiitisch	3,92	4,20
Ahmadi	4,67	5,48
gemischt	3,82	4,77
alevitisch	5,02	5,89
Dominierende Herkunft		
Türken	4,24	4,66
Bosnier	3,33	3,53
Andere	3,52	4,06
keine dominierende Gruppe	3,50	4,12
Ressourcenausstattung**		
geringe Ressourcenausstattung	3,02	3,42
mittlere Ressourcenausstattung	3,17	3,48
hohe Ressourcenausstattung	4,67	5,19
Gesamt	**4,06**	**4,5**

* Mittelwert der Anzahl der genannten nichtreligiösen Angebote, maximal * mögliche Anzahl nichtreligiöser Angebote für Jugendliche = 10, maximal * mögliche Anzahl nichtreligiöser Angebote für Erwachsene = 15
** Ressourcenindex in vier Kategorien

Zusätzlich machen fast alle muslimischen Gemeinden inzwischen Angebote, die weit über religiöse Dienstleistungen hinausgehen, nicht zuletzt, um auch die nachwachsenden Generationen erreichen und ihren Bedürfnissen entsprechen zu können. Vor allem für Jugendliche bieten zahlreiche Gemeinden verschiedene Kurse an, insbesondere in den Bereichen Sport und Bildung, aber auch für Erwachsene sowie zum interreligiösen Dialog und zu Kultur.[32] Dabei dominie-

---

[32] Die nichtreligiösen Angebote wurden für Jugendliche und Erwachsene getrennt erfragt, weil angenommen wurde, dass sich die Angebotsstrukturen für diese Gruppen unterscheiden.

ren keineswegs Herkunftskultur und Traditionspflege die nichtreligiöse Tätigkeit der Gemeinden, im Gegenteil nehmen Orientierungshilfen für die deutsche Gesellschaft (Sozial-, Erziehungs- und Gesundheitsberatung, Hausaufgabenhilfe, interreligiöser Dialog) einen breiten Raum ein. So bieten mehr Gemeinden deutsche Sprachkurse sowohl für Jugendliche als auch für Erwachsene als Kurse der Herkunftssprachen.

Tab. 6: Vielfalt der nichtreligiösen Angebote nach Vielfalt der religiösen Angebote (Mittelwert*, ohne alevitische Gemeinden)

Anzahl unterschiedlicher religiöser Angebote	Nichtreligiöse Angebote	
	für Jugendliche	für Erwachsene
0	2,37	2,37
1	1,88	2,69
2	2,23	2,57
3	2,55	2,87
4	3,24	3,14
5	3,92	4,31
6	3,63	4,01
7	4,07	4,68
8	4,37	4,78
9	4,74	5,15
10	5,22	6,11
Gesamt	4,02	4,43
Gamma[33]	+ 0,240***	+ 0,221***

* Mittelwert der Anzahl der genannten nichtreligiösen Angebote, maximal * mögliche Anzahl nichtreligiöser Angebote für Jugendliche = 10, maximal * mögliche Anzahl nichtreligiöser Angebote für Erwachsene = 15

Signifikanzniveaus: *** < 0,001, ** < 0,01, * < 0,05, – = nicht signifikant

Wie bei den religiösen Angeboten, steht die Vielfalt der Freizeitangebote im nichtreligiösen Bereich mit der Struktur und der Ressourcenausstattung der Gemeinden in engem Zusammenhang: Je größer die Gemeinden und je höher die

---

[33] Gamma ist ein Korrelationsmaß für ordinal oder metrisch skalierte Daten und gibt mit dem Wert die Stärke und mit den Vorzeichen die Richtung des Zusammenhangs zwischen zwei Variablen an. Bei positivem Zusammenhang ist der Verlauf gleichgerichtet, bei negativem Zusammenhang ist er entgegengesetzt. Gamma kann somit Werte zwischen 0 und ±1 annehmen.

Ressourcenausstattung, desto vielfältiger ist auch das nichtreligiöse Angebot. Eine Ausnahme bilden die alevitischen Gemeinden: Obwohl sie kleiner sind als die sunnitischen, bieten sie dennoch das vielfältigste nichtreligiöse Angebot.

Zwischen den religiösen und nichtreligiösen Angeboten besteht in den Gemeinden kein Konkurrenzverhältnis, im Gegenteil: Je vielfältiger das religiöse Angebot ist, desto vielfältiger ist auch das nichtreligiöse Freizeitangebot der Gemeinden. Dies verwundert nicht, sind doch bei beiden Angebotsarten vor allem die Ressourcensausstattung ausschlaggebend für die Vielfalt.

6 Integrationsbeiträge der Gemeinden

Welche nichtreligiösen Angebote als integrativ bewertet werden, ist, wie oben bereits dargestellt, abhängig vom zugrundeliegenden Integrationsbegriff. Entsprechend des Modells der multiplen Integration gehen wir davon aus, dass neben den Angeboten, die direkt auf den Anschluss an die Mehrheitsgesellschaft ausgerichtet sind, auch solche, die sich auf die Binnenintegration der Migranten beziehen, integrativ sein und den Einschluss in die Aufnahmegesellschaft begünstigen können.[34] So haben beispielsweise Angebote für unterschiedliche soziale Gruppen (Frauen, Senioren, Neuzuwanderer etc.) integratives Potenzial, da die Angebote zumindest zum Teil die Lebenssituation der Zielgruppen in Deutschland reflektieren und zur Binnendifferenzierung und damit zur Netzwerkbildung von ansonsten häufig isoliert lebenden Gruppen beitragen. Auch Angebote, die Nichtmuslime oder Menschen ohne Kenntnis der Herkunftssprachen einbeziehen, werden hier als integrativ gewertet, weil Netzwerke der Individuen sich ausdifferenzieren und interkulturellen Konflikten vorgebeugt wird. Hier kommt dann auch zum Tragen, in welcher Sprache religiöse Veranstaltungen in den Gemeinden durchgeführt werden. Untersucht wurde darüber hinaus, in welchem Umfang von der Aufnahmegesellschaft finanzierte und (normativ) als sozialintegrativ wirksam definierte Maßnahmen durchgeführt werden.

Bereits 15 % der Gemeinden haben von deutschen Stellen finanzierte Integrationsprojekte durchgeführt, insbesondere Deutschkurse, Begegnungsveranstaltungen und Integrationskurse. Es wurden aber auch Qualifizierungsmaßnahmen

---

[34] Die Beurteilung der Angebote bezieht sich dabei nicht auf die inhaltliche Wirkung, sondern nur darauf, ob sie generell positive Effekte auf die Integration Einzelner oder der Gruppe haben können.

durchgeführt, häufig für Jugendliche. 83 % der nicht alevitischen Gemeinden gaben an, bereits mindestens einmal am „Tag der offenen Moschee" teilgenommen zu haben, was eine große Öffnungsbereitschaft der Moscheen zur Aufnahmegesellschaft belegt.

Allerdings ist die Einbeziehung von Einheimischen in die nichtreligiösen Angebote bisher nur wenig verbreitet: So nehmen zwar relativ häufig vereinzelt Deutsche an den nichtreligiösen Angeboten für Jugendliche (48 %) bzw. für Erwachsene (43 %) teil, in größerem Umfang gaben jedoch nur 4 % bzw. 5 % der Gemeinden eine solche Beteiligung an. Insgesamt ergibt sich ein Anteil von 59 % der Gemeinden, an deren nichtreligiösen Angeboten zumindest vereinzelt Deutsche teilnehmen.

Frauen und Mädchen sind unter den Besuchern der Gemeinden insgesamt unterrepräsentiert, in rund einem Drittel der Gemeinden liegt die Teilnahme von Frauen und Mädchen an den Angeboten unter 50 %, in einem Fünftel liegt sie jedoch auch über 50 %, wobei Frauen und Mädchen eher nichtreligiöse Angebote nutzen. Immerhin bieten 76 % der Gemeinden spezielle Angebote für Mädchen und 58 % für Frauen. Darüber hinaus haben 65 % der Gemeinden mit Angeboten für Jugendliche gemeinsame Angebote für Jungen und Mädchen. Der Frauenanteil an den Nutzern nichtreligiöser Angebote ist unter alevitischen Gemeinden am höchsten, unter schiitischen am geringsten. Allerdings ist der Zusammenhang zwischen Frauenanteil und Glaubensrichtung nicht signifikant. Je größer die Gemeinde ist und je besser die Ressourcenausstattung, desto höher ist auch der Anteil der Gemeinden, die angeben, dass mehr als 30 % der Teilnehmer an nichtreligiösen Angeboten Frauen sind. Werden spezielle Angebote für Frauen gemacht, ist die Teilnahme von Frauen ebenfalls überdurchschnittlich. Viele Gemeinden betreiben außerdem weitere spezielle Zielgruppenaktivitäten. 37 % haben Angebote für islaminteressierte Nichtmuslime, 30 % Angebote für Senioren, und 17 % richten sich an Neueinwanderer.

In immerhin 37 % der Gemeinden findet das religiöse Angebot auch in Deutsch statt, wobei es zumeist (85 %) auch in der Herkunftssprache gehalten wird, zu 25 % wird es ins Deutsche übersetzt. Die Herkunftssprache wird überwiegend in den von Türkeistämmigen dominierten Gemeinden verwendet, dort wird seltener Deutsch gesprochen als in Gemeinden, die durch andere oder keine Her-

Tab. 7: Integrationsrelevante Angebote und Merkmale (Prozentwerte)

Durchführung Integrationsprojekte	14,7	
Teilnahme „Tag der offenen Moschee"	83,0	
Teilnahme Einheimischer ...	Jugendliche	Erwachsene
vereinzelt	48,0	43,1
größerem Umfang	4,2	5,2
Spezielle Angebote für Mädchen	76,2	
Spezielle Angebote für Frauen	57,9	
Gemeinsame Angebote für Mädchen und Jungen	64,8	
Anteil Frauen/Mädchen an nichtreligiösen Angeboten	Mädchen	Frauen
Bis 30 %	22,4	19,8
30 % bis 50 %	44,4	42,9
Mehr als 50 %	20,0	19,1
Angebote für Nichtmuslime	36,7	
Angebote für Senioren	29,4	
Neuzuwanderer	17,4	
Sprache religiöser Angebote*		
Herkunftssprache	84,8	
Deutsch	36,8	
Mit deutscher Übersetzung	24,7	

* Mehrfachnennungen möglich

kunftsgruppen dominiert werden. In letzteren wird das Deutsche deutlich häufiger genutzt, aber auch Arabisch gesprochen. In kleinen Gemeinden werden überdurchschnittlich häufig sonstige Sprachen, Arabisch sowie leicht überdurchschnittlich häufig Deutsch verwendet. Offenbar schlagen sich die abnehmende Bedeutung der Herkunft im intergenerationalen Wandel und die Herkunftsheterogenität der Besucher auch in der Gestaltung der religiösen Angebote nieder.

Die Betrachtung der integrationsrelevanten Angebote der Gemeinden zeigte große Unterschiede bei den verschiedenen Gemeinden. Um diese Varianz in der Aufnahmelandorientierung der Gemeinden erklären zu können, bietet die Forschung bisher kaum Ansätze. Daher greifen wir zur Prüfung von beeinflussenden Merkmalen auf die im politischen Diskurs vorherrschenden Vorstellungen zurück. Diese beziehen sich in erster Linie auf die Glaubensrichtung und unterstellen alevitischen Organisationen eine stärkere assimilatorische Ausrichtung als sunnitischen oder schiitischen. Allerdings ist fraglich, ob sich eine solche Ausrichtung tatsächlich im Organisationshandeln zeigt, denn dieses unterliegt zahlreichen weiteren Einflussfaktoren, vor allem der Ressourcenausstattung und der Gemeindegröße, wie die Analyse der Vielfalt der Angebote bereits zeigte. Darüber hinaus ist zu vermuten, dass auch eine hohe Herkunftsheterogenität der Besucher eine Herkunftslandorientierung verringert und die Offenheit und Aufnahmelandorientierung erhöht.

Zur Analyse der Merkmale, die die Offenheit und die Aufnahmelandorientierung insgesamt und nicht nur einzelne Indikatoren beeinflussen, bilden wir einen summativen „Integrationsindex" mit einen Wertebereich von 0 (=geringe Integrationsorientierung) bis 1 (= hohe Integrationsorientierung) aus folgenden zusammengefassten Variablen: Teilnahme von Deutschen an den Programmen (wenigstens vereinzelte Teilnahme, ja/nein), Anteil von Frauen an nichtreligiösen Angeboten für Erwachsene (bis 30 %/über 30 %), Existenz von Zielgruppenangeboten für Erwachsene (ja/nein), religiöse Veranstaltungen auf Deutsch oder mit deutscher Übersetzung (ja/nein), Durchführung von Integrationsprojekten, die von deutscher Seite finanziert wurden (ja/nein). Zu diesen dichotom codierten Bestandteilen wurde zusätzlich eine metrische Variable hinzugerechnet, die aus der Anzahl unterschiedlicher nichtreligiöser Angebote für Jugendliche und Erwachsene gebildet wurde.[35]

Unterschiede im Integrationsindex zeigen sich wie vermutet am deutlichsten nach Ressourcen und Größe der Gemeinden, wobei sich der Index mit zunehmender Größe und steigenden Ressourcen positiv entwickelt. Relevante Differenzen ergeben sich darüber hinaus bei der Betrachtung der Vielfalt der religiösen Angebote: Mit der Vielfalt der religiösen Angebote steigt entgegen der These von einer Konkurrenz zu integrationsrelevanten Aktivitäten tendenziell auch der Integrationsindex. Dass diese Konkurrenz nicht besteht, wird auch daran sichtbar, dass Moscheegemeinden mit Korankursen bzw. mit Islamunterricht einen durchschnittlichen Integrationswert erreichen. Zugleich steigert das Vorhandensein von Korankursen bzw. Islamunterricht die Wahrscheinlichkeit, dass eine Moschee auch deutsche Sprachkurse anbietet (Cramers V: 0,118**). Verbandszugehörigkeit, Herkunft und Glaubensrichtung wirken sich eher gering

---

[35] Zur Berechnung der Vielfalt der religiösen Angebote wurde ein summativer metrischer Index aus der Anzahl unterschiedlicher religiöser Angebote gebildet, der in vier Kategorien umgewandelt wurde (nicht für Aleviten).

aus, wobei die alevitischen Organisationen sowohl mit Blick auf die Glaubensrichtung wie auf die Verbandszugehörigkeit etwas bessere Werte erzielen als die anderen. Bemerkenswert ist der sehr geringe Unterschied zwischen den drei großen sunnitischen Moscheeverbände DITIB, VIKZ und IGMG, speziell angesichts der Tatsache, dass die IGMG kaum auf aufnahmegesellschaftliche Unterstützung für integrationsrelevante Aktivitäten zählen kann.

Tab. 8: Mittelwert* Integrationsindex nach Merkmalen der Gemeinden

	Mittelwert
Glaubensrichtung	
Sunnitisch	0,49
Alevitisch	0,55
Dominierende Herkunft	
Türkei	0,50
Bosnien	0,51
Keine dominierende Gruppe	0,53
Verbandsmitgliedschaft	
DITIB	0,49
IGMG	0,50
VIKZ	0,49
AABF	0,54
Keine Verbandsmitgliedschaft	0,50
Gemeindegröße	
Bis 20	0,44
21 bis 50	0,45
51 bis 200	0,50
201 bis 500	0,53
Mehr als 500	0,60
Ressourcenausstattung	
Keine Ressourcen	0,33
Mittlere Ressourcenausstattung	0,43
Hohe Ressourcenausstattung	0,53
Vielfalt religiöser Angebote	
Wenig Vielfalt	0,38
Eher wenig Vielfalt	0,42
Eher hohe Vielfalt	0,50
Hohe Vielfalt	0,51
Gesamt	0,50

* Mittelwert auf einer Skala von 0 = geringe Integrationsorientierung bis 1 * = hohe Integrationsorientierung.

Um zu prüfen, inwieweit die Einflüsse der Merkmale auf den Integrationsindex eigenständig und nicht in Abhängigkeit voneinander bestehen, wurde eine multivariante logistische Regressionsanalyse durchgeführt.[36]

Tab. 9: Logistische Regression zum Grad der Offenheit/Integrationsorientierung (N = 765)

Abhängige Variable **Integrationsindex** (0 = geringer Grad, 1 = hoher Grad)			
	RK*	Effekt	Sign.
Glaubensrichtung			
Sunnitisch	Referenzgruppe		-
Schiitisch		0	-
Ahmadi		0	-
Gemischt		0	-
Alevitisch		0	-
Dominierende Herkunft			
Türken	Referenzgruppe		-
Bosnier		0	-
Andere		0	-
Keine dominierende Herkunftsgruppe		0	-
Mitgliedschaft DITIB			
Keine Mitgliedschaft DITIB	Referenzgruppe		-
Mitgliedschaft DITIB		0	-
Mitgliedschaft IGMG			
Keine Mitgliedschaft IGMG	Referenzgruppe		-
Mitgliedschaft IGMG		0	-

---

[36] Die logistische Regression berechnet die Wahrscheinlichkeit, mit der die jeweiligen Variablenausprägungen im Vergleich zu einer zu definierenden Referenzgruppe einen hohen Integrationsindex aufweisen. Diese Wahrscheinlichkeit wird durch den Regressionskoeffizienten RK (Exp.(b)) angegeben. Bei einem Wert höher als 1 ist die Wahrscheinlichkeit, einen hohen Wert im Integrationsindex aufzuweisen, größer als in der Referenzgruppe, bei einem Wert unter 1 ist diese Wahrscheinlichkeit geringer als in der Referenzgruppe. Der Zusammenhang zwischen der abhängigen und der unabhängigen Variablen hat nur dann statistisch eine Erklärungskraft, wenn das Signifikanzniveau (oder die Irrtumswahrscheinlichkeit) kleiner als 0,05 (bzw. 5 %) ist. Der Effekt zeigt die Richtung des Zusammenhangs an, ist er 0, besteht kein signifikanter Zusammenhang, d. h. die Ausprägung hat keinen Einfluss. Die Erklärungskraft des jeweiligen Modells wird ebenfalls berechnet (Pseudo R2). Der Wert gibt an, wie viel Varianz der abhängigen Variablen durch das Modell erklärt werden kann. Pseudo R2 kann kein Maximum von 1 erreichen; Modelle, die Werte zwischen 0,2 und 0,4 erzielen, gelten als gute Erklärungsmodelle; vgl. Fromm 2010.

Abhängige Variable **Integrationsindex** (0 = geringer Grad, 1 = hoher Grad)			
	RK*	Effekt	Sign.
Mitgliedschaft VIKZ			
Keine Mitgliedschaft VIKZ	Referenzgruppe		-
Mitgliedschaft VIKZ		0	-
Mitgliedschaft AABF			
Keine Mitgliedschaft AABF	Referenzgruppe		-
Mitgliedschaft AABF		0	-
Mitgliedschaft andere Verbände			
Keine Mitgliedschaft andere Verbände	Referenzgruppe		*
Mitgliedschaft andere Verbände	1,318	+	*
Unabhängig			
Mitgliedschaft in Verband	Referenzgruppe		-
Unabhängig		0	-
Ressourcen			
Wenige Ressourcen	Referenzgruppe		***
Mittlere Ressourcen		0	-
Viele Ressourcen	2,823	+	***
Gemeindegröße			
Bis 20 Personen	Referenzgruppe		***
21–50 Personen		0	-
51–200 Personen		0	-
201–500 Personen		0	-
Mehr als 500 Personen	3,498	+	**
Pseudo R2 (Nagelkerke)	0,139		

* RK = Regressionskoeffizient (Exp.(b)).
Signifikanzniveaus: *** < 0,001, ** < 0,01, * < 0,05, − = nicht signifikant.

Das Ergebnis zeigt ebenfalls wenig Anhaltspunkte für den Einfluss einer bestimmten Glaubensrichtung, Herkunft oder Verbandszugehörigkeit. Bezieht man in die Berechnung zugleich Ressourcenausstattung und Gemeindegröße ein, verlieren die Zusammenhänge ihre Signifikanz, insbesondere nivelliert sich der Einfluss der alevitischen Religionszugehörigkeit. Auch die Mitgliedschaft in Verbänden hat keinen Einfluss, mit Ausnahme der Mitgliedschaften in anderen als den großen Verbänden. Die Ausstattung mit Ressourcen und die Gemeindegröße wirken sich am deutlichsten und unabhängig von den anderen Merkmalen aus, wobei schon eine hohe Ausstattung mit Ressourcen notwendig ist, um die

Wahrscheinlichkeit zu steigern, einen hohen Wert im Integrationsindex zu erreichen. Ebenso macht sich die Gemeindegröße erst ab 500 Personen signifikant bemerkbar. Insgesamt können mit diesem Modell jedoch nur 14 % der Varianz erklärt werden.[37]

7 Die Rolle der Verbände

Die Frage der Repräsentation der Muslime in Deutschland durch die Verbände hat, wie eingangs erwähnt, nicht zuletzt durch die Einrichtung der Deutschen Islam-Konferenz eine hohe politische Bedeutung. Die vorliegenden Daten können hierzu nur bedingt eine Antwort liefern, da die politische Diskussion nicht nur auf die Vertretung der organisierten Muslime eingeht, sondern inzwischen auch hinterfragt, ob der organisierte Islam nur organisierte Muslime zu vertreten habe oder nicht auch religiös praktizierende Gläubige ohne Anbindung an Verbände oder „Kulturmuslime", deren Anteil an „den" Muslimen als nicht unerheblich eingeschätzt wird.

Die Daten sind jedoch geeignet, die Bedeutung der Verbandsmitgliedschaft für die Ressourcen und die Angebote der Gemeinden sowie die Tendenz zu verbandsunabhängigen Gemeindegründungen zu analysieren. Bestätigt sich letzteres, könnte sich daraus eine abnehmende Bedeutung der etablierten Verbände ableiten lassen.

Betrachtet man die Zusammenhänge zwischen Verbandszugehörigkeit und Organisationsalter, so ergibt sich ein vorsichtiger Hinweis darauf, dass Neugründungen von Gemeinden vermehrt abseits der etablierten Organisationslandschaft stattfinden. So wurden 22 % derjenigen Gemeinden, die keine Verbandsmitgliedschaft angaben, nach dem Jahr 2000 gegründet, bei den verbandlich organisierten beträgt dieser Anteil nur 11 %. Generell besteht ein signifikanter, aber schwacher Zusammenhang zwischen Organisationsalter und Verbandsmitgliedschaft.

Der Zusammenhang von Gemeindegröße und Ressourcenausstattung und deren Einflüsse auf die Integrationsorientierung wurde bereits dargestellt, wobei

---

[37] Eine alternative Berechnung der Regression unter Ausschluss der Gemeinden mit mehrfacher Verbandsmitgliedschaft erbringt insofern ein anderes Ergebnis, als eine Mitgliedschaft im VIKZ den Integrationsindex negativ beeinflusst, während die übrigen Zusammenhänge erhalten bleiben – die deutlich stärker ausgeprägt sind als der Effekt der VIKZ-Mitgliedschaft.

nur geringe Zusammenhänge zwischen Verbandmitgliedschaft und Integrationsorientierung zu erkennen waren. Allerdings bestehen zwar schwache, aber signifikante Zusammenhänge zwischen der Mitgliedschaft in den großen Verbänden und der Gemeindegröße. Unter den DITIB-, IGMG- und VIKZ-Mitgliedern sind überproportional häufig größere Gemeinden vorzufinden, bei den Angehörigen kleinerer Verbände dagegen finden sich überproportional häufig kleinere Gemeinden.[38] Auf den Ressourcenindex wirkt die Verbandszugehörigkeit schwach und signifikant nur im Falle der DITIB und der verbandsunabhängigen Gemeinden. Letztere sind eher ressourcenschwach, DITIB-Mitglieder eher ressourcenstark.

Verbandsunabhängige Gemeinden machen tendenziell weniger nichtreligiöse Angebote als die Gemeinden der anderen Kategorien, wobei auch dieser Zusammenhang nur schwach ist. Bei der Anzahl unterschiedlicher religiöser Angebote der Gemeinden sind die Zusammenhänge etwas anders. Die Zugehörigkeit zu einem der drei großen Verbände begünstigt solche Angebote schwach und signifikant, während der Effekt bei der Zugehörigkeit zu einem der kleineren Verbände noch etwas schwächer ist. Der ausgeprägteste Zusammenhang besteht aber zwischen Nichtmitgliedschaft in einem Verband und dem Mangel an religiösen Angeboten (Cramers V: 0,341***).[39]

Es zeigt sich, dass den großen Verbänden momentan eine wichtige Rolle für die „religiöse Grundversorgung" zukommt. Von verbandsfreien Gemeinden kann eine solche Grundversorgung nur in begrenztem Umfang geleistet werden, was an den geringeren zur Verfügung stehenden Ressourcen und eventuell weniger starker Nachfrage aufgrund tendenziell kleinerer Nutzerzahlen liegen mag. Ressourcen sind zugleich eine Voraussetzung für religiöse wie nichtreligiöse Aktivitäten. Allerdings übersetzt sich das Vorhandensein von Ressourcen nicht ohne Weiteres in die Ausweitung von Angeboten. Das gilt freilich für viele andere Kontexte in gleicher Weise und ist ein Grundproblem speziell förderpolitischer Interventionen.

---

[38] In der Berechnung mit der alternativen Verbandsvariablen (ohne Gemeinden mit Doppelmitgliedschaften) verschwinden diese signifikanten Zusammenhänge. Hier ergibt sich hingegen nur für die unabhängigen Gemeinden ein signifikanter Zusammenhang.

[39] Berechnung ohne alevitische Gemeinden, für die kein Index religiöser Angebote gebildet wurde.

Tab. 11: Verbandszugehörigkeit nach Gemeindegröße, Vielfalt der Angebote und Ressourcenausstattung *(Spaltenprozent)*

	Verbandszugehörigkeit					
	DITIB	IGMG	VIKZ	AABF	Andere	Unabhängig
Gemeindegröße						
bis 20	3,1	2,5	2,3	2,6	5,5	7,1
21 bis 50	11,3	10,4	8,6	10,5	20,3	19,5
51 bis 200	34,4	27,4	27,0	44,7	36,7	31,4
201 bis 500	27,0	31,3	32,2	23,7	21,9	25,2
mehr als 500	24,2	28,4	29,9	18,4	15,6	16,8
Cramers V	0,119***	0,141***	0,153***	— —	— —	0,127***
Ressourcenindex						
wenig Ressourcen	8,6	12,9	13,4	11,9	12,0	17,2
mittlere Ressourcen	18,5	23,5	29,4	14,3	26,7	32,1
viele Ressourcen	72,7	63,6	57,2	69,0	60,7	48,9
Cramers V	0,168***	— —	— —	0,097*	— —	0,190***
Vielfalt nichtreligiöser Angebote						
wenig Angebote	31,8	31,1	29,4	29,7	29,2	25,7
eher wenig Angebote	44,7	47,0	46,1	47,4	48,5	50,2
eher vielfältige Angebote	21,5	19,2	21,8	20,2	19,4	21,4
vielfältige Angebote	218	2,7	2,7	2,7	2,9	2,7
Cramers V	0,088*	0,103**	— —	0,084*	0,089*	0,130***
Vielfalt religiöser Angebote						
wenig Angebote	0,4	— —	0,5	— —	4,6	12,0
eher wenig Angebote	5,5	2,8	5,8	— —	16,4	21,7
eher vielfältige Angebote	39,6	39,9	38,9	— —	43,4	39,3
vielfältige Angebote	54,5	57,3	54,7	— —	35,5	27,0
Cramers V	0,252***	0,179***	0,121**	— —	0,097*	0,341***

Signifikanzniveaus: *** < 0,001, ** < 0,01, * < 0,05, — = nicht signifikant

8 Fazit

Die vorliegende Studie zu den Strukturen und Angeboten der muslimischen Gemeinden erlaubt erstmalig einen umfassenden empirischen Zugang zur muslimischen Organisationslandschaft in Deutschland und leistet damit einen Beitrag zur wissenschaftlichen Fundierung der Einschätzung dieser zentralen Akteure im Integrationsprozess.

Die Ergebnisse zeigen viele Gemeinsamkeiten der Gemeinden über Herkünfte, Verbände und Glaubensrichtungen hinweg sowie einige erwartete Strukturen und Zusammenhänge. Deutlich wird aber auch, dass die Angebotsstrukturen von bestimmten Randbedingungen abhängen und nicht allgemeingültig sind.

Die Studie belegt zudem, dass einige, zumeist auf Vermutungen basierende Vorstellungen über die Situation des organisierten Islam, differenzierungsbedürftig sind.

Generell lassen sich die befragten Gemeinden als zwar häufig herkunftsdominiert, aber dennoch zumeist heterogen charakterisieren. Die überwiegende Mehrheit der Gemeinden besteht schon seit mehr als 20 Jahren, inzwischen gibt es viele Gemeinden mit guter Ausstattung, die ihren Mitgliedern und Nutzern vielfältige und differenzierte religiöse und nichtreligiöse Angebote machen. Künftig werden zahlreiche weitere Gemeinden repräsentative Moscheebauten anstreben, was ein beträchtliches Konfliktpotenzial und die Herausforderung an eine professionelle Moderation dieser Konflikte im kommunalen Rahmen beinhaltet.[40] Fast alle, auch kleineren Gemeinden, machen weit über religiöse Dienstleistungen hinausgehende Angebote, die auch die Integration der Besucher unterstützen können. Orientierungshilfen für die deutsche Gesellschaft (z. B. Sozial-, Erziehungs- und Gesundheitsberatung, Hausaufgabenhilfe) nehmen einen breiten Raum ein, Herkunftskultur und Traditionspflege dominieren keineswegs diese Angebote. Es bestehen darüber hinaus Ansätze zur Einbeziehung von Nichtmuslimen und zur Loslösung von Herkunftssprachen. Intensive religiöse Aktivitäten stehen dabei nicht im Widerspruch oder in Konkurrenz zu integrativ bedeutsamen Angeboten, sondern im Gegenteil: Je vielfältiger das religiöse Angebot ist, desto vielfältiger ist auch das nichtreligiöse Angebot. Entsprechend der Theorie der multiplen Integration lassen sich bei den Gemeinden durchaus eine Hinwendung zur Aufnahmegesellschaft und assimilatorische Aktivitäten bei Beibehaltung herkunftskultureller Orientierungen und binnenorientierter Aktivitäten feststellen.

Als wichtigste Bedingung für vielfältige und integrative Aktivitäten und damit für die Unterschiede zwischen den Gemeinden identifiziert die Studie das Vorhandensein personeller, infrastruktureller und finanzieller Ressourcen, die Voraussetzung dafür sind, dass Gemeinden religiöse wie auch nichtreligiöse Angebote unterbreiten. Die Ressourcen, die mit der Gemeindegröße korrelieren, sind dabei zwar eine notwendige, aber nicht allein hinreichende Bedingung für eine hohe Vielfalt von Angeboten. Bei denjenigen Aktivitäten, die die Offenheit

---

[40] Vgl. den Beitrag von Uwe Gerrens (S. 335–367) in diesem Band.

zur deutschen Gesellschaft und die Integration der Klientel unterstützen können, wurden keine Merkmale erkennbar, die die Umsetzung von Ressourcen in solche Aktivitäten überlagern. Von den großen Glaubensrichtungen oder Verbänden wurden keine als in diesem Sinne „integrationsresistent" kenntlich. Weder Glaubensrichtung noch Verbandmitgliedschaft lassen generelle Rückschlüsse auf den integrativen Beitrag der Gemeinden zu.

Faktisch ist die Bedeutung der großen Verbände insbesondere für die Bereitstellung religiöser Infrastruktur ungebrochen. Verbandsunabhängige Gemeinden verfügen etwas seltener über hohe Ressourcen als beispielsweise DITIB-Gemeinden. Trotz der Fragmentierung nach Herkünften und Glaubensrichtungen der Muslime vereinen die im Koordinierungsrat zusammengeschlossenen Verbände dennoch einen Großteil der Gemeinden, wenn auch rund ein Viertel der Gemeinden keinem Verband angeschlossen ist. Zwar sind unter Gemeindeneugründungen der letzten Jahre verbandsunabhängige Gemeinden überproportional vertreten, als Abkehr der Gläubigen von den etablierten Verbänden lässt sich dies jedoch nicht deuten.

Literatur

Alba, Richard und Nee, Victor (2003): Remaking the American Mainstream: Assimilation and Contemporary Integration. Cambridge: Harvard University Press.

Azzaoui, Mounir (2011): Muslimische Gemeinschaften in Deutschland zwischen Religionspolitik und Religionsverfassungsrecht – Schieflagen und Perspektiven. In: Schubert, Klaus und Meyer, Hendrik (Hrsg.): Politik und Islam. Wiesbaden: VS Verlag für Sozialwissenschaften, S. 247–276.

Bertelsmann-Stiftung (2008): Religionsmonitor 2008. Muslimische Religiosität in Deutschland. Überblick über religiöse Einstellungen und Praktiken. Gütersloh: Bertelsmann.

Brettfeld, Karin und Wetzels, Peter (2007): Muslime in Deutschland – Integration, Integrationsbarrieren, Religion sowie Einstellungen zu Demokratie, Rechtsstaat und politisch-religiös motivierter Gewalt. Ergebnisse von Befragungen im Rahmen einer multizentrischen Studie in städtischen Lebensräumen. Texte zur Inneren Sicherheit des Bundesministeriums des Innern. Hamburg/Berlin: Bundesministerium des Innern.

Chbib, Raida (2011): Einheitliche Repräsentation und muslimische Binnenvielfalt. Eine datengestützte Analyse der Institutionalisierung des Islams in Deutschland. In: Schubert, Klaus und Meyer, Hendrik (Hrsg.): Politik und Islam. Wiesbaden: VS Verlag für Sozialwissenschaften, S. 87–112.

Crul, Maurice und Schneider, Jens (2010): Comparative Integration Context Theory: Participation and Belonging in new diverse European Cities. In: Ethnic and Racial Studies 33. London: Routledge, S. 1249–1268.

Esser, Hartmut (2008): Assimilation, ethnische Schichtung oder selektive Akkulturation? Neuere Theorien der Eingliederung von Migranten und das Modell der intergenerationalen Integration. In: Kalter, Frank (Hrsg.): Migration und Integration. Sonderheft der Kölner Zeitschrift für Soziologie und Sozialpsychologie 48. Wiesbaden: VS Verlag für Sozialwissenschaften, S. 81–107.

Esser, Hartmut (2009): Pluralisierung oder Assimilation? Effekte der multiplen Inklusion auf die Integration von Migranten: In Zeitschrift für Soziologie 38, Wiesbaden: VS Verlag für Sozialwissenschaften, S. 358–378.

Fromm, Sabine (2010): Datenanalyse mit SPSS für Fortgeschrittene 2: Multivariate Verfahren für Querschnittsdaten. Wiesbaden: VS Verlag für Sozialwissenschaften.

Halm, Dirk (2010): Das öffentliche Bild des Islam in Deutschland und der Diskurs über seine gesellschaftliche Integration. In: Ucar, Bülent (Hrsg.): Die Rolle der Religion im Integrationsprozess. Die deutsche Islamdebatte. Frankfurt/Main: Peter Lang, S. 293–325.

Halm, Dirk und Hendrik Meyer (2011): Inklusion des Islam in die deutsche Gesellschaft – Aufgaben an der Schnittstelle von Wissenschaft und Politik. In: Schubert, Klaus und Hendrik Meyer (Hrsg.): Politik und Islam. Wiesbaden: VS Verlag für Sozialwissenschaften, S. 277–289.

Halm, Dirk; Sauer, Martina; Schmidt, Jana und Stichs, Anja (2012): Islamisches Gemeindeleben in Deutschland. Forschungsbericht 13. Nürnberg: Bundesamt für Migration und Flüchtlinge.

Haug, Sonja und Müssig, Stephanie; Stichs, Anja (2009): Muslimisches Leben in Deutschland. Forschungsbericht 6. Nürnberg: Bundesamt für Migration und Flüchtlinge.

Hero, Markus; Krech, Volkhard und Zander, Helmut (Hrsg.) (2008): Religiöse Vielfalt in NRW. Empirische Befunde und Perspektiven der Globalisierung vor Ort. Paderborn: Schöningh.

Jonker, Gerdien (2002): Eine Wellenlänge zu Gott. Der „Verband der Islamischen Kulturzentren in Europa". Bielefeld: transcript.

Jonker, Gerdien (2005): From foreign workers to "sleepers": Germany's discovery of its Muslim population. In: Cesari, Jocelyne und Sean McLoughlin (eds.): European Muslims and the secular state. London: Ashgate, S. 113–126.

Krech, Volkhard (2008): Religion und Zuwanderung. Die politische Dimension religiöser Vielfalt. In: Hero, Markus; Krech, Volkhard und Zander, Helmut (Hrsg.): Religiöse Vielfalt in NRW. Empirische Befunde und Perspektiven der Globalisierung vor Ort. Paderborn: Schöningh, S. 190–203.

Leggewie, Claus (2009): Warum es Moscheebaukonflikte gibt und wie man sie bearbeiten kann. In: Beinhauer-Köhler, Bärbel und Leggewie, Claus (Hrsg.): Moscheen in Deutschland. Religiöse Heimat und gesellschaftliche Herausforderung. München: C.H. Beck, S. 117–201.

Portes, Alejandro (1998): Social Capital: Its Origins and Applications in Modern Sociology. In: Annual Review of Sociology 24. Palo Alto: Annual Reviews, S. 1–24.

Pugh, Derek; Hickson, David und Hinings, Christopher (1969): An empirical Taxonomy of Structures of Work Organizations. In: Administrative Science Quarterly 1. Ithaca: Sage, S. 115–126.

Rosenow, Kerstin (2010). Von der Konsolidierung zur Erneuerung. Eine organisationssoziologische Analyse der Türkisch-Islamischen Union der Anstalt für Religion e. V. DITIB. In: Pries, Ludger und Sezgin, Zeynep (Hrsg.): Jenseits von „Identität oder Integration": Grenzen überspannende Migrantenorganisationen. Wiesbaden: VS Verlag für Sozialwissenschaften, S. 169–200.

Schiffauer, Werner (2010): Nach dem Islamismus. Eine Ethnographie der Islamischen Gemeinschaft Milli Görüs. Berlin: Suhrkamp.

Sökefeld, Martin (2008/1): Aleviten in Deutschland. Identitätsprozesse einer Religionsgemeinschaft in der Diaspora. Bielefeld: transcript.

Sökefeld, Martin (2008/2): Difficult identifications: the Debate on Alevism and Islam in Germany. In: Al-Harmaneh, Ala und Thielmann, Jörn (eds.): Islam and Muslims in Germany. Leiden: Brill, S. 267–297.

Stichs, Anja; Haug, Sonja und Müssig, Stephanie (2010): Muslimische Verbände in Deutschland aus der Sicht der muslimischen Bevölkerung. In: Zeitschrift für Ausländerrecht und Ausländerpolitik 4, Baden-Baden: Nomos, S. 127–133.

Spielhaus, Riem (2006): Organisationsstrukturen islamischer Gemeinden. In: Spielhaus, Riem und Färber, Alexa (Hrsg.): Islamisches Gemeindeleben in Berlin. Berlin: Der Beauftragte des Senats von Berlin für Integration und Migration, S. 12–17.

Willems, Ulrich (2008): Reformbedarf und Reformfähigkeit der Religionspolitik in Deutschland. In: Zeitschrift für Politik 55 (1). Baden-Baden: Nomos, S. 65–86.

Wunn, Ina (2007): Muslimische Gruppierungen in Deutschland. Ein Handbuch. Stuttgart: Kohlhammer.

Zur Emanzipation „der" muslimischen Frau
Kontroversen im Kontext kultureller
und patriarchaler Dominanz

Birgit Rommelspacher

In der Auseinandersetzung mit „dem" Islam ist die Frauenfrage zu einem zentralen Prüfstein geworden. Die Gleichberechtigung der Frauen gilt als Voraussetzung für die Integrationsfähigkeit „des" Islam in die Gesellschaft, denn andernfalls würde der gemeinsame Wertekonsens aufgekündigt und der Zusammenhalt bedroht. Zugleich hat sich jedoch in weiten Kreisen die Meinung festgesetzt, dass „der" Islam gar nicht modernisierungsfähig sei. Er habe nicht, wie das Christentum durch Reformation und Aufklärung die Menschenrechte in sich aufgenommen. Und den Beweis dafür sehen sie nun vor allem in der Position der Frau, die im Islam generell als unterdrückt gilt.

Diese Einschätzung wird auch nicht irritiert durch die vielen selbstbewussten als Muslima apostrophierten Frauen, die in den Medien, in Politik und Wissenschaft inzwischen auch in Deutschland aktiv sind und zunehmend auch öffentlich sichtbar werden; aber auch nicht durch die zahlreichen Forschungen, die den Muslima in Deutschland eine ebenso starkes Interesse an Gleichberechtigung attestieren wie ihren nicht-muslimischen Zeitgenossinnen.[1] Als Gegenbeispiele werden dem vielmehr gewalttätige Vorfälle aus meist sehr traditionellen, bildungsfernen Schichten gegenübergestellt, aus Familien, die vielfach wenig Ressourcen haben, um die Herausforderungen der Migration angemessen zu bewältigen – oder auch Beispiele spektakulärer Gewalttaten gegenüber Frauen in sehr unterschiedlichen Ländern und Kulturen. Diese verstellen jedoch den Blick auf die bundesrepublikanische Normalität.

Dabei fragt sich jedoch, warum interessieren sich überhaupt so viele, auch konservative Kreise, für die Emanzipation der Frauen, sobald es sich um Mus-

---

[1] Vgl. Leoni Herwatz-Emden 2003, Yasemin Karakasoglu-Aydin 1998; Gritt M. Klinkhammer, 1999; Frank Jessen und Ulrich Wilamowitz-Moellendorff 2006; Sigrid Nökel 1999.

liminnen handelt? Und: In welchem Verhältnis steht dies Interesse zur Emanzipation der Frauen der Mehrheitsgesellschaft?

1 Der Blick auf „die" muslimische Frau

Inzwischen gibt es eine große Zahl von Analysen, die zeigen, welches Bild in den Pressemedien wie auch in der wissenschaftlichen Literatur oder auf dem Sachbuchmarkt über die „muslimische" Frau verbreitet wird.² Fast durchgehend wird hier ein Bild gezeichnet, das die muslimischen Frauen als unterdrückt und ohne eigene Subjektivität darstellt. Nur vereinzelt wird auch aus Sicht der muslimischen Frauen selbst berichtet. Das gilt jedoch nicht für die muslimischen Frauen, die das Bild von der unterdrückten Muslima bestätigt haben. So wurde Autorinnen wie Necla Kelek und Seyran Ateş in der deutschen Debatte besonders viel Aufmerksamkeit geschenkt. Ihnen wird auch aufgrund ihrer Herkunft eine besondere Glaubwürdigkeit zugesprochen. Dabei vertritt vor allem Necla Kelek eine stark polarisierende Position: Sie konzentriert sich in ihren Publikationen vornehmlich auf extreme Formen der Gewalt wie Zwangsheirat und Ehrenmorde und zeichnet dabei ein recht grobschlächtiges Bild von „dem" muslimischen Geschlechterverhältnis, indem gewalttätige Männer ohnmächtigen Frauen gegenübergestellt werden.³ In solch polarisierende Bilder passt jedoch z. B. nicht die Tatsache, dass auch Männer Opfer von Zwangsverheiratung werden, ebenso wenig wie die Tatsache, dass vielfach auch Frauen an der Durchsetzung dieser Heiraten beteiligt sind. Frauen können, wie die feministische Debatte der letzten Jahrzehnte zeigte, Mittäterinnen oder auch Täterinnen sein. Die patriarchalen Machtverhältnisse sind nicht einfach als polare Gegensätze zu verstehen, vielmehr sind sie vielschichtiger und widersprüchlicher. Auch Frauen kommt je nach Kontext Macht zu, was jedoch nicht heißt, dass sie damit die übergreifenden männlichen Machtstrukturen außer Kraft setzen. Insofern sind Männer und Frauen Teil eines Systems mit unterschiedlichen Optionen in unterschiedlichen Kontexten. Gendertheorien versuchen diese Tatsache konzeptionell zu fassen. Insofern fragt sich, ob die Debatte um den Islam nicht unter anderem auch dazu dient, bestimmte überholte Positionen innerhalb der feministischen Diskussion

---

[2] Vgl. etwa eine aktuelle Zusammenstellung in Thorsten Gerald Schneiders 2009.
[3] Vgl. Necla Kelek 2006a und 2006b.

wieder heraufzubeschwören. Es ist, als ob in der islamischen Kultur so archaische Verhältnisse herrschten, dass sie einer differenzierten Betrachtung nicht bedürften.

Nimmt man die Ausführungen von Ateş und Kelek ernst, dann sind die muslimischen Frauen nicht nur Opfer patriarchaler Gewalt, sondern auch Opfer einer seit Jahrhunderten unverändert auf ihnen lastenden Kultur. Sie scheinen im Verließ der Vergangenheit eingeschlossen zu sein. So können sie nur von außen befreit werden. Der Westen und die christliche Kultur wird zur Retterin der von der Geschichte Vergessenen und von ihrer Kultur Verdammten. Dieser Befreiungspathos ist keineswegs neu, sondern hat eine lange europäische Tradition, gerade auch in Bezug auf die muslimischen Frauen. Schon die christlichen Kreuzfahrer sahen es als eine ihrer nobelsten Aufgaben an, die orientalische Prinzessin zu befreien. Ebenso war die „Entschleierung" der orientalischen Frauen ein zentraler Kern kolonialer Strategie, wie Leila Ahmed in ihrem Werk zum Feminismus und Islam ausführt.[4]

In der aktuellen Debatte wird das Christentum als selbstverständlich mit der Moderne vereinbar angenommen, während dem Islam ein grundsätzlicher Gegensatz unterstellt wird. Eine Position, die bereits Max Weber mit seiner Religionssoziologie prominent in die sozialwissenschaftliche Diskussion eingeführt hat.[5] Aus feministischer Sicht ist dies insofern brisant, als damit der christliche Antifeminismus stillschweigend akzeptiert wird. Insofern könnte man vermuten, dass die Kritik, die gegenüber dem Christentum unterschlagen wird, sich nun umso heftiger gegen den Islam wendet. Von ihm wird Säkularität eingefordert und an ihm die Behauptung der Unmöglichkeit von Emanzipation und Religion durchexerziert. Eine ähnliche Diskussion gab es im Übrigen bereits in den 80er Jahren des letzten Jahrhunderts, als damals dem Judentum vorgeworfen wurde, mit dem Feminismus unvereinbar zu sein.[6]

Diese Diskussionen machen deutlich, dass es bei der Forderung nach Frauenemanzipation nie nur um patriarchale Machtverhältnisse geht, sondern im-

---

[4] Vgl. Leila Ahmed 1992.

[5] Vgl. Max Weber 1920/1963.

[6] Vgl. etwa die damals sehr populäre Veröffentlichung von Franz Alt 1989; ausführlicher dazu: Birgit Rommelspacher, Antisemitismus und Frauenbewegung in Deutschland, in Brigitte Fuchs und Gabriele Habinger (Hrsg.), Rassismen und Feminismen, Wien 1996.

mer auch die Kultur beziehungsweise Religion mehr oder weniger bewusst mitgedacht wird. Patriarchale und kulturelle Machtverhältnisse scheinen unauflösbar miteinander verwoben zu sein. Das hat auch Auswirkungen auf den hier verwendeten Emanzipationsbegriff, der insofern auch als ein spezifisch christlich-säkularer zu verstehen ist, als er sich als ein Gegenmodell zum muslimischen Geschlechterkonzept versteht.

2 Welche Emanzipation?
Differenz und Gleichheit im Geschlechterverhältnis

Das muslimische Geschlechterverhältnis scheint dem liberalen westlichen diametral zu widersprechen, betont es doch vor allem die Unterschiedlichkeit der Geschlechter und markiert diese deutlich – wie etwa durch das Kopftuch. Das provoziert. So schreibt etwa Alice Schwarzer: „Wir haben in Deutschland [...] einen Schulterschluss zwischen religiösen Fundamentalisten und westlichen Differenzialistinnen quer durch alle Lager, die beide nichts halten von den universellen Menschenrechten".[7] Mit westlichen „Differenzialistinnen" meint sie Vertreterinnen von Geschlechtermodellen, die von unterschiedlichen Rollen von Frauen und Männer ausgehen. Solche Modelle sind vor allem liberalen Feministinnen ein Dorn im Auge, da es ihnen gerade darum geht, die Differenzen im Geschlechterverhältnis aufzuheben; denn sobald die Geschlechterrollen als unterschiedliche definiert werden, so die Annahme, setzt sich entlang dieser Unterscheidung die Ungleichbehandlung der Frauen durch. Hier fallen die beiden Bedeutungen von Diskriminierung unmittelbar zusammen: Unterscheidung bedeutet gleichzeitig immer auch Herabsetzung.

Allerdings ist dennoch die Vorstellung von der Unterschiedlichkeit der Geschlechter in unserer Gesellschaft weit verbreitet. In vielen konservativen und insbesondere auch christlichen Kreisen ist die Annahme einer unterschiedlichen Wesenheit von Mann und Frau selbstverständlich. Allerdings wird dies von Feministinnen in der Regel hingenommen und nicht weiter zum Gegenstand politischer Auseinandersetzungen gemacht. Gleichzeitig wird jedoch das muslimische Modell angegriffen. Man könnte vermuten, dass es sich um eine Verschiebung handelt, insbesondere dann, wenn man mit dem muslimischen

---
[7] Alice Schwarzer 2002, S. 134.

Kopftuch nichts anderes als ein konservatives Frauenbild in einem christlich-säkularen Sinn verbindet. Tatsächlich steht es jedoch in einer anderen Tradition und hat, wie wir sehen werden, auch für die heutigen jungen Muslima eine andere Bedeutung.

Die muslimische Konzeption von der Geschlechterdifferenz wird jedoch nicht nur deshalb angegriffen, weil sie als Ersatz für die Bekämpfung konservativer Konzeptionen in der Mehrheitsgesellschaft fungieren kann, sondern auch, weil sich selbst liberale Feministinnen bei der Frage nach Gleichheit und Differenz im Geschlechterverhältnis nicht einig sind, denn einerseits wird Gleichheit angestrebt, andererseits aber ist die Differenz immer auch Quelle von Kritik und Widerstand.

Die patriarchalen Strukturen bedingen unterschiedliche Lebensverhältnisse und damit auch teilweise unterschiedliche Perspektiven von Frauen und Männern. Ohne eine Distanznahme in der Rückbesinnung auf diese Unterschiede würde frau sich ganz dem männlichen Lebensentwurf unterwerfen. So erklärt sich, warum oft gerade Feministinnen die Unterschiede nicht nur betonen, sondern sie mithilfe von Frauenräumen und in Form spezifischer Frauenkulturen immer wieder neu herstellen. In diesem Sinn ist Differenz sowohl Ausdruck von Diskriminierung als auch Ausdruck von Eigenständigkeit. Das bedeutet, dass das Thema Geschlechterunterschiede komplex und in sich widersprüchlich ist. Nun begegnet uns in der islamischen Frau, die das Kopftuch trägt, eine Position, die ohne Umschweife die Verschiedenheit der Geschlechter betont. Diese Betonung von Unterschieden rührt also an einen schwierigen und ungeklärten Punkt in der westlichen Debatte.

Unabhängig davon, ob der Skandalisierung der muslimischen Geschlechterdifferenz eigene Widersprüche zugrunde liegen oder ob damit stellvertretend das christlich konservative Geschlechtermodell bekämpft wird, sicherlich birgt die Orientierung an der Geschlechterdifferenz die Gefahr, Diskriminierungen festzuschreiben. Das Problem ist nur, dass dies ebenso auch bei dem Modell der Geschlechtergleichheit der Fall ist. Denn in der Gleichheit steckt das Moment der Angleichung, was aufgrund der patriarchalen Machtverhältnisse in der Regel die Angleichung der Frauen an das Modell Mann bedeutet. Wenn also etwa Frauen im Beruf genauso „ihren Mann" stehen wollen, wie dies Männer tun, dann tun sie dies in der Regel auf Kosten ihrer Zwei- und Dreifachbelastung, zumindest wenn sie Kinder haben – wie in diesen Tagen die Ergebnisse des sogenannten Bildungspanels erneut bestätigt haben.[8] Insofern kann nicht einfach das eine Geschlechtermodell als befreiend dem andern als repressiv entgegengesetzt werden. Hilfreicher wäre es, sich mit den Widersprüchlichkeiten beider Modelle auseinander zu setzen, um die jeweiligen Chancen und Gefahren je nach Kontext einschätzen zu können. Eine solche Einschätzung muss die unterschiedlichen Kontexte, in denen Frauen leben, in die Überlegungen mit einbeziehen. Dabei spielt für die Handlungsfähigkeit der Frauen die patriarchale Unterdrückung nicht die einzig Rolle, sondern ebenso wichtig sind ökonomische, politische und kulturelle Machtverhältnisse.

3 Perspektiven von muslimischen Frauen

Die Vorstellung, es gäbe „die" muslimische Stimme in Bezug auf das Geschlechterverhältnis, ist ebenso abwegig wie die, dass es „den" Islam gäbe. Alleine zum Thema Kopftuch gibt es von Seiten der Muslima sehr viel unterschiedliche Positionen – wie etwa der Sammelband zur „Politik ums Kopftuch" zeigt.[9] Das ist auch nicht verwunderlich, denn bei den Muslima gibt es, wie in allen anderen Religionen auch, viele, die kaum religiös sind, solche, die eher konventionell religiös sind, wieder andere, die intensiv gläubig sind oder auch solche, die sich über die Religion politisch radikalisieren und schließlich auch solche, die in verschiedenen Phasen ihres Lebens unterschiedliche Positionen zur Religion einnehmen. Ebenso ist es nicht unerheblich, auf welche politischen und ethnischen Kontexte sie sich dabei beziehen. So gibt es viele aus dem Iran geflüchtete Frauen, die sich vehement gegen das Kopftuch aussprechen, da sie dies mit dem totalitären Regime in ihrer Heimat und mit furchtbaren Erfahrungen von Verfolgung und Unterdrückung verbinden. Andere wiederum sind von den Auseinandersetzungen in der Türkei zwischen Laizismus und Islamismus geprägt.

Neben dem Einfluss von politischen Verhältnissen ist es aber auch eine Frage des religiösen Standorts, der die Position der Frauen bestimmt. Und auch hier

---

[8] Interview mit P. Blossfeld in ZEIT Nr. 33 vom 09.08.2012: Sobald das erste Kind kommt, treten fast automatisch die traditionellen Strukturen in Kraft: In 85 % der Ehen erledigt die Frau die komplette Hausarbeit, auch wenn sie hoch qualifiziert und berufstätig ist.

[9] Vgl. Frigga Haug und Katrin Reimer 2005.

gibt es eine ganze Bandbreite unterschiedlicher Auffassungen auch bei den Frauen, die sich selbst als Feministinnen bezeichnen. So sehen islamische Feministinnen wie etwa Leila Ahmed die Bedeutung des Islam vor allem in seinem ethischen Egalitarismus, der Frauen und Männer dieselbe Würde zuerkennt.[10] Sie sind zwar verschieden, aber gleichwertig. Dementsprechend gibt es klare Rollenabsprachen, die den Frauen und Männern gleichermaßen, wenn auch unterschiedliche Rechte und Pflichten auferlegen. Das Prinzip der Geschlechtertrennung und der Grundsatz der Verschiedenheit muss ihrer Meinung nach nicht repressiv sein, wenn die Aufgabenteilung ausgeglichen ist. Für solche *reformorientierte* Feministinnen, für die auch Fatima Mernissi ein prominentes Beispiel ist,[11] wurde der Koran aufgrund der über Jahrhunderte vorherrschenden patriarchalen Machtverhältnisse einseitig übersetzt und interpretiert. Deshalb gelte es, ihn heute neu zu lesen. Demgegenüber gehen *radikale* Feministinnen davon aus, dass der Koran selbst den Primat des Mannes festschreibe und es deshalb auch nicht genüge, ihn neu zu interpretieren, sondern dass er in Teilen auch neu formuliert werden muss.

Dem stehen wiederum *islamistische* Feministinnen gegenüber, für die der Koran wesentlich auf die Gleichstellung der Geschlechter ausgerichtet ist. Sie sehen in den herkömmlichen Auslegungen die Frauenrechte hinreichend berücksichtigt. In ihrem Dogmatismus sind sie den eingangs angeführten antimuslimischen Positionen in Deutschland oft nicht unähnlich. Sie sehen wie diese die Probleme meist bei den anderen: So sind diese Islamistinnen davon überzeugt, dass die Unterdrückung der Frauen im Wesentlichen ein Resultat des Kapitalismus und westlicher Ideologie sei. Die Frauen würden hier ausgebeutet und versklavt, zum Sexobjekt degradiert und der öffentlichen Belästigung preisgegeben. Die Zwänge der Konsumindustrie machten die Frauen zu ihrem wehrlosen Objekt. Zudem habe die „Frauenemanzipation" ihnen nur Mehrbelastungen eingebracht, die jede Form der Selbstbestimmung unterlaufe.[12] Das Kopftuch wird von ihnen als ein Medium der Emanzipation im Sinne der Bewahrung der Wür-

---

[10] Vgl. Leila Ahmed 1992.
[11] Vgl. Fatima Mernissi 1989 und 1992.
[12] Vgl. Haideh Moghissi 1999.

de der Frau verstanden. Für sie ist der Islam die *Lösung*, da ihrer Auffassung nach im Koran die Frau dem Mann gleichgestellt ist.

Über diese verschiedenen Strömungen hinweg konstatiert Göle, dass ein wesentlicher Unterschied zwischen westlich und muslimisch geprägten Emanzipationsvorstellungen der ist, dass die Musliminnen sich sehr viel stärker auf eine Tradition der *Geschlechtertrennung* beziehen und diese in ihrem Sinn weiterentwickeln.[13] Die Differenz soll aufrechterhalten und zugleich Gleichheit hergestellt werden. Wie dies zu geschehen habe, auch dazu gehen die Meinungen weit auseinander, vor allem auch in den Auseinandersetzungen zwischen Reformkräften und Traditionalisten innerhalb des Islam, die jedoch vom Westen kaum zur Kenntnis genommen werden.

Wenn wir nun die Situation in Deutschland betrachten, so gibt es inzwischen auch einige Untersuchungen, die die Position der muslimischen Frauen zu erkunden versuchen. Sie konzentrieren sich im Wesentlichen auf Frauen, die ein Kopftuch tragen, weil sie als besonders typisch für eine muslimische Position gelten. Dabei geht es dann, wie etwa in der Untersuchung der Konrad-Adenauer-Stiftung, vor allem darum zu fragen, inwieweit sich diese Frauen in Bezug auf die Gleichstellung von ihren deutschen Altersgenossinnen unterscheiden. Diese Untersuchung zeigt nun, dass es sich in der Mehrzahl um junge, selbstbewusste Frauen handelt, denen etwa die eigene Berufstätigkeit sehr wichtig ist. Ebenso streben sie für sich gleichberechtigte Modelle der Partnerschaft an. „In diesen Ansichten gleichen sie in hohem Maß der deutschen Mehrheitsgesellschaft", resümieren die Autoren.[14] Diese Musliminnen unterscheiden sich allerdings von ihren anderen muslimischen, christlichen und säkularen Altersgenossinnen darin, dass sie sehr religiös sind und ihren Glauben auch nach außen hin leben wollen.[15] Die Religion ist ihnen sogar wichtiger als die Familie. Ein relevantes Ergebnis ist jedoch auch, dass sich ein Großteil von ihnen in Deutschland nicht heimisch fühlt:

---

[13] Vgl. Nilüfer Göle 1995.

[14] Frank Jessen und Ulrich von Wilamowitz-Moellendorff 2006, S. 41.

[15] Diese Frauen haben sich für ein Kopftuch entschieden, weil sie damit in erster Linie ihrer religiösen Überzeugung Ausdruck verleihen wollen (90 Prozent). Für nahezu alle der Befragten (98 Prozent) geschah dies aus eigenem Entschluss.

Obwohl die überwiegende Mehrheit von ihnen entweder schon hier geboren wurde oder schon lange hier lebt, ist ihnen Deutschland offenbar fremd geblieben. Sie halten sich für Angehörige einer diskriminierten Minderheit und fühlen sich zurückgesetzt. 80 Prozent der Teilnehmerinnen sind der Ansicht, dass die Türken in Deutschland wie Bürger zweiter Klasse behandelt werden.[16]

Die hohe Religiosität kann also auch als Ausdruck einer eigenständigen kulturellen Verortung verstanden werden.

Das Kopftuch hat also in diesem Kontext nicht nur eine religiöse, sondern zugleich eine kulturelle Bedeutung – die Kopftuchträgerinnnen wollen auch öffentlich und als diskriminierte Minderheit ihren Status in der Gesellschaft behaupten. Das zeigen vor allem auch eine Reihe qualitativer Untersuchungen, die festgestellt haben, dass für viele der befragten Frauen die Religion und damit auch das Kopftuch eine andere Bedeutung als für ihre Vorfahren hat. Ja, sie versuchen sich vielfach gerade durch die Religion von ihren Eltern abzugrenzen und einen individuellen Standort zwischen deren Tradition und der Kultur der Aufnahmegesellschaft zu finden, indem sie einen eigenständigen Bezug zu weltanschaulichen und religiösen Fragen suchen.[17] Diese so genannten „Neo-Muslima" setzen sich meist sehr gründlich mit dem Islam auseinander und entwickeln differenzierte Strategien der Selbstrepräsentation sowie hohen beruflichen Ehrgeiz und Leistungsbereitschaft.[18] Mit dem Kopftuch machen die „Töchter der Gastarbeiter"[19] ihre Zugehörigkeit zu einer Minderheit öffentlich. Es wird von ihnen also zugleich als ein religiöses und als ein kulturelles Symbol verstanden. Sie machen ihre Differenz freiwillig sichtbar und wandeln so das Stigma in ein Symbol selbstbewusster Identität um.

Das Kopftuch kann damit von einem traditionellen zu einem geradezu modernen Symbol werden, insbesondere wenn man etwa die Frauen betrachtet, die das Kopftuch mit „westlicher" Kleidung kombinieren und sich teilweise höchst

---

[16] Frank Jessen und Ulrich von Wilamowitz-Moellendorff 2006, S. 19.

[17] Vgl. Yasemin Karakasoglu-Aydin 1998; Sigrid Nökel 1999a und 1999b; Gritt M. Klinkhammer 1999.

[18] Vgl. Sigrid Nökel 1999a, S. 200. Die Reaktivierung kultureller Traditionsbestände im Interesse eines eigenständigen kulturellen Selbstausdrucks finden wir im Übrigen heutzutage vermehrt auch bei anderen Religionen und Kulturen wie etwa bei Juden und Jüdinnen oder bei Menschen mit Vorfahren aus afrikanischen Ländern, aber auch bei Mitgliedern der Mehrheitsgesellschaft, wenn wir etwa an die Reaktivierung von regionalen Dialekten und Traditionen denken.

[19] Sigrid Nökel 2002.

bunt und modebewusst kleiden. Diesen Typus hat Reyhan Sahin in ihrer Untersuchung zur Bedeutung des Kopftuchs für muslimische Kopftuchträgerinnen als „vestimentäres Mixing" bezeichnet.[20] Meist pflegen diese Frauen einen ästhetisch sehr anspruchsvollen, sorgfältig ausgewählten Kleidungsstil und kombinieren unterschiedliche Kleidungstypen miteinander. Eine dieser Frauen etwa hat ihr Kopftuch im Nacken gebunden und darüber eine Baseballkappe aufgesetzt. Dazu trägt sie eine graue Baggy Jogginghose, die von Anhängern der Hip-Hop-Kultur beabsichtig in Übergrößen getragen werden. Dazu kombiniert sie ein enges T-Shirt mit bunten Motiven.[21] Eine andere Frau beschreibt ihren Kleidungsstil folgendermaßen:

> Also wenn man meine Kleidung im Kleiderschrank sehen würde, würde man sagen, das passt nicht. Ich habe Outfits, die sind ... du würdest sagen richtig bitchlike und dann habe ich Outfits, die sind Hardcore Moslem und dann was ich heute anhabe, so spießig... und dann habe ich auch Outfits, die gehen so mehr in die Gangster Richtung ... also ist alles Mögliche drin... dann habe ich auch noch so traditionelle Sachen...[22]

Das Interessante ist nun, dass diese Frauen mit ihrem Mixing sowohl bei konventionellen Muslimen als auch bei Angehörigen der Mehrheitsgesellschaft auf Ablehnung stoßen. Beide scheint zu irritieren, dass sie weder in die eine noch in die andere Kategorie einzuordnen sind. Das provoziert. Denn diese Frauen *spielen mit den Grenzen*. Sie verweisen auf Differenzen und heben sie zugleich wieder auf. Damit wehren sie sich gegen ein Entweder-Oder. Sie weisen darauf hin, dass man auch mehrere Identitätsbezüge gleichzeitig haben kann und dass kulturelle Verortungen ständig im Fluss sind. Entscheidend ist auch, dass sie es sind, die ihre Identität markieren. Sie übernehmen die Deutungsmacht und wehren sich damit gegen Zuschreibungen von anderen. Die Provokation liegt also darin, dass diese Frauen Eindeutigkeiten aufbrechen und die Deutungsmacht für sich zurückgewinnen. Darauf müssen nun die konventionellen Muslime wie auch die Angehörigen der Mehrheitsgesellschaft reagieren – entweder mit Abwehr oder aber mit einem sich wandelnden Bild von dem, was sie unter Musliminnen hier und heute verstehen.

---

[20] Vgl. Reyhan Sahin 2012.
[21] Vgl. ebenda, S. 233.
[22] Ebenda, S. 225.

Allerdings sollte auch dieser Weg von jungen Muslima nicht idealisiert werden, stehen sie immer in Gefahr, sowohl von Seiten der Minderheiten wie auch der Mehrheitsgesellschaft vereinnahmt und in ihrer Selbstbestimmung eingeschränkt zu werden. Indem sie traditionelle Symbole der Geschlechterdifferenz benutzen, können sie auch traditionelle patriarchale Vorstellungsmuster stärken, während die Chance darin liegt, Weiblichkeitsvorstellungen und ihre Symbole durch die Kombination mit neuen Symbolen und Praxen zu verändern.

Wie bereits im obigen Abschnitt über Differenz und Gleichheit im Geschlechterverhältnis angesprochen, scheint gegenüber der Betonung der Geschlechterdifferenz der Weg zur Gleichstellung durch deren Überwindung der einfachere zu sein. Aber auch dieser Weg ist riskant. Diese Erfahrung haben muslimische Frauen etwa im Zusammenhang mit der forcierten Säkularisierung der Türkei in den 20er Jahren des letzten Jahrhunderts gemacht, als ihnen die westliche Kleidung von Kemal Atatürk per Dekret aufgezwungen wurde. Damals wurden im Prozess der Modernisierung der Türkei nicht nur Schrift und Sprache, sondern auch Kleidung und Alltagsverhalten von einem Tag auf den anderen an westliche Standards angepasst. Diese Veränderungen drangen bis in die Körperlichkeit: Wurde Schönheit im Orient jahrhundertelang mit weißer Haut, runden Formen, langsamen Bewegungen und langem Haar verknüpft, so trat nun an dessen Stelle das europäische Schönheitsideal der schlanken, energischen, Korsett tragenden Frau mit kurz geschnittenen Haaren.[23] Diese aktive, städtische, mit Männern verkehrende, berufstätige Frau mit ihrem aufrechten, dynamischen Körper, an dem täglich gearbeitet wird, wurde zu einem Symbol für die Moderne und für die Zugehörigkeit zur Elite.[24] Dieser Frauentyp nahm nun in der Gesellschaft eine besondere Stellung ein. Ihr wurde dabei aber, wie Göle resümiert

> so sehr ihre Geschlechtlichkeit abgesprochen, dass ihr beinahe eine männliche Identität auf aufoktroyiert wurde. Anders ausgedrückt hat die kemalistische Frau zwar den Gesichtsschleier und den Umhang (Tschador, türkisch çarsaf) abgelegt, dafür aber ihre Geschlechtlichkeit ‚verhüllt', in der Öffentlichkeit sich selbst eingepanzert, sich ‚unberührbar', ‚unerreichbar' gemacht.[25]

---

[23] Vgl. Sigrid Göle 1995, S. 83.
[24] Vgl. ebenda, S. 165.
[25] Ebenda, S. 99.

Damit haben die türkischen Frauen zu jener Zeit bereits das durchexerziert, was liberale deutsche Feministinnen heute von Musliminnen fordern. Aber die „Unterwerfung" unter westliche Normen brachte auch den Türkinnen damals nicht einfach ihre Befreiung, sondern ließ neue Zwänge hervortreten und den Fortschritt für die Frauen zumindest ambivalent erscheinen – war der Zwang zur Verwestlichung doch selbst ein gewaltträchtiger Akt. Demgegenüber kann es wohl nur darum gehen, die Prozesse zu unterstützen, die den Handlungsspielraum der Frauen in ihrem jeweiligen Kontext erweitern und sich auf ihre Vorstellungen von Emanzipation stützen. Das scheint auch deshalb besonders geboten zu sein, da die Forderungen nach Emanzipation der muslimischen Frauen nach westlich-liberalem Zuschnitt in Deutschland bisher zu recht zweifelhaften Ergebnissen geführt hat – und zwar sowohl für die Musliminnen wie auch für die Frauen der Mehrheitsgesellschaft.

4 Zur Emanzipation von Frauen in der multikulturellen Gesellschaft

Die Debatten zur Emanzipation der muslimischen Frau hat auf der politischen Ebene bisher vor allem zu *repressiven Maßnahmen* geführt: Das Kopftuch wurde für Frauen im öffentlichen Dienst in vielen Bundesländern verboten, das Nachzugsalter für Ehefrauen heraufgesetzt, und es wurden Sprachtests als Vorbedingung zum Familiennachzug eingeführt. Noch problematischer ist vielleicht, dass durch die ständige Beschwörung der Unterdrückung der muslimischen Frau in der Gesellschaft ein Bild entstanden ist, das sie tatsächlich in diese Position drängt und sie darin festhält. So haben gerade junge muslimische Frauen deutlich schlechtere Chancen auf dem Arbeitsmarkt und zwar u. a. mit der Begründung, dass sie traditionell und familienorientiert seien und deshalb keinen beruflichen Ehrgeiz entwickeln würden. Demgegenüber gelten die deutschen Frauen als emanzipiert. Da sie mit Intelligenz und beruflicher Kompetenz identifiziert werden, werden sie den anderen Frauen gegenüber vorgezogen.[26] Dazu kommt die Signalwirkung des Kopftuchverbots im Öffentlichen Dienst, die in-

---

[26] Vgl. Imam Attia und Helga Marburger 2000; zusammenfassend Castro Varela, Maria do Mar und Dimitria Clayton 2003.

zwischen auch in der privaten Wirtschaft zu erheblichen Benachteiligungen für Frauen mit Kopftuch geführt hat.[27]

Dieser Emanzipationsdiskurs hat nicht nur muslimischen Frauen zumindest auf dem Arbeitsmarkt erheblich geschadet, sondern er hat zugleich die *soziale Schere* zwischen *einheimischen* und *eingewanderten* Frauen verstärkt. Denn Frauen der Mehrheitsgesellschaft sind in den letzten Jahrzehnten nicht zuletzt aufgrund der Unterschichtung durch Migrantinnen aufgestiegen. Das heißt, die unteren Ränge, die bei ihrem beruflichen Aufstieg frei wurden, haben nicht deutsche Männer, sondern vielmehr Migrantinnen und Menschen ohne Papiere eingenommen. Auch im Privatbereich ist die Arbeit von Migranten vielfach die Voraussetzung für die Vereinbarkeit von Beruf und Familie für die mittelständischen einheimischen Frauen geworden. Sie können aus der Privatsphäre in die Öffentlichkeit des Erwerbsbereichs treten, denn an ihre Stelle rücken Migrantinnen nach und entlasten sie bei Hausarbeit und Kinderbetreuung.

Die Folge davon ist nicht nur, dass die eingewanderten Frauen geringere Chancen zum sozialen Aufstieg haben, sondern auch, dass die Situation der alteingesessenen deutschen Frauen *idealisiert* wird. Sie bemessen ihre Emanzipation nicht mehr so sehr an ihrer Position bezüglich der Männer, sondern vielmehr an ihrem Abstand zu den muslimischen Frauen. Es scheint, wie wenn die Geschlechterhierarchie durch eine ethnische Hierarchie kompensiert würde. Emanzipation wird dann zur Illusion, wenn sie nicht auf der Aufhebung der Arbeitsteilung im Geschlechterverhältnis basiert, sondern auf andere Machtverhältnisse ausweicht. Durch den ethnisch bedingten Aufstieg wird die Illusion genährt, dass bezüglich der Emanzipation der Frauen der Mehrheitsgesellschaft kaum mehr Handlungsbedarf bestehe, da die „deutsche Frau" ja emanzipiert sei. So wird das Geschlechterverhältnis vom Veränderungsdruck entlastet und der Konfliktstoff gewissermaßen ausgelagert. Entsprechend engagiert sind auch plötzlich viele Männer der Mehrheitsgesellschaft in Sachen Gleichberechtigung, geht es doch nun vor allem um die Bestätigung der eigenen „fortschrittlichen" Verhältnisse.

---

[27] Vgl. Senatsverwaltung für Integration, Arbeit und Soziales 2008.

5   Schluss

Wollte der Feminismus nicht kulturelle Hierarchien noch verstärken, sondern sich für die Emanzipation *aller* Frauen einsetzen, müsste er alle Formen von Herrschaft in Frage stellen und mit der Ungleichheit der Geschlechter auch die Hierarchie zwischen den sozialen Klassen, den Ethnien und Religionen hinterfragen. Das war jedoch in der europäischen Frauenbewegung selten der Fall, denn der universalen Solidarität aller Frauen stand immer auch die Loyalität gegenüber der eigenen Klasse, Nation, „Rasse" oder Religion gegenüber. Insofern gilt es, den Begriff des Feminismus zu kontextualisieren und ihn jeweils kritisch auf seine jeweilige Positionierung zu hinterfragen. Es wäre zu fragen, wer welche Forderungen für wen stellt beziehungsweise wer jeweils daran beteiligt ist. Denn diese Forderungen sind immer an die Position der Sprechenden gebunden. In ihren Visionen vom guten Leben spiegeln sich die eigenen Lebensverhältnisse.

Ohne sich auf die anderen Frauen einzulassen und sich mit ihrer Geschichte der Modernisierung, ihren Kämpfen um Anerkennung und Macht zu befassen, und ohne sich ihre widersprüchlichen Loyalitäten vor Augen zu führen – ohne ein solches sich Einlassen auf die Andere kann wohl kaum davon gesprochen werden, dass man/frau an ihrer Emanzipation interessiert wäre. Und wenn wir den muslimischen Frauen in Deutschland heute zuhören, so ist auf alle Fälle klar, dass ihr Kampf um Anerkennung immer auch die Frage ihrer kulturellen und religiösen Diskriminierung mit umfasst. Sie können die Frage der Frauenbefreiung nicht abgelöst von ihrem kulturellen Kontext sehen.

Auffallend ist jedenfalls, dass trotz des enormen Interesses an der Emanzipation der muslimischen Frauen sich kaum jemand für die Frauenbewegungen in muslimischen Ländern interessiert. Zumindest in Deutschland wird die Literatur zu muslimischen Emanzipationsbewegungen nicht zur Kenntnis genommen. Wichtige Bücher, wie etwa das grundlegende Werk von Leila Ahmed[28] oder die verschiedene Arbeiten von Margot Badran[29], werden gar nicht übersetzt.[30]

---

[28] Vgl. Leila Ahmed 1992.
[29] Vgl. zuf. etwa Margot Badran, Feminism in Islam 2010.
[30] Vgl. etwa auch Nima Naghibi 2007.

Demgegenüber wird durch die ständige Beschwörung der Unterdrückung der muslimischen Frauen diese diskursiv reproduziert. Diese Diskussionen reden das herbei, was sie zu bekämpfen vorgeben. In einem aufklärerischen Gestus wird auf die Unmöglichkeit der Emanzipation der Muslima hingewiesen und ihnen damit eine eigene Subjektposition abgesprochen und die vielfältigen Auseinandersetzungen muslimischer Frauen mit der Moderne in den verschiedenen sozialen und kulturellen Kontexten nicht wahrgenommen. Demgegenüber müsste es darum gehen, die muslimischen Frauen selbst zu Wort kommen zu lassen und ihre unterschiedlichen Positionen wahrzunehmen und sich in den verschiedenen Bereichen für ihre tatsächliche Gleichstellung einzusetzen.

Literatur

Attia, Iman und Marburger, Helga (Hrsg.), Alltag und Lebenswelten von Migrantenjugendlichen, Frankfurt am Main 2000.

Badran, Margot, Feminism in Islam. Oxford 2010.

Ahmed, Leila, Women and Gender in Islam. Historical Roots of a Modern Debate. New Haven & London 1992.

Alt, Franz, Jesus, der neue Mann. München 1989.

Castro Varela, Maria do Mar und Clayton, Dimitria (Hrsg.), Migration, Gender, Arbeitsmarkt. Neue Beiträge zu Frauen und Globalisierung, Königstein/Taunus 2003.

Göle, Nilüfer, Republik und Schleier, Berlin 1995.

Haug, Frigga und Reimer, Katrin (Hrsg.), Politik ums Kopftuch, Hamburg 2005.

Herwatz-Emden, Leoni (Hrsg.), Einwanderer Familien: Geschlechterverhältnisse, Erziehung und Akkulturation. Göttingen 2003.

Jessen, Frank und Wilamowitz-Moellendorff, Ulrich von Nökel, Das Kopftuch – Die Entschleierung eines Symbols? Sankt Augustin/Berlin 2006.

Karakasoglu-Aydin, Yasemin, „Kopftuch-Studentinnen" türkischer Herkunft an deutschen Universitäten. Impliziter Islamismusvorwurf und Diskriminierungserfahrungen, in: Heiner Bielefeldt und Wilhelm Heitmeyer (Hrsg.): Politisierte Religion Ursachen und Erscheinungsformen des modernen Fundamentalismus (S. 450–473). Frankfurt/Main 1998.

Klinkhammer, Gritt M., Individualisierung und Säkularisierung islamischer Religiosität: zwei Türkinnen in Deutschland, in: Jonker, Gerdien (Hrsg.), Kern und Rand. Religiöse Minderheiten aus der Türkei in Deutschland (S. 221–236). Berlin 1999.

Kelek, Necla, Die fremde Braut. Ein Bericht aus dem Inneren des türkischen Lebens in Deutschland. Köln 2006a.

Kelek, Necla, Die verlorenen Söhne. Plädoyer für die Befreiung des türkisch-muslimischen Mannes. Köln 2006b.
Mernissi, Fatema, Der politische Harem, Frankfurt am Main 1989.
Mernissi, Fatema, Die Angst vor der Moderne, Hamburg 1992.
Moghissi, Haideh, Feminism and Islamic Fundamentalism, London, New York 1999.
Naghibi, Nima, Rethinking Global Sisterhood: Western Feminism and Iran. Minnesota 2007.
Nökel, Sigrid, Das Projekt der Neuen islamischen Weiblichkeit als Alternative zu Essentialisierung und Assimilierung, in: Jonker, Gerdien (Hrsg.), Kern und Rand. Religiöse Minderheiten aus der Türkei in Deutschland, Berlin 1999a, S. 187–205.
Nökel, Sigrid, Islam und Selbstbehauptung – Alltagsweltliche Strategien junger Frauen in Deutschland, in: Klein-Hesseling, Ruth; Nökel, Sigrid und Werner, Karin (Hrsg.), Der neue Islam der Frauen: Weibliche Lebenspraxis in der globalisierten Moderne. Fallstudien aus Afrika, Asien und Europa, Bielefeld 1999b, S. 124–146.
Nökel, Sigrid, Die Töchter der Gastarbeiter und der Islam. Zur Soziologie alltagsweltlicher Anerkennungspolitiken. Eine Fallstudie, Bielefeld 2002.
Rommelspacher, Birgit, Geschlecht und Migration in einer globalisierten Welt. Zum Bedeutungswandel des Emanzipationsbegriffs. In: Gemende, Marion; Munsch, Chantal und Weber-Unger-Rotino, Steffi (Hrsg.), Eva ist emanzipiert, Mehmet ist ein Macho. Zuschreibung, Ausgrenzung, Lebensbewältigung und Handlungsansätze im Kontext von Migration und Geschlecht. Weinheim/München 2007, S. 49–61.
Rommelspacher, Birgit, Dominante Diskurse. Zur Popularität von „Kultur" in der aktuellen Islam-Debatte, in: Iman, Attia (Hrsg.), Orient- und Islambilder. Interdisziplinäre Beiträge zu Orientalismus und antimuslimischem Rassismus, Münster 2007.
Şahin, R., Die Bedeutung des muslimischen Kopftuchs. Eine kleidungssemiotische Untersuchung muslimischer Kopftuchträgerinnen in der Bundesrepublik Deutschland. Diss. Universität Bremen 2012.
Schneiders Thorsten Gerald (Hrsg.), Islamfeindlichkeit – Wenn die Grenzen der Kritik verschwimmen, Wiesbaden 2009.
Schwarzer Alice (Hrsg.), Die Gotteskrieger und die falsche Toleranz, Köln 2002.
Senatsverwaltung für Integration, Arbeit und Soziales Berlin (Hrsg.), Mit Kopftuch außen vor? Schriften der Landesstelle für Gleichbehandlung – gegen Diskriminierung 2. Berlin 2008.
Tietze, Nikola, Islamische Identitäten Formen muslimischer Religiosität junger Männer in Deutschland und Frankreich. Hamburg 2001.
Weber, Max, Gesammelte Aufsätze zur Religionssoziologie I. Tübingen 1920/1963 (Paul Siebeck).

„Früher waren wir die Exoten" – Potenziale von Migranten aus islamisch geprägten Herkunftsländern

Tayfun Keltek und Engin Sakal

1 Vom Gastarbeiter zum „Mensch mit Migrationshintergrund"[1]

Dieser Beitrag soll einen allgemeinen Überblick über die Bevölkerung mit Migrationshintergrund (MH) insgesamt geben. Dabei sollen Angaben sowohl zu Migranten, Eingebürgerten und zu ausländischen Staatsangehörigen in Deutschland gemacht werden. Sie sollen dazu dienen, sich einen Gesamteindruck zu verschaffen, und statistische Angaben ausgewählter Bereiche runden das Bild ab. Die Angaben erheben nicht den Anspruch auf Vollständigkeit für alle Lebensbereiche. Es sollen lediglich zentrale Faktoren dargestellt und grundlegende Informationen geliefert werden.

Bedingt durch die Größe der Gruppe der Migranten werden nähere Angaben zu der Gruppe mit türkischem Migrationshintergrund für Vergleiche vorgenommen. Zudem sind das Gros der Türkischstämmigen Muslime, was jeweils einen besonderen Blick auch auf das in diesem Band fokussierte Religionsmerkmal erlaubt.

Die Migranten, auch die mit türkischem Hintergrund, sind als Unternehmer, Arbeitnehmer, Schüler, Studenten und letztendlich als Konsumenten mit ihrem Anteil an der Gesellschaft zum bedeutenden Faktor geworden. Den Abschluss des Beitrages bilden Biographien von drei in Deutschland lebenden unterschiedlichen Migranten, zu denen Interviews geführt wurden.

---

[1] Der Begriff Mensch mit „Migrationshintergrund" hat in diesem Beitrag keinerlei diskriminierende Aussagekraft. Er ist in der statistischen Erfassung von Daten geläufig, auch das Statistische Bundesamt benutzt diesen Begriff für die Datenerhebung. Und entsprechend findet er in diesem Beitrag Verwendung.

Die jüngere Zuwanderungsgeschichte nach Deutschland beginnt nach der Gründung der Bundesrepublik Deutschland. Das Wirtschaftswachstum nach dem Zweiten Weltkrieg führte zu einem hohem Arbeitskräftebedarf in Deutschland. Bedingt durch den Mauerbau wurde der Arbeitskräftestrom aus dem Osten unterbrochen. Deshalb schloss die Bundesregierung zwischen 1955 und 1973 sogenannte Anwerbeabkommen für ausländische Arbeitskräfte mit ausländischen Regierungen ab, unter ihnen auch mit Regierungen islamisch geprägter Staaten. Zu den Anwerbeländern gehörten neben Griechenland, Italien, Portugal, Spanien, Südkorea auch das damalige Jugoslawien, Marokko, Tunesien und die Türkei.

Die anfängliche Vorstellung der Bundesrepublik Deutschland bei der Anwerbung von Gastarbeitern war, dass sich die Menschen zeitlich beschränkt in Deutschland aufhalten und später wieder in ihre Heimatländer zurückkehren und andere, neue Arbeitskräfte, im Austausch nach Deutschland kommen würden. Diese Absicht konnte jedoch nicht verwirklicht werden, da viele Unternehmen kein Interesse an größeren Fluktuationen unter ihrer Belegschaft hatten. Zudem wären die Kosten dafür zu hoch und damit unwirtschaftlich gewesen. Die Bundesregierung entsprach deshalb dem Wunsch der Unternehmen, die angelernten Kräfte längere Zeit in Deutschland zu belassen, und die „Gastarbeiter" blieben damit länger als vorgesehen in der Bundesrepublik Deutschland.

Erst die Rezession und die Ölkrise Anfang der 70er Jahre führten 1973 zum Anwerbestopp ausländischer Arbeitskräfte. Eine Ausnahme bildete das Abkommen zur Anwerbung von Pflegepersonal aus Südkorea. Krankenschwestern aus Südkorea wurden auch nach dem Anwerbestopp von 1973 weiter angeworben. Sie sollten zunächst für drei Jahre nach Deutschland kommen, aber auch sie blieben länger. So leben heute viele Arbeitsmigranten und deren Nachkommen dauerhaft in Deutschland.[2]

Ende 1980 war die ausländische Bevölkerung in Deutschland auf 4,5 Millionen angestiegen.[3] Aussagen wie „Mir kommt kein Türke mehr über die Grenze", zu der sich der damalige Bundeskanzler Helmut Schmidt in einem Interview mit

---

[2] In diesem Beitrag wird einheitlich eine nicht geschlechterspezifizierende Bezeichnung verwendet. Mit Arbeiter, Schüler, Migrant und Kollege sind immer Männer und Frauen gemeint.

[3] Vgl. Statistisches Bundesamt, 2012/1.

der Zeitung Die Zeit am 5. Februar 1982 verstieg, war für die Situation bezeichnend. In der Koalitionsvereinbarung von 1982 zwischen der CDU/CSU und FDP heißt es unter dem Kapitel Ausländerpolitik: „Die Bundesrepublik ist kein Einwanderungsland." Derartige Aussagen gaben das politische Klima in Deutschland lange Zeit unmissverständlich wider. Doch die gesellschaftlichen Realitäten waren anders. Die Anzahl der in Deutschland lebenden Ausländer stieg in den darauffolgenden Jahren im Jahr 1990 auf 5,5 Millionen, und bis 2000 waren es bereits 7,2 Millionen.[4] Es dauerte relativ lange, bis sich auch Politiker aus dem bürgerlichen Lager detaillierte Gedanken über eine Einwanderungspolitik machten. Es war über Jahre für deutsche Politiker nicht opportun, öffentlich von einem Zuwanderungsland zu sprechen. Erst mit der Reform des Staatsangehörigkeitsrechts und der erleichterten Einbürgerung in den Jahren nach der Jahrtausendwende setzte ein Umdenken ein.

Die Einführung der sog. Green Card für ausländische IT-Spezialisten im Jahr 2000 unterstützte diesen Prozess. Mit dem Inkrafttreten des neuen Zuwanderungsgesetzes von 2005 wurde auch für Deutschland der Gebrauch der Bezeichnung „Zuwanderungsland" geläufig. Mit dem Nationalen Integrationsplan von 2007 war endgültig die Basis einer sich zu einem Zuwanderungsland bekennenden Integrationspolitik geschaffen, und Deutschland bekannte sich zu einem Einwanderungsland.

Die heutige emotionale Gefühlslage vieler Migranten in Deutschland verdeutlicht am besten folgendes Zitat:

> Über zwei Drittel der Zuwanderer (69 Prozent) in Deutschland fühlen sich wohl. Die meisten empfinden sich überwiegend als Teil der deutschen Gesellschaft (58 Prozent), nur fünf Prozent fühlen sich überhaupt nicht als Teil der deutschen Gesellschaft. [...] Die meisten Zuwanderer empfinden diese doppelte Verbundenheit als Vorteil und empfinden keinen Identitätskonflikt. Drei Viertel von ihnen möchten die Werte und Traditionen aus der Herkunftsgesellschaft mit Werten und Traditionen in Deutschland verbinden.[5]

Diese Gefühlslage wurde 2011 intensiv durch Äußerungen sowie Publikationen des ehemaligen Vorstandsmitglieds der Bundesbank, Thilo Sarrazin, irritiert. Eine sachliche Auseinandersetzung mit diesem Thema wurde dadurch

---

[4] Vgl. Statistisches Bundesamt, 2012/1.
[5] Bertelsmann Stiftung Gütersloh 2009, S. 4.

erschwert, weil die undifferenzierte Betrachtung von Sarrazin auf fruchtbaren Boden fiel und mit der Frage nach der Integrationsbereitschaft von Migranten verbunden wurde. In der Öffentlichkeit wurde nunmehr pauschal über Integrationsunwilligkeit und Integrationsunfähigkeit einzelner Migrantengruppen, insbesondere von Muslimen, gesprochen.[6] Dass sich die tatsächliche Situation allerdings deutlich differenzierter und in Abhängigkeit der Integrationspolitik darstellt, ist mit den Aussagen von Kober zu belegen. „Je länger also jemand in Deutschland lebt, umso mehr fühlt er sich hier als Teil der Gesellschaft: Die emotionale Verwurzelung in Deutschland nimmt mit der Dauer des Aufenthalts zu."[7]

2   Bevölkerung/Migrantenbevölkerung in Deutschland 2012

Die bisherigen Ausführungen werden in diesem sowie weiteren Kapiteln durch statistische Angaben untermauert:

Herkunft (Stand 31.12.2011)	Personenanzahl	Anteil an der ausländischen Bevölkerung	Anteil an der Gesamtbevölkerung
Gesamtbevölkerung	81.754.000		100 %
Deutsche ohne MH	65.792.000		80,5 %
Deutsche mit MH	15.962.000		19,5 %
Afghanistan	56.563	0,82 %	0,07 %
Libanon	35.029	0,50 %	0,04 %
Irak	82.438	1,19 %	0,10 %
Iran	53.920	0,78 %	0,07 %
Marokko	63.037	0,91 %	0,08 %
Türkei	1.607.161	23,19 %	1,97 %
Alle ausländischen Staatsangehörigen	7.369.900	100 %	9,01 %

Tab. 1: Bevölkerung nach ausgewählten Staatsangehörigkeiten und Herkünften[8]

Bei den Diskussionen wurde oft die gesamte Migrantengruppe als eine homogene Einheit betrachtet, Unterschiede nach Herkunft, Ethnie, Bildungssituation oder Alter wurden dabei nicht regelmäßig einbezogen. Dabei sind die Lebenssituationen der Migranten sehr vielfältig und vielschichtig. An dieser Stelle

---

[6] Vgl. Berlin-Institut für Bevölkerung und Entwicklung 2009.
[7] Kober 2001, S. 13.
[8] Vgl. Statistisches Bundesamt 2012/1 und 2012/5, eigene Berechnung.

soll nicht auf diese Details eingegangen werden, das hat die Heidelberger Forschungsgruppe Sociovision bereits 2008 mit der ersten Studie über die Lebensumstände und die Milieus der Migranten vorgenommen.[9]

3 Demografie der Bevölkerung

Bevölkerung in 1.000 – im Alter von ... bis unter ... Jahren	Gesamt	Deutsch	mit MH	mit türkischem MH
00 – 05.	3.288	2.140	1.148	220
05 – 10.	3.453	2.323	1.130	235
10 – 15	3.846	2.712	1.134	270
15 – 20	4.147	3.022	1.125	274
20 – 25	4.972	3.859	1.112	233
25 – 35	9.845	7.372	2.473	454
35 – 45	11.439	8.889	2.550	538
45 – 55	13.227	11.062	2.166	350
55 – 65	10.416	8.801	1.614	198
65 – 75	9.409	8.465	944	156
75 – 85	5.839	5.379	460	29
85 – 95	1.764	1.662	102	–
95 und mehr	109	105	–	–
Insgesamt	**81.754**	**65.792**	**15.962**	**2.956**

Tab. 2: Demografische Struktur in Deutschland nach ausgewählten Bevölkerungsgruppen[10]

Das Statistische Bundesamt gibt die Zahl der gegenwärtig in Deutschland lebenden Menschen mit MH mit 15,9 Millionen an. Das entspricht einem Bevölkerungsanteil von 19,5 %, d. h. jede fünfte in Deutschland lebende Person hat einen MH. Der Anteil der Bevölkerung mit türkischem MH liegt bei 3,6 % im Verhältnis zur Gesamtbevölkerung. 3,2 Millionen Personen mit MH sind über 55 Jahre alt. Der Anteil der älteren Personen macht dabei 19,5 % der Migranten aus. Bei der türkischstämmigen Bevölkerung haben 383.000 Personen von 2,9 Millionen dieses Alter überschritten, dort liegt der Anteil bei 13,2 %. D. h., die Bevölkerung mit MH im Allgemeinen und die türkischstämmige Bevölkerung im Speziellen sind deutlich jünger als die deutsche, bei der der Anteil der über 55-Jährigen 37,1 % beträgt. Die Zahl der unter 20-Jährigen beträgt bei den Menschen mit MH 4,5 Millionen Das entspricht einem Anteil von 28,4 %.

---

[9] Vgl. Sinus Sociovision 2008.
[10] Vgl. Statistisches Bundesamt 2012/5, eigene Darstellung.

Bei der türkischstämmigen Bevölkerung liegt dieser Anteil bei 33,8 %. Im Vergleich dazu sind lediglich 15,5 % der deutschen Bevölkerung unter 20 Jahre alt.[11] Für den Arbeitsmarkt und für unsere Sozialsysteme sind diese Zahlen von großer Bedeutung. Sie liefern die Grundlagen für künftige Maßnahmen für den Arbeitsmarkt sowie die Rentensicherung.

Einen Kurzüberblick gibt die Tabelle 2 über das durchschnittliche Alter der Bevölkerung nach ausgewählten Kriterien. Die Differenz zwischen der deutschen Bevölkerungsgruppe und den Migranten beträgt 10,9 Jahre. Das Durchschnittsalter der türkischstämmigen Gruppe ist im Vergleich zu dem der Migranten noch einmal um 3,7 Jahre niedriger. Lediglich bei Migranten, die aus Afrika stammen, liegt das Durchschnittsalter mit 28,7 Jahren und denen aus Süd- und Südostasien mit 31,4 Jahren unter dem der türkischstämmigen Migranten. Diese Bevölkerungsgruppen machen zusammen allerdings lediglich einen Anteil von 8,2 % unter den Migranten aus. Das Durchschnittsalter der Bevölkerung liegt bei 44,0 Jahren, das der deutschen bei 46,1, das der Migranten bei 35,2 und der türkischstämmigen Migranten bei 31,5 Jahren.[12] Der demografische Wandel, der eine erhebliche Rolle bei Planungen zur Zukunft von Gesellschaften spielt, wird anhand der oben aufgeführten Zahlen verdeutlicht.

4   Bildungssituation der Bevölkerung

Das Bildungsniveau der Migranten ist durchschnittlich schlechter als das der Deutschen: 21,6 % der türkischen Migranten verlassen ohne Schulabschluss die Schule. Dieser Anteil liegt bei der deutschen Bevölkerung bei 1,5 %. Der Anteil der Bevölkerung ohne Berufsabschluss liegt bei den Personen mit türkischen MH bei 40,8 % und bei den deutschen bei 12,8 %.

5   Schülerinnen/Schüler nach Schulformen

Nachfolgend werden Daten zu den Bereichen Bildung, Einbürgerungen, von Wanderungsbewegungen und von Lebensstilen sowie der Erwerbstätigkeit von Migranten in Deutschland dargelegt.

---

[11] Vgl. ebenda, eigene Berechnungen.
[12] Vgl. Statistisches Bundesamt 2012/5, eigene Berechnungen.

Allgemeiner Schulabschluss (Angaben in 1.000)	Gesamt	Deutsche Bevölkerung	Bevölkerung mit MH	Bevölkerung mit türkischem MH
Haupt-(Volks-)schulabschluss	25.854	21.871	3.983	797
Abschluss Polytechnischen Oberschule der DDR	5.027	4.934	93	–
Realschul- oder gleichwertiger Abschluss	15.479	12.985	2.494	318
Fachhochschulreife	4.527	3.851	676	82
Abitur	14.430	11.658	2.772	203
Ohne Schulabschluss	2.684	1.019	1.665	639
Noch in Ausbildung/noch nicht schulpflichtig	13.302	9.116	4.186	906
Beruflicher Abschluss				
Mit berufsqualifizierendem Abschluss	51.535	45.112	6.423	640
Lehre/Berufsausbildung im dualen System	32.981	29.142	3.838	485
Berufsfachschule	1.667	1.393	274	22
Meister/Techniker/Fachschulabschluss	5.401	4.904	497	44
Berufsakademie	863	721	141	k. A.
Fachhochschulabschluss	3.489	3.064	426	24
Universitätsabschluss/Promotion	5.907	4.806	1.101	53
Ohne berufsqualifizierenden Abschluss	29.817	20.348	9.469	2.310
Noch in schulischer Ausbild./nicht schulpflichtig	13.255	9.081	4.174	904
Noch in berufsqualifizierender Ausbildung	3.537	2.676	860	165
Ohne Abschluss	12.575	8.312	4.264	1.206

Tab. 3: Bildungsniveau der Bevölkerung in Deutschland.[13]

Seit dem Inkrafttreten des neuen Staatsangehörigkeitsgesetzes erhalten Kinder mit der Geburt bei entsprechender Voraussetzung die deutsche Staatsbürgerschaft. Sie werden als deutsche Staatsbürger geführt. Die Statistik erfasst die Schüler in diesem Bereich nur nach Staatsangehörigkeit.

Der Anteil der Schüler mit türkischer Staatsangehörigkeit unter den ausländischen Schülern beträgt 37,2 %. Der Anteil bei den Hauptschülern liegt bei 44,6 %, bei den Realschülern liegt er etwa gleich bei 45,0 % und bei den Gymnasiasten bei 28,8 %.[14]

6 Einbürgerungen in Deutschland

Wenn man als Indikator der Integration auch die Einbürgerung berücksichtigen will, sollten die nachfolgenden Zahlen aus der Tabelle ebenfalls betrachtet werden. Zwischen 1981 bis 1999 wurden insgesamt 2.672.676 Personen in

---

[13] Vgl. ebenda, eigene Darstellung.
[14] Vgl. Statistisches Bundesamt, 2011/3.

Deutschland eingebürgert.[15] Davon waren 281.000 Personen mit türkischer Abstammung. Die Einbürgerungszahlen waren seit Änderung des Staatsangehörigkeitsrechts sinkend, seit 2008 steigen sie wieder geringfügig an. Allerdings ist anzumerken, dass über die Hälfte der Einbürgerungen seit 2008 unter Hinnahme von Mehrstaatigkeit durchgeführt wurden.[16]

	Schüler/innen insgesamt	deutsche Schüler/innen	ausländische Schüler/innen
Vorklassen	9.580	8.689	8.91
Schulkindergärten	19.153	16.383	2.770
Grundschulen	2.837.737	262.2676	215.061
Schulartunabhängige Orientierungsstufe	111.199	99.048	12.151
Hauptschulen	703.525	566.795	136.730
Schularten mit mehreren Bildungsgängen	370.852	351.675	19.177
Realschulen	1.166.509	1.069.899	96.610
Gymnasien	2.475.174	2.365.994	109.180
Integrierte Gesamtschulen	584.770	509.967	74.803
Freie Waldorfschulen	80.843	79.340	1.503
Förderschulen	377.922	328.783	49.139
Abendhauptschulen	1.100	711	389
Abendrealschulen	21.345	16.616	4.729
Abendgymnasien	19.155	16.449	2.706
Kollegs	18.030	16.839	1.191
Insgesamt	**8.796.894**	**8.069.864**	**727.030**

Tab. 4: Schüler/innen (Deutsche, Ausländer) nach Schularten im Schuljahr 2010/2011[17]

Jahr	Afghanistan	Libanon	Irak	Iran	Marokko	Türkei	Gesamt
2000	4.773	5.673	984	14.410	5.008	82.861	186.688
2001	5.111	4.486	1.264	12.020	4.425	76.573	178.098
2002	4.750	3.300	1.721	8.375	3.800	64.631	154.547
2003	4.948	2.651	2.999	5.504	4.118	56.244	140.731
2004	4.077	2.265	3.564	3.539	3.820	44.465	127.153
2005	3.133	1.969	4.163	8.824	3.684	32.661	117.241
2006	3.063	2.030	3.693	12.601	3.546	33.388	124.566
2007	2.831	1.754	4.102	10.458	3.489	28.861	113.030
2008	2.512	1.675	4.229	6.903	3.130	24.449	94.470
2009	3.549	1.759	5.136	5.732	3.042	24.647	96.122
2010	3.520	1.697	5.228	6.522	2.806	26.192	101.570
2011	2.711	1.433	4.790	2.728	3.011	28.103	106.897
Summe	**44.978**	**30.692**	**41.873**	**97.616**	**43.879**	**523.075**	**1.541.113**

Tab. 5: Einbürgerungen 2000–2011 nach ausgewählten Herkunftsländern[18]

---

[15] Vgl. Ebenda.
[16] Vgl. Statistisches Bundesamt, 2012/5.
[17] Vgl. Statistisches Bundesamt, 2011/1, Statistisches Bundesamt, 2011/3.

7 Zuzüge und Fortzüge nach Deutschland

Im Jahr 2011 kamen 958.000 Personen nach Deutschland und 679.000 Personen wanderten aus. Gegenüber dem Vorjahr hat sich damit die Zahl der Zuzüge um 160.000 erhöht, während die Zahl der Fortzüge lediglich um 8.000 anstieg. Für 2011 ergibt sich mithin ein Wanderungsüberschuss von 279.000 Personen. Ähnlich hoch war der Wanderungssaldo zuletzt im Jahr 2001 mit 273.000 Personen.[19] Der Wanderungssaldo zwischen 1991 und 2010 für Ausländer betrug kumuliert 2,9 Millionen Personen.[20]

Deutschland Jahr	Zuzüge Personen	Fortzüge Personen	Saldo Personen
2000	841.158	674.038	167.120
2001	879.217	606.494	272.723
2002	842.543	623.255	219.288
2003	768.975	626.330	142.645
2004	780.175	697.633	82.542
2005	707.352	628.399	78.953
2006	661.855	639.064	22.791
2007	680.766	636.854	43.912
2008	682.146	737.889	– 55.743
2009	721.014	733.796	– 12.782
2010	798.282	670.605	127.677

Tab. 6: Wanderungen zwischen Deutschland und dem Ausland[21]

8 Haushalte und Lebenslagen der Bevölkerung

Die durchschnittliche Haushaltsgröße der Personen mit MH ist im Vergleich zu der deutschen Bevölkerung mit 2,4 Personen gegenüber 2,0 Personen um 0,4 höher. Zudem leben Migranten seltener allein als die deutsche Bevölkerung, 14,8 % gegenüber 23,1 %. Der Anteil Alleinlebender bei der türkischstämmigen Bevölkerung liegt bei 8,0 %. Die durchschnittliche Zahl der Kinder liegt bei den Personen mit MH um 0,2 höher bei 1,8 als bei der deutschen Bevölkerung.

Ehepaare ohne Kinder, Alleinerziehende oder alternative Lebensformen sind bei den Migranten dagegen erheblich seltener. 2,1 % der deutschen Bevölkerung

---

[18] Vgl. Statistisches Bundesamt, 2012/6, verschiedene Jahrgänge, eigene Berechnung.
[19] Vgl. Statistisches Bundesamt, 2012/3, S. 618.
[20] Vgl. Statistisches Bundesamt, 2012/4.
[21] Vgl. ebenda.

leben in Lebensgemeinschaften. Der Anteil bei den Personen mit MH beträgt 1,2 % und bei den Personen mit türkischen MH 0,5 %. Weitere Differenzierungen ergeben, dass die Haushalte mit türkischem MH durchschnittlich mit 3,5 Personen die meisten Mitglieder umfassen.[22]

Migrationsstatus der Bezugsperson und der Mitglieder der Lebensform	Lebensformen							Zahl der Kinder im Schnitt
	insgesamt	Paare ohne Kinder	Alleinstehende	Familien				
				Familien insgesamt	davon mit			
					1	2	3 und mehr	
					Kindern			
	Angaben in 1.000							
Lebensformen insgesamt	41.099	11.783	17.607	11.709	6.144	4.205	1.360	1,6
Person ohne MH	34.557	10.284	15.239	9.034	4.961	3.200	874	1,6
Personen mit MH	6.542	1.500	2.367	2.675	1.184	1.005	487	1,8
Personen mit türkischem MH	1.035	183	239	614	201	247	166	2,1

Tab. 7: Lebensformen der Bevölkerung[23]

9 Erwerbssituation der Bevölkerung

Der Anteil der Erwerbspersonen bei der deutschen Bevölkerung liegt im Vergleich geringfügig höher als bei den Migranten: 52,5 % der deutschen Bevölkerung sind Erwerbspersonen, bei den Migranten liegt dieser Anteil bei 48,8 %, und bei Personen mit türkischen MH liegt der Anteil bei 43,1 %.

(Angaben in 1.000)	Erwerbspersonen	Erwerbstätige	Erwerbslose
Gesamtbevölkerung	42.372	39.869	2.504
Deutsche	34.576	32.813	1.763
Personen mit MH	7.797	7.056	741
Personen mit türkischem MH	1.273	1.104	169

Tab. 8: Angaben zur Erwerbssituation der Bevölkerung[24]

Der Anteil der Erwerbslosen an der Gesamtbevölkerung beträgt 5,9 %, in der deutschen Bevölkerung bei 5,1 %. Bei den Migranten ist dieser Anteil bei den

---

[22] Vgl. ebenda, eigene Berechnung,
[23] Vgl. Statistisches Bundesamt, 2012/4.
[24] Vgl. Statistisches Bundesamt, 2012/5, eigene Berechnungen.

Bevölkerungsgruppen nach Herkünften sehr unterschiedlich, durchschnittlich liegt die Quote jedoch bei 9,5 %, bei der türkischstämmigen Bevölkerung liegt sie bei 13,3 %.

	Anzahl der Erwerbspersonen (Angaben in 1.000)	Anteil am Produzierenden Gewerbe	Anteil am Handel/ Gastgewerbe	Anteil an sonstigen Dienstleistungen	Anteil an der Landwirtschaft
Gesamtbevölkerung	39.869	28,2 %	25,2 %	44,9 %	1,7 %
Personen ohne MH	65.792	27,4 %	24,1 %	46,6 %	1,9 %
Personen mit MH	15.962	32,0 %	30,4 %	37,0 %	0,6 %
Personen mit türkischem MH	2.956	36,3 %	33,0 %	30,4 %	–

Tab. 9: Angaben der Erwerbspersonen nach Wirtschaftsbereichen[25]

Tabelle 9 gibt eine Übersicht über die Verteilung der Erwerbspersonen nach Wirtschaftsbereichen. Der Anteil der Personen mit türkischem MH, die im produzierenden Gewerbe und im Handel/Gastgewerbe tätig ist, liegt höher als der der deutschen Bevölkerung, und sie ist auch höher als bei Personen mit MH und anderen Herkünften als der Türkei. Der Anteil in den sonstigen Dienstleistungen liegt dagegen deutlich unter dem der o. g. Gruppen. Eine der möglichen Erklärungen dafür ist, dass die Gruppe der türkischstämmigen Personen als ehemalige Gastarbeiter hauptsächlich in den Bereichen ungelernter Arbeit tätig waren und weiterhin sind, denn ursprünglich waren ja viele Gastarbeiter für körperlich schwere Arbeiten eingestellt worden. Weitere Gründe mögen in den persönlichen (Bildungs-)Voraussetzungen liegen.

10 Einkommenssituation der Bevölkerung

In den unteren Einkommensgruppen ist der Anteil von Migranten hoch. Der Anteil derjenigen, die bis 1.500,- Euro netto verdienen, liegt bei den Deutschen bei 34,7 %, bei den Migranten dagegen bei ca. 40 %. Bei der Einkommensklasse mit über 4.500,- Euro zeigt sich ebenfalls eine Disparität: Der Anteil der deutschen Bevölkerung liegt bei 9,2 % und bei den Migranten bei 5,2 %. Die Gründe dafür sind u. a. dem Bildungsstand der Bevölkerung zu entnehmen.

---

[25] Vgl. ebenda, eigene Berechnungen, Aufrundung der Angaben auf eine Stelle hinter dem Komma.

11 Die Ethnische Ökonomie

In Deutschland ist in den letzten Jahrzehnten ein Wandel feststellbar, der die Gesellschaft nicht nur in politischen oder religiösen Fragen intensiv beschäftigt. Auch die ökonomische Dimension des gesellschaftlichen Wandels ist ein entscheidender Faktor für die Fortentwicklung einer gemeinsamen Zukunft. Oft werden Migranten als Belastung für den Arbeitsmarkt wahrgenommen. Dieses schiefe Bild in der Gesellschaft wird meistens durch die einseitige Berichterstattung der Presse gefördert.[26] Die defizitorientierte Vorgehensweise und die problembasierte Darstellung der Situation verzerrt das reale Bild der Gesellschaft. Negativansätze wie z. B. fehlender Bildungserfolg, hohe Arbeitslosigkeit, Sprachprobleme und Ghettobildung sind schnell gefundene Argumentationsketten, die im Einzelfall zutreffen mögen, aber jedenfalls nicht generalisierbar sind.

Nettoeinkommen von … bis unter … Euro im Monat	Angaben in 1.000			
	Gesamt	Deutsche	mit MH	türkischer MH
unter 500	926	737	189	23
500 – 900	4.049	3.270	778	106
900 – 1.300	5.588	4.646	942	137
1.300 – 1.500	2.993	2.529	464	69
1.500 – 2.000	6.287	5.320	967	170
2.000 – 2.600	5.894	4.927	967	170
2.600 – 3.200	4.073	3.455	619	108
3.200 – 4.500	4.911	4.307	604	91
4.500 und mehr	3.280	2.972	308	31

Tab. 10: Privathaushalte am Haupt- und Nebenwohnsitz mit Nettoeinkommen[27]

Das Statistische Bundesamt gibt die Zahl der Selbständigen mit MH zum Jahresende 2011 insgesamt mit 726.000 Personen an, davon sind 324.000 Angehörige aus EU-Staaten. Die größte Gruppe bilden die Polnischstämmigen mit 96.000 Selbständigen,[28] gefolgt von Türkischstämmigen mit 92.000, Italienischstämmi-

---

[26] Vgl. die Beiträge von Sabine Schiffer (S. 121–137) und Nina Kalwa (S. 139–158) in diesem Sammelband.

[27] Vgl. Statistisches Bundesamt, 2012/5.

[28] Anmerkung d. V.: Die Selbständigen aus Polen und der Russischen Föderation wurden in den Tabellen 11 und 12 nicht berücksichtigt. Es existieren keine relevanten Vergleichszahlen zu früheren Jahren. Die Selbständigenzahl aus diesen Ländern ist erst in den letzten Jahren auf ein nennenswertes Niveau angestiegen.

gen mit 51.000 sowie 35.000 Selbständigen aus der Russischen Föderation. Die Selbständigenquote bei den Migranten liegt bei 9,3 %, und zum Vergleich: die der deutschen Bevölkerung liegt bei 10,4 %. Es ist davon auszugehen, dass in den kommenden Jahren der Anteil der Selbständigen in Deutschland im Rahmen des Rechts auf Freizügigkeit durch Zuzüge aus EU-Ländern weiter steigen wird.[29] Verlässliche aktuelle Angaben zum Umsatz der Selbständigen mit MH konnten nicht ermittelt werden. Bisher herausgegebene Zahlen waren grobe Schätzungen, die nicht unbedingt belastbar waren.

(Stand 31.12.2011)	Angaben zur Herkunft			
	Personen mit MH	griechisch	italienisch	türkisch
Selbständige 2012	726.000	25.000	51.000	92.000
Selbständige 2004	286.000 (nur Ausländer)	27.500	49.500	60.500
Selbständige 1991	175.000 (nur Ausländer)	22.500	33.500	39.500
Anteil an den Selbständigen mit MH 2012		3,4 %	7,0 %	12,6 %
Selbständigenquote 2012	9,3 %	11,9 %	11,7 %	7,5 %

Tab. 11: Entwicklung der Selbständigkeit von ausgewählten Migrantengruppen.[30]

12 Biographien von Migranten aus islamisch geprägten Herkunftsstaaten

Als Beispiel-Biografien für erfolgreiche Migranten aus islamisch geprägten Herkunftsstaaten wurden drei Interviews geführt und in Fließtext wiedergegeben. Die Angaben zu den Personen wurden anonymisiert, Familiennamen weggelassen und Vornamen geändert.

12.1 Biographie Selin (w, Herkunftsstaat Türkei)

Selin ist 42 Jahre alt und von Beruf Kinderkrankenschwester. Sie stammt ursprünglich aus dem nördlichen Bereich Zentralanatoliens, ist verheiratet, hat zwei Töchter und einen Sohn. Selin reiste mit vier Jahren als Tochter einer sog. Gastarbeiterfamilie nach Deutschland ein. Sie hat noch einen älteren und einen jüngeren Bruder. Ihre Mutter ist 1971 als Gastarbeiterin nach Deutschland gekommen. Erst ein Jahr später zog der Vater, ebenfalls als Gastarbeiter, nach.

---

[29] Vgl. Statistisches Bundesamt, 2012/5, eigene Berechnungen.
[30] Vgl. ebenda, ifm 2005, eigene Berechnungen.

Selin konnte keinen Kindergarten besuchen. Bedingt durch die Berufstätigkeit der Eltern musste sie auf den kleinen Bruder aufpassen. Der ältere Bruder kam erst mit 12 Jahren nach Deutschland. Bis dahin lebte er, wie sie früher auch, bei den Großeltern in der Türkei. Der ältere Bruder konnte in Deutschland nur die Hauptschule besuchen. Er arbeitet heute als Arbeitnehmer in der Metallbranche. Der jüngere Bruder ist als Selbständiger in der Baubranche tätig. Selin wurde 1977 eingeschult. Sie lernte die deutsche Sprache auf der Straße. Es gab keinen Sprachkurs, den sie besuchen konnte. Sie hatte Kontakt zu der Enkelin des deutschen Vermieters. Der Kontakt mit ihr und anderen Kindern war die „Sprachschule" für sie.

Selin hatte zwei gute deutsche Freundinnen, die ihr Leben beeinflusst haben. „Ich bin selten zu meinen Freundinnen gegangen. Das hatte mit gesellschaftlichen Zwängen, aber auch mit Traditionen zu tun. Es war zu der Zeit nicht üblich, dass deutsche Kinder in unsere Familien zu Besuch kamen. Es war eher eine Ausnahme, wenn ein türkisches Mädchen die Freundinnen zu Hause besuchte und die deutschen Freundinnen in die türkische Familie kamen. Selbstverständlich gab es Unterschiede in den Lebensweisen, angefangen beim Essen bis hin zur Musikkultur. Das mag ein Grund gewesen sein, warum der Kontakt relativ gering war."

Selins Freundinnen haben es auch im Berufsleben geschafft. Eine Freundin ist heute Modedesignerin. Sie sagt, sie hätte es von sich selbst auch nicht erwartet, doch auch sie schaffte es durch Fleiß und Engagement.

Nach Abschluss der Realschule besuchte Selin die Berufsfachschule. Als sie mit 18 Jahren auf eigenen Wunsch heiratete, brach sie die 12. Klasse ab. Sie sagt: „Eigentlich wollte ich meine schulische Ausbildung weitermachen und hatte Interesse an einem Studium. Am besten wäre ein Medizinstudium gewesen. Meine Lehrerin empfahl mir bereits in der zehnten Klasse eine Ausbildung als Arzthelferin oder Verkäuferin zu machen. Ich wollte auf jeden Fall eine Berufsausbildung machen und damit meine finanzielle Unabhängigkeit herstellen. Ich wollte jedoch meine Schulbildung soweit es geht weiterführen. Deshalb entschied ich mich zunächst für den Weiterbesuch der 11. Klasse."

Durch die Heirat musste Selin ihre berufliche Zukunft neu überdenken. Bis 1990 jobbte sie als Aushilfe. Ihr Mann studierte damals und arbeitete ebenfalls nebenbei. „Mein Mann und ich hatten uns in den Kopf gesetzt, unsere Zukunft mit eigenen Mittel aufzubauen. Deshalb begann ich 1990 eine Ausbildung an der Kinderkrankenpflegeschule. Durch meine Schwangerschaft musste ich jedoch diese Ausbildung unterbrechen. Ein Jahr nach der Geburt unserer Zwillinge 1992 nahm ich wieder die Ausbildung an der Kinderkrankenpflegeschule auf."

1995 beendete Selin ihre Ausbildung zur Kinderkrankenschwester erfolgreich. Sie erfuhr von ihrer Herkunftsfamilie keine Unterstützung. Während ihrer Berufstätigkeit versorgte sie ihre Kinder mit Hilfe einer Tagesmutter. Sie wollte sich beruflich weiter entwickeln. Das Ziel war ein Studium. Gesundheitliche Probleme ihrer Kinder verhinderten jedoch dieses Vorhaben. So arbeitete sie in ihrem Beruf weiter.

„Am Anfang meiner Tätigkeit war es nicht selbstverständlich, dass ich als türkische Migrantin genauso wie meine deutschen Kollegen behandelt wurde. Unangenehme Arbeiten, Nachtschichten oder Wochenendarbeiten waren eher für uns Migranten bestimmt. Das relativierte sich aber schnell. Schließlich war unsere Qualifikation genauso gut wie die unserer Kollegen," führt Selin aus. Sie berichtet, dass sie von den Vorgesetzten am Arbeitsplatz wegen ihrer Herkunft keine Diskriminierung oder Benachteiligung erfährt. Es gibt aber dennoch einzelne Kollegen, die eine negative Haltung gegenüber Migranten haben, die sie die Betroffenen auch spüren lassen.

Ihre Zufriedenheit mit ihrer Arbeit, ständige und systematische berufliche Fortbildung sowie die Arbeitsatmosphäre motivieren sie jeden Tag aufs Neue. Sie fühlt sich in ihrem Beruf und an ihrem Arbeitsplatz sehr wohl.

Es gibt weitere Arbeitskollegen mit ähnlichen Biographien.

Das gemischte Team, in dem Selin arbeitet, bestehend aus Deutschen und Migranten, empfindet sie als eine wichtige Bereicherung für sich selbst, aber auch für die Gesellschaft. Sie sagt: „Diese Vielfalt zeichnet uns in Deutschland aus. Welches Land kann schon damit aufwarten, so viele unterschiedliche Religionen, Kulturen und Traditionen in einem friedlichen Zusammenleben zu vereinen? Dieses Gut müssen wir unbedingt erhalten." Diese Vielfalt genießt Selin auch im privaten Umfeld. Ihre Nachbarn sind Deutsche, andere stammen beispielsweise aus dem Iran, aus Spanien, Marokko usw. Auch Ethnien gemischte Familien gehören zum alltäglichen Umfeld von Selin.

„Früher waren wir die Exoten. Man fragte uns beispielsweise, ob wir Spargel kennen. Bemerkungen wie: ‚Darfst Du das überhaupt?' gehörten zum Alltag. Heute ist alleine in der Esskultur in Deutschland die Präsenz von Migranten und ihrer Küche prägend. Ohne Pizza, Pasta, Paella, Döner, usw. ist unsere Speisekarte nicht mehr denkbar. Auf der anderen Seite tauchen der rheinische Sauerbraten, Reibekuchen, Klöße usw. auch auf den Speisekarten der Migranten auf. Wenn ich an frühere Zeiten denke, wie wir unseren deutschen Nachbarn z. B. Schafskäse, Oliven, getrocknete Tomaten, Okraschoten, Auberginen oder andere sog. exotische Lebensmittel erklären mussten, sehe ich heute, wie weit wir uns aneinander angenähert haben."

Wenn Selin spricht, vermittelt sie den Eindruck einer disziplinierten Mutter und einer weltoffenen, erfolgreichen Frau. Sie lebt ein Leben nach ihren Vorstellungen und ermöglicht ihren Kindern all das, was ihr verwehrt geblieben ist. Sie ist ihren Kindern eine große Stütze. Beide Töchter haben eine Berufsausbildung abgeschlossen und sind berufstätig. Eine der Töchter lebt seit einem Jahr alleine im Ausland und möchte auch dort bleiben. Die Familie unterstützt die Tochter in ihrer Entscheidung.

Selin sagt dazu: „Ich dagegen habe in Deutschland mein Zuhause. Ich bin in Deutschland zufrieden. Mein sechsjähriger Sohn ist hier geboren, wächst hier auf. Er sagt: Ich bin Deutscher. Er fühlt sich auch als Deutscher. Dagegen ist unsere seelische Zufriedenheit ausbaufähig. Ich wünschte, die Gesellschaft wäre noch offener und entgegenkommender. Ich möchte mein Zuhause nicht nur als Zuhause sehen, sondern es auch als solches empfinden. Das fällt mir manchmal schwer."

Mit: „Wir gehören auch zu Deutschland!" schließt Selin das Gespräch ab.

12.2 Biographie Farhat (m, Herkunftsstaat Iran)

Farhat ist 49. Er stammt aus dem Iran. Sein Vater war Beamter, seine Mutter ist Hausfrau. Er ist Sozial- und Politikwissenschaftler. Er und seine Lebensgefährtin haben einen gemeinsamen Sohn. Farhat floh 1986 vor Repressalien aus dem Iran, weil er dort um sein Leben fürchten musste. Deshalb war die Entscheidung, das Land zu verlassen, unerlässlich. Zunächst kommt er in eines der sogenannten Auffanglager für Asylsuchende. Er hatte von Anfang an großes Interesse am

Erlernen der deutschen Sprache. Diese Möglichkeit gab es in den Unterkünften aber nicht, und er hatte damals selbst keine finanziellen Mittel, um einen privaten Sprachkurs zu besuchen. Er bemühte sich, so gut es ging, die deutsche Sprache von Freunden und aus Büchern zu lernen. Die zeitliche und räumliche Begrenzung seines Aufenthalts in Deutschland verunsicherte noch mehr, anstatt ihm mehr Sicherheit zu geben.

Farhat sagt: „Nichts war in Deutschland darauf ausgelegt, dass ich mich in Sicherheit hätte fühlen können. Im schlimmsten Fall hatte ich sogar eine Abschiebung zu befürchten. Mein Asylverfahren dauerte drei Jahre. In dieser Zeit konnte ich weder einen Sprachkurs besuchen, noch konnte ich eine Arbeit aufnehmen. Das Treffen mit anderen Flüchtlingen aus dem Iran war ebenfalls nicht möglich, weil sie in anderen Städten untergebracht waren. Erst als mein Asylverfahren abgeschlossen war, hatte ich endlich die Möglichkeit, nach vorne zu blicken. Die erste große Hürde war genommen. Nun war die Gestaltung meines täglichen Lebens unter würdigen Bedingungen an der Reihe. Mein Abitur aus dem Iran wurde nicht anerkannt, ich musste es in Deutschland noch einmal machen.[31] Das bedeutete für mich weitere drei Jahre Schulbank drücken, damit ich später ein Studium aufnehmen konnte. Ich empfand die Nichtanerkennung meiner schulischen Leistungen aus dem Iran als eine Zurückweisung meiner Person. Ich hatte mir dennoch vorgenommen, trotz der Schwierigkeiten, die sich mir in den Weg stellten, diesen Weg zu gehen und zu studieren. Ich bin sehr froh, dass ich nicht aufgegeben und die Hürden genommen habe."

Farhat arbeitet inzwischen als Sozial- und Politikwissenschaftler bei einer Landesorganisation. Auf die Frage, wie er die Situation der Zuwanderer in Deutschland künftig sieht, sagt er. „Die politische Entwicklung in Deutschland geht dahin, dass die Zuwanderer bestenfalls toleriert werden. Teile der Gesellschaft sind von der Akzeptanz der Migranten weit weg. Im Sinne einer inklusiven Gesellschaft findet kein Prozess statt. Die Mehrheitsgesellschaft unternimmt zu wenig, um die Situation zu verändern und zu verbessern. Politiker sprechen

---

[31] Hierzu eine Buchempfehlung, die die Situation von Farhat nicht als zufälligen Einzelfall, sondern als Folge institutioneller Hürden erscheinen lässt. Es ist die Geschichte dreier iranischer Brüder, die trotz aller Widerstände und gegen Abschiebungsversuche jeweils Einser-Abitur in Deutschland machten und inzwischen an Elite-Universitäten studieren: *Unerwünscht. Drei Brüder aus dem Iran erzählen ihre deutsche Geschichte, Berlin 2012, 256 Seiten, 16,99 €.*

von Vielfalt. Offensichtlich fehlt es ihnen aber an der Wahrnehmung der realen Welt der Migranten. Kritisch sind die Bereiche, in denen Politiker Zeichen setzen könnten, dieses aber nicht tun. Ein solches Zeichen wäre etwa die Installation von gesetzlichen Strukturen wie die der doppelten Staatsbürgerschaft oder kommunales Wahlrecht für alle."

Farhat sagt weiter, dass Deutschland es mit der heutigen gesellschaftlichen und politischen Entwicklung nicht schaffen werde, tatsächlich ein Einwanderungsland zu werden. Andere Staaten, die eine offensive und angemessene Einwanderungspolitik machen, würden Deutschland abhängen. „Deutschland ist ein Land, das viele Möglichkeiten bietet. Man kann hier gut leben. Aber es erstaunt mich während meiner Auslandsaufenthalte immer wieder, wie schlecht das Image Deutschlands im Ausland ist. Es ist noch schlechter, als es in Wirklichkeit ist. Im Land sieht es in der Tat so aus, dass es sehr viele Deutsche gibt, die sich gegenüber anderen Menschen aufgeschlossen zeigen und diese kennenlernen wollen, sie sind an dem anderen sehr interessiert. Diese Bekanntschaften sind zu Freundschaften geworden. Ich möchte sie nicht missen."

Würde Farhat, falls er noch einmal aus dem Iran fliehen müsste, wieder nach Deutschland kommen? „Ich würde mir das gründlich überlegen und mir sehr intensive Gedanken machen. Ich erfahre von vielen anderen, die wegen des Studiums oder der Liebe nach Deutschland gekommen sind, dass sie bereits in der Anfangsphase ihrer Integrationsbemühungen scheitern, weil sie nicht akzeptiert werden."

Auf die Frage nach seiner Beschreibung von Integration antwortet Farhat zum Schluss: „Die wichtigsten Indikatoren für die Integration sind die gegenseitige Neugier und der Austausch ohne Scheuklappen und Voreingenommenheit."

12.3 Biographie Kemal (m, Herkunftsstaat Türkei)

Kemal ist 52 Jahre alt. Er stammt von der Schwarzmeerküste der Türkei. Nach seinem Abitur in Istanbul kam er 1978 nach Deutschland. Der Vater war Schuster. Kemal hat drei Brüder und drei Schwestern. Zwei seiner Geschwister haben nicht studiert. Er stand nach dem Abitur vor der Entscheidung, in der Türkei zu bleiben und bei den damaligen politischen Unruhen sich einen Weg zu suchen oder auszuwandern. „Der Weg, zu bleiben, wäre sicherlich definitiv nicht der bessere Weg gewesen," sagt er.

Unter dem Einfluss seines älteren Bruders zog er zu diesem nach Deutschland, um dort zu studieren. Der Bruder war schon längere Jahre in Deutschland, hatte studiert und war als Lehrer tätig. Kemal besuchte einen Sprachkurs und anschließend ein Studienkolleg, damit er in Deutschland ein Studium aufnehmen konnte. Er arbeitete während seines Studiums nebenbei als Kellner. Aus finanziellen Gründen musste er sein Studium unterbrechen. Später schloss er das Studium der Elektrotechnik als Diplom-Ingenieur ab. Er arbeitete zuerst bei einem Planungsbüro und wickelte verschiedene Projekte im Auftrag eines großen Chemiekonzerns ab. Später war er als Gruppenleiter und Projektverantwortlicher tätig und für die Akquisition von Neuaufträgen zuständig. Mitte der 1990er Jahre wechselte er zu einem Automobilhersteller. Er bildete sich weiter fort, absolvierte ein Aufbaustudium als Planer und schloss während seiner Tätigkeit ein weiteres Studium als Wirtschaftsingenieur ab. Er stieg bis zum Abteilungsleiter im Entwicklungsbereich auf und trägt heute die Verantwortung für über 100 Mitarbeiter. Er sagt: „Bis ich es hierher schaffen konnte, musste ich viele Hürden überwinden. Es findet Mobbing auf allen Ebenen statt. Sogar Vorgesetzte mobben. Einer sagte mir mal, als Türke hast Du den ‚Schwarzen Peter' in der Hand. Das gab mir zu denken. Ich musste immer wieder erfahren, wenn man erfolgreich ist, wird dein Erfolg mit der Kehrseite des Feldstechers angeschaut, aber deine Fehler werden mit der Lupe betrachtet. Das waren manchmal anstrengende Zeiten. Als Türkischstämmiger ist deine Karriereleiter nach oben gedeckelt. Das Betriebsklima ist dennoch gut, Einzelfälle von Diskriminierung nehme ich nicht ernst. Diese können nicht für alle stehen. Unser Unternehmen versucht Diversity Management zu leben und umzusetzen."

Über sein Privatleben erzählt er, dass er seine Frau in einem Verein, in dem er sich ehrenamtlich engagierte, kennenlernte. Sie hat Sozialpädagogik studiert. Sie heirateten und bekamen zwei Söhne. Das soziale Umfeld besteht sowohl aus deutschen als auch nichtdeutschen Personen. Freundschaften werden seit den Studienzeiten gepflegt und weitergeführt.

Die Nachbarschaft ist überwiegend deutsch. „Unsere Kinder lernen beide Kulturen. Ihre Freunde sind überwiegend Deutsche. Wir legen sehr viel Wert auf

Sprache, insbesondere auf die Muttersprache. Denn wer seine Sprache gut spricht, lernt auch weitere Sprachen leichter. Meine Frau und ich achten immer darauf, dass die deutsche Sprache und der Schulerfolg streng gefördert werden. Wenn mein jüngerer Sohn drauf angesprochen wird, sagt er, er sei ein Deutscher. Ich empfinde dieses nicht als schlimm. Das Kind muss seine Identität entwickeln. Diese Identität wird selbstverständlich von der deutschen Gesellschaft auch geprägt sein. Wir bekennen uns zu diesem Land, wollen aber auch, dass dieses Land uns aufnimmt. Wir wollen in diesem Land friedlich und mit Pflichten, aber auch mit Rechten zusammenleben."

Abschließend stellt Kemal seine Position zur Integration unmissverständlich dar. Er sagt, dass die Integration in Deutschland erforderlich ist, sonst würde man nie in der Lage sein, seine eigenen Vorstellungen zu leben oder sich anzupassen. Jedoch müssten auch die gesetzlichen Rahmenbedingungen und die Strukturen für die Förderung der Integration geschaffen werden. „Wir sind bereit, unseren Beitrag dazu zu leisten. Das machen wir im kleinen Rahmen bereits jetzt. Wir sorgen dafür, dass unsere Kinder höhere Bildungsabschlüsse anstreben." Sein abschließender Satz ist für Kemal die Definition von Integration: „Der Erfolg der Integration hängt entscheidend von der Bildungsförderung und dem späteren Bildungsniveau der jungen Migranten ab. Eine bessere und sinnvollere Investition als in die Bildung sehe ich nicht."

13 Fazit und Ausblick

Der Begrifflichkeit von Zugehörigkeit mögen komplexe Verständnisse zugrunde liegen. Aus diesem Grund wird an dieser Stelle der Begriff und die Konzeption von *Integration* aufgegriffen, die auch die Interviewten verwenden, da deren verschiedene Definitionen, Konzepte und Auslegungen hinreichend vorgenommen und diskutiert wurden.[32]

Von der etymologischen Bedeutung des Begriffs ausgehend bedeutet Integration Einbeziehung oder Ganzheit, je nachdem in welchem Zusammenhang er steht. So geht es um die Schaffung bzw. die Wahrung einer Einheit, die aus verschiedenen Fragmenten zusammengesetzt ist oder die Zusammenführung

---

[32] Vgl. u. a. im soziologischen Kontext Hartmut Esser 2009; im Kontext Bildung Rolf Becker 2011.

verschiedener Teile in ein Ganzes.³³ Im sozialpolitischen Kontext meint „Integration den Prozess, durch den bisher außen stehende Personen oder Gruppen zu Gliedern oder Teilen einer größeren sozialen Gruppe oder einer Gemeinschaft werden".³⁴ Dieser verschiedene Dimensionen (kognitive, strukturelle, gesellschaftliche und emotionale) umfassende Prozess wird sowohl durch die Orientierungen der Zuwanderer als auch durch gesellschaftliche und politische Rahmenbedingungen beeinflusst und kann unterschiedliche Verläufe nehmen: Assimilation als Übernahme der Aufnahmekultur bei Aufgabe der Herkunftskultur, Segregation als Beibehaltung der Herkunftskultur ohne Annäherung an die Aufnahmekultur, Inklusion als Einbindung in die Gesellschaft ohne Übernahme der Aufnahmekultur und Exklusion als Ausschluss aus der Gesellschaft trotz Übernahme der Herkunftskultur.³⁵

Wir vertreten das Verständnis, dass es sich bei Integration nicht um eine vollständige Anpassung an eine bestehende Gruppe oder Gesellschaft handeln soll. Vielmehr folgt aus der Integration der aufzunehmenden Gruppe(n) eine Neukonstruktion und ein damit einhergehend verändertes Ganzes, wodurch ein soziokultureller Wandel angestoßen wird.³⁶ Integration im sozialen Sinn bedeutet stets auch eine „aktive Teilhabe am und die subjektive Identifikation mit dem größeren Ganzen".³⁷

> Integration ist ein langfristiger Prozess. Sein Ziel ist es, alle Menschen, die dauerhaft und rechtmäßig in Deutschland leben, in die Gesellschaft einzubeziehen. Zuwanderern soll eine umfassende und gleichberechtigte Teilhabe in allen gesellschaftlichen Bereichen ermöglicht werden. Sie stehen dafür in der Pflicht, Deutsch zu lernen sowie die Verfassung und die Gesetze zu kennen, zu respektieren und zu befolgen.³⁸

Integration basiert mithin auf Wechselseitigkeit und damit vor allem auf der beidseitigen Bereitschaft, die damit verbundenen Herausforderungen anzunehmen und zu gestalten. Außerdem gilt als unbestritten, dass Offenheit und Toleranz Basis für Integration sind, allerdings müssen diese Grundpfeiler und die

---

[33] Vgl. Wolfgang Vortkamp 2008, S. 65.
[34] Vgl. ebd.
[35] Vgl. Hartmut Esser 2009.
[36] Vgl. Wolfgang Vortkamp 2008, S. 65.
[37] Ebd.
[38] BMI 2011.

mit ihnen verbundenen Maximen und Regeln stets wechselseitige Beachtung finden. Wir verstehen sie als umfassende gesellschaftliche Teilhabe, die unter anderem die Bereiche Bildung und Arbeit umfasst und dabei auch den Aspekt der Identifikation einschließt. Spätestens hierdurch gilt ein besonderer Blick den Muslimen, weil sich ein Teil ihrer Identitätsbildung über ihren Glauben, den Islam, vollzieht.

Insgesamt kann festgehalten werden: Migranten in Deutschland, auch Muslime, haben sich zunehmend stärker eingefügt oder sind auf einem guten Wege dorthin, auch wenn „ein großer Teil sehr viel traditioneller als die Deutschen eingestellt ist und nach wie vor zu seinen kulturellen und religiösen Wurzeln steht. Insbesondere betrifft dies die türkischstämmigen Migranten".[39] Einen besonderen Einfluss auf den Wertekanon Deutschlands hat die Migration der vergangenen Jahrzehnte also nicht nach sich gezogen und wird dies auch nicht. Insbesondere, da die Werteunterschiede sich auf eine religiös-konservative Weltanschauung (von Muslimen) reduzieren, die zudem in Deutschland selber noch bis in die 1970er in ähnlicher Weise ausgeprägt war. Dieser Konservatismus hängt eng mit den Personen, die nach Deutschland migriert sind, zusammen, weil ein Faktor ihrer Identitätsbildung hier in Deutschland das Bewahren von Traditionen ist.

Es gilt dennoch festzuhalten, dass der Wertekanon und damit das gesellschaftliche Zusammenleben durch die Migranten nicht gefährdet ist.

> Dennoch sollten noch größere Anstrengungen unternommen werden, um den Prozess des „heimisch Werdens" der Muslime in Deutschland und Europa zu begleiten, und umgekehrt sind die Muslime Europas vor die Herausforderung gestellt, ihr Glaubensverständnis zu modernisieren.[40]

Demografie und wirtschaftliche Standortfaktoren bestimmen maßgeblich die Attraktivität eines Landes. Die Konzentrationsprozesse bei der Verdichtung von wirtschaftlicher Aktivität in einer bestimmten Region werden durch die Heterogenität von Arbeitskräften vor Ort beschleunigt. Somit kann es einen Vorteil darstellen, wenn Unternehmen bei der Auswahl ihrer Arbeitskräfte aus der

---

[39] Unabhängiges Meinungsforschungsinstitut INFO und LILJEBERG Research International 2010, S. 12.
[40] Wolfgang Schäuble 2008, S. 8.

Standortbevölkerung auf einen großen Pool von (jüngeren!) Menschen mit Migrationshintergrund zurückgreifen können. Steinrücken und Jaenichen stellen in einer ihrer Arbeiten zur Wirtschaftsleistung von Ausländern die These auf, dass diese Fähigkeiten, Fertigkeiten und Kenntnisse besitzen, die kombiniert mit dem Humankapital der Mehrheitsgesellschaft zu höherem Pro-Kopf-Einkommen des jeweiligen Standorts führen können.[41] Denn Zuwanderung führt zu einer Verdichtung von „Humankapital" in bestimmten Regionen, wodurch sich die Ansammlung verschiedener Unternehmen an einem Standort erhöht und so die betroffenen Regionen eine überdurchschnittliche wirtschaftliche Entwicklung erfahren können.

Das Zulassen verschiedener Denkstile, Religionen und kulturellen Unterschiede kann zu einem interkulturellen *upgrade* in der Gesellschaft führen, wodurch die Möglichkeit einer wechselseitigen Anhebung der Fähigkeiten und Fertigkeiten durch das gemeinsame Leben der verschiedenen Gruppen besteht. Sobald ein solcher Lernprozess zwischen den Gruppen stattfindet, verschwinden die Unterschiede in den aufgrund unterschiedlicher Sozialisation festgelegten Fähigkeitsbündeln mit der Zeit.

Wenn sich die Fähigkeitsbündel der Gruppen angeglichen haben, ist die Gesamtbevölkerung im Hinblick auf die entsprechenden Eigenschaften für den betrachteten Standort wieder homogen und muss durch weitere Zuwanderung neue Impulse erfahren. Für eine lenkende Einwanderungspolitik bedeutet dies, dass das Qualifikationsniveau der Zuwanderer in bestimmten Bereichen nicht zwingend über dem der nativen Bevölkerung liegen muss, sofern es sich bei den mitgebrachten Qualifikationen der Migranten um andere als die der Mehrheitsbevölkerung handelt. Dies gilt selbst für formal weniger gebildete Migranten, die ebenfalls den Prozess bereichern und erst recht für Migranten mit solchen Biografien, wie sie in diesem Beitrag wiedergegeben worden sind.

Literatur

Becker, Rolf, Integration von Migranten durch Bildung und Ausbildung-theoretische Erklärungen und empirische Befunde, in: ders. (Hrsg.): Integration durch Bildung, Wiesbaden 2011, S. 11–36.

---

[41] Vgl. Torsten Steinrücken und Sebastian Jaenichen 2004.

Berlin-Institut für Bevölkerung und Entwicklung (Hrsg.), Ungenutzte Potentiale. Zur Lage der Integration in Deutschland, Berlin 2009.
Bertelsmann Stiftung (Hrsg.), Zuwanderer in Deutschland. Untersuchung des Instituts für Demoskopie Allensbach, Gütersloh 2009.
BMI – Bundesministerium des Innern, Migration und Integration. Aufenthaltsrecht, Migrations- und Integrationspolitik in Deutschland, Berlin 2011.
Esser, Hartmut, Pluralisierung oder Assimilation? Effekte der multiplen Inklusion auf die Integration von Migranten, in: Zeitschrift für Soziologie, Jg. 38, Heft 5, Wiesbaden 2009, S. 358–378.
Institut für Mittelstandsforschung (Ifm) der Universität Mannheim (Hrsg.), Kurzfassung der Studie: Die Bedeutung der ethnischen Ökonomie in Deutschland, Mannheim 2005.
Kober, Ulrich, Zugehörigkeit als Schlüssel zur Integration, S. 11–16. In: Wer gehört dazu?, Bertelsmann Stiftung, Gütersloh 2011.
Schäuble, Wolfgang am 22.11.2008: Religiöse Vielfalt und gesellschaftlicher Zusammenhalt in Deutschland, unter: http://www.bmi.bund.de/SharedDocs/Reden/DE/2008/11/bm_eugenbieserpreis.html?nn=268184 (10.10.2012).
Sinus Sociovision, Zentrale Ergebnisse der Sinus-Studie über Migranten-Milieus in Deutschland unter: http://www.sinus-institut.de/uploads/tx_mpdownloadcenter/MigrantenMilieus_Zentrale_Ergebnisse_09122008.pdf (10.10.2012).
Statistisches Bundesamt, Bevölkerung und Erwerbstätigkeit, Bevölkerung mit Migrationshintergrund, – Ergebnisse des Mikrozensus 2010 – Fachserie 1, Reihe 2.2, Wiesbaden 2011/1.
Statistisches Bundesamt, Statistisches Jahrbuch 2011 für die Bundesrepublik Deutschland mit Internationalen Übersichten, Wiesbaden 2011/2.
Statistisches Bundesamt, Bildung und Kultur, Allgemeinbildende Schulen, Fachserie 11, Reihe 1, Wiesbaden 2011/3.
Statistisches Bundesamt, Bevölkerung und Erwerbstätigkeit, Ausländische Bevölkerung Ergebnisse des Ausländerzentralregisters, Fachserie 1, Reihe 2, Wiesbaden 2012/1.
Statistisches Bundesamt, Bevölkerung und Erwerbstätigkeit, Haushalte und Familien, Ergebnisse des Mikrozensus, Fachserie 1, Reihe 3, Statistisches Bundesamt, Wiesbaden 2012/2.
Statistisches Bundesamt, Wirtschaft und Statistik, Statistisches Bundesamt, Wiesbaden September 2012/3.
Statistisches Bundesamt, Bevölkerung und Erwerbstätigkeit, Wanderungen – Fachserie 1, Reihe 1.2, Wiesbaden 2012/4.
Statistisches Bundesamt, Fachserie 1, Reihe 2.2 (Ergebnisse des Mikrozensus 2011), Wiesbaden 2012/5.
Statistisches Bundesamt, Fachserie 2, Reihe 1, Einbürgerungen, Wiesbaden 2012/6.

Steinrücken, Torsten und Jaenichen, Sebastian, Zum Einfluss von Ausländern auf die Wirtschaftsleistung von Standorten – Ist Zuwanderung ein Weg aus der ostdeutschen Lethargie?, Oktober 2004. (Diskussionspapier Nr. 41).
Unabhängiges Meinungsforschungsinstitut INFO und LILJEBERG Research International, Wertewelten von Deutschen und Migrant/innen – Migration zwischen Integration und Ausgrenzung, Berlin und Ankara 2010.
Vortkamp, Wolfgang, Integration durch Teilhabe. Das zivilgesellschaftliche Potenzial von Vereinen, Frankfurt/M. 2008.

Niemals zuvor haben so viele Muslime dauerhaft in Deutschland gelebt. Aber sind sie hier auch zu Hause? Fühlen sie sich wohl, gehören sie zu „uns",[42] und gehört ihre Religion, der Islam, zu Deutschland? Diese Fragen wurden lange Zeit durch politische Rabulistik ersetzt, ob Deutschland nun Zuwanderungsland sei oder nicht. Durch diese realitätsferne Debatte wurden entscheidende integrationspolitische Weichen nicht gestellt, Menschen weiterhin ausgegrenzt – und Zeit vertan.

Teile der Politik hinken gesellschaftlichen Entwicklungen auch in diesem Politikfeld hinterher: Inzwischen verbindet allerdings ein Teil der Menschen der Mehrheitsgesellschaft mit der Zuwanderung von Muslimen nach Deutschland und Europa die Annahme, dass diese nunmehr auch zu Deutschland (und Europa) gehören. Die kleine, aber feine Unterscheidung zwischen den *Muslimen* und ihrer mitgebrachten Religion, dem *Islam*, macht das Gros dabei allerdings nicht.

Bestandteil ihrer Annahme ist vielmehr, dass Muslime wie Nichtmuslime über so starke kulturelle, gesellschaftliche, religiöse und sonstige Gemeinsamkeiten verfügen, dass die Unterschiede überdeckt werden. Diese Menschen verstehen die Attraktivität Deutschlands als westliche, säkulare, rechtstaatliche und kriegsmüde Gesellschaft mit „freier" Lebensweise, der auch Muslime auf längere Sicht nicht widerstehen könnten und die sie ihrer eigenen Tradition vorziehen würden. Nicht unbedingt wird damit auch der Gedanke verbunden, dass Muslime ihre religiös-kulturellen Wurzeln aufgeben und gewissermaßen als unauffällige Gläubige in die Gesellschaft eintauchen sollen.

---

[42] Bei der regelmäßigen Erhebung des „Integrationsbarometers" beauftragte die NRW-Stiftung mit Unterstützung der Mercator-Stiftung den Sachverständigenrat deutscher Stiftungen für Integration und Migration, der bei 93,5 % der *Migranten in NRW* ein „Heimatgefühl" ermittelte, vgl. Die NRW-Stiftung, Düsseldorf 2/2011, S. 11/12.

Gleichwohl reden gerade Verfechter eines Multikulturalismus und solche, die sich im „interreligiösen Dialog" engagieren, das Wort von gemeinsamen kulturhistorischen Strängen der „abrahamitischen Religionen" und der Zeit, die irgendwann alle Unterschiede in respektvollem Umgang, in Toleranz und Miteinander auflösen sowie Angst vor Überfremdung und Verlust von tradierten Werten marginalisieren würde. Beide Positionen sind vermeintliche Schlüsselwörter im Zusammenleben von Menschen unterschiedlicher Ethnien und Religionen, aber bei beiden ist keine gesellschaftspolitische Strategie erkennbar. Dafür stellen sie das Rechts-Links-Schema infrage, nähren allerdings auch die Fiktion von Integration, die sich von selbst einstellt, wenn ihr nur Zeit gegeben und miteinander gesprochen wird. Dennoch sind beide Ansätze heilsame Stachel für ein Zuwanderungsland, weil sie an die Pluralisierung der sozialen Lebenswelten erinnern, Gemeinsames statt Trennendes und nicht soziale Semantiken und symbolische Grenzen von Teilen der Gesellschaft betonen.

Auch gelegentliche Fraternisierungen deutscher Kirchenvertreter mit ihren Kollegen in den islamischen Dachverbänden zu deren religionspolitischen Forderungen sind nicht wirkliche Annäherungen, dienen vielmehr eigenen Interessen, in Deutschland keine Diskussion über das tradierte Staatskirchenrecht aufkommen zu lassen, dem die Kirchen manches Privileg verdanken.

Die auf solchen Versuchen gründenden Integrationshoffnungen überdeckten lange Zeit die eigentliche Frage, die der Leitidee einer „deutschen Perspektive" des Islam. Anders ausgedrückt: Sind Säkularisierung, Pluralismus, Demokratie und Rechtsstaatlichkeit überhaupt mit einer islamischen Identität vereinbar? Kann es einen Islam geben, der in den Werten des aufklärten Europa seine eigenen erkennt und realisiert? Hat eine solche Leitidee in einer Zeit eine Chance, verwirklicht zu werden, in der der politische Islam als Folge der weitgehenden politischen, gesellschaftlichen und wirtschaftlichen Perspektivlosigkeit islamisch geprägter Staaten sowie der Wertekrise, in der Europa steckt, erstarkt und sich manche Muslime dabei gerade die Traditionen ihrer Religion als Anker suchen?

Für Ednan Aslan, Professor für islamische Religionspädagogik an der Universität Wien, liegt die Lösung in einer theologischen Neubesinnung des Islam:

> Die islamische Theologie hatte bisher viele Regeln, die unserem Menschenrechtsverständnis widersprechen, wie die ungleiche Behandlung von Juden und Christen oder

die Steinigung. Diese Regeln sind nicht absolut. Wir sind in der Lage, eine neue Theologie zu definieren.[43]

Mit einer solchen Vorstellung verbunden ist zwangsläufig die gemeinsame Verständigung islamischer Gruppierungen in Deutschland darauf, demokratische und rechtstaatliche Prinzipien sowie die Trennung von Staat und Religion anzuerkennen, die Menschenrechte uneingeschränkt zu respektieren und ihre Erfahrungen in Solidarität und Toleranz mit denen anderer Gemeinschaften zu vereinen.

Das sind hohe, aber unverzichtbare Anforderungen, für deren Einlösung allerdings auch – sofern sie die uneingeschränkte Akzeptanz der Grundwerte des Grundgesetzes übersteigt und sich auf theologische Korrekturen bezieht – Zeit eingeräumt werden muss.

Die Autorinnen und Autoren haben in ihren Beiträgen viele Facetten des „Zugehörigkeitsprojekts Deutschland" aufgezeigt, zahlreiche Fragen beantwortet und viele neue generiert. Dabei wurden Sollbruchstellen freigelegt, die auf „islamischer Seite" sichtbar werden und Zugehörigkeit ausschließen können, zumindest erschweren: Ist der Islam, den die Dachverbände in Deutschland repräsentieren, derjenige, den Aslan neuerdings meint? Warum wird eine kritische Auseinandersetzung mit extremistischen Auslegungen islamischer Glaubenslehren als zentrales Thema islamischer Gemeinschaften und Organisationen nicht öffentlich geführt? Was tun die Dachverbände, damit ihr Selbstverständnis als religiöse Minderheit und als Bürgerinnen und Bürger in einem demokratischen Verfassungsstaat nicht in Frage gestellt werden kann? In welchem Verhältnis stehen Mainstreamislam und Islamisierung? Wie können Gesellschaft und islamische Repräsentanz der Problematik von Segregation und der sukzessiven ideologischen Radikalisierung innerhalb islamistischer Netzwerke begegnen? Ist die Scharia, das islamische Rechtssystem, für den Islam in allen Tei-

---

[43] So auf einer Rotary-Veranstaltung und zitiert in der Wiener Zeitung vom 27.09.2008, unter: http://islamische-religionspaedagogik.univie.ac.at/fileadmin/user_upload/proj_muslime_eu/presse/Europ%C3%A4isch er_Islam_.pdf (30.09.2012). Bis dahin hatte sich Aslan nur mit konservativ-islamischen Positionen zu Wort gemeldet. Diese scheint er – jedenfalls in dem zitierten Vortrag – zugunsten eines gesellschaftlich tragfähigen Ansatzes aufgegeben zu haben, vgl. dazu seine bisherigen Positionen und die Kritik daran von Assia Maria Harwazinski, Islami(sti)sche Erziehungskonzeptionen: Drei Fallbeispiele aus Baden-Württemberg, Marburg 2005.

len substanziell, oder ist ein Islam vorstellbar, der ohne diejenigen Teile auskommt, die gegen Menschenrechte und Menschenwürde verstoßen? Und wenn es – hier bereits der Kompromiss – lediglich um eine zeitgemäße Interpretation der Scharia geht: Kann in Deutschland, in Europa, von der dominierenden Praxis abgewichen werden, nur auf die Rechtstraditionen der ersten Jahrhunderte zurückzugreifen, oder wird „das Tor des eigenständigen Bemühens", der Idschtihad, wieder geöffnet? Wird mit der Implementation der islamischen Theologie und Religionspädagogik an deutschen Universitäten und Schulen zugleich eine islamische Lehre grundgelegt, die notwendige Erneuerungen unter Wahrung substanzieller Tradition vorantreibt?

Für dieses Konvolut an Fragen können Muslime – wenn sie denn als Integration fördernde Perspektiven im Interesse eines „Zugehörigkeitsprojekts Deutschland" in Angriff genommen werden – erwarten, dass ihre Wurzeln, Kultur und Religion respektiert, sie in den weiteren Ausbau der Zivilgesellschaft einbezogen, uneingeschränkt an der Entwicklung aller gesellschaftlichen Bereiche beteiligt werden und Zugang auf dem Arbeitsmarkt, zu öffentlichen Ämtern u. a. m. entsprechend ihrer Qualifikationen erhalten.

Dieser Weg ist lang und stellt auch – wenige, auf dem Grundgesetz basierende – Bedingungen als Vorleistung an Muslime. Wie steinig er ist, zeigen zudem Versäumnisse, absichtsvolle Diskriminierungen, unverhohlener Rassismus sowie institutionelle Erschwernisse in Alltags- und Rechtsbereichen gegenüber Muslimen. Sie zeigen sich täglich, kommen bislang offensichtlich widerstandslos aus der Mitte der Gesellschaft und benötigten nicht erst Sarrazin als Sprachrohr: Was versteht die Mehrheitsgesellschaft darunter, wenn sie von „ihren" Werten, „ihrer" Kultur und „ihren" Traditionen spricht? Kann sie sich dabei auf gemeinsame Nenner einigen, oder sind es Phrasen, die lediglich für eine Abwehrrhetorik herhalten müssen? Wird ein Kulturbegriff verwendet, der „westliche" Kultur der islamischen als überlegen ansieht? Akzeptiert die Gesellschaft auch dann eine Unteilbarkeit des Rechts, wenn es um „islamische" Fragen wie Kopftuch, Gebetsräume, nach Geschlechtern getrennten Unterricht oder – aktuell – um islamischen Religionsunterricht oder Beschneidungen geht?[44] Wie

---

[44] In der im Sommer 2012 in den Medien geführten Diskussion über Beschneidungen von Jungen wurden erst Argumente für Beschneidungen ausgetauscht und erwogen, als Juden in dieser Frage mit Muslimen einen argumentativen Schulterschluss herstellten.

halten es Schulen und Betriebe mit der Bildungs- und Berufsinklusion jenseits von Rasse, Ethnie, Geschlecht oder Religion? Warum findet eine Verengung der Berichterstattungen über den Islam auf Themen wie Terror, Fundamentalismus, Gewalt, Bedrohung und Rückständigkeit statt? Warum wird als Folge dieser massenmedial verbreiteten Szenarien eine islamistische Unterwanderung der Gesellschaft in Deutschland suggeriert und damit zugleich die Möglichkeit des rationalen Diskurses geschwächt? Inwieweit wirkt das Wechselverhältnis, das Stereotypen als kognitive Dimensionen von sozialer Diskriminierung darstellt, auf die gesamte Gesellschaft zurück? Inwieweit entsprechen Diskriminierte den Bildern, die von ihnen in groben Strichen gemalt werden, und inwieweit wird bedacht, dass Viktimisierung und Selbstviktimisierung sowie Fremdheitserfahrungen und Segregation jeweils Geschwisterpaare bilden?

Damit sind weitere Hürden skizziert, die bei der Zugehörigkeit des Islam zu Deutschland, nunmehr von „nichtislamischer" Seite aufgebaut, aber eher heute als morgen wieder eingerissen und durch einen Dialog ersetzt werden müssen. Denn es ist zunehmend schwierig, sich eine junge Generation in Deutschland vorzustellen, in der sich „die" Muslime und „die" Mehrheitsgesellschaft gegenseitig als Kollektive gegenüberstehen, von denen gegenseitige Anpassungsleistungen gefordert werden. Notwendig erscheint vielmehr gesellschaftliche Kohäsion, insbesondere nach bestehenden und zu vermittelnden Gemeinsamkeiten verbindlicher Wertvorstellungen, die die Gesellschaft zusammenhält. Dabei müssen Haltungen überdacht werden, denn wer sich als der oder die „Andere" denkt, kann sich kaum auf eine Perspektive von Gemeinsamkeiten, Ähnlichkeiten oder Zugehörigkeit einlassen. Erwartet werden darf von Muslimen wie Nichtmuslimen, die Gratwanderung der Bestimmung des „Eigenen" und „Anderen" im Sinne gemeinsamer gesellschaftlicher Vorstellungen zu reflektieren und sie nicht bei Bedarf wechselseitig strategisch einzusetzen, um pauschale Zumutungen und Vorwürfe gegenüber der Gruppe zu formulieren und abzuwehren oder Loyalitäten von Gruppenmitgliedern einzufordern. Alle weiteren Dimensionen von Identität und eben auch andere soziale Bindungen der Einzelnen würden sonst leicht aus dem Blick geraten. Erwartet werden kann auch, zu einem Sprachgebrauch zurückzukehren, der vor 9/11 gang und gäbe war, nämlich bei Notwendigkeit Menschen nach ihrem Namen, ggf. auch nach ihrer

Nationalität, nicht aber, wie bei Muslimen heute üblich, nach ihrer Religion zu bezeichnen.

Zu wünschen ist eine Politik, die nicht nur Integrationsprobleme sieht und sie in Fachzirkeln bespricht, sondern sie im öffentlichen Diskurs mit der Gesellschaft zügig löst, ohne bestehendes Recht zu dehnen oder auf Ausnahme-, Übergangs- und Befristungsregelungen zu setzen. Alle Menschen in Deutschland, ob die der Mehrheitsgesellschaft oder Migranten, Muslime oder Angehörige sonstiger Religionen und Ethnien, haben Anspruch auf nachhaltige Ergebnisse.

Dieser Diskurs muss zudem ein Integrationsklima stärken, in dem Muslime Subjekte, nicht Objekte deutscher (oder türkischer!) Politiker, Verbandsvertreter oder von Medien sind, sondern Zugehörigkeitsgefühle zu Deutschland entwickeln können, die erwidert werden. Muslime wie Nichtmuslime müssen darin gestärkt werden, sich gegen Vorurteile sowie Pauschalierungen auch und gerade dann zu immunisieren, wenn sie durch religiöse Beleidigungen samt massiven Gewaltreaktionen – die sich irgendwo in der Welt ereignen und die politisch instrumentalisiert werden – auch in Deutschland gegeneinander in Stellung gebracht werden. Dabei müssen sie gemeinsam lernen, dass es konkurrierende Verfassungsnormen gibt, zu denen neben der Religions- auch die Presse- und Meinungsfreiheit gehören, deren Verhältnis zueinander kooperativ und gewaltlos immer wieder neu und fallorientiert bestimmt werden muss:

> Verfassungsrechtlich geschützte Rechtsgüter müssen in der Problemlösung einander so zugeordnet werden, dass jedes von ihnen Wirklichkeit gewinnt. Wo Kollisionen entstehen, darf nicht in vorschneller „Güterabwägung" oder gar abstrakter „Werteabwägung" eines auf Kosten des anderen realisiert werden. Vielmehr stellt das Prinzip der Einheit der Verfassung die Aufgabe einer Optimierung: beiden Gütern müssen Grenzen gezogen werden, damit beide zu optimaler Wirksamkeit gelangen können.[45]

Die für die Verfassungsrechtsprechung der Gegenwart vielleicht wichtigste Einsicht liegt darin, dass bei kollidierenden Verfassungswerten nicht nach dem Vorrang zu fragen ist, sondern nach einem Ausgleich im Sinne praktischer Konkordanz, bei dem die „Würdeidee" von Art. 1 Abs. 1 GG die Erkenntnis leitet. Auch wenn dieser Begriff unscharf erscheint, ermöglicht er gerade deshalb,

---

[45] Konrad Hesse, Grundzüge des Verfassungsrechts der Bundesrepublik Deutschland, Neudruck 20. Auflage, Heidelberg 1999, S. 28, Rn 72.

Rechtskonflikte gesellschaftlichen Herausforderungen entsprechend der Grundwerte des Grundgesetzes anzupassen.[46]

Damit sind zugleich die zentralen Ziele einer Erziehung beschrieben, die die Bildung eines reflektierenden kritischen Individuums und seiner Handlungskompetenzen anstrebt und damit vermeidet, identitätspolitische Positionen eines Kollektivs von Muslimen oder Nichtmuslimen auszubilden.

---

[46] Ob dieser Gedanke letztendlich auch bei der Lösung der „Beschneidungsfrage" berücksichtigt wird, wird Ende 2012/Anfang 2013 im Gesetzgebungsverfahren des Bundestages entschieden.

Autorinnen und Autoren

Hayrettin Aydın, Historiker und Turkologe. Nach dem Studium einige Jahre in der Migrationsforschung und in der Religionswissenschaft tätig. Zunächst Geschäftsführer, aktuell Vorstand der Muslimischen Akademie. Forschungs- und Publikationsschwerpunkte: Islam in Deutschland.

Dr. *Heiner Barz*, Universitätsprofessor für Erziehungswissenschaft an der Heinrich-Heine-Universität Düsseldorf. Leitung der Abteilung für Bildungsforschung und Bildungsmanagement. Forschungsschwerpunkte: die am Lebenswelt-Paradigma orientierte Bildungsforschung zu reformpädagogischen Schulen (Waldorf, Montessori); Evaluationsforschungsprojekte im Kontext kulturelle Bildung, Schule, Jugendarbeit: Bildungsmarketing, Bildungsfinanzierung, Bildungscontrolling. Seit 2009 Vorsitzender des Vorstands des Instituts für Internationale Kommunikation (IIK).

Dr. *Wolfgang Bock*, Verfassungsrechtler, Professor an der Juristischen Fakultät der Justus-Liebig-Universität Gießen, unterrichtet am Centrum für Nah- und Mitteloststudien der Philipps-Universität Marburg und ist Richter am Landgericht Frankfurt a. M.

Marc Dietrich, M. A., Studium der Sozialpsychologie/Sozialanthropologie und Komparatistik an der Ruhr-Universität Bochum. Doktorand mit einer Arbeit zur Inszenierung in Rap-Videos im Spannungsfeld von Authentizität, Ethnizität und sozialer Differenz und seit 2010 Promotionsstipendiat der Andrea-von-Braun-Stiftung. Seit 2012 wissenschaftlicher Mitarbeiter am Seminar für Medien- und Kommunikationswissenschaft der Universität Mannheim. Arbeitsschwerpunkte: Cultural Studies und Kultursoziologie, HipHop- und Popkultur, Film.

Yasemin El-Menouar, M. A., Studium der Soziologie und Islamwissenschaften an der Universität zu Köln, 2004 bis 2005 wissenschaftliche Mitarbeiterin in einem DFG-geförderten Projekt am Institut für angewandte Sozialforschung an der Universität zu Köln, 2005 bis 2012 wissenschaftliche Mitarbeiterin am Institut für Sozialwissenschaften an der Heinrich-Heine-Universität Düsseldorf, seit August 2012 wissenschaftliche Mitarbeiterin beim Bundesamt für Migration und Flüchtlinge (BAMF). Seit 2009 Doktorandin an der HHU mit einer Arbeit zu religiösen Orientierungen bei Muslimen. Arbeitsschwerpunkte: Muslime in Deutschland, Religionssoziologie, Migrationssoziologie, Quantitative Methoden der empirischen Sozialforschung.

Dr. Uwe Gerrens, Studium der Evangelischen Theologie an der Kirchlichen Hochschule Bethel, den Universitäten Heidelberg und Hamburg, außerdem von „religious studies" an der Temple University Philadelphia; dort 1990 Master of Arts. 1995 Promotion zum Dr. theol. in Heidelberg, 1999 Ordination zum Pastor (evangelisch) in Hamburg. Seit 2005 Studienleiter an der Evangelischen Stadtakademie Düsseldorf. Arbeitsschwerpunkte: Medizinethik, Widerstand im Nationalsozialismus, interreligiöser Dialog.

PD Dr. Dirk Halm, Studium der Politikwissenschaft, Soziologie und Wirtschaftspolitik an der Universität Münster. M. A. 1995, Promotion 1997 zum Dr. phil. ebendort mit einer Arbeit zur deutschen und europäischen Entwicklungshilfepolitik. Habilitation 2008 mit der venia legendi für „Politische Soziologie". Seit 1999 wissenschaftlicher Mitarbeiter der Stiftung Zentrum für Türkeistudien und Integrationsforschung. Arbeitsschwerpunkte: Migration und Zivilgesellschaft, politische Integration des Islams, Sozialstrukturanalyse von Einwanderungsgesellschaften.

Dr. Assia Maria Harwazinski, zunächst Mittlere Reife, Ausbildung zur Arztsekretärin, dann Abitur auf dem Zweiten Bildungsweg, Studium der Islam- und Religionswissenschaft an der Universität Tübingen, langjährige Verwaltungstätigkeit, Lehrerfahrungen in der Erwachsenenbildung, Fachhochschule, Universität, Sprachschule und mit Jugendlichen in der Berufsvorbereitung. Arbeitsschwerpunkte: Religiöser Fundamentalismus, Gewalt- und Konfliktforschung, Religionssoziologie/Religionsethnologie, neue religiöse Bewegungen, europäische Religionsgeschichte, Medizinanthropologie, Migration/Integration, Film, Medien, Gender, Tanzwissenschaft.

Dr. Nina Kalwa, wissenschaftliche Mitarbeiterin an der Technischen Universität Darmstadt. Studium der Germanistischen Linguistik an der Philipps-Universität Marburg und Promotion in der Germanistischen Sprachwissenschaft der Universität Kassel zum Thema „Das Konzept *Islam*. Eine diskurslinguistische Untersuchung." Arbeitsschwerpunkte: Diskursforschung und (Frame-) Semantik.

Ismail Kaplan, Diplom-Sozialpädagoge. Studium Maschinenbau in Istanbul und Sozialpädagogik in Bochum, von 1981 bis 1987 pädagogischer Angestellter der Stadt Herne und von 1998–1999 Referent bei der Freien und Hanse Stadt Hamburg. Seit August 1999 Bildungsbeauftragter der Alevitischen Gemeinde Deutschland, Projektleiter sowie Dozent alevitischer Glaubenslehre an der Pädagogischen Hochschule Weingarten. Arbeitsschwerpunkte: Interreligiöser Dialog, alevitischer Religionsunterricht.

Tayfun Keltek, Lehrer in Köln sowie Gründer und Vorsitzender des Landesintegrationsrates NRW und des Integrationsrates der Stadt Köln. Inhaber des Bundesverdienstordens und des Landesverdienstordens NRW. Arbeitsschwerpunkte sind Integrationspolitik, Bildungspolitik, Gleichbehandlung sowie politische Partizipation.

Dr. Michael Kiefer, Islam- und Politikwissenschaftler, Projektentwickler bei einem Jugendhilfeträger in Düsseldorf, Lehraufträge an den Universitäten Köln und Münster und Post-Doktorand an der Universität Osnabrück. Arbeits- und Publikationsschwerpunkte: Islamische Studien, Islamkunde, Islamischer Religionsunterricht und Imamausbildung; Islamismus und Antisemitismus.

Michael Marx, Islamwissenschaftler und Orientalist, Berlin-Brandenburgische Akademie der Wissenschaften, Leiter der Arbeitsstelle Corpus Coranicum Potsdam. Studien der Arabistik, islamischen Wissenschaften, Semitistik und Komparatistik an den Universitäten Berlin (FU), Paris (Inalco), Bonn und Teheran, Forschungs- und Publikationsschwerpunkte: Klassische Arabische Literatur, Koranstudien, islamische Theologie.

Dr. Norbert Posse, Diplom-Psychologe, Erziehungs- und Sozialwissenschaftler. Wissenschaftlicher Mitarbeiter am Sozialwissenschaftlichen Institut der Heinrich-Heine-Universität Düsseldorf. Arbeitsschwerpunkte: Empirische Sozialforschung, wissenschaftliche Begleitung und Evaluation von Bildungsprozessen.

Dr. Birgit Rommelspacher, Professorin (em.) für Psychologie mit dem Schwerpunkt Interkulturalität und Geschlechterstudien an der Alice Salomon Hochschule und Privatdozentin an der Technischen Universität Berlin. Arbeits-

und Forschungsschwerpunkte: Rechtsextremismus, Geschlechterverhältnisse und Antiislamismus, Intersektionalität sowie interkulturelle Öffnung der sozialen Dienste. Neueste Veröffentlichung mit Darja Zavirsek und Silvia Staub-Bernasconi: Ethical Dilemmas in Social Work. International Perspectives.

Dr. Ekkehard Rudolph, Islamwissenschaftler, Studium an der Universität Bonn, Lehr- und Forschungstätigkeit in Lausanne und Erfurt. Arbeitsschwerpunkte und Veröffentlichungen zum interkulturellen Dialog, islamischen Bewegungen und Islam in Deutschland.

Engin Sakal, Wirtschaftswissenschaftler, staatlich anerkannter Dolmetscher und Übersetzer für die türkische Sprache. Moderator, Lehrbeauftragter an der Fachhochschule für öffentliche Verwaltung NRW. Später Projektleiter für das Projekt „Interkulturelle Öffnung der Verwaltung" beim Landesintegrationsrates NRW, aktuell deren Geschäftsführer.

Dr. Martina Sauer, Studium der Neuen und Wirtschafts- und Sozialgeschichte sowie Politischen Wissenschaft an der Universität Mannheim, 1992 Abschluss Magister Artium. Von 1993 bis 1998 wissenschaftliche Mitarbeiterin eines DFG-Forschungsprojekts an der Universität Potsdam, 1999 Promotion zum Dr. rer. pol. an der Universität Potsdam. Seit 1999 wissenschaftliche Mitarbeiterin der Stiftung Zentrum für Türkeistudien und Integrationsforschung. Arbeitsschwerpunkte: Theoretische und empirische Migrations- und Integrationsforschung.

Martin Seeliger, M. A. Sozialwissenschaft, Promotionsstipendiat am Kölner Max-Planck-Institut für Gesellschaftsforschung. Arbeitsschwerpunkte: Arbeits- und Kultursoziologie sowie Politische Soziologie.

Dr. Sabine Schiffer, gründete und leitet das Institut für Medienverantwortung und lehrt an der Deutschen Welle Akademie. Promotion zum Dr. phil. über das Islambild in den Medien. Publikationen u. a. mit Constantin Wagner zu „Antisemitismus und Islamophobie – ein Vergleich". Aktuelle Forschungsthemen: Das Spannungsverhältnis zwischen Vierter und Fünfter Gewalt, Diversity Mainstreaming, Medien und Mehrsprachigkeit sowie Medienbildung für Multiplikatoren.

Dr. Lothar Schröder, Studium der Germanistik, Geschichte und Philosophie in Duisburg; Lehraufträge am Heinrich-Heine-Institut sowie der Universität Duisburg-Essen zum Themenbereich Journalismus; Publikationen unter anderem zum Streitfall Berliner Republik, zur Kinder- und Jugendliteratur, zum niederrheinischen Erzähler Albert Vigoleis Thelen sowie zu deutschen Philosophen; verantwortlicher Redakteur bei der Rheinischen Post für das Ressort „Geistiges Leben".

Dr. Klaus Spenlen, Erziehungs- und Sozialwissenschaftler, berufliche Erfahrungen im Lehrerberuf, in der Lehrerausbildung, als Ministerialrat und in der Deutschen Islamkonferenz; aktuell Lehrbeauftragter am Institut für Sozialwissenschaften, Abt. für Bildungsforschung und Bildungsmanagement der Heinrich-Heine-Universität Düsseldorf. Arbeits- und Publikationsschwerpunkte: Islam in Deutschland, Migration und Bildung, Islamischer Religionsunterricht.

Ali Ertan Toprak, Studium der Rechtswissenschaften an der Westfälischen Wilhelms-Universität Münster und Sozialwissenschaften an der Universität Duisburg-Essen. Generalsekretär der Alevitischen Union Europa (AABK) und Mitglied im Bundesvorstand der Alevitischen Gemeinde Deutschland (AABF). Mitglied des Bundesbeirates der Integrationsbeauftragten der Bundesregierung.